Günther Bittner

Kinder in die Welt, die Welt in die Kinder setzen

Eine Einführung in die pädagogische Aufgabe

Verlag W. Kohlhammer
Stuttgart Berlin Köln

Die Deutsche Bibliothek - CIP-Einheitsaufnahme

Bittner, Günther:
Kinder in die Welt, die Welt in die Kinder setzen : eine
Einführung in die pädagogische Aufgabe / Günther Bittner.
- Stuttgart ; Berlin ; Köln : Kohlhammer, 1996
ISBN 3-17-013934-7

Stuttgart Berlin Köln
Verlagsort: Stuttgart
Umschlag: Data Images Audiovisuelle Kommunikation GmbH
Umschlagmotiv: Paul Klee: Kindergruppe „Wir sind da!“, 1940, 62 (W 2) (c) VG Bild-Kunst, Bonn 1996
Gesamtherstellung:
W. Kohlhammer Druckerei GmbH + Co. Stuttgart
Printed in Germany

Inhaltsverzeichnis

Vorwort

Eine Einführung in die pädagogische Aufgabe (bzw. die pädagogischen Aufgaben, vielleicht ist der Plural angemessener) will ich in diesem Buch geben, nicht unbedingt und nicht in erster Linie eine Einführung in die pädagogische Wissenschaft. Das ist nämlich beileibe nicht dasselbe: Pädagogik als Wissenschaft und Erziehung als Lebenspraxis laufen über weite Strecken „windschief" aneinander vorbei, wie dies der Philosoph Wittgenstein ähnlich für die Psychologie konstatierte: „Es bestehen nämlich, in der Psychologie, experimentelle Methode und Begriffsverwirrung . . . Das Bestehen der experimentellen Methode läßt uns glauben, wir hätten das Mittel, die Probleme, die uns beunruhigen, loszuwerden; obgleich Probleme und Methode windschief aneinander vorbeilaufen" (Wittgenstein 1967, S. 267).

Unter diesen Umständen kann eine Einführung gerade nicht sein, was der Studienanfänger und der interessierte Laie gern hätte: eine einfache und übersichtliche Information über unstrittige Fakten und relevante Theorien. Vielmehr muß eingeführt werden in die Problem- und Schmerzpunkte eines Faches, in dem man letzten Endes nur wenig wissen kann und das meiste selbst erfahren muß, um sich dann anschließend seine Gedanken darüber zu machen.

So wird dieses Buch Einführung in eine Art von Lebenserfahrung sein, ferner in Gedanken über diese Erfahrung und in Theorien, die ihr mehr oder weniger kommensurabel erscheinen und die auf ihre Kommensurabilität bzw. Inkommensurabilität hin diskutiert werden.

Erfahrungen im Lebenszusammenhang von Erziehung gedanklich miteinander zu verbinden, den pädagogischen Grundgedankengang herauszuarbeiten, darin sah die alte geisteswissenschaftliche Pädagogik die wichtigste wissenschaftliche Aufgabe.

„Daß die Verantwortlichen sich wissenschaftlich verständigen, daß sie in einem Gemeinwillen sich treffen, ist der praktische Sinn . . . theoretischer Bemühungen. Die wesentliche Aufgabe bleibt, den pädagogischen Grundgedanken aus der Wahrheit heraus sich rein aussprechen zu lassen" (W. Flitner 1965, S. 10).

Die heutige Erziehungswissenschaft kann mit einem solchen „pädagogischen Grundgedanken" nicht mehr viel anfangen. Sie setzt auf eine Multiplizität wissenschaftlicher Erklärungsmuster, die gleichberechtigt – allerdings auch unverbunden – nebeneinander stehen. Ihren sichtbaren Ausdruck findet diese Konzeption des Faches in den beliebten Textbüchern oder Sammelwerken mit 20 oder mehr Beiträgen, die ebenso viele unterschiedliche Ansichten repräsentieren, wobei es dem Leser überlassen bleibt, in seinem Kopf die notwendige Ordnung und Struktur selber herzustellen, die ihm die Bücher vorenthalten – oder aber, da er damit zumeist überfordert ist, den einfacheren Weg zu wählen: sich einer Lieblingsposition (oder zweien oder dreien) anzuschließen und diese mehr oder weniger dogmatisch bzw. eklektisch zu vertreten.

Ich meine im Gegensatz dazu, daß es auch heute noch die Aufgabe der wissenschaftlichen Pädagogik ist, die vielfältigen und oft widersprüchlichen Lebens- und Alltagserfahrungen in den verschiedenen Bereichen der Erziehung von leitenden Gesichtspunkten her miteinander zu verknüpfen. Freilich wird ein „pädagogischer Grundgedankengang", der auf diese Weise entsteht, nicht mehr wie der Wilhelm Flitners den Anspruch auf allgemeine Geltung erheben können: was auf diese Weise zustande kommt, ist ein möglicher Grundgedanke, ein leitender Gesichtspunkt, unter dem Erziehung betrachtet werden kann – neben anderen, ebenso möglichen.

Mein Grundgedanke besagt nun, daß Erziehung darin bestehen soll, Kinder, Jugendliche und Menschen überhaupt in die Welt zu setzen, in jenem doppelten Sinn, den das Wortspiel nahelegt: mit der Welt bekannt zu machen, in sie einzuführen – und zugleich sie gleichsam als Menschen, als Subjekte zu Ende zu gebären, d. h. sie zu sich selbst und zu ihrem eigenen Leben zu befreien.

Vielen habe ich zu danken, die mir geholfen haben, meine Gedanken zu klären und in eine lesbare Form zu bringen. Einzelne will ich ausdrücklich erwähnen: meinen Bruder Prof. Dr. Rüdiger Bittner (Bielefeld) mit seinen hilfreichen, oft kritischen Kommentaren, insbesondere zu philosophischen Fragen; das Würzburger Redaktionsteam: Agathe Balthasar, Tanja Fösel, Dr. Volker Fröhlich, Dr. Rolf Göppel, Claudia John, Ursula Stenger M. A.; Brigitte Pabst, die das Manuskript kompetent wie stets betreute – und nicht zuletzt die Studenten und Studentinnen in meinen Vorlesungen und Seminaren an der Universität Würzburg, die sich sozusagen als Probe-Hörer bzw. -Leser der vorliegenden Texte zur Verfügung gestellt haben.

Einleitung

> Die Erziehung setzt den Menschen in die Welt, insofern sie die Welt in ihn hineinsetzt; und sie macht ihn die Welt gestalten, insofern sie ihn durch die Welt läßt gestaltet werden.
> Friedrich E. D. Schleiermacher 1813/14

Es gebe grundsätzlich zwei Wege, in die Pädagogik einzuführen, meinen A. Flitner und H. Scheuerl. Der eine sei die „Darstellung in einem vereinfachten System" (Flitner/Scheuerl 1985, S. 239). Dieser Weg habe seine Schwierigkeit darin, daß die wissenschaftliche Pädagogik sich heute als Fachwissenschaft mit Begriffen und Konzepten darstelle, die vielfach als spröde und wirklichkeitsfremd empfunden werden. Die Beschäftigung mit systematischer Pädagogik müsse daher „eher am Ende als am Anfang des Studiums stehen" (ebd., S. 239).

1. Solche systematischen Einführungen, wie sie hier von Flitner und Scheuerl charakterisiert werden, sind dennoch immer wieder versucht worden. Vor mir liegen drei Bücher jüngeren Erscheinungsdatums mit beinahe identischen Titeln: „Grundwissen Pädagogik" (Henz 1979), „Grundwissen Pädagogik" (Kron 1991), „Pädagogisches Grundwissen" (Gudjons 1994). Während es bei Flitner/Scheuerl (1985) um eine Einführung in pädagogisches Sehen und Denken, um die Bildung einer Auffassung von Erziehung geht, steht hier weder die Einführung bzw. Hinführung noch eigentlich die Erziehung als Lebens- und Erfahrungsbereich zur Debatte: um Wissen geht es, und zwar um Grund-Wissen – nur: Grundwissen wovon und wofür?

Am ehesten hinführend ist das älteste und knappste der genannten Grundwissen-Bücher von Henz. Am Anfang stehen Definitionen von Erziehung, Enkulturation, Lernen usw.; „Pädagogik als Wissenschaft" wird auf ganzen zwei(!) Seiten abgehandelt (und damit endlich in ihre wahren Bedeutungsrelationen gerückt?). Dann kommt Henz zu den pädagogischen Tätigkeiten und Institutionen, denen der größte Teil des schmalen Bändchens gewidmet ist – wie überhaupt die Schrift an ihrer Kürze förmlich erstickt: Kein Gedankengang kann auch nur andeutungsweise entwickelt werden; ein Stichwort jagt das andere. Dennoch: Henz fängt bei der Erziehung an, und damit wenigstens am richtigen Ende. Anders die beiden anderen „Grundwissen"-Bücher: sie wollen die Pädagogik als Erziehungswissenschaft übersichtlich im Hinblick auf Studienpläne und Prüfungsordnungen (Kron 1991, S. 13), zur Examensvorbereitung (Gudjons 1994, S. 11) darstellen. Es werden also schwerpunktmäßig Themenfelder, Richtungen und Methoden der Erziehungswissenschaft referiert; erst auf Seite 169 wirft Gudjons die Frage auf, was Erziehung sei; ab Seite 173 findet Kron Gelegenheit, sich dem Begriff von Erziehung und verschiedenen Modellen des Erziehungsprozesses zuzuwenden. Dieser Befund ist nicht untypisch: Erziehungswissenschaft, will es scheinen, beschäftigt sich zuerst einmal über weite Strecken mit sich selbst, um irgendwann (im „zweiten Teil") einen verschämten Blick auf ihren Gegenstand zu werfen. Und die Frage nach dem „Wofür?" des Grundwissens findet ihre Antwort: es geht um Grundwissen für die zahllosen Prüfungen in diesem ominösen Fach „Erziehungswissenschaft", das seinen Gegenstand dermaßen stiefmütterlich behandelt.

Ein paar Worte mehr sind über das neueste Werk aus dieser Sparte zu sagen: „Erziehungswissenschaft. Ein Grundkurs" (Lenzen 1994). Es gibt zuerst einen Überblick über die Pädagogik als Wissenschaft, ihre Geschichte und fachliche Gliederung, behandelt dann pädagogische „Grundvorgänge" wie Erziehen, Unterrichten, Sozialisation; die „Träger" und die „Klientel" pädagogischer Tätigkeit (z. B. Lehrer, Sozialpädagogen, Erwachsenenbildner einerseits, das Kind, den Schüler, den Jugendlichen auf der anderen Seite); schließlich die pädagogischen Grundfelder und die Methoden erziehungswissenschaftlicher Forschung – alles dies auf mehr als 600 Seiten, unter Mitwirkung von 22 Autoren.

Gegen Aufbau und Gliederung des Buches ist nichts einzuwenden – sicher ist es vollständiger als das meine, was die Menge des verarbeiteten Stoffes angeht. Die Bedenken sind anderer, grundsätzlicher Art. Auf die Frage, „Wozu braucht man Erziehungswissenschaft?", gibt das Buch unter anderem die folgende Antwort:

> „Ein professioneller Pädagoge muß wissen, was geschieht, wenn er als Lehrer ein leistungsschwaches Kind lächerlich macht, wenn er ironisiert, wenn er ihm ein Etikett anheftet (‚Was sagt denn unser Dummerchen dazu?'), wenn er Verhaltensmerkmale in einer Schülerakte notiert, die der nächste Lehrer liest und sich selbst zum Vorurteil gegenüber dem Schüler macht. Aber er muß nicht nur wissen wollen. Er braucht vor allem die Einsicht und den festen Willen, den Menschen, die ihm anvertraut sind, nach ihren Möglichkeiten den für sie besten Lebensweg zu eröffnen, ihnen zu helfen, sich auf diesem Weg zu finden" (Lenzen 1994, S. 16).

Gerade dieses Beispiel, das die Notwendigkeit von Erziehungswissenschaft belegen soll, ist doch eher dazu angetan, Zweifel aufkommen zu lassen: denn diese sogenannten erziehungswissenschaftlichen Erkenntnisse reichen kaum über das hinaus, was der gesunde Menschenverstand und der einfache menschliche Takt uns ohnehin sagen könnte. Über das Kind weiß diese merkwürdige Erziehungswissenschaft vor allem zu sagen, es sei ein „Konstrukt" (womit sie sich allerdings diesmal in sichtlichem Gegensatz zum Alltagsverstand stellt); „das" Kind gebe es überhaupt nicht, Entwicklungsnormen seien deshalb unsinnig. Nur der „(beamtete) Vertreter einer Staatsschule" könnte mit verbindlichen Normen argumentieren, „der das Interesse des Staates vertritt, die Menschen auf eine Norm zu bringen" (ebd., S. 357).

Ohne jetzt den Normen das Wort reden zu wollen – in wessen Namen und mit welchem Interesse spricht denn diese sogenannte Erziehungswissenschaft? Sie zieht kaum Fakten zum Beweis ihrer Behauptungen heran; sie lehrt nicht, auf Kinder hinzuschauen und daraus zu lernen; sie mixt einen Cocktail überwiegend gesellschaftswissenschaftlicher Theoriestücke und leitet daraus den Anspruch ab, irgendwie „klüger" zu sein als Empirie und Praxis. Sie preist solches Besserwissen an als „reflexive Distanz", als „aufgeklärte Reflexion des eigenen Tuns" (ebd., S. 17).

Hier spricht die – ebenfalls „beamtete" – Erziehungswissenschaft durch den Mund bzw. den Text ihrer führenden Vertreter, wobei das leitende Interesse vor allem darin zu bestehen scheint nachzuweisen, daß sie nicht „überflüssig" (vgl.

Bittner 1982c) ist, daß sie dem praktisch tätigen, professionellen Pädagogen über sein Tun etwas Wesentliches zu sagen hat. Die Schere, die sich zwischen Erziehungswissenschaft und Erziehungspraxis immer weiter auftut, das ganze komplizierte Theorie-Praxis-Problem (vgl. Böhm 1985) wird nicht thematisiert; es könnte ja den Studenten verwirren oder gar an seiner Wissenschaft irre machen. Weiterhin: dieser „Grundkurs" führt in keinen argumentativen Zusammenhang ein, wie ich es hier versuche – er folgt der in der heutigen Erziehungswissenschaft verbreiteten Vorstellung vom notwendigen Nebeneinanderbestehen einer „Vielheit" von Konzepten (Lenzen 1994, S. 31), sozusagen dem „Flickerl-Teppich"-Modell von Erziehungswissenschaft, das sich auch noch auf seine „postmoderne" Aktualität berufen kann, wenn unter dem Stichwort „Krise des Subjekts" ein „Theorienpluralismus" postuliert wird, „der es dem einen erlaubt, sich hier, dem anderen, sich dort zu orientieren" (ebd., S. 36).

Die „Krise des Subjekts", von der auch ich ausgehe, müßte wohl zu anderen Konsequenzen führen als zur Selbstapotheose des erziehungswissenschaftlichen „Flickerl-Teppichs": zu der Nietzscheschen Einsicht, daß alles Wissen und Meinen zurückverweist auf eben den Wissenden und Meinenden, weil es „eine wahre Welt nicht gibt" (Nietzsche, Werke Bd. 3, S. 555), daß jede Rede zurückverweist auf den Sprecher, daß jeder Blick auf Mensch und Welt standortbedingt, interessenbedingt ist und in dieser Weise verstanden werden muß – nicht zuletzt die Rede des Erziehungswissenschaftlers. In dieser Weise Ernst zu machen mit der Krise des Subjekts, haben die Autoren dieses „Grundkurses" gründlich versäumt, wenn sie meinen, über Erziehung, ihre Einrichtungen, ihre Klientel etc. wie über etwas Wirkliches und Gegebenes aufklären zu können.

Schwerer fällt die Abgrenzung von einem Buch, das eher als die soeben besprochenen beanspruchen könnte, eine Einführung nicht in die Erziehungswissenschaft, sondern in die „pädagogische Aufgabe" zu sein, wenngleich es wegen der Komplexität der darin entfalteten Gedankengänge wiederum kaum eine „Einführung" genannt werden kann: Mollenhauers „Vergessene Zusammenhänge. Über Kultur und Erziehung" (1983).

Am Beispiel eines Textes aus Augustins Confessiones und am Orbis pictus des Comenius entfaltet Mollenhauer den Unterschied von Präsentation und Repräsentation. Präsentation ist die Vermittlung von Lebensformen in der Welt des Altertums und des frühen Mittelalters: die Vermittlung besteht im „Zeigen", die Struktur dieses Zeigens ist in den Lebensformen verankert (Mollenhauer 1983, S. 68). Seit dem 15. Jahrhundert „beginnt ein Prozeß des ‚Auseinanderrückens' von Kind- und Erwachsenenwelt". Jetzt entsteht das im eigentlichen und engeren Sinne pädagogische Problem, „auf welche Weise Erfahrungen repräsentiert werden können": neben der Frage nach der „rechten" Lebensform in den „pädagogisch-didaktischen Arsenalen" (ebd., S. 69). Die weiteren Kapitel über Bildsamkeit, Selbsttätigkeit und Identität sollen im Moment außer Betracht bleiben.

Mollenhauer benutzt reichlich autobiographische Äußerungen als Grundlage seiner Präsentation bzw. Repräsentation der Erziehungsgeschichte – viele Texte, die auch ich verwende: Augustin, Comenius, Pestalozzi, Jean Paul, Kafka usw. – und mehr Bildmaterial, als mir mein Verleger zuzugestehen bereit war.

Doch unterscheiden sich die beiderseitigen Zeige-Absichten: Mollenhauer geht es darum, das pädagogische Problem aufzuweisen als eines des „kulturellen

Habitus". Darum gilt es für ihn, die „vergessenen Zusammenhänge" von Kultur und Erziehung erneut ins Gedächtnis zu rufen. „Reden über Erziehung ist geschichtlich . . . Noch die gegen Vergangenheit gleichgültigste pädagogische Behauptung hat Geschichte zum Thema . . ." (Mollenhauer 1983, S. 12).

Nun hat der historisierende Zugang zu zeitlich zurückliegenden Texten auch seine Gefahr: daß die Äußerung historisch klassifiziert und eingeordnet und daß an ihrer Modernität, ihrer unabgegoltenen Botschaft vorbei gehört wird. Nehmen wir zum Beispiel Augustin: einerseits ist sein Reflexionshorizont natürlich historisch dem unseren weit entrückt, anderseits kann man ihn mit Fug und Recht schon allein auf Grund der Tatsache, daß er die erste Autobiographie der Weltliteratur schrieb (Pascal 1965, S. 33), als den ersten, modernen Menschen bezeichnen, dem sein Ego zur „großen Frage" geworden ist. Wenn Mollenhauer einmal als typisch modernen Satz aus einer autobiographischen Alltagsäußerung hervorhebt: „ich habe einen ‚Fehler' gemacht; ich hätte damals auch anders handeln können", und wenn er befindet: „vor 500 Jahren wäre dieser Satz nicht möglich gewesen" (ebd., S. 70) – dann geht er in seiner historischen Distanzierungstendenz gewiß zu weit: bei Augustin sind Sätze dieser Art durchaus zu finden (zu diesem Komplex vgl. Winter 1985, S. 151 f., 154 f.).

Oder wenn Mollenhauer findet: „Mit Comenius begann die pädagogische Moderne: die Welt noch einmal, abgebildet und erläutert in pädagogischen Büchern und Instruktionen, in einer rechten Ordnung . . ." (ebd., S. 71). Ja und nein, würde ich sagen. Die Welt wird von Comenius „ad usum delphini" didaktisch aufbereitet. Gewiß ist das das Neue, und insofern ist er in der Tat der erste moderne Pädagoge. Anderseits aber ist das, was da aufbereitet wird, eine Welt, die sich von der unseren modernen wesentlich unterscheidet, unter anderem dadurch, daß sich das Subjekt nicht aus den Weltdingen heraushebt. Das geschieht erst im Deutschen Idealismus, und legt man diesen Maßstab an, wären Pestalozzi und Fröbel die ersten „modernen Pädagogen". Ich will damit nur andeuten, wie relativ solche Zuschreibungen sind, wie sie von Mollenhauer im Gewißheitston vorgetragen werden – und daß es bei aller Anerkennung des geschichtlichen Abstandes, die mich von meinem Text trennt (Gadamer 1960, S. 280), doch letzten Endes darauf ankommt, was der Text mir sagt und warum er mir interessant ist.

Ohne die Berechtigung der Mollenhauerschen Perspektive bestreiten zu wollen, lese ich meine Texte daher anders: mir geht es um Erziehung als Lebensgeschehen hier und heute, wie es sich aus der Sicht der „betroffenen Subjekte" darstellt, der Erzieher und mehr noch der „Erziehungsobjekte", d. h. der Kinder, vor allem aus der Rückschau in autobiographischen Texten, wenn sie erwachsen und artikulationsfähig, wenn sie fähig geworden sind, Richter über ihre Erziehung zu sein. Erziehung als Lebensgeschehen, aus der Sicht der betroffenen Subjekte suche ich mit viel Mühe herauszuschälen aus den Verfremdungen zeitgenössisch-wissenschaftlichen Pädagogenjargons.

So dienen mir die Texte von Augustin, Comenius, Pestalozzi usw. vor allem, um Äußerungen über Erziehung zu präsentieren, die noch die Sprache „betroffener Subjekte" sprechen, nicht den verdinglichenden Wissenschaftsjargon. Darum suche ich von einem von Mollenhauer differenten Ausgangspunkt, nämlich von der Suche nach der Sprache der „betroffenen Subjekte" her, mich der Wahrheit des Satzes von Blankertz anzunähern, den Mollenhauer quasi als Motto über sein Buch gesetzt hat: „Das ganze der Pädagogik, die Erziehung, hat einen szientistisch nicht einholbaren Sinn" (Mollenhauer 1983, S. 7).

2. So viel zu den Darstellungen der Pädagogik in einem – mehr oder weniger – vereinfachten System bzw. Überblick – nach Flitner und Scheuerl der eine mögliche Weg der Einführung. Der andere ist jener, den die beiden selbst beschreiten:

mit dem Nachdenken über pädagogische Tatbestände und Zusammenhänge beim einfachsten Geschehen beginnen, anknüpfend an die Erfahrungen mit und Vorstellungen von Erziehung, die jeder immer schon mitbringt, ausgehend von Alltagserscheinungen, von Fällen und Phänomenen, von da aus fortschreitend zu allgemeineren Themen, Problemen und Begriffen.

Pädagogische Phänomene im Verständnis von Flitner und Scheuerl sind „Fälle und Situationen, die typisch sind und exemplarische Bedeutung haben, die in vielfachen Abwandlungen immer wieder auftauchen und eine ähnliche Struktur zeigen". Ein solches Phänomen wäre z. B. das Erziehungsverhältnis, „das darin besteht, daß der Erwachsene eine Verantwortung spürt, sich um das Kind zu kümmern, ihm zu helfen, es zu verstehen, ihm Anregungen und Forderungen entgegenzutragen und mit ihm einen förderlichen Dialog zu führen" (Flitner/Scheuerl 1985, S. 239). Als weitere grundlegende Phänomene nehmen Flitner und Scheuerl die sozialen Ordnungen und die Denk- und Erlebnisformen der Kinder.

So besteht ihre Textsammlung in der ersten Hälfte aus Beispielen: von der taubstummen und blinden Helen Keller, die am Brunnen mit Hilfe ihrer Lehrerin die taktile Erfahrung von „Wasser" macht; Skizzen verschiedener Autoren aus dem Schulalltag, kindliche „Verhaltensstörungen" aus der Sicht eines Pädagogen und eines Psychoanalytikers. Denn dies ist das zweite, was Flitner und Scheuerl zeigen wollen: die einzelnen Phänomene werden von verschiedenen wissenschaftlichen Richtungen und Schulmeinungen her verschieden wahrgenommen und gedeutet: „Zwischen einem behavioristisch orientierten Lernexperimentator und einem psychoanalytisch ausgebildeten Erziehungsberater klaffen Abgründe" (ebd., S. 240). Deshalb irre der Pädagogikstudent zwischen einer Vielzahl oft gegensätzlicher Theorien hin und her und müsse auch mit diesem bekanntgemacht und in sie eingeführt werden. Aber, im Gegensatz zu den „Grundwissen"-Büchern: zuerst die Phänomene, die von Erziehern sozusagen aus erster Hand artikulierten Erfahrungen, dann erst die Theorien darüber!

Auch dieser von Flitner und Scheuerl eingeschlagene Weg indessen hat seine Probleme: wenn in pädagogisches Sehen eingeführt wird an Hand so unterschiedlicher Phänomenbeschreibungen wie z. B. von Henningsen, v. Hentig oder Richter, dann werden damit zumindest zwei stillschweigende Voraussetzungen gemacht:

- Zum einen, daß es jenseits aller Theorieunterschiede zwischen v. Hentig, dem „Homme de lettres" (so die Herausgeber in ihrem Autorenspiegel), und dem Psychoanalytiker Richter so etwas wie einen heimlichen Konsens über „das Pädagogische" gebe; daß sich dieses Pädagogische in so unterschiedlichen Texten finden und aus ihnen herausdestillieren lasse. Der hochberühmte Satz, mit dem Schleiermacher seine „Pädagogischen Vorlesungen" beginnt: „Was man im allgemeinen unter Erziehung versteht, ist als bekannt vorauszusetzen" (Schleiermacher 1813/14, S. 36), und dem Flitner und Scheuerl hier offenbar folgen, läuft schlimmstenfalls auf eine Art Konsens-Erschleichung hinaus: Das „Pädagogische", das man nicht aussagen kann und auch nicht aussagen muß, weil es ohnehin als bekannt vorauszusetzen ist, wird sozusagen zu einem unsichtbaren Zeichen, das alle wahren Pädagogen an der Stirne tragen und woran sie sich gegenseitig erkennen.

- Zum anderen wird nicht hinreichend deutlich, daß dieses angeblich Gemeinsame, das den Fallskizzen und Phänomenen zugrunde liegt, in den Köpfen der Herausgeber lokalisiert ist: eine implizite Theorie, die die ausgewählten Beispiele strukturiert und verbindet und die in dem genannten Einführungswerk nur sparsam angedeutet ist, so daß, wer den systematischen Stellenwert der Beispiele verstehen will, eben doch wieder auf explizitere und systematischere Äußerungen zur Theorie von Erziehung verwiesen ist.

3. Der Weg über die spröden und abstrakten wissenschaftlichen Begriffe führt demnach ebenso ins Unwegsame wie der über die Anschaulichkeit der „Phänomene". Die Begriffe und Theoreme heutiger Erziehungswissenschaft sind ja nicht deswegen unverdaulich, weil sie abstrakt, sondern weil sie untauglich sind, weil sie einem Diskurs angehören, der nicht der Diskurs über Erziehung als Leben, als Praxis ist.

Es müßte auch anders gehen, und dies soll hier versucht werden: einen einfachen und, wie ich hoffe, unbestreitbaren theoretischen Gedanken über Erziehung zugrunde legen und diesen so anschauungsnah wie möglich entfalten. Der Gedanke ist der, daß es Aufgabe von Erziehung sein soll, Kinder und Jugendliche in die Welt, in das Leben in der Welt so einzuführen, daß sie imstande sind, ihr Leben zu leben, oder, etwas metaphorisch ausgedrückt, Kinder, Jugendliche und Menschen jeden Alters immer wieder neu und auf die je mögliche Art und Weise „zur Welt zu bringen" oder „in die Welt zu setzen".

Mit dem Ausdruck „zur Welt bringen" bzw. „in die Welt setzen" habe ich ein sprachliches Gleichnis, eine Metapher eingeführt, um das, was Erziehung leisten soll, zu bezeichnen. Ich bin mir des prekären Charakters solcher Gleichnisse bewußt: sie schließen auf und verhüllen zugleich (vgl. Scheuerl 1959).

Das Geburtshelfer-Gleichnis gehört – neben den Gärtner- und Bildhauer-Gleichnissen – zu den bevorzugten Metaphern traditioneller Pädagogik. Sokrates hat es geprägt, um seine philosophische Methode zu bezeichnen, Erkenntnisse durch Fragen auf den Weg zu bringen.

„Von meiner Hebammenkunst nun gilt im übrigen alles, was von der ihrigen (d. h. der der wirklichen Hebammen – G. B.); sie unterscheidet sich aber dadurch, daß sie Männern die Geburtshilfe leistet und nicht Frauen, und daß sie für ihre gebärenden Seelen Sorge trägt und nicht für Leiber. Das Größte aber an unserer Kunst ist dieses, daß sie imstande ist zu prüfen, ob die Seele des Jünglings ein Trugbild und Falschheit zu gebären im Begriff ist oder Fruchtbares und Echtes" (Platon, SW Bd. 4, S. 115).

Die Pädagogik hat immer wieder diese sokratische Methode der Maieutik für sich reklamiert (vgl. Derbolav 1954), auch z. B. in gewissen Spielarten reformpädagogischen Unterrichtens (Wagenschein 1968). Bei dieser Verwendung der Metapher von Geburt und Geburtshilfe entsteht leicht ein idealistisches Mißverständnis: als sei im Schüler eine Art präexistenten Wissens vorhanden, daß er nur durch die rechte Art zu fragen „entbunden" werden müsse (in reiner Form z. B. in Augustins De magistro).

Eine zeitgemäß-akzeptablere Auslegung der sokratischen Maieutik hat Sloterdijk (1988) gegeben: die sokratische „Geburtshilfe für die Seele wird dadurch wirksam, daß diese mit Hilfe von Widerlegungen und Beschämungen in eine ausweglose Lage gebracht wird, durch die sie in den Schwebezustand des Nichtwissens zurückfällt . . . Paradoxerweise kommt die Seele der Denkenden nur dann rein zur Welt, wenn sie in eine fötale Negativität versetzt wird . . . die Maieutik ist somit ein Fötalisierungsverfahren" (ebd., S. 86).

Auch die Metaphorik von Geburt bzw. Wiedergeburt zur Bezeichnung menschlicher Entwicklungsprozesse reicht zurück bis ins Altertum; sie findet ebenso in antiken Mysterienkulten (Burkert

1990) wie im Neuen Testament Verwendung (Nikodemus-Reden u. a.). Die (Wieder-)Geburtsmetaphorik der Mysterienkulte hat ihre Fortsetzung eher in bestimmten Anschauungen der modernen Psychotherapie gefunden und wirkt von dorther sozusagen auf Umwegen in die Erziehung hinein. Freud bezeichnet die Geburtsangst als das Vorbild späterer Angstsituationen – was einschließen würde, daß angstmachende Schwellensituationen aller Art als der Geburt verwandt und vergleichbar angesehen werden. Rank hat in seinem berühmten Buch „Das Trauma der Geburt" (1924) von der Geburtsmetaphorik reichlichen Gebrauch gemacht. Ausdrückliche Anknüpfungen an die alten Mysterienkulte finden sich in den psychotherapeutischen Anschauungen C.G. Jungs und seiner Schule (Jung 1935–55) wie auch in den sog. Neuen Therapien („rebirthing").

Ich benütze die Metapher hier, um ihren idealistisch-platonischen wie auch den esoterischen Konnotationen aus dem Wege zu gehen, nur in der sprachlichen Form „zur Welt kommen" bzw. „zur Welt bringen" oder „in die Welt setzen" (d. h. als Verb, nicht als Substantiv) und mache mir deren Doppelsinnigkeit zunutze: Aufgabe der Erziehung soll es sein, Kinder in die Welt zu setzen und zugleich die Welt in die Kinder, im Sinne eines von Schleiermacher wiederholt formulierten Gedankens: „Die Bestimmung des Menschen ist, die Welt in sich aufzunehmen und sich in der Welt darzustellen" (Schleiermacher 1813/14, S. 281) – und dieses Zur-Welt-Kommen bzw. -Gebracht-Werden soll zugleich etwas mit Hervor-Gebracht-Werden bzw. Sich-Selbst-Hervorbringen, einem Zu-Ende-Geboren-Werden zu tun haben, so daß Zur-Welt-Kommen immer zugleich bedeuten soll: auf eine neue Art Zu-Sich-Selber-Kommen.

Hier ist ein weiteres Mal auf Sloterdijks Ausführungen (1988) zu verweisen: er plädiert für eine Philosophie des „Geburtlichen" und meint dies genau in dem von uns intendierten Doppelsinn des Wortes: „daß Menschen, um zu einer Welt zu kommen, etwas anfangen müssen – ohne eigenes Anfangen keine Welt". Genau genommen geht es um ein „Sichanfangen": „Sichscharfmachen, wie eine Bombe; Sichzururaufführungbringen, wie ein noch nie gespieltes Stück" usw. (Sloterdijk 1988, S. 119)[1].

Dieser einfache Grundgedanke ist nach verschiedenen Seiten hin zu explizieren:

- Aufgabe von Erziehung sei es, die Kinder an die Gesellschaft „abzuliefern", hieß es schon bei Schleiermacher, und diese gesellschaftsbezogene Bestimmung von Erziehung hat sich in der jüngsten Entwicklung erziehungswissenschaftlicher Zielbestimmungen auf breiter Front durchgesetzt – zum Schaden des Verständnisses, wie ich meine. „Welt" ist mehr als „Gesellschaft"; sie ist vielschichtiger; sie umfaßt die natürlichen Ressourcen (neuerdings das Thema der „Ökopädagogik") ebenso wie die kulturellen Muster, die unser Leben bestimmen; sie ist darüber hinaus das Insgesamt aller Kulturen, der Globus, das „Raumschiff Erde", das in die Verantwortung des Menschen gegeben ist (Dreier 1983, Henz 1991 b); sie ist einerseits das Objektive, die Subjektwillkür Begrenzende, die „Realität" (Freud 1911), anderseits die Gesamtheit subjektiver „Lebenswelten". Kinder zur Welt bringen soll heißen, sie in diesen hochkomplexen Zusammenhang einführen.

[1] Sloterdijks Buch – an dieser Stelle sei es dankbar vermerkt – hat, in Verbindung mit einer Würzburger Diplomarbeit von Koch (1992), die den pädagogischen Gehalt der Gedanken Sloterdijks zu erschließen sucht, den ersten Anstoß zu den hier vorliegenden Überlegungen gegeben, die sich dann freilich doch in vieler Hinsicht in eine ganz andere Richtung entwickelten.

- Immer geht es um Menschen, um Subjekte in der Welt. Zur Welt kommen bedeutet für das Kind immer beides zugleich: in die Welt eintreten und sich als Subjekt konstituieren. Erziehung als Praxis hilft bei der Konstitution des Subjekts; Pädagogik als Wissenschaft reflektiert die Bedingungen ihrer Möglichkeit: z. B. die Bedeutung der frühen Elternbeziehungen, des Gehen- und Sprechenlernens, des Erwerbs der Schrift- und der kulturellen Symbolsysteme für das „Selbstwerden des Kindes" (Bittner 1981 b).
- Die Stimme der von Erziehung betroffenen Subjekte wird in den meisten erziehungswissenschaftlich-systematischen Entwürfen diskret übergangen. Der Sozialpsychologe Hellpach, stets gut für unkonventionelle Fragestellungen, stellte vor vielen Jahren ein Buch zusammen „Erzogene über Erziehung" (Hellpach 1954). Wie einer zur Welt gekommen ist und immer noch kommt, wie er von seinen Erziehern zur Welt gebracht oder am Zur-Welt-Kommen gehindert worden ist – das erfahren wir am besten von ihm, dem betroffenen Subjekt selbst. Darum ist eine Pädagogik, die Erziehung als „zur Welt bringen" bestimmt, stets bezogen auf die autobiographische Perspektive.
- Eine Pädagogik, die beschreiben will, wie Kinder „zur Welt kommen" und welche Geburtshelferdienste ihnen Erwachsene dabei leisten können, konkretisiert sich als Pädagogik der Lebensalter: jede Lebensphase, vom Säugling bis zum Moribunden, hat ihre eigene Entwicklungsaufgabe, ihre je eigenen Möglichkeiten und Notwendigkeiten, mit der Welt und mit sich selber in dieser Welt zurechtzukommen, und ist dabei auf je unterschiedliche Weise auf die Ermöglichung der notwendigen Schritte durch die Mitmenschen angewiesen.
- Die Welt und das eigene Leben, das in dieser Welt zu führen ist, haben beide eine Tiefendimension von Unauslotbarem, der sprachlichen Setzung sich Entziehendem, tendenziös vom Bewußtsein Ferngehaltenem und Verdrängtem. Der Diskurs über Erziehung ist seit alters her ein bevorzugtes Feld der Schönfärberei, der Unterdrückung der Wahrheit. Zu diesen drastischen Wahrheiten beispielsweise gehört, allen rosaroten Sonntagsreden über Erziehung als Unterstützen und Fördern und pipapo zum Trotz, der Satz von Zulliger: „Wir erziehen unsere Kinder, um sie nicht totschlagen zu müssen" (Zulliger 1960, S. 250). D. h., wir erziehen, genau besehen, aus reinem Selbsterhaltungstrieb, damit uns die Kinder nicht über den Kopf wachsen. Die Welt, zu der uns die Kinder bringen, das sind auch wir selbst, mit allen unseren eigensüchtigen und weniger edlen Motiven. Auch diese dunkleren, „verdrängten" Facetten hätte eine Pädagogik des Zur-Welt-Bringens zu beschreiben; indem sie das tut, sich auf die Analyse der Dunkelstellen, des Abgewehrten und Ferngehaltenen einläßt, wird sie notwendig zur psychoanalytischen Pädagogik.

4. Das beinhaltet für den vorliegenden Zusammenhang zweierlei:

- Erziehungspraxis ebenso wie pädagogisch-theoretische Reflexion können nur subjektiv, aus der eigenen Lebenserfahrung geschöpft sein: wie Pestalozzi suchte, aus der Analyse der Erfahrungen seines persönlichen Scheiterns „ins Licht zu setzen", wie der Mensch, „ohne wie ich darin zu versinken", sich durch das „Kot der Welt" hindurcharbeiten könnte (Pestalozzi, Briefe, Bd. 3, S. 300). In der Spur Pestalozzis, der über sein eigenes Leben reflektierend zu pädagogischen Aussagen kam, soll – im Sinne einer aktualisierten Lebensphilosophie (Fellmann 1993) – die eigene Lebens- und Selbsterfahrung zum Ausgangspunkt pädagogischer Reflexion werden.

Alle pädagogische Reflexion basiert auf subjektiver Lebenserfahrung, und die Aufgabe wäre es nach dem hier vertretenen Verständnis, diese subjektive Seite ebenso selbstverständlich und unbefangen, wie Pestalozzi es tut, zu Wort kommen zu lassen. Wer über Erziehung reflektiert, sollte den Punkt seiner persönlichen Berührt- und Bewegtheit offen legen.

- Dies legt eine neue Art der Lektüre und Vergegenwärtigung pädagogischer Klassiker nahe. Es läßt sich eine Reihe von Klassikern bilden, die dieses persönliche Ringen mit Welt und Leben als Grund ihres pädagogischen Nachdenkens ausdrücklich benannt haben, angefangen von Augustin über Luther und Montaigne bis hin zu Rousseau, Pestalozzi und Fröbel. Im Zeichen der Professionalisierung des Pädagogischen hat sich diese Spur weithin verloren, schon die Reformpädagogen kennen sie kaum mehr. Nachklänge sind beispielsweise noch bei Janusz Korczak zu finden.

Mein Anliegen ist es, die Aneignung dieser pädagogischen Traditionslinie lebendig zu erhalten und neu zu vergegenwärtigen: daß es Menschen gab, die von einem höchstpersönlichen Problem bewegt anfingen, über sich selbst in der Welt zu reflektieren und bei denen sich diese Bewegung der Selbstreflexion ins Pädagogische wandte. Letzten Endes freilich geht es nicht um Vergegenwärtigung von Vergangenem, sondern um Fortsetzung dieser Traditionslinie in die Gegenwart und Zukunft hinein: der Diskurs über Erziehung soll auch heute und zukünftig allen objektivistischen Tendenzen der sogenannten „Erziehungswissenschaft" zum Trotz der Diskurs von Menschen sein, welche die eigene Lebenserfahrung, auch die Erfahrung eigenen Versagens und Scheiterns, zum Ausgangspunkt für Überlegungen nehmen, wie man sich durch das „Kot der Welt" hindurcharbeiten und der nachwachsenden Generation dabei helfen kann, nicht in alle Löcher zu fallen, in die man selber im Laufe seines Lebens hineingefallen ist.

I. Grundbegriffe

Die Welt, in die Kinder „gesetzt" werden

> Wir lernen, uns in der Welt zurechtzufinden, und wir helfen anderen dabei, es zu lernen. Wir lernen es auf vielerlei Art, und wir helfen dabei auf vielerlei Art. Aber um es von Grund auf zu lernen oder um sichere Hilfe zu geben, müßten einer Bescheid wissen, wie im ganzen die Welt beschaffen und wie überhaupt in ihr zu leben ist.
> Rüdiger Bittner 1983

1. Ein modernes Märchen

Antoine de Saint-Exupéry erzählt die Geschichte vom „Kleinen Prinzen", der Symbolgestalt des Kindes schlechthin: als der Erzähler mit dem Flugzeug eine Panne hatte und in der Wüste Sahara notlanden mußte, stand plötzlich ein seltsames Kind neben ihm: „Bitte . . . zeichne mir ein Schaf!" (Saint-Exupéry 1979, S. 9).

Nach und nach erfährt er die ganze Geschichte. Der kleine Prinz kommt von einem winzigen Planeten, von dem er geflohen ist, weil ihn seine geliebte Blume schlecht behandelt hat. Er zieht hinaus in die Welt und besucht zuerst die benachbarten Asteroiden, „um sich zu beschäftigen und um sich zu bilden" (ebd., S. 34): auf dem ersten der Asteroiden wohnt ein König, auf dem zweiten ein Eitler, auf den weiteren ein Säufer, ein Geschäftsmann, ein Laternenanzünder, ein Geograph. Sie sind Repräsentanten der „großen Leute", die eingesperrt sind in ihre beschränkten Welten und die der kleine Prinz allesamt „sehr, sehr verwunderlich" findet (ebd., S. 43).

So kommt er schließlich auf die Erde. Er begegnet der Schlange: „Du tust mir leid auf dieser Erde aus Granit, du, der du so schwach bist" (ebd., S. 58). Er sieht die fünftausend Rosen und muß lernen, daß „seine" Rose, von außen betrachtet, keineswegs einzigartig auf der Welt ist. Erst nachdem er den Fuchs gezähmt und zum Freund gemacht hat, versteht er, daß seine Rose dennoch einzigartig ist: „Die Zeit, die du für deine Rose verloren hast, sie macht deine Rose so wichtig" (ebd., S. 72). Nachdem der kleine Prinz das alles gelernt und begriffen hat, zieht es ihn wieder zurück auf seinen Heimatstern, zu seiner Rose. Die Schlange, die ihn mit ihrem Biß tötet, befreit ihn von seinem Erdenleib, den er nicht mitnehmen kann auf die Planetenreise.

Der kleine Prinz, das „ewige Kind", der Archetypus des Kindes sozusagen, kommt zur Welt: zu den Separatwelten der Erwachsenen, der „großen Leute" – alle Kinder werden in solche Separatwelten hineingeboren – und zur Welt schlechthin, der großen Welt mit ihren „hundertelf Königen, . . . siebentausend Geographen, neunhunderttausend Geschäftsleuten . . ." (ebd., S. 56). Saint-Exupéry gestaltet hier ein uraltes platonisch-gnostisches Motiv: die Seele ist rein wie ein neugeborenes Kind; sie kommt von einem fremden Stern. Sie nimmt den Erdenleib an und muß ihn als Hülle zurücklassen, wenn sie wieder zurückkehrt in

Der kleine Prinz kommt „zur Welt"
aus: A. de Saint-Exupéry, Der kleine Prinz

ihre Sternenheimat. Die pädagogische Botschaft der Geschichte besagt, daß das Kind als das Fremde, das ganz Andere in unsere Welt kommt, in die Separatwelten der Menschen, auf die es angewiesen ist, und in die große, die gemeinsame Welt. Es kommt in die Wüste, in die Einsamkeit. Es erweist sich als zu schwach für diese Erde von Granit. Entweder stirbt es ab und kehrt in seine jenseitige Heimat zurück, oder es wechselt über in das Lager der großen Leute, die seelisch tot sind – auch dies eine Form des Absterbens. Das Thema des „ewigen Kindes", das an dieser Erde von Granit scheitert, hat Saint-Exupéry in verschiedenen Zusammenhängen beschäftigt: in jedem Kind, sagt er einmal, wohnt der Genius Mozarts. „Das Kind Mozart ist, wie alle anderen, vom Hammer zerbeult . . . Mich bedrückt, daß in jedem . . . Menschen etwas von einem ermordeten Mozart steckt" (Saint-Exupéry 1986, S. 190).

Drewermann hat eine tiefenpsychologische Deutung des kleinen Prinzen vorgelegt, in der das Problem, um das es hier geht, das Nicht-zur-Welt-Kommen-Können des kleinen Prinzen, zwar bemerkt, aber nicht gründlich genug ins Auge gefaßt wird. Drewermann ist aufgefallen, daß die „‚großen Leute'" in dem Märchen nur als „verlorene Kreaturen" geschildert werden, die der kleine Prinz „‚sonderbar'" findet (vgl. Drewermann 1985, S. 35). Er bringt dies zutreffend damit in Verbindung, daß in der Gestalt des kleinen Prinzen „eine wehmütige Rückerinnerung an allzu früh Zerstörtes sich verdichtet" (ebd., S. 36). Was aber nicht hinreichend deutlich zur Geltung gebracht wird, ist der Umstand, daß das „göttliche" (ebd., S. 15) und „archetypische" (vgl. ebd., S. 108, Fußnote 15) Kind von seiner ganzen Konzeption her, vielleicht schon bei C.G. Jung (Jung 1940, S. 163 ff.) eigentlich nicht als Werdendes angelegt ist, das zusammen mit seiner Welt erst noch geboren werden soll.

Die pädagogische Frage müßte also lauten, ob das Zur-Welt-Kommen anders und weniger katastrophal geschehen kann – dergestalt, daß der kleine Prinz nicht in einer Wüste landet und alsbald in seine jenseitige Heimat zurückverlangt, sondern daß er von freundlichen und hilfreichen Händen in die Welt „gesetzt" wird?

Zur Welt kommen im hier gebrauchten Verständnis des Wortes will besagen: zu vielen Welten kommen – der Mutterwelt des Säuglings, der Familien- und Nahraumwelt des kleinen Kindes, der Welt der kognitiven Symbole, in die die Schule einführt usw. In diese aufeinanderfolgenden Welten hinein- und zu gegebener Zeit wieder herauszukommen, bis zum letzten Aus-der-Welt-Gehen im Tod – das nennen wir: sein Leben leben. Das Kind durchlebt die Folge seiner „Welten" – und, anders als der kleine Prinz, der fix und fertig, in Mütze und Schal verpackt, vom Himmel fällt – indem seine Welt wird, wird es zugleich selbst. Erziehen heißt, bei diesem Prozeß der Subjekt- und Weltgenese, der „Bildung des Selbst im Realititätskontakt" (Schäfer 1981, S. 119), Geburtshelferdienste leisten, eben das Kind „zur Welt bringen" bzw. in die Welt „setzen".

2. „Zur-Welt-Kommen" in der vormodernen Zeit

Unter dem Ancien régime, d. h. der Zeit etwa bis zur Französischen Revolution (vgl. Ariès 1975, S. 561 f.), gestaltete sich das Zur-Welt-Kommen des Kindes einfach bzw. man stellte es sich einfach vor: die Welt ist das Gegebene; sie ist gebildet von den „in ihren Realverbindungen feststehenden Naturlagen der Gegenstände" (Pestalozzi 1779/80, S. 266). Der Mensch soll in konzentrisch sich erweiternden Kreisen in seine Lebensverhältnisse hineinwachsen, die „Realkentniß wirklicher Gegenstände" (ebd., S. 267) erwerben und sich nicht auf das „tausendfache Gewirr von Wortlehren" einlassen.

„Der Kreis des Wissens, durch den der Mensch in seiner Lage gesegnet wird, ist enge, und dieser Kreis fängt nahe um ihn her, um sein Wesen, um seine nahesten Verhältnisse an, dehnt sich von da aus, und muß bei jeder Ausdehnung sich nach diesem Mittelpunkt aller Segenskraft der Wahrheit richten" (ebd., S. 266).

Nach den Erschütterungen der Französischen Revolution, nach seiner persönlichen Erfahrung des Scheiterns und wohl auch unter dem beginnenden Einfluß der Kantischen Philosophie sah Pestalozzi das Verhältnis des heranwachsenden Menschen zur Welt komplizierter: tierischer, gesellschaftlicher und sittlicher Zustand, den Lebensphasen des Kindes, des Lehrlings, des erwachsenen Mannes entsprechend, konstituieren je eigene Weltverhältnisse: der „thierischen Begierlichkeit" (Pestalozzi, 1797, S. 9) erscheint die Welt als Quelle des Sinnengenusses; der gesellschaftliche Mensch sieht sie unter dem Gesichtspunkt seiner Standesinteressen: „Der König kennt keine Wahrheit gegen sein Kronrecht, der Schneider keine gegen sein Nadelrecht" (ebd., S. 128); im sittlichen Zustand hingegen finde ich die Kraft in mir, die Dinge dieser Welt „unabhängig von der Selbstsucht meiner thierischen Natur und meiner gesellschaftlichen Verhältnisse, gänzlich nur in dem Gesichtspunkt ihres Einflusses auf meine innere Veredelung" vorzustellen (ebd., S. 123). In diesen Worten drückt sich Pestalozzis Abschied vom naiven Realismus der „alten Welt" aus. Die Welt – das ist nicht mehr etwas schlechthin Gegebenes: wie sie mir erscheint, hängt wesentlich von meinem Zustand, von meiner inneren Verfassung ab.

Diese Entwicklung spiegelt sich auch in zwei wichtigen Bilder-Büchern für Kinder wider, in denen diese unter je unterschiedlichen Vorzeichen an die Welt herangeführt werden sollen. Comenius gestaltete seinen „Orbis sensualium pictus" (1659) lange vor Pestalozzi. Hier erscheint die Welt als das Gegebene und von Gott Geschaffene; der Mensch ist in der Welt vorhanden wie alles andere. „Moderner" ist die Konzeption von Fröbels „Mutter- und Koseliedern" (1844): hier wird, im Sinne der romantischen Identitätsphilosophie (vgl. Bollnow 1977, S. 178), das Kind als in Entsprechung zur Welt und das bedeutet zugleich: der Welt gegenüber gedacht.

Der Knabe und sein Lehrer
aus: J. A. Comenius, Orbis sensualium pictus

2.1 Im „Vortrag" (d. h. Vorwort) erläutert Comenius sein Programm: eine „wahre, eine vollkommene, eine klare und eine feste Kunstlehre" will er geben. „Wahr wird sie sein, wenn nichts, als was zum Leben nützlich ist, gelehret und gelernet wird, damit man nicht nachmals Ursach habe zu klagen: Wir wissen nicht, was notwendig zu wissen ist, weil wir nicht notwendig gelernet" (Comenius 1659, S. 62).

Die Einleitungstafel zeigt den Knaben und seinen Lehrer. Zwischen beiden wird der folgende Dialog geführt:

„Lehrer: Komm her, Knab, lerne klug sein.
Schüler: Was ist das, klug sein?
Lehrer: Alles, was nötig ist, recht verstehen, recht tun, recht reden.
. . .
Ich will dich führen durch alle Dinge,
ich will dir zeigen alles;
ich will dir benennen alles . . ..
Vor allen Dingen mußt du lernen . . . die menschliche Rede . . . Darnach wollen wir gehen in die Welt und wollen beschauen alle Dinge" (ebd., S. 69).

Es geht also darum, das „Notwendige" zu lernen: alles, was man braucht, um die Welt zu verstehen und in der Welt zu leben, ein gottgefälliges Leben führen zu können. Dazu ist es nötig, alle wichtigen „Weltdinge und Lebensverrichtungen" mit den „Lehrlingen zu durchwandern" (ebd., S. 62) – als da sind: Gott und die Welt, die Elemente und Minerale, die Pflanzen und Tiere, der Leib und die Seele des Menschen, die Geräte der Menschen, ihre Künste, Wissenschaften und Handwerke der Menschen. Alles soll in Bildern gezeigt, in Worten benannt und in den

Die äußerlichen Glieder des Menschen
aus: J. A. Comenius, Orbis sensualium pictus

wichtigsten Sprachen erklärt werden. So heißt das Buch mit seinem vollständigen und umständlichen barocken Titel:

> „Die sichtbare Welt
> das ist:
> Aller vornehmsten Weltdinge
> und Lebensverrichtungen
> Vorbildung und Benamung" (ebd., S. 55).

Die gezeigten Dinge und Verrichtungen sollen den Kindern so nahe wie möglich gebracht werden: nicht nur die Bilder im Buch sollen ihnen gezeigt werden, sondern möglichst auch die Sachen selbst, z. B. ihre Leibes-Glieder und Kleider. Es soll ihnen nach dem Willen des Verfassers möglichst in natura gezeigt werden, was das Buch nicht zeigen kann: z. B. die Farben der Dinge (die Bilder im Buch sind schwarz-weiß), ihr Geruch und Geschmack.

Die Elementarschule, für deren Gebrauch das Buch gedacht ist, soll nach dem Willen Comenius' „ein wahrhaftiger Schauplatz der sichtbaren Welt und der Verstandschulen Vorspiel sein" (ebd., S. 64). Die ganze Welt kommt in diesem Buch zum Kind. Natur und Kultur machen keinen prinzipiellen Unterschied: es ist genau so wichtig, die Mineralien zu kennen, wie es wichtig ist zu wissen, was ein Schiffbruch ist. Aber das Kind als aufnehmendes, der Welt gegenüberstehendes Subjekt kommt in dem Buch noch nicht vor: über seinen Leib und seine Seele wird es ebenso belehrt wie über die sonst in der Welt vorkommenden Dinge.

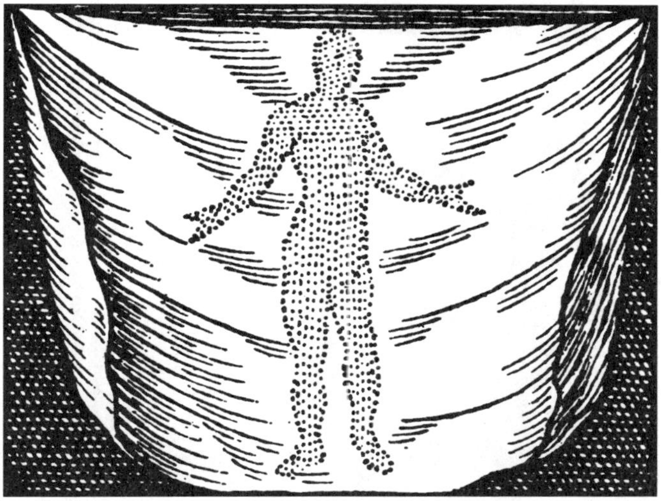

Die Seele des Menschen
aus: J. A. Comenius, Orbis sensualium pictus

2.2 Ein in der Absicht ähnliches, in der gedanklichen Konzeption hingegen recht unterschiedliches Bilderbuch von der Welt (für kleinere Kinder) hat Fröbel in seinen „Mutter- und Koseliedern" (1844) gestaltet. Die Welt wird dem Kind vor Augen gestellt als ein Zusammenhang von polar aufeinander bezogenen Gegensätzen: Sonne und Mond, männlich und weiblich, Kugel und Quader (Titelbild).

Frontispiz
aus: F. Fröbel, Mutter- und Koselieder

Vor allem ist es die Polarität von Kind und Welt, Innen und Außen, auf welche die Konzeption des Buches gegründet ist: das Thema beispielsweise der Tafel „Das Thurmhähnchen" ist aber die bewegende, unsichtbare Kraft des Windes: er bewegt das Windrad und die Fahne, die Baumwipfel und den Wetterhahn auf dem Kirchturm, die Wäsche auf der Leine und den Drachen, den die Kinder steigen lassen. Aber wie außen, so innen: eine entsprechende Kraft, wie sie unsichtbar in der Welt wirkt, kann das Kind in seinem eigenen Tun erfahren:

> „Wie das Hähnchen auf dem Thurme,
> Sich kann dreh'n im Wind und Sturme,
> Kann mein Kind sein Händchen wenden,
> So sich neue Freuden spenden" (ebd., S. 29).

Und noch allgemeiner ausgedrückt in der Anweisung an die Mutter:

> „Soll Dein Kind das Thun von etwas Anderm fassen,
> Muß Du es ein Gleiches selbst ausführen lassen" (ebd., S. 29).

Ähnlich aufgebaut sind viele andere Tafeln: „Der Steg" (ebd., S. 64) z. B. oder „Das Gartentor" (ebd., S. 66), das eine Bach- bzw. Gartenlandschaft zeigt und die Aufforderung an das Kind richtet, mit seinen Händen Entsprechendes zu gestalten:

> „Auch Getrenntes zu verbinden,
> Laß das Kind im Spiele finden, . . ." (ebd., S. 64).

Hinter diesem pädagogischen Konzept steckt die romantische Philosophie, die vor allem in den berühmten Einleitungssätzen zu Fröbels Hauptwerk, der „Menschenerziehung" (1826), zum Ausdruck kommt:

> „In allem ruht, wirkt und herrscht ein ewiges Gesetz; es sprach und spricht sich im Äußern, in der Natur, wie im Innern, in dem Geiste, und in dem beides Einenden, in dem Leben immer gleich klar und gleich bestimmt dem aus, den entweder von dem Gemüte und Glauben aus die Notwendigkeit erfüllt, durchdringt und belebt, daß es gar nicht anders sein kann, oder dem, dessen klares ruhiges Geistesauge in dem Äußern und durch das Äußere das Innere schaut, und aus dem Wesen des Innern das Äußere mit Notwendigkeit und Sicherheit hervorgehen sieht" (Fröbel 1826, S. 5).

Bollnow hat als den philosophischen Hintergrund die romantische Identitätsphilosophie Schellings aufgewiesen:

> „Schellings Einfluß jedenfalls muß ungeheuer gewesen sein. ‚Was ich in diesem Buche las', schreibt Fröbel später, ‚regte mich gewaltig auf; ich glaubte es zu verstehen'" (nach Bollnow 1977, S. 19).

Comenius und Fröbel: vor und nach der Umwälzung, die mitten durch Pestalozzis Leben hindurchging. War bei Comenius der Mensch mitsamt seiner Seele sozusagen ein vorzeigbares und abbildbares Ding, das in der auf Gott hingeordneten Welt vorkommt wie andere Dinge auch, so ist bei Fröbel das Innen des kleinen Kindes polar dem Außen der Welt entgegengesetzt, wenn auch durch die Identität des alles durchwirkenden, ewigen Gesetzes zugleich aufs Engste verbunden. Das Kind kommt nicht einfach nur in der Welt vor, es hat die Aufgabe, „das eigene Selbst in sich zu fühlen und außer sich darzustellen, wie das Äußere in sich aufzu-

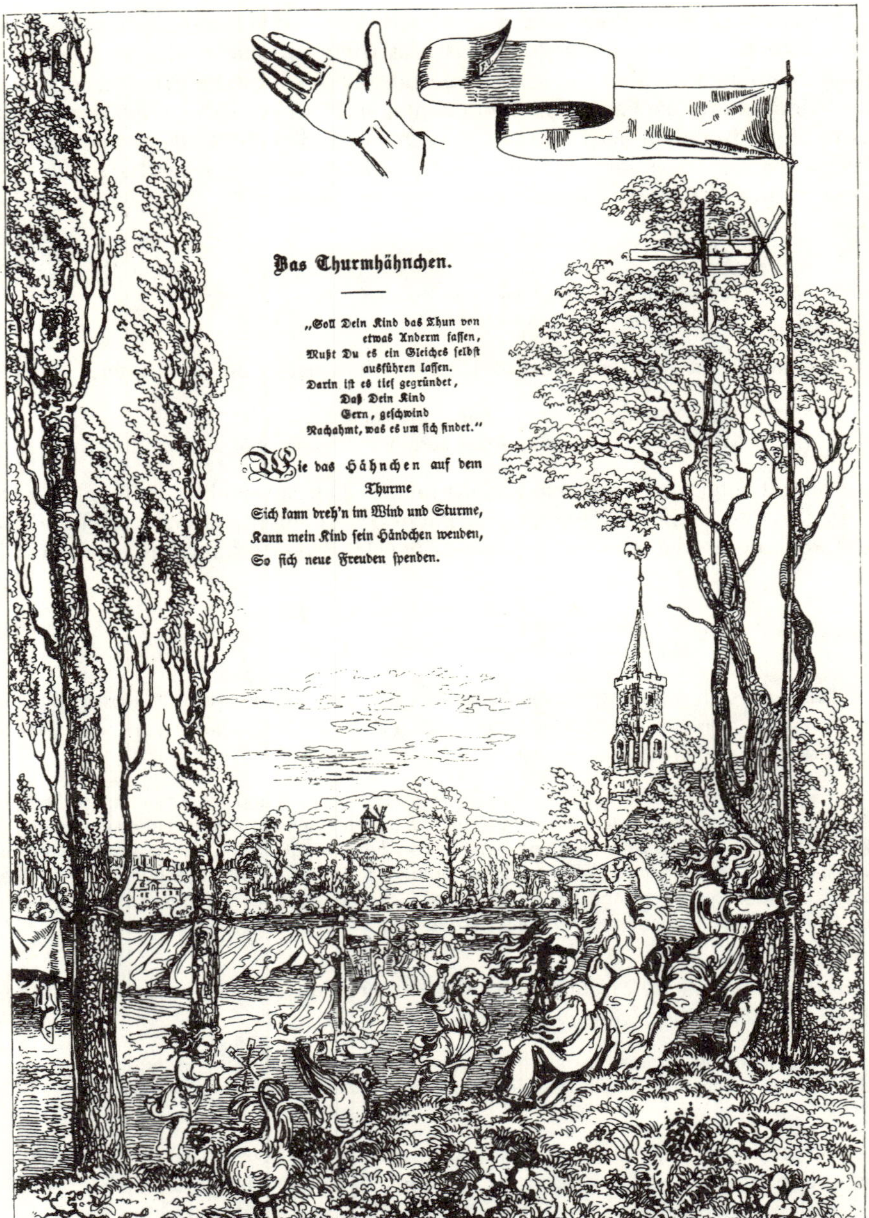

Das Thurmhähnchen
aus: F. Fröbel, Mutter- und Koselieder

nehmen, als Eigenes zu durchschauen und wieder zu gestalten, wie ein gesunder Baum die Mannigfaltigkeit . . . in sich aufnimmt, sie seinem Wesen und Gesetz getreu verarbeitet und in Laub, Blüte und Frucht aus sich wieder heraus gestaltet" (Fröbel 1844, S. 90).

3. Konzeptionen von der Welt heute

3.1 Zusammenhanglose oder hermetische Welt?

Wie stellt sich die Welt heute dar, in die wir die Kinder „setzen" sollen? Stellen wir zwei extreme Philosophenpositionen gegeneinander: „Die Welt ist alles, was der Fall ist" (Wittgenstein 1984, I, S. 11) - und: „Welt kann . . . als das Eine eines ‚Geistes' bezeichnet werden, der alles durchweht und aus allem spricht" (Rombach 1991, S. 47).

Zur Welt im Wittgensteinschen Sinn gehört alles, was vorkommt: ein Lottogewinn, eine Krebserkrankung, Streit mit Kollegen, das Fahren in der Straßenbahn. Alles das ist manchmal der Fall. Der Fall ist hier nicht weit entfernt vom Zu-Fall: die Welt – das ist alles, was geschieht, was mich betrifft oder auch nicht, eine zusammenhanglose Aneinanderreihung von Ereignissen, eine fremde, mir nicht wesens- und seelenverwandte Welt.

Von dieser regel- und zusammenhanglosen Wittgenstein-Welt scheinen die Philosophen heute wieder abgerückt zu sein:

> „Der wichtigste Grund gegen ‚Die Welt ist alles, was der Fall ist' dürfte sein, daß die Dinge, die da der Fall sind, untereinander nicht zusammenhängen. Die Folge zieht Wittgenstein ja ausdrücklich: ‚Eines kann der Fall sein oder nicht der Fall sein und alles übrige gleich bleiben' (Tractatus 1. 21). Und man braucht jetzt kein Freund von Heideggerschen Bewandtniszusammenhängen zu sein, um das ziemlich abenteuerlich zu finden. Denn die meisten Leute wollen schon gerne solche Sachen sagen wie: Die Straße ist naß, weil es geregnet hat; und es scheint zumindest, als erlaubte Wittgenstein einem das nicht und als forderte er zu sagen: wenn die Straße naß ist, so ist sie es, ob es geregnet hat oder nicht. Nun kann man versuchen zu zeigen, daß Wittgenstein das tatsächlich nicht fordert, oder zu zeigen, daß es entgegen dem Anschein ganz vernünftig ist, das zu fordern. Aber welche Strategie man hier auch verfolgt, man hat einen schweren Stand. Deshalb ist das eine Sache für philosophische Bastler geworden, nicht etwas, wovon man geradewegs überzeugt ist.
>
> Normalerweise denken die Leute, die heute schreiben: Es gibt Dinge in der Welt (nicht nur Tatsachen, gegen Tractatus 1. 1), sie haben Eigenschaften, es geschieht etwas mit ihnen, die Geschehnisse stehen miteinander in Zusammenhang, insbesondere ursächlichem. Wittgenstein ist philosophisch ein Asket (übrigens auch im Leben), heute sind die Leute viel weniger karg. Damit wird freilich alles auch weniger übersichtlich. Sätze der Form: Die Welt ist . . . , schreibt heute niemand" (R. Bittner 1994, briefliche Mitteilung).

Ein weiterer Einwand gegen Wittgensteins Tractatus-Welt geht ins Pädagogische:

> „Wollen wir eigentlich Leute nur zu dem bringen, was der Fall ist? sie nur in das setzen, was einmal so ist . . .? Ich will auf Phantasie hinaus: Erzieher wollen auch, daß Kinder lernen, sich einfallen zu lassen, was nicht der Fall ist . . . Wenn man also für Phantasie einen Platz einräumen will, muß man entweder die Rede vom ‚zur Welt bringen' als zu eng preisgeben: Erziehen heißt nicht nur zur Welt, sondern auch über sie hinaus bringen. Oder man muß Wittgensteins Beschränkung der Welt auf das, was ist, zurückweisen" (R. Bittner 1995, S. 4 f., briefliche Mitteilung).

Das diametral entgegengesetzte Verständnis von Welt repräsentieren Heidegger und seine Nachfolger wie z. B. Rombach. Der aussagekräftigste Satz von Heidegger, den ich gefunden habe, ist leider zugleich ein echtes Heidegger-Kauderwelsch:

„Das Worin des sich verweisenden Verstehens als Woraufhin des Begegnenlassens von Seiendem in der Seinsart der Bewandtnis ist das Phänomen der Welt" (Heidegger 1927, S. 86).

Heidegger meint, in unserem Leben haben wir es nicht zunächst mit bloßen Dingen zu tun, die dann sich als irgendwie nützlich erweisen, sondern umgekehrt, die Zusammenhänge von dienlich sein für, übrigbleiben von, an die und die Stelle gehören, dort und dort hinführen und so weiter, machen das aus, womit wir zu tun haben – das ist Seiendes in der Seinsart der Bewandtnis. Und wir verstehen Dinge grundsätzlich aus ihrer Stelle in solchen Bewandtniszusammenhängen – das heißt, wir lassen Seiendes von dieser Seinsart begegnen. Der Horizont dieses Verstehens (sein „Worin") ist Welt, wie wir sie erfahren – das bedeutet der Ausdruck „das Phänomen der Welt".

Der Gegensatz zu Wittgenstein hat darin seine Spitze, daß Wittgensteins Tatsachen, das, was der Fall ist, eine nur neben der anderen vorkommen, während Heidegger darauf besteht, daß es unzusammenhängende Dinge oder Tatsachen in unserer Erfahrung überhaupt nicht geben kann. Wir stehen immer schon in einem Geflecht. Platter gesagt, wenn wir erklären wollen, was los ist, kommen wir immer vom Hundertsten ins Tausendste.

Grundlegend anders als Wittgenstein, aber unterschieden auch vom frühen Heidegger ist die hermetische Welt Rombachs: in dieser „ist alles mit allem so verwoben, daß überall dieselbe Identität aufblitzt. Jedes Ding dieser Welt trägt das Signum des Ganzen, den Stempel dieses Geistes und ist, obwohl ein Teil mit dem Ganzen in seinem Lebenswert identisch . . ." (Rombach 1983, S. 130). Hermetik, sagt Rombach, ist überhaupt nichts anderes als die „Lehre von der Eigenständigkeit der Welten" (ebd., S. 158).

Vom frühen Heidegger unterscheidet sich das dadurch, daß dessen Welt nicht hermetisch ist. Sie hat überhaupt keinen Abschluß, sondern ist wie der Horizont, an den man ja nie kommt. Rombach hat seinen Anhaltspunkt in dem Heidegger des Aufsatzes „Der Ursprung des Kunstwerks" (1936). Dort versammelt sich etwa in dem griechischen Tempel die Welt, zu der er gehörte, und das ist dann eine „hermetische" Welt: denn neben der Akropolis liegt die Athener Innenstadt und hat nichts damit zu tun. Die Welt ist die sich öffnende Offenheit der weiten Bahnen der einfachen und wesentlichen Entscheidungen im Geschick eines geschichtlichen Volkes. Das vielleicht leise Faschistische an dieser Heidegger-Formulierung einmal beiseite gestellt – worauf es mir ankommt, das ist: eines geschichtlichen Volkes –, denn damit haben wir die „eigenständigen" und hermetischen Welten.

Rombach nennt als Beispiel einer solchen Welt einen gotischen Dom, den man nicht nur als Kunstwerk sehen, sondern in seiner Weltstruktur erfassen muß, um ihn wirklich zu verstehen.

„Die Gliederung der Hochschiffwand zeigt deutlich drei Zonen: die Arkadenfolge der tragenden Pfeiler, die Zone des Triforiums, hinter der sich nur das Dach der Seitenschiffe befindet, so daß sich an dieser Stelle keine Fensteröffnungen nach außen befinden können, zuletzt und zuhöchst der Lichtgaden, durch den die Lichtflut von oben her in den gotischen Sakralraum hereinstürzt. Diese Dreischichtung entspricht einer Denkform der damaligen Zeit und damit der Dreischichtung der damaligen Welt. – Die mittelalterliche Welt ist in die Stände der geistlichen Obrigkeit, der weltlichen Obrigkeit und des gemeinen Mannes geteilt. Die weltliche Obrigkeit hat kein eigenes

Licht, sondern faßt nur zusammen, gibt Festigkeit und Einheit . . . Das ganze Licht für die weltliche wie die geistliche Ordnung wird durch die theologische Sinndeutung beigebracht. – In analoger Weise ist der Mensch dreigeschichtet: Leib, Seele und Geist bilden eine festgefügte Einheit, die ihr Licht von oben und ihre Standfestigkeit von unten her erhält . . .

Die gotische Kathedrale ist ein Raumbild von Zeit und Ewigkeit. In ihr umhergehend, erging sich der Mensch der damaligen Zeit ein angemessenes Verständnis seiner Existenz. Ja er bewegte seine Existenz real in der einzig wesentlichen Richtung" (ebd., S. 159 f.).

Nicht nur Werken der Kunst und Kultur sollen diese Art von Welt-Charakter eigen sein, sondern auch dem einzelnen Menschen oder Dingen, Orten und Gegenden. „Es ist denn auch mit gutem Grund von ‚Hochgebirgswelt', von ‚Inselwelt' die Rede" (ebd., S. 158 f.).

Ich schreibe diese Gedanken in meiner Insel-Welt nieder, meinem Refugium auf der Nordseeinsel. Was hier die Seele zu sich selber kommen läßt, ist in der Tat der besondere Welt-Charakter: Wolken, Wellen und Wind, heiße Füße nach dem Wattlaufen, das Fehlen von Autos. Die optischen Eindrücke gehören ebenso dazu wie die vegetative Umstimmung durch das „Reizklima". So komme ich jedes Mal von meiner Insel als ein etwas anderer Mensch zurück, bin auf angenehme Weise aus meiner Alltagswelt heraus in eine andere Welt gefallen. Das Fremdsein nach der Rückkehr, das Abstandbekommen gehört zum Erholungswert wesentlich dazu.

Aus der Sicht Rombachs ist diese Welt auch nichts Fertiges, in das die Kinder dann bloß noch eingeführt werden müßten. Jede Welt ist eine Neuschöpfung: sie „geht auf" und flacht schließlich wieder ab auf eine Ebene der Selbstverständlichkeit, der Vorhandenheit.

Dieser Schöpfungscharakter der Welt hat, wenn er akzeptiert wird, auch wesentliche pädagogische Konsequenzen. In Rombachs Spur weiterdenkend, hat Ursula Stenger einiges davon angedeutet:

„So wird z. B. das Erlernen des Gehens vom Kind als ein wirklicher Einschnitt, als eine unglaubliche Entdeckung erlebt. Krabbeln ist plötzlich unmöglich. Später, wenn das Gehen nicht mehr als Aufgang einer neuen Welt erlebt, sondern überformt wird, dann kann auch wieder spielerisch gekrabbelt werden. Mit dem ersten Schritt schon ist ‚Gehen' entdeckt, ist alles da, wenn auch unsicher – doch es wird nie wieder sein wie vorher. Die Welt ist auf zwei Beinen eine andere als vom Boden aus. – Nicht wird dieselbe Welt anders gesehen. – Welt ist tatsächlich zu etwas anderem geworden, andere Bewegungs- und Beziehungsmöglichkeiten tun sich auf – Welt ist nun weiter und größer geworden: Eine andere Welt wird gesehen! Maria Montessori hat die fundamentale Bedeutung dieser Einbrüche gesehen, sie hat sie ‚Bekehrungen' genannt. Es sind Umwandlungen des ganzen Menschen, die das Vergessen des Vorherigen in eins mit der Eroberung der neuen Ebene beinhalten. Das Glück des Gehens wird mit den Jahren zur Selbstverständlichkeit, es flacht ab, flammt manchmal noch auf im Rennen oder kann als Bewegung überformt werden im Tanz. Möglicherweise kann hier für einen Menschen wieder eine ganze Welt aufgehen – er wird Tänzer.

Welterfahrung ‚ist hermetische Erfahrung. Erfahrung eines unvergleichlichen Gesamtcharakters, Gesamtsinns' (Rombach 1983, S. 36). Dieser wird im Aufgang als völlig neu erfahren, wenngleich Welt als Eröffnung eines Sinn- und Lebensraumes immer schon in Bewegung ist. So entsteht nun die Frage, wie in welche Weltwerdung ‚eingestiegen' werden kann, wie kann man hineinkommen? Freilich ist jedes Hineinkommen nicht einfach nur ein bloßes Nachahmen und Übernehmen, sondern immer auch ein Mitverwandeln und Überformen. So können wir von einer Welt der Musik sprechen, die ein solcher unvergleichlicher Sinn- und Lebensraum sein kann, daß sich einem Menschen alles von daher erschließt und eröffnet. Die Welt des Sports können wir als Beispiel nehmen, die Welt der Griechen oder die bäuerliche Welt. Die Welt des Kindes hat eine eigene Räumlichkeit, eine eigene Zeitlichkeit, eine eigene Mit-Menschlichkeit, eigene Beziehungs- und Erfahrungsmöglichkeiten. Alles ist (und sei es auch nur minimal) anders in einer anderen Welt. Über eine Welt kann man von außen, d. h. aus einer anderen Welt nicht sprechen, ohne ihren

Weltcharakter zu vernichten, ohne das eigentlich Besondere dieser Welt zu nivellieren, um es so erst vergleichbar zu machen (vgl. ebd., S. 35).

Um etwas über eine Welt sagen zu können, muß man in sie einbrechen, eintauchen, muß man ihre Evidenz von innen her aufgehen sehen und erfahren, so daß sie sich von selbst öffnet (vgl. ebd.). Verführung: etwas rührt uns an, wir wissen noch gar nicht, was es ist, geschweige denn, wo es hinführen kann, und doch verspüren wir einen mächtigen Zug. Wir ahnen, daß uns dort etwas Wunderbares und Neues begegnen kann, wodurch wir selbst mitverwandelt werden. Der Ursprung des Neuen ist in gewisser Weise verbunden mit dem Vergessen der Herkunft. So gehört ein gewisses Bangen dazu, weil man nicht eigentlich weiß, was kommt, nur, daß man nicht mehr zurück kann ins Altvertraute und so tun kann, als sei nie etwas geschehen. Natürlich ist auch das möglich, aber dann bleibt wohl ein stetig wiederkehrendes Nagen an uns, daß wir etwas Unwiderrufliches versäumt haben in unserem Leben. Doch: ‚Es mag Menschen geben, die niemals einen Zauber erfahren haben; vor denen davon zu sprechen, ist vergebliche Liebesmüh. Sie werden nicht wissen, wovon man spricht, und sie werden nicht wissen, daß sie nicht wissen, wovon man spricht. Wer jedoch einen Zauber erfahren hat, vielleicht öfter, wird etwas haben, das ihm das Wichtigste ist. Er wird wissen, daß Menschsein ohne Verzauberung gar nicht eigentlich Menschsein ist' (ebd., S. 36).

Der Ursprung des Neuen kann eine Faszination, eine Ahnung sein. Aber auch eine Not kann uns gewaltsam aus dem Alten herausreißen und uns das Neue geradezu aufnötigen. Der Ursprung kann eine Faszination sein, eine Verzauberung, oder der plötzliche Verlust des Partners durch einen Unfall oder der Verlust der Mutter für ein Kind. Das sind solche Ursprünge, die auch zum Neuanfang einer Welt werden müssen, will man nicht zeitlebens in der Vergangenheit weiterleben. Man muß, ob positiv angerührt oder vom Schicksal gezwungen, vergessen, wer man war und verwandeln dessen, was wir sind, in etwas Neues, anderes.

Zur Welt kann prinzipiell alles werden. Etwas intensiviert sich, erweist sich als Weg, und Welt geht auf. Darin entsteht auch ein neues Ich, eine Identitätskonstitution, die das alte Ich völlig verwandeln und umstrukturieren muß, will es in der neuen Welt leben. Die Welt ist keine Konstruktion, die vom Ich ausgeht, denn das Ich ist nichts durchgängig beständig Bleibendes. Das Ich verwandelt sich fundamental mit, es bleibt sich nicht gleich und wechselt nur die soziale Rolle, wie der Personalismus meint (vgl. ebd., S. 35 f.)“ (Stenger 1995, S. 5 ff.).

Wäre die Welt nur wittgensteinisch, wäre sie trostlos. Ausdruck dieses Weltgefühls wäre z. B. der Satz von Monod: daß der Mensch „in der teilnahmslosen Unermeßlichkeit des Universums allein ist, aus dem er zufällig hervortrat“ (Monod 1971, S. 219). Bei Heidegger ist sie Seiendes in der Seinsart der Bewandtnis, bei Rombach geistdurchwehte Schöpfung. In Wirklichkeit ist sie alles miteinander: die zusammenhanglose Abfolge von Ereignissen, die mich teils betreffen, teils nur von mir bemerkt werden, teils ganz ohne mein Bemerken ablaufen – und aus dieser endlosen Abfolge heben sich Zusammenhangs- und Schöpfungsfragmente heraus wie meine Insel. Wir leben in all diesem: in der endlosen Abfolge von Ereignissen, die einfach „der Fall sind“, und in Fragmenten von „Bewandtnissen“ und „hermetischen“ Welten – und in dieses Gemisch von sinnvoll Strukturiertem und bloß Zufälligem, das insgesamt „die Welt“ ist, führen wir die Kinder ein.

3.2 Objektive oder subjektive Welt? – Die Strömungen des Konstruktivismus

In Heraklits Fragment (B 89) heißt es: „Die Wachen haben eine einzige gemeinsame Welt; im Schlaf wendet sich jeder der eigenen zu“ (Heraklit, S. 29). Dieser Satz könnte so verstanden werden, als sei die eine, die gemeinsame Welt der Wachenden auch die „wahre“, das „Sein“, das „Licht“ – im Gegensatz zu den illusionären und nichtigen Privatwelten der Träumenden (vgl. Nebel 1967, S. 101 ff.). Die alte Philosophie war insgesamt und überhaupt darauf ausgerichtet, den Menschen zumindest dort, wo er philosophische Erkenntnis suchte, der Welt im Ganzen gegenüber zu lozieren, „vis-à-vis de l'univers" (Pieper 1948).

Die neuzeitliche, erkenntniskritisch angelegte Philosophie seit Descartes und Kant hat mehr auf die kategoriale Bedingtheit des Welterfassens abgehoben. Die Welt ist, wie sie uns gemäß den Vorgaben unseres Wahrnehmungs- und Denkvermögens erscheint, vom Ding an sich können wir nichts wissen: „ . . . daß die Dinge, die wir anschauen, nicht das an sich selbst sind, wofür wir sie anschauen, noch ihre Verhältnisse so an sich selbst beschaffen sind, als sie uns erscheinen" (Kant 1787/1923, S. 70 f.).

Die Welt begegnet uns nicht als das, was sie ist, sondern als das, als was sie uns erscheint. Bei Kant ist dies ein Problem, das sich einfach aus der „Rezeptivität unserer Sinnlichkeit" (ebd., S. 71) herleitet, bei Pestalozzi spielen noch andere Vorgaben unseres Denkens eine Rolle, nicht zuletzt handfeste Interessen: „Der König kennt keine Wahrheit gegen sein Kronrecht, der Schneider keine gegen sein Nadelrecht" (Pestalozzi 1797, S. 128).

Dieser erkenntniskritische Zug hat sich auf breiter Front in die modernen, empirischen Wissenschaften vom Menschen hinein fortgesetzt, die die Determiniertheit unserer Wahrnehmung der Welt durch Eigentümlichkeiten der Funktionsweise unseres Nervensystems (z. B. optische Täuschungen) oder durch gesellschaftlich geprägte Auffassungsmuster (z. B. soziale Vorurteile, Stereotypen) aufweisen.

Auf dem Hintergrund eines einseitig zugespitzten Interesses für die Separatwelten ist der moderne sog. Konstruktivismus zu interpretieren. Damit ist das Konzept einer allgemeinen und gemeinsamen Welt mehr oder weniger preisgegeben. Das Interesse wendet sich den Separatwelten zu, den je unterschiedlichen Wirklichkeits-„Konstruktionen". Das Pendel in der Pädagogik mit ihrer modischen Rede von Alltags- und Lebenswelten ist in den letzten beiden Jahrzehnten ganz nach dieser Seite hin ausgeschlagen, was, wie im folgenden zu erörtern sein wird, zu teilweise bedenklichen Konsequenzen führt. Uns geht es darum, den Respekt vor den Eigenwelten auszubalancieren mit dem Bewußtsein der Partizipation aller an der einen, der gemeinsamen Welt.

Wenden wir uns unter diesem Gesichtspunkt noch einmal zurück zu Heraklit. Das oben zitierte Fragment B 89 folgt auf B 88, wo es heißt: „Ein und dasselbe ist Lebendiges und Totes und Wachendes und Schlafendes und Junges und Altes; denn dies schlägt um und ist jenes, und jenes wiederum schlägt um und ist dies" (Heraklit, S. 29).

Lesen wir beide Fragmente miteinander, relativiert sich der Gegensatz von der gemeinsamen Welt der Wachenden und den Separatwelten der Träumenden: Wachen und Träumen (und das heißt sogleich: gemeinsame Welt und Eigenwelt) sind „ein und dasselbe", schlagen eins ins andere um, stellen sich als Aspekte des einen und unteilbaren Lebensprozesses dar.

„Konstruktivismus" ist die philosophische Richtung, die das Problem der Konstitution von Gegenständen der Erkenntnis für erkennende Subjekte so versteht, daß dabei den Tätigkeiten der Menschen eine wesentliche konstruktive Bedeutung zukommt (Wörterbuch der Soziologie 1994, S. 439).

Wohl der erste „Konstruktivist" – der sich selber freilich noch nicht so bezeichnet haben würde – war der Biologe Jakob von Uexküll (1864–1944). In zahlreichen speziellen Fachveröffentlichungen und vor allem in einem mit Kriszat verfaßten populärwissenschaftlichen Buch „Streifzüge durch die Umwelten von Tieren und Menschen. Ein Bilderbuch unsichtbarer Welten" (1934) stellte er dar, wie Tiere in spezifischen „Umwelten" leben, die sich auf Grund der je unterschiedlichen sensorischen und motorischen Ausstattung (v. Uexküll spricht etwas deutschtümelnd von „Merk"- und „Wirkzeugen") konstituieren. Merk- und Wirkzeuge sind nach einem natürlichen „Plan" in einem „Funktionskreis" mit der jeweiligen Umwelt verbunden. Da die „Natur" diesem Plan folgt, scheint sie in diesem Modell der eigentliche „Konstrukteur" der Umwelten zu sein, auch wenn v. Uexküll immer wieder auf die Eigentätigkeit des einzelnen Lebewesens bei der Konstitution seiner „Welt" hinweist, das nicht Maschine, sondern „Maschinist" sein soll (v. Uexküll/Kriszat 1934, S. 24 f.).

Besonders detailliert malt v. Uexküll in seinem Einleitungsbeispiel die von der menschlichen so verschiedene Umwelt eines niedrigen wirbellosen Tieres, der Zecke, aus. Diese findet sich eingepaßt in eine denkbar einfache, ja ärmliche Umwelt. Sobald sie auf ihrem Baumast Posten bezogen hat, wartet sie nur darauf, daß ein größeres Säugetier vorbeikommt. Wenn sie dessen Schweiß riecht (Merkmal eins: „Buttersäure"), läßt sie sich auf den Tierkörper fallen. Sie spürt die Haare des Tieres (Merkmal zwei), die sie so lange zur Seite stößt und drückt, bis sie eine haarfreie Stelle (Merkmal drei: „Wärme") findet, in die sie sich einbohren kann. Auf dieses selten eintreffende Ereignis kann die Zecke bis zu 18 Jahren warten.

„Die ganze reiche, die Zecke umgebende Welt schnurrt zusammen und verwandelt sich in ein ärmliches Gebilde, das zur Hauptsache noch aus 3 Merkmalen . . . besteht" (ebd., S. 29).

Diese v. Uexküllsche Umweltlehre wäre eine Angelegenheit rein biologischen Interesses geblieben, wenn er nicht selbst die an Zecken, Dohlen etc. gewonnenen Einsichten umstandslos auf den Menschen übertragen hätte. Am Beispiel des Kindes, das in der knorrigen Eiche ein furchterregendes Gesicht zu sehen meint, während sie für den Förster einfach ein Objekt ist, dessen Holzwert er abzuschätzen hat, will er zeigen, daß auch die Menschen in solche „Umwelten" eingeschlossen sind wie die Tiere. In einem seiner weiteren Bücher hat er diese menschlichen Umwelten ausdrücklich zum Gegenstand der Erörterung gemacht: „Niegeschaute Welten. Die Umwelten meiner Freunde" (1936).

Diese Übertragung auf den Menschen hat seinerzeit heftigen Widerspruch hervorgerufen. Das Unterscheidende des Menschen sei es, daß er – auf Grund seiner Instinktreduktion – gerade nicht in eine partikuläre Umwelt eingepaßt, sondern „weltoffen" sei (vgl. Gehlen 1940, S. 401). Man gab auch zu bedenken, „wieso denn ein solches, auf seine eigene Umwelt eingeschränktes, in sie eingesperrtes Wesen – Umwelt-Forschung treiben könne" (Pieper 1948, S. 42).

Das Postulat der „Weltoffenheit" des Menschen hat in der pädagogischen Anthropologie als Argument für seine Erziehungsbedürftigkeit lange Zeit eine wichtige Rolle gespielt; noch Giesecke (1991) legt unbedenklich dieses Theorem zu Grunde. Doch scheint es heute eher, als habe die „Weltoffenheit" ausgedient und v. Uexküll sollte unter veränderten Vorzeichen noch einmal Recht bekommen.

3.2.1 Neurobiologischer und entwicklungspsychologischer Konstruktivismus

Der neurobiologisch begründete Konstruktivismus wurde durch Arbeiten von Konrad Lorenz (1941) – von Vorläufern wie v. Uexküll einmal abgesehen – auf den Weg gebracht, der allerdings noch davon ausging, daß „allem, was unser Erkenntnisapparat uns über die äußere Wirklichkeit mitteilt, etwas Wirkliches entspricht" (Lorenz 1973, S. 16 f.), daß die Menschen aber aufgrund der Struktur und Funktionsweise dieses Apparats immer nur eine Ausschnittwirklichkeit erfassen können.

Erheblich weiter gehen neuerdings Maturana und Varela. Der Organismus, auch der menschliche, als „autopoietische" Organisation (Maturana/Varela 1987, S. 55) bringt durch eigene Aktivität, durch die Verkettung von Handlung und Erfahrung die Gegenstände der Welt erst eigentlich hervor:

> „Die Erfahrung von jedem Ding ‚da draußen' wird auf eine spezifische Weise durch die menschliche Struktur konfiguriert, welche ‚das Ding', das in der Beschreibung entsteht, erst möglich macht.
>
> Diese Zirkularität, diese Verkettung von Handlung und Erfahrung, diese Untrennbarkeit einer bestimmten Art zu sein von der Art, wie die Welt uns erscheint, sagt uns, daß jeder Akt des Erkennens eine Welt hervorbringt" (ebd., S. 31).

Eine weitere entwicklungspsychologisch begründete Variante des Konstruktivismus leitet sich von Piaget her. Dieser rückt das Erkenntnisproblem in eine genetische Perspektive: „Woraus entspringt Erkenntnis, und wie entwickelt sie sich?" (Fatke 1991, S. 299). Erkenntnis ist ein „System von Transformationen". Diese werden erzeugt „im handelnden Umgang mit den Objekten . . . Realität erkennen heißt, Transformationssysteme zu konstruieren, die der Realität – mehr oder weniger adäquat – entsprechen . . ." (nach Fatke 1991, S. 300). Piagets System ist konstruktivistisch, insofern es dem heranwachsenden Kind bei der „Konstituierung der Objekte" (ebd., S. 302) ein erhebliches Maß an strukturierender Tätigkeit zuschreibt; anderseits ist es nicht radikal konstruktivistisch, insofern er – ähnlich wie Lorenz – die vom Subjekt und seinen Transformationsleistungen unabhängige Realität bestehen läßt, der die entwickelten Transformationssysteme zunehmend besser entsprechen sollen.

Die genannten Ansätze haben auf die pädagogischen Auffassungen nachhaltigen Einfluß ausgeübt, im begrüßenswerten wie auch teils in bedenklichem Sinne. Begrüßenswert ist die Betonung der Eigentätigkeit des Kindes beim Aufbau seiner Welt und seiner Person: der heranwachsende Mensch ist nicht nur ein weltschaffendes, sondern auch ein sich selbst erschaffendes, eben ein auto-poietisches System, wie freilich schon lange vor allem Konstruktivismus Maria Montessori betonte, nach deren Auffassung „alles Erwachsene aus der Schöpfungstätigkeit des Kindlichen hervorgeht" (Montessori 1952, S. 272).

Bei Piaget ist die Betonung der Eigentätigkeit bis ins Didaktische hinein konkretisiert worden. Das Kind soll Gelegenheit bekommen, seiner Entwicklungsstufe entsprechend, durch sensomotorische und gedankliche Operationen selber Erkenntnisse zu gewinnen, anstatt vom Lehrer Wahrheit diktiert zu bekommen (vgl. Fatke 1991, S. 309).

Ein weiterer positiver Ertrag ist der Respekt vor den jeweils durch eigene sensomotorische und kognitive Aktivität hervorgebrachten „Welten", mögen sie von der durchschnittlichen Standardrealität des Erwachsenen auch noch so weit abweichen. Dieser Respekt vor den Eigenwelten, die Aufmerksamkeit für die Prinzipien ihres Aufbaus, spielt vor allem für das Verständnis weit abweichender Welten, etwa schwer geistig behinderter oder autistischer oder schizophrener Menschen, in der Sonderpädagogik eine bedeutsame Rolle (wenn er sich auch keinesfalls auf diese Extrem-Welten beschränken soll!). Daraus folgt für die sonderpädagogische Praxis die „Anerkennung der Andersheit" des behinderten Interaktionspartners (Speck 1980, S. 186) - einer Andersheit, deren subjektlogische Sinnhaftigkeit (vgl. Zieger 1992, S. 137 nach Wagner 1995, S. 187) vorgängig anerkannt werden muß. Erziehung kann nach diesem Verständnis nicht im Versuch einer direkten verändernden Einwirkung bestehen, sondern nur darin, „Angebote zu machen" - wobei es dem Educanden überlassen bleibt, sie in seine Wirklichkeitskonstruktion aufzunehmen (Wagner 1995, S. 173).

Nun haben diese mehr oder weniger radikal konstruktivistischen Ansätze für das Verständnis von Erziehung auch ihre bedenklichen Seiten:

- Sie haben einen Zug ins Solipsistische: daß die „Welt" immer auch eine mitmenschliche, mit anderen geteilte Welt ist, bei der ich vorgängig von anderen verstanden bin und andere verstehe im Sinne des Diltheyschen elementaren Verstehens, kommt bei Maturana und bei Piaget nicht recht in den Blick. Gewiß ist diese Erfahrung der Vereinzelung, wie es der Psychoanalytiker Winnicott ausdrückte, „daß jedes Individuum ein Isolierter ist, in ständiger Nicht-Kommunikation, ständig unbekannt, tatsächlich ungefunden" (Winnicott 1974, S. 245), von der Erziehung zu beherzigen, wodurch sich das permanente pädagogische Interagieren und „An-Kommunizieren" verbietet (vgl. Bittner 1985a, S. 43) - doch bleibt anderseits ebenso wahr, daß die Welt immer wieder eine mit andern geteilte ist.
- Sie favorisieren eine kognitivistische Perspektive. In allen Varianten konstruktivistischer Ansätze geht es darum, wie wir dazu kommen, uns ein Bild von der Welt zu machen, nicht darum, wie wir uns auf die Welt einlassen und in ihr leben. Dieser Einwand gilt auch und gerade dann, wenn Piaget das Erkennen eines Gegenstands als handelnde Einwirkung auffaßt (vgl. Fatke 1991, S. 300) oder wenn Maturana/Varela formulieren: „Jedes Tun ist Erkennen und jedes Erkennen ist Tun" (Maturana/Varela 1987, S. 31). Tun ist eben nicht identisch mit Erkennen; Tun ist noch vieles andere: Erfüllung von Wünschen, Selbsterhaltung, kurz: Leben in der Welt. Also ist Erkennen lediglich ein Aspekt, eine Funktion des Lebens.

3.2.2 Lebens- und Alltagswelt: der soziologische Konstruktivismus

Das Buch von Berger und Luckmann „Die gesellschaftliche Konstruktion der Wirklichkeit" (1991), das hier als Beispiel einer soziologisch-konstruktivistischen Sicht vorgeführt werden soll, knüpft zwar grundsätzlich noch an das Weltoffenheits-Theorem an - aber eigentlich nur, um es sozusagen „praktisch" dann doch zu negieren.

Der Mensch nehme im Reich des Organischen eine Sonderstellung ein, schreiben Berger/Luckmann (1991) unter Berufung auf Plessner. „Im Unterschied zu den anderen höheren Säugetieren hat er keine artspezifische Umwelt, keine Umgebung, deren Struktur ihm sein eigener Instinktapparat sichert. Es gibt keine Welt des Menschen in dem Sinne, wie man von einer Welt . . . des Pferdes sprechen kann . . . In diesem Sinne leben alle nichtmenschlichen Lebewesen in geschlossenen Welten . . . Im Gegensatz dazu ist die Umweltbeziehung des Menschen durch ‚Weltoffenheit' charakterisiert" (Berger/Luckmann 1991, S. 49 f.).

Welt als „offene Welt" bleibt somit zwar prinzipiell erhalten. Was aber hauptsächlich interessiert, sind die je konkreten sozialen „Wirklichkeiten", in denen sich die Menschen in ihrem Alltag bewegen, von welcher Art „Wissen" (ebd., S. 1 f.) sie sich dort leiten lassen. So ist das Thema ihres Buches die „Analyse jenes Wissens, welches das Verhalten in der Alltagswelt reguliert" (ebd., S. 21).

Die Alltagswelt erscheint als die „Wirklichkeit per excellence . . . In ihrer imperativen Gegenwärtigkeit ist sie unmöglich zu ignorieren . . ." . Was als Wirklichkeit erscheint, ist „vorarrangiert nach Mustern, die unabhängig davon zu sein scheinen, wie ich sie erfahre, und die sich gewissermaßen über meine Erfahrung von ihnen legen. Die Wirklichkeit der Alltagswelt erscheint bereits objektiviert, das heißt konstituiert durch eine Anordnung der Objekte, . . . bevor ich auf der Bühne erschien" (ebd., S. 24). Die Sprache, in der wir uns ausdrücken, enthält solche Ordnungsmuster; ebenso die Werkzeuge, die wir verwenden, oder das Geflecht menschlicher Beziehungen, in dem wir uns bewegen (vgl. ebd.). In alledem manifestiert sich, was die Autoren als die gesellschaftliche Konstitution bzw. Konstruktion von Wirklichkeit beschreiben: diese vorarrangierte Ordnung der Gesellschaft ist eine „ständige menschliche Produktion" (ebd., S. 55), d. h. die Gesellschaft, die Menschen schaffen selber durch Habitualisierungen und Institutionalisierungen diese Wirklichkeit, die ihnen dann wie ein Objektives gegenübertritt (vgl. ebd., S. 64 f.). Erst diese Institutionalisierung, in der das gesellschaftliche System wie etwas Objektives der nachwachsenden Generation mittels Sozialisation tradiert wird, konstituiert es letztlich als „gesellschaftliche Welt" (ebd., S. 66).

Die Analyse der gesellschaftlichen Welt nach Berger/Luckmann umfaßt demnach drei Elemente: „Gesellschaft ist ein menschliches Produkt. Gesellschaft ist eine objektive Wirklichkeit. Der Mensch ist ein gesellschaftliches Produkt" (ebd., S. 65).

Wie weit ist nun die Rede von Lebens- bzw. Alltagswelt geeignet, jene Welt zu bezeichnen, in die Erziehung die Kinder „setzen" will? Im Anschluß an Schütz und Berger/Luckmann hat es zeitweise einen wahren Boom an Lebenswelt- bzw. Alltagsorientierung gegeben; es war sogar die Rede von einer „Alltagswende" (Lenzen 1994, S. 31). Thiersch (1986) macht sich dieses Schlagwort, das inzwischen im Orkus der pädagogischen Moden untergegangen zu sein scheint, auch wenn manche Sozialpädagogen und Andragogen noch daran hängen (vgl. „neue praxis" 3/95), mit nur schwacher Distanzierung zu eigen. Er unterscheidet zwischen einem konservativen und einem kritischen Alltagskonzept und propagiert – wen wundert es? – das letztere als Grundlage einer „alltagsorientierten" Sozialpädagogik (Thiersch 1986, S. 42).

Das soll als konkretes Programm z. B. heißen: „Sozialpädagogik versucht die Schwierigkeiten da anzugehen, wo sie sich für die Betroffenen ausgebildet haben und zeigen: in der Komplexität des gegebenen Alltags. Sie sieht und akzeptiert die eigenen Erfahrungen, Interpretationen, Lösungsstrategien und Ressourcen der Betroffenen ... Sie versteht die Adressaten in ihrem gegebenen Lebensraum im Stadtteil oder in der Region. Sie agiert in Solidarität mit den Vorhaben und Möglichkeiten, wie sie sich im Alltag der Betroffenen zeigen" – mit dem Ziel, „zum gelingenderen Alltag zu verhelfen, ... den Adressaten aus Armut, aus Hilflosigkeit und Verstrickung im Alltag herauszuhelfen, Elend und Blindheit eines bornierten Alltagspragmatismus aufzulösen und, zugleich damit, Verhältnisse sozialpolitisch zu verändern" (ebd., S. 43).

Noch vehementer als Thiersch für die Sozialpädagogik fordert Hiller für die Sonderschulpädagogik die Orientierung an der „Lebenswirklichkeit" von Unterschichtskindern ein (vgl. Hiller 1994, S. 15). Schulen sollen nicht „stratozentrisch" organisiert sein und keinem „kulturellen Imperialismus" huldigen (ebd., S. 21). Eine realitätsnahe Schule, heißt es da, mache „konkrete Anstrengungen, sich ihrer Klientel anzubequemen". Sie akzeptiere, daß „das Selbständigkeitsideal für ihr Klientel nichts weiter ist als eine bürgerliche Schimäre" (ebd., S. 43).

„Bevor man Menschen, die auf Dauer mit außergewöhnlichen Belastungen leben müssen, wohlmeinend in eine bürgerliche Welt vermeintlich universaler Normalität zwangsintegriert, ... täte man gut daran, jene ‚Eigenwelt' ... mit hermeneutisch deskriptiven Verfahren so gründlich wie möglich zu erforschen ..." (ebd., S. 22). Hier wird die Schichtendifferenz im Sinne des soziologischen Lebenswelt-Jargons zu einer Differenz von „Welten" stilisiert.

Freilich: Hillers äußerst brauchbare praktische Vorschläge (Schüler in einem Hobby fördern, durch die Schule einen Job wie Babysitten, Altpapiersammeln etc. vermitteln, jeder Schüler soll ein Brett- und ein Kartenspiel spielen können etc.) strafen seinen Verbalradikalismus Lüge: denn hier geht es gerade um die Ermöglichung von Teilhabe an der „allgemeinen" Welt, die Hiller als die „bürgerliche" denunziert. „Ausbruch aus dem Bildungskeller?" – gewiß. Man muß nur aufpassen, daß sich diese löbliche Intention nicht unter der Hand zu einem Einsperren der Klientel in den Bildungskeller verkehrt.

Die Wurzeln des Konzepts „Lebens- und Alltagswelt" reichen zurück zu Husserl, der im Rahmen seiner phänomenologischen Zugangsweise zeigen wollte, daß die menschliche Lebenswelt „in all ihren Relativitäten" so etwas wie eine invariante „allgemeine Struktur" (Berger/Luckmann 1991, S. 22) besitze. Von Alfred Schütz, einen der Begründer der verstehenden Soziologie, ist der Begriff – freilich, wie noch zu zeigen sein wird, mit anderer Akzentuierung – in die Sozialwissenschaften übernommen worden.

1. Das von Husserl artikulierte Problem der Lebenswelt hat sich bei seinen soziologischen Nachfahren seltsam umgekehrt: Husserl war es um den Aufweis der „allgemeinen Struktur" von Lebenswelt zu tun gewesen, die bei aller Relativität konkreter Lebenswelten als solche „nicht selbst relativ ist" (nach Berger/Luckmann 1991, S. 22 – Fußnote). Die Intention Husserls in der Lebensweltproblematik wird in der von Heidegger und Rombach jeweils auf einer neuen Stufe weitergeführt, zum einen im Topos vom Dasein als In-der-Welt-Sein, zum anderen im Ansatz des In-Situation-Seins. Weniger scheinen diesem Anliegen die soziologischen Anwendungen bei Schütz und Berger/Luckmann zu entsprechen, wenngleich auch diese an allgemeinen Strukturen der Interpretation konkreter gesellschaftlicher Gegebenheit – und damit eben des Relativen und Differenten – interessiert sind.

Angesichts der inflationär vermehrten Rede von Eigen-, Alltags-, Lebens- usw. Welten ist daran zu erinnern, daß in diesem Wortgebrauch von „Welt" eigentlich nur noch metaphorisch – und zwar falsch-metaphorisch! – gesprochen wird. Es ist zu bedenken, daß die Rede von Welten im Plural ursprünglich ein Oxymoron, ein scharfsinnig-sinnvoller Unsinn, war, was angesichts ihren inflationären Gebrauchs gänzlich aus dem Blick gerät: das lateinische Wort „mundus", das „die Welt" bezeichnet, kennt nach Ausweis des Lexikons keinen Plural!

2. Plessner hat in der Vorrede zur deutschen Ausgabe des Berger/Luckmann-Buches auf die Unterscheidung von „Welt" und „Wirklichkeit" Wert gelegt: Welt ist die eine und offene; sie „fungiert als unausschöpflicher Hintergrund für jede Art von artikulierter Wirklichkeit" (Plessner in Berger/Luckmann 1991, S. X). Dem gegenüber steht die „Vielfalt von Wirklichkeiten", in denen Menschen leben, wie sie durch historische, ethnologische und soziologische Empirie bezeugt ist. Berger und Luckmann selbst akzentuieren freilich etwas anders, daß nämlich „die ursprüngliche biologische Weltoffenheit der menschlichen Existenz durch die Gesellschaftsordnung immer in eine relative Weltgeschlossenheit umtransponiert wird, ja, werden muß", um „der menschlichen Lebensführung . . . Richtung und Bestand zu sichern" (Berger/Luckmann 1991, S. 55).

Wird die Weltoffenheit des Menschen prinzipiell anerkannt, wie es auch bei Berger/Luckmann der Fall ist, kann sich jedenfalls die pädagogische Aufgabe nicht darin erschöpfen, den heranwachsenden Menschen für seine partikulare „Lebenswirklichkeit" (Hiller 1994) oder für einen „gelingenderen Alltag" (Thiersch 1986) zu bilden. Dies wäre nicht weit entfernt von der Zielsetzung des frühen Pestalozzi, „seine Armen als Arme [zu] erziehen" (Pestalozzi 1826, S. 208), oder – unter Thierschs zwar „progressiver", aber die ökonomische Sphäre nicht überschreitender Perspektive – „den Adressaten aus Armut, aus Hilflosigkeit, aus Verstrickung im Alltag herauszuhelfen" (Thiersch 1986, S. 43): Auch dieses Programm bleibt fixiert auf das Armutsproblem! So daß Thierschs wohlgemeinte Unterscheidung eines „konservativen" und eines „kritischen" Alltagskonzepts seine Trennschärfe verliert: den Menschen nur in seinen Alltags- oder Lebenswelten zu sehen und ihm mittels Sozialarbeit nichts weiter bescheren zu wollen als einen „gelingenderen Alltag" (was immer das, ohne nähere Begründung, sein mag, vgl. ebd., S. 42) – das bedeutet letzten Endes, ihn in seiner Alltagswelt eingesperrt zu halten und ihm die Partizipation am Weltlauf im ganzen vorzuenthalten; ob unter konservativen oder progressiven Vorzeichen ist dies ein eher antiaufklärerisches, den Menschen auf seine unmittelbare Lebenssphäre beschränkendes Programm!

Zwei Beispiele dazu, ein modernes von Thiersch selbst, und ein klassisches zum Kontrast:

> „Die Müllkippe eines größeren Heimes ist in wüstem Zustand, überquellend, verdreckt, anziehend für Mäuse. Es sieht eklig aus, es stinkt, man leidet. Aber: wer ist zuständig?" Die Standpunkte der Kindergruppen, der Erzieher, des Hausmeisters kommen zur Sprache. „Es kostet viel Zeit und Energie, bis endlich eine praktikable Lösung gefunden wird" (Thiersch 1985, S. 522) – leider wird dem Leser nicht verraten, welche. Auch Thiersch sieht die Notwendigkeit, ein pseudokonkretes Verständnis von Alltag zu destruieren: „Alltag kann nicht aus sich selbst und für sich betrachtet werden" (ebd., S. 527). Aber er sieht nicht, daß selbst an dieser banalen alltäglichen Müllgeschichte die grundsätzliche Frage aufbricht, wie Leben überhaupt gelebt werden kann.

Darum zum Kontrast die alte Episode aus Pestalozzis Stanser Brief. Die Kinder haben durcheinander geredet, so daß keiner mehr sein eigenes Wort verstand. Pestalozzi geht ohne Umschweife auf den Kern des Problems zu: nachdem er sie zur Ruhe gebracht hat und sie „still waren, daß man eines jeden Athemzug hörte", da fragte er sie: „Werdet ihr nicht vernünftiger und braver, wenn ihr so seyd, als wenn ihr lärmet?", d. h. er reflektiert mit den Kindern auf das Vernünftige und Menschengemäße – auf die Frage, wie man überhaupt leben kann (Pestalozzi 1799, S. 15).

3. Die Rede von Lebens- bzw. Alltagswelt, von Wirklichkeit und Alltagswissen setzt sich weder bei Schütz noch bei Berger/Luckmann dem Vorwurf des Soziologismus aus, obwohl sie gelegentlich hart an dieser Klippe vorbei schrammt. „Alltagswissen", wie es der Soziologe untersucht, „ist ein Wissen von vertrauenswerten Rezepten, um damit die soziale Welt auszulegen" (Schütz 1971, S. 58).

Nun ist das aber nicht Alltagswissen überhaupt und schlechthin. Daß Bienen und Wespen stechen und deshalb tunlichst zu meiden, Fliegen hingegen harmlos sind, ist ein Wissensbestand, den das Kind früh erwirbt, bzw. wenn es ihn nicht erwirbt, bezahlt es das Versäumnis mit einer Fliegenphobie (vgl. Bittner 1994b, S. 223). Auch das ist Alltagswissen, aber nicht um die soziale, sondern um die natürliche Welt damit auszulegen!

Ein anderes Beispiel:

Ein Vierjähriger verkündet stolz, als er an einem heißen Sommertag sein erstes Taschengeld bekommen hat: „Dafür kann ich mir kaufen, was ich will". Er kauft sich vier Stangen Eis auf einmal; die Mutter erreicht durch Verhandlungen mit der Verkäuferin, daß er drei zurückgeben und bei Bedarf abholen kann.

Zur notwendigen Weltkenntnis des Kindes gehört nicht nur, daß es den gesellschaftlich definierten Tauschwert des Geldes erfaßt. Ein bißchen physikalische Kenntnis von der Flüchtigkeit des Eisgenusses an warmen Sommertagen gehört auch dazu.

Bei Berger/Luckmann wird die Unterscheidung zwischen der Wirklichkeit der gesellschaftlichen und der natürlichen Welt explizit getroffen, auch wenn nicht mit der wünschenswerten Ausführlichkeit von ihr Gebrauch gemacht wird. „In den Frühphasen seiner Sozialisation", führen sie unter Berufung auf Piaget aus, „ist das Kind unfähig, zwischen der Objektivität natürlicher und gesellschaftlicher Phänomene zu unterscheiden"; es behandle soziale Phänomene wie die Sprache als „zur ‚Natur der Dinge' gehörig" (Berger/Luckmann 1991, S. 63).

Die Gefahr der Soziologen und – mehr noch – der soziologisierenden Pädagogen scheint in einer umgekehrten Fehldeutung zu liegen: alle Dinge, auch die der natürlichen Welt oder der autochthonen Erfahrung des seiner selbst bewußten Subjekts als von gesellschaftlichen Wirklichkeitskonstruktionen abhängig zu begreifen. Bei soziologisierenden Pädagogen, insbesondere Sozial- oder Sonderpädagogen wie Thiersch und Hiller, wird die gesellschaftliche Wirklichkeit zur Wirklichkeit schlechthin. Thiersch (1986) nennt sein Buch ohne salvatorische Einschränkung: „Die Erfahrung der Wirklichkeit".

4. Noch in einem anderen Punkt hat Plessner das von ihm eingeleitete Buch von Berger/Luckmann vorsichtig in Frage gestellt: in Bezug auf das konstruktive Element. Das Buch handelt ja nach Ausweis seines Titels von der „gesellschaftlichen Konstruktion von Wirklichkeit". Konstruktion sei ein „hartes Wort", findet Plessner. „Wer konstruiert hier? Die gesellschaftliche Realität selber oder der Soziologe?" (Plessner in Berger/Luckmann 1991, S. XV).

Warum hat dieses „harte Wort“ so große Faszination ausgeübt? Was den Pädagogik-Studenten am Schlagwort „Alltagsorientierung“ gefiel und es deshalb zeitweise so populär werden ließ, war zum einen der Umstand, daß es mehr Konkretheit, „mehr Praxis“, „weg von Kopflastigkeit und Theorie“ zu verheißen schien (Lenzen 1994, S. 31). Aus eben demselben Grunde wurde es den pädagogischen Theoretikern, die ihre Felle davonschwimmen sahen, alsbald wieder suspekt.

Doch aus meiner Sicht liegt das Problem komplizierter, und zwar auf eine auch nach Abklingen der Alltags- und Lebenswelteuphorie immer noch lehrreiche Weise: das Konzept schien in der Tat mehr Konkretheit und mehr Praxis zu verheißen – aber, durch seinen konstruktivistischen Touch, zugleich theoretische Distanz zu ermöglichen, indem es seinem Anwender schmeichelte, er wisse es irgendwie besser, er durchschaue die Konstruktion dieser Lebenswelten, zu denen er sich von seinem gesicherten Standpunkt aus herabläßt.

Lehrreich ist das Scheitern der Alltags- und Lebenswelt-Konzepte, weil sich an ihnen exemplarisch das Dilemma eines szientifischen Zugangs zu pädagogischen Problemen aufweisen läßt: jede Metabegrifflichkeit schafft Distanz durch den usurpierten Standpunkt des Durchschauens, des Besserwissens. Darum ist es z. B. utopisch, die Nähe des Sozialarbeiters zum Alltag seiner Klientel durch Überlegungen von der Art sichern zu wollen: „Wo sollen . . . Straßensozialarbeiter und gemeinwesenorientierte Berater wohnen? . . . Wo sollen Heimerzieher leben . . .?“ usw. (Thiersch 1986, S. 52). Das alles sind nachrangige Fragen; was den Sozialarbeiter von seinen Klienten wahrhaft trennt, ist sein Meta-Standpunkt[2]. Darum kommt es nicht in erster Linie darauf an, wo der Gemeinwesenarbeiter seine Wohnung nimmt, sondern darauf, daß er sich in der richtigen Situation situiert und den richtigen Diskurs führt: den mit seinem Klienten – nicht den imaginären Meta-Diskurs mit seiner Theorie.

Unter Berufung auf die pädagogische „Alltagswende“ präsentierte eine Gruppe von Universitäts- und Fachhochschullehrern der Sozialpädagogik (Müller, Niemeyer, Peter 1986) einen exemplarisch-alltäglichen Fall aus der Heimerziehung: ein Junge läuft im Heim mit einem Messer herum, mit dem er „herumfuchtelt, Parkettböden malträtiert“ usw. – Was tun? Mit ihm reden, das Messer psychologisierend als „Symptom“ verstehen – oder gar die Polizei rufen?

Die unterschiedlichen Interpretationen der an der Veröffentlichung beteiligten Hochschullehrer konvergieren nur in dem einen Punkt: daß sie nicht anstreben, „die Diskussion in Richtung auf eine ‚richtige‘ Lösung voranzutreiben“, sondern eher das „unterschiedliche metatheoretische Verständnis“ hinter solchen Interpretationen deutlich zu machen. Der Diskurs der Hochschullehrer über sozialpädagogische Praxis ist offensichtlich nicht an praktischen Lösungen interessiert; er ist der Diskurs über ihre eigene Praxis als Theoretiker (ebd., S. 3). Diese Nicht-Teilhabe an der Praxis der Praktiker ist es, die die Kluft zum Alltag aufreißt.

Hier hilft wohl nur die Beherzigung von Plessners Mahnung, daß „eine soziale Situation nicht durch jemanden definiert werden darf, der nicht auch in sie verstrickt ist“ (Plessner in Berger/Luckmann 1991, S. XVI), der seine Sicht der Dinge nicht zum Meta-Standpunkt stilisiert, sondern sie als das nimmt, was sie ist: eine

---

[2] Ich komme von der Psychoanalyse her und weiß deshalb nur allzu gut, wovon ich rede. Die Theorie im Hinterkopf des Analytikers (seine „Metapsychologie“) schafft mehr Distanz zum Patienten, als es die ausgeklügeltsten Abstinenzregeln je vermöchten. In dem Maße, wie die Metapsychologie als sinnvolles Unternehmen zweifelhaft wird, sind auch die Nähe-Distanz-Probleme in der Psychoanalyse neu zur Disposition gestellt (vgl. Bittner 1995b).

Hervorbringung seiner eigenen Lebens- und Gedankenwelt, die nicht „über" den Lebens- und Gedankenwelten seiner Studienobjekte steht, sondern neben ihnen, in Verbindung mit ihnen. Allein eine derartige subjekt- und lebensphilosophische Reduktion von Metastandpunkten vermag uns vor jenem „heute üblichen spekulativen Aschermittwoch" zu bewahren, an dem „alle Masken fallen" (ebd.).

Ich fasse zusammen: die pädagogische Präzisierung des Verständnisses von „Welt" als der Lebens- und Alltagswelt der Adressaten mag nützlich sein, wenn

- „Lebenswelt" im Sinne Husserls als phänomenale, als erlebte Welt in ihrer allgemeinen Struktur ausgelegt, nicht aber gemäß dem Verständnis seiner soziologischen Nachfolger zu beliebigen sozialen Um-, Eigen-, Alltagswelten etc. hin diversifiziert wird;
- gegenüber der je faktischen „Weltgeschlossenheit" die prinzipielle Weltoffenheit als anthropologische und Teilhabe an dieser „offenen" Welt als pädagogische Zielvorgabe festgehalten wird;
- die soziologische nur als eine mögliche Wirklichkeitskonstruktion neben anderen, ebenso möglichen (z. B. der biographischen, der entwicklungspsychologischen) angesehen wird;
- die Rede von der Wirklichkeitskonstruktion überhaupt nicht zu einem Metastandpunkt aufgeblasen, sondern als das genommen wird, was sie ist: ihrerseits Lebensäußerung, „Externalisierung" (Berger/Luckmann 1991, S. 65), Wirklichkeitskonstruktion des theoretisierenden Soziologen und Psychologen.

4. Die unterschiedlichen Qualitäten von Wirklichkeit: Poppers „Welten 1, 2 und 3"

Eine grundsätzlich andere Multiplizität von „Welten", die er etwas eigenwillig die „Welten 1, 2 und 3" nennt, hat Popper konstruiert:

> „Da gibt es zunächst die physische Welt – das Universum physischer Gegenstände ... ich möchte sie ‚Welt 1' nennen. Zweitens gibt es die Welt psychischer Zustände, einschließlich der Bewußtseinszustände, der psychischen Dispositionen und unbewußten Zustände; diese will ich ‚Welt 2' nennen. Doch es gibt noch eine dritte Welt, die Welt der Inhalte des Denkens und der Erzeugnisse des menschlichen Geistes; diese will ich ‚Welt 3' nennen" (Popper/Eccles 1982, S. 63).

Neben den „physikalischen Gegenständen" gibt es „psychische Zustände" (übrigens auch „unbewußte"), die ebenfalls „wirklich" sind – und dann gibt es die vielfältigen „Erzeugnisse des menschlichen Geistes", welche die „Welt 3" ausmachen, z. B. „Erzählungen, erklärende Mythen, Werkzeuge ... soziale Einrichtungen und Kunstwerke" (ebd., S. 64).

Popper veranschaulicht das Wechselspiel dieser Welten am Phänomen des Zahnschmerzes (ebd., S. 61): Da ist zum einen die Karies als materielle, physikochemische Gegebenheit, sodann der Schmerz als subjektiver Zustand, und schließlich die Zahnarztpraxis und ihr Bohrwerkzeug als die „Erzeugnisse des menschlichen Geistes", die den beiden anderen Wirklichkeiten abhelfen sollen.

Gerade wegen der mannigfachen Wechselwirkungen – ist z. B. der Bohrer des Zahnarztes nicht auch ein materielles Ding und insofern der „Welt 1" zugehörig? –

kann man sich fragen, ob Popper klug daran getan hat, drei prinzipiell unterscheidbare „Welten" zu konzipieren. Auf jeden Fall gültig und pädagogisch von großer Bedeutung ist indessen die von seinen Gedanken und Begriffen ausgehende Sensibilisierung für unterschiedliche Wirklichkeitsdimensionen und -qualitäten. Kinder erfahren die Dinge der Welt zuerst in ihren physisch-dinglichen Qualitäten: den Stuhl, an dem sie sich stoßen, oder den Ball, der sich so schön rollen läßt. Prinzipiell unabhängig davon und doch in Wechselwirkung damit entwickeln die Dinge ihren Aufforderungscharakter; d. h. die psychischen Zuständlichkeiten beim Kind entscheiden über die Ding-Verwendung. Was das Kind zunächst gar nicht kümmert, ist die Bedeutung, die die Dinge im Kontext der kulturellen Bräuche der Erwachsenen haben, was zu endlosen Verwicklungen Anlaß gibt: kleine Kinder benutzen die Kirche oder den Konzertsaal als Rennstrecke; sie können nicht unterscheiden zwischen Flaschen, in denen Milch, und andern, in denen sich Putzmittel befindet usw. Sie müssen erst langsam und oft unter Schmerzen lernen, sich in der von den Erwachsenen geschaffenen Popperschen „Welt 3" zurecht zu finden.

Langeveld hat einen seinerzeit viel gelesenen Aufsatz über „Das Ding in der Welt des Kindes" geschrieben, in dem er das Weltverhältnis des Kindes als ein durch „offene Sinngebung" charakterisiertes beschreibt. Ein Pantoffel kann für das Kind eine Art Pelztier sein oder ein Gegenstand, auf den man „sabbern" kann (Langeveld 1955, S. 71). Von Popper her wird deutlich, was in Langevelds Analyse übersehen worden ist: die Bedingung für diese offene Sinngebung ist, daß das Kind die konventionelle Bedeutung des Pantoffels als Gegenstand in der sozialen „Welt 3", nämlich seine Funktion als Hausschuh, nicht kennt bzw. nicht als verbindlich anerkennt.

Pädagogisch weitergedacht würde dies bedeuten, daß im Laufe der Entwicklung eine Balance zwischen den Wirklichkeiten gefunden werden muß: auch Langeveld kann kaum wünschen, daß das Kind auf Dauer in seiner kreativ-offenen Sinngebung verharrt und den Pantoffel als Hausschuh beharrlich ignoriert (Wo kämen wir da hin? Bei aller Liebe zur „offenen Sinngebung" muß das Kind schon recht bald begreifen, für welche Art von Geschäften z. B. das Töpfchen vorgesehen ist!). Auf der andern Seite wäre es fatal, wenn Kinder – und Menschen überhaupt – sich fraglos den gesellschaftlich und kulturell vorgegebenen Mustern der Dingverwendung unterwerfen würden. Die Popperschen Welten 1, 2 und 3 in sinnvoller Balance halten zu lernen, stellt eine nicht zu unterschätzende Aufgabe bei dem Versuch, in der Welt zurecht zu kommen, dar.

5. Die Welt als „Gesellschaft"

Erziehungstheorie im Rahmen einer kritischen Theorie der Gesellschaft wurde im modernen Sinne erstmals von Bernfeld konzipiert. Die traditionell idealistische Pädagogik sei „ein Instrument gewisser sozialer und psychischer Tendenzen unserer Gesellschaft und der in ihr lebenden Menschen" (Bernfeld 1925, S. 46). Es gelte, diese ihre Funktion und darüber hinaus die gesellschaftliche Funktion jeder Art von Erziehung zu erkennen.

Wissenschaftliche Pädagogik, die diesem kritischen Anspruch genügt, müsse eine taugliche Sozialwissenschaft und Psychologie zur Grundlage haben. Dieses

Fundament werde erst tragfähig sein, „wenn . . . die Sozialwissenschaft, und zwar in ihrer härtesten und lebendigsten Form, der Marxschen, die Psychologie, in ihrer tiefsten und lebendigsten Form, der Freudschen, ergänzen wird" (ebd., S. 67). Dieses Ergänzungsverhältnis gestatte es, die triebhaften und die gesellschaftlichen Determinanten von Erziehung gleichermaßen zu analysieren. Als Funktion der Erziehung erweist sich dann „die Erzielung der psychischen Struktur, die den erreichten Gesellschaftszustand zu erhalten vermag . . . Das Kulturplus der menschlichen Psyche zu erzielen und zu verewigen . . ." (ebd., S. 85). Jede Erziehung sei „in Bezug auf die erziehende Gesellschaft konservativ organisiert" (ebd., S. 122).

Bernfelds Standpunkt war rein psycho- und sozioanalytisch und nicht auf eine revolutionäre Praxis hin gedacht. Er betonte ausdrücklich die Aussichtslosigkeit, „vor vollzogener Änderung der gesellschaftlichen Struktur etwas an ihrer Erziehungsorganisation zu verändern" (ebd., S. 123). Dies unterscheidet ihn von der linken Pädagogik der siebziger Jahre, die in diesem Dilemma stecken blieb: erst die Gesellschaft oder erst die Erziehung ändern, und die sich durch ihre oft kurzatmige Protestpädagogik den Vorwurf ihrer eigenen Theoretiker einhandelt, am Sozialisationsprozeß herumzudilettieren.

Die Gesellschaft als die Welt schlechthin, in der und für die und auf die hin sich Erziehung abspielt – das war die pädagogische Grundüberzeugung der siebziger Jahre. Die Bernfeldschen Analysen wurden radikalisiert durch Lorenzers These von der „ ‚Produktion' individueller Strukturen in der primären Sozialisation" (Lorenzer 1974, S. 222) – eine These, die trotz der von ihm selber gesetzten Anführungsstriche „ohne metaphorisch-unverbindlicher Laschheit vorgetragen werden soll und akzeptiert werden muß" (ebd., S. 223) (vgl. ausführlicher Kap. 2), „das menschliche Wesen sei, im Sinne der 6. Feuerbachthese von Marx ‚das Ensemble der gesellschaftlichen Verhältnisse'" (ebd., S. 7).

Mich motivierte dieser Totalanspruch des Gesellschaftlichen zu mehrfachen Gegenbewegungen: Mir erschien das Lorenzersche, durch Sozialisation „verfertigte", von der Gesellschaft in keiner Weise abgegrenzte Individuum, diese Gesellschaft nach Analogie einer überdimensionalen Mutterimago zu begreifen:

„ . . . menschliche Selbstdeutung, die das Individuum . . . als ‚Ensemble der gesellschaftlichen Verhältnisse' im Sinne der zitierten Feuerbachthese begreift, ist dem Selbstverständnis des kindlichen Ich vergleichbar, das noch nicht aus dem Schatten des mütterlichen Ich herausgetreten ist . . ." (Bittner 1985a, S. 35).

Die Gesellschaft als die Welt schlechthin, in der und für die und auf die hin sich Erziehung abspielt, in entlarvender Absicht ins Licht zu rücken, sich von ihr zu emanzipieren, sie in politischem Kampf zu verändern – war das dominierende erziehungswissenschaftliche Thema der siebziger Jahre. Die Pädagogik der kritischen Theorie der Frankfurter Schule intendierte die „Stärkung einer Individualität, die ihren Namen verdient – den verdinglichenden Tendenzen einer durch Warentausch, Kapitalismus, Bürokratie und zuletzt durch Auschwitz geprägten Welt zum Trotz" (Brumlik 1989, S. 119). Emanzipatorische Pädagogik sah die erzieherische Aufgabe darin, „in der heranwachsenden Generation das Potential gesellschaftlicher Veränderung hervorzubringen" (Mollenhauer 1970, S. 67).

Auch hier ist wieder ein Blick auf die unter den Vorzeichen solcher Theorien geübte Praxis hilfreich. Im Berliner „Schülerladen Rote Freiheit" (1971) versuchten sozialistische Studenten, mit Kreuzberger Arbeiterkindern „politisches Bewußtsein zu entwickeln" (Klappentext). Aus dem Kontext dieser Klassenkampf-Pädagogik stammt die folgende Beobachtung, die nicht untypisch ist für die Mentalität und den Alltag „revolutionärer, gesellschaftskritischer Erziehung" in jenen bewegten 60er und 70er Jahren.

Fragte man die Kinder nach einem Vorschlag zur Gestaltung eines Nachmittags, wollten sie „phantasielos immer wieder Einkriegen oder Versteck spielen, toben und Möbel demolieren, häufig schwimmen gehen oder in unseren Autos einen Ausflug unternehmen, fast immer rauchen, seltener zu Schlager- oder Beatmusik tanzen oder Lieder singen, in einer bestimmten Phase wollten die Mädchen ständig kochen, die Jungen irgendwelche Dinge bauen. Wir wissen, daß die Kinder das Bedürfnis haben, sehr viel und unterschiedslos begeistert fernzusehen, ins Kino zu gehen und bestimmte Illustrierte (hauptsächlich Bravo) zu lesen. Darin sind sie bewußtlose Objekte der umfassenden manipulativen Bewußtseinsindustrie, die planvoll und gezielt die Restbestände der bürgerlichen Ideologie in die Köpfe auch der Arbeiterkinder einbleut, so daß die Gedanken der herrschenden Klasse zugleich die herrschaftssichernden Illusionen der von ihr Unterdrückten werden" (Schülerladen 1971, S. 115).

Der leidenschaftliche Protest gegen Repressivität der „Gesellschaft", die hier als Negativfolie für die Erziehung zur „Freiheit", zum „Ungehorsam", zur „Revolution" erscheint, war das Markenzeichen „fortschrittlichen" pädagogischen Denkens und Handelns in den späten sechziger und den siebziger Jahren. Die Welt als der Ort, wo Erziehung stattfindet, ist dort zusammengeschnurrt zum repressiven System einer Gesellschaft, aus dessen Zwängen es sich durch Protest und politischen Kampf zu befreien gilt.

Die „Welt", die „Wirklichkeit", wie sie uns begegnet, ist stets eine gesellschaftlich vermittelte. Bis in die Wahrnehmung sind wir gesellschaftlich determiniert. Von den überspitzt formulierten Theoremen der Studentenbewegung bleibt daher ein wichtiger Kern übrig: er betrifft die gesellschaftlich geprägten Auffassungsmuster, die durchaus in emanzipatorisch-kritischer Absicht bewußt gemacht werden müssen. Darin liegt die weiterwirkende Herausforderung der „Kritischen" Pädagogik der 70er Jahre (vgl. Bittner 1972a).

Darüber hinaus war Pädagogik schon immer auch kritische Reflektion der gesellschaftlichen Bedingungen des Aufwachsens von Kindern: von Rousseaus Alternative „Mensch" oder „Bürger" und Pestalozzis bewegenden Schilderungen der gesellschaftlichen Verderbnis über die Kritik der Jugendbewegung an der morschen bürgerlichen Welt bis zur gegenwärtigen Pädagogenschelte an den Bildmedien mit dem durch sie bewirkten „allmählichen Verschwinden der Wirklichkeit" (v. Hentig 1984). Gerade wenn als Aufgabe von Erziehung verstanden wird, Kinder „in die Welt zu setzen", schließt dies notwendigerweise stets die Aufmerksamkeit für die gesellschaftlichen Deformations- und Destruktionsprozesse ein, die das Zur-Welt-Kommen verstellen, wie z. B. im Fall der neuen Medien, die vielfach eine Schein-Welt – Schein-Wissen, Schein-Klarheit – produzieren.

6. Dispositionen zur Welt hin: Realitäts- und Synchronizitätsprinzip

Die Welt hat viele Gesichter: In der Welt zu leben bzw. zur Welt zu kommen, verlangt von Seiten des Subjekts die Ausbildung von Dispositionen und Regulationen, deren zwei extrem unterschiedliche von Sigmund Freud und Carl Gustav Jung benannt worden sind: das Realitäts- und das Synchronizitätsprinzip (vgl. Freud 1900, S. 572 f.; Jung 1952, S. 459 ff.).

Eine erste Vorstellung des mit diesen Begriffen Bezeichneten gewinnen wir im Rückblick auf das Märchen vom Kleinen Prinzen. Die Erde ist ihm fremd geblieben: die Diskrepanz zur Welt der großen Leute, die von den Kindern verlangen, sich für „Geographie, Geschichte, Rechnen und Grammatik" (Saint-Exupéry 1979, S. 8) zu interessieren bzw. die sie als Könige, Eitle, Gelehrte usw. für ihr Rollenspiel vereinnahmen wollen, bleibt unaufhebbar. Das heißt, der „kleine Prinz" verschmähte es, sich in der Welt, wie er sie vorfand, nach dem „Realitätsprinzip" zu orientieren. Auch ein tieferes Gefühl des Passens in die Welt, des Vertrautseins mit ihr ist ihm nur punktuell erreichbar, etwa beim Zähmen des Fuchses oder beim Entdecken des Brunnens in der Wüste (ebd., S. 64 ff. und S. 78): das Erleben von Sinnäquivalenz zwischen Subjekt und Welt, welches die Grundlage des von Jung postulierten „Synchronizitätsprinzips" bildet, will sich nicht einstellen.

Beide Dispositionen, das Realitäts- wie das Synchronizitätsprinzip, versagen, wo es darum geht, den „Kleinen Prinzen" auf der Erde heimisch zu machen. Darum scheitert sein Versuch, zur Welt zu kommen, und er wendet sich rückwärts zu seinem Heimatplaneten, der Mutterwelt nach Drewermanns Deutung, die er eigentlich nie wirklich verlassen hatte (vgl. Drewermann 1985).

6.1 Freuds Realitätsprinzip

Das Realitätsprinzip stellt sich Freud als Modifikation des ontogenetisch ursprünglich in der kindlichen Psyche allein herrschenden Lustprinzips vor – einer Tendenz, Lust und Befriedigung auf kürzestem Wege zu gewinnen, sich von unlustvollen Gegebenheiten einfach abzuwenden, das Gewünschte halluzinatorisch als wirklich zu setzen, „wie es noch allnächtlich in unseren Traumgedanken geschieht" (Freud 1911, S. 231). „Erst das Ausbleiben der erwarteten Befriedigung, die Enttäuschung, hatte zur Folge, daß dieser Versuch der Befriedigung auf halluzinatorischem Wege aufgegeben wurde. Anstatt seiner mußte sich der psychische Apparat entschließen, die realen Verhältnisse der Außenwelt vorzustellen und die reale Veränderung anzustreben" (ebd.) – durch Denken und Handeln.

> „Wie das Lust-Ich nichts anderes kann als wünschen . . . , so braucht das Real-Ich nichts anderes zu tun als nach Nutzen zu streben und sich gegen Schaden zu sichern. In Wirklichkeit bedeutet die Ersetzung des Lustprinzips durch das Realitätsprinzip keine Absetzung des Lustprinzips, sondern nur eine Sicherung desselben. Eine momentane, in ihren Folgen unsichere Lust wird aufgegeben, aber nur darum, um auf dem neuen Wege eine später kommende, gesicherte zu gewinnen" (ebd., S. 235 f.).

„Die Erziehung“, folgert Freud aus alledem, kann „ohne weitere Bedenken als Anregung zur Überwindung des Lustprinzips, zur Ersetzung desselben durch das Realitätsprinzip beschrieben werden“ (ebd., S. 236).

Hartmann weist auf die zweifache Bedeutung des Begriffes „Realitätsprinzip“ in der psychoanalytischen Literatur hin. In einem weiteren Sinne aufgefaßt, bezeichnet es die Tendenz des Individuums, den realen Gegebenheiten gerecht zu werden – was immer dies bedeuten mag. In einem engeren Sinne ist mit dem Realitätsprinzip die Tendenz gemeint, sich die vom Lustprinzip geforderte unmittelbare Triebabfuhr um einer späteren, sicheren und dauernden Befriedigung willen zu versagen (vgl. Hartmann 1964, S. 399).

Sicherung ist die Hauptaufgabe des Realitätsprinzips; es steht im Dienste der Selbsterhaltung. Sicherung und Selbsterhaltung – sind das die Hauptaufgaben im Umgang mit der Realität? Ist diese Wirklichkeit so besorgniserregend, daß das Realitätsprinzip taktieren muß wie ein vorsichtiger Kaufmann in kritischen Zeiten? Bietet das Realitätsprinzip in dieser Form eine geeignete Basis für die Erziehung? Ist es wirklich die Haltung des vorsichtigen Kaufmanns, die wir den Kindern in ihrer Einstellung zur Welt zu vermitteln haben?

Fruchtbarer als die Ich-Psychologie erweist sich für die Erziehung der objektpsychologische Ansatz, der im wesentlichen von der englischen Schule (vgl. M. Balint 1957/58) konzipiert wurde. „Was nicht diesem Einfluß der Objektbeziehungen unterliegt oder ihnen frühzeitig entzogen wird, bleibt der Regulation durch das Lustprinzip unterworfen und hat somit nicht teil an der Entwicklung zum Realitätsprinzip“, schreibt Wolfgang Loch im Sinne dieser analytischen Richtung. „Nur über Objektbeziehungen gelingt die ‚Zähmung‘ und ‚Kanalisierung‘ der mitgebrachten Triebfragmente . . .“ (Loch 1965, S. 13).

Szekely (1951, S. 41) zeigt in einer gehaltvollen kleinen Studie – teilweise in Übereinstimmung mit einer gleichzeitig erschienenen Arbeit von Loewald (1951) –, daß Freuds Realitätsprinzip Züge einer drohenden Vatergestalt trägt, welche das lustbetonte Zusammensein des Kindes mit der Mutter einschränkt. Szekely betont jedoch, daß auch die Beziehung zur Mutter konstitutiv für den Aufbau der Realitätsbeziehung sei. Er versucht eine Synthese dieser beiden Realitätsbegriffe: Der Vater, so meint er, schränkt zwar den lustbetonten Zugang des Kindes zur Mutter ein, auf der anderen Seite aber bewahrt er das Kind vor dem Verlust der Ich-Identität, dem Aufgehen in der Mutter. Daher ist der Vater „keine primär drohende Macht und die Realität keine feindliche Instanz. Die primordiale Gefahr, wogegen die Abwehrmechanismen sich richten, ist nicht die Realität, sondern die Gefahr, die Realität zu verlieren“ (Szekely 1951, S. 244).

Durch die gesellschaftskritische Philosophie der 60er Jahre ist Freuds Realitätsprinzip in Mißkredit geraten. Marcuse kritisierte die verborgene Tendenz der Psychoanalyse, die Triebunterdrückung, die sie aufgedeckt habe, zugleich als ein notwendiges Element der Kultur zu sanktionieren. Er sucht eine Psychoanalyse „jenseits des Realitätsprinzips“ (Marcuse 1973, S. 127) zu begründen, denn „die Akzeptierung des Realitätsprinzips . . . bedeutet die Akzeptierung der kulturellen Reglementierung der Triebbedürfnisse“ (ebd., S. 241). Nach seiner Vorstellung soll der befreite Eros sich revolutionär erheben „gegen all das, wofür das Realitätsprinzip steht: gegen den Vater, gegen die Herrschaft, gegen Sublimation und Resignation“ (ebd., S. 265).

Marcuses Kritik ist berechtigt hinsichtlich kulturistischer Tendenzen, die in der Psychoanalyse gewiß auch angelegt waren. Dennoch schüttet er sozusagen das Kind mit dem Bade aus:

- das Realitätsprinzip ist ausdrücklich konzipiert als ein innerpsychisches Prinzip, eine Leistung des Ich. „In dem Maße, in dem es ihm gelingt, sich als Regulationsprinzip durchzusetzen, geht die Suche nach Befriedigung nicht mehr auf den kürzesten Wegen vor sich, sondern schlägt Umwege ein und schiebt ihr Ergebnis aufgrund von Bedingungen auf, die durch die Außenwelt auferlegt werden" (Laplanche/Pontalis 1980, S. 427).
- Organisation des psychischen Geschehens nach dem Realitätsprinzip bedeutet nichts weiter, als die innere Welt der Wünsche und Phantasien von der äußeren unterscheiden zu lernen – ein gewiß nicht zu verachtender, sondern für das Leben in der Welt notwendiger Dispositionserwerb.

Das Freudsche Postulat eines Realitätsprinzips (mehr als ein Postulat kann es nicht sein), dessen Funktionieren durch die Erziehung gefördert werden soll, ist deshalb heute allenfalls zu differenzieren, indem es neben der Beachtung der äußeren auch die Beachtung der inneren Realität verlangen müßte (vgl. Thomä/Kächele 1985, S. 297 f.): Vielleicht nimmt man auch besser mehrere synenergetische Leistungen an als ein gleichsam monolithisches „Realitätsprinzip". Doch markiert der Begriff ein bis heute unverändert gestelltes Problem: wie der heranwachsende Mensch den Piagetschen Egozentrismus, sein naives Gleichsetzen der Welt mit seiner Sicht der Welt überwinden, wie er lernen kann, eine Welt als existent anzuerkennen, die unabhängig von ihm ihren Lauf nimmt.

Entsprechend der Differenzierung der theoretischen Vorstellung vom Wirken des Realitätsprinzips wären auch die pädagogischen Konzepte zu modifizieren. Die alte psychoanalytische Pädagogik der 20er und 30er Jahre hatte sich die Erziehung zur Realität restriktiv vorgestellt:

> So empfiehlt Alice Balint als Übungen der Realitätsanpassung: „Das Kind soll nicht einfach in die Schüssel greifen, sondern sich der Eßbestecke bedienen oder gar die in der Familie übliche Reihenfolge einhalten. Bei einer Begegnung soll es nicht mit seinen Mitteilungen herausplatzen, sondern vorerst grüßen; sich die Schuhe abwischen, bevor es ins Haus tritt; den anderen ausreden lassen, usw. Die Einhaltung dieser und ähnlicher Regeln bedeutet das Ertragen ganz beträchtlicher Spannungen. Die Fähigkeit zur Triebbeherrschung, die sie dem Kinde vermitteln, ist jedoch eine unentbehrliche Eigenschaft im Lebenskampf" (Balint 1936, S. 80).

Auch ein so verständnisvoller und gütiger Erzieher wie Aichhorn kommt in seinen theoretischen Erwägungen zum Realitätsprinzip nicht über solche Formulierungen hinaus:

> „Das Realitätsfähigwerden ist an Versagungen gebunden; erhöhte Realitätsfähigkeit daher an vermehrte Versagungen. Der Erzieher wird, um diese zu erreichen, ganz konform mit dem Leben vorgehen und so wie dieses Dämme aufstellen, die die momentane Triebbefriedigung erschweren oder unmöglich machen. Dadurch veranlaßt er das Kind zu vermehrter Unterdrückung von Triebregungen, Aufschub von Lustgewinn oder Verzicht auf diesen und Ertragung von Unlust" (Aichhorn 1925, S. 162).

Etwas später meint er, der Erzieher werde das Kind „auch zeitweilig gewähren lassen, dabei aber wissen, daß er in solchen Momenten nicht erzieht, weil er da keine Impulse, die Lustwelt zu verlassen, schafft" (ebd., S. 168). Diese theoretische

Rigidität wirkt umso erstaunlicher, da doch gerade Aichhorn uns eine Fülle lebendiger Schilderungen seines erzieherischen Umgangs mit Verwahrlosten hinterlassen hat. In der Praxis gelang es ihm zum Teil mit ganz anderen Mitteln, die Jugendlichen der sozialen Realität anzupassen: durch geschickte Handhabung der Übertragung, durch die eigenen Erfahrungen, welche er die Jugendlichen machen ließ, ja selbst durch Liebeszuwendung bis zur Verwöhnung. Derselbe Aichhorn, der theoretisch so strenge Prinzipien vertritt, schreibt über den Grundsatz seiner Verwahrlostenerziehung: „Wir gewährten den Verwahrlosten im lustbetonten Milieu unsere Zuneigung, bedienten uns also der Liebesprämie, um einen versäumten Entwicklungsprozeß nachzuholen: den Übergang von der unwirklichen Lustwelt in die wirkliche Realität“ (ebd., S. 130).

Heute stellt sich, gemäß den gewandelten Vorstellungen in der Psychoanalyse, die Aufgabe, Kinder an die Realität heranzuführen, differenzierter dar: zwar sind die Versagungen weiterhin unvermeidlich, allerdings weniger um des „Triebaufschubs“ willen, der den alten psychoanalytischen Pädagogen so wichtig war: durch Versagungen werden seelische Energien frei, die für neue Erfahrungen, neue Situationen, neue Aufgaben verfügbar sind, wie Freud (1917) in seiner Abhandlung „Trauer und Melancholie“ ausgeführt hat.

Auf diese Disponibilität der seelischen Energien kommt es an, nicht auf die Versagungen als solche. Vielmehr kann das Kind die Versagungen überhaupt nur ertragen, wenn es erfahren hat, daß die Befriedigung der Bedürfnisse durch die Mutter letztlich doch nicht ausbleiben wird. Erst diese Atmosphäre der Zuversicht und des Vertrauens schafft die Voraussetzung dafür, daß sich das Interesse des Kindes von der Befriedigung der unmittelbaren Lebensnotdurft weg den Objekten in ihrer Eigenqualität zuwenden kann. Schachtel betont mit Recht, daß die Entwicklung der gegenständlichen Aufmerksamkeit und das Hervortreten der Objektivwelt eine relative Freiheit von Triebspannungen voraussetzen: „Erst dann kann das Objekt unter vielen verschiedenen Aspekten wahrgenommen werden und nicht nur als etwas, das den Hunger stillt oder das Furcht erregt und vor dem man fliehen muß“ (Schachtel 1955/56, S. 225). Wenn die Freiheit von Angst und von allzu lastenden Triebspannungen die beste Ausgangsbasis für die Zuwendung zur Welt und auch für die Sublimierung darstellt, dann ergeben sich daraus erzieherische Konsequenzen, die dem Versagungs-Rezept nahezu entgegengesetzt sind.

Schmid hat an einer mißlungenen Unterrichtsstunde mit verhaltensgestörten Kindern vorgeführt, wie Erziehung zur Realität auf dem Hintergrund heutiger psychoanalytischer Theorie konzeptualisiert werden könnte. Die Stunde wirkt zerfahren: erst versucht es der Lehrer mit Lesen, dann mit Rechnen. Es wird immer zerfahrener: ein Schüler rechnet mit dem Lehrer an der Tafel, ein anderer will auf die Toilette. „Will nicht mehr, keine Lust mehr“ (Schmid 1993, S. 112). Die Stunde zerbröckelt. „Enttäuschung, Hilflosigkeit und Angriffe bei den Schülern ... Enttäuschung und zunehmend offenere Verärgerung beim Lehrer“ (ebd., S. 113).

Schmid reflektiert seine eigenen Empfindungen als Zuschauer und Praktikums-Betreuer. Er entdeckt bei sich den Impuls, „den Lehrer beiseite zu schieben und wie der Phönix aus der Asche ‚guten‘ Unterricht zu machen ... ausgerechnet ich, der seit Jahren kaum noch eine Stunde selbst gehalten hat“ (ebd., S. 113).

„In der anschließenden Diskussion ... erzählte der Lehrer nach einer Weile, daß er bald nach Beginn des Unterrichts sich einen Stuhl gewünscht habe. Der Größenunterschied zu den sitzenden Schülern störte ihn“ (ebd., S. 114).

Diese Phantasie wird zum Focus in den nachfolgenden Gesprächen: nicht vor der Klasse stehen zu müssen, nicht größer zu sein als die Schüler – mit diesem Wunsch negiert er unbewußt die eigene Position als Lehrer. Für die Schüler hat dies zur Folge, daß sie „keine fürsorgliche Hilfe bekommen, die zugleich ihre Autonomie stützen würde" (ebd., S. 115).

Obwohl Schmid vom psychoanalytischen Konzept „Realitätsprinzip" keinen expliziten Gebrauch macht, lassen sich die oben skizzierten Aspekte heutigen psychoanalytischen Verständnisses ohne Schwierigkeiten auf seine Fallvignette beziehen:

- um die äußere Realität der gestellten Aufgabe (Lesen, Rechnen) zu bewältigen, bedarf es der Aufmerksamkeit für die psychische „innere Realität" der (teils unbewußten) Phantasien und Situations-Interpretationen;
- „Objektbeziehungen", d. h. die Lehrer-Schüler-Beziehung, sind die (hier mißlingende) Vorbedingung zur „Zähmung" trieb- und abwehrbedingter Reaktionen;
- desgleichen würde erst die gelingende Objektbeziehung jene entspannte Situation schaffen, welche die günstige Voraussetzung dafür bildet, sich den Gegenständen der Außenwelt, wie sie vom Lehrplan verordnet sind, zuzuwenden.

6.2 C.G. Jungs Prinzip der Synchronizität

Schon in einem Aufsatz über „Seele und Erde" (1931) hatte Jung über untergründige Entsprechungen zwischen den Archetypen und den Weltgegebenheiten spekuliert, die sich daraus herleiten lassen, daß die Seele ein „aus den irdischen Umweltbedingungen hervorgehendes Anpassungssystem" darstellt (Jung 1931, S. 43). Zuerst bezieht er sich auf einen Ausdruck des Geistersehers Swedenborg über die correspondentia von Ereignissen; später prägt er dafür den Ausdruck „synchronistisch" (vgl. Jung 1930, S. 66, vgl. Jung 1952, S. 485). Das Synchronizitätsprinzip besagt, daß „bei Konstellation . . . eines archetypischen Inhalts sinngleiche Außenweltereignisse einzutreffen belieben, sogenannte Zufälle, die insofern, ‚mehr als nur Zufall' sind, als sie eine Sinnäquivalenz mit dem innerseelisch-unbewußt aktivierten Inhalt aufweisen" (v. Franz 1968, S. 231). Jung meint, daß sich nach diesem Prinzip z. B. parapsychologische Phänomene verständlich machen lassen.

In einem Brief an den Parapsychologen Rhine erzählt er, wie er mit einer Patientin im Wald spazierenging. „Sie erzählt mir den ersten Traum ihres Lebens . . . Sie hatte einen Geisterfuchs gesehen, der die Treppe in ihrem Elternhaus herunterlief. In diesem Augenblick kommt keine vierzig Meter von uns entfernt, ein wirklicher Fuchs unter den Bäumen hervor . . .". „Ein Faktum ist kein Faktum", setzt er hinzu, „hat man aber viele gesehen, beginnt man aufzuhorchen" (Jung, Briefe I, S. 487).

In der Form, wie Jung sein Prinzip der Synchronizität formuliert hat, erscheint es allzu spekulativ und ontologisch aufgebläht. Dennoch artikuliert er eine gültige Erfahrung: vor aller Anpassung nach dem Freudschen Realitätsprinzip machen wir vielfach die Erfahrung, in einem ursprünglichen Sinne „passend" zur Welt zu sein. Dieses Grundgefühl geht im Leben immer wieder verloren. Vielleicht ist es das Ziel aller menschlichen Suchbewegungen, es wiederzufinden, d. h. metaphorisch gesprochen, den Ort zu finden, wo wir mit Faust sagen dürfen: „Hier bin ich Mensch, hier darf ich's sein".

Die Symbolik, die wir gebrauchen, beruht großenteils auf solchen Entsprechungen von Innen und Außen, Seele und Welt. Früher träumte einer wohl von Pferden, wenn es darum ging, ursprüngliche vitale Kraft zu symbolisieren. Wem früher im

Traum die Gäule durchgingen, der mag evtl. heute im Auto die Bremse nicht finden. Wir leben nicht mehr mit Pferden, aber ein neues Stück Wirklichkeit hat sich geeignet erwiesen, den inneren Sachverhalt ins Bild zu bringen. So sind wir bei unseren Symbolbildungen immer auf Korrespondenzen in der umgebenden Welt angewiesen. Ich plädierte deshalb für eine Überwindung des Psychologismus in der Symboldeutung zugunsten einer korrelativen Betrachtungsweise (vgl. Bittner 1990b, S. 190).

Diese Korrespondenz zwischen Innen und Außen, Seele und Welt hat auch bedeutsame pädagogische Implikationen. Das heranwachsende Kind ist, um sich symbolisch ausdrücken zu können, auf das Vorhandensein einer Umwelt angewiesen, die es gestattet, zur Symbolbildung verwendet zu werden. Indessen: was geschieht, wenn in einer konkreten Umwelt eine bestimmte symbolische Valenz ausfällt? Was wird z. B. aus dem von Freud und Zulliger beschriebenen totemistischen Erleben der Ödipusphase samt den daran hängenden Tierphobien - die, nach meiner Vermutung, nicht neurotisch, sondern geradezu entwicklungsnotwendig sind - in einer Welt ohne Tiere? Hier geht eine Valenz des Menschlichen einfach dahin, „brother animal" existiert nur noch als Goldhamster oder im Zoo.

Entsprechendes gilt von den Pflanzen: Seit ich einen Garten habe, glaube ich, manche Parallelen von Pflanzenwelt und Kinderwelt zu sehen. An Pflanzen lerne ich etwas über die Intentionalität bewußtlosen Geschehens (z. B. Phototropismus), die ich beachten muß, um Wirkungen zu erzielen. Ich fange an zu sehen, daß es nicht nur eine Grille des alten Gustav Theodor Fechner (1848) war, über das Seelenleben der Pflanzen nachzudenken. Als ich keinen Garten hatte, hatte ich auch keinen Grund, Gleichnisse aus der Pflanzensphäre heranzuziehen - auch hier ist die Symbolisierung des Menschlichen an das Vorhandensein der entsprechenden Weltdinge geknüpft.

Nehmen wir solche Entsprechungen an, ergeben sich pädagogische Konsequenzen: Den Stoff für seine Symbolschöpfungen nimmt das Kind (wie der Mensch überhaupt) aus der begegnenden Welt. Natur- und Kulturwelt sind geeignet, vom Kind mit symbolischen Bedeutungen aufgeladen zu werden. Die Symbolisierungsfähigkeit des Kindes hängt vom Reichtum und der Erschlossenheit der ihn begegnenden Welt ab. In einer eingeengten, verarmten und/oder unerschlossenen Welt verkümmert die Symbolisierungsfähigkeit. Pädagogische Aufgabe ist es, dem Kind Ausschnitte der begegnenden Welt nahe zu bringen und interpretierend zu erschließen - nicht allein unter dem Gesichtspunkt ihrer sozialen Relevanz und Verwertbarkeit, sondern auch unter dem Gesichtspunkt ihrer Eignung für das Kind, sich und seine Lebensbewandtnisse darin gespiegelt zu finden.

Wenn zugestanden wird, daß die Bildung von Selbst-Symbolen eine notwendige Komponente des Selbstwerdens darstellt, und wenn weiterhin gilt, daß sich diese Bildung von Selbst-Symbolen nicht im luftleeren Raum einer psychischen Innerlichkeit vollzieht, daß sie vielmehr auf ein Entgegenkommen symbolisierungsfähiger äußerer Realität angewiesen ist, „so ergibt sich als pädagogische Aufgabe: ‚Welt' an die Kinder heranzubringen, die ‚spricht', d. h. die der Auslegung fähig ist, an der Kinder etwas über sich selbst erfahren können" (Bittner 1990b, S. 189).

7. Zurück zur Erziehung

Die Welt, zu der wir Kinder bringen sollen, ist ein vielschichtiges Gebilde, ein großes Haus mit vielen Stockwerken und Zimmern. Die wissenschaftlichen Konzepte, die wir gestreift haben, erschließen Aspekte dieser komplexen Welt und unserer komplexen Situiertheit in ihr; sie werden gefährlich, wenn wir „nach" ihnen erziehen wollen und es versäumen, sie an unserer Lebenserfahrung, die allen wissenschaftlichen Konstruktionen vorausgeht, zu messen und ihnen von dieser Lebenserfahrung her ihren Platz zuzuweisen.

7.1 Der „tragische Zusammenstoß" mit der Welt

Janusz Korczak schreibt über den „tragischen Zusammenstoß" der kindlichen Wünsche mit den Wünschen und Rechten anderer:

> „Das Kind möchte eine brennende Kerze in den Mund nehmen – ich darf das nicht zulassen, es will ein Messer haben –, ich fürchte, es könnte sich verletzen, es streckt die Hände nach einer Vase aus, um die es mir leid wäre, es möchte mit mir Ball spielen – aber ich will ein Buch lesen. Wir müssen die Grenzen seiner und meiner Rechte abstecken" (Korczak 1967, S. 47).

Was Korczak hier verengend unter der Perspektive des Zusammenstoßes zweier Wünsche, zweier Rechte darstellt, enthält in Wahrheit das Problem des kindlichen Zur-Welt-Kommens bzw. Zur-Welt-Gebracht-Werdens in seiner ganzen Komplexität. Das Kind lebt in einer Welt mit andern – insofern besteht diese tatsächlich aus den Wünschen und Rechten anderer, die das Kind respektieren lernen, mit denen es sich einrichten muß.

Aber ist das die ganze Welt? Daß das Kind die brennende Kerze nicht in den Mund nehmen soll, hat ja nicht primär mit meinen Wünschen zu tun. Es kann die Folgen seines Tuns nicht abschätzen und muß deshalb vor diesen Folgen geschützt werden. Der Erwachsene muß das Freudsche Realitätsprinzip stellvertretend für das Kind wahrnehmen, so lange und insoweit es selbst dazu nicht in der Lage ist.

Nichtsdestoweniger bleibt gültig, daß die brennende Kerze, das Messer, die Vase in der Welt des Kindes „Perturbationen" (Maturana/Varela) erzeugen, daß es selber lernen muß, mit den Dingen zurecht zu kommen, „Transformationsmuster" (Piaget) für den Umgang mit gefährdeten oder gefährlichen Dingen zu entwickeln. Und vielleicht gilt sogar das Jungsche Synchronizitätsprinzip, welches das Kind nach der brennenden Kerze greifen und sie zum Mund führen läßt, weil es Wesensverwandtes spürt, weil es sich das Licht der Kerze einverleiben will: eine symbolische Kommunion mit dem Licht, mit der Flamme, die uns verzehrt, wie es in Goethes Versen heißt:

> Kommst gezogen und gebannt
> und mit eins, des Lichts begierig
> bist du Schmetterling verbrannt.

Alles das mag seinen Sinn und seine Gültigkeit haben: die Welt als mitmenschliche Welt, in der ich mit den Wünschen der anderen zu rechnen habe und mich mit ihnen verständigen muß; die Welt als Anregung und „Perturbation" für meine kognitiven Schemata, die Welt in symbolischer Korrespondenz zu meinem Inneren. Alles mag gelten, und keines gilt für sich allein.

7.2 Kinder zur Welt verlocken

Kinder in die Welt setzen – das heißt unter anderem: mit ihnen durch die heimatliche Stadt bummeln, Kaufhäuser und U-Bahnen ebenso gemeinsam „erforschen" wie Museen und touristische Sehenswürdigkeiten, in der Natur wandern, in Seen (und seien es auch Baggerseen, sofern nichts Besseres erreichbar ist) schwimmen, Schlauchboot fahren, rudern, segeln, auf Berge steigen, Ski fahren – aber auch fremde Länder zeigen, den Nutzen von Fremdsprachen erfahren lassen, fremdes Essen schmecken usw., usw. – so viel, wie von den Kindern zu verkraften und ihnen zuträglich ist.

Mit zu den pädagogisch wichtigsten Aktivitäten mit den eigenen Kindern gehörten immer die gemeinsamen Ferien auf der Nordseeinsel, in den Tauern und in verschiedenen Gegenden Frankreichs. Ich dachte: das Beste, was ich den Kindern mitgeben kann, ist, wenn ich ihnen Gelegenheit gebe, große Natur zu erleben: die Gezeiten des Meeres, den Wind und die Brandung, die einem die eigene Kraft des Sich-dagegen-Stemmens spüren lassen. Oder den Aufstieg auf einen Berg „im Schweiße seines Angesichts" und den Blick von oben ins Tal.

Es soll nicht verschwiegen werden, daß viele meiner pädagogischen Angebote in den Wind geschlagen wurden, zum Teil, weil ich es ungeschickt anfing: z. B. sind meine Kinder geradezu Anti-Bergwanderer geworden, erstens weil es dabei unvermeidlich bergauf geht und man ins Schwitzen kommt, sodann aber – und darin lag mein Fehler –, weil ich sie einmal einen rutschigen und schlammigen Bergweg hinauf hetzte (und unvermeidlicherweise: auch wieder herunter!), wobei sie erstens total dreckig wurden beim ständigen Hinfallen und zweitens wirklich Angst hatten, beim Ausrutschen den ganzen Abhang hinunterzurollen. Seitdem hieß es: nie wieder auf Berge!

Besser war's mit Frankreich. Zuerst gab es zwar den Abwehrreflex gegen das Fremde: die Leute reden ja französisch, und das verstehen wir nicht. Als sie dann aber in der Schule französisch lernten, fiel doch der Groschen, daß sie jetzt, mit Hilfe der in der Schule erworbenen Fähigkeiten, sich begründete Hoffnungen machen konnten, eben jene Leute zu verstehen, die sie bis dato nicht verstanden hatten. Ich hatte die Freude zu sehen, daß sie in reiferen Jahren Frankreich auch zum Ziel ihrer eigenen Unternehmungen wählten.

Die absolute Spitze aber war unsere Nordseeinsel. Sie blieb für die Kinder bis ins Erwachsenenalter ein Ort, wo man gern hinkommt, wo man leben und Kraft gewinnen kann. Dies letztere führt noch auf einen wichtigen Punkt: wenn wir Kinder in der skizzierten Weise „zur Welt bringen", heißt das keineswegs, sie zu einer bloß ästhetisierenden Naturbetrachtung hinzuführen. Die Nordseeinsel: das ist nicht in erster Linie der Blick ins Weite und Wellengebraus und Möwengeschrei – also nicht nur, was man sehen und hören kann; es ist eher ein vegetativer Zustand, ein verändertes leibliches Gefühl zur Welt hin: ein schwer entwirrbares Konglomerat aus Reizklima und autofreiem Robinson-Dasein mit Fortbewegung ausschließlich auf den eigenen zwei Füßen und gezeitengesteuertem Tagesablauf.

„Erlebnispädagogik" (Homfeldt 1993, Ziegenspeck 1992) nennt man so etwas heute gern in subjektivistischer Verkürzung, als käme es bloß auf das Erleben an: vielmehr geht es darum, sich ein Stück Welt vertraut zu machen, sich diesem Stück Welt auszusetzen, „in" diesem Stück Welt zu sein und sich zu bewegen, das Verwandte und das Widerständige daran zu erfahren.

7.3 Die vielen Gesichter der Welt

Ich kann Kinder nur in der Weise in die Welt „setzen", in der ich selber in der Welt bin. Die Art, in der die Welt für mich erschlossen ist, ist zugleich die Art, in der ich sie Kindern erschließe. Wir gingen bei unseren Überlegungen von Saint-Exupéry's „Kleinen Prinzen" aus, der kein Verhältnis zur Welt findet und zurückstrebt in die Sternenheimat. Er hätte, sagten wir, nicht als fertig verpacktes Männlein mit Schal und Mütze daherkommen dürfen, sondern hätte zugleich mit der Welt geboren werden müssen, um in ihr heimisch zu werden.

Was in diesem Kapitel gezeigt werden sollte: die Welt, in der wir leben und in die sich die Kinder mit unserer Hilfe hineinleben, hat viele Gesichter: teils erscheint sie wie unsere eigene Schöpfung, teils wie etwas mit uns Koexistentes und Konkordantes, teils wieder wie etwas Fremdes und zu unseren Vorstellungen und Wünschen Divergentes und Diskrepantes: der „tragische Zusammenstoß" mit der Welt wie in Korzcaks Szene.

Wenn Augustin in seiner berühmten Analyse des Zeiterlebens zu dem Schluß kommt, die Zeit sei ein intentio, attentio und distentio animi (vgl. Th. Bittner 1993, Böhm 1993a, S. 36), dann ist die Zeit eine Hervorbringung der Seele (die Welt freilich läßt Augustin als unabhängig von der Seele, als Gottesschöpfung bestehen; gegen Böhm 1993a, S. 33). Fichte, der radikalste Vertreter des Deutschen Idealismus, formulierte noch extremer und bezeichnete die „Totalität der Realität" (Fichte, Bd. 1, S. 137) als Hervorbringung des Ich: „Aller Realität Quelle ist das Ich . . . Aber das Ich ist, weil es sich setzt, und setzt sich, weil es ist" (ebd., S. 134).

Ein anderes Konzept könnte von einer Entsprechung von Mensch und Welt ausgehen: aufgrund der evolutionären Gegebenheiten und weil er sich (anders als der „kleine Prinz") mit der Welt zusammen entwickelt habe, passe der Mensch mit seiner natürlichen Ausstattung, aber auch mit seinen Gedanken, Vorstellungen und Wünschen irgendwie mit der Welt zusammen, nach dem Satz v. Uexkülls: „Wo ein Fuß ist, da ist auch ein Weg . . ." (v. Uexküll, zit. nach Plessner 1964, S. 41).

Diesem Gedanken der Korrespondenz von Mensch und Welt, von Innen und Außen habe ich lange angehangen. Ich suchte zu zeigen (Bittner 1981b), daß der Prozeß der Symbolbildung bei Kindern wie bei Erwachsenen sich nicht im luftleeren Raum einer psychischen Innerlichkeit vollzieht, sondern auf ein Entgegenkommen symbolisierungsfähiger äußerer Realität angewiesen ist,

> „Wär nicht das Auge sonnenhaft,
> die Sonne könnt' es nie erblicken" (Goethe).

Heute erscheint mir das ausschließliche Denken in solchen Korrespondenzen allzu sehr der romantischen Identitätsphilosophie nachempfunden: gewiß gibt es die Entsprechungen, und es besteht weiterhin die Aufgabe, sich passend, korrespondent zur Welt zu bilden (vgl. Bittner 1986b) – doch ebenso gibt es mit gleichem oder größerem Gewicht die schmerzlich empfundenen Nicht-Entsprechungen: die Welt als das Andere, das Fremde, das nicht auf mich Bezogene. Die Nicht-Entsprechung von Mensch und Welt stellt sich symbolisch verdichtet dar in der Gestalt des Clowns, der an der „Tücke des Objekts" verzweifelt.

Die Welt, will ich sagen, ist das eine wie das andere: meine Schöpfung, mein korrespondierendes Gegenüber und dann wieder das Nicht-Ich, das schlechthin Fremde. Sie ist Versuchung und Kerker zugleich (vgl. Schottlaender 1959) – mal mehr das eine, mal mehr das andere. In all diesen widersprüchlichen Facetten ist sie pädagogisch gegenwärtig, indem wir diese vielgesichtige Welt, in der wir selber leben, mit den Kindern teilen.

Sozialisation, Bildung, Subjektkonstitution

> Die Annahme des Einen Subjekts ist vielleicht nicht notwendig; vielleicht ist es ebensogut erlaubt, eine Vielheit von Subjekten anzunehmen ... Meine Hypothese: Das Subjekt als Vielheit.
> Friedrich Nietzsche

Nehmen wir das doppelsinnige Wortspiel unserer Titelformulierung jetzt in seiner anderen Bedeutung: „Kinder in die Welt setzen" heißt zuerst einmal, Kinder zeugen und gebären. Ins Pädagogische gewendet besagt diese Metapher, daß der durch Erziehung zu fördernde Prozeß eine lebenslange Folge von Umschaffungen, Neukonstituierungen menschlicher Subjekte darstellt, die sinnvollerweise mit Geburten verglichen werden können.

Als Zielperspektive von Erziehung bzw. Bildung wird in der theoretischen Pädagogik gern die „Menschwerdung des Menschen" (Herzog 1991, S. 26), der lebenslange, nie abgeschlossene Vorgang des „Selbstwerdens der Person" (Scarbath 1992, S. 84) angegeben, oder ausführlicher: der eminent spannungsreiche dialektische „Prozeß der Auseinandersetzung von Mensch und Welt in der Weise, daß das menschliche Individuum von seiner natürlichen Selbstbezogenheit abläßt, sich von der Befangenheit in seine sinnliche Erfahrungswelt befreit, sich auf die Welt einläßt und in der Hingabe an seine ihm eigentliche Berufung zum Weltdienst sich selbst als in Raum und Zeit zusammenfassende (also mit sich identische) Person findet und sich quasi auf einer höheren Stufe auf sich zurück nimmt ..." (Böhm 1989, S. 120).

Aussagen, denen aus der Sicht einer nicht-normativen, an „Leben" und „Werden" orientierten Pädagogik teils zuzustimmen ist, die aber andernteils auch Fragen aufwerfen: ob es wünschenswert ist, daß das Individuum vollständig und in jeder Hinsicht „von seiner natürlichen Selbstbezogenheit abläßt" und sich von der „Befangenheit in seine sinnliche Erfahrungswelt befreit", ob es durchaus erstrebenswert sein kann, sich als eine mit sich identische Person zusammenzufassen – Aussagen jedoch allesamt, die bei Zustimmung wie bei kritischer Rückfrage der lebenspraktischen Konkretisierung bedürfen. Von wem ist zum Beispiel die Rede: vom Fünfjährigen, vom Jugendlichen oder vom jungen Erwachsenen? Was für eine „Welt" ist gemeint, auf die sich einer einlassen soll usw.?

1. Die herkömmlichen pädagogischen Begriffe: „Sozialisation" und „Bildung"

Die basalen und fundamentalen Prozesse der „Menschwerdung des Menschen" werden in der Pädagogik heute zumeist unter dem Oberbegriff „Sozialisation" abgehandelt; die reifen und reflexiven fallen eher in das Ressort einer Theorie der Bildung. Im folgenden wird zu zeigen sein, daß diese beiden Leitbegriffe je unterschiedliche, schwerwiegende Probleme aufwerfen, vor allem: daß sie die Kontinuität der Lebenslaufperspektive verfehlen. Es wird daher mit dem Begriff „Subjektkonstitution" eine Alternative vor allem zur „Sozialisation", aber teilweise auch zur „Bildung" zu entwickeln sein.

1.1 Sozialisation – Abgesang auf den Leitbegriff einer pädagogischen Epoche

Die Anfänge der „Menschwerdung" – das Gewinnen ersten Weltvertrauens durch die Verläßlichkeit der mütterlichen Brust, die Anfänge motorischer und sprachlicher Selbstkonstitution, der Erwerb der ersten Vorstellungen von Gut und Böse und noch vieles andere mehr – wurden in den letzten dreißig Jahren unter dem wissenschaftlichen Oberbegriff „Sozialisation" („Sozialisierung") abgehandelt. Dieser Begriff wurde dermaßen charakteristisch für die in den sechziger Jahren sich programmatisch konstituierende Erziehungswissenschaft, daß sich an ihm exemplarisch deren ganze ungelöste – und vermutlich unlösbare – Problematik aufweisen läßt.

Der Begriff stammt aus der amerikanischen Soziologie und Sozialpsychologie der fünfziger Jahre, der Hochblütezeit der „cross-cultural studies", die in immer neuen Einzeluntersuchungen um den Nachweis bemüht waren, in welcher Weise die durchschnittliche Persönlichkeit des Kulturmenschen (vgl. Kardiner 1946) durch kulturspezifische basale Erfahrungen vor allem in der frühen Kindheit determiniert wird. Die psychoanalytischen Konzepte von Oralität und Analität spielten eine bedeutende Rolle; so gab es unendliche Untersuchungen über die Auswirkung von „nursing" und „toilet training" auf die durchschnittliche Charakterstruktur von US-Bürgern, Japanern, Deutschen, Samoanern, Trobriandern usw. (Mead 1970, Kardiner 1946, Benedict 1977).

In seinem berühmt gewordenen Artikel für ein renommiertes Handbuch der Sozialpsychologie (Lindzey/Aronson 1959) gab Child einen kritischen Überblick über diese Forschungen und definierte in diesem Kontext: Sozialisation bezeichne den „gesamten Prozeß, durch den ein Individuum, das mit einem außerordentlich weiten Spielraum von Verhaltensmöglichkeiten geboren wird, dazu gebracht wird(!), ein Verhalten zu entwickeln, das auf einen sehr viel engeren Spielraum begrenzt ist – auf den Spielraum dessen, was für dieses Individuum üblich und annehmbar in Übereinstimmung mit den Normen seiner Gruppe ist" (Child 1959, S. 655). Das von mir in das Zitat eingesetzte Ausrufungszeichen markiert die von Anfang an problematische Blickrichtung dieser Forschung, die das Individuum einseitig als Objekt sozialer Determination vor Augen führt.

Interessanterweise hat Child seine Definition von Sozialisation in der Ausgabe von 1969 folgendermaßen geändert:

„Socialization is a broad term for the whole process by which an individual develops, through transaction with other people, his specific patterns of socially relevant behavior and experience" (Lindzey/Aronson 1969, S. 474).

Der Begriff wurde von Brezinka (1961) in die deutsche Erziehungswissenschaft eingeführt. In seinem Buch „Erziehung als Lebenshilfe" übernimmt Brezinka die Definition von „Sozialisierung" (wie er den Begriff eindeutscht) von Child (Brezinka 1961, S. 52).

In den Folgejahren hat der Begriff einen beispiellosen Siegeszug angetreten.

Vereinfacht lassen sich in der Geschichte seiner Verwendung drei Stadien unterscheiden:

- ein naiv erfahrungswissenschaftliches mit der Vorgabe sozialer Determiniertheit menschlicher Entwicklung,
- ein ideologisches, teils interaktionistisch, teils neomarxistisch-psychoanalytisch begründetes, das vor allem durch die Studentenbewegung proklamiert wurde,
- ein „revisionistisches", welches der wachsenden Kritik zwar inhaltlich Rechnung trägt, am begrifflichen Etikett aber aus unerfindlichen Gründen dennoch festhält.

1.1.1 Fend, der die erste systematisch-pädagogische Abhandlung über „Sozialisierung und Erziehung" (1970) schrieb, bemerkt mit Recht, daß mit dem Begriff allein noch wenig gewonnen, daß es vielmehr nötig sei, die lerntheoretischen, tiefenpsychologischen, ethnologischen etc. Modelle aufzuarbeiten, in welchen sich die Sozialisationskonzepte konkretisierten. „Forschungen und Theorien über Sozialisation sind . . . ein Versuch, die ‚Menschwerdung des Menschen' zu erklären . . . : Aus dem Kind, das nicht gehen kann, die Sprache nicht beherrscht, nicht fähig ist, zu mehreren Menschen Kontakt aufzunehmen, seine Hände nicht gebrauchen kann, wird vielleicht ein Mann, der Automobile baut, der Bücher schreibt, der einen genau geregelten Tageslauf hat und der für eine Überzeugung ins Gefängnis geht. Auch in der modernen Kultur findet jeden Tag eine Invasion von Barbaren statt. Täglich werden Kinder geboren, die noch nicht fähig sind, am Leben der Umgebung teilzunehmen" (Fend 1970, S. 11).

Dies ist also das spezifische Staunen, das am Anfang der Sozialisationsforschung stand: Wie werden aus all diesen kleinen Barbaren erwachsene Kulturmenschen? Die Kultur nimmt gleichsam vor sich selber den Hut ab, daß sie es Tag für Tag fertigbringt, so viele kleine Wilde zu sozialisieren. Indessen kann man auch von der anderen Ecke her mit dem Staunen beginnen: Ist es nicht noch viel wunderbarer, was die Kinder da fertigbringen, wenn sie den Kulturprozeß mitmachen?

„Sozialisation" existiert als Terminus nicht nur in der Erziehungswissenschaft, sondern auch in der Soziologie und der Psychologie. Er schien deshalb geeignet, Erziehungswissenschaft mit diesen beiden empirisch forschenden Human- und Sozialwissenschaften zu verklammern. In der deutschen soziologischen Diskussion wurde der Begriff der Sozialisation aufgenommen und in einer auch pädagogisch relevanten Weise weiter differenziert. Claessens (1972) macht darauf aufmerksam, daß das Hineinwachsen des Menschen in die Kultur die Ausbildung bestimmter primärer Dispositionen voraussetze. Er bezeichnet diesen der Sozialisation vorausgehenden Prozeß als Soziabilisierung. Den zweiten Schritt stellt nach Claessens die Enkulturation, d. h. die Übernahme der kulturspezifischen Normen und Wertvorstellungen durch das Individuum dar. Erst auf dieser Grundlage kann der Mensch in die spezifischen sozialen Rollen, in denen er lebt, hineinwachsen. Claessens bezeichnet diesen Vorgang als sekundäre soziale Fixierung (Claessens 1972, S. 28 f.).

Diese erste erfahrungswissenschaftliche Stufe der pädagogischen Sozialisationstheorie war durch den Versuch gekennzeichnet, den Blick zu weiten auf die Vielzahl von Prägungsprozessen, denen die Kinder im Laufe ihrer Entwicklung unterworfen sind, und operationale Modelle zu entwickeln, um diese Prozesse zu erfassen.

Charakteristisch für diese erste, unpolitische Auffassung von Sozialisation ist es, wenn Fend etwas treuherzig bemerkt, Sozialisierung in seinem Sinne habe nichts mit der „Überführung in Gemeineigentum" zu tun (Fend 1970, S. 12). (Zum Begriff Sozialisation siehe auch Handbuch der Sozialisationsforschung 1991.)

1.1.2 Etwas in dieser Art war freilich das Thema eines zweiten, vom symbolischen Interaktionismus einerseits, vom Marxismus und der Psychoanalyse anderseits geprägten Schubs pädagogischer Sozialisationstheorie, der „Sozialisation" von einem angebbaren und abgrenzbaren, empirisch erforschbaren Problemfeld zu einer Art „Letztkategorie" mit einer umfassenden, ins Politische und Weltanschauliche hinüberspielenden Valenz umgeformt hat. Die Arbeiten von Krappmann und Lorenzer mögen als Beispiele für diesen Theorietypus dienen: Sie nehmen im Unterschied zu den älteren Sozialisationskonzepten die Frage nach der Identität, nach der persönlichen Individualität und Einmaligkeit des Menschen ausdrücklich auf, beantworten sie jedoch im Horizont ihres theoretischen Konzepts. Selbst die persönliche Identität wird noch, als durch die gesellschaftlichen Verhältnisse hervorgebracht, von „sozialstrukturellen Gegebenheiten abgeleitet" (Krappmann 1971, S. 10) interpretiert.

Noch krasser ideologisch wirkt Lorenzers marxistisch und psychoanalytisch untermauerte Vorstellung von der Verfertigung der Individuen durch Sozialisation (vgl. Lorenzer 1974). Lorenzer wird nicht müde, diesen Gedanken in immer neuen Varianten zu wiederholen: „Die Erlebniskomplexe, die wir in der Psychoanalyse kennenlernen und begreifen, müssen zugleich als Endprodukte von Sozialisationsprozessen und das heißt, als Produkte der Produktion von Subjektivität begriffen werden" (Lorenzer 1979, S. 134). Oder: „Individuelle Struktur muß als Produkt menschlicher Praxis . . ., gegenwärtiger Produktionsweise begriffen werden. Zu zeigen ist dabei, wie der Antagonismus der gegenwärtigen kapitalistischen Produktionsweise als Widersprüchlichkeit individueller Struktur, als strukturelle Beschädigung in Erscheinung tritt" (Lorenzer 1974, S. 218).

Das Individuum als „Ensemble der gesellschaftlichen Verhältnisse" (S. 7) oder „Das vergesellschaftete Subjekt" (Geulen 1977) – in solchen Formeln kristallierte sich das gesellschaftskritische Pathos, an dem sich die Studentenbewegung begeisterte. In den Niederungen der revolutionären Erziehungspraxis artikulierte sich dieses Pathos dann so:

„Wir hatten zwar nicht die geringsten Vorstellungen", schreibt eine Berliner Kinderladengruppe, „wie eine sozialistische Kindererziehung durchzuführen sei, aber wir waren uns einig darüber, daß alle bestehenden Erziehungsmodelle unsere Kinder zu ebenso reprimierten, autoritätsfixierten, unfreien Typen machen müßten, wie wir selbst es sind. Gleichzeitig war es uns klar, daß wir als erste mit unserer eigenen Emanzipation zu beginnen hatten" (Berliner Autorengruppe 1971, S. 39 f.). Ein der Studentenbewegung so verbundener Autor wie Brückner sah sich veranlaßt, angesichts solcher Praxis vor einem Herumdilettieren am Sozialisationsprozeß zu warnen.

1.1.3 Widerspruch gegen das ausufernde Sozialisationskonzept in der Pädagogik regte sich schon bald: auf dem Salzburger Kongreß der Deutschen Gesellschaft für Erziehungswissenschaft 1974 befaßte sich ein von v. Hentig initiierter Themenschwerpunkt mit dessen unausdiskutierter Problematik. v. Hentig schrieb:

„Das amerikanische Wort socialisation hat, wie so mancher andere Sprachimport, einen angestammten, vielseitigen und heftigen Streit über das Verhältnis von sog. ‚funktionaler' und ‚intentionaler', institutioneller und außerinstitutioneller Erziehung, von Erziehung und Bildung, von Bildung und Ausbildung, von Erzogenwerden und Sichentwickeln und – vorgreifend – den Streit um Verschulung oder Entschulung einfach verschluckt. Einen Jahrhunderte andauernden Streit innerhalb von fünf bis zehn Jahren schlicht verschwinden . . . lassen" (v. Hentig 1974a, S. 339).

Weiter unten fährt v. Hentig fort:

„Die Verwendung des Wortes Sozialisation trägt unversehens zur Entpolitisierung der pädagogischen Auseinandersetzung bei, indem es ein unbestimmt großes Stück der Gesellschaftsprozesse in der Erziehung aufnimmt und die Grenzen zur Politik nur weiter hinausschiebt. Dies sollte hier jedenfalls nicht geschehen" (ebd., S. 340).

Meine Einwände damals zielten in eine andere Richtung: zum einen, daß die Rede von Sozialisation die zwischenmenschlichen Vorgänge in Familie und anderen Primärgruppen so ansehe, als wenn sie aus irgendjemandes Absicht „gemacht" wären, daß sie eine bestimmte gesamtgesellschaftliche Strategie als Grundlage eines augenscheinlich „naturwüchsigen" Geschehens unterstellten" (vgl. Bittner 1974a, S. 382). Der zweite, eng damit zusammenhängende Einwand besagte, daß das Sozialisationskonzept die Eigentätigkeit des kindlichen Subjekts bei der Aneignung gesellschaftlicher Muster unterschlage. Ich suchte dies an einem einfachen Beispiel aus eigener Beobachtung zu erläutern:

„Ein Mädchen von zweieinhalb Jahren hat im Winter zum ersten Mal mit Bewußtsein eine dicke, verharschte Schneedecke von einem halben Meter Mächtigkeit gesehen. ‚Schnee' kannte sie wohl, aber als Flocken, die vom Himmel fallen. Für eine solche Masse Schnee fehlte ihr der Begriff. Die Eltern trauten ihren Ohren nicht, als sie in den Schnee hineinstapfte und verkündete: ‚Ich geh' jetzt in den Kühlschrank'.

Auf den ersten Blick handelt es sich hier um ein kleines, sprachliches Defizit. Dem Kind ist das Wort Schnee nicht in seinem ganzen Bedeutungsspektrum verfügbar. Diese Art von Defiziten ist beim zwei- bis dreijährigen Kind unausbleiblich; kein Kind, auch nicht das bestgepflegte, besitzt einen Wortschatz, der seinem Mitteilungsdrang entspricht. Die Entwicklungsaufgabe besteht nun für das Kind darin, seine Allmachtswünsche, sein ‚Alles-ausdrücken-Wollen' anzuklinken an die ihm bruchstückhaft zuhandenen Wörter – die Empfindung von tiefer Kälte in unserem Falle an das bekannte Wort ‚Kühlschrank'. Darin liegt der schöpferische Prozeß dieser Assimilation, daß etwas eigentlich noch nicht Sagbares – weil das entsprechende Wort fehlt – durch einen kühnen Analogieschluß doch sagbar wird. Ist das ‚Sozialisation'? Sollte man es nicht eher ‚Inkarnation' nennen? Sozialisationsforscher würden sich im wesentlichen mit dem soziokulturellen Rahmen beschäftigen, aus dem das Kind seine sprachlichen Materialien nimmt und an denen es seine Denkmuster bildet – natürlich könnte es das Wort Kühlschrank nicht brauchen, wenn es keinen gesehen hätte. Wichtiger ist aber doch die andere Frage: Was macht das Kind mit den Materialien, mit den Denkmustern, die seine Umwelt ihm zuspielt?" (Bittner 1974b, S. 392).

Hurrelmann hat diesen Einwänden Rechnung getragen und eine Neuformulierung des Sozialisationskonzepts vorgenommen, die der je individuellen Aneignung der sozialen Einflüsse durch das Subjekt Rechnung trägt: er versteht Sozialisation als Prozeß der Persönlichkeitsentwicklung „in dialektischer Beziehung mit der gesellschaftlich vermittelten sozialen Umwelt" (Hurrelmann 1976, S. 16) und hält lediglich fest, „daß sich die menschliche Persönlichkeit in keiner ihrer Dimensionen gesellschaftsfrei herausbildet" (ebd., S. 17). Sozialisation wird daher nach seinem Verständnis zu einem „kategorialen Sammelbegriff" (ebd., S. 17), der alle diese gesellschaftlichen Einflußfaktoren auf die Persönlichkeitsentwicklung zusammenfaßt, ohne noch den Anspruch damit zu verbinden, die Persönlichkeitsentwicklung aus diesen Einflußfaktoren erschöpfend erklären zu können.

Noch weiter in der Revision des Sozialisationskonzepts geht Hurrelmann in seinem späteren Aufsatz „Das Modell des produktiv realitätsverarbeitenden Subjekts in der Sozialisationsforschung" (1983).

Hier wird ein „Modell der dialektischen Beziehungen zwischen Subjekt und gesellschaftlich vermittelter Realität, eines interdependenten Zusammenhangs von individueller und gesellschaftlicher Veränderung und Entwicklung" proklamiert. Das menschliche Subjekt wird in einen „sozialen und ökologischen Kontext" gestellt, „der subjektiv aufgenommen und verarbeitet wird, der in diesem Sinne also auf das Subjekt einwirkt, aber zugleich immer auch durch das Individuum beeinflußt, verändert und gestaltet wird" (ebd., S. 93).

Die Aufmerksamkeit hat sich heute in einer Weise von den sozialen Einflußfaktoren auf die assimilierende und strukturierende Eigentätigkeit des sich entwickelnden Subjekts verlagert, wie dies vor 20 Jahren kaum vorstellbar gewesen wäre. Geradezu einen dialektischen Purzelbaum zur Rettung des Sozialisationskonzepts schlägt deshalb neuerdings Geulen (1994). Nachdem er Sozialisation im alten Sinne definiert hat als „die Entstehung und Bildung der Persönlichkeit aufgrund(!) ihrer Interaktion mit einer spezifischen materiellen, kulturellen und sozialen Umwelt" (Geulen 1994, S. 101) und eine Reihe von Sozialisationseinflüssen von Familie und Schule aufgezählt hat, erinnert er plötzlich wieder daran, daß „alle Erfahrungen innerhalb des Subjekts weiterverarbeitet werden" (ebd., S. 123), daß „wir uns nie nur passiv in der Welt finden, sondern ihr handelnd gegenübertreten" (ebd., S. 100). Um diese Eigenleistung des sich entwickelnden Subjekts zu dokumentieren, greift er auf Piagets Modell der kognitiven Entwicklung (Piaget 1969a) und auf Kohlbergs Konzept der Moralstufen (Kohlberg 1974) zurück - zwei Ansätze, die dem Sozialisationsmodell diametral entgegengesetzt sind und auf der Vorstellung einer Entwicklung nach einer entwicklungsgesetzlich festgelegten Stufenfolge basieren.

Wenn sich Sozialisationstheorie neuerdings ausgerechnet auf Piaget und Kohlberg berufen muß, dann stellt sich wohl die Frage, ob sich das Konzept nicht definitiv überlebt hat und konsequenterweise aus dem Verkehr gezogen werden sollte. Dann befinden wir uns nämlich auf dem Boden einer multidimensional strukturierten Entwicklungsforschung, welche die biologische Reifung, den Aufbau kognitiver Strukturen, soziale Einflüsse und vielleicht sogar die Eigentätigkeit des Subjekts in der Entwicklung berücksichtigt - diesem allen noch das Etikett „Sozialisation" aufzukleben, ergibt definitiv keinen Sinn mehr.

1.2 Das kaum konkretisierbare Theorem der Bildung

In Antithese zum Sozialisationsbegriff, der in der „erfahrungswissenschaftlichen" Epoche der Pädagogik das thematische Terrain weitgehend besetzt hielt, kommt heute der überkommene einheimisch-pädagogische Begriff der Bildung wieder stärker in Gebrauch. Manche sprechen sogar von einer „Antithetik von Sozialisation und Bildung" (Ballauff 1988, S. 64 f.).

1.2.1 Pädagogische Bildungstheorie heute

War der Sozialisationsbegriff belastet durch die Kurzschlüssigkeit und Umstandslosigkeit seines „Imports" aus der Sozialpsychologie, so belastet den Bildungsbegriff ein Übermaß an historischer Patina. Wer heute von Bildung handelt, muß sozusagen bei Meister Eckart und den Mystikern anfangen. Diese übertrugen nämlich die aus der Sphäre des künstlerischen und handwerklichen Herstellens entlehnten althochdeutschen Begriffe bilidon, bildunga in die Mystik und Theologie (vgl. Menze 1970, S. 134). Ferner sind die Bildungsvorstellungen der Aufklärung und des Neuhumanismus in der Diskussion mitzudenken. Es ist kaum verwunderlich, daß viele bildungstheoretische Erörterungen in der puren Aneigung dieser Vorgeschichte stecken bleiben oder doch nur schüchterne und zumeist wenig überzeugende Versuche unternehmen, aus der Vergegenwärtigung der großen und beinahe erdrückenden historischen Tradition etwas für die Gegenwart abzuleiten (z. B. Dohmen 1964/65, Klafki 1986).

Wenn z. B. Klafki die klassischen Bildungstheoretiker mit der Frage nach einem „zeitgemäßen" Konzept allgemeiner Bildung heute durchmustert, kommt er zu diesen „Folgerungen für unsere Zeit":

„- Allgemeinbildung als Bildung für alle zur Selbstbestimmungs-, Mitbestimmungs- und Solidaritätsfähigkeit,
- als kritische Auseinandersetzung mit einem neu zu durchdenkenden Gefüge des Allgemeinen als des uns alle Angehenden und
- als Bildung aller uns heute erkennbaren humanen Fähigkeitsdimensionen des Menschen.

Allgemeinbildung muß gerade heute, neu aufkommenden Entpolitisierungsbestrebungen entgegen, auch als politische Bildung zur aktiven Mitgestaltung eines weiter voranzutreibenden Demokratisierungsprozesses verstanden werden" (Klafki 1986, S. 474 f.).

Dies sind normative Aussagen. Eine psychologisch bzw. biographisch konkretisierbare Perspektive wird nicht einmal ansatzweise erkennbar; in die Nähe des Psychologischen führen allenfalls die Konstrukte ominöser „Fähigkeiten", die da ausgebildet werden sollen und die nichts weiter sind als pseudopsychologische Einkleidungen der zuvor gesetzten normativen Zielvorgaben: weil z. B. Solidarität als erstrebenswert gilt, wird flugs eine „Solidaritätsfähigkeit" dazu erfunden (mit ähnlicher Logik wie Molière im „Eingebildeten Kranken" die Wirkung eines Schlafmittels auf die ihm innewohnende vis dormativa zurückführt!). Diese gilt es nun zu „bilden". Nein, konkrete Menschen und ihre Bildungsprozesse kommen beim vielgelobten Bildungstheoretiker Klafki nicht vor!

Clemens Menze, einer der vorzüglichsten Kenner der historischen Bildungstheorien, urteilt denn auch zwiespältig über die Möglichkeit, diese sinnvoll auf unsere Gegenwart zu beziehen. Er wendet sich einerseits gegen oberflächliche Kritiken an der humanistischen Bildungsidee, die ihr „Apolitismus, Innerlichkeit, Ästhetizismus, Lebens- und Wirklichkeitsfremde" vorwerfen. Solche Kritiken gründen, wie er zeigt, vielfach auf den „Auffassungsschemata des neunzehnten Jahrhunderts . . . , die durch verkürzende Verzweckung und dogmatische Stilisierung den Anspruch des Humanismus bis in sein Gegenteil verkehren" (Menze 1989, S. 264).

Doch ob sich aus der klassischen Bildungstradition positiv etwas ableiten läßt, ist für Menze zweifelhaft: „Die neue Diskussion über die so lange Zeit verpönte allgemeine Bildung kann zu keinen Patentlösungen führen . . . Alle Ansätze erweisen sich als wenig zufriedenstellende Versuche, denen es an einem überzeugenden pädagogischen Konzept fehlt" (ebd., S. 270). In einer länger zurück liegenden Äußerung gibt Menze einleuchtende Gründe an, warum eine solche Theorie der Bildung heute so schwierig, wenn nicht unmöglich ist:

„. . . sie bezieht sich auf alle Gebiete der Kultur wie der menschlichen Lebenswirklichkeit überhaupt und hat diese nicht als vorliegende, sondern in ihrer Bedeutung für die Menschwerdung des Menschen zum Gegenstand. Deshalb ist in einer modernen Bildungstheorie der Bereich der Wirtschaft genausowenig zu eliminieren wie der Bereich des Sports. Alle diese Gebiete aber zu beherrschen, sie in ihrer Bedeutung für Menschwerdung kategorial aufzuschließen und in eine Bildungstheorie einzuholen, ist für einen Forscher genauso unmöglich wie für ein Forschungsteam, das die einzelnen Wirklichkeitsbereiche inhaltlich darstellt und zusammenfügt. Die Verwissenschaftlichung der Theorie der Bildung führt zu solchen Spezialisierungs- und Differenzierungsprozessen, daß diese die Einheit der Theorie sprengen. Aber nicht nur das Mensch-Welt-Verständnis, sondern auch die Fragen der Menschwerdung selbst – von der Bildsamkeit bis zu den das pädagogische Handeln leitenden Zielvorstellungen über die Probleme der Bildungsgemeinschaften, der Schule, Bildungsinhalte, Lehrer, Bildungswege, Bildungsphasen – sperren sich dem einheitlichen begrifflichen Zugriff" (Menze 1970, S. 181).

Wird trotz dieser einleuchtend begründeten Warnung weiterhin von Bildung gesprochen, ergibt sich rasch ein dreifaches Dilemma:
- da der Bildungsbegriff auf Grund der von Menze aufgewiesenen Komplexitäten der modernen Welt deskriptiv kaum noch zu füllen ist, reduziert er sich gern auf einen rein „präskriptiven" Gebrauch (vgl. Böhm 1988b, S. 28),
- da die Spanne der Inhalte von Wirtschaft und Sport bis zur Menschwerdung des Menschen reicht und niemand diese Spannweite mit einem Blick umfassen vermag, zerfallen die Bildungstheorien in didaktische, ethische und anthropologische: Kaum läßt sich nachvollziehen, inwiefern Bildungstheoretiker wie Klafki (1986) oder Pongratz (1986) vom selben Gegenstand handeln;
- aus den beiden vorgenannten Gründen schließlich kommen Bildungsprozesse als konkrete, lebensgeschichtlich erfahrbare, psychologisch beschreibbare nicht in den Blick.

Die ganze Zerfaserung, die der Bildungsbegriff in den zweihundert Jahren seiner (von Humboldt an gerechneten) neueren Geschichte erfahren hat, kann man etwa aus Henz's Entwurf einer „Bildungstheorie" (1991a) ablesen. Da gibt es die Bildungsvorstellungen der Humanisten in der klassischen Tradition, der Existentialisten, der Schul- und Curriculumtheoretiker (man kann schließlich auch noch fragen, ob das „Bauhaus" eine eigene Bildungstheorie gehabt habe, vgl. Mollenhauer 1989).

Henz selbst will eine „komplexere begriffliche Fassung und . . . Dimensionierung" (Henz 1991a, S. 98) von Bildung geben. Um seine Kurzdefinition, Bildung sei „wachsende Teilhabe an der Kultur mit dem Ziel einer wertgeleiteten, harmonischen Persönlichkeit" (ebd., S. 126), mit allen Konnotationen stichwortartig zu explizieren, benötigt er eine volle Druckseite und fängt dabei allerlei Divergentes ein, vom „umfänglichen Wissen" über die „Ausstrahlung" bis zur „Lebensmeisterschaft"(!) einer gebildeten Persönlichkeit (ebd., S. 147).

Dermaßen integrativ kann es wohl nicht gehen. Wollen wir nicht überhaupt und gänzlich auf den zerfaserten Begriff verzichten, bleibt nur die Alternative, eklektisch vorzugehen, d. h. aus dem Diskussionsgeflecht einen zu unserem „lebensphilosophisch" begründeten Konzept passenden Faden herauszuziehen. Ich versuche also meinerseits eine Definition: Bildung – das ist der Gang meines Lebens, meine persönliche Biographie, unter dem Gesichtspunkt betrachtet, was ich aus meinem Leben gemacht habe bzw. was mein Leben aus mir gemacht hat. Dieser Definitionsversuch lehnt sich an Pestalozzi an, bei dem es heißt:

„Ich will wissen, was der Gang meines Lebens, wie es war, aus mir gemacht hat; ich will wissen, was der Gang des Lebens, wie er ist, aus dem Menschengeschlecht macht" (Pestalozzi 1797, S. 6).

Dieser Bildungsbegriff scheint mir im Vergleich zu anderen folgende Vorzüge zu besitzen:

1. Er ist ausdrücklich nicht-normativ, nicht-präskriptiv (im Gegensatz zu Böhm 1988b, S. 28); statt dessen gibt er einen Gesichtspunkt zur Untersuchung konkreter menschlicher Lebensläufe.
2. Er engt Bildung nicht thematisch ein (z. B. auf Schulbildung, Wissen, ethische Prinzipien); Gegenstand der Untersuchung und Interpretation ist das „Leben", der individuelle Lebensverlauf im ganzen. „Bildung" ist kein von anderen Lebensthemen unterscheidbares und abgrenzbares „Materialobjekt", sondern „Formalobjekt", d. h. die Fixierung eines Gesichtspunkts, unter dem das Ganze einer individuellen Biographie betrachtet werden soll.
3. „. . . was der Gang meines Lebens . . . aus mir gemacht hat". „Was hab ich gethan?" (Pestalozzi 1797, S. 6). Das zielt auf die notwendige Doppelperspektive: „ich" als Schöpfer und als Geschöpf meiner Biographie.
4. Schließlich ist dies ein nicht metaphysisches und nicht ethisches, sondern erfahrungswissenschaftlich, vor allem psychologisch zu implementierendes Konzept. Es gestattet, die Brücke vom tradierten pädagogischen Bildungsbegriff zu erfahrungsorientierten Konzepten aus Psychologie und Tiefenpsychologie zu schlagen.

Dieses Verständnis von Bildung kann an nur wenige Beiträge der bildungstheoretischen Diskussion anknüpfen. Sprangers berühmter Aufsatz „Das Leben bildet" (1959) würde dazugehören, wenn er nicht – leider! – die von Pestalozzi entlehnte Titelzeile in den eigenen Darlegungen gerade ins Gegenteil verkehrte. So sehe ich derzeit nur drei Texte von Guardini, Pongratz und Ballauff, an welche die vorliegenden Überlegungen anknüpfen können.

Guardinis „Grundlegung der Bildungslehre" (1928/1953) stammt aus der pädagogischen Aufbruchsepoche der zwanziger Jahre. Manches daran ist historisch überholt wie z. B. die Ideologie des „Pädagogisch-Eigentlichen", die später anläßlich eines Textes von Buber über das „eigentlich Erzieherische" (Buber 1925, S. 36) kritisch zu kommentieren sein wird.

Bedenkenswert scheint indes Guardinis „lebensphilosophische" Grundlegung der Bildungstheorie: „Bildendes Tun" habe es mit „Leben" zu tun; „Leben . . . besteht in der Form des Werdens" (Guardini 1928, S. 11). „Werdend will ich ich selbst werden" (ebd., S. 12). Dieses „Selbstwerden" beinhaltet zum einen das Von-mir-Weggehen, zu dem, was ich nicht bin (vgl. ebd., S. 12), zum andern impliziert es die Gefährdung, weil es „der Möglichkeit nach frei" ist (ebd., S. 15). Das Werden steht nach Guardini in einem dreifachen Spannungsverhältnis:

- indem eine innere Teleologie, ein Bild realisiert wird, handelt es sich um Bildung (vgl. ebd., S. 25 f.),

- indem das Andere, das Schicksal, die Endlichkeit angenommen wird, zielt es auf Bewährung (vgl. ebd., S. 35 f.),
- indem das Gegenständliche in seinem Eigenrecht anerkannt wird, bestimmt es sich als Dienst (vgl. ebd., S. 41).

Halten wir uns nicht mit den teils historisch, teils theologisch zu erklärenden Fragwürdigkeiten des Textes auf und halten wir uns an den Grundgedanken: Leben ist Werden in der Zeit, ist „Selbstwerden" – Bildung bezeichnet „etwas" an diesem Werdegeschehen.

Eine detailliertere Interpretation von Guardinis Schrift, die erst nach ihrer Wiederveröffentlichung 1953 für Aufsehen und Kontroversen sorgte, hat Henner (1990) gegeben. Auch er hebt hervor, daß der Begriff „Leben" in dieser Abhandlung über weite Strecken als zentrale Kategorie fungiere (vgl. Henner 1990, S. 72). „Alles Leben . . . besteht in der Form des Werdens" (Guardini bei Henner 1990, S. 178); und dieser „Werde-Charakter des menschlichen Seins" (ebd., S. 178) begründe ein spezifisch pädagogisches Interesse an den Lebensgeschehnissen: „Werden" erweise sich als eigenständiger pädagogischer Grundbegriff. Das Guardinische Verständnis von Bildung als „selbstloses Selbstwerden" (in der Formulierung von Henner, S. 190) leitet sich aus diesen Grundkategorien „Leben" und „Werden" folgerichtig ab.

Guardinis Schrift ist geprägt vom Bildungsoptimismus der 20er Jahre, wie wir ihn ähnlich bei Buber, Nohl und anderen finden. Ausgehend von Nohls klassischer Begriffsbestimmung, Bildung sei die „subjektive Seinsweise der Kultur, . . . die alles . . . zu einheitlichem Leben . . . zu gestalten vermag" (Nohl 1933a, S. 27), weist Pongratz auf, daß solcherart Bildung heute immer weniger gelingen kann: die technisch-industrielle Zivilisation komme immer weniger als „sinnstiftende Klammer für die disparaten Lebensprozesse" in Betracht (Pongratz 1986, S. 5); Subjektivität selbst unterliege einem „Verfallsprozeß", „den die dialektische Rekonstruktion der Bildungstheorie" ans Licht zu bringen hätte (ebd., S. 9).

„Der Prozeß der Maschinisierung des Subjekts aber höhlt das traditionelle Verständnis von Bildung mehr und mehr aus. Die Individuen erscheinen immer weniger als Ort der Verarbeitung von Erlebnissen und Erfahrungen, die sich lebensgeschichtlich synthetisieren lassen. Die gesellschaftlich produzierte Erfahrungsunfähigkeit geht einher mit einer allgemeinen Infantilisierungstendenz, die den Sinn von Adoleszenz als Krisen- und Reifezeit in Frage stellt" (ebd., S. 15).

Was die anspruchsvolle Erörterung von Pongratz vor allem bedeutsam werden läßt: daß er in seinem Bemühen, die von ihm diagnostizierte Krise des Subjekts an der Adoleszenz mit ihren Entwicklungschancen bzw. -unmöglichkeiten zu konkretisieren, das eingefahrene Muster einer präskriptiven Bildungstheorie aufbricht und nach lebensgeschichtlich konkreten Erfahrungsmöglichkeiten bzw. -unmöglichkeiten fragt. In der Konsequenz dieser Fragerichtung liegt es, daß die psychologische Perspektive mit einbezogen wird, daß Kategorien wie Ich, Narzißmus etc. ihren Stellenwert für eine Theorie der Bildung zugewiesen bekommen.

Pongratz sieht die Aufgabe kritischer Bildungstheorie in der Entfaltung der „differenzierten Momente eines negativen Bildungsdenkens": „Doch intendiert diese Negativität kritischer Bildungstheorie keine Absolutheit, erschöpft sich nicht einfach im mephistophelischen Geist, der stets verneint, sondern visiert durch alle Gebrochenheit der Verhältnisse hindurch den versöhnten Zustand". So steht in seinem Verständnis „die Bildungstheorie immer noch auf der pädagogischen Tagesordnung", gerade weil „ihr die Verwirklichung versagt blieb" (Pongratz 1986, S. 7).

Der Beitrag dieser „negativen" Bildungstheorie ist im gegenwärtigen Zusammenhang wichtig, weil er helfen kann, Orientierung am „Leben" nicht naiv affirmativ mißzuverstehen: als sei Leben in der fragwürdigen Art, wie wir es führen, unter den gesellschaftlichen und zivilisatorischen Bedingungen unserer Welt sogar führen müssen, unbesehen als „bildend" zu interpretieren – im Gegenteil: Leben muß stets als strukturell deformiertes, als Nicht-Leben und damit auch als Nicht-Bildung gesehen werden, und nur durch die „Gebrochenheit der Verhältnisse", wie Pongratz sagt, kann der „versöhnte Zustand visiert" (ebd., S. 7) werden.

Länger habe ich gebraucht, um die Bildungstheorie Ballauffs, die ich erst zu den normativen und präskriptiven rechnete, als eine „lebensphilosophische" zu erkennen. Bildung bedeutet für ihn „erfüllte Menschlichkeit". „Dahin führt ein Weg; ihn bedenkt die Pädagogik . . ." (Ballauff 1989a, S. 3).

Das wesentlich Menschliche ist nach Ballauff, „daß wir denken . . . , was uns auszeichnet . . . ist dieses: Lichtung zu sein . . . Der Mensch ist . . . der Ort der Wahrheit . . ." (ebd., S. 25). Darum ist Bildung für Ballauff in ihrer Substanz „Selbständigkeit im Denken" (ebd., S. 79). Sie umschließe einen „Gedankenkreis, der Erkennen und Ermessen ermöglicht, der um Erkanntes und Ermessenes wissen und dementsprechend reden und ans Werk gehen läßt". Bildung sei „Wissen und Denken eines ‚Allgemeinen', ‚Gemeinsamen', das nicht nur ich denke als mein Eigentum, das nicht meine Eigenart ausmacht, sondern von allen gedacht, gewußt, behandelt werden kann. Bildung bedeutet die Erhebung zu diesem Allgemeinen und enthebt dem Partikularen, Individuellen ebenso wie dem Gelegentlichen und Zufälligen. So ist sie und so ermöglicht sie Selbstlosigkeit . . ." (Ballauff 1989b, S. 102).

In anderem Zusammenhang formuliert er: „Bildung läßt sich daher auch als Hilfe für Wort und Wahrheit umschreiben, für das Wort als die Artikulation, Manifestation und Demonstration der Vernunft, des einsichtigen Denkens, und für die Wahrheit als die Freilegung und den Aufschluß dessen, was ist, und ‚wie es sich verhält'" (ebd., S. 79). Aus dieser Bewegung des Denkens ergeben sich die weiteren Bestrebungen von Bildung: „Freigabe" (ebd., S. 116) und „Selbstlosigkeit" (ebd., S. 101).

Ballauffs Theorie als eine „lebensphilosophische" zu begreifen gelingt erst, wenn aufgeht, daß Denken, wie er es versteht, ein Geschehen im Leben ist, ein „immer schon vor sich gehendes Geschehen" (Ballauff 1989a, S. 125). Selbstbefreiung des Denkens verlangt Detheologisation, Desubjektivation usw., „Rückgabe des Denkens und der Gedanken an sie selbst" (ebd., S. 133).

Daß Ballauffs Denken sich im Leben bewegt und daß er es mit der „Detheologisation" ernst meint, zeigen auch die folgenden, für eine Bildungstheorie erstaunlich wahren Sätze von der „Entsexualisierung der Sexualität" in unserer Zivilisation: „Die Monogamie wird das Kernproblem der modernen Gesellschaft . . . Der Mensch in der abendländischen Gesellschaft wird zum sexuell und motorisch sistierten Menschen: antriebsarm, affektlahm" (ebd., S. 74). Hier wird tatsächlich über Leben nachgedacht; Freud hätte seine Freude gehabt.

Freilich bleiben Einwände: Wenn es bei Ballauff heißt, „Menschlichkeit sei im Denken begründet" (ebd., S. 135), dann ist weiter zu fragen, worin das Denken denn seinerseits begründet sei? Wir kommen ja nicht als Denkende auf die Welt. Vor dem Denken steht die Sensomotorik (Piaget), und vielleicht kann man mit dem Psychoanalytiker Wolfgang Loch sagen, der Gedanke „keine Milch" sei vermutlich der erste Gedanke des Kindes (Loch 1970, S. 253). Denken mag der menschlichste aller Lebensprozesse sein und Bildung vornehmlich die Bildung eines Gedankenkreises – doch das Denken seinerseits ist ein Vorgang im Leben, gegründet in anderen, basaleren Lebensvorgängen, die ihrerseits bildungstheoretisch relevant sind.

So daß auch Ballauffs Bildungslehre Anlaß gibt, zum alten Klagelied zurückzukehren: Bildungstheorien eliminieren das Fundamentale, das ontogenetisch Frühe und überhaupt das psychologisch und biographisch Konkretisierbare. Darum sehen wir uns mehr denn je auf Anleihen bei der Psychologie, speziell der Tiefenpsychologie angewiesen.

Gerade noch rechtzeitig zur Schlußredaktion des vorliegenden Buches erscheint ein Buch, das mannigfaltige Berührungspunkte zu den hier entwickelten Perspektiven aufweist und erstmals das Fundamentale, das ontogenetisch Frühe bildungstheoretisch zu seinem Recht kommen läßt: Bildungsprozesse im Kindesalter (Schäfer 1995a).

„Bildung", meint Schäfer, sei in der Kindheitspädagogik bislang ein durchaus fremder Begriff. Er müßte freilich auch neu bestimmt werden, um für deren Belange brauchbar zu sein. „Bildungsprozesse unterscheiden sich von Lernprozessen durch die breiteren Kontextbedingungen, die mitbedacht werden". Bildung stellt „einen doppelten Zusammenhang her: Zum einen zwischen neuen Erfahrungsfacetten und dem Kontext eines vergangenen Denkens, Erlebens und Entscheidens; zum zweiten zwischen dem augenblicklichen, integrierenden Selbstentwurf und den Entwürfen, die in der Vergangenheit bereits stattgefunden haben" (Schäfer 1995a, S. 20). Im einzelnen wird Bildung bestimmt als Selbsttätigkeit, als der Prozeß individueller „Sinnfindungen", als die „ganze menschliche Palette" rational-logischer sowie der „sinnlich-emotionalen Erfahrungs- und Verarbeitungsmöglichkeiten" im Umfeld des Gegenständlichen und der soziokulturellen Muster (ebd., S. 19 f.).

Schäfer vergegenwärtigt als solche grundlegenden Bildungsprozesse die Selbstabgrenzung des Kindes in der frühesten Phase, die Symbolisierungen und Phantasiegestaltungen z. B. im Spiel und im zeichnerischen Gestalten; er beschreibt Lernen als „ästhetische(r) Erfahrung", wobei er von der Grundbedeutung des griechischen Wortes Aisthesis (Wahrnehmung) ausgeht: Lernen müßte dann als komplexer Prozeß der Wahrnehmung und Aneignung „mit den Kontexten der Geschichte eines Subjekts, mit dem subjektiv gelebten Leben" verbunden gesehen werden (ebd., S. 243).

Schäfers Konzept von Bildung als Selbst-Strukturierung eines Individuums im Kontext einer umgebenden und ihm begegnenden Welt und einer je einmaligen Lebens- und Lerngeschichte deckt sich im Ansatz genau mit den hier entwickelten Perspektiven. Auch finde ich verdienstvoll, daß er die Aufmerksamkeit gerade auf die frühen und grundlegenden Bildungsprozesse lenkt, daß er systematisch entfaltet, was ich mehr punktuell und exemplarisch zur basalen Konstitution des Subjekts dargestellt habe.

An einem Punkt läßt Schäfer uns freilich im Stich: das Konzept „Bildung" in die Kleinkindpädagogik einzuführen, wie er es tut, kann nicht davon dispensieren, diese Einführung bildungstheoretisch zu legitimieren, d. h. aufzuweisen, daß eben diese Prozesse der Selbst-Abgrenzung, der ästhetischen Erfahrung usw., die Schäfer so subtil analysiert, eben jenem Begriff von „Bildung" zu subsumieren sind, wie er in der pädagogischen Diskurstradition sich herauskristallisiert hat. So bleibt auch nach Schäfers verdienstvoller Untersuchung das Urteil gültig, daß der Bildungsbegriff, der bei derartigen subjektbezogenen und biographischen Annäherungen vorausgesetzt wird, erst noch zu explizieren wäre – wozu im folgenden erste Schritte unternommen werden sollen.

1.2.2 Tiefenpsychologische Aspekte einer Theorie der Bildung

Mir scheint, der Grundgedanke Guardinis, Bildung sei ihrem Wesen nach Werden bzw. Selbstwerden, könnte mitsamt seiner dialektischen Infragestellung durch Pongratz im Geist der Kritischen Theorie der Frankfurter Schule heute noch zum

Ausgangspunkt einer Bildungstheorie werden – einer Theorie freilich, die von Guardini nur die Fragerichtung übernimmt, keineswegs die Inhaltlichkeit seiner allzu optimistischen Aussagen. Folgen wir dieser Spur, müssen wir uns auf Diskussionskontexte beziehen, die in den heutigen Bildungstheorien nahezu vollständig ausgeklammert sind. In der von Guardini vorgezeichneten, heute neu zu implementierenden Blickrichtung sieht sich das Nachdenken über Bildung auf psychologische Diskussionskontexte z. B. der Psychoanalyse, der Humanistischen Psychologie, der Analytischen Psychologie C.G. Jungs verwiesen.

Das „Pädagogische Lexikon" brachte in seiner 5. Auflage (Groothoff/Stallmann 1971) einen Stichwortartikel „Affektbildung" (Bittner 1971). Die damaligen Ausführungen knüpften an psychoanalytisch begründete Überlegungen Mitscherlichs (1963) zur Bildungstheorie an. Der Bildungsprozeß beginne beim Menschen „einzigartig früh", d. h. intrauterin. Bildung sei „Aneignung" (Mitscherlich 1963, S. 29), Wissensdurst, nicht Wissensbesitz (ebd., S. 30), „Suchbewegung und zunehmend koordiniertes Suchen". Durch Bildung kann ich versuchen, „der außerordentlichen Gefahr der Täuschungsmöglichkeiten – vor allem über sich selbst" (ebd., S. 30) zu entgehen.

Mitgedacht sind bei Mitscherlich immer die vorbewußten, affektiven Komponenten des Bildungsprozesses. Er unterscheidet Sachbildung (über die er nur wenig zu sagen weiß), Affekt- und Sozialbildung. Da wir „keine ausreichende Verhaltenslenkung durch eingeborene Steuerungen ererbt haben" (ebd., S. 38), ist die Trieb- und Affektkontrolle in die je eigene Verantwortung des Menschen gestellt. „Die Kultur der Affekte ist das eigentlich schwerste Bildungsziel". Sie schließt ein, daß „die Konflikte zwischen den unausweichlichen inneren Drangerlebnissen und den sozialen Normen gemildert werden, daß wir eine innere Toleranz für den Umgang mit Konflikten entwickeln" (ebd., S. 41).

Neben dem „Inhaltswissen", das allein die Theoretiker der Schulbildung im Auge haben, ist die Affektbildung sozusagen unser „zweiter Bildungsweg" (vgl. ebd., S. 49): „Ein gebildeter Mensch ist jemand, der Kenntnisse erworben hat, aber zugleich auch in seiner Triebhaftigkeit, seiner Affektivität ‚kultiviert' ist, ‚Manieren' hat . . ." (ebd., S. 42).

Damit ist ein Weg bildungstheoretischer Reflexion beschritten, der seit Erscheinen des Buches von Mitscherlich kaum weiter verfolgt wurde: Bildung als Suchbewegung, als Erlangen von Trieb- und Affektkontrolle, als Bewußtwerden über mich und die andern, als Abschied von Vorurteilen und von Dressurgehorsam. Mitscherlichs Ausführungen geben eine allgemeine Richtung an, in der eine psychoanalytisch begründete Bildungstheorie zu denken hätte; sie ermangeln indessen der Konkretion im Hinblick auf je spezifische Lebensphasen und Lebenslagen.

In zwei Projekten haben wir versucht, Aspekte einer psychoanalytisch bzw. tiefenpsychologisch fundierten Bildungstheorie zu konkretisieren:

a) Das Würzburger Symposion „Selbstwerden des Kindes" (Bittner 1981b) entwickelte Perspektiven der psychoanalytischen Kinderpsychologie in der Nachfolge Freuds und Jungs in ihrer Bedeutung für das Verständnis früher und basaler Prozesse kindlicher Ich-Bildung.

Die klassische Psychoanalyse reflektiert auf frühe Bildungsprozesse im Zusammenhang mit den Schicksalen der „Objektbeziehungen", denn „nur über Objektbeziehungen gelingt die ‚Zähmung' und ‚Kanalisation' der mitgebrachten Triebfragmente" (Loch 1965, S. 13). Auf dem Symposion waren solche Überlegungen vor allem durch Rotmann (1981) vertreten, der sein Konzept der frühen Triangulierung entwickelte.

Die Psychologie Jungs und seiner Schüler (Fordham, Kadinsky) könnte der Pädagogik helfen, die bildende Kraft von autochthonen kindlichen Phantasien und „kollektiven", d. h. nicht-konventionellen Symbolen besser in den Blick zu bekommen (vgl. Bittner 1981a, Gilch-Geberzahn 1981, Biehl 1992).

Phantasien und Tagträume von Kindern beispielsweise sind, wie Fatke im Anschluß an die Hoffnungsphilosophie Blochs (1977) darlegte, bildhafte Antizipationen des eigenen künftigen Lebens in der Wunschperspektive (vgl. Fatke 1981, S. 187). Bloch selbst bezieht sich auf die Geschichte eines zehnjährigen „scheuen Knaben" (seine eigene?), der auf Löschblättern eine uneinnehmbare Festung zeichnet. „Das eigene Leben war hoch oben durch Zinnen geschützt und gerändert, sie konnten aber jederzeit bestiegen werden zum Ausblick" (Bloch 1977, S. 23). Im Schutz seiner machtvollen Festung sucht er „das Weite". Dies sind frühe Bildungsprozesse, die die spätere „Selbständigkeit im Denken" sicherlich mit grundgelegt haben mögen.

Freilich: mit Phantasieren und Wunschträumen allein ist es nicht getan. Durch das ganze Leben hin müssen wir unsere Phantasien und Wunschträume an der Realität „abarbeiten"; das ist „Bildung des Selbst im Realitätskontakt" (Schäfer 1981, S. 119).

Dies war das Thema der seinerzeitigen Würzburger Überlegungen: daß die Erziehungswissenschaft nach einer Phase geradezu totalitären Gebrauchs des Sozialisationskonzeptes sich auf die Suche nach der „verlorengegangenen Person des Kindes" (H. Scarbath 1981, S. 174) und ihren Bildungsprozessen begibt und daß sie zur konkretisierenden Implementation dieses Ansatzes des Dialogs mit der Psychoanalyse und der Kinder- bzw. Jugendpsychologie bedarf.

b) Das Prager Symposion „Lebenslaufforschung und Vergleichende Erziehungswissenschaft" (1992) weitete die Frage nach den konkreten lebensgeschichtlichen Bildungsprozessen auf die gesamte Lebensspanne aus, und zwar auf dem Hintergrund der veränderten sozialen und politischen Bedingungen: wie haben Ost- und Westbürger ihr Leben gelebt in den 40 Jahren des Eisernen Vorhangs, welche unterschiedlichen Schlüsselerfahrungen haben sie gemacht, die ihre Lebensperspektive heute bestimmen (vgl. Bittner 1994c, S. 8)?

Fragen solcher Art setzen ein nicht-normatives, hermeneutisch auf konkrete Lebensverläufe beziehbares Konzept von Bildung voraus, welches bis heute allenfalls ansatzweise existiert. Daher sind Anleihen bei den Nachbarwissenschaften unausweichlich. Als nützlich erwies sich an erster Stelle der von der Psychoanalyse und vom symbolischen Interaktionismus entwickelte Identitätsbegriff. Die Frage nach Bildung muß heute identitätstheoretisch fundiert sein, d. h. „über das mehrseitige Bedingungs- und Wechselwirkungsverhältnis von Individuum und Gesellschaft, Person und Institution, Selbstentwurf und Fremdbestimmung, Konsistenzerwartung bzw. -bedürfnis und Kontingenzerfahrung, das Verhältnis von Zeitlichkeit des individuellen Lebens und von Geschichtlichkeit der Lebenswelt" (Herrmann 1987, S. 319, vgl. Bittner 1994c, S. 18) reflektieren.

Perspektiven lassen sich weiterhin aus der Kognitionspsychologie der „kritischen Lebensereignisse" (Filipp 1990) gewinnen. Unter den Leitbegriffen „Äquilibration und Krise" hat Schäfer (1994a) Gesichtspunkte zu einer qualitativ-erfahrungswissenschaftlichen, biographischen Bildungsforschung eingesammelt. Diese untersucht am einzelnen, konkreten Lebensverlauf, „wie das Subjekt als eigene Einheit, mit eigener Dynamik und Struktur, mit einem eigenen Wollen die verschiedenen Dimensionen seines individuellen Innenlebens und die unterschiedlichen Dimensionen seiner umgebenden Welt in subjektiven Entwürfen verbindet, äquilibriert und gestaltet" (Schäfer 1994a, S. 77). Die Nähe dieser auf kognitions- und entwicklungspsychologische Theoreme bezogenen Formulierung zu den identitätstheoretisch begründeten Formulierungen Herrmanns ist unmittelbar einsichtig. Sie mag als Beleg dafür dienen, daß identische pädagogische Problemlagen mit unterschiedlicher, den Erfahrungswissenschaften entlehnter Begrifflichkeit eingekreist werden können und müssen.

Eine weitere Perspektive gewinnt die erfahrungswissenschaftlich-hermeneutische Reflexion individueller Bildungsschicksale durch die Berücksichtigung gesamtgesellschaftlicher Prozesse. Beck hat unter dem Stichwort „Individualisierung" die Herauslösung individueller Lebensläufe aus traditionellen Zusammenhängen, den Verlust von traditionellen Sicherheiten und die sich entwickelnden neuen Formen sozialer Einbindung beschrieben (vgl. Beck 1986, S. 206). Die Analysen Becks münden in die Frage ein, wie „Identitätsbildung unter Anomiegefahr", im „Gewirr der behaupteten durchgängigen Individualisierungstendenz" überhaupt möglich sei (Joas 1988, S. 3 f.). Ingrid Scarbath hat eine bildungstheoretisch außerordentlich bedeutsame Perspektive der sich wandelnden Identitätsmuster von Frauen aus der ehemaligen DDR exemplarisch vergegenwärtigt (I. Scarbath 1994).

Schließlich der Beitrag der Psychoanalyse: Identität kann nicht identisch sein mit dem Ich-Bewußtsein, den Selbstkonzepten der empirischen Psychologie. Leben und Bewußtsein sind zweierlei: das Leben kann „dem Erkennen niemals ganz zugänglich werden" (Dilthey, GS VII, S. 236). Psychoanalyse hätte in diesem Kontext die Relativität von Ich-Standpunkten auf dem Hintergrund des Unzugänglichen, Nicht-Gewußten, z. T. Nicht-Wißbaren und dennoch Lebensbedeutsamen aufzuweisen. Dies war die Grundlinie meiner Überlegungen auf dem Prager Symposion (Bittner 1994c).

Um konkrete lebensgeschichtliche Bildungsprozesse ins Visier zu nehmen, fehlt indessen der Pädagogik heute noch so gut wie alles. Ein Bildungsbegriff, der solche Bildungsprozesse im Zusammenhang des Lebens zum Gegenstand nimmt, wäre erst noch zu explizieren. Er müßte in der Mitte angesiedelt sein zwischen philosophisch deduzierenden Bildungsvorstellungen, die sich kaum auf das Konkrete des einzelnen gelebten Lebens beziehen lassen, und deren empirisch denaturierten Derivaten, mit denen sogenannte „Bildungsforschung" dahinwerkelt. Vorläufig mögen, um die Lücke auszufüllen, Anleihen bei psychoanalytischen, persönlichkeits- und kognitionspsychologischen Modellvorstellungen, aber auch bei soziologischen Konzepten wie dem Beckschen Individualisierungstheorem sinnvoll sein (vgl. Bittner 1994c, S. 9).

2. Subjektkonstitution – oder: „Wie man wird, was man ist" (Nietzsche)

Weder der Sozialisations- noch der Bildungsbegriff ist ohne weiteres geeignet, das Leben von Menschen mit seinen notwendigen Lern- und Anpassungsprozessen, vor allem aber mit seinen lebenslangen Umschaffungen und Neukonstituierungen, die durchaus angemessenerweise mit mehrfachen Geburten verglichen werden können, zu thematisieren.

2.1 Geburten

Die Geburt eignet sich als Metapher für alles, was den Charakter eines Neuanfangs bzw. einer schöpferischen Hervorbringung (vgl. Bittner 1963 und nochmals Sloterdijk 1988) trägt. Teils real, teils metaphorisch zu nehmen ist die Rede der Verhaltensbiologen vom „extrauterinen Frühjahr", vom Menschen als einer „physiologischen Frühgeburt" (Portmann 1951, S. 44 f.): das Menschenkind gehöre biologisch eigentlich eher zu den Nestflüchtern als zu den Nesthockern bzw. zu den Traglingen; es komme aber biologisch unfertig zur Welt und müsse im sozialen Mutterschoß der Familie erst noch zu Ende ausgetragen werden (vgl. Hassenstein 1987, S. 68 ff.). Soziologen und Psychoanalytiker sprechen von der zweiten, psychischen oder soziokulturellen Geburt (Mahler u. a. 1989; vgl. Claessens 1972).

Schon viel früher ist die Pubertät von Rousseau als eine „zweite Geburt" (Rousseau 1762, S. 211) charakterisiert worden:

> „Wir werden sozusagen zweimal geboren: einmal um zu existieren, das zweite Mal, um zu leben; einmal für die Gattung und einmal für das Geschlecht" (ebd., S. 210).

Schließlich wird die Geburtsmetapher in vielfältiger Weise für Neuanfänge im Erwachsenenleben benützt, vorwiegend für ein schmerzliches Sich-Freikämpfen aus alten Bindungen, aus festgefahrenen Situationen. C.G. Jung hat das Motiv der „zweifachen Geburt" mehrmals und unter unterschiedlichen Aspekten behandelt:

> „Die Vorstellung einer zweiten Geburt ist zeitlich und räumlich weit verbreitet. In den ersten Anfängen der Medizin kommt sie als ein magisches Heilmittel vor; in vielen Religionen ist sie die mystische Erfahrung; sie bildet die Zentralidee der mittelalterlichen Naturphilosophie und, last not least, die infantile Phantasie vieler kleiner und ‚erwachsener' Kinder, die glauben, daß ihre Eltern nicht ihre wirklichen, sondern nur Adoptiveltern sind, denen sie übergeben worden seien. Benvenuto Cellini, zum Beispiel, hatte diese Vorstellung ebenfalls, wie er in seiner Autobiographie berichtet" (Jung 1936, S. 58).
>
> „Ich könnte beispielsweise das Motiv der zweifachen Abstammung erwähnen, das heißt der Abstammung von menschlichen und von göttlichen Eltern, wie bei Herakles, der, von Hera unwissentlich adoptiert, Unsterblichkeit erlangte. Was in Griechenland Mythos, ist in Ägypten sogar ein Ritual. Dort ist der Pharao von Natur aus sowohl menschlicher wie göttlicher Wesensart. In den Geburtskammern der ägyptischen Tempel ist des Pharaos zweite, göttliche Empfängnis und Geburt an den Wänden dargestellt – er ist ‚zweimal geboren'. Dies ist eine Vorstellung, welche die Grundlage aller Wiedergeburtsmysterien darstellt, einschließlich derjenigen des Christentums. Christus selbst ist zweimal geboren: durch die Taufe im Jordan erlangte er seine Wiedergeburt aus dem Wasser und dem Geiste. Folgerichtig wird in der römischen Liturgie der Taufbrunnen als ‚uterus ecclesiae' bezeichnet; und wie man es im Römischen Missale lesen kann, heißt er heute noch so, in der Weihe des Taufwassers am sabbatum sanctum, dem Samstag vor Ostern. Wie dem auch sei, in der frühen Gnosis stellte man sich den Geist, der in Gestalt einer Taube erschien, als

Sophia, Sapientia, Weisheit, vor, und als die Mutter Christi. Auf Grund dieser Motive doppelter Elternschaft werden heute den Kindern, statt daß sie gute und böse Feen haben, die eine ‚magische Adoption' mit Fluch oder Segen ausführen, Taufpaten beigegeben, nämlich (schweizerdeutsch) ‚Götti' und ‚Gotte', (englisch) ‚godfather' und ‚godmother'" (ebd., S. 58).

Das Leben als eine Abfolge von Wandlungen und Wiedergeburten – das ist insbesondere das Thema der Dichtungen von Hermann Hesse, der von Jungs Psychologie berührt war. Ungefähr aus der Zeit seiner Analyse bei Jung stammt das Gedicht

„Alle Tode

Alle Tode bin ich schon gestorben,
Alle Tode will ich wieder sterben,
Sterben den hölzernen Tod im Baum,
Sterben den steinernen Tod im Berg,
Irdenen Tod im Sand,
Blätternen Tod im knisternden Sommergras
Und den armen, blutigen Menschentod.

Blume will ich wieder geboren werden,
Baum und Gras will ich wieder geboren werden,
Fisch und Hirsch, Vogel und Schmetterling.
Und aus jeder Gestalt
Wird mich Sehnsucht reißen die Stufen
Zu den letzten Leiden,
Zu den Leiden des Menschen hinan"
(Hesse 1925, S. 45).

Selbst noch das physische Sterben wird von Dichtung und Religion seit alters her immer wieder unter der Metapher der Geburt dargestellt (vgl. Macho 1987, S. 238 ff.).

2.2 Subjektkonstitution als pädagogisches Problem

Erziehung hat zugleich und mit gleichem Gewicht die Aufgabe, Kinder in die Welt einzuführen und Bedingungen für die lebenslang unabschließbare Konstitution des menschlichen Subjekts (metaphorisch gesprochen: die „mehrfachen Geburten") zu schaffen. Pädagogik als Wissenschaft beschreibt und analysiert diese Prozesse der Selbst- bzw. Subjektkonstitution; Erziehung als Praxis sucht sie zu fördern und zu begünstigen.

Von Subjektkonstitution sprechen wir in Anlehnung an zeitgenössische philosophische Subjekttheorien. Wenn Frank (vgl. 1988, S. 8) in Bezug auf Subjektivität, Personalität und Individualität drei Perspektiven entfaltet – die erkenntnistheoretische, die semantische und die hermeneutische –, dann hätte die Pädagogik als vierte die genetische beizusteuern: die Frage, wie ein Subjekt wird, wie sich individuelles Bewußtsein, Wollen und Handeln konstituieren und welche ermöglichenden Bedingungen von Subjektkonstitution gegeben sein müssen.

Warum rede ich von Subjekt bzw. Subjektkonstitution, gelegentlich noch vom Selbstwerden (Bittner 1981b), aber kaum mehr von Person bzw. Personwerden, wie ich es bis vor kurzem (z. B. Bittner 1992a) getan habe? Ich habe mich davon überzeugen müssen, daß der Personbegriff mit philosophischen Konnotationen befrachtet ist, die ihm dermaßen in die Wolle gefärbt sind, daß diese philosophische, zum Teil metaphysische und christlich religiöse Position, die ich nicht zu teilen vermag, stillschweigend mitgegeben ist.

Auch am Subjektbegriff hängen philosophische Traditionsbestände, doch scheint es mir, aufs Ganze gesehen, der weniger festgelegte zu sein. Subjektsein heißt zunächst nicht mehr als: ich bin da, und ich weiß, daß ich da bin. Ich erlebe mein Leben und die Geschehnisse um mich herum, wie kein anderer Mensch sie erleben könnte. Ich sehe die Welt mit meinen eigenen Augen an.

Das Selbst, das Individuum, das Subjekt – das sind Ausdrücke, mit denen wir die Kalamität des „Ich bin da" allzu substantivisch zu bezeichnen und ihr zu ein wenig wissenschaftlicher Respektibilität zu verhelfen pflegen. Es ist aba nicht viel damit, „scientia non est individuorum", wußten schon die alten Scholastiker. Der Psychoanalytiker Schottlaender verglich den erkennenden Intellekt mit einer Magnetnadel, die desto genauer zeigt, „je weniger der Forschungsgegenstand mit uns selber verwandt ist . . . Je mehr wir aber mit unserem Forschungsgegenstand an unseresgleichen herankommen, desto mehr wird die Magnetnadel des Intellekts zu zittern und zu schwanken beginnen" (Schottlaender 1959, S. 123 f.). Nehme ich mich ins Visier, spielt die Magnetnadel vollends verrückt.

Ich verwende die Begriffe Selbst, Individuum, Subjekt und Person nahezu äquivalent: sie sind mir terminologische Chiffren für mich selbst, den unmöglichen Forschungsgegenstand. Einsicht und Wollen schreibe ich mir zu (oder sage ich besser „Begehren"?), wenn ich „ich" sage, eine Art Ganzheit, vielleicht so etwas wie eine innere Bestimmung, der ich (oft unbewußt) folge; und ein Lebensgeheimnis, ein Stück Unergründlichkeit, das darauf beruht, daß ich nicht „hinter mich" komme.

In einer erziehungsphilosophisch angelegten Monographie über „Subjektwerden" hat Gößling (1993) auf dessen Paradoxie im Kontext pädagogischer Überlegungen hingewiesen: Erziehung habe zwar nach übereinstimmender Auffassung das Subjektwerden des Zöglings zur Aufgabe doch: wie kann man „jemanden dazu bestimmen, sich selbst zu bestimmen" (Gößling 1993, S. 26)? Und weiter: pädagogische Förderung von Subjektwerden setze das Subjektsein des Kindes immer schon voraus: „Ohne jene vorgängige Erschlossenheit von Welt im Subjekt und für das Subjekt wäre dessen Bildung und Erziehung gar nicht möglich" (ebd., S. 97).

So bedeutsam der Aufweis der genannten Paradoxie sein mag, geht deren Formulierung in einer für die heutige theoretische Pädagogik typischen Art und Weise über die entwicklungspsychologischen und biographischen Konkretionen hinweg. Wenn Gößling beklagt, daß die heutige Pädagogik „sich von der Ethik abgekoppelt und sich in die Botmäßigkeit von Soziologie und Psychologie begeben" habe (ebd., S. 17) – dann ist seine eigene Schrift ein Lehrstück dafür, wohin Pädagogik gerät, wenn sie diese „Botmäßigkeit" kündigt und das Psychologische ignoriert: zu einem aller Konkretion ermangelnden Begriff von Subjekt bzw. Subjektwerden.

Auch Herzog schließt seine Überlegungen zur moralischen Erziehung als Konstitution eines moralischen Subjekts an dieses Paradox an, das er allerdings nicht, wie Gößling, von Kant, sondern von Herbart herleitet: „Der Erzieher bedarf einer Theorie, die ihm verständlich macht, wie sich moralische Selbstbestimmung als Resultat erzieherischer Einwirkung ergibt" (Herzog 1991, S. 29). Herbarts Lösungsversuch sei überholt, meint er, „nicht aber sein Problem, das im Kern einer jeden pädagogischen Theorienbildung liegt" (ebd., S. 30). Grundsätzlich anders und akzeptabler als Gößling konstatiert er, daß die Theoretisierung dieses Problems im Kontext der Pädagogik ins Stocken geraten sei; er will sie unter Rückgriff auf die Psychologie wieder in Gang bringen (vgl. ebd., S. 35). Als Einwand gegen dieses beachtliche Unternehmen ist an dieser Stelle lediglich festzuhalten, daß Herzog Konstitution des Subjekts allzu weitgehend mit der Konstitution des moralischen Subjekts identifiziert.

So läßt sich unsere Fragestellung im Kontrast zu der Gößlings und in Anknüpfung an die Herzogs deutlich machen. Während Gößling die gedanklichen Paradoxien der Rede vom Subjektwerden aufdröselt, fragen wir nach den entwicklungspsychologisch und biographisch fundierenden Bedingungen dafür, daß jemand ein „mündiges Subjekt" werden bzw. sich als ein solches konstituieren kann.

- Unser primäres Interesse gilt dabei den genetisch frühen und wesensmäßig fundierenden Bedingungen von Subjektkonstitution: das Kind, das seine Glieder gebrauchen und sprechen, insbesondere „ich" sagen lernt, ist damit gewiß noch lange kein handlungsfähiges und mündiges Subjekt im Sinne philosophierender Erziehungstheoretiker. Dennoch ist Handlungsfähigkeit und Mündigkeit an diese fundierenden Bedingungen von basaler Personalisation (vgl. Bittner 1972b, S. 22) gebunden.
- Freilich geht Subjektkonstitution nicht in den fundierenden Bedingungen ihrer Möglichkeit auf: an Pestalozzis Ringen um die Konstitution eines Ich in der Welt unabhängig von der „thierischen Begierlichkeit" und den gesellschaftlichen Determinanten soll exemplarisch die reflexive Subjektkonstitution vor Augen geführt werden.
- So ist die pädagogische Sprachlosigkeit im Bereich Subjektkonstitution aus den Arsenalen der Psychologie zu kompensieren; es ist zu fragen, was Begriffe wie Identitätsfindung, Selbstverwirklichung, Individuation zur Konkretisierung des Konzepts „Subjektkonstitution" beitragen können.

Damit wäre der weitere Gang der Überlegungen dieses Kapitels vorgezeichnet.

2.3 Selbstwerden des Kindes – oder: die basale Konstitution von Subjekten

Für das Verständnis der basalen Subjektkonstitution sehen wir uns vor allem auf die Psychoanalyse verwiesen, die z. B. in der Internalisierung des guten Objekts (vgl. Klein 1962, S. 44 f.; vgl. Bittner 1982b), in den von Spitz (1970) beschriebenen Organisatoren der Psyche: dem ersten Lächeln, der Achtmonatsangst, der semantischen „Nein"-Geste (vgl. ebd., S. 84), überhaupt von der Lehre von den frühen Objektbeziehungen, in der „jubilatorischen" Entdeckung des eigenen Spiegelbildes (Lacan 1973a), im Erwerb des sprachlichen „Ich"-Gebrauchs (Bittner 1992/93), deren grundlegende Koordinaten angegeben hat. Diese bleiben prinzipiell gültig, auch wenn die empirische Säuglingsforschung immer wieder Differenzierungen und Korrekturen anbringen wird (vgl. Dornes 1993).

Menschwerdung, Subjektkonstitution, Personalisation etc. werden in der Pädagogik (wie zuletzt noch bei Gößling) an den Kriterien von Autonomie, Mündigkeit, Selbstbewußtsein festgemacht. Die ermöglichenden Bedingungen dieser Ich-Leistungen bleiben hingegen unerörtert: die Frage zum Beispiel, wie weit Selbstbewußtsein an der in der Frühphase erworbenen Fähigkeit hängt, „ich" zu sagen, oder wie weit die Autonomie des Erwachsenen grundgelegt wird im „autonomen" Gebrauch des motorischen Apparats (die Grunderfahrung von Autonomie: auf seinen eigenen Beinen stehen, selber laufen können). Auf einige dieser Schlüsselerfahrungen basaler Subjektkonstitution soll im folgenden, anknüpfend an eigene frühere Arbeiten, näher eingegangen werden.

2.3.1 Die Primärerfahrung des internalisierten guten Objekts (M. Klein)

Auf Grund einer eigenwilligen Terminologie schwer zugänglich, dennoch von großer Bedeutung für das Verständnis der frühesten Prozesse sind die Überlegungen der Psychoanalytikerin Melanie Klein zur primären Ich-Konstitution des Kindes durch Internalisierung des „guten Objekts", d. h. der mütterlichen Brust.

„Zu Beginn des post-natalen Daseins", schreibt Melanie Klein, „erlebt das Kind aus inneren und äußeren Quellen Angst" (Klein 1962, S. 146). „Wenn wir versuchen, uns die primäre Angst in konkreter Form als Angst vor Vernichtung vor Augen zu führen, müssen wir uns an die Hilflosigkeit des Säuglings inneren und äußeren Gefahren gegenüber erinnern" (ebd., S. 133). Das ist wichtig zu bedenken: Für einen Menschen in hilfloser Lage können bereits geringe Komplikationen vernichtend sein – ein gebrechlicher alter Mensch kann in einer Badewanne ertrinken. Ähnlich müssen wir uns die Hilflosigkeit des ganz jungen Säuglings vorstellen: Wenn die Brust oder das Fläschchen ausbleibt, kann er verhungern; wenn ihn niemand zudeckt, kann er in der Winterkälte erfrieren – und er kann überhaupt nichts dagegen tun außer schreien.

Und dann gibt es die Augenblicke des Hochgefühls, wo jedes Schreien schlagartig verstummt: wenn das Kind an die Brust gelegt wird oder sein Fläschchen bekommt. Klein meint, in den ersten drei, vier Monaten bestünde die Welt des Säuglings überhaupt nur aus einem einzigen Objekt: der mütterlichen Brust bzw. ihrem symbolischen Stellvertreter, dem Fläschchen. Die Brust – nicht etwa die Mutter als Person, sondern nur die Brust – sei der Inbegriff alles Guten und Lebenswerten, zugleich aber auch – und das ist erstaunlich – der Inbegriff alles Bösen, Negativen, Bedrohlichen, wenn sie die Befriedigung versagt.

Kleins Rede von der „bösen Brust" und einer frühesten persekutorischen Phase klingt etwas exotisch, erscheint aber, wenn man sie metaphorisch nimmt, durchaus treffend. Rational leichter nachvollziehbar hat der amerikanische Psychoanalytiker Stern die Vorgänge erklärt. Im Zusammenhang mit Hunger und ausbleibender Versorgung durch die Mutter erlebe der Säugling ein Biotrauma, d. h. „den Zustand des vorübergehenden Versagens des homöostatischen Ausgleichs" (Stern 1974, S. 498). Der Säugling lerne, diese Situation zu antizipieren und ihr seine „primäre agitatorische Reaktion – eine Art Protoaggression" – entgegenzusetzen. „Beim Kleinkind eliminiert, ‚zerstört' die Protoaggression das Biotrauma, indem es die physiologische Wirkung der Schockdrohung aufhebt. Aus dieser Protoaggression entwickelt sich . . . der ichkontrollierte, aggressive Drang" (ebd., S. 502).

Von der „guten", nährenden Brust wird nicht nur der Hunger, sondern auch die Aufgeregtheit „gestillt" (ich glaube, man kann sich überhaupt erst von Kleins Überlegungen her die umfassende Bedeutung des Wortes „stillen" klarmachen). Die Inseln von Zufriedenheit und ruhigem Behagen dehnen sich aus. Und vor allem: Das „gute Objekt" wird introjiziert, zuerst wohl als Erinnerung an das Behagen beim letzten Gestilltwerden. Die Erinnerung schafft das gleiche Behagen wie das Gestilltwerden selbst, es entsteht so etwas wie Zeitstruktur und persönliche Kontinuität.

Diese Inseln von ruhigem Wohlbehagen sind konstituierend für das Ich.

Klein nimmt mit Freud an, daß „. . . das Ich sich durch Introjektion von Objekten entwickelt. Soweit die früheste Phase in Betracht kommt, wird . . . die gute Brust, die in Situationen der Befriedigung und des Glückes introjiziert worden ist, ein wesentlicher Teil des Ichs und stärkt seine Fähigkeit zur Integration" (Klein 1962, S. 152; vgl. Bittner 1982b).

Mir scheint, daß diese Interpretation Kleins, wenngleich ihre Brust-Metaphorik auf dem ersten Blick befremdlich klingt, doch griffiger und konkreter vor Augen führt, was in theoretisch abgehobener Sprache, z. B. in der Rede vom notwendigen „Urvertrauen" (Erikson 1976, S. 62), als Bedingung der Sozialisation (Claessens spricht von „Soziabilität" 1970, S. 153) nur unzulänglich vorstellbar wird: daß der zur Welt Gebrachte als erstes die fundierende Erfahrung eines Guten machen muß, das ihm zuteil wird, das er in sich aufnehmen, „internalisieren" kann, und daß dies die notwendige Bedingung dafür ist, daß sich ein Ich-Kern bilden kann.

2.3.2 „Ich bewege mich, also bin ich!"

Die ersten Spiele des Säuglings sind Bewegungsspiele mit den Fingern. Er führt die Händchen vor den Augen auf und nieder, streckt und beugt die Finger und schaut den Bewegungen zu. Vermutlich realisiert er am Anfang noch nicht, daß er es selbst ist, der die Finger in Bewegung setzt, denn erst durch die Verknüpfung des optischen Eindrucks mit kinästhetischen Empfindungen erkennt er mit der Zeit die Bewegungen im Raum als seine eigenen. Die Welt des ein- bis zweijährigen Kindes ist eine Welt der motorischen Spiele, wie Anna Freud und Dorothy Burlingham anschaulich beschrieben haben.

> „Manche Kinder dieses Alters benehmen sich wie berauscht von Raum, Bewegung und Schnelligkeit. Sie kriechen, gehen, marschieren, laufen, jederzeit bereit, von einer Art der Fortbewegung wieder in die andere zu verfallen. Spielzeug bekommt Bedeutung, wo es sich der Bewegung dienstbar machen läßt. Sessel lassen sich vor den Kindern herschieben wie Wagen oder Schubkarren; auf Töpfen wird, statt stillzusitzen, durch das ganze Zimmer gefahren. Spieltiere, Teddybären, Tiere auf Rädern werden spazierengeführt; Bälle eignen sich dazu, fortgerollt und eifrig verfolgt zu werden. Einzelne Kinder, die ihr Gleichgewicht gut halten können, haben besondere Freude daran, mit jeder Hand ein anderes Spielzeug und gleichzeitig sich selbst fortzubewegen. In manchen Stunden ist die ganze Kleinkinderabteilung in solcher Art wie auf einem Eislaufplatz in ständiger Hin- und Her-, Auf- und Ab-Bewegung" (A. Freud/D. Burlingham 1971, S. 70).

Meine Tochter entdeckte, als sie zweieinhalb Jahre alt war, auf einem Waldspaziergang einen gerodeten Baumstumpf, der ihr Interesse fesselte. „Sie begann an der einen Seite hinaufzuklettern, zwischen den Wurzelstrünken, und auf der anderen Seite wieder herunter. Dies tat sie schätzungsweise acht- bis zehnmal hintereinander. Mit zunehmender Sicherheit fing sie an, den Abstieg zu variieren, verschiedene Wege hinunterzuklettern. Etwa beim dritten Mal stürzte sie ab und riß sich dabei die Finger an dem wenig griffigen Holz. Sie schaute ihre Finger an und sagte:

‚Hab schlechte Finger'. Mit diesem sprachlichen Ausdruck ‚Hab schlechte Finger' hat sie eine Werkzeugrelation der Körpermotorik zu den Intentionen des wollenden Ichs ausgedrückt: die Finger sind ‚schlecht' im Hinblick auf das, was das Kind mit den Fingern tun wollte – sich an dem rissigen Stamm festhalten, um hinauf- und hinunterzuklettern" (Bittner 1990a, S. 69 f.).

Mahler (1985, vgl. S. 285 f.) hat insbesondere die Bedeutung des Laufenlernens für die Individuation, d. h. für die Selbst-Konstituierung des Kindes als eines von der Mutter getrennten Subjekts hervorgehoben: dem Kind wächst die Möglichkeit zu, sich räumlich von der Mutter zu entfernen – eine intensive Art der Ich-Erfahrung. Ähnliches mag für meine Tochter in der berichteten Episode gelten: „Ich klettere, also bin ich!"

2.3.3 Der Erwerb der sprachlichen Selbstreferenz

Nach Kant ist der Mensch eine Person dadurch, daß er „in seiner Vorstellung das Ich haben kann". Dies erhebe ihn „unendlich über alle andere auf Erden lebende Wesen" (Kant 1800, S. 11). „Es ist aber merkwürdig", fährt er fort, „daß das Kind, was schon ziemlich fertig sprechen kann, doch ziemlich spät (vielleicht wohl ein Jahr nachher) allererst anfängt durch Ich zu reden, so lange aber von sich in der dritten Person sprach (Karl will essen, gehen usw.), und daß ihm gleichsam ein Licht aufgegangen zu sein scheint, wenn es den Anfang macht durch Ich zu sprechen ..." (ebd., S. 11).

Kinder sprechen von sich selbst zuerst in der dritten Person: etwa der Ausspruch eines 2;6 Jahre alten Jungen: „ebaut hat e Günther". Bei einem 3;0 Jahre alten Mädchen heißt es dagegen schon: „mußt de Betten wegnehmen, daß ich rausgehen kann" (Stern 1952, S. 139). Charlotte Bühler setzt den Erwerb der Ich-Form um das Ende des 2. Lebensjahres an (vgl. Bühler 1967, S. 149 f.).

Die von Kant angegebene Jahresfrist ist gewiß zu lang bemessen. Ein halbes Jahr wäre zutreffender; oft sind es nur 2 oder 3 Monate, die zwischen der Selbstbezeichnung mit dem eigenen Namen und mit ich vergehen (vgl. Stern 1928, S. 275). Auch trifft Kants Feststellung nicht zu, daß die Kinder, wenn sie einmal angefangen haben, mit ich zu sprechen, nie mehr in jene andere Sprechart zurückkehren. In Wirklichkeit gibt es viel Hin und Her zwischen den Eigennamen und den Pronomen, oft sogar in einem und demselben Satz, wie die Sterns von ihrer Tochter Hilde (3;9) berichten: „Da wäscht doch die hilde meine handschuhe" (ebd., S. 274).

Noch in einem anderen Punkt widersprechen die Sterns der Auffassung von Kant, der den sprachlichen Ich-Gebrauch mit dem erwachenden Ich-Bewußtsein in eines setzt: „Vorher fühlte es bloß sich selbst, jetzt denkt es sich selbst" (Kant 1800, S. 11). Die Sterns hingegen warnen vor einer Überschätzung dieses Entwicklungsschritts, denn das Ich-Bewußtsein brauche keineswegs schwächer zu sein, wenn das Kind von sich in der dritten Person rede, als wenn es das Pronomen gebrauche (vgl. Stern 1928, S. 272). Der Übergang zum Ich-Gebrauch sei von allerlei Umwelteinflüssen abhängig, u. a. lernten ihn jüngere Geschwister oft schneller als Erstgeborene über die Standardformel „ich auch (haben)" (vgl. ebd., S. 273). Der früheste Ich-Gebrauch ist affektiv-volitionalen Ursprungs. Ich will ist älter als ich bin; vom ersten affektmäßigen zum berichtsweisen Wortgebrauch verfließen mehrere Monate (vgl. ebd., S. 276; vgl. Bittner 1992/93, S. 138 f.).

In diesem letztgenannten Punkt haben neuerdings Deutsch und Mitarbeiter (1991) mit experimentellen Untersuchungen an die Beobachtungen des Ehepaars Stern (1928) angeknüpft: Sie fanden bei einer Re-Analyse der Sternschen Tagebücher, daß das älteste Kind die bekannte Entwicklung von der nominalen zur pronominalen Selbstreferenz durchlaufen habe, während die beiden jüngeren Geschwister gleich mit der pronominalen begannen. Deutsch et al. suchen diesen Unterschied so zu erklären, daß jüngere Geschwister öfter in Situationen geraten, in denen „die Selbstreferenz die Funktion hat, ein Begehren auszudrücken oder den eigenen Willen durchzusetzen" (Deutsch et al. 1991, S. 32) – das berühmte und in allen Familien bekannte „ich auch!" der jüngeren Geschwister.

Deutsch et al. unterscheiden demnach zwischen einer beschreibenden und einer volitionalen Verwendung der sprachlichen Selbstreferenz. In einem Experiment mit 50 Kindern von 2;4 bis 6;8 Jahren wollten sie zeigen, daß die Unterschiede im Gebrauch des Eigennamens und des Pronomens „ich" weniger mit dem Alter und der kognitiven Reife der Kinder zu tun haben als damit, ob diese sich in einer Situation befinden, die das Benennen einer Person oder den Ausdruck eines Wunsches impliziert (auf die Frage vor dem Spiegel, „Wer ist das?", antworten die Kinder eher mit ihrem Namen; auf die Frage, „Wer will das?", eher mit „ich").

Dieses schöne Experiment vermag freilich deshalb nicht die schon von Kant formulierte Alltagserfahrung einer gesetzmäßigen Entwicklung vom Gebrauch des Eigennamens zum Ich-Gebrauch außer Kraft zu setzen, weil die Kinder zum Zeitpunkt der Untersuchung bereits zu alt sind. In dem von Deutsch et al. untersuchten Alter haben die Kinder bereits in der Regel beide sprachliche Muster zur Verfügung. Hier ist es dann ohne Zweifel so, daß die Benennung mit dem Eigennamen mehr mit Selbstreferenz in einer Benennungssituation, die mit dem Pronomen „ich" mehr mit der Betonung der eigenen Person in einer Wunschsituation korrespondiert.

Die Erfahrung, die sich im Gebrauch des ich ausdrückt, meint also, daß ich will bzw. ich bin als Bedeutungskomplexe besonderer Art erfahren und ausgedrückt werden, die von anderer Qualität sind als die Weltdinge, ausgezeichnet vor allem durch Urheberschaft und eigene Aktivität.

Der sprachliche Ich-Gebrauch kommt, wie man bei den Sterns sehen kann, immer wieder abhanden – die zugrunde liegende Erfahrung ist und bleibt fragil (vgl. Bittner 1992/93, S. 141). Dennoch handelt es sich zweifellos um eine Schlüsselerfahrung der Ich-Konstitution.

2.3.4 „... die große Wahrheit, die das kleine Wort enthält: ich"

Die Frühentwicklung ist in den soeben gestreiften und zahlreichen anderen, nicht genannten Teilaspekten auf die Konstitution des Kindes als Ich, als Selbst, als Subjekt angelegt, wie es Korczak treffend ausgedrückt hat:

> „Ich! Wenn ein Neugeborenes sich mit dem eigenen Fingernagel kratzt; wenn ein Kleinkind im Sitzen sein Beinchen zum Mund führt, sich überschlägt und ärgerlich ringsherum nach dem Schuldigen sucht; wenn es sich an den Haaren zieht, vor Schmerz das Gesicht verzieht, aber den Versuch wiederholt; wenn es sich mit dem Löffel auf den Kopf schlägt, nach oben guckt, was es denn dort gibt, was es nicht wahrnimmt, aber doch fühlt – dann kennt es sich noch nicht.
>
> Wenn es die Bewegungen seiner Hände untersucht; wenn es an seinen geballten Händchen lutscht und sie aufmerksam betrachtet; wenn es an der Brust plötzlich zu saugen aufhört und sein Beinchen mit der Mutterbrust vergleicht; wenn es vor sich hintappelt, unter sich guckt und Ausschau hält nach dem, was es – ganz anders als die Hände der Mutter – hebt und trägt; wenn es

das rechte bestrumpfte Bein mit dem linken vergleicht – dann will es erkennen und Bescheid wissen. Wenn es beim Baden das Wasser untersucht und dabei in vielen unbewußten Tropfen sich, den seiner selbst bewußten Tropfen, wiederfindet, dann ahnt es die große Wahrheit, die das kleine Wort enthält: ich. Nur das Bild eines Futuristen kann uns deutlich machen, was dem Kinde für sein Selbstverständnis wichtig ist: die Finger, die kleine Faust, undeutlicher schon die Beine, vielleicht der Bauch oder sogar der Kopf, aber das alles nur in schwachen Konturen, wie eine Landkarte von den Polargebieten. Noch ist die Arbeit nicht beendet, noch dreht und wendet es sich, um zu sehen, was sich hinter ihm verbirgt, vor dem Spiegel und auf Fotografien betrachtet es sich, entdeckt die Vertiefung des Nabels und die Erhebung der eigenen Brustwarzen; aber schon gibt es neue Arbeit: sich selbst in seiner Umwelt wiederzufinden . . .

Kaum hat es erfahren, daß die Mutter dazu da ist, seine Wünsche zu erfüllen oder ihnen zu widersprechen, daß der Vater Geld heimbringt und die Tanten Schokoladenplätzchen – da entdeckt es auch schon in den eigenen Gedanken, irgendwo in seinem Inneren, eine neue, noch wunderlichere unsichtbare Welt. Ferner geht es darum, sich selbst in der Gesellschaft, der Menschheit und im All wiederzufinden. Ach, man könnte graue Haare darüber bekommen – eine endlose Arbeit" (Korczak 1967, S. 51 f.).

2.4 Pestalozzi: „Ich grabe mich in mich selbst . . ." – oder: die reflexive Ich-Erfahrung

„Ach, man könnte graue Haare darüber bekommen – eine endlose Arbeit". Die Subjektkonstitution ist in der Tat ein endloser, ein unbeendbarer Prozeß, bei dem wir buchstäblich graue Haare bekommen, weil er sich nämlich über das ganze Leben hinzieht. Freilich sind die reiferen Stadien dieses Prozesses weniger deutlich umrissen als die Frühstadien. Selbstkonstitution, Selbstverwirklichung, „Bildung" sollen hier verstanden werden als der lebenslange Prozeß, sich einen Stand – und zwar: einen bewußten und reflektierten Stand – in der Welt zu schaffen.

Es scheint ein großer Sprung zu sein, wenn wir uns jetzt sozusagen unvermittelt der Subjektkonstitution des Erwachsenen, des vielbeschworenen „mündigen", sittlich verantwortlichen etc. Subjekts zuwenden. Was verbindet den erwachsenen Menschen, der z. B. eine lebensbedeutsame Entscheidung trifft oder der sich durch einen einschneidenden Verlust auf den Kern seines Ich zurückgeworfen sieht, mit dem Kind, das laufen oder „ich" sagen lernt?

Vielleicht doch mehr, als man gemeinhin annimmt. Luthers – freilich legendäres – „Hier stehe ich! Ich kann nicht anders! Gott helfe mir! Amen" auf dem Reichstag zu Worms 1521, welches zu Recht zum geflügelten Wort für Entschlossenheit und mutiges Eintreten für eine Sache, der man sich verschrieben hat, geworden ist, setzt die basale Erfahrung des Stehen-Könnens auf eigenen Füßen, die das Kind normalerweise gegen Ende des ersten Lebensjahres erwirbt, ebenso voraus wie die wenig später erworbene Fähigkeit, mit Emphase „ich" zu sagen. Die reife Identität ruht auf diesen frühen Schlüsselerfahrungen von Autonomie.

Das Aufruhen der reifen Identität auf deren basalen Präformationen hat insbesondere Pestalozzi zum Thema seines erziehungsphilosophischen und autobiographischen Nachdenkens gemacht. Seine „Nachforschungen" (1797) sind der Niederschlag der Reflexion einer ganz persönlichen Bildungsgeschichte. Sie suchen Antwort auf die Frage: wie finde ich einen Punkt in mir selbst, auf dem ich stehen kann, einen Stand-Punkt? Biographischer Hintergrund solcher Fragen war

Pestalozzis lebenspraktisches und ökonomisches Scheitern, seine Jahrzehnte währende Depression, sein Gefühl, unnütz und unbrauchbar zu sein (vgl. Bittner 1988d, S. 152 ff.).

Die in den „Nachforschungen" beschriebenen „Zustände" - zumeist als Stufen dargestellt - sind eigentlich verschiedene Arten, sich die Welt vorzustellen. Pestalozzi nennt dies seinen „wesentlichsten Gesichtspunkt" (Pestalozzi 1797, S. 66). Der „thierische" bzw. der gesellschaftliche Zustand bestehe darin, „alle Dinge dieser Welt als ein für mich selbst bestehendes Thier" bzw. „als ein mit seinem Nebenmenschen in Vertrag und Verkommnis stehendes Geschöpf anzusehen" (ebd., S. 67).

Beide Arten, die Welt zu erfahren, „sind augenscheinlich Folgen meiner Unwissenheit, meiner Kraftlosigkeit und eines bestimmten Mangels an Selbständigkeit . . ., sie gründen sich also in ihrem Wesen auf Schein" (ebd., S. 107). So ist nach einem dritten zu suchen: wie ich „alle Dinge dieser Welt unabhängig von meinen thierischen Bedürfnissen und von meinen gesellschaftlichen Verhältnissen" (ebd., S. 67) ansehen kann. Diese innere Unabhängigkeit von Bedürfnissen und gesellschaftlichen Verhältnissen findet Pestalozzi in dem von ihm so genannten „sittlichen Zustand":

> „Was bin ich im sittlichen Zustande?
> Ich besizze eine Kraft in mir selbst, alle Dinge dieser Welt mir selbst, unabhängig von meiner thierischen Begierlichkeit und von meinen gesellschaftlichen Verhältnissen, gänzlich nur im Gesichtspunkt, was sie zu meiner innern Veredelung beitragen, vorzustellen, und dieselbe nur in diesem Gesichtspunkte zu verlangen oder zu verwerfen. Diese Kraft ist im Innersten meiner Natur selbstständig, ihr Wesen ist auf keine Weise eine Folge irgend einer andern Kraft meiner Natur. Sie ist, weil ich bin, und ich bin, weil sie ist.
>
> Sie entspringt aus dem mir wesentlich einwohnenden Gefühl: ich vervollkommne mich selbst, wenn ich mir das, was ich soll, zum Gesez dessen mache, was ich will" (ebd., S. 105).

An dieser Textstelle ist mehreres hervorzuheben:

- Es geht um die Erfahrung einer Kraft. Bildung im Pestalozzischen Sinn ist oft als Kräftebildung im Sinne der Ausbildung von Fähigkeiten mißverstanden worden; in Wirklichkeit geht es nicht um Kräfte, sondern um die Kraft.
- Diese Kraft ist etwas Autochthones, nicht anderswoher Ableitbares; sie ist gewissermaßen identisch mit mir, mit meinem Ich-Sein. „Sie ist, weil ich bin, und ich bin, weil sie ist" (ebd., S. 105).
- „Meine thierische Natur kennt diese Kraft nicht", sagt Pestalozzi zwar im unmittelbaren Anschluß an die zitierte Stelle (ebd., S. 106), doch wenig später heißt es: „Thierisches Wohlwollen, sorgenlose Ruhe, . . . diese Merkmale der Unverdorbenheit meiner Natur sind auch die ersten Kennzeichen, an denen ich die Beschaffenheit meines Geistes, von welcher meine Sittlichkeit ausgeht, wie in ihrer Knospe, ehe sich noch ihre Blüthe entfaltet, zu erkennen vermag" (ebd., S. 111). Mit diesem Bild von Knospe und Blüte sind zugleich die basalen Konstitutionsprozesse in ihr Recht gesetzt: was Pestalozzi seine „Sittlichkeit" nennt, fällt nicht vom Himmel, es ist in den Empfindungen des Naturzustandes knospenhaft angelegt.
- Diese Kraft wird von Pestalozzi im Kontext der philosophischen Auffassungen seiner Zeit, d. h. vor allem im Sinne der Kantischen Ethik interpretiert (und evtl.

mißverstanden): „ich vervollkommne mich selbst, wenn ich mir das, was ich soll, zum Gesez dessen mache, was ich will" (ebd., S. 105).

„Kein Mensch kan für mich fühlen, ich bin.
Kein Mensch kan für mich fühlen, ich bin sittlich" (ebd., S. 106).

Es kommt entscheidend darauf an zu verstehen, daß der erste der beiden Sätze der autochthone Pestalozzische, der zweite die von Kant entlehnte Zutat ist (von einem anderen Ausgangspunkt her, aber im Ergebnis ähnlich, spricht Rang von „Sittlichkeit als Lückenbüßer"; Rang 1987, S. 51). Nach unserer Interpretation entspringt der Rückgriff auf Kantische Formeln bei Pestalozzi einer Benennungsverlegenheit - es gab keine philosophische Sprache, die ihm gestattete, seine innere Erfahrung des Sich-in-sich-selber-Gründens adäquat auszudrücken.

Ob unsere von den Klischees der Pestalozzi-Literatur abweichende Interpretation Bestand hat, wird davon abhängen, was für eine Textsorte wir in den „Nachforschungen" vor uns haben, ob sie primär als philosophisches Werk oder als autobiographischer Text (vgl. Kap I/5) zu lesen sind. Im ersteren Fall mag es sinnvoll sein, sich ausgiebig den Kopf darüber zu zerbrechen, ob Pestalozzis Gedanken nun mehr von Shaftesbury oder von Kant beeinflußt seien (Stein 1927, S. 168 ff.). Diese philosophiegeschichtliche Betrachtungsweise wird stets dazu neigen, Pestalozzis Bekenntnis seiner philosophischen Inkompetenz herunterzuspielen: er werde „‚von dem Punkt der Erleuchtung'", auf welchem sein Jahrhundert stehe, „‚keine Notiz nehmen'" (nach ebd., S. 176 f.) bzw. er habe sich bei der Abfassung seines Werkes „‚in einem gänzlichen Mangel aller Zeitmittel der wissenschaftlichen Ausbildung'" befunden (nach Spranger 1935, S. 3).
Spranger sieht immerhin den Doppelcharakter von Pestalozzis Text: daß es nicht nur philosophisches Werk, sondern auch „Konfession" ist (vgl. ebd., S. 3). Dies gilt insbesondere für Pestalozzis Einführung des „Sittlichen", die sich zwar an Kant und Fichte anlehnt, aber doch primär aus Pestalozzis Persönlichkeit, aus seiner „mystischen Selbsterfahrung" (ebd., S. 19) entspringt. Darum genügt es nicht, „dies alles geistesgeschichtlich richtig zu deuten"; es ist auch „in Pestalozzis Entwicklung psychologisch richtig einzuordnen" - eine „ungemein schwierige Aufgabe" (ebd., S. 4).
Vielleicht kann die Psychoanalyse dazu helfen. Wir haben bei Pestalozzi zum einen ein Autochthones, aus dem Unbewußten Hervordrängendes, aus der „Tiefe", dem „Innersten des Menschen" Aufquellendes (ebd., S. 19) - und auf der anderen Seite die sekundäre, sprachhafte Bearbeitung, die sich der Sprach- und Denkmittel ihrer Epoche bedient. Ein analoges Problem kennen wir aus der Traumpsychologie: die unüberbrückbare Inkongruenz zwischen den autochthonen Traumbildern und der sprachlich verfaßten Traumerzählung. Wie bei der Trauminterpretation geht es auch hier darum, ein Stück weit „hinter" die sprachliche Einkleidung zu kommen und etwas von der autochthonen, nach Ausdruck ringenden Erfahrung wiederherzustellen.

Pestalozzi hat an späterer Stelle noch einmal ein eindrucksvolles Bild der Subjektkonstitution gefunden:

„Als Werk meiner selbst.
. . . grabe ich mich selbst in mich selbst; ein unveränderliches Werk - keine Welle spühlt mich von meinem Felsen, und keine Zeit löscht die Spur meines Werks aus, das ich als sittliches Wesen in mir selber vollende.
Wenn brennende Klüfte den Moder der Meere troknen, und aus ihren Tiefen Berge aufthürmen, so graben sie also die vergängliche Schnekke, und den faulenden Fisch in die werdenden Steine, keine Welle spühlt iezt die ewigen Thiere weg, und keine Zeit löscht ihre Spur in dem vesten Stein aus" (Pestalozzi 1797, S. 123).

Ich grabe mich selbst in mich selbst; ich finde meinen Stand, meine Kraft in mir: dabei ist beileibe nicht nur und nicht einmal in erster Linie an „Sittliches" zu denken. Es gibt eine beinahe amüsante Geschichte, wie Pestalozzi dahinwandernd unter die Hufe eines Pferdegespanns geriet und sich nur mit einem gewaltigen Sprung zur Seite vor dem Überrolltwerden retten konnte.

In einem Brief schildert er dieses Ereignis ausführlich: „Wenn jez mein Kopf darauf stünde, auf allen Vieren in gleicher Schnelligkeit seitwerts zu springen, ich würde den Sprung in doppelter, in dreifacher Zeit nicht machen. Das Gefühl der Krafft, die in diesem Augenblik in mir lag, gab mir wieder Glauben an mich selbst" (Pestalozzi, Briefe 4, S. 230).

Später kommt er noch einmal in geradezu hymnischen Worten auf den Vorfall zurück:

> „Als ich aber unter dem Fußtritt
> der Pferde
> Kräfte in mir fühlte,
> die ich nicht
> in mir kante
> und mich mit diesen Krefften
> rettete
> in der schreklichsten
> Todesgefahr,
> da hob mich die Macht
> dieses meines
> erschütterten Syns
> und wekte mich auf,
> wie der Donner Gottes,
> der in ein Haus schlegt,
> den darin schlafenden Mann
> aus seinem Traum wekt" (Pestalozzi 1808, S. 118).

Ich führe diese biographische Episode an, um zu zeigen, an was für eine Art von konkreter Erfahrung bei Pestalozzis Spekulationen über die „Kraft", die er in sich selber fühlt, sinnvollerweise gedacht werden kann. Zugleich wollte ich zeigen, was mit der Forderung gemeint ist, bildungstheoretische Begriffe müßten auf gelebtes Leben, auf biographische Ereignisse beziehbar sein.

Pädagogen erbauten sich (vor der „realistischen Wende" des Faches) gern an „sittlicher Veredelung", deshalb hat die von Kant entlehnte ethizistische Begrifflichkeit die ganze Pestalozzi-Rezeption verdorben. Was Pestalozzi lebenslang suchte, war jenes Gefühl der „inneren, stillen Kraft" (Bittner 1988d, S. 163), die ihm in den Wirrungen seines jüngeren Mannesalters abhanden gekommen war. So wäre Pestalozzis Suchbewegung eher in terminis der Psychologie als der Ethik zu charakterisieren: als die Vergewisserung über den inneren Grund, auf dem er stehen, den „gewachsenen Fels" (Freud 1937, S. 99), auf den er bauen kann, das „Grund-Ich", das „psychisch Letzte" (Bittner 1974c, S. 128).

In psychologischen terminis gesprochen, wäre die Seelengeschichte Pestalozzis, wie er sie in den „Nachforschungen" niedergeschrieben hat, am ehesten die Geschichte einer Individuationserfahrung im Sinne von C.G. Jung zu charakterisieren: als die Erfahrung des „ich bin" in seiner Besonderheit und Einmaligkeit („kein Mensch kann für mich fühlen, ich bin"), aber vor allem auch die Erfahrung des Andern des Ich: der unverfügbaren Kraft, des inneren Felsengrundes, in dem ich (als „faulender Fisch" oder „vergängliche Schnekke") meine unvergängliche Spur hinterlasse.

C.G. Jung hat Pestalozzi am Schluß seiner „Psychologie der Übertragung", worin er eine recht mystisch klingende Auffassung vom Sterben und Wiedergeborenwerden in der Analyse entwickelt, in einer überraschenden Wendung Pestalozzi zum Kronzeugen aufgerufen: seine eigenen Schlußfolgerungen würden „gelegentlich fast bis aufs Wort genau(!) (G.B.) mit den Gedanken Pestalozzis übereintreffen". Das liege „in der Natur der Sache, nämlich in der Einsicht in das Wesen des Menschen" begründet (Jung 1946, S. 345).

3. Leitbegriffe einer biographisch orientierten Theorie der Subjektkonstitution

Das Ringen um den Stand in der Welt, den festen Grund in mir, auf dem ich stehen kann, sollte mit dem Terminus „Subjektkonstitution" bezeichnet und an Pestalozzis Lebensgeschichte beispielhaft vorgeführt werden.

Was sich damals bei Pestalozzi in philosophisch-moralischer Begrifflichkeit artikulierte, ist heute eher Gegenstand psychologischer, speziell tiefenpsychologischer Reflexion. Einige dieser psychologischen und vor allem psychoanalytischen Konzepte, die zugleich geeignet wären, den notleidenden pädagogischen Bildungsbegriff zu einem Begriff von Subjektkonstitution zu komplettieren, sollen im folgenden näher ins Auge gefaßt werden: die Konzepte von Identität (Erikson, Mead), Individuation (Jung) und self-actualisation (Rogers).

3.1 Das „tautologische" Konzept der Ich-Identität (Erikson, Mead)

Wie Erikson dazu kam, den Begriff der Ich-Identität in die psychoanalytische Diskussion einzuführen – ein Begriff, der offenbar so genau die Selbstauslegungsbedürfnisse der Menschen unseres zu Ende gehenden Jahrhunderts traf, daß er über Jahrzehnte zum Schlagwort und beinahe zum Gemeinplatz wurde –, das läßt sich am besten an Hand der frühesten Veröffentlichung rekonstruieren, mit der er diesen Begriff einführte.

Erikson war, wie die meisten seiner Wiener Psychoanalytikerkollegen, 1933 in die Vereinigten Staaten ausgewandert und erlebte, wie viele andere Emigranten (vgl. Diem-Wille 1994), am eigenen Leibe die historische und ethnische Relativität menschlicher Lebensformen (Erikson 1973). In der Neuen Welt begann er sich als erstes für die Lebensgewohnheiten der Indianer und ihre Anpassungsschwierigkeiten mit der amerikanischen Zivilisation zu interessieren – es war die Zeit der Hochblüte der von Frazer (1951) und Malinowski (1949) begründeten, später von Margaret Mead mit Erfolg populär gemachten ethnologisch-kulturvergleichenden Forschung – und Beobachtungen über das Aufwachsen von Kindern bei zwei Stämmen anzustellen, den Sioux und den Yurok (Erikson 1991).

Erikson resümiert seine Erfahrungen bei den Sioux, die durch die Umerziehungsprogramme der amerikanischen Regierung in einen „Identitätskonflikt" gerieten. Sie fühlten sich als besiegtes Volk und setzten den Integrationsversuchen der Regierung passiven Widerstand entgegen:

„In den Resten der alten Sioux-Identität war die vorgeschichtliche Vergangenheit immer noch eine ganz reale Macht. Der besiegte Stamm verhielt sich so, als folgte er einem Lebensplan, in dem sich passiver Widerstand gegen eine die Identitätsreste ihrer vergangenen Lebensweise nicht integrierenden Gegenwart mit Träumen von der Wiederkehr des alten Zustandes verband; die Zukunft sollte also in die Vergangenheit zurückführen, die Zeit wieder geschichtslos, der Raum grenzenlos, die Tätigkeit schrankenlos zentrifugal und die Büffelherden unerschöpflich werden. Ihre amtlich bestallten Erzieher dagegen predigten ihnen einen Lebensplan mit zentripetalen und ortsgebundenen Zielen: Haus, Herd und Bankkonto, was alles seinen Sinn von einem Lebensplan her empfängt, in welchem die Vergangenheit überwunden und das volle Maß der Wunscherfüllung in der Gegenwart einem immer höheren Lebensstandard in der (immer weiter zurückweichenden) Zukunft geopfert wird . . .

Jede Einzelerfahrung, die ein Mitglied einer dieser Gruppen machte, oder die von Mitgliedern beider Gruppen geteilt oder diskutiert wurde, mußte natürlich hinsichtlich ihres Ortes auf den Koordinaten der beiden ineinander eingreifenden Lebenspläne definiert werden" (Erikson 1976, S. 15 f.).

In einem weiteren Schritt zeigt Erikson, daß viele pathologische Phänomene, denen der Psychoanalytiker oder klinische Psychologe in seiner Praxis begegnet, ähnlich wie die Anpassungsschwierigkeiten der Sioux in einer „Identitätskrise" ihre Wurzel haben. So hatte er mannigfache Gelegenheiten, emotionale Konflikte bei Kriegsteilnehmern zu studieren, z. B. bei Marinesoldaten in Unterseebooten, die vielleicht mit der heroischen Phantasie antraten, ihr Leben in den Dienst des Vaterlands zu stellen.

Aber: „Die heroischen Erwartungen . . ., die der adoleszente Freiwillige mit seinem Leben auf dem Unterseeboot verknüpft, erfüllen sich kaum, statt dessen muß er im Alltag an Bord kleinste Aufgaben auf beschränktem Raum ausführen, und bei Kampfhandlungen wird von ihm verlangt, daß er seine Pflicht relativ blind, taub und stumm tut". Tendenziell ergibt sich für diese jungen Soldaten eine Identitätskrise, eine harte Prüfung der „emotionalen Elastizität" (Erikson 1976, S. 20).

So machte Erikson auf verschiedenen Ebenen und in verschiedenen Kontexten die Erfahrung der historischen und ethnischen Bedingtheit des Ich, seiner Werte, Normen und Leitbilder. Sein Thema wurde die „Verwobenheit des Ichs mit der sich wandelnden historischen Wirklichkeit" (ebd., S. 47), die Abhängigkeit der Ich-Identität von der Identität der sozialen, ethnischen, religiösen Gruppen, denen wir angehören.

Erikson geht es um eine Weiterentwicklung des psychoanalytischen Ich-Konzepts: einbezogen sein soll das subjektive Selbstgefühl (vgl. ebd., S. 50), seine Abhängigkeit von den sozialen Kollektiven und die aktive elastische Anpassung an immer neue, lebensgeschichtlich und soziokulturell bedingte Zustände und Lebenslagen – eine Fähigkeit, die nach seiner Auffassung in der Adoleszenz erworben wird. Identität ist also nach seinem Verständnis, wie er es einige Jahre später formuliert, zugleich ein entwicklungs- wie ein sozialpsychologisches Konzept:

- Mit dem Begriff soll einerseits „ein spezifischer Zuwachs an Persönlichkeitsreife angedeutet werden, den das Individuum am Ende der Adoleszenz der Fülle seiner Kindheitserfahrungen entnommen haben muß, um für die Aufgaben des Erwachsenenlebens gerüstet zu sein" (ebd., S. 123).
- Zum andern drückt er „eine wechselseitige Beziehung aus, als er sowohl ein dauerndes inneres Sich-Selbst-Gleichsein wie ein dauerndes Teilhaben an bestimmten gruppenspezifischen Charakterzügen umfaßt" (ebd., S. 124).

- Noch später betont er Identitätsbildung als schöpferische Leistung, in der sich Aktivität und Passivität mischen: „Identität ist also nicht die Summe der Kindheitsidentifikationen, sondern viel eher eine neue Kombination alter und neuer Identifikationsfragmente". Sie ist zugleich „ein Prozeß, der auf einer erhöhten kognitiven und emotionalen Fähigkeit beruht, sich selbst als ein umschriebenes Individuum, das die Kindheitsumstände übersteigt, identifizieren zu lassen" (Erikson 1966, S. 81).

Erikson zeichnet hier den Prozeß der Identitätsbildung als ein Ringen um Balance zwischen sozialen Anforderungen und inneren Bedürfnissen, zwischen I und me, wie dies später der symbolische Interaktionismus von Mead und seine pädagogischen Rezipienten in Deutschland (Krappmann, Mollenhauer, Thiersch) in einer abstrakteren Sprache artikulierten.

In die pädagogische Diskussion hat der Identitätsbegriff weniger in Eriksons psychoanalytischer Konzeption, sondern vor allem in dieser Fortentwicklung durch den symbolischen Interaktionismus Eingang gefunden. In der interaktionistisch inspirierten Erziehungswissenschaft der 70er Jahre wurde Ich-Identität zu einer Art „Zielkategorie": Aufgabe von Erziehungsprozessen war es nach diesem Verständnis, „die Entwicklung von Ich-Identität zu ermöglichen und die Wahrung einer Identitätsbalance im Leben des Menschen zu befördern" (Lenzen 1994, S. 34). Insofern hat der Identitätsbegriff zeitweise geradezu den Bildungsbegriff ersetzt.

Theoretisch expliziert und pädagogisch assimiliert hat dieses am symbolischen Interaktionismus orientierte Identitätskonzept vor allem Mollenhauer (1982). „Die Bildung der Identität als Balance zwischen ihrer sozialen und personalen Dimension ist ja zugleich die Bildung eines Bedeutsamkeits-Horizontes, innerhalb dessen das Individuum . . ., Probleme und Inhalte gewichtet und damit konkrete Lernperspektiven erwirbt. Infolgedessen ist die Behauptung gerechtfertigt: Wo immer Lernerwartungen entstehen oder an Individuen gerichtet werden, steht deren Identität zur Diskussion, d. h. die Frage, wie weit sich die in den Erwartungen zum Ausdruck kommende Perspektive in die gebildete und balancierte Identität dieses Individuums integrieren läßt" (Mollenhauer 1982, S. 105).

Weitgehend losgelöst vom tautologisch unfruchtbaren Identitätskonzept des symbolischen Interaktionismus sind Mollenhauers neuere Ausführungen über „Schwierigkeiten mit Identität" (Mollenhauer 1983, S. 155 ff.). Der Identitätsbegriff sei inflationär geworden, eine „Problemwolke mit Nebelbildung" (Marquard nach Mollenhauer 1983, S. 156). In bildungstheoretischer Perspektive will Mollenhauer den Begriff für solche Sachverhalte reservieren, die es „mit dem Verhältnis des Menschen, der ‚ich' sagt, zu dem, was dieses Ich über sich aussagt, zu tun haben" (ebd., S. 156). Indessen: „Identität gibt es nur als Fiktion, nicht aber als empirisch zu sichernden Sachverhalt" (ebd., S. 158) bzw. „nur als Problem, nicht aber als Tatsache" (ebd., S. 159). Identität kann man nicht beobachten, nicht feststellen, allenfalls „durch Analogien erraten" (ebd., S. 159). Identität wird damit zu einem Balanceakt, „nicht nur zwischen Rolle und Ich, sondern auch zwischen Gegenwart und Zukunft, Wirklichkeit und Möglichkeit" (ebd., S. 170) – und, setze ich hinzu, hört damit auf, als Bildungsziel fungieren zu können.

In diesen Ausführungen Mollenhauers scheint die Tautologie des Identitätsbegriffes auf fruchtbare Weise überwunden – zu diskutieren wäre allenfalls, ob die Bestimmung von Identität als Verhältnis des Ich zu seinem Selbstbild nicht allzu bewußtseinspsychologisch konzipiert ist und das „Immer-schon-in-ein-Verhältnis-zu-sich-Gesetztsein" durch Biographie und gelebtes Leben vernachlässigt.

Wer konkret erfahren will, was Identitätsbildung bedeutet, findet auch heute noch besser Auskunft bei Erikson als bei den symbolischen Interaktionisten. Freilich wird gegen ihn seit den Zeiten der Studentenbewegung mit Recht eingewandt, sein Konzept sei allzu harmonistisch: „mit sich identisch", heißt bei ihm so viel wie im Frieden sein mit den Lebensmustern der umgebenden Gesellschaft. Freilich muß auch gesehen werden, daß sich Eriksons Gedanken gerade an den wahrgenommenen Identitätsbrüchen und Diskrepanzen entzündeten: den Identitätskrisen der Sioux, der Kriegsteilnehmer und nicht zuletzt an seiner eigenen Immigranten-Krise. So erscheint das Identitätskonzept irgendwie nostalgisch rückwärts gewandt: getragen von der Sehnsucht nach einer Welt, in der man sich identifizieren kann und identifiziert wird als der, der man ist.

Für mich wiegt ein anderer Einwand schwerer. Im Identitätskonzept steckt die Sehnsucht nicht nur nach Einheit und Harmonie mit der Gesellschaft, sondern auch ein Traum von Einheit mit sich selbst. In einer seiner späteren Schriften hat er sich mit dem sich abzeichnenden postmodernen Lebensgefühl auseinandergesetzt, mit dem Ideal einer „proteischen", d. h. unbegrenzt wandlungsfähigen Identität. Ein solches Spiel mit Rollen, meint er, dürfe einen Menschen nicht dazu verführen, „die in ihm angelegte Kernidentität zu verdrängen" (Erikson 1975, S. 121).

> „Was heute als proteische Persönlichkeit gilt, scheint ein Versuch adoleszenter Persönlichkeiten . . . zu sein, durch eine Haltung bewußter Veränderlichkeit mit dem ungeheuren Wandel fertig zu werden, ein Versuch, durch Spielen mit der Veränderung die Initiative zu behalten. Wir sind uns gegenseitig Vater und Mutter, bestätigen einander unsere Identität, bilden unsere eigenen Traditionen und, was noch mehr ist, wir können all dies ständig aufs neue tun. Diejenigen, die für dieses Spiel begabt sind und es daher ausgiebig spielen, können es mit einigem Glück zu einem wesentlichen Element ihrer Identitätsbildung machen und dadurch ein neues Gefühl von Zentralität und Originalität im Fluß unserer Zeit gewinnen . . .
>
> Für Proteus war mehrfache Identität ein tragisches Schicksal; für uns – die mit Relativitäten und unbewußten Bedeutungen rechnen – sollte mehrfache Identität zu einer Frage bewußterer und besser begründeter Entscheidung oder Wahl werden, doch stellt sie sich heute häufig als ein Problem von Zwangsvorstellungen dar" (ebd., S. 121 f.).

Erikson beharrt also auf der notwendigen Wahl einer Einheit und Eindeutigkeit; alles andere – das Durchleben und Durchtragen auch von Divergentem – fällt für ihn in den Bereich der Obsession. Damit ist zugleich die Grenze seines Identitätskonzepts markiert: „Ich muß der sein, der ich bin; ich muß mich wählen als der, der ich bin" – solche Aussagen führen leicht ins Unfruchtbar-Tautologische.

3.2 Self-actualisation (Rogers) – oder: Die Kraft des Simplen

Sollten Scheuerls „Klassiker der Pädagogik" (1991), die von Anfang an auch pädagogikferne, aber von der geistigen Gesamtsituation der Zeit her bedeutsame Autoren wie Marx, Nietzsche und Freud berücksichtigten, mit neuer Konzeption nochmals aufgelegt werden, dürfte in der Reihe dieser Klassiker „für" die Pädagogik im weiteren Sinne Carl R. Rogers (1902–1987) gewiß nicht fehlen. Nicht daß ich ihm die Aufnahme in das Pädagogen-Pantheon besonders wünschte – doch faktisch hat er unter Pädagogen einen Einfluß gewonnen, der nicht übergangen werden kann (Asanger 1987, Schlör 1994, Suter 1986).

Schlör hat gezeigt, daß die deutsche Rogers-Rezeption, die vorwiegend von Tausch/Tausch mit ihrer in vielen Auflagen verbreiteten „Erziehungspsychologie" (1991^{10}) auf den Weg gebracht wurde, offenbar dem Wunsch praktisch tätiger Erzieher entgegenkam, einen praktikablen, nicht-autoritären Erziehungsstil aufgewiesen zu bekommen, der durch die Entwicklung bestimmter Therapeuten- bzw. Erziehervariablen wie Wärme, Echtheit, Verständnis, etc. fundiert wird. Eine durch Encountergruppen u. ä. erlernbare, in den unterschiedlichsten pädagogischen Feldern praktizierbare Methode schien in greifbarer Nähe gerückt zu sein. Rogers selbst scheint der Kritik an einer derart akzentuierten Rezeption seiner Lehre eine gewisse Berechtigung einzuräumen (vgl. Schlör 1994, S. 240 f.).

Doch weist Schlör an Hand einer subtilen biographischen Analyse der Wurzeln des Roger'schen Denkens nach, daß sein Grundanliegen ein anderes war. An der in den dreißiger und vierziger Jahren in den USA vorherrschenden psychoanalytischen Methodik in Beratung und Sozialarbeit störte ihn die Präsumption des Wissens: der Berater fühlte sich kompetent, die Probleme des Klienten richtig zu überblicken, zu deuten und Wege zur Lösung aufzuzeigen.

Auf Grund der frühen Beratungsfälle, von denen Rogers berichtet, läßt sich nachvollziehen, was das eigentlich Neue seines Vorgehens war. Seine Schlüsselerfahrung machte er in der Beratung mit der Mutter eines schwierigen Kindes, die er zunächst nach der alten Methode durchführte und nach einer Anzahl von Gesprächen gerade als erfolglos abbrechen wollte:

> „Als sie dabei war, den Raum zu verlassen, drehte sie sich um und fragte: ‚Beraten Sie hier auch Erwachsene?' Verwirrt antwortete ich, daß dies manchmal der Fall sei. Woraufhin sie zu ihrem Stuhl zurückkehrte, die Geschichte ihrer Schwierigkeit zwischen ihr und ihrem Mann hervorsprudelte und von ihrem großen Bedürfnis nach Hilfe sprach. Ich war vollständig überwältigt. Was sie mir da erzählte, ähnelte in keiner Weise der glatten Geschichte, die ich ihr entlockt hatte. Ich wußte kaum, was tun, also hörte ich erst einmal zu" (Rogers/Rosenberg 1980, S. 191).

Aus Erfahrungen solcher Art entwickelte sich Rogers' neue Überzeugung:

> „Die Änderung, die in mir stattgefunden hat, läßt sich recht kurz beschreiben, indem ich sage, daß ich in den ersten Berufsjahren die Frage gestellt habe: Wie kann ich diesen Menschen behandeln oder heilen oder verändern? Heute würde ich die Frage so stellen: Wie kann ich eine Beziehung herstellen, die dieser Mensch zu seiner eigenen Persönlichkeitsentfaltung benutzen kann?" (Rogers 1989, S. 46).

Rogers' therapeutisch und pädagogisch zentrale Botschaft hat daher weniger mit Therapeuten-Variablen und Methoden der Gesprächsführung zu tun als mit dieser Überzeugung von der Kompetenz des Individuums, sich zu entwickeln, seinen Weg in der Welt zu finden und seine Probleme selbst zu lösen. Der Helfer soll lediglich „eine Beziehung herstellen", die der Klient „zu seiner eigenen Persönlichkeitsentfaltung benutzen kann".

Rogers hat diese zunächst aus klinischer Erfahrung gewonnene Überzeugung später immer mehr zu einer regelrechten Philosophie ausgebaut, vor allem in seinem späteren Werk „Die Kraft des Guten" (Rogers 1978).

> „Dieser Ansatz verändert den Charakter der Psychotherapie, der Ehe, der Pädagogik, der Administration, ja sogar der Politik von Grund auf.
>
> Diese Veränderungen deuten daraufhin, daß eine stille Revolution bereits im Gange ist. Sie zeichnen das Bild einer ganz anders gearteten Zukunft, in deren Mittelpunkt der neue selbstbestimmte Mensch stehen wird, der jetzt in Erscheinung tritt" (ebd., S. 9).

Diese von Rogers in immer neuen Varianten vorgetragene Überzeugung, daß der tiefste Antrieb des Menschen darauf abziele, sich zu aktualisieren, zu verwirklichen, als Person zu entwickeln, begründet die Notwendigkeit, ihn im vorliegenden Kontext moderner Ansätze und Vorstellungen zur Selbstkonstitution des Subjekts zu würdigen. Man hat versucht, Rogers in eine Reihe mit dem Erziehungsphilosophen Buber zu stellen, der der Begegnung, dem Dialog, der Ich-Du-Beziehung, eine zentrale Bedeutung für die Konstitution des Ich zugesprochen hatte („Der Mensch wird am Du zum Ich", Buber 1923, S. 32). Indessen trägt der Vergleich mit Buber nicht weit: zu verschieden sind die Sprachen des an der Bibel geschulten jüdischen Religionsphilosophen Buber und des klinischen Psychologen Rogers (vgl. Suter 1986, S. 72 ff., vgl. Bittner/Schlör 1994, S. 388).

Das gravierende Problem liegt in Rogers' einschichtigem Persönlichkeitsmodell. In seinem Buch über „Encounter-Gruppen" formuliert er als Entwicklungsziel: das Wagnis eingehen, „das eigene innere Selbst zu sein" (Rogers 1974, S. 120) bzw. „anderen Individuen gegenüber sein wahres Selbst zu zeigen" (ebd., S. 119).

Rogers exemplifiziert dies an einer Filmszene, in der die Heldin Rachel bereit ist, „ihre sexuellen Gefühle zu akzeptieren und sich einem jungen Mann hinzugeben, den sie zweifellos idealisiert hat. Die Liebesaffäre ist nicht das, was man als Erfolg bezeichnen würde, und Rachel wird von ihrem Freund verlassen. Dennoch hat sie gelernt, daß sie einem anderen Menschen nur wirklich begegnen kann, wenn sie bereit ist, ein Wagnis einzugehen. Diese Erfahrung bleibt ihr und stärkt sie als Person auf dem Wege in eine unbekannte Welt" (ebd., S. 119).

Dies führt wieder – ähnlich wie bei Erikson – zu einem „tautologischen" Verständnis des Ich bzw. Selbst: ich habe sexuelle Gefühle – also bin ich identisch mit dem oder der, welche(r) sexuelle Gefühle hat. Stellen wir uns vor, Rachel wäre ein traditionell jüdisch erzogenes Mädchen mit der Last der Tradition des mosaischen Gesetzes auf ihren Schultern – dann wäre es mit einer derart unkompliziert fröhlichen Affirmation „Ich bin eben ich und habe meine sexuellen Gefühle" kaum getan. Selbstwerden wäre dann ein viel komplizierterer, schmerzhafterer Prozeß der inneren Entzweiung, des Abschiednehmens von Traditionen und der Suche nach einem eigenen, ungesicherten Weg in die Welt.

Eng damit hängt ein dritter Einwand zusammen: der eines hedonistischen Psychologismus. Selbstverwirklichung kann sich nicht auf den Ausdruck von Gefühlen, die Stillung von Bedürfnissen etc. beschränken; sich verwirklichen kann der Mensch eher im Kontext eines Stücks Weltgestaltung, das er in Angriff nimmt und für das er einsteht (vgl. Bittner 1980, Böhm 1988a).

Die für diesen Abschnitt gewählte Überschrift, die Rogers' bekannten Buchtitel „Die Kraft des Guten" paraphrasiert, war nicht nur ironisch gemeint. Seine Botschaft schöpft ihre Kraft aus der Simplizität: im Gegensatz zu den Subtilitäten der Philosophen und den terminologischen Verzwicktheiten der Psychoanalytiker spricht Rogers eine simple Sprache, in der viele Menschen ihre eigene Sehnsucht, das wahre Selbst zu finden und zu offenbaren, ausgedrückt finden. Freilich begünstigt die Simplizität der Darstellung eine Fata Morgana von Selbstverwirklichung, die unvermeidlich in Sackgassen und Enttäuschungen führt.

Ein junger Mann kam während einer Rogersschen Gesprächstherapie auf den Gedanken, er wollte gern eine Frau sein. Ihm wurde von seinem Therapeuten einfühlend bestätigt, daß er ein Recht habe, so zu fühlen, wie er fühle. Nun betrieb er über viele Jahre die operative Geschlechtsumwandlung, die ihm, wie er meinte, zu seiner „wahren Identität" verhelfen sollte. Glücklicherweise noch kurz vor der Operation verlor er das Interesse daran und kehrte in seine Männerwelt zurück.

Manchmal kann es ein Mißverständnis sein, wenn einer meint, ein auftauchender Wunsch gelte unbedingt und müsse um der Selbst-Kongruenz willen realisiert werden. Wünsche sind oft nicht so absolut und imperativ zu verstehen; es gibt konträre Wünsche, die ihnen die Waage halten usw. Ich bin nicht unbedingt gegen die Geschlechtsumwandlung, meine aber doch, daß der junge Mann vielleicht von vornherein mehr auf die divergenten Wünsche und inneren Stimmen hätte achten und daß die Therapie ihm dabei hätte helfen können.

Auch dieses Beispiel mag noch einmal die problematische Logik „tautologischer" Konzepte von Selbstverwirklichung vor Augen führen: ich könnte mir vorstellen, eine Frau zu sein – also bin ich identisch mit diesem Wunsch bzw. dieser Denkmöglichkeit und muß sie behufs meiner Selbstverwirklichung stracks in die Tat umsetzen. Die „nicht-tautologische" Alternative würde den Wunsch, eine Frau zu sein, als eine Stimme des vermutlich polyphonen „Ich-Parlaments" (Nietzsche) würdigen. Selbstverwirklichung würde nach diesem Verständnis darin bestehen, diese Stimme, aber auch andere Stimmen zu Wort kommen zu lassen und eine Balance zu suchen.

3.3 Individuation (C.G. Jung) und das „Andere" des Ich

Den tautologischen Konzepten von Ich-Identität und Selbstverwirklichung, die in der Pädagogik vielfach rezipiert wurden, ist ein pädagogisch bis heute noch kaum wahrgenommenes entgegen- bzw. an die Seite zu stellen: das von C.G. Jung formulierte Konzept der Individuation (zu dessen pädagogischer Bedeutung vgl. Schmid-Loosli 1983, Schmude 1991).

Die Erfahrungen, die Jung zur Formulierung seiner Vorstellungen über Individuation führten, waren im Kern autobiographisch. Nach der Trennung von Freud, etwa von 1912 an, machte er eine Phase der „Unsicherheit, ja Desorientiertheit" durch; er fühlte sich „völlig suspendiert" (Jung 1984, S. 174). Er überließ sich seinen Träumen, Phantasien und Kindheitserinnerungen, fing sogar – als erwachsener Mann von bald 40 Jahren! – wieder an, wie ein Kind zu spielen:

„So machte ich mich daran, passende Steine zu sammeln, teils am Ufer des Sees, teils im Wasser, und dann begann ich zu bauen: Häuschen, ein Schloß – ein ganzes Dorf. Es fehlte noch die Kirche, und so machte ich einen quadratischen Bau mit einer sechseckigen Trommel darauf und einer quadratischen Kuppel. Zu einer Kirche gehört auch ein Altar. Aber ich scheute mich, ihn zu bauen.

Mit der Frage beschäftigt, wie ich diese Aufgabe lösen könnte, ging ich eines Tages wie gewöhnlich am See entlang und sammelte Steine im Uferkies. Plötzlich erblickte ich einen roten Stein: eine vielseitige Pyramide, etwa 4 cm hoch. Es war ein Steinsplitter, der vom Rollen im Wasser und in den Wellen in diese Form geschliffen worden war – ein reines Zufallsprodukt. Ich wußte: das ist der Altar! So setzte ich ihn in die Mitte unter die Kuppel, und während ich das tat, fiel mir der unterirdische Phallus aus meinem Kindertraum ein. Dieser Zusammenhang erweckte in mir ein Gefühl der Befriedigung.

Jeden Tag baute ich nach dem Mittagessen, wenn das Wetter es erlaubte. Kaum war ich mit dem Essen fertig, spielte ich, bis die Patienten kamen; und am Abend, wenn die Arbeit früh genug beendet war, ging ich wieder ans Bauen. Dabei klärten sich meine Gedanken, und ich konnte die Phantasien fassen, die ich ahnungsweise in mir fühlte" (ebd., S. 177 f.).

Dies alles faßte er als ein Experiment auf, das er mit sich anstellte bzw. das mit ihm angestellt wurde (vgl. ebd., S. 181). „Um die Phantasien, die mich unterirdisch bewegten, zu fassen, mußte ich mich sozusagen in sie hinunterfallen lassen. Dagegen empfand ich nicht nur Widerstände, sondern ich fühlte auch ausgesprochene Angst. Ich fürchtete, meine Selbstkontrolle zu verlieren und eine Beute des Unbewußten zu werden, und was das heißt, war mir als Psychiater nur allzu klar" (ebd., S. 182). Allmählich konnte er die „psychische Wandlung von Tag zu Tag beobachten". Er spürte den Drang, seine inneren Erfahrungen sprachlich und bildhaft auszudrücken: letzteres in Form der sog. „Mandalas", d. h. Kreiszeichnungen in den verschiedensten Varianten, die er als Kryptogramme über den Zustand seines Selbst verstehen lernte: „Ich sah, wie das Selbst, d. h. meine Ganzheit, am Werke war" (ebd., S. 199 f.).

Jungs theoretische Formulierungen der Individuation blieben merkwürdig blaß: Eine der frühesten lautet, Individuation sei „ein Diffierenzierungsprozeß, der die Entwicklung der individuellen Persönlichkeit zum Gegenstand hat" (Jung 1921, S. 477), oder die „Verwirklichung eines Ganzen, das heißt eines Selbst" (Jung 1936, S. 259).

Interessanter und spezifischer sind die folgenden Aussagen: für die Individuation sei es unerläßlich, „daß sich einer davon zu unterscheiden weiß, als was er sich und andern erscheint" (Jung 1928, S. 214); oder: „Der Zweck der Individuation ist nun kein anderer, als das Selbst aus den falschen Hüllen der Persona einerseits und der Suggestivgewalt unbewußter Bilder andererseits zu befreien" (ebd., S. 192). In diesen Formulierungen wird der Gegensatz zu Erikson und Rogers evident: Individuation besteht gerade darin, sich von dem zu unterscheiden, wofür die andern mich halten, ja sogar von dem, wofür ich selber mich halte.

Das eigentlich Bedeutsame an diesem Prozeß, den Jung aus eigener biographischer Erfahrung schildert, sind die Anfangsstadien: die Desorientierung, die ihn sich öffnen läßt für das Andere des Ich, das Fremde und Inkompatible – der Herr Privatdozent, der anfängt, wieder mit Bauklötzchen zu spielen, um dem kleinen Knaben, der er einmal war, auf die Spur zu kommen. Das Mandala hingegen, Jungs Zentrierungssymbol, bezeichnet Winnicott in einer Besprechung der Jungschen „Erinnerungen" nicht zu Unrecht als ein „gräßliches Ding", ein Abwehrkonstrukt.

„Für mich ist das Mandala wahrlich ein erschreckendes Ding, weil es absolut versagt, wenn es darum geht, mit Destruktivität und Chaos zurechtzukommen" (dt. Übers. aus Winnicott 1964, S. 90).

Jungs eigene theoretische Formulierungen des Individuationskonzepts sind durch die unglückliche Fixierung auf das Mandala und das numinose Selbst belastet. Darum wird man sich, um dessen Ertrag für eine Theorie der Subjektkonstitution zu erschließen, eher an die kritischen Äußerungen der Post-Jungianer halten müssen, vor allem an Hillmans „polyzentrische" Psychologie. Dieser wendet sich gegen Jungs quasi-theologische Zentrierung der Psyche in einem „numinosen Selbst".

Er setzt im typisch post-modernen Sinne dagegen, „daß der Dissolutionsprozeß ebenso wertvoll ist wie derjenige der Vereinheitlichung . . . Wir sollten die Multiplizität der Stimmen akzeptieren, ohne sie unbedingt zu einer Figur vereinheitlichen zu wollen". Für die Individuation soll nicht die „Bewegung von Chaos zur Kohärenz" unerläßlich sein; denn „kann Ganzheit nicht im Chaos in Erscheinung treten?" (Samuels 1989, S. 198, vgl. auch Winkler 1989).

Jungs Individuationsgeschichte, wie in den „Erinnerungen" beschrieben (weniger seine revisionsbedürftige Theorie), führt somit einen Typus von Subjektkonstitution vor Augen, bei dem sich das Subjekt gerade im Zugehen auf das Andere, das Fremde, das Inkompatible konstituiert. In den Konzeptionen der Post-Jungianer wird die Jungsche Individuationslehre zu einem pädagogisch bedenkenswerten, sozusagen auf Nicht-Identität mit dem sozialen Ich, der „Persona" (Jung 1921, S. 505) sich gründenden Gegenmodell gegen die Identitäts- und Selbstverwirklichungskonzepte der klassischen Psychoanalyse und der Humanistischen Psychologie.

3.4 Multiples Ich in multipler Welt

Eriksons Konzept der Identitätsfindung sieht das menschliche Entwicklungsziel darin, den Platz in der Welt zu finden und an diesem mit sich „identisch" zu werden. Rogers' Ideal der Selbst-Kongruenz bedeutet Identischsein mit den eignen Emotionen und Bedürfnissen. Dies nenne ich tautologische Modelle der Subjektkonstitution („ich bin ich" bzw. „ich werde ich"). Jungs Konzept der Individuation ist hintergründiger; es sieht die Entwicklungsaufgabe einerseits analog zu Erikson darin, den Platz in der Welt zu finden und zu behaupten, die Persona, wie der entsprechende Terminus heißt, zu entwickeln; anderseits aber darin, die Persona zu transzendieren, Ich und Selbst in ein Verhältnis zueinander zu bringen.

Subjektkonstitution, die einseitig am Leitfaden des Identitätsmodells entlanggedacht ist, gerät in die Gefahr unfruchtbarer Tautologien. Für die Frühstufen mag dieses tautologische Modell tragfähig sein: für das Kind mag es durchaus mit Recht als Entwicklungsaufgabe beschrieben werden, mit sich identisch zu werden, Deintegrate zu integrieren (vgl. Fordham 1970). Für ein umfassendes, auf das Ganze der Lebensspanne bezogenes Konzept der Selbstkonstitution wäre das tautologische Identitätsmodell („ich bin ich") durch ein Nicht-Identität zulassendes Individuationsmodell („ich bin nicht ich") zu relativieren.

Meine Überlegungen zu dieser Frage entzündeten sich zuerst an der semantischen Vieldeutigkeit des Ich-Begriffs. In der Freudschen Psychoanalyse hat er in der Tat, wie Walser polemisch sagt, etwas von der „Festigkeit eines Eisenbahnwaggons" (Walser 1993, S. 49). Dieser Kompaktheit wollte ich zu Leibe rücken. So handelten meine ersten Überlegungen (1974c, 1977) von den Un-Eindeutigkeiten des Ich: wie weit reicht es? Ist das von Freud als Es Bezeichnete ein Nicht-Ich oder nicht eher ein „anderes" Ich? Was meinen wir überhaupt, wenn wir „Ich" sagen? (zur „semantischen" Konzeption des Selbstbewußtseins vgl. Mohr, Soldati in Frank 1988). Ich bedeutet immer zuerst das bewußte Ich, das logisch-grammatikalische Subjekt – es bedeutet aber, je nach Situation und Gestimmtheit, noch beliebig mehr und nicht abschließend Fixierbares aus der Sphäre des Grund-Ich: z. B. den Leib als „unser natürliches Ich", ein gewissermaßen magisch-hierarisches Ich: „Ego te absolvo", sagt der katholische Priester in der Beichte – was in aller Welt mag hier mit ich gemeint sein? Ich kann ferner den fiktiven Ich-Erzähler einer Geschichte bedeuten; ich und du kann zum Gegenstand eines Reimspiels werden:

> Ich und du,
> Müllers Kuh,
> Müllers Esel,
> das bist du.

„Ich bin England“, sagt ein schizophrener Patient; sein Psychiater meint, das müsse heißen: „England gehört mir“ (Bleuler 1955, S. 345), was vielleicht allzu logisch-grammatikalisch gedacht ist und zu wenig dem „gefühlsmäßigen Komplex“ Rechnung trägt.

Alle diese Bedeutungsvarianten von ich sind möglich, weil die „primitive Personalität“ einerseits diffus, anderseits komplex-synkretistisch, wenig abgegrenzt von Personen und Sachen, von „unvollkommener Kernhaftigkeit“ ist (vgl. Werner 1959, S. 325, 331) – was allerdings nicht nur für Kinder und Naturmenschen, sondern für jedermann gilt. Der Inkommensurabilität der logisch-grammatikalischen Formel ich bin mit ihrer präsumierten Eindeutigkeit und der Fluktuation des nicht-fixierbaren psychischen Untergrunds entspringt das Phänomen des „doppelten Menschen“ (Bittner 1988c). Auch wenn die Grammatik Eindeutigkeit vorspiegelt: ich bin ist konstituionellerweise ins Wasser oder in den Sand geschrieben. Was ich von mir aussagen kann, steht gewissermaßen windschief zu dem, was ich bin:

> Ich weiß nicht, was ich bin,
> ich bin nicht, was ich weiß.
> Ein Ding und nicht ein Ding,
> ein Pünktchen und ein Kreis (Angelus Silesius)
> (vgl. Bittner 1992/93, S. 143 f.).

Wenn das Wort „ich“ etwas immer wieder anderes, nicht Festgestelltes und Feststellbares meint, wird auch Ich- bzw. Selbst- bzw. Identitätsfindung als Zielperspektive problematisch. „Wer weiß, wer er ist, der weiß auch, was die Welt ist, und was die Dinge, die ihm in dieser begegnen wollen, je sein können. Er existiert gewissermaßen starr und beschränkt (‚borniert‘) und bleibt der Welt das Wichtigste, nämlich sich selbst, schuldig“ (Rombach 1987, S. 283). Aus diesen Überlegungen heraus setzt Rombach der Identität die – von ihm so genannte – Idemität gegenüber. Damit meint er eine Art „,vermittelte Unmittelbarkeit‘“: „daß die Gegebenheiten einen fließenden Zusammenhang ausmachen, in den das ‚ich‘ so voll und ganz hinausgenommen ist, daß es gerade darin voll und ganz bei sich selbst ist“ (ebd., S. 204). Für Rombach ist das Selbst kein „Ding an sich“, das nach dem aristotelischen Schema von Potenz und Akt „verwirklicht“ werden könnte, sondern ein Prozeß des immer neu Sich-Hervorbringens. Das Ich wird dabei im Sinne Nietzsches zu einem „Ich-Parlament“ mit vielen Stimmen und Sprachen, die dazu neigen, im Widerspruch miteinander zu liegen (vgl. Reinhartz 1994).

Unabhängig von Rombach, aber durch seine Gedanken ermutigt, bin ich zu einer ähnlichen Konzeption eines fließenden, mit sich keineswegs immer identischen Ich gelangt. So lautet der erste Satz „meines“ Individuationskonzepts: Ich bin nicht ich – nicht identisch mit dem, was ich von mir weiß oder zu wissen meine; schon gar nicht identisch mit dem Ich des Freudschen Seelenapparats; in ähnlichem Sinne, wie Lacan das Freudsche Ich kritisiert.

> Die Instanz des Ich (moi) ist für Lacan eine Illusion, ein wahnhaftes Gebilde, das vom Spiegelstadium an den Menschen in nicht mehr gutzumachender Weise spaltet und ihn von sich selbst entfremdet. Dieses Ich wurde in der Psychoanalyse lange Zeit überschätzt. Laut Lacan ging diese Überbetonung des Ich nicht von Freud, sondern von seinen Nachfolgern aus, „weil Freuds metapsychologisches Werk nach 1920 von der ersten und zweiten Generation nach Freud – diesen

unfähigen Leuten – schief gelesen, in delirierender Weise gedeutet worden ist“ (Lacan 1980, S. 18). Das Ich ist eben nicht der geeignete Ort, von dem in der Psychoanalyse die Heilung ausgehen kann. Eine Psychoanalyse, die hier ansetzt, verfehlt, nach Lacan, von vornherein ihr Ziel. Die Psychoanalytiker, die „sich dazu hergeben, eine ... Psychoanalyse ... zu entwerfen, deren Krönung das ... Gedicht vom autonomen Ich darstellen soll“, sind es, „die, in der Furcht lebend, den Wein der Wahrheit trinken zu müssen, auf das Brot der Menschen spucken, ohne daß übrigens ihr Geifer je etwas anderes verrichten könnte als das Geschäft der Hefe“ (Lacan 1975, S. 49).

Der Psychoanalytiker darf sich also nicht zum Verbündeten des Ich machen und damit die Entfremdung des Subjekts von sich selbst noch weiter zementieren, sondern es kommt darauf an, auf alle Hervorbringungen des Unbewußten, auf Fehlleistungen, Brüche in der Erzählung, Metaphern und Metonymien zu achten, denn in diesen ist das zu finden, was Lacan das „volle Sprechen“ nennt; in ihnen spricht das wahre Subjekt, das Subjekt des Unbewußten. Dieses Sprechen zu befreien, muß das Ziel der Psychoanalyse nach Lacan sein.

Freilich: die bornierte Selbstgewißheit des Ich („Ich bin doch ich!“) zu erschüttern, bildet die erste, schon beinahe unüberwindliche Barriere der Individuation. Der Eingang zur Unterwelt, schrieb ich vor Jahren (Bittner 1977a, S. 7) in Anspielung auf ein Bild aus der griechischen Mythologie, sei schwer zu finden.

„Zwar gibt es Eingänge genug, und sie sind nicht einmal besonders abgelegen oder schwer zu erreichen, sie werden aber wegen ihrer Verborgenheit, ihrer Unscheinbarkeit meist übersehen. Aus demselben Grunde ist der Auftrag des delphischen Orakels so schwer zu erfüllen: ‚Erkenne dich selbst‘. Nicht als wäre eine außergewöhnliche Verstandesschärfe vonnöten oder als bedürfte es besonderer Kenntnisse, um der Aufgabe gerecht zu werden; die Schwierigkeit liegt vielmehr darin, daß dieses ‚Ich selbst‘, das erkannt werden soll, zu sehr im Schatten liegt, zu unauffällig ist, um überhaupt Aufmerksamkeit auf sich zu lenken. Sigmund Freud deutete diese Zusammenhänge in einem Brief an Ludwig Binswanger an: ‚Ich vermute seit langem, daß nicht nur das Verdrängte ubw. ist, sondern auch das Herrschende unseres Wesens, das Eigentliche unseres Ich, unbewußt aber nicht bewußtseinsunfähig. Ich leite dies davon ab, daß das Bw doch nur Sinnesorgan ist: nach einem Außen gerichtet ist, so daß es stets an einem selbst nicht wahrgenommenen Stück des Ich hängt ...“ ‘ (Binswanger 1956, S. 57 f., zit. nach Kohut 1966, S. 568).

Damit sollte ausgedrückt sein, daß das Ich, obwohl uns am nächsten, zugleich das Fernste und Unbekannteste, das eigentlich Verborgenste ist. Piaget meint zwar, der Egozentrismus, der die eigene Perspektive zur Welt unbefragt für gegeben nimmt, werde bereits im späteren Kindesalter durch eine realitätsgerechtere Sicht der Dinge abgelöst, doch mag das allenfalls für die Wahrnehmung der Welt-Dinge gelten: in der Wahrnehmung des eigenen Ich hält sich der Egozentrismus weitaus länger.

Das grundlegende Problem der erwachsenen Subjektkonstitution liegt demnach darin, „hinter“ das sich einerseits verborgene, andererseits sich absolut setzende Ich zu kommen. Das Leben, welches bekanntlich bildet (wenn auch in etwas anderem als dem von Spranger (1959) gemeinten Sinne), schafft mit seinen Kontinuitätsbrüchen, Krisen und sonstigen schicksalshaften Ereignissen (vgl. Bollnow 1966) immer wieder entsprechende Gelegenheiten.

Der oder das Andere, der oder das Fremde in mir kann sich z. B. zu Wort melden in einer ich-inkompatiblen Liebe, wie sie von Jung als Anima- bzw. Animus-Liebe beschrieben worden ist (Jung 1951). Viele Menschen machen solche Erfahrungen (Caruso 1968); zumeist beunruhigen diese Erfahrungen die davon Betroffenen so, daß sie Hals über Kopf ihre Ehe auflösen und einen neuen, wiederum ich-kompatiblen Zustand herstellen. Die Zerrissenheit, die mich inne werden läßt, daß ich nicht nur ich bin, sondern vielleicht noch ein ganz anderer, der ein anderes Leben

leben könnte und möchte, ist für die meisten Menschen ein Betriebsunfall, der so bald als möglich ausgebügelt werden muß.

In der Anima-Liebe geht das Grund-Ich sozusagen „auf Freiers Füßen": in der Anima-Liebe wird die Frau (oder vice versa in der Animus-Liebe der Frau wird der Mann) zum Lockvogel der Individuation, der die diskrepante, zu den Ordnungen des Alltags querstehende Subjekt-Struktur aus ihrer Verborgenheit lockt und zum Leben kommen läßt.

Ich nannte diese Struktur, die nach Zerreißung des allzu kompakten, mit sich identischen Ich (des „Alltags-Ich") aufscheint, das „Grund-Ich" (Bittner 1974c). Damit ist eine schwer faßbare, schwer beschreibbare psychische Befindlichkeit bezeichnet. In ähnlichem Sinn sprach Winnicott vom „wahren" und „falschen Selbst"; Lacan setzte dem „Ich" das „Subjekt" gegenüber. Winnicott geriet bei seiner analogen Terminologie des „wahren" und des „falschen Selbst" in eine Beschreibungsverlegenheit: das wahre Ich sei vielleicht nicht mehr als die Lebendigkeit von Organen, Lacans „Subjekt", das „hinter" dem Ich hervorspricht, ist eine grundsätzlich unerklärte Struktur, von der nur in Andeutungen und Paradoxien gesprochen werden kann.

3.5 Wider das pädagogische Leitbild des „dressierten Affen"

Die Strukturanthropologie Rombachs, die Individuationslehre C.G. Jungs vor allem in der Fassung, die ihr die Post-Jungianer gegeben haben, Winnicotts Lehre vom wahren und falschen Selbst, Lacans Auffassung von Ich und Subjekt und meine eigenen Vorstellungen über die Antinomie von Alltags-Ich und Grund-Ich könnten in einer Bildungstheorie konvergieren, die der gängigen, erziehungswissenschaftlich konsensfähigen diametral entgegensteht. Bildung – das sind nach dieser Konzeption die Ereignisse und Widerfahrnisse meines Lebens, unter dem Gesichtspunkt betrachtet, was ich aus ihnen bzw. was sie „aus mir gemacht haben", insbesondere in welches Verhältnis sie mich zu meinem „inneren Grund" gesetzt haben. Identitätsfindung nach diesem Verständnis würde nicht die Vereinheitlichung unter dem Primat von Rationalität und Sittlichkeit bedeuten, sie würde von der Erfahrung ausgehen, daß Identität immer wieder verloren gehen, daß es zu permanenten Suchbewegungen, Probeläufen kommen muß, die gerade nicht auf das Einswerden mit sich, sondern auf das Zulassen, ja Vertiefen der Gegensätze hinauslaufen.

Kafkas „Ein Bericht für eine Akademie" (1917), worin ein Affe schildert, wie er in Afrika eingefangen, in einer Kiste nach Europa verfrachtet wurde und wie er unterwegs, bloß um der Kiste zu entkommen, sich zum Menschen entwickelt, d. h. äußerlich menschliche Attitüden bis hin zum Pfeiferauchen und Schnapstrinken annimmt, kann als die Persiflage eines Bildungsromans gelesen werden. „Durch eine Anstrengung, die sich bisher auf der Erde nicht wiederholt hat, habe ich die Durchschnittsbildung eines Europäers erreicht" (Kafka 1917, S. 163).

Ist das Bildung? Gerade das Gegenteil ist wahr in Kafkas ironischer Perspektive; der wirklich menschliche Mensch dünkt sich nicht erhaben über seine äffische, seine Tiernatur; er würde die Erinnerung an seine Affen-Vorzeit nicht verleugnen; er wüßte, daß die wahre menschliche Freiheit auch die Freiheit für den Affen in uns bedeutet. „Der gebildete Mensch" – mit Schillers schönem, von Böhm in Erinnerung gerufenem Wort – „macht die Natur zu seinem Freund und ehrt ihre Freiheit, indem er bloß ihre Willkür zügelt" (Schiller, zit. nach Böhm 1982, S. 142).

Subjektkonstitution – das ist etwas fundamental Verschiedenes vom Status des dressierten Affen; das ist Lebenlassen des Nicht-Identischen, des Affen im durchschnittsgebildeten Europäer, der zwei oder der vielen Gestalten, Dr. Jekyll und Mr. Hyde (Stevenson 1886), Klein und Wagner (Hesse) und wie sie alle heißen mögen. Und, wie Rombach aufgewiesen hat: so viele Iche, so viele Situationen, so viele „Welten"! Ein Subjekt konstituiert sich mit und in seiner Welt: oder es scheitert, wenn es, wie der „Kleine Prinz", schon fertig in Mütze und Schal verpackt auf die Welt kommt. Wenn alle Iche gleiches Recht haben, so fällt auch noch der Primat des Rationalen gegenüber dem Irrationalen, des Sittlichen gegenüber dem Unsittlichen dahin. Alle Iche sollen leben; es bleibt nur die „sittliche" Aufgabe übrig, auf sich selbst und andere acht zu haben, sich selbst und andere vor vermeidbarem Schaden zu bewahren. Subjektkonstitution folgt dem Satz von Canetti:

> „Ich will mich so lange zerbrechen, bis ich ganz bin"
> (zit. nach Thalhammer 1989, S. 242).

Pädagogische Situationen

> Betrachte z. B. einmal die Vorgänge, die wir „Spiele“ nennen. Ich meine Brettspiele, Kartenspiele, Ballspiel, Kampfspiel usw. Was ist allen diesen gemeinsam? – Sag nicht: Es muß ihnen etwas gemeinsam sein, sonst hießen sie nicht „Spiele“ – sondern schau, ob ihnen allen etwas gemeinsam ist.
> Ludwig Wittgenstein 1967

„Kinder in die Welt setzen . . .“ . Wir haben uns zu vergewissern versucht, wie „die Welt“ uns heute erscheint, die den Kindern nahegebracht, in die sie „gesetzt“ werden sollen; wir haben die Metapher von Kindergebären, Kinder zur Welt bringen oder in die Welt setzen auf die mehrfachen Geburten bezogen, in denen sich lebensgeschichtlich ein Subjekt immer wieder neu konstituiert. Was aber heißt, die Welt in die Kinder setzen? Mit diesem Ausdruck ist in der vorliegenden Metapher die erzieherische Tätigkeit bezeichnet, deren spezifische Art im folgenden zu erörtern ist.

1. Ich-Du-Verhältnis (Buber), pädagogischer Bezug (Nohl)

Wohl die schönste, d. h. sprachlich-ästhetisch ansprechendste Charakteristik des Erzieherischen hat Martin Buber in seiner berühmten Rede (Buber 1926) gegeben. Sie stand im Kontext einer reformpädagogischen Konferenz über „die Entfaltung der schöpferischen Kräfte beim Kinde“. Buber problematisiert das reformpädagogische Pathos des Freimachens von Spontankräften. Kann dies das Ganze der Erziehung sein?

> „Nehmen wir ein Beispiel aus dem engeren Bezirk des Urhebertriebs: den Zeichenunterricht. Der Lehrer der ‚Zwangsschule‘ begann mit Vorschriften und gültigen Vorbildern; nun wußte man, was schlechthin schön sei, und hatte es nachzuahmen, was man nur in entweder stumpfsinnigem oder verzweifeltem Gemütszustand fertigbrachte. Der Lehrer der freien Schule stellt etwa einen Ginsterzweig in einem Bauernkrug auf den Tisch und läßt das nachzeichnen; oder er stellt ihn auf den Tisch, heißt ihn anschauen, tut ihn weg und läßt das nachzeichnen; bei von Haus aus unverbildeter Schülerschaft sieht alsbald kein Blatt einem anderen ähnlich. Nun aber beginnt erst die zarte, fast unmerkliche und doch gewichtige Einwirkung: Kritik und Anleitung. Eine, wie auch unakademische, doch feste Wertskala, ein, wie sehr auch sich individualisierendes, doch deutliches Wissen um Gut und Schlecht tritt den Kindern entgegen. Je unakademischer, je individualisierender diese Skala, dieses Wissen ist, um so tieflebendiger empfinden die Kinder ihr Entgegentreten. Dort machte die der Arbeit vorausgehende Deklaration des Alleinrichtigen resigniert oder rebellisch; hier aber, wo erst, nachdem er sich selbst auf den Weg des Werkes weit hinausgewagt hat, den Schüler die Erkenntnis antritt, reißt sie sein Herz zur Ehrfurcht vor der Gestalt hin und erzieht es.
>
> Dieses so unmerklich Hinzutretende, dieses Leiseste, ein Fingerheben vielleicht, ein fragender Blick, ist die andere Hälfte des erzieherischen Geschehens“ (Buber 1926, S. 22 f.).

Buber findet, diese „andere Hälfte“ werde von der „modernen“, d. h. der reformpädagogischen Pädagogik mit ihrer „Freiheitstendenz“ regelmäßig verkannt (wie sie auch in der Gegenwart durch Strömungen wie antiautoritäre Pädagogik, Antipädagogik usw. immer wieder verkannt wird). Beides gehöre zusammen: die Eigentätigkeit des Kindes und die korrigierende Einwirkung des Erziehers.

Das Werden des menschlichen Geistes sei keine bloße „Auswicklung" von angelegten Dispositionen. Diese seien „nur Fähigkeiten, Welt aufzunehmen und einzubilden." „Die Welt zeugt im Individuum die Person" (ebd., S. 23). In diesem weiten Sinne verstanden „‚erzieht'" die ganze Welt den Menschen. „Was wir Erziehung nennen, die gewußte und gewollte, bedeutet Auslese der wirkenden Welt durch den Menschen . . .". Durch seine Absichtlichkeit ist das erzieherische Verhältnis herausgegrenzt aus der „absichtslos strömenden All-Erziehung" (ebd., S. 24). Für unsere Überlegungen bedeutsam ist die Zeugungs- und Geburts-Metaphorik: Die Welt zeugt im Individuum die Person, d. h. durch das zeugende Eindringen von Welt konstituiert sich das Individuum als Person.

Adorno ironisiert Bubers Idee des Dialogischen, des Ich-Du-Bezugs als Irrationalismus und Unmittelbarkeitskult – als „emphatisch, überhöht, jargonhaft" (Scarbath/Scheuerl 1991, S. 222). Andere Kritiker sehen das dialogische Prinzip in der Erziehung von Buber unzulässig beschränkt, indem er die volle Wechselseitigkeit zwischen Erzieher und Zögling, Lehrer und Schüler ausschließe (ebd., S. 221).

Aus meiner Sicht liegt das Problem bei Buber in einer problematischen Abstraktion des „Erzieherischen". „Wie soll etwa eine Lehrerin", fragen Scarbath und Scheuerl mit Recht, „34 Erstklässlern zu gleicher Zeit (oder auch nacheinander) ‚dialogisch' gerecht werden?" (ebd.). In der Tat: Bubers dialogisches Prinzip läßt sich kaum für einzelne „soziale Orte", wo Erziehung stattfindet, konkretisieren. Es unterstellt „das Erzieherische" als eine einheitliche Wesenheit, die Erziehung vom Kindergarten über die Schule bis hin zum Jugendamt und Jugendgefängnis „durchwaltet".

Daß dieses Problem nur schwer gesehen werden konnte, hängt damit zusammen, daß die falsch abstrahierende und generalisierende Rede vom „Erzieherischen" Gemeingut der Reformpädagogik war und sich bis in die Gegenwart hinein erhalten hat, ja das Fach Pädagogik bis heute mit konstituiert: denn Allgemeine Pädagogik, wenn es etwas Derartiges gibt, hätte wohl die Aufgabe, dieses „Erzieherische", das die verschiedenen Einzelbereiche von der Elementarpädagogik über die Schulpädagogik bis hin zur Devianzpädagogik „durchwaltet", argumentativ zur Geltung zu bringen.

Die von Nohl etwa zeitgleich mit Buber geprägte Formel vom pädagogischen Bezug lehnt sich an den Satz Diltheys an, die Wissenschaft der Pädagogik könne nur beginnen „mit der Deskription des Erziehers in seinem Verhältnis zum Zögling; denn zunächst gilt es, das Phänomen selbst hinzustellen und in einer psychologischen Analyse so deutlich als möglich zu machen" (Dilthey, GS IX, S. 190).

Schon in dieser Formulierung Diltheys wird zwar die problematische Einheit des Erzieherischen unterstellt; ansonsten aber ist seine Intention deskriptiv-analytisch. Bei Nohl hingegen gewinnt die Rede vom pädagogischen Bezug, der die „Grundlage der Erziehung" darstelle, ausgesprochen programmatischen Charakter. Der pädagogische Bezug meine „das leidenschaftliche Verhältnis eines reifen Menschen zu einem werdenden Menschen, und zwar um seiner selbst willen, daß er zu seinem Leben und seiner Form komme" (Nohl 1933b, S. 39). Das „spezifisch pädagogische Verhältnis", obgleich in ihm „auch ein sinnliches Moment enthalten ist", sei dennoch seinem Wesen nach „ein geistiges Verhalten selbständiger Art, das sich auf den werdenden Menschen richtet um seiner höheren Form willen" (ebd., S. 39).

Die Lehre vom erzieherischen Verhältnis Bubers bzw. vom pädagogischen Bezug Nohls ist seither einer der wesentlichen pädagogischen Traditionsbestände geblieben. Es hat zahlreiche Versuche gegeben, sie zu aktualisieren, und nur wenig prinzipiellen Widerspruch (die älteren dieser Versuche sind zusammengefaßt bei Kluge 1973; neuere z. B. Lee 1989, Nenninger 1988). Neuere Begriffe für den gemeinten Sachverhalt sind Kommunikation bzw. kommunikatives Handeln (Mollenhauer 1982, Schaller 1978, Thiersch 1977).

Ich hatte seit jeher Schwierigkeiten mit der idealischen Konzeption des Pädagogischen, die in der Lehre vom erzieherischen Verhältnis bzw. pädagogischen Bezug ihren Ausdruck findet. Um den pädagogischen Bezug aus dem Pädagogen-Himmel auf die Erde zu holen, schlug ich vor, Psychoanalyse als Teiltheorie der Erziehung speziell mit den unerkannten, verdrängten, triebhaften Anteilen pädagogischer Interaktion zu befassen (Bittner 1985a). Was damals Postulat blieb, ist in der Zwischenzeit durch Kollers exemplarische psychoanalytische Untersuchung pädagogischer Texte von Pestalozzi und Jean Paul glänzend eingelöst worden. Koller knüpft an Bernfeld an, der schon die „Liebe zum Kind" als pädagogisches Motiv kritisch durchleuchtet hatte. Nach Kollers eigener Analyse erweist sich beispielsweise die Liebe des Erziehers in Pestalozzis „Stanser Brief" als symbiotisch beschränkt, als „eingebunden in die duale Einheit des pädagogischen Verhältnisses, das vom totalen Liebesanspruch gekennzeichnet ist" (Koller 1990, S. 308). Koller will auf Grund seiner exemplarisch verstandenen Textanalysen zu Aussagen „über die unbewußte Struktur des pädagogischen Verhältnisses" (ebd., S. 310) kommen, wie sie pädagogischen Konzeptionen inhärent sind.

Freilich: auch Koller setzt unbefragt voraus, daß es das erzieherische Verhältnis als solches gebe, daß es nicht nur eine idealisierende Erfindung sei. Daran eben habe ich zunehmende Zweifel. Nohl selbst macht schüchterne Versuche, das pädagogische Verhältnis zu diversifizieren, wenn er im „Vater- und Muttersein, Schwester-, Bruder-, Tante- und Onkelsein" und „nicht zuletzt in der Erotik" je eigene Formen gegründet sieht, die „jedes Mal andere Momente in diesem Verhältnis her vertreten" lassen (Nohl 1933b, S. 39) – andere Momente zwar, aber doch ein und desselben Verhältnisses.

> Man vergleiche Bernfelds Erörterung, wie der Erwachsene eigentlich dazu komme, Kinder zu „lieben": „Der gute Onkel, der schrulligerweise Kinder liebt, . . . weiß eben nicht, wie sie wirklich sind . . .". Der Erzieher hingegen „ist der gute Onkel, der die Onkelhaftigkeit zum Beruf gemacht hat" (Bernfeld 1925, S. 135).

Bernfelds geistreiche Witzelei zeigt doch auch die Grenze solcher Übertragungen und Verallgemeinerungen. Ein Onkel und ein berufsmäßiger Erzieher sind in ihrem spezifischen Verhältnis zu Kindern kaum zu vergleichen; so unterschiedlich wie ihre Lebensinteressen im Hinblick auf Kinder sind. Das Verhältnis des „guten Onkels" und des professionellen Erziehers zum Kind als unterschiedliche Formen oder Ausprägungen des einen und idealen erzieherischen Verhältnisses zu interpretieren, macht doch nur wenig Sinn.

2. Die fiktive Einheit des „Erzieherischen"

Nohls und Bubers Abstraktion des Erzieherischen als einer wesenhaft besonderen, alle Bereiche der Erziehung, von der Familie bis zum Jugendamt durchwaltenden Handlungs- oder Beziehungsstruktur wirkt bis heute in verschiedenen Varianten fort.

2.1 Wesensbestimmungen

Litt bestimmt in seiner berühmten Schrift „Führen oder Wachsenlassen" (1927) Erziehung unter ausdrücklicher Berufung auf Bubers Unterscheidung von Ich-Es- und Ich-Du-Relation als eine eigentümliche „Form des menschlichen Handelns" (Litt 1927, S. 110), die ein „Verhältnis der unbedingten Gegenseitigkeit" zur Grundlage hat (ebd., S. 113): „Für den wirklichen Erzieher ist der Zögling von vornherein die potentielle ‚Person', die zur ‚Freiheit', zur ‚Persönlichkeit', zur selbstverantwortlichen Gestaltung des eigenen Daseins emporzuentwickeln das eigentliche Geschäft der Erziehung ausmacht" (ebd.). Abgewiesen werden alle Versuche, das erzieherische Handeln zu einer „Technik der Menschenbearbeitung" zu entwickeln (ebd., S. 115).

Bollnow (1984) unterscheidet die beiden überlieferten „Grundauffassungen von der Erziehung": nach der einen ist Erziehung ein „Machen", d. h. eine „zielstrebige Tätigkeit . . . , deren Erfolg allein vom Willen des Menschen abhängt", nach der andern, seit der Romantik verbreiteten ist Bildung „das Ergebnis . . . ‚organischen' Wachstums. Das bedingt dann den ganz anderen, ‚negativen' Begriff der Erziehung als einer Kunst des Pflegens und des Wachsen-lassens, als des ‚Nicht-störens' dieses Naturvorgangs" (Bollnow 1984, S. 17). Bollnow setzt diesen beiden, auf die Vorstellung einer Stetigkeit des Bildungsvorgangs gegründeten Auffassungen, die „ihr gutes Recht behalten", seine eigene Analyse der prinzipiell „unstetigen Formen in der Erziehung" gegenüber (ebd., S. 23).

Böhm unterscheidet – kontradiktorischer als Bollnow – zwei Modelle von Erziehung, die sich im Laufe der abendländischen Geschichte immer wieder gegenüberstehen: Erziehung als poiesis, als handwerkliches Machen, als „die Verarbeitung und Veredelung eines mehr oder weniger ungeschlachten Rohstoffes" (Böhm 1985, S. 75) (als eine Variante dieser Pädagogik des „Machens" erscheint bei Böhm sozusagen deren Negation: die auf Rousseau sich zurückführende Pädagogik des Nicht-Machens, die den Schwerpunkt auf die natürliche Entwicklung des Individuums legt; ebd., S. 77) und Erziehung als Praxis, als intersubjektives Handeln, ein „Vollzug", den der Mensch (d. h. der „Erzogene" – G.B.) selber zu leisten hat, „den die Erziehung allenfalls anregen, ermuntern und unterstützen, nicht aber eigenmächtig bewerkstelligen kann" (ebd., S. 75).

Alles dies sind scharf akzentuierende Wesensaussagen über das Tun des Erziehers, ob sie nun dialektisch vermittelt und/oder kontradiktorisch formuliert auftreten. Mein Bedenken: daß hier Aussagen über eine ideale Struktur erzieherischen Handelns gemacht werden in der Absicht, andere Strukturaussagen zu kritisieren. Insbesondere bietet sich die pädagogische Ideologie des „Machens", d. h. die Vorstellung eines kausal determinierenden Bewirkens erwünschter Effekte beim Zögling durch Maßnahmen des Erziehers, als Zielscheibe negativer Werturteile an – durchaus auch für mich, der ich keineswegs einer Pädagogik des „Machens" das Wort reden will.

Anderseits: wird nicht in der Erziehung des öfteren derart gehandelt, daß kausal determinierende Wirkungen beabsichtigt sind und auch eintreten? Nehmen wir z. B. die Vielzahl gesetzlicher Regelungen im Erziehungswesen: die Veränderung des Einschulungsalters oder die Verkürzung der Schulzeit von 13 auf 12 Jahre würde in die Lebensläufe junger Menschen determinierend eingreifen, ohne daß der einzelne Betroffene die Möglichkeit hätte, sich irgendwie personal stellungnehmend und entscheidend dazu zu verhalten. Mit anderen Worten: die Alternativen „Führen oder Wachsenlassen", „Praxis oder Poiesis" usw. beruhen auf Abstraktion von den jeweils konkreten, situativen Gegebenheiten.

2.2 Das Erzieherische: Behüten, Gegenwirken, Unterstützen (A. Flitner)

Auf andere Weise hat Andreas Flitner das wesentlich Erzieherischere gegen die antipädagogische Forderung „Schafft Erziehung ab!" ins Licht zu setzen versucht. Erziehend solle nicht das Beispiel- und Vorbildhafte sein, meint er, nicht das „Tugendexemplar", nach einem Ausdruck von Fontane, sondern das „Dasein" der Erzieher, so wie es den täglichen Umgang bestimmt (A. Flitner 1982, S. 62).

„Dieses von selbst Geschehende wird unter einer bestimmten Verantwortung und Selbstreflexion . . . verstärkt, korrigiert und vor schädlichem Einfluß bewahrt. Diese Tätigkeit und Teilhabe des Erziehers an dem Leben des Kindes läßt sich, in leichter Abwandlung Schleiermacherscher Begriffe, verstehen als
- Behütung des Kindes, Auswahl seiner Lebenswelt;
- Gegenwirkung gegen Einflüsse von außen oder Neigungen von innen, die dem weiteren Leben des Kindes schädlich sein könnten;
- Unterstützung seiner eigentümlich-individuellen ebenso wie seiner sozialen Entwicklung" (ebd., S. 63).

Der Ausfaltung dieser drei Momente ist Flitners Buch in seinem weiteren Fortgang gewidmet.

Zustimmung verdient zunächst sein Grundverständnis von Erziehung als Leben, als alltäglicher Umgang mit Kindern „unter einer bestimmten Verantwortung und Selbstreflexion" – nicht unter jenen grauenhaften „Zielsetzungen", mit denen Pädagogen anderer Couleur so gern operieren. Zustimmung auch zu den drei Schleiermacherschen Kategorien und der Art und Weise, wie Flitner sie auf heutige Erziehungsprobleme bezieht.

Ich wende gegen Flitners Darlegung nur ein, daß sie in ihren Überlegungen und Beispielen ganz überwiegend von der Familienerziehung ausgeht; Schule und sozialpädagogische Bereiche oder gar Beratungssituationen kommen nur am Rande oder überhaupt nicht in den Blick. Von solchen pädagogischen Situationen her hätte sich die Trias von Behüten, Gegenwirken und Unterstützen beliebig erweitern lassen: Lehren (in der Schule), Animieren (Jugendarbeit, Freizeitpädagogik), Beraten (Erziehungs- und Berufsberatung) usw.

So krankt Flitners Darstellung an ihren Verallgemeinerungen: Was durchaus zutreffend aufgewiesen wird für familiäre und familiennahe Erziehungsbereiche, wird in „falscher" Abstraktion für das Wesentliche von Erziehung überhaupt ausgegeben.

2.3 Erziehungsstile

Der Sozialpsychologe Kurt Lewin regte in den dreißiger Jahren ein denkwürdiges Experiment an:

„1. In einem ersten Experiment verglich Lippitt eine Gruppe von fünf zehnjährigen Kindern unter autoritärer Führung mit einer vergleichbaren Gruppe unter demokratischer Führung. In einem zweiten Experiment untersuchten Lippitt und White vier vergleichbare Gruppen mit zehnjährigen Jungen. Jede dieser Gruppen durchlief nacheinander drei Phasen, und zwar so, daß es insgesamt fünf demokratische, fünf autoritäre und zwei „laissez-faire" Phasen gab.

2. Im zweiten Experiment wurde der Faktor der Persönlichkeitsunterschiede bei den Jungen dadurch ausgeglichen, daß jede Gruppe erst eine autoritäre und dann eine demokratische Phase durchlief oder umgekehrt. Der Faktor der Führerpersönlichkeit wurde dadurch ausgeglichen, daß jeder der vier Führer wenigstens einmal die Rolle des autoritären und des demokratischen Führers spielte.

. . .

4. Im ersten Experiment war Feindseligkeit in der autoritär geführten Gruppe 30 mal häufiger als in der demokratisch geführten Gruppe. Aggression (einschließlich „Feindseligkeit" und „scherzhafte Feindseligkeit") war 8 mal häufiger.
Ein Großteil der Aggressionen wurde gegen zwei Sündenböcke in der Gruppe gerichtet; keinerlei Aggression wurde jedoch gegen den autoritären Führer gerichtet.

5. Im zweiten Experiment wurde in einer autoritären Phase die gleiche aggressive Reaktion festgestellt wie im ersten Experiment. In den anderen vier autoritären Phasen zeigten die Jungen ein extrem aggressionsarmes, „apathisches" Verhaltensmuster.

6. Vier Typen von Hinweisen zeigen, daß dieses Fehlen von Aggression wahrscheinlich nicht auf ein Fehlen von Frustration zurückzuführen ist, sondern auf den repressiven Einfluß des autoritären Führers: (a) Ausbrüche von Aggression an den Tagen, an denen zu einer freieren Atmosphäre übergegangen wurde; (b) ein starker Anstieg der Aggression, sobald der autoritäre Führer den Raum verließ; (c) andere Hinweise auf eine generelle Apathie, wie das Fehlen von Lächeln und Scherzen; und (d) die Tatsache, daß 19 von 20 Jungen ihren demokratischen Führer lieber mochten als ihren autoritären Führer, und 7 von 10 mochten auch ihren ‚laissez-faire' Führer lieber" (Lewin/Lippitt/White 1939, S. 298 f.).

Er konnte damit den Nachweis erbringen, daß Gruppenziele in einem „demokratischen" Klima unter Mitsprache der Betroffenen ebenso gut oder besser erreicht werden als bei straffer „autoritärer" Führung.

Obgleich der Ausdruck „Erziehungsstil" nicht von Lewin, sondern von Spranger (1951) stammt, kann diese Untersuchung als der Ursprung des Erziehungsstil-Konzepts gelten: sie suchte in der Variable „soziales Klima" relativ situationsunabhängig gedachte Verhaltensmerkmale von Erziehen als wirksam auf den erzieherischen Prozeß nachzuweisen. „Autoritär oder demokratisch erziehen?" (Roth 1955) wurde im Zeichen der re-education nach der Zeit der Nazi-Herrschaft zu einem der bewußtseinsbestimmenden pädagogischen Schlagworte.

Einen weiteren, vielleicht noch folgenreicheren Impuls erhielt das Denken in „Erziehungsstilen" durch die von Tausch/Tausch vorgenommene Übersetzung Rogersscher Therapeutenvariablen ins Pädagogische. Sie stellten einem Verhaltensstil „überwiegend intensiver Lenkung" unter Berufung auf Lewin, Rogers, Axline und andere die „Verhaltensmerkmale sozialintegrativer Beeinflussungsformen" gegenüber:

„Sozialintegratives Verhalten ist weitgehend frei von Ausdrucksformen der Macht und Stärke sowie Verfügungsgewalt und Überlegenheit über andere – Anderen Individuen, so auch Kindern, werden generell gleiche Würde und gleiche allgemeine Rechte zuerkannt - Die Unabhängigkeit, Sicherheit und Entscheidungsfreiheit anderer Personen wird gefördert und ein großes Ausmaß spontanen Verhaltens ermöglicht - Der Einsatz eigener Kräfte erfolgt eher für, nicht gegen andere - In den Handlungen und Maßnahmen wird das Denken und Fühlen anderer berücksichtigt - Dirigierung und Führung werden nur dort realisiert, wo sie zur Erreichung von Zielen unbedingt notwendig sind, und dann in einer Art, die die Merkmale der Respektierung, Gleichwertigkeit und Würde des anderen beachtet" (Tausch/Tausch 1991, S. 83).

Erziehungsstile sind konzipiert als „relativ sinneinheitlich ausgeprägte Möglichkeiten erzieherischen Verhaltens, die sich durch typische Komplexe von Erziehungspraktiken charakterisieren" (Weber 1974, S. 33). Schon vor Jahren hat Schulze auf gewisse Unstimmigkeiten des Konzepts aufmerksam gemacht:

- Es unterstellt den Erziehungsstil als die unabhängige, den dokumentierbaren Erziehungserfolg als die abhängige Variable. „Es ist aber ebenso sinnvoll, Erziehungsstile als abhängige Variablen anzusehen und nach den personalen und sozialen Bedingungen eines bestimmten Verhaltens zu fragen" (Schulze 1974, S. 198).
- Wo versucht wird, Bedingtheiten von Erziehungsstilen aufzuweisen, werden diese gern auf persönliche Einstellungen zurückgeführt, „ohne dabei hinreichend situative Bedingungen und sachliche Gegebenheiten zu berücksichtigen" (ebd.).
- „Die meisten Untersuchungen zu Erziehungsstilen basieren auf kritischen Werturteilen gegenüber einer bestehenden Erziehungspraxis und versuchen, eine andere mit Hilfe von Effektivitätsvergleichen durchzusetzen oder zu verstärken" (ebd.).

Auf Grund des von Schulze zuletzt genannten Problempunktes gehört die Erörterung der Erziehungsstile zu unserem gegenwärtigen Thema: wieder wird unter dem Deckmantel empirischer Effektivitätsvergleiche eine Aussage gemacht, wie erzieherisches Verhalten idealiter sein soll. Solche Aussagen beanspruchen generelle Geltung; sie abstrahieren von konkreten Aufgabenzusammenhängen und von situativen Bedingungen.

3. Die Gegenbewegung: Professionalisierung als Parzellierung pädagogischer Tätigkeitsfelder

Nun hat das falsch vereinheitlichende pädagogische Denken sein Pendant in einer – ebenso falschen – Parzellierung pädagogischer Professionen, Praxisfelder und Expertenzuständigkeiten.

„. . . die Welt des Kindes ist inzwischen professionalisiert, von einer Fülle von Experten bevölkert". Das Kind steht im Schnittfeld eines „Gewimmels von pädagogischen Berufen, deren Inhaber sicher alle ihre Sache gut können, aber jeder etwas anderes: die Grundschullehrer, Hauptschullehrer, Realschullehrer, Gymnasiallehrer, Sonderschullehrer, die Psychotherapeuten, Gesprächstherapeuten, Verhaltenstherapeuten, Psychologen, Logopäden, Gruppenberater, Einzelberater - und gelegentlich hört man schon, daß nun auch noch Eltern ein Zertifikat erwerben sollten, das ihnen ihre Erziehungsfähigkeit bescheinigt. Es gibt Kinder, die wie an einem Fließband von Experte zu Experte weitergereicht werden und deren Probleme dadurch dennoch nicht gelöst, eher noch vermehrt werden. Jeder dieser Experten verfügt natürlich über ein solides Berufswissen, bedient sich einer bewährten Theorie - einer Umwelt- oder Lern- oder Gesellschafts- oder Triebtheorie - und er hat den zwar nicht ‚bösen', aber den ‚Experten-Blick', unter dem sich dieses konkrete Kind allzu leicht zu einem Fall des ‚homo educandus' verwandelt: der gute oder schlechte Schüler, der Sonderschüler, das schwierige Kind, das therapiebedürftige, entwicklungsgehemmte, sitzengebliebene Kind – und wie unsere Etiketten alle heißen mögen. Das Getto, das wir der Kindheit gebaut haben, ist unausweichlich – so scheint es jedenfalls bisweilen" (Mollenhauer 1984, S. 74).

Der Zustand, den Mollenhauer beschreibt, hat einerseits gesamtgesellschaftliche Gründe: unsere Zivilisation ist auf zweckrationale Organisation aufgebaut, die zunehmend die Produktionsabläufe und die administrativen Vorgänge bestimmt. Zuletzt wurde im Zeichen einer arbeitsteiligen Gesellschaft auch das Familienleben und die Kinderaufzucht immer mehr „zweckrational" organisiert, d. h. es wurden immer größere Anteile der Kinderversorgung und -erziehung an spezialisierte Institutionen mit entsprechend ausgebildeten Fachleuten übertragen (vgl. Bittner 1989a).

Hand in Hand mit dieser Vergesellschaftung der Kinderaufzucht ging die gesellschaftliche Aufwertung der pädagogischen Berufe. Ein wesentliches Moment bildete dabei deren Professionalisierung: Lehrer, Sozialpädagogen und Sonderpädagogen etablierten sich immer mehr als „akademisch gebildete, zum selbständigen Handeln im Berufsfeld befähigte, berufsständisch organisierte . . . Fachleute . . . in gesamtgesellschaftlicher Verantwortung" (Schulze 1974, S. 592).

Professionalisierung beinhaltet also Spezialisierung, rechtliche und administrative Absicherung der beruflichen Tätigkeit (Speck 1987). Das „Menschliche", der „pädagogische Bezug" der Reformpädagogen tritt gegenüber der Konzentration auf „Sachaufgaben" so weit zurück, daß sich in diesen hochspezialisierten Systemen eine neue Gruppe von Fachleuten mit einer etwas paradoxen Kompetenz etabliert hat: Fachleute für „Menschliches".

„Das zeigt sich wie in einem Schlaglicht in der Gesprächspsychotherapie: Dort wird vom Therapeuten verlangt, er solle ‚echt' sein, und er müsse in seiner Ausbildung lernen, dies im Verhalten zu seinen Klienten zu realisieren. Ein Experte für ‚Echtheit' also! Eine merkwürdige Entwicklung, die solche Blüten treibt . . ." (Mollenhauer 1984, S. 74).

An die Stelle der universalen „erzieherischen Haltung" tritt heute die professionelle Konzentration auf diverse Sachprobleme. Eine solche professionelle Einstellung ist mit dem traditionellen, von Mitmenschlichkeit geprägten pädagogischen Aufgabenverständnis nicht leicht in Einklang zu bringen, auch wenn Harmonisierungen zwischen beiden immer wieder versucht werden (vgl. Fischer 1987).

4. Das Konzept der differenten pädagogischen Situationen

Hinsichtlich einer Theorie des erzieherischen Handelns finden wir uns in einem Dilemma: auf der einen Seite bieten sich seit der Reformpädagogik Konzepte des „Erzieherischen" an, nicht selten mit philosophisch-anthropologischer Begründung, die eine relative Einheitlichkeit pädagogischen Handelns in den verschiedenen Praxisfeldern unterstellen, unter Vernachlässigung der Differenzierungen, die sich aus den je spezifischen Aufgabenzusammenhängen von Kindergarten, Schulen, Jugendarbeit etc. ergeben. Auf der anderen Seite stehen die professionalitätsorientierten Konzepte, die auf der Vorstellung eines je aufgabenspezifischen, wissenschaftlich begründeten beruflichen Könnens basieren und die erzieherischen Grundhaltungen tendenziell zurücktreten lassen.

Im folgenden suchen wir einen Zugang zu entwickeln, der die Anliegen beider Richtungen miteinander verbindet. Mollenhauer hat schon vor Jahren die angebliche „Einheit" der Sozialpädagogik problematisiert, die von ihrer Entstehungsgeschichte her eben nichts Einheitliches, sondern ein Konglomerat differenter Antworten auf soziale und erzieherische Notlagen bezeichne, die aus den gesellschaftlichen Wandlungsprozessen im Zusammenhang mit der Industrialisierung erwachsen seien (Mollenhauer 1959; vgl. auch ders. 1994).

Diese These gilt es nun, auf die Pädagogik als Ganze auszuweiten. Auch die Oberbegriffe Pädagogik bzw. Erziehung bezeichnen ein Konglomerat höchst unterschiedlicher Aufgaben, die im weitesten Sinne mit der Einführung der nachwachsenden Generation in Welt, Leben und Gesellschaft zu tun haben. „Erziehung", definierte seinerzeit Bernfeld, sei „die Summe der Reaktionen einer Gesellschaft auf die Entwicklungstatsache" (Bernfeld 1925, S. 51).

Familie, Kindergarten, Schule etc. haben zunächst nichts weiter gemein als ihre Zugehörigkeit zu diesen „Reaktionen der Gesellschaft auf die Entwicklungstatsache". „Das Erzieherische" erscheint unter diesem Blickwinkel als eine falsche Abstraktion, als die Unterstellung einer Einheit, wo es sich in Wirklichkeit um eine Vielheit von Situationen handelt, die nur allgemeinste Merkmale (Reaktion auf die Entwicklungstatsache, Einführung in die Welt etc.) gemeinsam haben – Merkmale, die so allgemein sind, daß sich auf sie jedenfalls keine Theorie pädagogischen Handelns gründen läßt.

Pädagogisches Handeln existiert demnach nur im Plural: als Handeln in diversen Situationen, die durch je unterschiedliche Aufgabenzusammenhänge bestimmt sind und ein diesen Aufgabenzusammenhängen entsprechendes Wissen und Können erfordern. Insofern sie jedoch Situationen sind, umfassen sie mehr als nur Sachaufgaben, sind sie zugleich lebensbedeutsam, ich- und weltkonstituierend.

Mollenhauer führte seinerzeit in seinen „Theorien zum Erziehungsprozeß" (1982) Situation als zentrale Kategorie ein, allerdings unter einer einengenden theoretischen Vorgabe. Er geht von Erfahrungen bei der Auswertung von Gesprächsprotokollen aus, z. B. der folgenden fiktiven Dialogsequenz:

> „A: Nun sage ich das schon zum drittenmal! Aber du hörst mir ja einfach nicht zu!
> B: Wieso?" (Mollenhauer 1982, S. 107).

Ein solches Protokollstück, meint Mollenhauer, sei kaum zu interpretieren, da der situative Kontext gänzlich fehle. Er leitet als Folgerung daraus ab, jede pädagogische Kommunikation müsse im praktischen Umgang wie in der wissenschaftlichen Analyse von der „konkreten Situation" als „primären Referenz-Rahmen" her bearbeitet bzw. interpretiert werden (ebd., S. 109).

Was aber ist eine Situation? Ein „Schnittpunkt verschiedener Kausalketten" (ebd., S. 114), daneben auch eine „unabhängige Variable" (ebd., S. 116) und schließlich auch eine Gegebenheit, die durch die Interaktionspartner mittels ihrer Kommunikationsstrategien und interpersonellen Taktiken definiert wird (ebd., S. 122 ff.).

Mollenhauers Verständnis von Situation ist interaktionstheoretisch fundiert. Dies impliziert eine zweifache Begrenzung:

- Der symbolische Interaktionismus Meads (1968), auf den sich Mollenhauer bezieht, ist eher ein Konzept der Forschung als eines, auf das sich Handeln in der Praxis gründen ließe. So ist auch Mollenhauers leitendes Interesse in diesem Zusammenhang ein forschungsmethodisches: seine Überlegungen kreisen um die Frage, wie pädagogische Kommunikationen unter Zuhilfenahme des situativen Kontexts angemessen interpretiert werden können.
- Die interaktionstheoretische Rede von der Definition bzw. Strukturierung der Situation durch die Interaktionspartner definiert ihrerseits Situation als etwas, was überwiegend durch Kommunikationsprozesse von den Interaktionspartnern erst hervorgebracht wird. Das Moment der Vorgängigkeit, d. h. des vor aller Kommunikation immer schon in Situation Sich-Vorfindens, kommt in diesem Denkmodell nicht zur Geltung.

Anders Rombachs philosophische Erörterung, an die wir anknüpfen: sie ist phänomenorientiert, d. h. sie sucht Situation in ihrer Lebensbedeutsamkeit auszulegen. Der erste Befund, den er in diesem Zusammenhang artikuliert, ist – im genauen Gegensatz zu Mollenhauer – der der Vorgängigkeit der Situation vor allen Kommunikationen und Interaktionen.

„Worin sich menschliches Dasein primär befindet, ist die Situation. Worauf es antwortet, ist die Situation. Womit es konfrontiert ist, ist jeweils die Situation . . . Was immer in Angriff genommen werden soll, wird aus einer Situation heraus und im Hinblick auf weitere Situationen in Angriff genommen. Offenbar bereitet die Situation den unererläßlichen Boden, auf dem wir leben und erleben, uns zu diesem und jenem verhalten, uns selbst deutlich werden usw." (Rombach 1987, S 138).

Das Handeln wird durch die Situation beschränkt und zugleich freigegeben. Die Situation ist eine „Bahnung", d. h. „Auslegung einer Konstellation im Hinblick auf das, was darin möglich ist" (ebd., S. 146 f.). Rombach geht noch einen bedeutsamen Schritt darüber hinaus: nicht nur dem Handeln ist die Situation vorgängig, sondern auch dem Ich. In der Situation zentrieren sich die Umstände auf ein Situations-Ich hin.

Bezogen auf pädagogische Gegebenheiten bedeutet dies, daß vorgängig zum erzieherischen Tun die Situationen sind: Schule (bzw. spezifischer: diese Klasse 12 a, in der ich Mathematik unterrichte) oder der Umgang mit den eigenen Kindern zu Hause. Beide Situationen verlangen etwas durchaus Differentes von mir. Ich mag beides als „erzieherisch" bezeichnen; ich mag auch nachträglich das eine oder andere Gemeinsame an diesen Situationen finden, ohne daß es lohnte, dieses aus den Situationen abstrakt Herausdestillierte zum „Wesen des Erzieherischen" hochzustilisieren. Das Wesen des Erzieherischen – wenn es denn so etwas geben sollte – ist nichts anderes als dieses: In den zum pädagogischen Aufgabenkreis gehörigen Situationen sein, mich in und zu ihnen verhalten, ihnen gerecht werden, so gut ich es eben vermag.

Interessant ist auch Rombachs Vorstellung vom Situations-Ich: wenn ich in der Klasse 12 a Mathematik unterrichte, ist mein Situations-Ich das des Lehrers; wenn ich zu Hause mit meinen Kindern umgehe, das des Vaters. Im soziologisch angetönten Pädagogenjargon würden wir von der Lehrerrolle oder gar – horribile dictu! – von der Elternrolle sprechen. Diese Terminologie legt den pädagogisch gesehen kapitalen und katastrophalen Fehlschluß nahe, Lehrer- bzw. Vatersein sei etwas nur Äußerliches, mir nur von der Gesellschaft Angesonnenes, das zu mir selbst keine wesentliche Beziehung habe. In Wirklichkeit ist es aber so, daß diese angebliche Rolle keinen Moment bestehen könnte ohne mein individuelles Ich und daß andererseits mein Ich nichts von den Aufgabenzusammenhängen und Situationen abgelöst Bestehendes ist.

So scheint das Konzept der Situation mehr noch in der Version von Rombach als in der von Mollenhauer geeignet, die falschen Abstraktionen und künstlichen Zerreißungen rückgängig zu machen, mit denen erziehungswissenschaftliche Theorien die Erziehung als Lebensgeschehen destruiert haben:

1. Erziehung spielt sich nicht anders als in je differenten Situationen ab – auch die Rede von „der" pädagogischen Situation (z. B. Lichtenstein 1973) wäre schon wieder eine falsche Abstraktion.
2. Die jeweilige Situation bildet die Vorgabe und den „Referenz-Rahmen" (Mollenhauer 1982) für pädagogisches Handeln, das – je nach Situation – ein differentes sein wird: die Mathematik-Klasse werde ich vor allem etwas lehren, die eigenen Kinder im Flitnerschen Sinne unterstützen und behüten und ihnen notfalls „gegenwirken".
3. Die Situation gibt zugleich den Manifestationsraum ab für mein Lehrer- bzw. Vater-Ich mitsamt den dazugehörigen Kompetenzen – seien es nun situativ und biographisch erworbene beim Vater, oder professionelle, durch Studium erworbene wie beim Lehrer. Das Konzept der Situation hebt die künstliche Zerreißung in abstrakte pädagogische Haltungen und fachmännisch zu lösende pädagogische Sachaufgaben wieder auf.

5. Erziehung als Handeln in je spezifischen Situationen: Makarenkos Gorki-Kolonie als Beispiel

Wenden wir uns nach diesen vielleicht allzu abgehobenen Erörterungen einem etwas ausführlicher geschilderten Beispiel zu, um daran den Charakter erzieherischen Handelns als eines Handelns in Situationen zu verdeutlichen. Als Beispiele eignen sich in diesem Fall insbesondere exzeptionelle Situationen, welche die tradierten Schemata pädagogischen Denkens sprengen: Pestalozzis Erziehungsversuch in Stans wäre zur Demonstration geeignet gewesen, oder eben die Gorki-Kolonie des großen Sowjetpädagogen Anton S. Makarenko (1888–1939).

Im September 1920, drei Jahre nach der russischen Oktober-Revolution, wurde Anton S. Makarenko mit der Leitung einer Kolonie für minderjährige Rechtsbrecher betraut. Über die Geschichte dieses Erziehungsexperiments hat er in seinem Buch „Ein pädagogisches Poem" (1952) berichtet. Eine eigenständige sozialistische Pädagogik existierte noch nicht, die Erziehung im jungen Sowjetstaat orientierte sich an westlichen, überwiegend reformpädagogischen Vorbildern. Makarenko hat über diese sogenannte „wissenschaftliche Pädagogik", die er vorfand und die vor allem von seiner Widersacherin, der Lenin-Gefährtin Krupskaja, propagiert wurde, Hohn und Spott ausgegossen (zur tatsächlichen Geschichte der Gorki-Kolonie und zur frühsozialistischen Pädagogik in der UdSSR vgl. Anweiler 1963 und 1972).

Makarenko wollte den neuen sozialistischen Menschen erziehen (Makarenko 1952, S. 10 f.). Der Leiter des Volksbildungsamtes gibt ihm als Devise auf den Weg:

> „Die Hauptsache: Nicht so eine Besserungsanstalt für jugendliche Verbrecher, sondern – verstehst du – soziale Erziehung. Wir brauchen so richtige Menschen, unseren Menschen – schaffe ihn!" (ebd., S. 11).

Einen Gebäudekomplex auf dem Lande bekommt er zugewiesen, der schon im zaristischen Rußland als Besserungsanstalt diente. Dort findet er Kalina Iwanowitsch vor, den kauzigen Wirtschaftsleiter, zwei junge Erzieherinnen werden ihm zugeteilt. Bald kommen die ersten sechs Zöglinge: vier haben einen bewaffneten Raubüberfall verübt, zwei haben Diebstähle auf dem Kerbholz. Alle zeigen Neigung, ihre kriminelles Treiben in der Kolonie fortzusetzen.

Das sind die „unrühmlichen Anfänge der Gorki-Kolonie", wie Makarenko in seinem rauhen, unpathetischen, oft ironisch-selbstironischen Stil schreibt. Eine pädagogische Nullpunkt-Situation, eine „Grenzsituation" ähnlich der, die Pestalozzi in Stans erlebte. „Ich war von Morgen bis Abend so viel als allein in ihrer Mitte. Alles, was ihnen an Leib und Seele Gutes geschah, gieng aus meiner Hand . . . Ihre Suppe war die meinige, ihr Trank war der meinige . . ." (Pestalozzi 1799, S. 9 f.). Diese Sätze aus dem Stanser Brief belegen, daß Erziehung wesentlich auf einer solchen, von Erziehern und Kindern miteinander geteilten Situation beruht. Diese Situation ist das Gegebene, aus ihr entwickelt sich alles Weitere.

Klafki zieht in seinem Kommentar zum Stanser Brief ausdrücklich die Parallele zu Makarenkos Gorki-Kolonie (Klafki 1992). Auch das „Pädagogische Poem" ist eine Art Chronik, eine Sammlung von spannenden Geschichten: wie dieser Haufen von jugendlichen Verbrechern über die gemeinsame Not zusammenwächst, wie erste Regeln eingeführt werden und die Einsicht in deren Notwendigkeit bei den Kolonisten zunimmt und mit der Zeit sogar etwas entsteht wie politisch-sozialistisches Bewußtsein.

5.1 Die Grunderfahrung, die zur Vergesellschaftung der dissozialen Jugendlichen führt, ist die der gemeinsamen Not, die Sorge um die Befriedigung der primären Bedürfnisse, der Kampf ums Überleben, um Essen, Kleidung, Wohnung und Heizung. Die berühmte Ohrfeige, die Makarenko einem der Zöglinge am Anfang gibt, steht im Kontext dieser Erfahrung: Brennholz mußte her; die Jungen provozierten nach Kräften:

> „An einem Wintermorgen hieß ich Sadorow in den Wald gehen und Holz für die Küche hacken. Ich vernahm die übliche frechfröhliche Antwort: ‚Geh doch selber hacken, ihr seid ja genug Leute hier!'" (Makarenko 1952, S. 21).

Da passiert es dann: „Ich glitt auf dem hohen pädagogischen Seil aus und stürzte" (ebd., S. 21). Makarenko hat sich diese pädagogische Entgleisung nie verziehen, wohl auch die Situation mit ihrer spezifischen Dynamik nicht ganz verstanden. Immerhin tröstet er sich mit dem Gedanken: „Ich . . . handelte aber wie ein Mensch und nicht wie ein Formalist" (ebd., S. 26).

In dieser Phase regiert das Recht des Stärkeren. Vordringlich sind vor allem die Nahrungssorgen: „Unsere Zöglinge hatten immer Hunger, und dieser Umstand erschwerte in hohem Maße ihre sittliche Umerziehung" (ebd., S. 30). Der Leser fühlt sich an Brecht erinnert: „Zuerst kommt das Fressen, dann kommt die Moral".

An Brecht – aber auch wieder an Pestalozzi, wenn dieser im Stanser Brief schildert, wie er sich zu allererst um den Hunger, die Krankheiten, das Ungeziefer seiner Waisenkinder zu kümmern hatte. Wie Pestalozzi hätte auch Makarenko sagen können: „Ich wußte, wie sehr die Noth und die Bedürfnisse des Lebens selbst dazu beitragen, die wesentlichsten Verhältnisse der Dinge dem Menschen anschaulich zu machen ..." (Pestalozzi 1799, S. 6).

Makarenko hat die unmittelbare Not als Lehrmittel reichlich ausgenützt. Es gibt nichts zu essen? Einer der Jungen versteht zu fischen; er fängt Fische für sich und seine Freunde und bringt auch Makarenko einen Teller davon:

„‚Hier ist Fisch für Sie'.
‚Das sehe ich – aber ich nehme ihn nicht'.
‚Warum?'
‚Weil das nicht richtig ist. Von den Fischen muß man allen abgeben'" (Makarenko 1952, S. 31).

Makarenko hält eine Rede über die Rechte der Allgemeinheit, über kameradschaftliches Verhalten. Schließlich nimmt er den Fisch – aber erst nachdem klargestellt ist, daß in Zukunft nur noch gemeinsam und zum Nutzen der Allgemeinheit gefischt wird. Freilich sieht Makarenko nüchtern, daß dies alles mit Gemeinschaftskultur noch wenig zu tun hat: „Unseren ersten Zöglingen hatten wir das Allernotwendigste für unser gemeinsames Leben nur mit Mühe beigebracht ... Wir waren uns darüber im klaren, ... daß dahinter nichts von Kultur steckte, nicht einmal die allerersten Anfänge von Kultur" (ebd., S. 64 f.).

5.2 Entscheidend ist für die Kollektiverziehung die innere Vergesellschaftung: die Jungen müssen lernen, ihre sozialwidrigen Lebensgewohnheiten und Überzeugungen (psychoanalytisch gesprochen: ihr dissoziales Ich-Ideal) gegen bessere Norm- und Wertvorstellungen zu vertauschen.

Raufereien sind in der Kolonie an der Tagesordnung. Die Jungen haben Messer und Schlagringe. Bei einem Zusammenprall mit den Jungen explodiert Makarenko wieder einmal: „‚Die Messer auf den Tisch! Wird's bald ... Teufel!"' (ebd., S. 67). Aber diesmal genügt der Zornausbruch nicht. Makarenko weist einen der Haupt-Messerhelden für zwei Wochen aus der Kolonie:
„‚Aber wo soll ich denn hingehen?'
‚Ich rate dir, dorthin zu gehen, wo es erlaubt ist, mit Messern zu stechen'" (ebd., S. 68).
Nach einem Monat ist der Delinquent wieder da:
„‚Hast also einen solchen Ort nicht gefunden?'
Er lächelte.
‚Warum ... sollte ich keinen finden? Es gibt schon solche Orte. Ich bleibe in der Kolonie ... ich werde kein Messer mehr anrühren'" (ebd., S. 69).

Bei dieser Entscheidung für die Kolonie ist nicht die nackte Not der Beweggrund: er hätte schon andere Plätze zum Leben finden können, aber er entscheidet sich bewußt für die Kolonie und ihre Werte.

Einem anderen Kolonisten steckt sozusagen das Stehlen im Blut. Seine Augen scheinen nur die eine Bestimmung zu haben: „alles zu sehen, was nicht niet- und nagelfest war . . . Alle übrigen Körperteile Leschijs fügten sich blind den umsichtigen Befehlen dieser Zigeuneraugen" (ebd., S. 183). Doch in der Kolonie fällt er immer wieder rein, die andern sind genauso clever und gerissen wie er. Schließlich bekommt er Zweifel an seiner „Berufung" zum Dieb:

„‚Wahrscheinlich bin ich kein richtiger Dieb. Ein paarmal versuch ich's noch, und wenn das nichts wird, gebe ich's auf. Nicht wahr, Anton Semjonowitsch?'
. . . ‚Solche Dinge soll man nicht aufschieben! Versuch es gleich! Es kommt doch nichts dabei heraus, du taugst nicht dazu'.
‚Ich tauge nicht dazu?'
‚Nein! Aber Semjon Petrowitsch sagt, aus dir wird ein guter Schmied'" (ebd., S. 184 f).

Auch Semjon Karabanow, einer der Zöglinge der ersten Stunde und ein treuer Helfer Makarenkos, hatte von seinem alten Banditen-Ich nicht lassen können und war aus der Kolonie gewiesen worden. Nach der festgesetzten Zeit kommt Karabanow zurück und fragt Makarenko, ob er ihm vertraue.

„‚Ich vertraue jedem Menschen, nur dem einen mehr, dem anderen weniger; dem einen für einen Fünfer, dem anderen für einen Zehner'.
‚Und für wieviel vertrauen Sie mir?'
‚Dir, für hundert Rubel!'" (ebd., S. 217).

Makarenko spitzt die Situation sogleich (im Sinne der Explosionsmethode) zu, indem er Karabanow beauftragt, in die Stadt zu reiten und 500, wenig später noch einmal 2 000 (!) Rubel für die Kolonie zu holen. Karabanow gerät in einen psychischen Ausnahmezustand, sein altes Banditen-Ich und sein neues Kolonisten-Ich kämpfen so dramatisch miteinander, daß am Ende sogar „Gott" angerufen wird (und das in einem derart kommunistisch-atheistischen Kontext!):

„Ich ritt und dachte: ‚Wenn es doch einen Gott gäbe, wenn Gott doch jemand schicken wollte, mich im Walde zu überfallen . . . Und wenn es zehn wären oder sonst wieviel . . .'. Ich weiß nicht, ich hätte geschossen, gebissen und gerissen wie ein Hund, bis sie mich umgebracht hätten. Und wissen Sie, dabei hätte ich fast geheult . . . Ich wußte doch, daß Sie hier sitzen und denken: ‚Bringt er es oder bringt er es nicht?'" (ebd., S. 217).

Diese Geschichte ist – nebenbei gesagt – einer der anschaulichsten Belege für die Theorie vom mit sich entzweiten Ich, die ich andernorts entwickelt habe (Bittner 1988c). Karabanows Geschichte zeigt, daß Neuorientierung immer durch einen Zustand der Ent-Zweiung, der Ich-Spaltung hindurchgeht.

5.3 Ein bedenkliches Element der Kollektivbildung, freilich ein sozialpsychologisch gesehen wohl unvermeidliches, ist das elitäre Bewußtsein, das in solchen Musteranstalten gepflegt wird, verbunden mit einem mitleidigen oder gehässigen Herunterschauen auf Menschen, die anders denken und anders leben. Die Sozialpsychologie hat schon seit längerem die Bildung sogenannter „Wir"- und „Die"-Gruppen beschrieben (Hofstätter 1986). Die Mechanismen solcher Ingroup-Outgroup-Abgrenzungen sind auch in der Kollektivbildung der Gorki-Kolonie deutlich zu beobachten. Das Gemeinschaftsgefühl wird des öfteren bestärkt durch den gemeinsamen Kampf gegen äußere Feinde: Straßenräuber, benachbarte Bauern, auch gelegentlich die Bürokratie.

Die Jungen übernehmen öffentliche Ordnungsaufgaben (oder maßen sich solche an?): sie bewachen die von Straßenräubern heimgesuchte Charkower Chaussee (vgl. Makarenko 1952, S. 41), dies ist der Anfang der paramilitärischen Aktivitäten in der Kolonie. Sie spielen sich auch den Bauern in der Umgebung gegenüber als Gesetzeshüter auf. Dies erinnert auch an die erlebnispädagogischen Aktivitäten in den Kurzschulen Kurt Hahns, wo die Übernahme öffentlicher Dienste wie Bergwacht und Seenotrettung zum pädagogischen Programm gehört (Hahn 1954, S. 70 f). Freilich sind es bei Hahn Hilfsdienste, bei Makarenko Polizei- und Ordnungsdienste, das macht einen großen Unterschied. Der deutsche Leser wird etwas unangenehm an Hitlerjugend-Allüren erinnert; Makarenko selbst ist der Meinung, „dieser interessante und wirklich sachliche Kampf" habe „die ersten Keime kollektiven Geistes" ergeben: Wir „kamen uns bei einzelnen gelungenen Unternehmungen näher, wuchsen immer mehr zu einem einheitlichen Ganzen zusammen – zur Gorki-Kolonie" (Makarenko 1952, S. 48).

Die gemeinsame Not, der gemeinsame Feind, die Identifikation mit dem gemeinsamen Ich-Ideal – das sind die archaischen, die primärprozeßhaften Fundamente (mit Pestalozzis Worten: die „tierischen Wurzeln") des Kollektivbewußtseins. Im Lauf der Erzählung treten die archaischen Motive zurück, die gesellschaftlichen gewinnen das Übergewicht: das Kollektiv entwickelt sich immer mehr zu einem Spiegelbild des Sowjetstaates. Der Aufbau einer Gruppe des staatlichen Jugendverbandes Komsomol in der Kolonie bildet den wichtigsten Markstein auf diesem Wege (ebd., S. 232 ff.).

5.4 Erzieherisches Handeln im Horizont einer vorgängigen Situation sollte am Beispiel der Gorki-Kolonie aufgewiesen werden.

1. Knüpfen wir noch einmal an die unterschiedlichen Verständnisse von „Situation" im symbolischen Interaktionismus und in der Phänomenologie Rombachs an: welchen Sinn hätte es im Beispiel der Gorki-Kolonie, Situation zu verstehen als etwas, was zwischen den Interaktionspartnern ausgehandelt wird? Vielmehr ist die Situation hier das schlechthin Vorgängige: die Revolutionswirren, die herumstreuenden Jugendlichen allenthalben, die Staatsmacht, die sich herausgefordert sieht, etwas zu tun, ohne zu wissen was. Unter diesen Vorzeichen wird Makarenko vom Leiter des Volksbildungsamtes „berufen". Auszuhandeln bleibt ihm wenig – eigentlich nur das eine, ob er die Berufung annehmen, d. h. in die Situation eintreten will oder nicht.

2. Nachdem er einmal in die Situation eingetreten ist, entwickelt sich sein Tun aus deren Logik und Dynamik. Selbst die Ohrfeige, die er gleich zu Anfang dem Zögling Sadorow gibt, hat unter diesen situativen Vorgaben ihre Richtigkeit: den sechs jugendlichen Banditen, die noch dazu wegen der Holzarbeit mit Äxten bewaffnet waren, wäre es ein leichtes gewesen, Makarenko ihrerseits zu verprügeln oder noch Schlimmeres. So hatte die Ohrfeige im Kontext der Situation nichts von Prügel-Pädagogik an sich, sondern war ein Ausdruck persönlichen Mutes, der ihm die Herzen der Jugendlichen gewann.

Es ist evident, daß Makarenkos Erziehungsstil weder bei Lewin noch bei Tausch/Tausch besondere Gnade finden würde und daß seine Praxis auch mit der Flitnerschen Trias von Behüten, Gegenwirken und Unterstützen nicht angemessen zu charakterisieren ist. Dennoch war sein Umgang mit den Jugendlichen unter den gegebenen Umständen irgendwie „richtig" – vor allem deshalb, weil er vermutlich in dieser extremen und exzeptionellen Situation der einzig mögliche war.

3. Was immer aus dem Staatssozialismus, dem Makarenko anhing, auf der politischen Bühne geworden ist – pädagogisch regte er Makarenko zu einigen bleibend wichtigen Einsichten an: vor allem zu einem neuen Typus von Gemeinschaftserziehung im gesellschaftlich politischen Horizont (wenn wir den Terminus Kollektiverziehung vermeiden wollen) und zur pädagogischen Würdigung produktiv manueller Arbeit. Makarenkos Erziehungsansatz war also bedeutsam als kreative Antwort auf die Herausforderung einer bestimmten historischen Situation.

4. Brezinka hat in seiner „Erziehung als Lebenshilfe" (1957) eine Reihe von damals ihm zeitgemäß erscheinenden Lösungen sozialpädagogischer Aufgaben aufgezählt: Gmeiners SOS-Kinderdörfer, Father Flanagans Jungenstadt Boys Town, Makarenkos Gorki-Kolonie. Er hebt hervor, daß in den genannten Beispielen unter den verschiedensten sozialen und weltanschaulichen Bedingungen ähnliche pädagogische Lösungen gefunden worden seien (ebd., S. 213).

Damit stellt sich noch einmal die Frage nach einem genuin Pädagogischen jenseits weltanschaulicher Vorgaben. Ich hatte früher unter dem Eindruck der von Brezinka angestellten Vergleiche gemeint, an Makarenko ließe sich besonders gut zeigen, wie sich „genuin pädagogische" Denk- und Handlungsmuster sozusagen über alle Ideologien und Theorien hinweg durchsetzten. Diesem Aufweis dienten die Vergleiche, die ich damals zwischen Aichhorn, Makarenko, Father Flanagan und Pestalozzi anstellte (vgl. Bittner, 1972b).

Heute stellt sich mir das Problem differenzierter dar: wie Makarenko, Aichhorn etc. pädagogisch gehandelt haben, ist zunächst ausschließlich im Kontext der je gegebenen Situation zu verstehen und nur in seiner Angemessenheit für eben diese Situation zu würdigen – wobei die Situation auch durch geistige und ideologische Horizonte (bei Aichhorn die Psychoanalyse, bei Makarenko die Sowjetideologie) mit konstituiert ist. Aus der Rückschau freilich ergeben sich erstaunlich ähnliche Handlungsmuster, die man wohl als „genuin pädagogisch" bezeichnen kann – ohne daß sich freilich aus diesen sich stets nur retrospektiv ergebenden Ähnlichkeiten ein „Wesen des Pädagogischen" als Handlungsmaßstab destillieren ließe.

Bleibt als Fazit dieser Erörterung, daß Wesensbestimmungen des Erzieherischen mit dem Anspruch „zeitloser" Geltung notwendigerweise illusorisch sind – erzieherisches Handeln steht im Kontext und folgt der Logik einer je vorgängigen Situation.

Die unterschiedlichen „sozialen Orte" von Erziehung und Therapie

. . . daß Erziehungsarbeit etwas sui generis ist.
Sigmund Freud 1925

Das im vorigen Kapitel grundsätzlich entwickelte Problem der Konkretisierung und Diversifizierung des Pädagogischen im Blick auf je differente Situationen soll im folgenden auf ein aktuell bedeutsames Problem bezogen werden: die Frage der Gemeinsamkeiten und Berührungspunkte, der Unterschiede und unzulässigen Vermischungen von Erziehung und Psychotherapie – eine Frage, zu der es in jüngster Zeit eine lebhafte Diskussion gegeben hat (Heitger 1984, Spiel/Datler 1984, Böhm 1992, Bittner 1994d, Datler 1995).

1. Freuds Abgrenzungen der „drei unmöglichen Berufe"

Das Satzfragment Sigmund Freuds, das ich diesen Überlegungen über Erziehung und Psychotherapie vorangestellt habe, ist dem Geleitwort zu August Aichhorns Buch „Verwahrloste Jugend" (1925) entnommen, das von den Erfahrungen eines psychoanalytisch begründeten Erziehungsexperiments mit verwahrlosten Jugendlichen berichtet – einem klassischen Text der Sozialpädagogik.

Es sei nicht verwunderlich, schreibt Freud dort, daß sich Pädagogen für die Psychoanalyse interessierten, da es doch beide mit Kindheitsschicksalen zu tun hätten. Erzieher, die sich der Psychoanalyse bedienen wollten, mahnt er, sollten sich aber gründlich mit ihr befassen, am besten eine eigene Analyse machen.

„Die zweite Mahnung klingt eher konservativ; sie besagt, daß die Erziehungsarbeit etwas sui generis ist, das nicht mit psychoanalytischer Beeinflussung verwechselt und nicht durch sie ersetzt werden kann. Die Psychoanalyse des Kindes kann von der Erziehung als Hilfsmittel herangezogen werden. Aber sie ist nicht dazu geeignet, an ihre Stelle zu treten . . . Man darf sich nicht durch die übrigens vollberechtigte Aussage irreleiten lassen, die Psychoanalyse des erwachsenen Neurotikers sei einer Nacherziehung desselben gleichzustellen. Ein Kind, auch ein entgleistes und verwahrlostes Kind, ist eben noch kein Neurotiker und Nacherziehung etwas ganz anderes als Erziehung des Unfertigen" (Freud 1925, S. 566). Die erzieherische Tätigkeit, sagt Freud, will das Kind auf seinem Weg zur Reife leiten, fördern und gegen Irrungen sichern (vgl. ebd., S. 565).

Für Freud war zeitlebens klar, daß Erziehung und Psychotherapie zwei grundverschiedene Dinge sind – verschieden in ihren Voraussetzungen, Zielen und Methoden. Die Erziehung mag sich auf „analytische Kenntnisse" stützen, wenn sie will – das ist schon alles.

Es gibt einen amüsanten Briefwechsel zwischen Freud und dem Züricher Pfarrer Oskar Pfister, der einer der ganz großen Vermischer war, der Psychoanalyse, Seelsorge und Erziehung in einen großen Topf zusammenrühren wollte. „Natürlich muß es eine Erziehung geben", schreibt Freud in einem dieser Briefe, „sie darf sogar scharf sein; es schadet ihr nicht, wenn sie sich auf analytische Kenntnisse stützt, aber die Analyse selbst ist doch etwas anderes ..." (Freud/Pfister 1963, S. 91).

Für Freud war die Sachlage vor allem deswegen klar, weil er persönlich keinerlei berufliche Interessen im Bereich der Erziehung hatte. „Ich hatte mir frühzeitig das Scherzwort von den drei unmöglichen Berufen – als da sind: Erziehen, Kurieren, Regieren – zu eigen gemacht, war auch von der mittleren dieser Aufgaben hinreichend in Anspruch genommen" (Freud 1925, S. 565). Das heißt: Freud wollte Arzt, Psychotherapeut sein – und nichts anderes.

Diese eindeutige Sachlage änderte sich, als sich Schüler mit anderen als ärztlichen Vorberufen Freud anzuschließen begannen. Freud war ja zum Arztberuf ambivalent eingestellt; er forderte das Recht der Laienanalyse; nicht nur Ärzte sollten die analytische Behandlung ausüben dürfen – ein bis heute heiß umstrittenes Thema (vgl. Freud 1926, S. 296, Leupold-Löwenthal 1984, S. 97 ff.).

Neben den Psychologen waren es vor allem Pädagogen und Seelsorger, die sich für die neue Seelenwissenschaft interessierten – zumeist ohne ihren Vorberuf aufgeben zu wollen. Der bereits erwähnte Oskar Pfister übte die Psychoanalyse aus, blieb aber ordinierter Pfarrer in Zürich. Desgleichen war sein Schüler Hans Zulliger, einer der Pioniere der Kinderpsychotherapie, bis zu seiner Pensionierung als Volksschullehrer tätig. August Aichhorn stand noch lange, nachdem er sich der Psychoanalyse zugewandt hatte, als beamteter Fürsorgeerzieher in Diensten der Stadt Wien. Auch Anna Freud hatte ein Lehrerinnen-Examen abgelegt, war allerdings nur sporadisch pädagogisch tätig und wandte sich bald ausschließlich der Psychoanalyse zu.

Mit diesen „Doppel-Beruflern" wie Pfister, Zulliger und Aichhorn kam das Problem der Abgrenzungen und Vermischungen. Der naivste Vermischer war sicherlich Oskar Pfister mit seiner geradezu ausschweifenden Parallelisierungssucht: da wird aus Pädagogik und Psychoanalyse ein Konglomerat gebildet, das den Namen „Pädanalyse" bekommt; da ist die Rede von „pädagogischer Krankenbehandlung" und „analytischer Erlösungspraxis"; da wird Freud mit Jesus verglichen, weil sie beide die Liebe gepredigt hätten usw. (vgl. Bittner 1974c, S. 57 ff).

Praktisch bestand Pfisters „Pädanalyse" vor allem in kleinen Gelegenheitsanalysen, die in seine normale Tätigkeit als Lehrer und Pfarrer einflossen, vor allem in seine Seelsorge-Gespräche mit Konfirmanden. Pfister hat zahlreiche Proben davon in seinen Büchern geschildert – und man kann ihm, bei aller seiner theoretischen Verworrenheit, nicht einmal vorwerfen, er hätte seine Sache schlecht gemacht.

In seine Pastoration, schreibt er, kam ein 16jähriger Knabe, den beim Einschlafen regelmäßig das Gefühl ängstigte, es kämen Wolken auf ihn zu und er falle in einen Abgrund. „Erst allmählich gibt er an, noch eine Reihe weiterer Angsterscheinungen aufzuweisen. Betritt er eine Brücke, so tritt ein quälendes Gefühl ein. Auch vor Mädchen ängstigt er sich. Wegen seiner Gesundheit ist er schwer besorgt: er glaubt an Magenkrebs zu erkranken oder zu erblinden ... Dabei litt unser Zögling am Gefühl der Wertlosigkeit, benahm sich aber vor andern überaus stolz und spöttisch ... er fand, es wäre nicht schade um ihn, wenn er in einer Woche sterben würde ... sein Wunsch ging auf ein Nirvana aus, auf ein Auslöschen ... Die Welt nennt er ein Karussell, das sich beständig im Kreis herumdrehe, die Menschenseele ein Schnupftuch des Satans, anfangs weiß, bis der Böse seine Nase hineinstecke usw." (Pfister 1921a, 8 f).

Pfister erkannte die Krankheit des Knaben, dessen Behandlung vor 1921 gelegen haben muß, als Melancholie.

„Meine Aufgabe bestand . . . darin, den . . . verborgenen Sinn dieser Symptome zu deuten, ihre Entstehung aufzudecken, ihre Nichtigkeit dem Zögling bewußt zu machen und so durch klares Denken und Umschaltung der innersten Wünsche auf edle Bahnen die unbewußte Hemmung zu überwinden" (Pfister 1921b, 72 f).

Zunächst zeitigt die analytische Prozedur bei dem Knaben eine Anzahl recht aufschlußreicher passagerer Symptome und Phantasien: „Während zuvor unser Zögling sich vor dem Erblinden gefürchtet hatte, bekam er plötzlich die Empfindung, seine Augen seien ungeheuer groß . . .". Es trat ferner „das Gefühl auf, seine Glieder würden enorm groß und wollten die ganze Welt umspannen". Weiterhin ängstigte er sich zeitweise „wegen eines leeren Raumes in seinem Körper" (Pfister 1921a, 8, 12).

Pfister sah den Kern des Problems bei dem Knaben in der „Hemmung der Liebesfähigkeit": „Hemmung des Liebeslebens oder Liebesanspruchs kann", so stellt er sehr modern im Sinne der Narzißmustheorie fest, „das Selbstgefühl stören, ja zerstören, wie umgekehrt eine glückliche Liebe die Selbstbewertung hebt". Er zitiert den Dichtervers: „Daß du mich liebst, macht mich mir wert", und auch den Vers aus dem Neuen Testament: „Furcht ist nicht in der Liebe . . .". Von dem Jungen weiß er abschließend zu berichten, daß er „zu den Menschen, auch zu den Eltern, innerlich bedeutend besser stehe, sich nach einem verständnisvollen Freund oder einer Freundin sehne und auch den Zweifel an Gott überwunden habe. Die Melancholie schwand" (Pfister 1921a, 13).

War das nun Erziehung, war es Therapie? Die Störung des Jungen scheint durchaus Krankheitswert besessen zu haben – zumindest nach unseren heutigen Maßstäben. Pfisters Methode war aufdeckend, wie es den Regeln der psychoanalytischen Behandlung entspricht; zugleich war sie sittlich-appellierend, also erzieherisch; und als Seelsorger hebt Pfister hervor, daß der Junge seinen Glauben an Gott wiedergefunden habe. Pfarrer, Erzieher, Psychotherapeut in einem? O heilige Systematik! Aber muß nicht anderseits gelten, daß, wer heilt, recht hat?

Bei Zulliger ging es nicht ganz so vermischt zu. Zwar schreibt er einmal lapidar, mit Kinderpsychotherapie habe er sich seit dem Jahre 1912 beschäftigt, da er als Volksschullehrer vor eine Klasse gestellt wurde. Zunächst sei es sein Anliegen gewesen, Schülern mit charakterlichen oder mit psychogenen Lernstörungen zu helfen – in ähnlicher Weise, wie es Pfister getan hatte (Zulliger 1927). Mit der Zeit lernte Zulliger, seine verschiedenen Tätigkeitsfelder klarer zu differenzieren: wenn er als Lehrer von seinen Schulerfahrungen schreibt, steht in den späteren Schriften sichtbar das Bemühen im Vordergrund, eine gedeihliche Arbeits- und Gemeinschaftsatmosphäre in der Klasse zu schaffen (Zulliger 1961). Die therapeutische Hilfe verlagert sich mehr in den außerschulischem Bereich. Zulliger ist es im Laufe seines langen Lehrer- und Kindertherapeutenlebens gelungen, die Arbeitsfelder immer klarer zu differenzieren, auch wenn er sich immer noch erlaubte, flexibel zwischen beiden Situationen hin- und herzugehen, und wenn ihm auch Vermischungen unterliefen, die man durchaus kritisch ansehen kann, wie z. B. die Deutung von Traummaterial in psychoanalytischen Gesprächen mit Schülern.

Die erste Generation der Psychoanalytiker und psychoanalytischen Pädagogen in den zwanziger und dreißiger Jahren hatte also noch nicht das Problem des Pan-Therapismus, wie es sich heute stellt: allen, Freud voran, war bewußt, daß Erziehung und Therapie getrennte Gebiete sind. Die Erziehung mag sich die Erkenntnisse der Psychoanalyse zunutze machen, wobei gelegentliche Grenzüberschreitungen vorkommen – das war die Lage bis zum Zweiten Weltkrieg.

2. Die Epoche der Vermischungen

Die Ausbreitung – fast möchte ich sagen: das unkontrollierte Wuchern – therapeutischer Denk- und Handlungsmuster begann in Europa erst einige Zeit nach dem Ende des Zweiten Weltkrieges (in den USA hatte sie wohl schon etwas früher angefangen). Die Gründe für diese Ausbreitung waren vielschichtig:

Sicher spielte die breite Rezeption von Freuds Werk eine große Rolle: nach der Lektüre von Schriften Freuds bzw. Freudianischer Psychologen und Ärzte lag es für viele Menschen nahe, sich als „neurotisch", „psychisch krank" und „behandlungsbedürftig" zu interpretieren. Freuds Schriften weckten große Hoffnungen auf Heilung seelischer Verwundungen durch Psychotherapie – Hoffnungen, die die Analytiker schon wegen ihrer geringen Zahl auch nicht annähernd erfüllen konnten. Immerhin gab es nach Anerkennung der Psychotherapie als Kassenleistung erstmals für jedermann die Möglichkeit, sich psychotherapeutisch behandeln zu lassen. Speziell für die psychotherapeutische Behandlung von Kindern wurde der neue Beruf des Psychagogen (später: Kinder- und Jugendlichenpsychotherapeuten) geschaffen.

Fast noch bedeutsamer scheinen die Veränderungen im Gefüge der pädagogischen Institutionen: die Erziehungsberatung, seit den 20er Jahren stetig weiterentwickelt, wurde jetzt zu einer Pflichtaufgabe der Jugendämter; die Sonderpädagogik nahm rein zahlenmäßig einen gewaltigen Aufschwung; sie entwickelte sich von einer reinen Hilfsschulpädagogik zu einem System differenzierter Hilfsangebote für Menschen mit Behinderungen und seelischen Störungen. Vor allem die in den 60er Jahren begründete sonderpädagogische Teildisziplin der Verhaltensgestörtenpädagogik machte zusammen mit der analytischen Kinderpsychotherapie die Neurosen und psychosozialen Auffälligkeiten von Kindern, ihre konfliktbelasteten Lebenslagen zum Thema kontinuierlicher Erörterung; sie bewegte sich von Anfang an in einem Zwischenfeld von Erziehung und Therapie (vgl. Bittner/Ertle/Schmid 1974, Heitger 1984, Spiel/Datler 1984).

Auf vier Trends (je zwei im Bereich von Psychotherapie und Erziehung) soll in diesem Zusammenhang näher eingegangen werden:

1. die Normierung der Vorstellungen von behandlungsbedürftiger psychischer Krankheit im Rahmen der (bundesdeutschen) Krankenkassenregelungen;
2. die Entstehung konkurrierender therapeutischer Richtungen und das Phänomen des „Psychobooms";
3. die Legitimationskrise der Erziehung, die das Vordringen der scheinbar besser legitimierten therapeutischen Handlungsmuster begünstigte;
4. das Eindringen von Therapie in die Schule.

2.1 Psychotherapie als Kassenleistung

Seit 1967 war in der Bundesrepublik Deutschland Psychotherapie zur Pflichtleistung der Krankenkassen geworden. Dies hat einerseits ihrer Profilierung und Konturierung genützt, anderseits viele neue Probleme hervortreten lassen.

Die eigentliche Crux ist der Krankheitsbegriff. Psychotherapie als Kassenleistung soll in Anspruch genommen werden können, wenn Krankheit im versicherungsrechtlichen Sinne vorliegt. Ausdrücklich ausgeschlossen wird Psychotherapie als

Kassenleistung, wenn die Maßnahme ausschließlich der beruflichen Anpassung oder Berufsförderung oder der Erziehungsberatung, Sexualberatung u. a. dienen soll (Psychotherapie-Richtlinien 1990, S. 1).

Seelische Krankheit wird „verstanden als krankhafte Störung der Wahrnehmung, des Verhaltens, der Erlebnisverarbeitung, der sozialen Beziehungen und der Körperfunktionen". „Auch Beziehungsstörungen können Ausdruck von Krankheit sein; sie sind für sich allein nicht schon Krankheit im Sinne dieser Richtlinien, sondern ... nur ... wenn ihre ursächliche Verknüpfung mit einer krankhaften Veränderung ... nachgewiesen wurde" (ebd., S. 2).

Dieser Krankheitsbegriff beruht auf einer petitio principii: seelische Krankheit wird verstanden als „krankhafte Störung"; die Symptomatik ist beliebig weit, Verhalten und Erleben, soziale Beziehungen und Partnerbeziehungen können „krankhaft" verändert sein, wenn die ursächliche Verknüpfung mit einer krankhaften Veränderung in der betreffenden Person nachgewiesen wurde. Die Anforderungen an den Nachweis darf man sich nicht zu hoch vorstellen: mehr als eine gewisse Plausibilität kann es nicht sein.

Nehmen wir als Hintergrund noch die ebenso berühmte wie törichte WHO-Definition, Gesundheit sei der Zustand völligen körperlichen, geistigen, seelischen und sozialen Wohlbefindens, dann wird deutlich, daß die Begriffe von „gesund" und „krank" gerade im psychosozialen Bereich völlig unscharf sind: da diese paradiesische Verfassung völligen Wohlbefindens fast nie gegeben ist, ist kaum ein Zustand denkbar, der nicht als behandlungsbedürftige psychische Krankheit dargestellt werden könnte.

Carl Nedelmann, ein guter Kenner der Materie, weist darüberhinaus auf die grundsätzliche Inkompatibilität von psychoanalytischen und versicherungsrelevanten medizinischen Diagnosen hin. „Die Konvention – und zwar die medizinische – entscheidet darüber, ob die Manifestationen ..., die allgemeinen Reaktionsbereitschaften und die Symptome, ‚krank' genannt zu werden verdienen". Eine mehr oder weniger ausgeprägte Neurose hat jeder; durch die versicherungsrechtliche Definition von Krankheit seien nur jene Neurosen als Krankheiten anerkannt worden, „deren Auswirkungen ein bestimmtes Maß an Einschränkung, Schmerz, Not und Elend übersteigen" (Nedelmann 1990, S. 12).

Ich denke, daß die geschilderte Sachlage das Problem erkennen läßt: die Zustände, mit denen psychisch Leidende Hilfe suchen, sind so mannigfaltig wie das Leben selbst. Wenn eine menschenfreundliche Regelung wie die bundesdeutsche die Behandlung dieser Zustände zur Kassenleistung erklärt (wogegen ich schon aus beruflichem Egoismus nichts einwende!), so muß sie mit einem völlig aufgeweichten Krankheitsbegriff leben und sich damit begnügen, durch das Gutachterverfahren den alleroffensichtlichsten Mißbrauch zu beschneiden.

2.2 Verhaltenstherapie, Humanistische Psychologie und der „Psychoboom"

Die zunehmend diffuse Verwendung des Therapiebegriffs ist gewiß nicht auf die Psychoanalyse zurückzuführen. Im Gegenteil kann man der Psychoanalyse eher vorwerfen, sich in einem quasimedizinischen Getto von therapeutischer Exklusivität abgeschottet zu haben – zumal die Psychoanalytiker, zumindest in Deutschland, lange Zeit die beati possidentes waren, die ihr Monopol auf Krankenkassentherapie zu hüten wußten. Die Psychoanalytiker waren die letzten, in deren Interesse es liegen konnte, den Therapie-Begriff zu inflationieren.

Diese Tendenz kam ganz woanders her – wiederum bezogen auf deutsche Verhältnisse: von all den Habenichtsen, die an den Futtertrog der glücklich Besitzenden drängten, den Legionen von Psychologen und Pädagogen, die in den siebziger und achtziger Jahren die Universität verließen, keine Anstellung fanden und sich deshalb als praktizierende Psycho-, Gesprächs-, Musik- usw. Therapeuten niederließen und auch gern in den Genuß der Kassenzulassung kommen wollten. Mit viel Forschungs- und Publikationsaufwand bewiesen sie die Überlegenheit oder wenigstens Ebenbürtigkeit ihrer Methoden mit denen der Psychoanalyse.

Freilich wurde dies erst ermöglicht durch von den USA ausgehende, wissenschaftliche Trends: der Boden, den die Psychoanalyse dort verlor, wurde besetzt von Verhaltenstherapie und dem bunten Gemisch der sog. „Neuen Therapien", von denen die Gesprächstherapie von Rogers und die von Perls begründete Gestalttherapie sich inzwischen als die einflußreichsten herausgemausert haben.

Die Verhaltenstherapie hat die Grenzen zwischen Erziehung und Therapie auf der ganzen Linie durchlässig gemacht. Der Grund liegt in der Wahl beider Felder übergreifender theoretischer Erklärungskonzepte: dem Konzept des „Verhaltens" und dem Konzept des „Lernens". Erziehung und Therapie sind Aktivitäten mit dem Ziel, menschliches Verhalten durch „lernen" zu ändern: Erziehung und Therapie intendieren gleichermaßen „Verhaltensmodifikation" (vgl. Heitger 1984, Spiel/Datler 1984).

Bekannt sind die beiden klassischen Fälle, die am Anfang der Verhaltenstherapie standen: die von Watson (1920) und Jones (1924) beschriebenen Kinder Albert und Peter: beim 11 Monate alten Albert wurde mit experimentellen Methoden eine phobische Angst vor Ratten erzeugt; beim 2jährigen Peter eine phobische Angst vor Kaninchen mit Methoden der sukzessiven Annäherung und der sozialen Nachahmung beseitigt (nach Pongratz 1973, S. 296).

Gibt man einem Kind, das Angst vor Kaninchen hat, Schokolade zu essen, während man ihm das Kaninchen langsam näherbringt, und bringt man es mit anderen Kindern zusammen, die keine Angst vor Kaninchen haben, dann ist in keiner Weise mehr entscheidbar, ob es sich um Erziehung oder um Therapie handelt – weder von den Methoden her, die pädagogisch wie therapeutisch als vernünftig legitimiert werden können (von den zahnärztlichen Bedenken gegen die viele Schokolade einmal abgesehen), noch von den Zielen her; es ist nicht zu entscheiden, ob die Beseitigung der Angst vor dem Kaninchen der psychischen Gesundheit oder der altersentsprechenden Mündigkeit dient; beide Ziele fallen in eins.

Die Lerntheorie bietet ein Konzept an, das behauptet, alle Probleme von Erziehung und Therapie auf Verhaltensänderung reduzieren und durch Anwendung derselben durchgängigen Lernprinzipien behandeln zu können: es gibt keinen prinzipiellen Unterschied zwischen Anwendungen der Lerntheorie auf den Schulunterricht, auf die Behandlung von Disziplinschwierigkeiten in der Schule und die Heilung von Neurosen im experimentellen Labor des klinischen Psychologen.

Die sogenannte Humanistische Psychologie entwickelte sich in den Vereinigten Staaten seit den 50er Jahren. Sie entstand in Opposition einerseits gegen die behavioristische Psychologie, die sich seit den 20er Jahren an den amerikanischen Universitäten fest etabliert hatte, und andererseits gegen die Psychoanalyse, die angeblich eine „Krüppelpsychologie" (Maslow) menschlicher Verbiegungen beschrieben und die gesunden, kreativen Potentiale vernachlässigt habe. Erziehung und Therapie fallen auch hier in eins, aus einem ähnlichen Grund wie bei der Verhaltenstherapie: war es dort der Begriff des Lernens, der beide zusammenband, so ist es im Falle der Humanistischen Psychologie der Begriff der self-actualisation, der Selbstverwirklichung.

Nehmen wir Carl R. Rogers als Beispiel. Seine Basis-Erfahrung war die Tätigkeit in einer Erziehungsberatungsstelle („child guidance clinic"). Auf diesem Erfahrungshintergrund schrieb er „Counseling and Psychotherapy" (Rogers 1942): Der „ungeheure Erfolg" dieses Buches (Pongratz 1973, S. 341) ist nicht leicht zu erklären. Rogers proklamiert eine neue Beratung (vgl. Rogers 1942, S. 28), gleichzeitig eine neue Therapie (vgl. ebd., S. 36) – beide Begriffe werden ohne jeden Versuch der begrifflichen Klärung und Abgrenzung verwendet. „Das Individuum steht im Mittelpunkt der Betrachtung . . . Das Ziel ist es nicht, ein bestimmtes Problem zu lösen, sondern dem Individuum zu helfen, sich zu entwickeln . . ." (ebd., S. 36). Die therapeutische Beziehung wird als „Erfahrung des Wachsens" bestimmt (ebd., S. 37). Therapie macht das Individuum „frei für normales Wachsen und Entfalten, . . . , damit es sich wieder vorwärts bewegen kann" (ebd., S. 37).

Weder die Verhaltenstherapie noch die Rogers-Therapie (und die anderen „humanistischen" Methoden) verdanken ihren Siegeszug primär ihren Heilerfolgen oder ihrer wissenschaftlichen Evidenz, sondern eher einem soziologischen Phänomen: der zunehmenden Zahl der in diesen Methoden ausgebildeten Personen. Konditionieren lernt jeder Psychologe der westlichen Welt im Rahmen seines Universitätsstudiums; die humanistische Psychologie öffnete sich darüberhinaus für alle möglichen Berufsgruppen: Lehrer und Erzieher, Sozialarbeiter, Seelsorger. So entstand auf der Angebotsseite ein ungeheurer Druck, dem auf der Nachfrageseite ein verbreitetes Gefühl von Therapiebedürftigkeit korrelierte, das von der Psychoanalyse geweckt worden war, aber durch das stets knapp gehaltene analytische Therapieangebot nie befriedigt werden konnte. So kam es zu den Erscheinungsweisen des „Psychobooms" (Schülein 1978), der massenhaft anwendbare, billige und leicht erreichbare Surrogate der Psychoanalyse sozusagen „am laufenden Band" produzierte.

2.3 Die Aushöhlung des Pädagogischen

Das wahllose Vordringen therapeutischer Denkweisen wurde möglich, vielleicht sogar notwendig, durch einen parallel laufenden Prozeß in der Erziehung: die „Aushöhlung des Pädagogischen". Erziehung ist in Legitimationsschwierigkeiten geraten. Die Zäsur liegt in den späten sechziger Jahren. Die Studentenbewegung brachte ungeahnte Umwälzungen von Erziehungspraxis und -theorie mit sich: Erziehungspraxis sollte von jetzt an vor allem nicht-repressiv sein, Erziehungstheorie kritisch, nicht wie bisher normbegründend, sondern Normen „hinterfragend". Beides führte bei Eltern und Lehrern zu einer weitreichenden Verunsicherung und der beständigen Frage: soll ich überhaupt erziehen? Die antiautoritäre Pädagogik, später die Anti-Pädagogik, legte die Abschaffung aller Erziehung nahe – ein „innerpädagogischer Zersetzungsprozeß" (Böhm 1992, S. 141).

Eine höchst problematische Rolle hat bei alledem die Erziehungswissenschaft gespielt, die einerseits lehrte, alles zu „hinterfragen", andererseits zahlreiche Eintagsfliegen pädagogischer Moden in die Welt setzte. Die Postmoderne-Diskussion hat uns sogar nahegelegt, diesen permanenten Modenwechsel vergnüglich zu finden: man solle die Modenwellen zum „Wellenreiten" benützen (Nonne 1985, S. 34), man proklamiert „postmoderne Ironie und Gelassenheit gegenüber den Herrschaftsansprüchen von verbissenen Fortschritts- und Wahrheitsdoktrinen" (ebd., S. 40). Insgesamt ist es eine unübersehbar „nihilistische" Tendenz, die sich im Erziehungsalltag ausbreitet (vgl. Bittner 1985b; 1991a).

Der Sinnverlust der Erziehung hat das Vordringen therapeutischer Denkmuster entscheidend begünstigt. „Erziehung" ist tot, „Therapie" scheint immer noch etwas Respektables und Sinnvolles zu sein. Bärbel Schön hat das Vordringen therapeutischer Denk- und Handlungsmuster in der Erziehung eingehend untersucht. Während es früher ein selbstverständliches Wissen gab, „wie Kinder sind und wie und was sie werden sollen" (Schön 1989, S. 131), ist das vordringende therapeutische Denkmuster gekennzeichnet durch einen „um Verständnis ringenden, empathischen, unterstützenden Kontakt" (ebd., S. 130). „An die Stelle der Erörterung von Erziehungsmaßnahmen schiebt sich die Analyse von Ursachen und Symptomen von Störungen, Auffälligkeiten, Beziehungsschwierigkeiten. Dabei erfolgt tendenziell eine Ablösung moralischer Kategorien durch quasi medizinische Diagnostizierungen, Bewertungen und Heilverfahren" (ebd., S. 131). Auch wenn ich finde, daß Schön das therapeutische Deutungsmuster etwas zu weit und das pädagogische etwas zu simpel traditionalistisch interpretiert hat, ist die Tendenz, die sie aufzeigt, sicher richtig gesehen: sie ist Teil eines gesellschaftlichen Prozesses, der den Umgang mit Kindern zunehmend rationalisiert und verwissenschaftlicht (Bittner 1989a) – ein Symptom der „unersättlichen Leidenschaft des modernen Menschen für den Professionalismus" (Szasz 1982, zit. nach Böhm 1992, S. 148).

2.4 „Therapie" in der Schule?

Diese Trends sind auch kennzeichnend für die moderne Schule. Wir beobachten den Rückzug von Lehrern aus dem Pädagogischen auf das rein Didaktische bis hin zu einer verbreiteten Faszination durch Unterrichtstechnologie und „neue Lernverfahren". Wo pädagogische Notstände und erzieherischer „Handlungsbedarf" nicht zu übersehen sind, besteht die Tendenz, die notwendigen Interventionen als „therapeutische" zu deklarieren und an den Beratungslehrer, den Sonderpädagogen, den Schultherapeuten zu delegieren – an den professionell „Zuständigen", sozusagen den Didaktiker und Methodiker des „Zwischenmenschlichen".

Therapie in der Schule einzuführen, scheint mir ein Irrweg, der mich lebhaft an eigene, vor 20 Jahren eingeschlagene Irrwege erinnert. Die 68er-Studentenbewegung mit ihrer radikalen Erziehungs- und Schulkritik hatte uns seinerzeit auf die Idee gebracht, therapeutische Elemente in die Schule einzuführen. Wir boten spieltherapeutische Gruppen an, vor allem in Heimsonderschulen für Verhaltensgestörte, aber auch in einzelnen Modellschulen, einer Grundschule und einem Gymnasium. „Grundgedanke der damaligen Versuche war es, den überkommenen Fächerkanon ... zu revidieren" durch „Einführung ... lebenspraktisch und sozial bedeutsamer Lernangebote" (Bittner/Schäfer/Strobel 1973, S. 11). Die Schule sollte ein Ort sein, der nicht nur Lesen, Schreiben und Rechnen, sondern auch „Leben" lehrt - frei von Ängsten und Verbiegungen. In einem Gutachten für den Deutschen Bildungsrat wurden diese Vorstellungen theoretisch präzisiert: Therapie im engeren Sinne sollte speziell ausgebildeten Fachleuten und speziellen therapeutischen Settings vorbehalten bleiben - Therapie im weiteren Sinne hingegen sollte in die Schule integriert werden. Neben den erwähnten Spielgruppen sollte der Unterricht kindliche Lernhemmungen berücksichtigen (wir nannten das „therapeutischen Unterricht") - und vor allem sollte der Pädagoge nach dem Vorbild von Redls „life space interview" bei psychischen Krisen von Kindern und Jugendlichen sozusagen psychotherapeutische „erste Hilfe" leisten (Bittner/Ertle/Schmid 1974, S. 84 ff).

Alles dies vertrete ich noch heute: nur würde ich es nicht mehr „Therapie" nennen. Wir haben damals von der Therapie aus einige nützliche Dinge entdeckt, die - wären sie umgesetzt worden - geeignet gewesen wären, der didaktischen Perfektionierung und daraus resultierenden Enthumanisierung der Schule entgegenzuwirken. Durch das mißverständliche Etikett „Therapie" haben wir leider einer falschen Klinifizierung des Schullebens Vorschub geleistet.

Heute würde ich mit v. Hentig (1973, 1976) sagen: die „humane", das ist eine pädagogische Schule, die nicht nur Lern-, sondern auch Erfahrungsraum bereitstellt, in der die Kinder tatsächlich nicht bloß Rechnen und Latein, sondern zugleich Leben, angstfrei miteinander umgehen, sich ein Stück weit von ihren Eltern entfernen, sich in der komplizierten modernen Welt zurechtfinden lernen sollten. Nur möge man dies beileibe nicht „Therapie" nennen.

3. Zur Abgrenzung von Erziehung und Therapie

Es scheint notwendig, angesichts des fortschreitenden Zerfließens der Grenzen von Erziehung und Therapie zu klaren Konturen zu gelangen. Ich sehe zwei Wege, die ich allerdings für unterschiedlich aussichtsreich halte.

3.1 Die problematische „Wesensbestimmung" des Erzieherischen bzw. Therapeutischen

Der erstere bestünde darin, wieder von Wesensbestimmungen des Erzieherischen und des Therapeutischen ausgehend (wie im vorangegangenen Kapitel im Hinblick auf das „Erzieherische" erörtert), eine derartige Abgrenzung zu versuchen. In diesem Sinne hat Böhm vor kurzem Erziehung und Therapie scharf miteinander kontrastiert. Allen pädagogischen Therapismen erteilt er eine scharfe Absage: wer von Selbstverwirklichung (bzw. Selbstwerden) rede, der erliege einer „Therapeutisierung" des erzieherischen Handelns; statt dessen sei dessen Pädagogisierung gefordert, welche die Kategorien „personale Selbstbestimmung", „Gewissen" und „Erziehung" (bzw. Bildung) zur Grundlage habe (Böhm 1992, S. 144). Böhm beruft sich auf Heitger: Therapie stehe unter der Leitidee der psychischen Gesundheit, Erziehung unter der Idee der personalen Mündigkeit (ebd., S. 130).

Warum ich solche Entgegensetzungen für die Klärung der gelebten Praxis weniger hilfreich finde, soll zunächst an einem Beispiel illustriert werden.

Ulrich, 22 Jahre alt, Student, ist der Sohn einer eng befreundeten Familie. Seine Schwester ruft an, er sei total depressiv, sie machen sich großen Sorgen. „Ihr seid doch Psychologen. Wißt Ihr nicht, was man tun kann?". Ich rufe zurück, bekomme Ulrich selbst ans Telefon, frage an, ob er Lust hat, für ein Wochenende zu kommen.

Da steht er nun am Bahnhof, blaß, schlecht aussehend, mit starrem Gesichtsausdruck. Wir kommen bald ins Reden. Ich hätte immer den Eindruck gehabt, er sei ganz besonders Vaters Kind; sein Vater hätte ihn ganz besonders geliebt. Er stutzt; es ergießt sich eine Sturzflut von Anklagen und Anschuldigungen gegen seinen Vater, seine Mutter und nicht zuletzt gegen sich selbst. Er sei jetzt 22 und habe noch nie etwas allein gemacht. Er fühle sich wie ein 14jähriger.

Ich antworte: mir hat neulich eine Frau von über 40 was ganz Ähnliches gesagt – sie fühle sich wie eine 18jährige. Wie gut, daß das bei dir so früh kommt. Du hast noch gar nicht viel Zeit verloren.

Ich rede auch meinerseits offen, erzähle ihm, was mir bei seinen Eltern nicht gefällt, behalte aber immer im Auge, daß ich sie ihm nicht entwerten will. Jeder junge Mensch sollte das Gefühl mit ins Leben nehmen können, wenn es irgend geht, daß er im Grunde gute Eltern hatte.

Am nächsten Tag: eine lange gemeinsame Autofahrt. Dabei läßt sich gut reden. Zurück fährt er, obwohl er sich schon länger nicht mehr ans Steuer getraut hat. Ein so großes Auto, sagt er, habe er noch nicht gefahren; es fasziniert ihn. Er macht es tadellos.

Beim Abschied wirkt er viel entspannter. Ich glaube, er wird seinen Weg finden, wird auch keine formelle Psychotherapie brauchen, im Moment wenigstens nicht.

War das Psychotherapie? Oder war es eine Art improvisierter pädagogischer Nachbarschaftshilfe? Es lag durchaus eine Störung mit aktuellem Krankheitswert vor; eine Suizidgefährdung war gegeben. Auch habe ich von meinen beruflichen Kompetenzen als Psychoanalytiker Gebrauch gemacht, wenngleich mit etwas schlechtem Gewissen. Vater Freud hätte das, was ich tat, gewiß als „wilde" Psychoanalyse qualifiziert.

Andererseits: war es nicht auch ein pädagogisches Problem? Ging es für diesen Jungen nicht letzten Endes darum, daß er sich gescheitert fühlte bei dem Versuch, die altersentsprechende Mündigkeit zu erreichen? War nicht dies der Grund seiner depressiven Symptome? Und hätte ein ähnliches Gespräch nicht genauso gut zum Beispiel von einem Jugendseelsorger oder von einem menschlich aufgeschlossenen Lehrer geführt werden können? Und war nicht z. B. die gemeinsame Autofahrt von mir pädagogisch konzipiert? Ich dachte, als ich ihm das Lenkrad überließ, von ferne an Makarenkos Zögling Karabanow: los, bring die 2 000 Rubel; hier wird nicht in Hysterie gemacht (vgl. Makarenko 1952, S. 218 f).

Mit diesem Beispiel sollte belegt werden, daß die Unterscheidung, Therapie habe es mit der Behebung von Krankheit, Erziehung mit der Förderung altersentsprechender Mündigkeit zu tun, zwar theoretisch einleuchten mag, aber in der Praxis nicht trennscharf ist. Es gibt zahlreiche Fälle, vielleicht gar die meisten, bei denen beide Problemkomplexe berührt sind. Erziehung ist nicht nur der Norm von personaler Selbstbestimmung, sondern auch der von psychischer Gesundheit verpflichtet; ebenso berücksichtigt Therapie nicht nur die psychische Gesundheit, sondern ebenso die personale Selbstbestimmung.

Seelische Gesundheit, so fließend der Inhalt dieses Begriffs auch sein mag, schließt immer das Moment einer altersentsprechenden Mündigkeit und Selbstbestimmung ein, welche auch umgekehrt nur bestehen kann, insoweit psychische Gesundheit gegeben ist. Die Aufgabenfelder von Therapie und Erziehung verschwimmen; die fortwährenden Grenzüberschreitungen sind nicht allein die Folge von Nachlässigkeit und Prinzipienlosigkeit, sondern liegen in der Natur der Sache begründet. Erziehung und Therapie überlappen einander in der Praxis auf vielfältige Art und Weise, wie Heitger mit Recht feststellt. Es ist keineswegs so, „als ob der Pädagoge nicht manchmal therapeutisch handeln dürfte oder gar müßte bzw. der Therapeut nicht manchmal pädagogisch handeln dürfte oder gar müßte" (Heitger, zit. nach Böhm 1992, S. 130).

Der entscheidende Umstand, der die säuberliche Trennung von Erziehung und Therapie unmöglich macht, liegt in den strukturellen Gemeinsamkeiten von erzieherischer und therapeutischer Arbeit. Ein unverdächtiger Zeuge ist Martin Buber, der das erzieherische und therapeutische Verhältnis als zwei parallel gelagerte Sonderfälle des Dialogischen charakterisiert (Buber 1923, S. 130 ff.).

In meiner pädagogischen Doktorarbeit von 1964, als das Thema noch weniger belastet war als heute, habe ich – noch dazu am Beispiel von Rogers, was mir heute nie in den Sinn käme! – und wiederum im Anschluß an Buber als gemeinsame Strukturmerkmale des Pädagogischen und des Therapeutischen im Zeichen eines „offenen Erziehungsverhältnisses" herausgearbeitet: die „nichtdirektive Haltung" als eine zeitgemäße Weiterentwicklung der pädagogischen Grundeinstellung des „Wachsenlassens" und die „nachgehende Korrektur" (Bittner 1964, S. 115). Beide Charakteristiken sollten nach meiner damaligen Auffassung, die ich auch heute noch für nicht ganz verfehlt halte, für das erzieherische und für das therapeutische Verhältnis auf Grund ihrer „Strukturähnlichkeit" (ebd., S. 115) gelten.

Die Abgrenzung, die einen Wesensunterschied von Erziehung und Therapie annimmt, scheitert also an zwei Gegebenheiten:

- an der „Strukturähnlichkeit" des pädagogischen und des therapeutischen Verhältnisses;
- daran, daß alle Abgrenzungen und Überschneidungen in diesem Bereich nur auf dem Hintergrund sich wandelnder gesellschaftlicher Bewußtseinslagen, nicht „sub specie aeternitatis" getroffen werden können.

3.2 Der unterschiedliche „soziale Ort" von Erziehung, Therapie und Seelsorge

Ich versuche daher eine andere Art der Abgrenzung, die diesen beiden Einwänden Rechnung trägt: eine Abgrenzung für hier und heute, die vom historisch gewachsenen Gefüge der Berufe und Institutionen im Zwischenfeld von Erziehung und Therapie ihren Ausgang nimmt und die der oben konstatierten Strukturähnlichkeit der erzieherischen, therapeutischen und – so füge ich hinzu – seelsorgerischen Bemühungen um leidende und gefährdete Menschen (insbesondere Kinder und Jugendliche) Rechnung trägt. Ich stelle also die These auf: Der Unterschied zwischen Erziehung und Therapie ist nicht durch verschiedene Zielvorstellungen, sondern durch unterschiedliche „soziale Orte" (vgl. Bernfeld 1929, S. 209) gegeben.

Als ich die Abgrenzungen zwischen Erziehung und Therapie mit einigen urteilsfähigen Leuten diskutierte, machte ich den folgenden, etwas scherzhaft gemeinten Abgrenzungsvorschlag:

Was ich in Würzburg in der Universität mache, das ist Pädagogik und hat mit Erziehung zu tun; was ich in Veitshöchheim in meinem Sprechzimmer tue, das ist Psychoanalyse bzw. Psychotherapie. Ob sich das so einfach geographisch bestimmen lasse, wandten meine Gesprächspartner ein. Vielleicht nicht geographisch, plänkelte ich weiter, aber Veitshöchheim und Würzburg bedeuten für mich unterschiedliche soziale Orte: an dem einen bin ich Professor der Pädagogik, am anderen bin ich Psychoanalytiker. Ich bin zwar an beiden sozialen Orten derselbe Mensch, tue auch manchmal etwas Ähnliches, aber stehe in unterschiedlichen Sinngefügen.

Die Berufe des Seelsorgers, des Erziehers und Sozialarbeiters, des Psychotherapeuten bezeichnen unterschiedliche soziale Orte, an denen Menschen, die sich dessen bedürftig glauben, sich mit unterschiedlichen Akzentuierungen Hilfe für Wachstum, Konfliktlösung und Orientierung in der Welt holen können. Das Problem der Vermischungen und Überschneidungen, das heute Sorgen bereitet, entsteht durch die Vermischung der sozialen Orte: wenn die Benediktiner anfangen, Exerzitien mit Psychospielen aufzulockern, wenn Lehrer die Träume ihrer Schüler analysieren oder mit den Erstklässlern Gestalt-Übungen machen, wenn Psychotherapeuten gleichsam auf die Kanzel steigen und den „Willen zum Sinn" predigen – dann haben wir die Situationen vor uns, die Verwirrung stiften: daß einer, der Hilfe und Orientierung sucht, überhaupt nicht mehr abschätzen kann, was ihn erwartet, wenn er sich an einen Pfarrer, einen Sozialarbeiter, einen Arzt oder einen Psychologen wendet.

Es gibt für den Lehrer in der Schule, den Psychoanalytiker in seinem Sprechzimmer, den Seelsorger eine Reihe von beruflichen Kunstregeln, die den sozialen Ort und die Art von Hilfe, die man dort bekommen kann, präzisieren. Die Aufgabe sehe ich darin, Sensibilität zu entwickeln für diese Kunstregeln – ein Gespür dafür zu gewinnen, was an diesem Ort (in der Schule, in der Analyse, meinetwegen im Beichtgespräch) passend und hilfreich ist. Interventionen, die ins Sinngefüge von Familie, Schule oder anderen pädagogischen Institutionen passen, nenne ich erzieherische; Interventionen, die ins Sinngefüge des ärztlichen (oder psychologischen) Sprechzimmers passen, nenne ich therapeutische. Erziehungswissenschaft bzw. Therapiewissenschaft befaßt sich mit der Hermeneutik dieser historisch sich wandelnden Sinngefüge: was z. B. von der Schule, von der Jugendfürsorge, von der Erwachsenenbildung, vom Arzt, vom Psychologen, vom Pfarrer erwartet werden kann, ist permanenten Wandlungen unterworfen; es läßt sich nicht ein für allemal festlegen. Die Aufgabe von Theorie besteht darin, diese Wandlungen mit ebenso permanentem Nachdenken zu begleiten, um das bloß Modische und Zufällige auszuscheiden. Das meine ich mit der Hermeneutik von Institutionen und Sinngefügen.

Um das Gemeinte zu illustrieren, noch einmal eine Geschichte, die ich schon oft verwendet habe, die ich aber immer wieder aufs Neue lehrreich finde. Einer jungen Lehrerin in einer 6. Klasse Hauptschule wird von einer Schülerin der folgende Aufsatz abgegeben:

„Ein Autounfall

Gestern um 13.30 Uhr beging Fräulein K. (die Klassenlehrerin, bei der der Aufsatz geschrieben wurde – G. B.) Fahrerflucht. Sie bummste gegen einen Lieferwagen . . . und sie stieg aus da war ein Gebüsch und sie sprang mit einem Satz in das Gebüsch und weg war sie ließ aber ihren Führerschein im Auto liegen darum wurde sie schnell gefaßt und wurde einen Monat im Kittchen und wir haben einen Monat keine Schule und das freut uns sehr. Gestern waren wir sie besuchen. Sie

lachte und sagte ihr seid schöne ‚Rindviecher' ich darf hier alle Zellen putzen und ihr geht ins Freibad das ist ‚gemein' rief sie und wurde böse. Morgen kommt sie wieder in die Schule das ist Käse.
(Orthographie und Satzbau leicht verbessert)" (Bittner 1973b, S. 82).

Das ist doch ein gefundenes Fressen für tiefenpsychologische Deutungen, nicht wahr? Die Lehrerin, die sich damals in der Ausbildung zur Kinder- und Jugendlichenpsychotherapeutin befand, widerstand der therapeutischen Versuchung; sie reagierte überhaupt nicht psychologisch, sondern völlig lehrerinnenhaft, passend zu ihrem sozialen Ort. Sie schrieb unter den Aufsatz mit roter Tinte, wie es sich für eine Lehrerin gehört: „Dieser Aufsatz entspricht nicht der Aufgabenstellung, es ist ein neuer anzufertigen". Die Schülerin tat das und bekam für den neuen Aufsatz eine befriedigende Note. Aber nach wenigen Wochen schrieb sie genau denselben Aufsatz noch einmal, nur noch reicher ausgeschmückt in den Einzelheiten.

Nun ließ sich die Lehrerin denn doch zu einem Gespräch herbei: „Brigitte, was willst du eigentlich mit diesen Aufsätzen, was willst du mir sagen?" Es kam nicht viel heraus dabei, das Mädchen blieb scheu und wortkarg. Dennoch war durch dieses Gespräch das Einvernehmen zwischen Lehrerin und Schülerin wieder hergestellt.

Dies als ein Beispiel beruflicher Selbstbeschränkung, des Bezogenbleibens auf den „sozialen Ort" Schule. Die Lehrerin widerstand – wie ich glaube, mit Recht – der so naheliegenden Versuchung, die Klasse zum Therapieraum umzufunktionieren. Und gerade dadurch wirkte sie hilfreich: indem sie sich nicht verleiten ließ, ihren sozialen Ort als Lehrerin zu verlassen, ermöglichte sie es der Schülerin, in den pädagogischen Bezug zurückzukehren. Therapie in diesem Falle durch dezidierten Verzicht auf Therapie?

„Soziale Orte", wie sie hier im Anschluß an Bernfeld verstanden werden, sind nicht identisch, aber doch nahe verwandt mit den im vorangegangenen Kapitel dargestellten „Situationen": die Situation ist eine je einmalige und unwiederholbare; während der soziale Ort eher eine typische, z. B. durch Berufsfelder und institutionelle Vorgaben genormte Struktur darstellt, in der sich je individuelle Situationen ergeben. Am Beispiel dieser Lehrerin: der soziale Ort ist die Schule mit ihren Aufgaben- und Rollenvorgaben; das Dilemma, in das die Lehrerin durch den rätselhaften Aufsatz ihrer Schülerin gestürzt wurde, trägt das Gepräge einer einmaligen Situation, die freilich durch den sozialen Ort „Schule" in ihrem Charakter entscheidend vorstrukturiert ist.

Die Bindung an einen sozialen Ort, das ist – einmal jungianisch gesprochen – nicht die Bindung an ein abstraktes Prinzip, sondern an ein Muster, an ein archetypisches Bild. Im Laufe der Zivilisationsgeschichte werden solche Bilder abwechselnd zum Faszinosum, dann treten sie zurück, verblassen, verlieren an Faszinationskraft. Woran die Pädagogen heute leiden, ist wohl dies: daß das archetypische Bild des Lehrers – ebenso wie übrigens das des Priesters – an Faszinationskraft überstrahlt wird von dem des Arztes, des Heilers. Und die Aufgabe des Pädagogen bestünde darin, an seinem sozialen Ort auszuhalten, bis vielleicht einmal die Faszination des Therapeutischen wieder verblaßt und auch für den Pädagogen wieder bessere Zeiten kommen.

Die autobiographische Perspektive: Lebens- und Erziehungsschicksale vor dem Richterstuhl betroffener Subjekte

> Jeder bekommt seine Kindheit über den Kopf gestülpt wie einen Eimer. Später erst zeigt sich, was darin war. Aber ein ganzes Leben lang rinnt das an uns herunter, da mag einer die Kleider und Kostüme wechseln, wie er will.
> Heimito von Doderer 1938

Die Erziehungswissenschaft verzeichnet gegenwärtig eine Periode ausgeprägten Interesses an biographischen und autobiographischen Texten und Dokumenten, sofern diese „Bildungserfahrungen" zum Gegenstand haben. So lebhaft sich dieses Interesse artikuliert und in Publikationen niederschlägt, so wenig scheint es anderseits in seinem systematischen Stellenwert und Anspruch verstanden zu sein. Pädagogik als Wissenschaft wurde bisher weitgehend über die Köpfe der von Erziehung betroffenen Subjekte hinweg gemacht (vgl. Fromm 1987, S. 10 ff).

In den vorliegenden Überlegungen soll mit dieser schlechten Tradition gebrochen und aufgewiesen werden, inwiefern autobiographische Orientierung für eine Pädagogik, die nach dem Weg des Heranwachsenden in die Welt und seine Konstituierung als Subjekt fragt, schlechthin fundierend ist: weil nämlich über das eine wie das andere niemand anders als diese von Erziehung betroffenen Subjekte selbst Auskunft und Rechenschaft geben können.

1. Historische Beispiele

1.1 Augustin kritisiert seine Eltern

Im zweiten Buch der Confessiones ist ein Vorkommnis aus Augustins' 16. Lebensjahr verzeichnet:

> „Als einmal der Vater im Bad sah, daß mir die Schamhaare wuchsen, und mich im Zustand unruhiger Jungmännlichkeit erblickte, teilte er dies voller Freude der Mutter mit, als wenn er sich auf Grund dieser Beobachtung schon auf die zukünftigen Enkel freute . . ."

Der Vater dürfte vermutlich eine Erektion des Sohnes (die „unruhige Jungmännlichkeit") gesehen haben. Diese Übersetzung stammt von mir; die zumeist theologischen Übersetzer umschreiben das Ereignis auf mehr oder weniger blumige Weise.

Die Mutter – sie war bereits Christin, der Vater erst frischgebackener Katechumene – war von der Mitteilung weniger begeistert. „. . . so fuhr sie auf, erzitternd in frommer Angst, und ob ich gleich noch nicht zu den Gläubigen zählte, bangte sie für mich vor den krummen Wegen, wie die sie wandeln, die Dir ‚den Rücken kehren, nicht das Angesicht'" (Augustinus, Bekenntnisse, S. 73).

Der Vater mit seiner Freude über die Anzeichen sexueller Reife seines Sohnes kommt in Augustins rückblickendem Urteil schlecht weg, weil er an Gott so gut wie gar nicht dachte, „an mich nur mit dem Kopf voll eitler Pläne" (ebd., S. 77); aber auch die Mutter, findet er, habe ihm zwar zur Keuschheit ermahnt, aber das in seinen Augen einzig Richtige versäumt: ihn umgehend zu verheiraten und den Trieb damit in die Schranken der Ehe zu bannen, wenn er schon nicht in der Wurzel ausgerottet werden konnte. Denn auch die Mutter fürchtete durch eine vorzeitige Heirat für die wissenschaftliche Ausbildung des Sohnes, die sie – ebenso wie ihr Gatte – für ihn vor allem andern wünschte. „Und die Meinen sorgten nicht dafür, den Fallenden wenigstens in einer Ehe aufzufangen, sondern ihre einzige Sorge war es, daß ich einen möglichst guten Stil mir aneigne und durch die Kunst des Wortes zu überreden lerne" (ebd., S. 71). Die Eltern hätten hart durchgreifen, das auf seinem Haupte sprießende „Dorngestrüpp der Sinnlichkeit" ausraufen sollen (ebd., S. 73).

Ein Mann auf der Höhe seines Lebens – er muß etwa 40 Jahre alt gewesen sein, als er die Confessiones schrieb – blickt zurück auf seine Jugend und beurteilt seine Erziehung. Er findet sie zu lasch, zu liberal, zu kompromißlerisch. Wir werden ihm in seinem harten Urteil kaum beipflichten können: denn wenn Augustin nicht die „Dienlichkeit der Sünde" (Weischedel 1982, S. 91) erfahren hätte, wäre er eben nicht jener Augustin geworden, als der er in die Geschichte eingegangen ist.

Doch: auch wenn wir ihm nicht beipflichten, ist es von höchster Bedeutung, sein Urteil zu Kenntnis zu nehmen. Die Erzieher des Unmündigen, die stets nur „das Beste für das Kind wollten", müssen sich zu guter Letzt vor dem Richterstuhl des herangewachsenen, zur Mündigkeit gelangten Subjekts einfinden und aus dessen Mund erfahren, ob dieses angebliche Beste auch in seinen Augen das Beste war. Wenn er es so sieht, daß man ihm um seines Seelenheils willen am besten mit 16 Jahren verheiratet hätte, daß der Welt dann eben der Rhetor und Doctor ecclesiae namens Augustin verloren gegangen wäre – dann gibt es keine Handhabe, dieses Urteil von irgendeiner Instanz aufheben zu lassen. Das „mündige Subjekt", das über sein Leben urteilt, ist die letzte Instanz, gegen deren Spruch keine Berufung möglich ist. Freilich: zum Glück ist auch der Leser „mündiges Subjekt", und so bleibt es ihm unbenommen, anderer Meinung zu sein.

Augustin kann als der Schöpfer des literarischen Genres der Autobiographie gelten (vgl. Pascal 1965, S. 23 und S. 33 ff). Seine Confessiones wie auch die Soliloquia sind geschrieben, um das eigene Ich vor Gott hinzustellen, um sich selbst vor Gottes Angesicht zu erkennen, wobei Gott-Erkennen und Selbst-Erkennen untrennbar zusammengehören („noverim me, noverim te", Augustinus, Selbstgespräche).

Es ist das erste Mal in der abendländischen Geschichte, daß ein Mensch in selbstvergewissender Absicht von sich selber, von seinem Leben, seinem Suchen und Leiden, seinem Gewordensein spricht – nicht wie Cicero und Seneca, die immer noch auf hohen Kothurnen daherschreiten, sich vor der Welt stilisieren als die, als die sie gesehen werden wollen. Augustin hat die menschliche Innerlichkeit, die Seele, entdeckt (vgl. Pongratz 1984, S. 25 ff) und ganz nebenbei auch die Erziehungsschicksale, denen diese Seele unterworfen war.

1.2 Pestalozzis „Nachforschungen" – ein autobiographischer Text?

Gerade rechtzeitig zum Pestalozzi-Jahr 1996, in dem es seinen 250. Geburtstag zu begehen gilt, ist ein tapferes eidgenössisches Druckwerk erschienen, das sich in Drachentöter- und Tabubrecher-Pose anschickt, der Pestalozzi-Legende zu Leibe zu rücken (Oelkers/Osterwalder 1995). Wie denn?, fragt sich der unbefangene Zeitgenosse und reibt sich erstaunt die Augen: leben wir etwa im Jahr 1846 (dem Jahr des 100. Geburtstages) oder 1927 (dem seines 100. Todestages)? Kultivieren wir tatsächlich noch eine Pestalozzi-Legende, begnügen wir uns damit, Pestalozzi zu verehren, anstatt ihn zu erforschen?

Die Belege für die fortbestehende „Idolisierung" sind mehr als schwach, wenn „,Pestalozzi-Schulen', ,Pestalozzi-Straßen', ,Pestalozzi-Vereine', ,Pestalozzi-Gedenktage'" zur Stützung der These herhalten müssen, daß die „Macht der Legende" sich immer wieder durchsetze (Oelkers/Osterwalder 1995, S. 7). In Wirklichkeit scheint den Verfassern an einer Bestandsaufnahme aktueller Pestalozzi-Rezeptionen überhaupt nichts gelegen: weder wird die von Fauser/Fintelmann/Flitner (1983) auf problematische Weise abgewandelte Pestalozzi-Formel „Kopf, Herz und Hand" kritisch reflektiert, noch werden die wenigen Pestalozzi-Auslegungen nach dem 2. Weltkrieg, wie zum Beispiel von Ballauff (1957), Reble (1952), Reinert/Cornelius (1984), Rang (1967) oder der Tagungsband von 1987 (Gruntz-Stoll 1987), die allein durch ihre Seltenheit schon beweisen, daß es mit der Idolisierung Pestalozzis heute nicht weit her sein kann, in nennenswertem Umfang zu Kenntnis genommen. Die Verfasser suchten wohl eher, ihren sicherlich verdienstvollen ideen- und rezeptionsgeschichtlichen Untersuchungen einen atemberaubend aktuellen Akzent zu verleihen.

Problematisch erscheint vor allem, daß die Autoren die Pestalozzi-Biographik ziemlich pauschal in den Kontext der „Idolisierung und Kodifizierung Pestalozzis im 20. Jahrhundert" (Oelkers/Osterwalder 1995, S. 19) stellen. Die Ansätze zu einer kritischen ent-idolisierenden Psycho-Biographik, wie sie im Anschluß an eine liebevoll-ironische Charakteristik Pestalozzis von Bernfeld in seinem Gedenkartikel von 1927 (Bernfeld 1927), von Worm (1972), Wullschleger (1985), Koller (1990) und mir (Bittner 1988d, S. 148 ff.) versucht wurden, kommen bei dieser eingeschränkten rezeptionsgeschichtlichen Perspektive verständlicherweise nicht in den Blick.

Im gegenwärtigen Kontext will ich das biographische Interesse an Pestalozzi noch etwas anders akzentuieren. Ich will aufweisen, daß sein pädagogisches Denken, dessen einzelne Elemente sich gewiß, wie Oelkers und Osterwalder überzeugend dargetan haben, auf diverse Strömungen des 18. Jahrhunderts zurückführen läßt, seine Frische und Ursprünglichkeit dadurch erhält, daß die diversen Theoreme und Elemente in einen autobiographischen Kontext eingebettet sind und zur Selbstklärung verwendet werden. Pestalozzi: sozusagen ein Psychoanalytiker (vgl. Worm 1972, Bittner 1989d)! Die autobiographische, die Ich-Perspektive macht die Lebendigkeit des Pestalozzischen Denkens bis weit hinein in seine theoretischen Schriften aus. Dies soll im folgenden am Beispiel der „Nachforschungen" belegt werden.

Die pädagogische Tradition hat Pestalozzis „Nachforschungen" stets als sein

„philosophisches Hauptwerk“ angesehen (Liedtke 1991, S. 175; Stenzel 1968, S. 140; Spranger 1947, S. 7) – und das, obwohl der Autor selbst einleitend sagt, er könne bei seiner Untersuchung „in keinem Stük von irgend einem bestimmten philosophischen Grundsatz ausgehen“ (Pestalozzi 1797, S. 6); er könne und dürfe eigentlich nichts zu Grunde legen als „die einfachen Resultate, zu welchen die Erfahrungen meines Lebens mich hingeführt haben“ (ebd., S. 7).

Die „Nachforschungen“ sind ein Text der Besinnung über das eigene Leben. Nicht umsonst sehen viele Interpreten ihren Grundgedanken in dem großen Brief an Nicolovius vorgebildet, wo er darüber reflektiert, wie

„. . . die Ordnung, die das Kot dieser Welt, in welches ich mich vertieft, hat, heiter (= d. h. klar, durchsichtig, G. B.) zu machen und die Art und Weise ins Licht zu setzen, wie der Mensch, ohne wie ich darin zu versinken, sich durch dasselbe hindurch arbeiten könnte“ (Pestalozzi, Briefe 3, S. 300).

Eben dies wird auch, mit Recht, als das Thema der „Nachforschungen“ angesehen.

Betrachten wir die offen autobiographischen Einleitungs- und Schlußpassagen, die in all den auf systematische Aussagen erpichten Interpretationen zumeist unter den Tisch fallen (vgl. Oelkers 1987, Reinert/Cornelius 1984). Von „zwei Männern“ ist die Rede, die „Wahrheit fürs Volk“ suchten. Der eine, hochgeborene, ist der Empfänger der Widmung, der andere ist der Verfasser selbst. Er porträtiert sich als „Müdling“ und „Träumer“, gebeugt durch „Unglück, Leiden und Irrthum“ (Pestalozzi 1767–97/1949, S. 5).

„Unglück, Leiden und Irrthum bogen sein Haupt,
Sie entrissen seiner Wahrheit iede Kraft
Und seinem Daseyn jeden Einfluß“ (ebd., S. 5). Pestalozzi, der Verfasser, der „Müdling“, wird dem anderen Mann gegenübergestellt, dem „Hochgeborenen“, dem das Buch gewidmet ist. Dieser sei, so die fiktive Rahmenerzählung, in der Hütte des Müdlings gekommen und fragte ihn: „was hast du gesehen?“ (ebd., S. 5).

„Da erzählte dieser dem Edlen den Gang seines Lebens . . .“ (ebd., S. 5). Dies kann sich nur auf den Inhalt des nachfolgenden Buches beziehen: in ihm erzählt Pestalozzi „den Gang seines Lebens“, parallelisiert ihn mit der Entwicklung des Menschengeschlechts: „Ich will wissen, was der Gang meines Lebens, wie es war, aus mir gemacht hat; ich will wissen, was der Gang des Lebens, wie er ist, aus dem Menschengeschlecht macht“ (ebd., S. 6).

Der Hauptteil der „Nachforschungen“ ist nicht explizit autobiographisch, wenn auch über weite Strecken in der „ich“-Form geschrieben: „Ich forsche . . .“, „ich erkenne“ (ebd., S. 8) usw. Das Ich, das hier spricht, ist ein literarisches Ich; es ist nicht das individuelle des Johann Heinrich Pestalozzi, sondern: Ich, der Mensch. Es gibt freilich Stellen, da spricht mittendrin das individuelle Ich: z. B. wenn er seine Erörterung über das Staatsrecht beginnt: „unwillkührlich stand mir Göthes Lied vor der Seele“ (ebd., S. 31). Aber auch das allgemeine Bild des Menschen, das er zeichnet, trägt, wie er ausdrücklich betont, „das Gepräge, das die Natur meiner individuellen Entwicklung selbst gegeben, und steht folglich mit der ganzen Einseitigkeit da, mit welcher einige Gegenstände der Welt, im Gang meines Lebens, mit vielem Reiz verwoben, andere mit vielem Ekel umhüllt, einige mit grossen Erfahrungen belegt, andere von dem Schatten der Erfahrungslosigkeit verdunkelt, vor meine Augen erscheinen“ (ebd., S. 57). Mit anderen Worten: Pestalozzis Wahrheit ist, auch wo sie „allgemeine Menschenwahrheit“ (Pestalozzi 1779–80, S. 269) sein will, durch und durch autobiographische Wahrheit.

In den Schlußsätzen wird der Text wieder ganz offen autobiographisch. Tausende, sagt er, wollen nur Sinnengenuß (den „thierischen Zustand"), Zehntausend ächzen unter ihren gesellschaftlichen Pflichten (vgl. Pestalozzi 1797, S. 166).

„Ich kenne einen Menschen der mehr wollte, in ihm lag die Wonne der Unschuld, und ein Glauben an die Menschen, den wenige Sterbliche kennen, sein Herz war zur Freundschaft geschaffen, Liebe war seine Natur, und Treu seine innigste Neigung.
Aber er war kein Werk der Welt, er paßte in keine Ekke derselben.
Und die Welt, die ihn also fand, und nicht fragte, ob durch seine Schuld, oder durch die eines andern, zerschlug ihn mit ihrem eisernen Hammer, wie die Maurer einen unbrauchbaren Stein zum Lükkenfüllen zwischen den schlechtesten Brokken" (ebd., S. 166).

Zu dieser Stelle macht Pestalozzi 1821 den folgenden Zusatz:

„Der Mann, der damals dieses Klaglied angestimmt, lebt noch, und die Leiden, über die er klagte, dauerten in verschiedenen Gestalten noch lange fort; aber sie sind ihm zum hohen Segen geworden und er schreitet jetzt erheitert, wie er es nie mehr hoffen zu dürfen glaubte, dem Ziel seiner Lebensbestrebungen entgegen" (Pestalozzi 1783, S. 206).

Interessant ist auch der folgende Punkt, den man ähnlich in Thomas Manns „Tod in Venedig" (1912) finden kann: hier wie dort stirbt am Ende das literarische Ich. „Er ist nicht mehr, du kennst ihn nicht mehr . . ."; er fiel wie eine Frucht „unreif vom Baum" (Pestalozzi 1797, S. 166).

Wie bei Thomas Mann kann man auch bei Pestalozzi fragen, was einen Autor dazu bringen mag, in der Lebensmitte ein autobiographisches Werk mit letalem Ausgang zu verfassen und diesen literarischen Tod noch um Jahrzehnte zu überleben? (vgl. Bittner 1995d, S. 45 f.).

Auch wo einer sich, wie Pestalozzi, theoretisch über das Wesen des Menschen ausläßt, sind diese Aussagen zugleich als Selbstklärungen zu verstehen. Es ist kaum zu bestreiten, daß Pestalozzis „Nachforschungen" eine autobiographische Dimension haben, daß da einer seinem Ich, seinem Gewordensein, seinem Scheitern und seiner künftigen Lebensperspektive auf die Spur kommen will. Am autobiographischen Charakter dieses Textes hängt sein pädagogisch-systematischer Ertrag.[3]

1.3 Kafkas Brief an den Vater

Mollenhauer zählt ihn zu den „erstaunlichsten pädagogischen Dokumenten unserer Kultur" (Mollenhauer 1983, S. 9) wegen der „genauen Beschreibungen von Kindheits-Situationen" und der „Intensität, mit der das Leiden des Kindes zur Sprache gebracht wird" (ebd., S. 12 f.).

Mir scheint, daß Mollenhauer einer Fehldeutung des Kafkaschen Textes zum Opfer gefallen ist, wenn er ihn auf der Realebene gleichsam als Protokoll einer Kindheit liest, das uns Aufschluß darüber gibt, „wie es wirklich gewesen ist". Kafkas Text ist ein Kunstwerk. Zudem ist er so fiktiv, wie es autobiographische Texte zu sein pflegen – nicht die berichteten Fakten, sondern die Deutungsmuster sind das eigentlich Interessante (vgl. Bittner 1994a, S. 15 ff.).

Sehen wir uns darauf hin ein Stück des Kafkaschen Textes an:

---

[3] Dokumente zu Pestalozzis sich über Jahrzehnte hinziehenden Depression, seiner „schöpferischen Krankheit" (Ellenberger 1973, S. 610), aus der heraus er in den „Nachforschungen" seine „Meisterwahrheit" formulierte, habe ich an anderer Stelle zusammengetragen (vgl. Bittner 1988d, S. 148 ff.).

„... auch ich glaube, Du seist gänzlich schuldlos an unserer Entfremdung. Aber ebenso gänzlich schuldlos bin auch ich. Könnte ich Dich dazu bringen, daß Du das anerkennst, dann wäre – nicht etwa ein neues Leben möglich, dazu sind wir beide viel zu alt, aber doch eine Art Friede, kein Aufhören, aber doch ein Mildern Deiner unaufhörlichen Vorwürfe.

Irgendeine Ahnung dessen, was ich sagen will, hast Du merkwürdigerweise. So hast Du mir zum Beispiel vor kurzem gesagt: ‚ich habe Dich immer gem gehabt, wenn ich auch äußerlich nicht so zu Dir war wie andere Väter zu sein pflegen, eben deshalb weil ich mich nicht verstellen kann wie andere'. Nun habe ich, Vater, im ganzen niemals an Deiner Güte mir gegenüber gezweifelt, aber diese Bemerkung halte ich für unrichtig. Du kannst Dich nicht verstellen, das ist richtig, aber nur aus diesem Grunde behaupten wollen, daß die andern Väter sich verstellen, ist entweder bloße, nicht weiter diskutierbare Rechthaberei oder aber – und das ist es meiner Meinung nach wirklich – der verhüllte Ausdruck dafür, daß zwischen uns etwas nicht in Ordnung ist, und daß Du es mitverursacht hast, aber ohne Schuld. Meinst du das wirklich, dann sind wir einig.

Ich sage ja natürlich nicht, daß ich das, was ich bin, nur durch Deine Einwirkung geworden bin. Das wäre sehr übertrieben (und ich neige sogar zu dieser Übertreibung). Es ist sehr leicht möglich, daß ich, selbst wenn ich ganz frei von Deinem Einfluß aufgewachsen wäre, doch kein Mensch nach Deinem Herzen hätte werden können. Ich wäre wahrscheinlich doch ein schwächlicher, ängstlicher, zögernder, unruhiger Mensch geworden ...

Vergleich uns beide: ich, um es sehr abgekürzt auszudrücken, ein Löwy mit einem gewissen Kafkaschen Fond, der aber eben nicht durch den Kafkaschen Lebens-, Geschäfts-, Eroberungswillen in Bewegung gesetzt wird, sondern durch einen Löwyschen Stachel, der geheimer, scheuer, in anderer Richtung wirkt und oft überhaupt aussetzt. Du dagegen ein wirklicher Kafka an Stärke, Gesundheit, Appetit, Stimmkraft, Redebegabung, Selbstzufriedenheit, Weltüberlegenheit, Ausdauer, Geistesgegenwart, Menschenkenntnis, einer gewissen Großzügigkeit, natürlich auch mit allen zu diesen Vorzügen gehörigen Fehlern und Schwächen, in welche Dich Dein Temperament und manchmal Dein Jähzorn hineinhetzen ... Jedenfalls waren wir so verschieden und in dieser Verschiedenheit einander so gefährlich, daß, wenn man es hätte etwa im voraus ausrechnen wollen, wie ich, das langsam sich entwickelnde Kind, und Du, der fertige Mann, sich zueinander verhalten werden, man hätte annehmen können, daß Du mich einfach niederstampfen wirst, daß nichts von mir übrigbleibt. Das ist nun nicht geschehen, das Lebendige läßt sich nicht ausrechnen, aber vielleicht ist Ärgeres geschehen" (Kafka 1919, S. 6 ff.).

Vor kurzem stellte ein Erziehungswissenschaftler einer Reihe von Kollegen die Aufgabe, sich eine Antwort des Vaters auf Kafkas Brief auszudenken (Hierdeis 1996 – in Vorbereitung). Ich suchte nachzuweisen, daß eine solche Antwort nicht gegeben werden kann: unter anderem deshalb nicht, weil der „Vater" des „Briefes" nicht der reale Hermann Kafka ist, sondern ein Phantom, ein inneres Bild. Der Vater ist nach meinem Verständnis als ein Symbol, eine Chiffre aufzufassen, die Kafkas Anliegen teils offenbart und teils verhüllt und die entschlüsselt werden muß.

Mir scheint, daß der Brief eine in diesem Sinne unbewußte, d. h. primär der Psychoanalyse zugängliche Frage enthält – die freilich, wie sich zeigen wird, den „Brief" vollends unbeantwortbar macht. Die „Frage", die Kafka mit seinem Brief aufwirft und sich selber zu beantworten sucht, scheint ihren Grund in einer Verwunderung über das eigene Ego zu finden. Sie mag etwa lauten: warum bin ich, der ich doch dein Sohn bin, so gänzlich anders als du? Sie entzündet sich daran, daß „wir so verschieden und in dieser Verschiedenheit einander so gefährlich" waren (S. 8). Der „Brief" will dem Vater (aber eigentlich sich selbst) das Wesen des Sohnes verständlich machen; er ist ein Versuch der Selbst-Verständigung. Franz wird nicht müde, die beiderseitige Schuldlosigkeit zu betonen (z. B. S. 8, S. 61); es geht nicht um Schuldzuweisungen irgendwelcher Art, sondern allein um das Mysterium, daß „A Du bist und B ich bin" (S. 53).

Das beinahe tragische Mißverständnis des Kafkaschen „Briefes" liegt darin, daß die Frage zumindest der äußeren Form nach an den Vater Hermann gerichtet ist – der doch vermutlich mit noch weniger Glück, d. h. mit geringerer Reflexions- und Introspektionsfähigkeit und daher mit noch größerer Ratlosigkeit an just derselben Frage herumlaboriert wie Franz.

Es heißt, Kafka habe zu Zeiten Augustin gelesen (vgl. Wagenbach 1964, S. 114). Mir scheint, daß sein Thema ein sehr augustinisches ist: wie dieser im Dialog mit seinem Gott, so sucht Kafka im Dialog mit dem als Gott gesetzten Vater sich non capio totum quod sum, und vor allem, in Umkehrung des augustinischen Satzes: „noverim me, noverim te" (Augustinus, Selbstgespräche): wenn ich erkenne, wer mein Vater ist, dann werde ich auf diesem Weg erkennen, wer ich selber bin, ich, der ich mir zu einer großen Frage geworden bin – wenn ich weiß, wer A ist, dann werde ich eher wissen, wer B ist. Nicht auf Hermann zielt die Frage des „Briefes", sondern auf Franz selbst: der Brief ist ein augustinisches Soliloquium – freilich verlarvt in ein unbewußtes, ein externalisiertes in Form eines scheinbar an den Vater gerichteten Schreibens.

Briefe, die man an Gott schreibt, wie Augustin, unterliegen nicht leicht solchen Selbstmißverständnissen wie Kafkas Brief an den Vater. Einen Brief an den lieben Gott oder das Christkind aufs Postamt tragen und nach Himmelstadt (Landkreis Main-Spessart, Postleitzahl: 97267) adressieren – das tun nur sehr kleine Kinder. Über dieses Alter war Augustin hinaus, und so unterlag er nicht wie Klafki der Versuchung, seinen inneren Dialog als einen äußeren zu verkennen.

Dieses Beispiel soll im gegenwärtigen Zusammenhang zweierlei belegen:

- zum einen, wie die bei den vorangegangenen, daß die Selbst-Interpretation, die Reflexion über das eigene Leben und Gewordensein, den Anfangspunkt pädagogisch-anthropologischer Erkenntnis bildet, wobei es vordinglich nicht auf die berichteten Fakten, sondern auf die Deutungsmuster ankommt, unter welchen die Fakten gesehen werden;
- zum anderen in diesem speziellen Falle Kafkas, daß solche Texte der Selbst-Interpretation immer auch „psychoanalytisch" gelesen werden, d. h. auf nicht offen zutage liegende Bedeutungsdimensionen hin befragt werden müssen, wenn sie der besonderen Subjektkonstitution des Schreibers auf die Spur kommen wollen.

2. Zur theoretischen Fundierung pädagogischen Biographieninteresses

2.1 Für die Geisteswissenschaften im allgemeinen hat Dilthey die Notwendigkeit einer autobiographischen Fundierung auf eine Art und Weise begründet, die im wesentlichen heute noch Gültigkeit besitzt. Seine Ausführungen sind überschrieben: „Entwürfe zur Kritik der historischen Vernunft" (Dilthey, GS VII, S. 191 ff.). Der Anklang an Kants Kritiken der „reinen" und der „praktischen" Vernunft ist gewiß beabsichtigt: Dilthey will in seinen „Entwürfen" den Geisteswissenschaften, den historischen Wissenschaften im weitesten Sinne und ihrer Methode des Verstehens zu einer ähnlichen wissenschaftstheoretischen, kritischen Grundlegung verhelfen, wie sie Kant für die Naturerkenntnis und für die Begründung moralischer Normen gegeben hat.

Am Anfang steht der lapidare Satz: „Der Zusammenhang der geistigen Welt geht im Subjekt auf". Die für Dilthey zentrale wissenschaftstheoretische Frage schließt sich nahtlos an diesen Fundamentalsatz an: wie denn angesichts dieser Gegebenheit überhaupt „ein Wissen der geistigen Wirklichkeit" möglich sei (Dilthey, GS VII, S. 191).

Der Ausdruck „geistige Welt" ist uns heute etwas ferngerückt; ich setze dafür probeweise ein: menschliche Welt, soziale Welt, vielleicht am treffendsten, gestützt auf Diltheys eigene Formulierung und brückenschlagend zum heutigen symbolischen Interaktionismus: der „Bedeutungszusammenhang" (ebd., S. 191) der Welt. Dieser „geht im Subjekt auf", d. h. er wird in jedem einzelnen Subjekt neu hergestellt. Also ist alles nur Konstruktion der Welt durch das Subjekt, wie heute in unterschiedlichen Varianten Berger/Luckmann (1991), Watzlawick (1976), Maturana/Varela (1987) verbreiten? Auch wieder nicht, meint Dilthey, denn die „Bewegung des Geistes" in der Welt sei doch immer darauf gerichtet, ein „objektives Wissen in ihr zu erreichen" (Dilthey, GS VII, S. 191).

Als erstes jedenfalls sieht sich die Erkenntnistheorie der historischen Wissenschaften auf das Subjekt, das Ich, verwiesen, von dem jede Verstehensbewegung ihren Ausgang nimmt: „Das Verstehen ist ein Wiederfinden des Ich im Du"; alle Verstehensleistungen leiten sich ab aus der „Selbigkeit des Geistes im Ich, im Du" und in allen weiteren Bedeutungshorizonten (ebd., S. 191).

Unmittelbar Gegebenes und Ausgangspunkt jedes Verstehens ist das eigene Leben, der „Lebensverlauf" (ebd., S. 194) mit seiner zeitlichen Struktur - der „Zusammenhang des Lebens" (ebd., S. 195), der mein individuelles Einzelschicksal mit anderen Menschenschicksalen, vor allem aber mit überindividuellen Sinnfiguren in Verbindung bringt. Dieses Verstehen des je eigenen Lebens – als Lebensverlauf wie als Zusammenhang des Lebens im soeben angedeuteten Sinn – findet seine „höchste und am meisten instruktive Form" (ebd., S. 199) in der Selbstbiographie.

Dilthey gebraucht starke Formulierungen, um die erkenntnistheoretisch fundamentale Bedeutung der Selbstbiographie herauszuheben: sie leite uns zu „den Wurzeln alles geschichtlichen Auffassens" (ebd., S. 200). Die autobiographische Orientierung, verbunden „mit einem grenzenlosen Bedürfnis, sich fremdem Dasein hinzugeben . . . , macht den großen Geschichtsschreiber" (ebd., S. 200 f.).

Und nicht nur diesen: jeder, der etwas von der menschlichen, der sozialen Welt mit ihren diversen Bedeutungshorizonten verstehen will, sieht sich zuerst auf sein eigenes Leben verwiesen, das für ihn das unmittelbar gegebene Stück Welt und Leben überhaupt darstellt, von dem er sich weiter vortasten mag ins Menschlich-Allgemeine: als Psychologe, Soziologe, Ethnologe, vielleicht sogar als Jurist oder Mediziner und nicht zuletzt als Pädagoge.

Diltheys Auffassungen vom alle weiteren Verstehensvorgänge fundierenden Verstehen des eigenen Lebens sind bis heute im wesentlichen unangetastet geblieben. Auch Gadamer, Diltheys entschiedenster Kritiker aus dem hermeneutischen Lager, stellt diesen Punkt nicht in Frage, daß es darum geht, sich des eigenen Betrachtungspunkts, des „Augenpunkts" (Gadamer 1960, S. 312) bewußt zu werden; er lehnt nur Diltheys daraus abgeleitete Folgerung als unhistorisch ab, Verstehen sei ein „Wiederfinden des Ich im Du" (Dilthey, GS VII, S. 191).

Allerdings wird diese notwendige Besinnung auf das je eigene Leben als Grundlage jeden Verstehens schon vom späten Dilthey, vor allem aber von seinen Nachfahren immer mehr historisch und immer weniger psychologisch begründet. Vor allem Bollnow (1955) kann sich nicht genug daran tun, die Überwindung psychologischer Verengung in Diltheys späteren Schriften als bahnbrechenden Fortschritt zu preisen (vgl. Bollnow 1955, S. 6).

Man kann die Dinge indessen auch andersherum sehen: daß die Frühschriften Diltheys wie vieler anderer großer Denker noch einen spezifischen „Biß" verrieten, der später ins Unverbindliche und Unanstößige hinein abstumpfte. Es mag zu denken geben, daß Diltheys Ausführungen zur Selbstbesinnung über den eigenen Lebensverlauf als Wurzel „alles geschichtlichen Auffassens" (Dilthey, GS VII, S. 200) in den historischen Wissenschaften am allerwenigsten beherzigt wurden. Die einzige Disziplin, die die methodische Reflexion über das eigene Leben ausdrücklich in ihren Methodenkanon aufgenommen hat, ist eine psychologische, nämlich die Psychoanalyse. Diese hat die sog. „Lehranalyse" des künftigen Psychoanalytikers als ins „Zentrum der psychoanalytischen Ausbildung" (Streeck/Werthmann 1992, S. 9) gerückt und insofern als einzige von den Geisteswissenschaften Diltheys Postulat konsequent eingelöst.

2.2 Nicht zuletzt, sagte ich, sollte Diltheys Postulat für den Pädagogen gelten: daß sein Verstehen der ihm anvertrauten Kinder und seiner Aufgabe an diesen Kindern, sie „zur Welt zu bringen", das Verstehen des eigenen Lebens, der eigenen Kindheit, des eigenen „Zur-Welt-Gekommen-Seins" zur Grundlage hat. Auch hier mag ein Satz Freuds wegweisend sein, der die „eigentümliche Amnesie" beschrieb, welche „den meisten Menschen ... die ersten Jahre ihrer Kindheit bis zum 6. oder 8. Lebensjahr verhüllt":

> „Es ist uns bisher noch nicht eingefallen, uns über die Tatsache dieser Amnesie zu verwundern; aber wir hätten guten Grund dazu. Denn man berichtet uns, daß wir in diesen Jahren, von denen wir später nichts im Gedächtnis behalten haben als einige unverständliche Erinnerungsbrocken, lebhaft auf Eindrücke reagiert hätten, daß wir Schmerz und Freude in menschlicher Weise zu äußern verstanden, Liebe, Eifersucht und andere Leidenschaften gezeigt, die uns damals heftig bewegten, ja daß wir Aussprüche getan, die von den Erwachsenen als gute Beweise für Einsicht und beginnende Urteilsfähigkeit gemerkt wurden. Und von alledem wissen wir als Erwachsene aus eigenem nichts. Warum bleibt unser Gedächtnis so sehr hinter unseren anderen seelischen Tätigkeiten zurück?" (Freud 1905a, S. 75).

Wer Kinder verstehen will, meint Freud, muß erst seine eigene Kindheit verstehen lernen:

> „Ein Erzieher kann nur sein, wer sich in das kindliche Seelenleben einfühlen kann, und wir Erwachsenen verstehen die Kinder nicht, weil wir unsere eigene Kindheit nicht mehr verstehen" (Freud 1913, S. 419).

Damit sehen wir uns gerade für den Pädagogen im besonderen auf eine autobiographische Fundierung seines Aufgabenverständnisses verwiesen.

2.3 Das neuerwachte pädagogisch-theoretische Interesse an Biographien, das sich relativ unvermittelt etwa seit 1980 zu artikulieren begann, ist schwer abzuleiten. Den ersten Kristallisationspunkt bildete eine Arbeitsgruppe unter der Leitung von Baacke und Schulze auf dem Tübinger Kongreß der Deutschen Gesellschaft für Erziehungswissenschaft 1978, deren Beiträge unter dem Titel „Aus Geschichten lernen" (1979) veröffentlicht worden sind. Die Herausgeber sehen ihre Intention im Kontext einer Wiederentdeckung des „sogenannten subjektiven Faktors". Darüber hinaus verfolgen sie keine programmatischen Ziele, sondern wollen lediglich versuchen, „der Pädagogik neue methodische Zugänge zu eröffnen und neues Terrain zu erobern" (Baacke/Schulze 1979, S. 7).

Etwa zeitgleich erschien die kleine Schrift von Werner Loch „Lebenslauf und Erziehung" (1979), etwas später gab Henningsen seine bis weit in die sechziger Jahre zurückreichenden Aufsätze in einem Sammelband „Autobiographie und Erziehungswissenschaft" (1981) heraus. Henningsen gebührt deshalb wohl die Priorität, wenn festgestellt werden soll, wer das neuerwachte pädagogische Biographieninteresse erstmals artikuliert hat. Von nun an erschienen immer wieder einschlägige Beiträge, in denen sich die Entwicklung eines spezifisch pädagogischen Biographieninteresses dokumentierte (vgl. Dipkow 1988, Hartge 1989, Keck/Wiersing 1994, Kokemohr/Marotzki 1989, 1990, Lehmann 1988).

Auffallend ist, daß eigentlich nur Loch (1979), Herrmann (1987) und die Würzburger Dissertation von Hoeppel (1983) auf die oben skizzierten, bereits sehr elaborierten biographientheoretischen Erörterungen von Dilthey Bezug nehmen. Der Blick auf den Lebenszusammenhang, das Lebensganze als Bezugspunkt pädagogischen Handelns und Reflexionen sei heute weithin verloren gegangen:

> „So muß in den gegenwärtigen Erziehungsverhältnissen ein Individuum schon sehr aus der Rolle fallen, wenn es seine Erzieher dazu bewegen soll, sich für seinen Lebenslauf zu interessieren. Diese Perspektive hat allenfalls ‚am Rande' der Pädagogik Beachtung gefunden. Die ‚devianten Karrieren', mit denen sich die Sozialpädagogik beschäftigt, bezeichnen die Probleme, die das pädagogische Verstehen hier zu lösen hat, wenn Sozialarbeit helfen können soll. Von den Grenzgebieten des abweichenden und gestörten Verhaltens abgesehen . . . ist das pädagogische Bewußtsein der Gegenwart für die Tiefendimension des Lebenslaufs nicht aufgeschlossen.
>
> . . .
>
> So wie die Erziehungspraxis in eine Mannigfaltigkeit beziehungslos nebeneinanderher arbeitender Organisationen, ‚Handlungsfelder' und ‚Projekte' zerfallen ist, hat auf der theoretischen Ebene eine noch immer fortschreitende Differenzierung der Pädagogik in eine Vielzahl von Spezialdisziplinen stattgefunden, deren Forschung und Theoriebildung nicht mehr koordinierbar sind. Eine Theorie der Erziehung, die diese auseinanderlaufenden Konzepte zu integrieren vermöchte, liegt in weiter Ferne" (Loch 1978, S. 16 f.).

Der je individuelle Lebensverlauf des Edukanden, meint Loch, soll den theoretischen Horizont bilden, auf dessen Hintergrund sich die auseinanderlaufenden Konzepte über menschliche Lernprozesse integrieren lassen. „. . . das ‚curriculum scholasticicum' ist auf einen Entwurf des ‚curriculum vitae' angewiesen . . . es ist das alle partikularen Curricula umfassende Curriculum des ganzen Lebens" (Loch 1979, S. 38).

Loch betont den „emanzipatorischen" Zug des Biographieninteresses, sieht ihn aber eigentlich nur in der Weise begründet, „die zu erziehenden Individuen in den als lebenswichtig angesehenen sozialen Rollen und entsprechenden kulturellen Funktionen möglichst rasch handlungsfähig (kompetent) zu machen, so daß man sie zu den im Lebenslauf vorgesehenen Terminen mündig sprechen kann" (Loch 1979, S. 21 f.). Nicht deutlich scheint er zu sehen, daß sein Gedankengang noch eine weitere fundamentalere, „emanzipatorische" Implikation enthält: nur der einzelne Betroffene vermag im biographischen Rückblick die einzelnen erzieherischen Maßnahmen und Einflüsse, denen er unterworfen war, zu bewerten. So wird mit der Biographienperspektive zugleich die Perspektive der von Erziehung betroffenen Subjekte zur Leitschnur; das betroffene Individuum, das seine Biographie vergegenwärtigt, wird zum „Richter seiner Erziehung" (ebd., S. 95; zum Status autobiographischer Urteile vgl. Winter 1985).

Diese Forderung, daß pädagogische Theorien und Praxiskonzepte die Perspektive der „betroffenen Subjekte" berücksichtigen müssen und nicht über deren Köpfe hinweg gemacht werden dürfen, hat bisher fast ausschließlich in der Sonder- und Heilpädagogik Berücksichtigung gefunden (am radikalsten bei Feuser (1987) und in der sog. „Krüppelbewegung"); subtiler z. B. bei Thalhammer, der gegenüber allen wissenschaftlich behaupteten Faktizitäten und allen von außen herangetragenen Interpretationsmodellen immer wieder dem „subjektiven Erleben" des behinderten Kindes den Vorrang gibt (Thalhammer 1989, S. 248). Heilpädagogische Überlegungen stützen sich mehr als sonst in der Pädagogik üblich auf Selbstzeugnisse und autobiographische Äußerungen der Betroffenen (z. B. Schuchardt 1987, kritisch dazu Blanke 1985). Die Berücksichtigung der Subjektperspektive der Betroffenen sollte indessen nicht nur für Menschen in besonderen problematischen Lebenslagen, sondern für alle gelten.

Die metaphorische Rede vom „Richterstuhl der betroffenen Subjekte" ruft übrigens erwünschte ebenso wie unerwünschte Assoziationen hervor. Erwünschterweise mag sich die Assoziation mit dem jüngsten Gericht einstellen, das auf diese Weise aus dem Jenseits ins Diesseits geholt und von Gott auf die Menschen als die „betroffenen Subjekte" übertragen wird. Unerwünscht und unzutreffend wäre indessen die Vorstellung, diese Urteile, welche die „betroffenen Subjekte" über ihr Leben fällen, seien apodiktisch zu nehmen und hätten sozusagen Ewigkeitswert. Sie werden vielmehr im Fortgang des Lebens immer wieder um- und neugeschrieben, und immer gibt es die Möglichkeit, einen Lebensverlauf anders zu beurteilen, zu interpretieren als das „betroffene Subjekt" (vgl. das Beispiel Augustin).

Der Leser hat zwar das Recht, die Dinge anders zu sehen, den Autobiographen besser zu verstehen, als dieser sich selbst versteht - doch lebenspraktisch bedeutsam wird dieses Besserverstehen erst, wenn es gelingt, dem Betroffenen die Dinge so zu zeigen und ins Licht zu rücken, daß er das Fremdurteil als eigenes übernehmen kann - in diesem Sinne ist er die „letzte Instanz".

Im Vergleich zu Loch bleiben die Begründungen für pädagogisches Biographieninteresse bei Baacke und Schulze mehr sozialwissenschaftlich und werden weniger explizit pädagogisch. Das Interesse für „Geschichten" habe eine zweifache Richtung genommen: es „stand für konkrete Handlungszusammenhänge, Situationen und Folgen von Situationen in unmittelbaren Lebenszusammenhängen". Zugleich verstand es sich als „Mahnung an die Erziehungswissenschaft", über den Strukturen und Institutionen die je individuellen Kinder und Jugendlichen, mit denen es Erziehung zu tun hat, nicht zu vergessen (Baacke/Schulze 1993, S. 8 f.). Eine Pädagogik, die sich im Fahrwasser der Sozialwissenschaften bewegt (auch dort, z. B. in der Soziologie und der Psychologie, hat das biographische Interesse gleichzeitig merklich an Boden gewonnen, vgl. Straub 1989, Kohli/Robert 1984), verliert die Lust an ihren Abstraktionen und gibt der Sehnsucht nach dem Konkreten und Alltäglichen Raum.

So begrüßenswert diese Wendung zum Konkreten ist, reicht sie zur Legitimierung doch schwerlich aus. Die Hauptgefahr bei diesem Run auf das Konkrete und Alltägliche besteht im gewissenhaften Abfragen und Dokumentieren endloser Banalitäten. Das „narrative Interview" (Schütze 1977) ist zu einer Schlüsselmethode geworden, mit der Alltagserzählungen von Lehrern, Kindergärtnerinnen, Studenten, Fernstudienbewerbern usw. aufgenommen und mit z. T. enormem wissenschaftlichem, z. B. textlinguistischem Aufwand aufbereitet werden können. Da sich diese Auswertungen so dicht wie möglich an die Aussage der Betroffenen halten wollen (Kokemohr/Marotzki 1989, 1990, Heinze/Klusemann 1979), entsteht leicht eine interpretatorische Reduplikation: die Interpretation beschränkt sich darauf, die Erzählfiguren des Originaltextes noch einmal in Soziologen- oder Linguistendeutsch zu wiederholen.

2.4 In einem Kontrast dazu steht der psychoanalytische Verstehenszugang: hier geht es darum, auch „zwischen den Zeilen" des biographischen Textes zu lesen, ihn auf Erzählbrüche, logische Unstimmigkeiten, Deckerinnerungen etc. abzuklopfen und auf diese Weise aus dem manifesten Erzähltext sozusagen die latente, „unbewußte" und oftmals relevantere Hintergrundsgeschichte zu rekonstruieren, wie ich es am Beispiel der umfangreichen Autobiographie von Ernst Borneman exemplifiziert habe. Am Beispiel Bornemans, der sich bekanntlich in seinen wissenschaftlichen Schriften u. a. dem Ziel verschrieben hat, das Patriarchat zu überwinden, kann man auch erkennen, daß diese Art des Biographienlesens subversive, ideologiekritische Züge annehmen kann. Ich meinte belegen zu können, daß auf dem Hintergrund von Schlüsselszenen aus der Bornemanschen Kindheit die proklamierte Abschaffung des Patriarchats sich in ihrer Zweideutigkeit enthüllt: Wie dieser Autor, der das Weibliche dermaßen feierte, persönlich schon von Kindheit an der Gefahr des Verschlungen- und Aufgesogenwerdens vom Weiblichen unterlag (Bittner 1993b), bis hin zu seinem tragischen Ende, wie wir heute hinzusetzen müssen.

Freilich verlangt solches psychoanalytische Zwischen-den-Zeilen-Lesen Behutsamkeit, wenn es den Erzähltext nicht fehldeuten und vergewaltigen will. Heller (1994) hat am Beispiel Luthers gezeigt, wie die Deutung seiner Biographie durch Erikson den Reformator auf dessen ins psychoanalytische Raster passende Dimensionen verkürzte (vgl. Heller 1994, S. 27). Ähnliches konnte Schmid (1994) an Eisslers Goethe-Studien aufweisen. Er plädierte deshalb mit Recht für eine ebenso „unaufdringliche" psychoanalytische Interpretation biographischer Texte, wie sie dem heutigen Psychoanalytiker im Dialog mit konkreten Patienten, die ihm im Sprechzimmer begegnen, eine Selbstverständlichkeit ist (Schmid 1994, S. 52; zur psychoanalytischen Textinterpretation vgl. auch Koller 1990, S. 55 ff.).

3. Aktuelle Konkretionen

Die kurze Übersicht über die Entwicklung pädagogischen Biographieninteresses hat ergeben, daß sich die Blickrichtung von ursprünglich pädagogischen Zugängen, bei denen die Frage nach der Bildung der autobiographischen Subjekte im Vordergrund stand, immer mehr zu einer allgemein sozialwissenschaftlichen und -geschichtlichen Perspektive hin verschoben hat. Die Biographienforschung diente zunehmend mehr zur sozialwissenschaftlichen Rekonstruktion historischer oder sonstwie „exotischer", d. h. schwer zugänglicher Lebens- und Erziehungsmilieus wie z. B. Arbeiter- oder bürgerliche Kindheit im 19. Jahrhundert (vgl. Flecken 1981; Dittrich/Dittrich-Jacobi 1979), in der Wilhelminischen Epoche (vgl. Cloer u. a. 1991), im Dritten Reich (vgl. Berg u. a. 1991), aber auch heutiger jugendlicher

Problemgruppen: Biographien arbeitsloser oder lernbehinderter Kinder und Jugendlicher (vgl. Alheit/Glaß 1986).

So aufschlußreich diese Rekonstruktion von Erziehungsmilieus sein mag, wird doch eine pädagogische Fragestellung im spezifischen Sinne damit kaum entfaltet. Diese müßte identitätstheoretisch fundiert sein, sie müßte die „Innenansichten" (Herrmann 1991) des eigenen gelebten Lebens der erzählenden und von Erziehung betroffenen Subjekte zum Thema haben: sie müßte

„die subjektiven Deutungssysteme und die realen Lebenssysteme so miteinander in Beziehung ... setzen, daß das mehrseitige Bedingungs- und Wechselwirkungsverhältnis von Individuum und Gesellschaft, Person und Institution, Selbstentwurf und Fremdbestimmung/Konsistenzerwartung bzw. -bedürfnis und Kontingenzerfahrung, das Verhältnis von Zeitlichkeit des individuellen Lebens und von Geschichtlichkeit der Lebenswelt so entschlüsselt werden kann, daß daraus auch für das pädagogische Denken und Handeln kasuistisch und systematisch gelernt werden kann" (Herrmann 1987, S. 319).

Forschungen in dieser Richtung sind noch relativ selten; einige Beispiele sollen skizziert werden.

3.1 Das Ineinandergreifen und die wechselseitige Bedingtheit der subjektiven Deutung und des realen Lebenssystems wird insbesondere in Zeiten politisch-gesellschaftlicher Umbrüche sichtbar, durch welche individuelle Lebensperspektiven umgeworfen oder anderweitig nachhaltig beeinflußt werden. Eine derartige Konstellation haben wir vor einigen Jahren beim Zusammenbruch des Kommunismus und dem Zerfall des Ostblocks beobachten können. Die westlichen Länder, die jahrzehntelang die freiheitlichen Werte gen Osten predigten, haben nach dem Zusammenbruch wenig oder gar nichts getan, den grenzüberschreitenden kulturellen Dialog mit den Menschen und Völkern des ehemaligen Ostblocks zu suchen und ihnen beim Finden neuer Perspektiven zu helfen – eine „erwachsenbildnerische" Aufgabe gewaltigen Ausmaßes, vor der der Westen versagt hat.

Wir sind in einem Projekt, das zuerst auf dem Prager Weltkongreß für Vergleichende Erziehungswissenschaft 1992 entwickelt wurde, den Lebensperspektiven von Menschen aus den ehemaligen Ostblockländern nachgegangen. Ingrid Scarbath zitiert exemplarisch aus dem biographischen Interview mit einer Arbeiterin aus der ehemaligen DDR:

„,Ich bin ein Kind der DDR, 40 Jahre DDR-Erziehung, das kann man nicht ablegen wie'n gewaschenes Hemd.' ,Wie'n altes Hemd, da sind Lebensinhalte und Verhaltensweisen geprägt worden, da kann man einfach nicht anders, das ist Quatsch'" (I. Scarbath 1994, S. 147).

Über die Wiedervereinigung:

„,Aber das war der schwärzeste Tag in meinem Leben! ... Und ich hab fortwährend geweint, für mich war ein Leben zu Ende, es war Ende, zu Ende. Ob man das nun wahrhaben wollte oder nicht. Und damit muß man fertig werden! Und das ist schwer!'" (ebd. S. 147).

In einem anderen Beitrag rollt Annemarie Karutz, ebenfalls in exemplarischer Absicht, die Lebensgeschichte eines Mannes auf, der als heute 62jähriger DDR-Grenzoffizier zur „Aufbau- und Gründergeneration" (Karutz 1994, S. 115) der DDR gehörte. Sie überschreibt ihren Beitrag: „Aufgewachsen im Nationalsozialismus, ,Groß'-Geworden im real existierenden Sozialismus, Altern im Kapitalismus – eine biographische Einzelfallanalyse" (ebd., S. 115).

„‚Ich war im Jungvolk und hab' dort marschieren, exerzieren gelernt. Wir wurden ja als Kinder im Nazistaat militärisch ausgerichtet auf Disziplin usw. als zukünftige Soldaten; das war ja in dem faschistischen System integriert, rechtzeitig anzufangen. Hab' es dort sogar bis zum Jungschaftsführer gebracht.'

‚Mit 10 Jahren sprach ich den Eid, bin auf Hitler vereidigt worden . . . Meine Vorbilder waren die großen Militärs der faschistischen Wehrmacht . . . Ich bin ja als Kind faschistisch erzogen worden, da kann man reden, wie man will, das hat doch irgendwie abgefärbt. Es gab ja keine anderen Einflüsse, man glaubte an den Endsieg, auch mit 14 Jahren.'

‚Als die Amis einmarschierten, war erstmal, vor allem als Kind, trotzdem eine Welt zusammengebrochen. Deutschland war geschlagen worden, das hat man ein bißchen empfunden. Ich war ja vollkommen geschockt. Wir haben ja noch bis zuletzt HJ-Ausbildung gemacht und vom Endsieg geträumt.'

‚Ab der Teilnahme am 1. Treffen der Antifa-Jugend Juli '45 habe ich mich bewußt politisch engagiert, um von '45 an mitzuziehen . . . immer an vorderster Front . . . Meine Entwicklung dann . . . immer in Anlehnung an die Partei, mit der Republik mit. Das Motiv war . . . mit dabei sein, unbedingt, einfach mitmachen . . . also was bewegen, bewegen wollte ich schon immer was. Hatte auch Einfälle . . . Ich wollte immer ein bißchen – nicht im Vordergrund stehen, aber nicht einfach mitlaufen. Mitmachen, aber wenn schon, dann was richtig machen, das war meine Meinung schon immer.'

‚Mit Begeisterung der Jugend, die sie in sich hat, habe ich mit 100 000en Jugendlichen beim historischen Fackelzug die Republik bejubelt und mir geschworen, für diesen Staat alles zu tun, damit er groß und stark wird, gut zu arbeiten. Das war eine riesige Begeisterung.'

‚Ich habe mein ganzes bewußtes Leben in den Dienst meiner Partei gestellt. Habe nie an der Richtigkeit der Partei gezweifelt . . . ich nahm bedingungslos alle Beschlüsse für richtig . . . ich habe mich nie mit halben Sachen zufriedengegeben. Ziel meines Lebens bestand einfach, den Arbeiter- und Bauernstaat zu erhalten, zu festigen, für ihn dazusein. Das war oberstes Prinzip von Anfang an, eh es ihn gab vor '49 schon . . . und dem habe ich alles ungeordnet, auch das Eheleben . . . der SED zu dienen und alles zu machen, was sie sagt. In der vordersten Reihe mitzumarschieren, mich nicht ziehen zu lassen, sondern mitzuziehen.'

‚Ich bin der Auffassung, wenn die Situation so geworden ist, dann geht es gar nicht anders, als sich dort einzuordnen und dort irgendwie auch kundzutun, daß man also – ich habe sogar meine Weltanschauung nicht geändert als Kommunist. Für die Vertreter dieses Vereins ist Offizier Offizier, ohne ideologisch was abzuklären. Haben mir unwahrscheinlich imponiert. Bin ich auch eingetreten in den Verein, warum auch nicht.'" (Karutz 1994, S. 121 ff.)

Diese beiden autobiographischen Interviews sind in pädagogischer Perspektive Dokumente abgebrochener Identitätsentwicklungen. Was werden diese Ich-Erzähler weiter tun mit ihrem Leben? Wird das wiedervereinigte Deutschland ihnen neue und bessere Perspektiven bieten – nicht einmal vorrangig in wirtschaftlicher oder beruflicher Hinsicht, sondern, daß sie sich heimisch fühlen in dieser neuen Welt „Deutschland einig Vaterland", die so plötzlich über sie hereingebrochen ist?

3.2 Mit einem anders gelagerten Identitätsproblem befaßt sich die Würzburger Dissertation von Rotraut Hoeppel über „Weiblichkeit als Selbstentwurf" (1983). Von ihr stammt wohl die Bestimmung der pädagogischen Befassung mit Autobiographien als einer identitätstheoretisch fundierten. Die Interpretation fragt nach den Deutungsmustern und Selbstentwürfen, welche die erzählte Lebensgeschichte strukturieren. Die autobiographische Erzählung will aktuell etwas mitteilen, z. B. in der Absicht der Selbstrechtfertigung oder in geradezu agitatorischer Absicht: „Der Autobiograph fordert den Leser . . . implizit oder explizit dazu auf, genauso zu denken, zu handeln, zu sein etc. wie er selbst . . ." (Hoeppel 1983, S. 81).

Diese letzte Intention vor allem findet sie in den zahlreichen autobiographischen Schriften, die aus der Neuen Frauenbewegung hervorgegangen und die darauf angelegt sind, ein Verhalten von Frauen zu legitimieren, „das den herkömmlichen Idealen widerspricht“ (ebd., S. 279). „Die Frauenbewegung stellt Deutungsmuster zur Verfügung, die die Zurückweisung der Erwartungen legitimieren und dennoch einen Selbstentwurf ermöglichen, da ein spezifisches Ideal von Weiblichkeit enthält“ (ebd., S. 279).

Svende Merian sagt ganz ausdrücklich, daß sie Frauen Mut machen will:

> „Mut, in dieser Welt mit Männern zu leben, statt zu überleben. Mit Männern oder gegen Männer, vielleicht ganz ohne Männer, oder aber auch trotz Männer. Ich will Mut machen, indem ich zeige, daß unsere privaten Probleme nicht unsere privaten Probleme sind“ (Merian 1980, zit. in Hoeppel 1983, S. 209).

4. Thesen

Die theoretische Begründung pädagogischen Biographieninteresses müßte heute zumindest die folgenden Punkte umfassen:

1. daß Erziehung für die Betroffenen Teil eines „Lebenszusammenhangs“ ist, der von eben diesen Betroffenen „erlebt“ und in der biographischen Erzählung zur „Selbstbesinnung“ gebracht wird (Dilthey, GS VII, S. 200);
2. daß die von Erziehung betroffenen Subjekte in der biographischen Selbstbesinnung zu Richtern über ihre Erziehung werden (Loch 1979), daß die „Innnenansichten“ (Herrmann 1991) und Urteile der betroffenen Subjekte von einer Erziehungswissenschaft, die sich „emanzipatorisch“ versteht, nicht mehr übergangen werden dürfen;
3. daß die spezifische pädagogische Frage beim Biographienlesen auf die im Lebenslauf stattgehabten Bildungserfahrungen abzielt (Henningsen 1981): wie das Subjekt als eigene Einheit, mit eigener Dynamik und Struktur, mit einem eigenen Wollen, die verschiedenen Dimensionen seines individuellen Innenlebens und die unterschiedlichen Dimensionen seiner umgebenden Welt in subjektiven Entwürfen verbindet, „äquilibriert oder gestaltet“ (Schäfer 1994a, S. 77);
4. so daß schließlich im autobiographischen Erzähltext unter pädagogischer Perspektive nicht die Fakten zählen, so interessant diese für „oral history“ und Sozialgeschichte der Erziehung sein mögen, sondern die Deutungsmuster, in denen ein Subjekt sich „zur Sprache“ (Henningsen 1981) bringt und sich in den disjecta membra seiner biographischen Multiplizität selbst begegnet und eben in dieser Begegnung, die ihrerseits ein pädagogisch relevanter Akt ist, eine Art von Einheit und zugleich von Differenz und Selbstdistanz stiftet: „. . . aber was Dich von Dir unterscheidet, ist eben, daß Du Dich hier aufgeschrieben hast“, schreibt Peter Heller am Ende der biographischen Rückerinnerung an seine Kinderanalyse bei Anna Freud, des wohl einschneidendsten pädagogisch relevanten Ereignisses seiner Jugendentwicklung. So „nehme ich einen lang genug hinausgezögerten Abschied von meiner Kindheit“ (Heller 1983, S. 256).

II. Pädagogik der Lebensalter

Zur Welt kommen – ganz wörtlich verstanden (Schwangerschaft, Geburt, erstes Lebensjahr)

> Es gibt kein glückliches Geborensein und keine sanfte Geburt, schon der Leib kommt nur unter großen Mühen ans Licht, die Seele bleibt fast immer im Dunkeln stecken . . .
> Peter Sloterdijk 1988

1. Das vorgeburtliche Leben

„Von einem Menschen habe ich gehört“, schreibt Maria Montessori in einem seltsam hymnischen Text über den vorgeburtlichen Zustand und das Erleben der Geburt gleichsam aus der Perspektive des Kindes,

> „der in der tiefsten aller Finsternisse gelebt hatte. Niemals hatten seine Augen auch nur den Schimmer eines Lichtes gesehen, als läge er auf dem Grunde einer tiefen Schlucht.
> Von einem Menschen habe ich gehört, der in der Stille gelebt hatte. Kein Geräusch, nicht einmal das leiseste, war je an sein Ohr gedrungen.
> Von einem Menschen habe ich gehört, der wahrhaftig dauernd unter Wasser gelebt hatte, in einem seltsam lauen Wasser . . .“ (Montessori 1952, S. 33).

Was mag der Fötus im Mutterleib fühlen, wie mag seine Welt aussehen? Das Poem der Maria Montessori ist ein Versuch, sich in sein Befinden, in den Geburtsakt, in die ersten Eindrücke des Neugeborenen einzufühlen. Natürlich sind die sprachlichen Metaphern, in denen sie das tut, hoffnungslos adultomorph, d. h. sie tun so, als ob das Kind schon im Mutterleib die Erlebnisse eines Erwachsenen hätte. Doch wie soll man sich eine vorsprachliche Erlebnisweise einfühlbar machen, wenn nicht durch sprachliche, vom Erwachsenen-Standpunkt ausgeliehene Metaphern? Wir können uns die Erlebnisweise des Ungeborenen sprachlich nicht angemessen vergegenwärtigen. Alle unsere Formulierungen sind höchstens ungefähr richtig. Trotzdem ist es sinnvoll, eine sprachliche Vergegenwärtigung dieser unsagbaren Tatbestände wenigstens zu versuchen.

Spärlich sind nach wie vor die gesicherten Wissensbestände über das vorgeburtliche seelische Leben. Es gibt Konditionierungsexperimente an 6–8 Monate alten Föten im Mutterleib. Sie können zum Beispiel dahin gebracht werden, bei einem lauten Ton den Greifreflex auszuführen. Ob es sich hier um ein einfaches Assoziationslernen oder um einen unlustvollen Bestrafungsreiz handelt – in jedem Falle beweist dies das Vorliegen einer einfachen psychischen Struktur, ein einfaches Vermögen der Reizklassifizierung (Ausubel/Sullivan 1974, S. 194 f.). Aus psychoanalytischer Sicht läßt sich aufgrund dieser Befunde auch bereits eine Steuerung nach dem Lust-Unlust-Prinzip vermuten.

Nun ist diese Konditionierung mit dem lauten Ton künstlich: entsprechende Situationen kommen in der normalen fötalen Umwelt selten vor. Auf welche Arten von Reizen reagiert der Fötus normalerweise, d. h. unter nicht-experimentellen Bedingungen? Bekanntlich ist das intrauterine Milieu ausgesprochen reizarm. Druck- und Temperaturverhältnisse sind konstant; die äußeren Sinnesorgane sind zwar entwickelt, vor allem das Gehör ist funktionsfähig.

Am besten ausgebildet sind die sog. propriozeptiven Sinnesorgane, also jene Sinne, mit denen der Fötus seinen eigenen Zustand wahrnimmt: Spannungsempfindungen in den Muskeln, Lageempfindung, Hautsensibilität, Temperaturempfindung, vielleicht auch schon Schmerzempfindung. Er kann also offenbar sich selbst intensiv fühlen, und, indem er sich angenehm oder unangenehm empfindet, empfindet er den Zustand seiner Umwelt mit.

Der Erwachsene hat es im allgemeinen verlernt, sich mit dem propriozeptiven System zu orientieren, jedenfalls tut er es normalerweise nicht: in der Liebe vielleicht, oder z. B. bei Wetterfühligkeit. Man fühlt sich müde und abgespannt und schließt aus diesem wahrgenommenen eigenen Befinden auf einen bevorstehenden Wetterumschlag. Ähnlich kann man sich das Welterfassen des Embryos bzw. Fötus vorstellen: ich fühle mich nicht gut heute, würde er sagen, wenn er reden könnte, zieht dort oben bei der Mutter vielleicht ein Gewitter auf?

Die Erforschung der Verhaltensweisen des Ungeborenen im Mutterleib hat in den letzten Jahrzehnten Fortschritte gemacht, vor allem wegen der erweiterten technischen Aufzeichnungsmöglichkeiten. Die modernen photographischen Techniken gestatten es, Körperhaltung und Bewegung des Fötus zu dokumentieren. So konnte z. B. gezeigt werden, daß schon Föten im 5. Monat sich mit Hingabe einer der späteren Lieblingsbeschäftigungen widmen, dem Daumenlutschen.

Durch die Entwicklung der Sinne ist der Fötus stark mit der Mutter verbunden: er hört ihre Stimme, seine Lageveränderungen durch ihre Bewegungen werden von seinem Gleichgewichtsorgan und den Sinneszellen in der Haut registriert. Es ist dem Fötus zwar noch nicht möglich, zwischen „ich“ und „Umwelt“ zu unterscheiden, „doch wenn wir aus unserer heutigen Erwachsenenperspektive auf uns als Fötus blicken, dann können wir verstehen, daß die sensomotorischen Koordinationen, die sich damals in uns entwickelten, stark davon geprägt wurden, wie sich unsere Mutter bewegte, wie sie sprach“ (Krüll 1992, S. 57).

Marianne Krüll spricht auch von einer „außersinnlichen Tiefenkommunikation“ zwischen der Mutter und dem Fötus. Zum Beispiel scheint es eine „Übereinkunft“ über den Zeitpunkt der Geburt zu geben (ebd., S. 78).

Untersuchungen zeigen, daß der Fötus evtl. auch schon träumt, d. h. Traum-„Geräusche“ hört oder Traum-„Gefühle“ hat – Traum-„Bilder“ sind es vermutlich nicht, da der Fötus im Mutterleib noch nichts (bzw. nicht viel) sehen kann. Daß der Fötus „träumt“, kann durch die Erkenntnis angenommen werden, daß auch er schon zwei Arten von Schlaf hat – den REM-Schlaf und einen Ruhezustand ohne Augenbewegungen. Da bei Erwachsenen der REM-Schlaf meist mit Träumen verbunden ist, nimmt Krüll an, daß dies beim Fötus auch der Fall sei (vgl. Krüll 1992, S. 62 f.).

Der mütterliche Uterus ist die allererste „Welt“, in die der werdende Mensch hineingesetzt wird. Auf sensorischem und biochemischem Wege finden intensive Austauschprozesse zwischen der Mutter und dem ungeborenen Kind statt. Ob das Ungeborene seine Mutterleibschicksale bewußt erfahren und später womöglich gar erinnern kann, ob es in seinem Lebensschicksal nennenswert durch die intrauterinen Erfahrungen beeinflußt wird, steht freilich auf einem anderen Blatt.

Ausubel/Sullivan ironisieren derartige Auffassungen. „Das Leben im Uterus werde als paradiesischer Zustand erfahren, in dem der Fötus ein mystisches und unbegrenztes ‚Einssein' mit der Mutter teile; die Sehnsucht nach Rückkehr in die Ruhe des Mutterleibes durchziehe das Verhalten bis zum Tode ... Es braucht kaum betont zu werden, daß ein Individuum, um die Wonne des Mutterleibes und das ‚Einssein' mit der Mutter genießen oder auf die Folgen der Trennung traumatisch reagieren zu können, über verschiedenartige Erfahrungen, einen bestimmten kognitiven Entwicklungsstand und die spekulativen Fähigkeiten und Neigungen eines Philosophen verfügen müßte. Das Leben im Uterus könnte einen lebensüberdrüssigen und philosophisch eingestellten Lebensveteran sehr attraktiv erscheinen. Leider hat jedoch das Neugeborene weder die Erfahrung noch die intellektuelle Ausrüstung, um sein angebliches Glück genießen zu können" (Ausubel/Sullivan 1974, S. 208 f.).

Wenn Ausubel trotz der von ihm selber angeführten, vielfältigen Austauschprozesse zwischen Mutter und Kind davon ausgeht, das Ungeborene könne noch keine Glücks- oder Unglücksgefühle haben, so beruht dies auf der von ihm selbstverständlich vorausgesetzten und nicht weiter diskutierten Überzeugung, psychische Vorgänge könnten sich nur im Gehirn abspielen. Wenn noch keine ausgereifte Großhirnrinde vorhanden sei, könne es auch keine psychischen Empfindungen geben.

Bewußtsein, wie wir es vom Erwachsenen und vom älteren Kinde her kennen, ist in der Tat an das Funktionieren der Großhirnrinde gebunden. Unbewußt Seelisches hingegen kann sich über alle physiologischen Funktionen, z. B. über biochemische Prozesse, verständlich machen. Es ist die unselige und für das moderne Verständnis des Menschen grundlegende Zweiteilung in ein denkendes Großhirnwesen auf der einen Seite und eine seelenlose Körpermaschine auf der anderen (vgl. Bittner 1974c, S. 149 ff., Orban 1981, S. 47 ff.), die dem Verständnis der menschlichen Frühstadien im Wege steht. In diesen Frühstadien ist das Psychische nicht neben, sondern nur im Organischen zu finden (vgl. Bittner 1979a).

Nun gibt es neuerdings einen Boom in unkritisch-spekulativer, „pränataler" Psychologie, dem mit Skepsis zu begegnen ist. Janus beschreibt verschiedene Möglichkeiten, die eigene Geburt in unterschiedlichen Therapieformen (er nennt die Psychoanalyse, die Primärtherapie, die LSD-Selbsterfahrung und die Kinderpsychotherapie) nochmals zu erleben. Außerdem bringt er z. B. psychosomatische Krankheiten, Dissozialität oder Magersucht mit pränatalen Erlebniszuständen in Verbindung (vgl. Janus 1991). Büttner/Pfeil kritisieren das Nicht-Eingehen vieler (analytischer) Therapieformen auf perinatale Erfahrungen. Mit Janus vertreten sie die Wichtigkeit dieser Lebensphase und führen Verhaltensauffälligkeiten zum Teil auf prä- und perinatale Erfahrungen zurück, welche in von ihnen durchgeführten Kindertherapien auch Inhalt sind (vgl. Büttner/Pfeil 1994). Sicherlich sind prä- und perinatale Erfahrungen wichtig für das Kind (und die Mutter), jedoch besteht die Gefahr, möglichst viele später auftretende Auffälligkeiten auf diese doch recht undurchsichtige Phase zurückzuführen.

Das „Zur-Welt-Kommen" des Kindes beginnt bereits im mütterlichen Uterus; daher kann bereits diese intrauterine Phase pädagogisches Interesse beanspruchen. Freilich gilt schon hier dasselbe, was uns später noch oft begegnen wird: pädagogisches Interesse bedeutet noch keine pädagogische Beeinflussungsmöglichkeit. Deshalb ist aller wohlgemeinten „pränatalen Pädagogik" gegenüber, welche Erziehung schon im Mutterleib beginnen lassen will, die gleiche Skepsis angesagt wie gegenüber einer mystifizierenden pränatalen Psychologie.

2. Für und wider das „Geburtstrauma"

Schon die erste, die leibliche und tatsächliche Geburt ist ein Vorgang, der höchstes pädagogisches Interesse verdient und auch gefunden hat – insbesondere von Pädagogen, die zugleich Ärzte waren. Montessoris vorhin zitierter hymnischer Text spricht von der Geburt mit den Worten:

„Und jetzt . . . tritt er hinaus:
Verwundet von Licht und Ton, erschöpft bis in die letzte Fiber, nimmt er alle Arbeit seines Daseins auf sich.
Und er stößt einen lauten Schrei aus:
‚Warum hast du mich verlassen?'
Und das ist das erste Mal, daß der Mensch in seinem Dasein den sterbenden Christus wie auch den Christus der Auferstehung widerspiegelt!" (Montessori 1952, S. 34).

Jede Geburt, jedes Zur-Welt-Kommen eines Kindes, will Montessori sagen, ist ein Mysterium; in jeder Geburt erneuert sich die Geburt Jesu Christi, des Erlösers. Weniger mysterienschwanger, aber dennoch bedeutungsvoll erscheint die Geburt für Janusz Korczak:

„. . . der erste Atemzug, der erste Blick. Das Leben – das wundersame Dasein, ein klein wenig zu lärmend und verworren: denn es ist nicht nur Körper, sondern auch Geist . . . Der Schmerz der Mutter. Freilich! Aber doch auch seiner, der Schmerz des Kindes, wenn sich die Nähte der Hirnschale schließen, wenn eine fremde Macht – der erste Schrei. Wie ein Dolch ist die Luft im Hals. Beklemmung liegt auf seiner Brust, und Eiseskälte erfüllt sein Inneres. Ratlos, wehrlos, nackt und einsam. Es zittert. Das erste Kreisen des nun schon eigenen Blutes. Das erste Bad – unbekannte, rauhe, schmerzhafte Berührungen. Fremde Elemente – Luft und Wasser. Es kann. Es atmet. Es lebt!" (Korczak 1982, S. 6).

Der Psychoanalytiker und Kinderarzt Winnicott schreibt über die Geburt:

„Die normale Geburt ist durch drei entscheidende Merkmale charakterisiert: Erstens erlebt der Säugling eine einschneidende Unterbrechung der Kontinuität des Seins (z. B. aufgrund der veränderten Druckverhältnisse, die einen Übergriff darstellen), aber er hat bereits eine gewisse Fähigkeit entwickelt, die durch seine Reaktionen auf äußere Einwirkungen entstandenen Lücken in der Kontinuität des Seins zu überbrücken. Zweitens hat der Säugling Erinnerungen an Empfindungen und Impulse aufgebaut, die Selbstphänomene darstellen, weil sie zu den Phasen gehören, in denen er nicht reagieren mußte, sondern ganz einfach sein konnte. Und drittens sind die mechanischen Aspekte des Geburtsvorgangs nicht allzu anomal, d. h. die Geburt erfolgt weder überstürzt, noch kommt es zu Verzögerungen. Unter diesen drei Voraussetzungen können wir uns eine Geburt vorstellen, d. h. einen Wechsel vom Zustand des Nichtgeborenseins in den Zustand des Geborenseins, der aus der Sicht des Säuglings durch ihn selbst herbeigeführt wird" (Winnicott 1994, S. 201 f.).

Maria Montessori interpretierte den ersten Schrei des Neugeborenen auf eine sehr direkte Weise, wenn sie ihm das Jesus-Wort unterlegte: „Warum hast du mich verlassen?" Über solche Interpretationen des Geburtsschreis haben medizinisch aufgeklärte Leute später viel gespottet, weil sie meinten, dieser Geburtsschrei habe nicht mit der Verzweiflung über das Erdendasein, sondern nur mit dem Sauerstoffmangel während der Geburt zu tun. Trotzdem ist das billiger Spott, denn Verzweiflung und Sauerstoffmangel brauchen einander nicht auszuschließen.

Über den tatsächlichen Ablauf einer Geburt, von Preßwehen, Austreibungswehen etc. kann hier nicht im einzelnen berichtet werden. Zur Information darüber stehen gute, auch für den medizinischen Laien verständliche Aufklärungsbücher zur Verfügung (Nilsson 1990). Der entscheidende Moment der Geburt ist der Durchgang des Kopfes durch die Scheidenöffnung; alle geburtshilflichen Maßnahmen zielen letzten Endes darauf ab, diesen schwierigen Moment zu erleichtern und zu überbrücken.

Was können wir über das Befinden des Kindes unter der Geburt aussagen? Wir müssen uns noch einmal in Erinnerung rufen: wenn wir überhaupt von einem „Befinden", einem „Erleben" beim Fötus und beim Neugeborenen sprechen wollen, müssen wir uns von der Vorstellung eines reflektierten Erlebens nach Art des Erwachsenen freimachen. Ein solches reflektiertes Erleben ist tatsächlich an Funktionen des Großhirns gebunden, die beim Neugeborenen noch nicht ausgereift sind. Wenn wir hingegen Seelisches nicht allein im Gehirn suchen, sondern dem gesamten Organleben eine Beseeltheit zusprechen, wie dies vorhin begründet wurde, können wir auch von einem Befinden und Erleben eines Neugeborenen sprechen.

Die Organfunktionen des Neugeborenen sind unter der Geburt erheblichen Schwankungen und Belastungen unterworfen. Schon die starken Pulsfrequenzschwankungen des Nasciturus im Zusammenhang mit den Wehen der Mutter zeigen an, daß sich das Kind während der Geburt in einer Streßphase befindet. Dies läßt sich physiologisch noch an weiteren Befunden ablesen: Die CO_2-Spannung und die Harnstoffwerte im Blut nehmen zu. Die Hauptursache aller dieser Streß-Erscheinungen ist der Sauerstoffmangel. Das Kind wird ja bis zur Geburt von der Mutter mit Sauerstoff versorgt, mit dem berühmten „ersten Schrei" des Kindes beginnt die Eigenatmung. Die eigentlich kritische Phase der Geburt ist jener Zwischenzeitraum, in dem das Kind nicht mehr genügend mit Sauerstoff von der Mutter versorgt wird und andererseits noch nicht selbst atmen kann. Die Geburtshelfer und Kinderärzte sprechen daher von einem Geburtsstreß.

> „Die Geburt selbst bringt für das Kind einen beträchtlichen Streß mit sich. Schon bei jeder Wehe, wenn Mutterkuchen und Nabelschnur bei der Kontraktion der Gebärmutter zusammengedrückt werden, wird die Sauerstoffzufuhr zum Fötus gedrosselt. Zu Anfang kann sein Pulsschlag bei den Wehen sinken, geht aber in den Pausen wieder auf seine ursprüngliche Frequenz. Der Fötus ist befähigt, große Anstrengungen auszuhalten. Die Nebennieren spielen hierbei eine wichtige Rolle. Von ihren innersekretorischen Drüsen werden große Mengen Adrenalin und Noradrenalin abgesondert. Diese Hormone sind wichtig, um den Fötus bei Sauerstoffmangel zu schützen, da sie die Pumpfähigkeit des Herzens und die Frequenz der Herzschläge erhöhen, Blut zum empfindlichen Gehirn schleusen und den Blutzuckerspiegel heben. Niemals später im Leben wird ein solch hohe Menge dieser Streßhormone ausgeschüttet, was bedeutet, wie anstrengend es ist, geboren zu werden" (Nilsson 1990, S. 151).

Der Geburtsstreß ist eine ganz normale Erscheinung, die sogar nützlich für das Kind sein kann. Wenn der Sauerstoffmangel ausgeprägt ist, setzt die Atmung um so kräftiger ein – selbstverständlich nur bis zu einer kritischen Grenze, von der ab der Sauerstoffmangel Schäden verursacht. Nach kinderärztlichen Erfahrungen ist es aber nicht empfehlenswert, dem Kind den natürlichen Geburtstreß ohne zwingende Notwendigkeit zu ersparen. Wenn das Kind z. B. durch Kaiserschnitt geholt wird, sich also nicht durch den engen Geburtsgang hindurchplagen muß, findet man häufig das sog. Kaiserschnitt-Syndrom: Die Kinder haben sich noch nicht anstrengen müssen, sind sozusagen leicht auf die Welt gekommen und sind nun vielfach antriebsarm und faul im Atmen, Schreien und Trinken.

Der Psychoanalytiker Otto Rank schrieb 1924 ein Buch „Das Trauma der Geburt". Er suchte darin den Nachweis zu führen, daß alle Neurosen und seelischen Störungen sich letztlich zurückverfolgen lassen bis zu jenem Ur-Trauma des Geborenwerdens, der nicht bewältigten Trennung von der Mutter. Freud lehnte diesen Gedanken nicht ganz ab, warnte nur davor, die Lehre vom Geburtstrauma für eine Totalerklärung der Neurose zu nehmen. Geboren werden ja alle Menschen, und doch bekommen nicht alle eine Neurose (vgl. Freud 1937, S. 60). Das ist natürlich ein schwaches Argument, da es ja auch von der Schwere des individuellen Geburtsschicksals abhängen könnte, ob ein Mensch eine Neurose bekommt oder nicht. René Spitz, der vom psychoanalytischen Standpunkt aus die Säuglingsentwicklung so gründlich erforscht hat wie kein anderer, lehnt die Lehre vom Geburtstrauma rundweg ab. Er hat in vielen Aufzeichnungen keine traumatischen Reaktionen von Säuglingen auf das Geborenwerden feststellen können. Er meint auch, daß Säuglinge zum Zeitpunkt der Geburt noch nicht die Bewußtseinsfähigkeit besitzen, um diese als traumatisch erleben zu können.

Trotz der Einwände von Spitz halte ich die Lehre vom Geburtstrauma im Kern aus folgenden Gründen für richtig: Ausdrucksbewegungen des Schreckens, der Angst, des Schmerzes, die Spitz in seinen Filmaufnahmen vermißte, sind dem Neugeborenen nur beschränkt möglich, aus den von Spitz angeführten und allgemein anerkannten Gründen mangelnder Hirnreifung. Dagegen stehen aber die unumstößlichen physiologischen Befunde über den Geburtsstreß. Sofern die Voraussetzung stimmt, daß die Psyche nicht ans Gehirn und seine Funktionen gebunden sei, müssen die physiologischen und biochemischen Streßerscheinungen, die ebenfalls allgemein anerkannt sind, ein psychisches Korrelat haben; dann müssen wir gewissermaßen ein Gedächtnis der Organe annehmen, mit dem sie die Erfahrungen dessen speichern, was sie in der Geburt erlebt und erlitten haben. Mit dieser Voraussetzung, daß Psychisches nicht an die Funktion der Großhirnrinde gebunden ist, steht und fällt die ganze hier vorgetragene Beweisführung. Ich verbinde daher Ranks klinisch und spekulativ entwickeltes Konzept des Geburtstraumas mit den derzeitigen medizinischen Anschauungen zur Physiologie des Geburtsvorgangs und formuliere als These: Wenn der Geburtsstreß aus irgendeinem Grunde die Schwelle des biologisch Bekömmlichen überschreitet, entsteht das Geburtstrauma.

Doch ist das nur die eine Seite der Sache. Die andere betrifft die gesellschaftliche Organisation des Gebärens und Geborenwerdens:

> „Vergebens sucht man im Buch der Zivilisation an erster Stelle eine Seite, auf der berichtet wird, was der zivilisierte Mensch tut, um dem Neugeborenen zu helfen. Diese Seite ist unbeschrieben" (Montessori 1952, S. 35).

Seit Montessori diese Sätze schrieb, hat sich doch einiges zum Besseren gewendet: der Trend zur Hausgeburt und zur „natürlichen Geburt" (Linder 1994) oder wenigstens zum rooming-in bei den Klinikgeburten ist unübersehbar. Doch bleibt das Problem der Medizinalisierung des Geburtsgeschehens: die Geburt in der Klinik mag medizinisch sinnvoll sein, um eventuell auftretenden Komplikationen rasch und wirksam begegnen zu können, doch muß eben auch gesehen werden, daß damit das erste Zur-Welt-Kommen des Kindes unter ein manchmal doch recht bedenkliches medizinisches Reglement gerät, was auch zu einer Art „Geburtstrauma" werden kann.

Einem meiner Studenten verdanke ich die nachfolgende Schilderung einer Geburt, bei der zwar die Standards der medizinisch-geburtlichen Versorgung im Großen und Ganzen eingehalten scheinen, bei der man aber doch beinahe von einem „Geburtstrauma" sprechen kann, wenn auch in einem anderem als dem von Rank gemeinten Sinne:

Bei der Geburt meines ersten Kindes „durfte" ich dabei sein, es sollte ein tolles Erlebnis werden, doch alles kam ganz anders: Wir, d. h. meine Frau, meine Tochter und ich, erlebten eine schlimme Geburt.

Meine Frau war zwei Wochen über dem mutmaßlichen Entbindungstermin und wurde auf ärztliche Überweisung hin stationär im Krankenhaus aufgenommen. Zunächst waren wir in der Obhut einer älteren und ziemlich unfreundlichen Hebamme, was meine Frau zusätzlich „irritierte". Schließlich wurde die Geburt mit sogenannten Wehentabletten, Wehenzäpfchen und Wehentropf eingeleitet. Meine Frau wurde derart mit solchen Mitteln „vollgepumpt", daß übermäßig starke Wehen als logische Konsequenz dieses schlagartigen Überfalls gegen die Natur auftraten.

So vergingen ein Tag und eine Nacht. Ich versuchte, meine Frau irgendwie auf andere Gedanken zu bringen, doch gegen Schmerzen anzureden ist schier unmöglich, obgleich meine Anwesenheit und mein Beistand beruhigend wirkten.

24 Stunden nach der stationären Aufnahme kam dann die überraschende Entlassung aus dem Krankenhaus: „Das Kind sei wohl doch noch nicht soweit, es möchte halt noch nicht auf die Welt kommen, und da können wir gar nichts machen. Dem Kind geht es unseren Meßwerten entsprechend gut. Fahren Sie nach Hause und entspannen Sie sich." So wollte man uns beruhigen. Ich dachte nur: „Späte Erkenntnis; bloß weg von hier, die haben bereits genug angerichtet."

Nach 40 km Heimfahrt kam es, kaum zu Hause angekommen, zum Blasensprung. War das jetzt der natürliche Zeitpunkt oder so etwas wie ein „Protest des Fötus gegen all diese Mittel seiner Bevormundung"? Im Eiltempo fuhren wir erneut ins Krankenhaus, direkt in die „Schreckenskammer des Oberarztes", wie sich noch herausstellen sollte.

Es herrschte völlige Überbelegung (Geburtenhochkonjunktur), es gab kaum Personal (das wenige Personal schien völlig überfordert). Kaum Unterstützung, Beratung oder Zuwendung, meine Frau und ich waren großteils auf uns allein gestellt. Der Oberarzt kam uns vor wie ein Sadist: teilnahmslos, kaum anwesend, grob bis brutal, und immer hämisch grinsend.

Unter extremen Schmerzen, mit starken Wehen, lag meine Frau schließlich auf dem harten Entbindungstisch, ständig darum kämpfend, bei Bewußtsein zu bleiben.

Nach 11 Stunden kam die Erlösung . . .: Periduralanästhesie, Saugglocke, 3 Presswehen: das Kind war geboren. Kurze Pause, Verlegung in die Bettenstation, 5.00 wecken und Frühstück (Geburtszeit: 3.30 Uhr).

„Gott sei Dank!" Mutter und Kind waren gesund und wohlauf. Die ersten Monate waren allerdings sehr schwierig: Unruhe beim Kind; es wollte kaum schlafen und schien irgendwie Angst vor dem Einschlafen zu haben bzw. Angst vor der Dunkelheit (oder war es vielleicht so etwas wie Angst vor der Enge des Geburtskanals?). Viel Liebe, Zuwendung, Kraft, Ausdauer und Geduld waren nötig.

Und jetzt?

„Ein bildhübsches Kind", „ein goldiges, süßes kleines Mädchen", „eine richtige Sonne", „da habt Ihr Euch aber wirklich alle Mühe gegeben", „das Kind ist Euch rundum gelungen", „und die wunderschönen großen Augen, die hat sie wohl von der Mama?", und dergleichen Lobeshymnen prasseln auf uns ein. Kein Fremdeln, sofortiges Zutrauen zu den meisten Personen, selbstbewußt und recht aufgeweckt, überall steht sie im Mittelpunkt und wickelt die Menschen um den Finger, sowohl Erwachsene als auch Kinder. „Ein richtiger kleiner Wirbelwind, da muß man einfach mitwirbeln", sagen die Leute (Seubert 1995, S. 4 f.).

3. Die Mutter als „erste Welt"

Die Welt verkörpert sich dem neugeborenen Kind zuerst in einer einzigen Gestalt: in der seiner Mutter. Alle tiefen Empfindungen wie „Menschenliebe, Menschendank und Menschenvertrauen" sollen nach Pestalozzis Worten „hauptsächlich von dem Verhältnis ausgehen, das zwischen dem unmündigen Kinde und seiner Mutter statt hat".

„Das Kind kennt den Fußtritt der Mutter, es lächelt ihrem Schatten; wer ihr gleich sieht, den liebt es; ein Geschöpf, das der Mutter gleich sieht, ist ihm ein gutes Geschöpf. Es lächelt der Gestalt seiner Mutter, es lächelt der Menschengestalt; wer der Mutter lieb ist, der ist ihm auch lieb; wer der Mutter in die Arme fällt, dem fällt es auch in die Arme; wen die Mutter küßt, den küßt es auch" (Pestalozzi 1801, S. 342).

Der Text zeigt, wie die Mutter dem Kind die ersten Erfahrungen von „Welt" erschließt – durch „Transfer" würden wir heute vielleicht sagen: wie das Kind die Mutter anlächelt, so lächelt es auch ihrem Schatten; es lächelt die Menschengestalt an, wie es die Gestalt der Mutter anlächelt.

Bei Fröbel finden wir nur wenig später die komplementäre Perspektive, wie sich der Mutter im Anschauen ihres Kindes die Welt als ganze erschließt. Er erzählt im Anhang zu den „Mutter- und Koseliedern", wie er als Knabe beim Betrachten einer unscheinbaren kleinen Blume die Welt und ihr ewiges Gesetz ahnend erfaßt habe. Ähnliches, meint er, könne die Mutter beim Betrachten ihres Kindes erfahren:

„Sieh nun, theure Mutter! mit solcher Liebe, solcher Sehnsucht, solchem Ahnen, meine ich, schaust Du, dem, gleich einer Blume vor Dir erblüheten Kinde, in sein seelenvolles Gesicht, in die klare Seh seines Auges; auch Du möchtest in des Kindes Stern und Seh – Etwas – ja einen Himmel ersehen. Mein Blümleinsschauen gleicht Deinem Kindleinsschauen, und so meine ich, verstehe ich Dich und Du mich" (Fröbel 1844, S. 92).

Die fundierende Bedeutung der frühesten Mutter-Kind-Beziehung für das Weltvertrauen des Kindes (Erikson prägte den Begriff „Urvertrauen", basic trust) ist von der Psychoanalyse, vor allem von Klein, Spitz, Mahler, Winnicott, neu entdeckt und beschrieben worden. Bekannt sind die Beobachtungen von Spitz in verschiedenen Säuglingsheimen, in denen die Kinder teils von den Müttern getrennt, teils mit ihnen zusammen lebten – mit signifikanten Unterschieden für die Entwicklung des Kindes:

In dem einen Heim gediehen die Kinder auffallend gut und zeigten einen normalen Zuwachs an altersentsprechenden Fertigkeiten, während in dem anderen Heim die Entwicklungstestwerte der Kinder bei der Einlieferung völlig normal waren (eher noch besser als bei den Kindern des erstgenannten Heimes), dann aber rapide absanken, während sich auch der Gesundheitszustand der Kinder erheblich verschlechterte. Das zweite Heim wies eine erschreckend hohe Säuglingssterblichkeit auf. Die beiden Heime waren nach den Angaben von Spitz gleichwertig, was die hygienischen Verhältnisse der Unterbringung, die medizinische Versorgung, die Verpflegung und Kleidung – kurz, die gesamte körperliche Pflege betraf. Unterschiede fand Spitz in der seelischen Pflege der Kinder. Einerseits bestand in beiden Heimen ein unterschiedliches Feld von Wahrnehmungs- und Aktionsmöglichkeiten: in dem einen Heim reichlich Spielzeug, freie Sicht für das Kind in seinem Bettchen, größerer Bewegungsraum – in dem anderen Heim jeweils deutlich ungünstigere Verhältnisse. Dann aber, für Spitz der wichtigste Unterschied: In dem

Heim mit den ungünstigeren Bedingungen, von ihm „Findelhaus" genannt, stehen für 45 Kinder sechs Schwestern zur Verfügung, so daß auf sieben bis acht Kinder eine Schwester kommt. In dem günstigeren Heim dagegen, das Spitz zur Unterscheidung „Säuglingsheim" nennt, hat jedes Kind seine leibliche Mutter bei sich: es handelt sich bei diesem letzteren Heim um die Säuglingsabteilung einer Strafanstalt für weibliche Minderjährige. „Die Kinder werden von ihren eigenen Müttern gefüttert, gepflegt und versorgt, oder, wenn aus irgendeinem Grund eine Mutter von ihrem Kind getrennt wird, von der Mutter eines anderen Kindes oder von einem schwangeren Mädchen, das auf diese Weise die für die Pflege ihres eigenen zukünftigen Kindes notwendige Erfahrung sammelt" (Spitz 1945, S. 89). Die Schwestern haben nichts weiter zu tun, als die jugendlichen Mütter bei der Kinderpflege anzuleiten und zu beaufsichtigen.

Für die Erklärung des Entwicklungsunterschiedes der Kinder in den beiden Heimen kommen somit nach Spitz zwei Ursachen in Frage: einmal das größere oder geringere Angebot an Entwicklungsreizen, zum anderen die An- oder Abwesenheit der Mutter und damit des emotionalen Kontakts (ebd., S. 79). Den Ausschlag gibt nach Spitz die Anwesenheit der Mutter. Er weist darauf hin, daß die Kinder in der Strafanstalt nicht nur eine normale, sondern eine „besondere" Mutter haben: in der Eintönigkeit der Haft wird das Kind für die Mutter zum Lebensinhalt schlechthin. Darum faßt Spitz den Unterschied zwischen den beiden Heimen dahingehend zusammen: „Das Säuglingsheim stellt jedem Kind eine potenzierte Mutter zur Verfügung, eine Mutter, die dem Kind alles gibt, was ihm eine gute Mutter zu geben pflegt, und darüber hinaus noch alles übrige, was sie hat. Das Findelhaus gibt dem Kind nicht nur keine Mutter, sondern nur ein Achtel einer Schwester" (ebd., S. 91).

Spitz prägte den Ausdruck „Mutter-Kind-Dyade", Mahler sprach in ähnlichem Sinne von einer „Symbiose" zwischen Mutter und Kind im ersten Lebensjahr. Der deutsche Psychoanalytiker Felix Schottlaender schrieb etwa zeitgleich mit den ersten Beobachtungen von Spitz ein seinerzeit vielgelesenes Buch „Die Mutter als Schicksal" (1947), worin er aufgrund klinischer Beobachtungen den Nachweis versuchte, daß die Mutter der frühen Kindheit das Vorbild bleibe

> „für den Charakter der Welt, wie wir sie sehen. Wie eine gute Mutter als Schutzgeist, als Quelle der Ermutigung in schweren Stunden während unseres Lebens in uns fortwirkt, so kann auch das Gegenteil der Fall sein: eine schlechte und lieblose Mutter, eine ängstliche und schwerlebige, ichhafte Mutter kann zum Dämon werden, der dem späteren Erwachsenen sein Selbstvertrauen raubt und sich überall da hindernd einmischt, wo es gilt, zu wagen und zu gewinnen.
>
> So können wir das Heer jener seelischen Schwierigkeiten und Charakterstörungen als Reaktionsformen auffassen, die in frühester Kinderzeit als Antworten auf Störungen in der Mutter-Kind-Beziehung erwachsen sind" (Schottlaender 1947, S. 51 f.).

Die Befunde dieser psychoanalytischen Forscher sind neuerdings aus verschiedenen Richtungen in die Schußlinie der Kritik geraten:

- Die methodische und empirische Basis der Hospitalismus-Studie von Spitz war bereits vor längerer Zeit in Zweifel gezogen worden (Brezinka 1959); neuerdings hat die experimentelle Säuglingsforschung das Symbiose-Individuations-Schema von Mahler kritisiert. Nach diesen neuen experimentellen Befunden scheint festzustehen, daß der Säugling bereits von Anfang an ein Bewußtsein davon besitzt, ein von der Mutter körperlich abgegrenztes Wesen zu sein, und daß der

Säugling im kommunikativen Austausch mit der Mutter überhaupt viel mehr Eigenaktivität an den Tag legt, als ihm von den früheren Untersuchern zugestanden worden war (Dornes 1993).

- Die Feministinnen kritisierten die Mutterideologie, die sie bei Spitz zu finden meinten, und vor allem den Umstand, daß Spitz für alle Gedeihstörungen des Säuglings den Mangel an Mutterliebe verantwortlich mache. Elisabeth Badinter vertrat die These, daß „der Mutterinstinkt ein Mythos ist" (Badinter 1981, S. 297). Sie zitiert Feministinnen, die den Mythos vom Mutterinstinkt zerstören wollen:

> „Gibt es den Mutterinstinkt, oder ist das ein großer Witz? Ein großer Witz, der den Frauen beibringen soll, daß sie die ‚Drecksarbeit' zu machen haben, nämlich immer dasselbe machen, ohne daß man ihnen etwas abnimmt, endlos, immer den Boden wischen, den die Gören dreckig gemacht haben, immer die Gören füttern?" (Maternite-Esclave 1975, S. 74 f, zit. in Badinter 1981, S. 287).

Solchen Kritiken gegenüber, die sicher etwas Richtiges treffen, ist jedoch auf Grund zahlreicher, methodisch gründlicher durchgeführter empirischer Untersuchungen als der von Spitz und Mahler festzuhalten, daß eine konstante und verläßliche Mutterbeziehung in der Frühphase die wesentliche Voraussetzung einer späteren gesunden Entwicklung bildet (Göppel 1995). Doch sind die Perspektiven von Spitz und Mahler für mich in anderer Hinsicht problematisch:

- Spitz ist in seinen Beobachtungen dermaßen auf die Mutter fixiert, daß der Vater überhaupt nicht in den Blick kommt. Auch bei Mahler spielt er eine marginale Rolle; immerhin wurde in ihrer Forschergruppe das Konstrukt „Triangulierung" (Abelin 1985) entwickelt, das die Mutter-Kind-Dyade zu einer Vater-Mutter-Kind-Triade erweitert und von dem im nächsten Abschnitt zu handeln sein wird.
- Die Konzepte „Mutter-Kind-Dyade" (Spitz 1969) und „Symbiose und Individuation" (Mahler 1972) heben einseitig aufs Emotionale ab. Sie sind psychologistisch verengt und lassen den bei Pestalozzi anklingenden Welt-Aspekt der frühen Mutter-Beziehung mehr oder weniger außer acht.

An zwei Werken der sakralen Kunst soll der Unterschied zwischen der geschlossenen, überemotionalisierten, psychologistisch verengten und der offenen Dyade veranschaulicht werden.

Julius Schnorr von Carolsfeld (1820): Maria mit dem Kind

Diese spätromantische Madonnendarstellung (Julius Schnorr von Carolsfeld 1820) zeigt die moderne, emotionalisierte und sozusagen ideologisierte Dyade: Mutter und Kind versinken förmlich ineinander.

Die offene Dyade wird künstlerisch gestaltet in älteren Darstellungen der Madonna mit dem Kind. Selbst bei den intimsten Verrichtungen, wie z. B. den Darstellungen des „stillenden Muttergottes", ist die Mutter-Kind-Dyade zum Betrachter hin offen, wird die „Teilhabe des Betrachters" am Mysterium die „Einbeziehung des Betrachters in die dargestellte Szene" (Jülich 1993, S. 60) durch mannigfache Darstellungsmittel erreicht. Das Jesuskind von Riemenschneiders Volkacher Madonna hält mit der einen rückwärts gewandten Hand die Brust der Mutter, während das Gesicht und die andere Hand von der Mutter weg zum Betrachter hingewandt ist. Diese Öffnung der Dyade zum Betrachter hin hat gewiß vordergründig mit der sakralen Funktion dieser Mariendarstellungen zu tun; doch ist es sicher statthaft, in ihnen auch eine darüberhinausweisende „archetypische" Struktur des Mütterlichen zu sehen.

Die Mutter eröffnet dem Kind den Zugang zur Welt. Brigitte Boothe hat den „Dialog des Zeigens" zwischen der Mutter und dem kleinen Kind an Dürers Zeichnung „Maria mit den vielen Tieren" exemplifiziert:

Albrecht Dürer (1503): Maria mit den vielen Tieren

Das Bild ist „in Vorder- und Hintergrund, getreu dem Titel, bevölkert von Tieren, in der Tiefe entfaltet sich ein Panorama von Stadt und Dorf, Land und Meer, Berg und Tal, Haustier und Wildtier, Wanderern und Arbeitenden . . . Das Kind, auf den Schoß der Mutter gebettet, scheint von dort weggleiten zu wollen, mit einer ‚Da!'-Orientierung, wird dabei zart und locker von mütterlicher Hand gehalten, so daß es nicht fallen kann, auch ist der Kopf der Frau auf das Kind gerichtet, der Kleine hat die mütterliche Aufmerksamkeit gewonnen, befindet sich weiterhin in ihrer Obhut und doch auch in relativer Bewegungsfreiheit nach außen, mit der Aussicht, in Marias Geleitschutz unternehmend werden zu können. Die Frau befindet sich in stabiler Sitzposition und nicht in ausschließlicher Zuwendung zum Kind. Sie hält ein Buch in der Rechten und bewahrt noch mit dem Finger die Stelle, an der sie die Lektüre unterbrochen hat, um dem Wegdrängen des Kindes Aufmerksamkeit zu schenken . . . Sie läßt dem Kind den Blick in die Welt, aus der Höhe ihrer Knie oder ihres haltenden Arms" (Boothe 1996, S. 26 f.).

Die Mutter konstituiert somit die Welterfahrung des Säuglings; und sie tut dies auf dreifache Weise:

- sie ist die „erste Welt", d. h. das erste Nicht-Ich, das in den Gesichtskreis des Kindes tritt;

- durch Übertragung der Mutterqualität auf andere Personen erweitert sich die kindliche Welt (Pestalozzi: wer der Mutter „gleich sieht", den liebt das Kind);
- schließlich ist die Mutter der sichere Hafen, von dem das Kind zu seinem „Liebesverhältnis mit der Welt" (Mahler/Pine/Bergmann 1978, S. 93, der Begriff nach Greenacre 1957, S. 57) startet.

Aus pädagogischer Sicht wäre also statt des traditionellen psychologistisch eingeengten, auf das Emotionale beschränkten Konzepts der frühen Mutter-Kind-Beziehung für eine offenere Konstruktion zu plädieren: eine Vorstellung von der Mutter-Kind-Beziehung, die Mutter und Kind nicht zu einer totalen emotionalen Zwei-Einheit verschmelzen läßt, sondern die Beziehung offen hält für das hinzutretende Dritte: den Vater und die Welt.

4. Triangulierung

„Wer der Mutter in die Arme fällt, dem fällt es auch (das Kind - G. B.) in die Arme"; „wen die Mutter küßt, den küßt es auch" - damit ist bei Pestalozzi die triadische Struktur angedeutet, in die sich das Kind hineingestellt sieht: nicht nur das Kind wird von der Mutter geküßt, sondern auch der Dritte im Bunde: der Vater.

Winnicott hatte aus Beobachtung und klinischer Intuition eine „Kreuzidentifikation" (cross-identification) postuliert:

> „Das Kind hat die Beziehung zu beiden Elternteilen gleichzeitig zu einem inneren Konzept eines Drei-Personen-Gefüges verinnerlicht. Die intrapsychische Triangulierung hat stattgefunden. Erst damit hat das Kind die endgültige Fähigkeit zur Kreuzidentifikation (cross-identification; Winnicott 1973) erworben ... Ungestört durch Triebvorgänge fühlt sich das Kind in wechselseitiger Identifikation in die Gefühlswelt des Objektes ein und hat dabei gleichzeitig die Gewißheit, daß das Objekt dasselbe tut und in einer beantwortenden identifikatorischen Einführung um die Gefühle, Wünsche und Bedürfnisse des Subjekts weiß" (Rotmann 1978, S. 1108).

Die systematische Untersuchung der familiären Triade begann in der Forschungsgruppe um Mahler. Dort war bei den Mutter-Kind-Beobachtungen aufgefallen, daß in einer bestimmten Subphase der Separation des Kindes von der Mutter, der sog. Übungs-Subphase, der Vater eine eigenständige Rolle zu spielen beginnt. Daraus entwickelten sich die Forschungen von Abelin, die zur Formulierung des Triangulierungskonzepts führten.

Abelin beobachtete: „Zu Beginn der Übungs-Subphase (d. h. im Alter von etwa 18 Monaten - G. B., vgl. Abelin 1985, S. 204) findet die deutlichste Hinwendung zum Vater statt. Der Vater hat für das Kind eine besondere Erregungsqualität - während zur gleichen Zeit die Mutter als selbstverständlich vorausgesetzte ‚Heimatbasis' für gelegentliches ‚Auftanken' erlebt wird" (ebd., S. 206). Triangulation bedeutet für ihn, daß ein „zweites dann ein drittes und bald eine ganze Hierarchie von Objekten" für das Kind Bedeutung erlangt, „wobei der Vater gewöhnlich die andern überragt" (ebd., S. 207). Abelin betont die qualitative Besonderheit des Vaters „als einer Person, die anders ist als die Mutter" (ebd., S. 212).

Rotmann (1978, 1981), der die Abelinschen Forschungen in Deutschland vor allem bekannt gemacht hat, hat dieses qualitativ andersartige Angebot des Vaters an das Kind anschaulich geschildert:

„Er wird oft in kinästhetische Spiele hineingezogen ... So wird der Vater mit den besonderen Kennzeichen der Übungsphase in Verbindung gebracht: mit Geschicklichkeit und Intensität der Körperempfindungen, mit aufrechter Position, Hochgeworfenwerden und Ähnlichem. Die Beziehung zum Vater bekommt eine besondere Qualität von gehobener Stimmung und Entdeckerlust" (Rotmann 1978, S. 1124).

Vincent van Gogh (1890): Die ersten Schritte

Beispiele wie diese lassen unschwer erkennen, daß der zur Mutter in der Wahrnehmung des Kindes hinzutretende und von ihm „von der Mutter getrenntes spezifisches Objekt" (Rotmann 1981, S. 169) wahrgenommene Vater dem Kind neue Qualitäten und Dimensionen der Welt erschließt.

Zur gleichen Zeit entwickelte sich in der nicht-psychoanalytischen Entwicklungspsychologie ein lebhaftes Interesse an der Bedeutung des Vaters (Lamb 1987, Fthenakis 1985). Die Autoren betonen übereinstimmend die Wichtigkeit des Vater-Kind-Kontakts, ohne freilich die im psychoanalytischen Triangulierungskonzept implizierte Auffassung von der Spezifität des Väterlichen im Sinne einer „Anders-als-Mutter-Welt" zu übernehmen.

Bei der Bewertung der unterschiedlichen Befunde und Interpretationen ist zu berücksichtigen, daß die Zeit des aufkommenden Vater-Interesses in der empirischen Psychologie zugleich durch ein Vorherrschen des soziologischen Rollenmodells gekennzeichnet war, das Geschlechterunterschiede generell, also auch Vater- und Mutterunterschiede, nur als traditions- und zuschreibungsbedingt wahrzunehmen vermochte. Die gleichzeitige feministische Kritik am Patriarchalismus und das proklamierte Leitbild taten ein übriges, um die Frage nach einer spezifisch männlichen und väterlichen Position zum Kind hin nicht recht opportun erscheinen zu lassen. Heute haben dieses Gegensätze an Schärfe verloren, so daß die Frage nach der triadischen Struktur der Vater-Mutter-Kind-Beziehung wieder unbefangener gestellt werden kann (vgl. Lang 1996).

Das Kind im Kindergartenalter: zwischen Realität und Phantasie

Wie mit den Kindern im „Kindergartenalter", den Drei- bis Fünf- bis Siebenjährigen, erzieherisch umzugehen sei, unterliegt seit Anbeginn der Kleinkindpädagogik extrem gegensätzlichen Anschauungen. In den menschenfreundlichen Anstalten des Pfarrers Oberlin (1740–1826) sollten die Kinder von Anfang an Nützliches lernen, vor allem stricken und Choräle singen; in Fröbels Kindergarten hingegen galten die Spiele des Kindes als die „Herzblätter des ganzen künftigen Lebens" (Fröbel 1826, S. 34) und waren als solche in Ehren zu halten und nach Kräften zu fördern (vgl. Althaus 1987, Berger 1990, Dammann/Prüser 1981, Erning 1987, Grossmann 1994).

Im Grunde geht es heute immer noch um die gleiche Alternative: „Lernen an Lebenssituationen" fordert das weit verbreitete Curriculum „Soziales Lernen", und: die Lerninhalte sollen „auf die gesellschaftliche Praxis bezogen werden" (Colberg-Schrader/Krug 1982, S. 35) – was auf die Lerninhalte des alten Pfarrers Oberlin für die damalige Zeit in hervorragender Weise zutreffen würde. Die andere Richtung betrachtet auch heute noch „die spontane Fähigkeit und die Lust des Kindes zu spielen" als „wichtigste Posten in der pädagogischen Rechnung" (A. Flitner 1972, S. 108).

> „Es gibt wohl kein gesundes Kind zwischen 2 und 7 Jahren, das nicht am Strand oder im Sandhaufen oder im Bad oder an einem Bach zu spielen anfinge. Diese vitalen Spielbetätigungen sind auch im Jugendalter noch unmittelbar anziehend und selbst für den Erwachsenen leicht wieder zu entdecken. Sie bedürfen eigentlich der Anregung kaum, nur der Gelegenheit, und der Duldung durch die Umwelt" (ebd., S. 108).

Nicht daß ich mich anheischig machen wollte, eine vermittelnde Position zwischen den Verfechtern des kindlichen Spiels und denen der gesellschaftlichen Realität einzunehmen – ich stehe durchaus auf der Seite der von Fröbel begründeten, von der Reformpädagogik bis hin zu Montessori, die nur einer sehr zeitgebundenen Betrachtung als radikale Fröbel-Gegnerin erscheinen könnte (Hessen 1926), und hier von Flitner noch einmal aufgenommenen Tradition. Mein Beitrag zu diesen Streitfragen wird eher ein psychologisch-anthropologischer sein: im Sinne der hier vertretenen Konzeption einer Pädagogik der Lebensalter das Besondere und Spezifische des Zugangs zur Welt beim Kind im „Kindergartenalter" ins Licht zu rücken und auf diesem Wege die pädagogische Aufgabe zu präzisieren.

1. Eine Gelegenheitsbeobachtung

Auf einem Schiff stehe ich neben zwei mir unbekannten äpfelessenden Jungen an der Reling; sie mögen vier oder fünf Jahre alt sein. Da sieht der eine auf dem Waschbord einen großen, angebissenen Apfel liegen. Jemand wollte ihn offenbar ins Meer werfen, aber die Kraft reichte nicht. Der Junge neben mir stößt seinen Freund an; die beiden können sich gar nicht einkriegen vor Vergnügen. Sie schauen zu mir herüber, wie ich das mit dem Apfel finde. Mehr als ein etwas müdes Lächeln bringe ich nicht zustande. Ich habe schon viele Dinge irgendwo liegen sehen, wo sie nicht hingehören; dieser Apfel jedenfalls elektrisiert mich nicht so wie die beiden und bringt mich nicht aus dem Häuschen. Die zwei tuscheln. Der eine wirft seinen Apfel – platsch, fällt er ins Wasser. Der andere trifft es besser. Jetzt liegen also zwei angebissene Äpfel auf dem Waschbord.

Helmers hat seinerzeit (1971) den Humor des Kindes von der Tendenz zur Ordnungsbestätigung her interpretiert: die Kinder lachen über alles, was der Ordnung widerspricht. Wenn einer „falsch" redet, „falsch" aussieht (wie der arme Mohr im „Struwwelpeter") oder eben wenn ein angebissener Apfel dort liegt, wo man ihn überhaupt nicht erwartet und wo er keineswegs liegen soll.

Das Kind scheint ein Ordnungsfanatiker zu sein (vgl. Montessori 1952); doch zugleich ist es auch ein kleiner Revolutionär. Ein Apfel auf dem Waschbord? Wie wäre es, wenn man noch einen zweiten und dritten hinterdrein würfe? Wenn drei angebissene Äpfel dort einträchtig beieinander lägen, dann wäre im Bezug auf angebissene Äpfel schon beinahe eine neue Weltordnung in Kraft gesetzt: des Inhalts, daß der Waschbord eines Schiffes den idealen, geradezu einzig möglichen Aufbewahrungsort für angebissene Äpfel darstellt. Will sagen: das kleine Kind ist leidenschaftlich interessiert an den Dingen, an den Ordnungen der Welt. Zugleich aber sind diese Ordnungen nichts Feststehendes, sondern etwas, mit dem man experimentieren, das man de-kontextualisieren (Piaget) und neu kontextualisieren kann. Die Fähigkeit, die dies vollbringt, nennen wir: Phantasie.

Aus der zuerst schockierenden Erfahrung („was macht der Apfel da, wo er doch gar nicht hingehört?") entwickelt sich ein Spiel: der arme Apfel auf dem Waschbord – er ist so allein. Schicken wir ihm doch ein paar Kameraden hinter her!

2. Zur psychologischen Charakteristik des Kindergartenalters

Phasen- oder Stufenmodelle der menschlichen Entwicklung sind in der gegenwärtigen Psychologie weithin außer Gebrauch gekommen. Gegen sie wird vor allem geltend gemacht, daß sie die Umwelteinflüsse wie auch die interindividuellen Differenzen zugunsten einer generalisierenden und typisierenden Betrachtungsweise vernachlässigten (Oerter/Montada 1987, S. 17).

Diese Kritik ist berechtigt; doch ist mit dem Abrücken von den Entwicklungsphasen zugleich etwas pädagogisch Wichtiges dahingegangen: die Bereitschaft, „hinter der besonderen Erscheinung des einer bestimmten Entwicklungsstufe angehörenden Kindes den Sinn kindlichen Daseins zu sehen, das eine Berechtigung nach natürlicher Bestimmung in sich trägt" (Kroh, zit. nach Oerter/Montada 1987, S. 17). Der Blick für Phänotypen kindlicher Entwicklungsstufen geht verloren: bei Oerter/Montada umfaßt der Lebensabschnitt „Kindheit" in ihrer dritten, völlig überarbeiteten Auflage immer noch den Zeitraum vom vierten bis zum elften oder zwölften Lebensjahr (vgl. Oerter/Montada 1995, S. 249) – eine enorme Zeitspanne, welche die Unterschiede zwischen den typischen Erscheinungsbildern von Kindern im vierten, im siebenten, im zwölften Jahr einfach ignoriert.

Um zu einer psychologischen Charakteristik des Kindergartenalters zu kommen, müssen wir daher auf ältere entwicklungspsychologische Ansätze zurückgreifen: die „Ganzheitspsychologie", Piaget, die Psychoanalyse. „Wie sieht für das kleine Kind die Welt aus?", fragte seinerzeit Hansen (1938). Das Kind bis zum vierten Lebensjahr pflege die Dinge „wie Lebendes zu behandeln". „Es unterhält sich mit Dingen, befiehlt ihnen, ist erzürnt, wenn sie seine Befehle nicht ausführen . . ." (ebd., S. 207). Am Ende des ersten Schuljahrs hingegen, meint Hansen weiter, kennt es „die Dinge, die diese Welt enthält, meist schon, wie sie wirklich sind, wie jeder sie wahrnehmen kann" (ebd., S. 247). Die Zeit dazwischen, die Phase des Umbaus, des Nebeneinanders magischer und realer Weltauffassung, ist die Zeit, die die Kinder zumeist in Kindergärten verbringen. Ähnlich sieht es die gesamte ältere deutsche Entwicklungspsychologie, angefangen von William Stern bis zu Oswald Kroh und Hildegard Hetzer.

Piagets „Egozentrismus" ist davon weniger weit entfernt, als man vielleicht denken mag. Ist doch der „Egozentrismus" der ersten „Stufe der konkreten Operationen", der „voroperatorischen Stufe" zugeordnet. Die logische Unstimmigkeit, die in dieser Phaseneinteilung Piagets enthalten ist – wenn er nämlich die Stufe der konkreten Operationen mit einer „voroperatorischen" Stufe beginnen läßt – diese logische Inkonsequenz des Psychologen spiegelt recht gut den unlogischen, in sich widersprüchlichen und inkonsistenten Charakter der Altersstufe selbst, die die Weltdinge zugleich konkret und fiktiv nimmt. „Für das Kind gibt es noch kein Bezugssystem außer seiner eigenen Perspektive . . ." (Fatke 1991, S. 303 f.).

> „Der Egozentrismus ist also einerseits das Primat der Bedürfnisbefriedigung über die objektive Feststellung (hieraus stammt der Charakter des anfänglichen Denkens des Kindes, das auf halbem Weg zwischen dem Spiel und der Adaption bleibt). Andererseits ist der Egozentrismus eine Deformation der Wirklichkeit in Funktion der Handlung und des eigenen Gesichtspunktes. In beiden Fällen ist er natürlich unbewußt, denn er ist ja im wesentlichen Vermischung von Subjektivem und Objektivem" (Piaget 1969b, S. 358).

In diesem Punkt ergibt sich ein Brückenschlag zur psychoanalytischen Entwicklungspsychologie (vgl. Bittner 1979a, S. 195), welche die Bedingungen der Möglichkeit dafür erörtert hat, daß Kinder zu konsistenteren, weniger spielerisch-imaginativen, bedürfnisbestimmten Sinngebungen kommen. Wolfgang Loch und Gemma Jappe (1974) haben in einer Re-Interpretation von Freuds berühmter Krankengeschichte des „kleinen Hans" gezeigt, daß in dieser Geschichte der Phobie eines Fünfjährigen durch die therapeutische Intervention Freuds und des Vaters nicht etwa vorausliegende krankmachende Phantasien bewußt gemacht, sondern mittels Identifikation mit dem Vater ein psychisches Niveau erst erreicht wurde, das die Bildung umschriebener, von der Wirklichkeit unterscheidbarer Phantasien überhaupt zuließ. Das ist, nach Loch/Jappe, die Entwicklungsbedeutung der ödipalen Konstellation: „Die Gründung des ‚aktiven Ich', d. h. derjenigen Instanz, die fähig ist, zum primären Liebesobjekt eine Beziehung herzustellen". Dies hat „die Partizipation an der Existenzweise des Vaters zur Voraussetzung, der die Beziehung zur Mutter gefahrlos vorlebt" (ebd., S. 29). Das sei der Sinn der Ödipus-Phase.

Der neueren psychoanalytischen Diskussion stellen sich freilich die Verhältnisse noch etwas komplizierter dar: Der Vater-Einfluß mit seiner Tendenz zum Abgrenzen beginnt schon wesentlich früher, im 2. Lebensjahr (vgl. Rotmann 1978, 1981). Darum ist auch die Urverdrängung früher anzusetzen, als Loch und Jappe es hier tun (vgl. Bittner 1977b); der ganze Vorgang der Differenzierung von Realität und Phantasie nimmt eine längere Zeitspanne in Anspruch. Ferner bleibt hier das Verhältnis von bewußten und unbewußten Phantasien außer Betracht (zu diesen beiden letzteren Punkten vgl. Bittner 1996a).

Wie ist nach alledem die Bedürfnislage des Kindes im Kindergartenalter inhaltlich zu bestimmen? Solche Bestimmungen sind nicht zeitlos, und meine Charakteristik der Vier- bis Siebenjährigen ist gewiß einseitig; sie lebt ein ganzes Stück weit von der Polemik gegen das, was dieser Altersstufe namens der modernen Pädagogik mit diversen Vorschulprogrammen angetan worden ist. Das wichtigste Medium, worin sich das Selbst des vier- bis siebenjährigen Kindes konsolidiert, ist die Betätigung der Phantasie – verstanden nicht als „Träumerei", sondern als die Fähigkeit zur Um- und Neukontextualisierung des Gegebenen; Pflege dieser Phantasietätigkeit ist die vordringliche pädagogische Aufgabe. Meine Überlegungen berühren sich hier mit denen von Fatke, der Phantasiegebilde als psychische Repräsentanzen von realer Möglichkeit als „unersetzliches, ja vielleicht zentrales Mittel zur Gewinnung ‚personaler Identität' . . . oder zur Ausprägung des ‚Selbst'" bezeichnet (Fatke 1981, S. 187) – wobei diese Altersstufe der Vier- bis Siebenjährigen eben noch daran laboriert, daß die Grenzen von Phantasie und Wirklichkeit unscharf und labil sind, und dieser Prozeß der Differenzierung sollte beileibe nicht durch einseitig realitätsorientierte Vorschulprogramme forciert und zu einem vorzeitigen Abschluß gebracht werden.

Ich will drei Bereiche andeuten, in denen die Phantasie praktisch wird: den kognitiven Bereich, die Spielwelt, den sozialen Umgang.

(1) Auf einer Wanderung mit meinem 6 1/2jährigen Sohn, der gerade in die Schule gekommen ist und noch sehr überlegt, ob er sich nun eigentlich auf die Schule einlassen will, ergibt sich folgender Dialog (ähnliche Dialoge haben wir schon über Dutzende anderer Themen geführt):

Konrad sagt: Wenn einer mit dem Fallschirm aus 1 km Höhe springt, wie lange braucht er bis zur Erde? – Ich habe keine Ahnung, denke aber, es wird so etwa eine viertel Stunde sein. – Konrad ist zufrieden mit der Auskunft und fragt weiter: Wenn er aber aus 10 km Höhe springt, wie lange braucht er dann? – Ich glaube, das geht nicht, da ist die Luft wohl zu dünn, da kann er gar nicht atmen. – Also, meint Konrad, wenn er eine Sauerstoff-Flasche mit hat? – Ich sage: vielleicht 1 Stunde. – Konrad: Und wenn er 100 km hoch ist und drei Sauerstoff-Flaschen hat? – Ich sage: Das geht trotzdem nicht. – Konrad insistiert: Und wenn's aber ginge? – Also sage ich: etwa 2 1/2 Stunden. – Wie lange braucht man mit einem Fallschirm um die Erde? fragt Konrad noch. – Ich sage wieder: Es geht nicht; der Fallschirm heißt doch Fallschirm, der will immer zur Erde fallen. – Konrad beharrt: Und wenn's aber ginge? Also sage ich: vielleicht acht Tage.

Kinder denken anders als Erwachsene. Die alte Entwicklungspsychologie hat das, was sich hier abspielt, als „zweites Fragealter" beschrieben, in dem nicht die Was-, sondern die Warum-Frage vorherrscht. Das ist sicher ungenau: Es sind nicht nur Fragen nach dem Warum und Woher, sondern auch Fragen nach dem Wie: Wie funktioniert . . .? Wie schnell . . .? Wie groß . . .? usw.

Das Denken der Kinder hat zu dieser Zeit aber noch eine hervorstechendere Eigentümlichkeit als die Wie- und Warum-Frage: die Verbindung von realistischen und imaginären Elementen: Das ist im obigen Beispiel schön zu sehen: Konrad interessiert sich für exakte Zeitmaße beim Fallschirmspringen; er möchte die beiden Variablen Fallhöhe und Zeitdauer erkunden. Dabei stört ihn aber eine weitere Gegebenheit: daß man gar nicht aus beliebiger Höhe springen kann. Diese Gegebenheit wischt er mittels phantastischer Setzung einfach weg, indem er sagt: „Und wenn's aber ginge?"

Ich möchte diesen Denkstil, in Anlehnung an Kroh (1929), als „phantastischen Realismus" bezeichnen. Er scheint mir besonders charakteristisch für die spätere Kindergartenzeit und den Schulanfang. Und mir scheint, daß die Programme zur kognitiven Förderung der Vorschulkinder dieses fruchtbare Experimentieren zwischen realistischer und imaginärer Welterfahrung besonders sträflich vernachlässigt haben.

Eine kindgemäße elementare Denkerziehung wird kaum anders können, als zu Wagenscheins Einsicht zurückzukehren, daß Kinder eigenständige Zugangswege zu physikalischen Phänomenen entwickeln, indem sie sachliche und anthropomorphisierende Deutungen miteinander verbinden. „Dabei sind wir uns immer bewußt, daß die anthropomorph-animistischen Deutungen der Kinder zwar zum Teil aus der primären Sozialisation im Elternhaus herkommen, andererseits aber auch Mittel des Kindes darstellen, undurchschaubare Zusammenänge auf schon bekannte Vorgänge zurückzuführen" (S. Thiel 1990, S. 95).

Wir unterdrücken zumeist das anthropomorph-animistische und magische Denken der Kinder, weil wir mit unseren eigenen Phantasien auf Kriegsfuß stehen. „Kinder denken anders als Erwachsene", sagte Zulliger (1966a, S. 35). „Und man tut gut daran, dem Kind in seinem Denken mit gleichem Denken zu begegnen, damit es einen verstehen könne" (ebd., S. 42). „Mit gleichem Denken begegnen" – das ist es eben. Welcher wissenschaftlich gebildete Pädagoge hat das denn noch nicht verlernt, zu denken wie die Kinder?

(2) Der bekannte Kinderbuch-Autor Michael Ende hat vor Jahren ein ergreifendes Buch geschrieben: „Momo", das Kind in der Gesellschaft der Zeitsparer. In diesem Buch beschließen die Zeitsparer die Einrichtung von Kinder-Depots, denn „,Kinder sind das Menschenmaterial der Zukunft . . . Aber anstatt unsere Kinder auf diese Welt von morgen vorzubereiten, lassen wir es noch immer zu, daß viele von ihnen Jahre ihrer kostbaren Zeit mit nutzlosen Spielen verplempern'" (Ende 1988, S. 178 f.). In den Kinder-Depots werden die Spiele von den Aufsichtspersonen vorgeschrieben: „Davon, daß sie sich hier selbst Spiele einfallen lassen durften, war natürlich keine Rede mehr" (ebd., S. 179). – „,Wo geht Ihr jetzt denn hin'", fragte Momo ihre früheren Freunde. „,In die Spielstunde'", antwortete Franco. „,Da lernen wir spielen'" (ebd., S. 206).

Sicher hat Ende mit dieser Vision der Kinder-Depots zeitgenössische pädagogische Bemühungen karikaturistisch darstellen wollen – wie mir scheint, mit Recht. Daß Kinder das Spielen erst durch pädagogische Vermittlung lernen müssen, scheint mir eine der beliebtesten Argumentationsfiguren gegenwärtigen Pädagogenhochmuts zu sein. Auch A. Flitners bekannter Buchtitel „Spielen-Lernen" ist eine Konzession an die Pädagogenmentalität, wenngleich der Inhalt seiner Gedankengänge in eine andere, weitaus akzeptablere Richtung geht. Fähigkeit und Lust des Kindes zum Spiel gelten Flitner als Spontan-Kräfte: „Alle Erzieher-Anstrengungen . . . können nur dort etwas erreichen, wo sie mit dieser Kraft zusammenarbeiten, darauf aufbauen, sie erhalten, kräftigen und ergänzen" (Flitner 1972, S. 108).

Pädagogische Aufgabe wäre es also, die Phantasie des Kindes im Vorschulalter nicht übermäßig zu lenken, zu trainieren und damit zu korrumpieren, sondern ihr einen Raum zu geben, in dem sie sich entfalten kann: durch Spielmaterial, das wenig strukturiert und damit für kreative Sinngebung offen ist, durch sprachliches Material, das der Phantasietätigkeit Nahrung gibt – und nicht zuletzt durch Märchen und biblische Geschichten.

Neidhardt hat in seinem Buch „Kinder, Lehrer und Konflikte" (1977) seine Märchenprojekte mit verhaltensgestörten Grundschülern beschrieben, die ähnlich sicher auch mit älteren Kindern im Kindergarten durchführbar sind. Durch Erzählen, Malen, Herstellen von Spielrequisiten und Rollenspiel mit selbstgewählten Märchenrollen wird es den Kindern möglich, sich selbst in der Rolle des kleinen Däumlings, des Räuberhauptmanns, der Prinzessin, ja auch der bösen Stiefmutter wiederzufinden.

(3) Was ich zur Rolle der Phantasie im sozialen Umgang ausführen möchte, kann ich an zwei Beispielen aus dem Buch von Gisela Hundertmarck „Soziale Erziehung im Kindergarten" (1969) anknüpfen. Sie weist an vielen Stellen darauf hin, wie wichtig freie und ungebundene Spiele für die Vermittlung sozialer Erfahrungen sind. Das Kind wird im Spiel zum Anführer oder zum Mittelpunkt der Gruppe: „Es geht bei der ‚Schwarzen Köchin' um den Kreis herum und schlägt die Kinder an, die ihm nun folgen dürfen (‚Komm mit, mit, mit!'). Bei dem Spiel ‚Ziehet durch, durch die gold'ne Brücke' sind es zwei Kinder, die die Brücke bilden, ein Kind einfangen (‚der letzte muß gefangen sein') und es im Flüsterton fragen, ob es den ‚goldenen Apfel' oder die ‚goldene Birne' will . . " – „Jedes Kind kann in diese Position kommen, aber eine solche ausgezeichnete Rolle hat es nur für kurze Zeit inne, dann ist es wieder in der Gruppe der ‚Gefolgsleute' . . ." (ebd., S. 100).

Ein anderes Beispiel, das Hundertmarck selbst woandersher übernommen hat (ebd., S. 110): „Julius (3;8) hob Gregory (2;6) auf, trug ihn in den Waschraum und setzte ihn auf den Boden . . . Er ging weg und kehrte wieder um, als Gregory weinte, hob ihn hoch und sagte: ‚Weine nicht' und streichelte ihn. Die Erzieherin kam herein und fragte, was los sei. Julius: ‚Er weint'. Er schaute Gregory an, nahm ihn dann hoch und schüttelte ihn. Die Erzieherin setzte ihn herunter und sagte zu Julius: ‚Er denkt, du wolltest ihm weh tun, das wolltest du doch nicht?' Julius: ‚Nein'. Erzieherin: ‚Sag es ihm'. Julius zu Gregory: ‚Ich wollte dir nicht weh tun', er streichelte sein Gesicht und sein Haar".

Hundertmarck hebt in diesem Beispiel auf die Hilfe der Erzieherin ab, die darin besteht, daß sie in Worte faßt, was ein anderer empfindet. Das ist gewiß auch wichtig: doch ich möchte an diesem und den vorangegangenen Beispielen ein anderes Moment hervorheben: die Bedeutung der Imagination. In den Spielen „Schwarze Köchin", „Goldene Brücke" ist das klar: es handelt sich um gespielte, um imaginäre soziale Situationen. Man hat der bildenden Wirkung solcher imaginärer Situationen im letzten Jahrzehnt wenig zugetraut, man meinte, alles an realen

Situationskontexten festmachen zu müssen. Auch das andere Beispiel weist auf Imagination, auf Phantasie hin: „Gregory denkt, du wolltest . . .". Und Julius soll sich eben vorstellen, was Gregory denkt, daß er wollte – was verlangt wird, ist ein Akt sozialer Phantasie.

Ich verdanke diesen Ausdruck „soziale Phantasie" dem Werk eines anthroposophischen Pädagogen, das mich in mancher Hinsicht beeindruckt hat: „Mitte der Kindheit" von Müller-Wiedemann (1980). Seine Überlegungen knüpfen an Krappmanns Begriff der „Empathie" an. Er meint, daß von Kindern zwischen neun und zwölf Jahren „zunehmend mögliche Handlungen geplant werden, die man tun oder unterlassen kann, und die man prüfen kann, ehe man sie vollzieht". Daraus entsteht die „Unterscheidung zwischen Wunsch und Tat", und eben: die Verselbständigung einer sozialen Phantasie als Orientierungsfunktion im zwischenmenschlichen Bereich (ebd., S. 238).

Müller-Wiedemann schreibt diese Fähigkeit, soziale Handlungen auszudenken, ehe man sie tut, mit Recht erst Kindern von neun bis zwölf Jahren zu. Darum bin ich skeptisch gegen gelenkte Rollenspiele als Mittel der sozialen Erziehung im Kindergarten. Dennoch würde ich Müller-Wiedemann nicht folgen, wenn er meint, soziales Lernen vollziehe sich beim Kleinkind überhaupt nur durch Nachahmung und Identifikation (ebd., S. 238). Ich meine vielmehr, es gebe ein drittes, das in den Geschichten von Hundertmarck sichtbar wird: den Keim einer sozialen Phantasie, der noch in sich selber lebt, im einzelnen Ereignis, sei es ein Spielereignis wie „Schwarze Köchin" oder ein Vorkommnis des alltäglichen zwischenmenschlichen Umgangs wie in der Geschichte von Julius und Gregory – Situationen, in denen ich auf den erzieherischen Wert des unmittelbaren Erlebens baue, nicht auf die kognitive Verarbeitung oder den bewußten Transfer, die einer späteren Altersphase vorbehalten bleiben.

3. Erzieherische Förderung der kindlichen Phantasie

Blicken wir noch einmal zurück auf Wittgensteins Satz: „Die Welt ist alles, was der Fall ist" (vgl. Kap. Die Welt . . . 3.1) und Rüdiger Bittners kritische Anmerkungen dazu. Genau in diesem Alter fängt das Kind damit an, die Welt nicht als bloß faktische zu nehmen, sondern sich Alternativen auszudenken, über die Welt, wie sie ist, hinauszuexperimentieren. Darum ist Phantasieförderung in dieser Phase eine so wichtige pädagogische Aufgabe (vgl. Fauser/Madelung 1996).

Wenn das Kindergartenkind an den Dingen und den Ordnungen der vorgefundenen Welt leidenschaftlich interessiert ist, aber in einer gewissermaßen experimentellen Art und Weise, die sich mit einer uns Erwachsenen fremd gewordenen Leichtigkeit und Geläufigkeit vorzustellen vermag, daß alles, was ist, auch ganz anders sein könnte, dann erwachsen daraus pädagogische Aufgaben, die dem heute noch gebräuchlichen Konzept eines Lernens in sogenannten Lebens- oder Alltagssituationen – d. h. dem Kind nahe zu bringen, wozu ein Postamt, ein Bahnhof, ein Krankenhaus gut sind, diesem ganzen Inventar des Curriculums „Soziales Lernen" – in vieler Hinsicht entgegengesetzt sind.

Unter den einzelnen Aufgaben der Phantasie-Anregung ist die Förderung des freien Spiels im häuslichen Lebensbereich wie auch im Kindergarten zu nennen, wie von A. Flitner mit Recht gefordert:

„‚Freies Spielen' heißt, daß das Kind sich selber sein Spielthema wählen kann, also seinem eigenen Vergnügen und seinen seelischen Bedürfnissen darin zu folgen vermag . . . Der Erzieher muß darüber nachdenken und Erfahrungen sammeln, welches die Bedingungen sind, die das Kind zum freien Spielen befähigen, d. h. welche Ausstattung, welche Ruhe und Anregung, welches soziale Milieu das Kind für die Empfindung und Betätigung dieser Freiheit braucht" (A. Flitner 1972, S. 108 f.).

Eine weitere, weniger bekannte und anerkannte Aufgabe besteht darin, Kinder an das traditionelle Erzählgut „wundersamer" Geschichten, wozu neben den Volksmärchen vor allem die biblischen Geschichten zu rechnen sind, heranzuführen. „Kinder brauchen Märchen", lautet der deutsche Titel eines sehr bekannten Buches (Bettelheim 1977), gegen den nur wenig einzuwenden ist als eben das eine, daß der amerikanische die Sache noch besser und pointierter trifft: The uses of enchantement - der Nutzen der Verzauberung. „Die unbewußten Vorgänge können für das Kind nur durch Bilder erklärt werden, die direkt sein Unbewußtes ansprechen. Die vom Märchen heraufbeschworenen Bilder tun dies" (Bettelheim 1977, S. 34).

Bettelheim führt die Faszinationskraft des Märchens für Kinder darauf zurück, daß hier in symbolischer Einkleidung die zentralen Konfliktthemen des Kinderlebens angesprochen werden.

Ohne Bettelheims psychoanalytischen Märchendeutungen geradezu widersprechen zu wollen, scheint er mir doch des Guten etwas zu viel getan zu haben, wenn er z. B. in Rotkäppchens roter Kappe das Thema „Blut" und letzten Endes der Menstruation gestaltet sieht (vgl. Bittner 1978). Ganz abgesehen davon, daß die Menstruation nicht gerade auf dem Kopf lokalisiert ist wie Rotkäppchens Kappe und für die Hauptinteressent(innen) dieses Märchens, die Drei- bis Vierjährigen, noch keine greifbare biographische Bedeutsamkeit besitzt, scheint mir die eigentliche Bedeutung der Märchenmotive für die Kinder auf einer anderen Ebene zu liegen: in der Tatsache nämlich, daß hier Dinge wie die rote Kappe anders kontextualisiert werden als im Alltagsgebrauch - nicht als Kopfbedeckung, sondern als persönliches Erkennungs- und Markenzeichen; „darum nannten sie alle nur das Rotkäppchen".

Oder daß im Schneewittchen ein Kamm „vergiftet" sein kann (ob es wohl davon kommt, daß Kämme manchmal ziepen?) und ein steckengebliebener Apfelgribs das Mädchen beinahe zu Tode und dann, nachdem er herausgerüttelt ist, zum vollen Leben bringt - das sind die wahren „uses of enchantement", worin sich die Dinge disponibel, hintergründig, uneindeutig erweisen, sich in neue Beleuchtungen und Kontexte stellen lassen - ähnlich wie die angebissenen Äpfel auf dem Waschbord unseres Schiffes. Daß bei solchen Neukontextualisierungen die eine oder andere hintergründige Symbolik aufscheinen kann von Menstruation oder Mutterkomplex, mag wohl sein. Doch nicht auf solche „esoterischen" Bedeutungsgehalte hin werden die Märchen von den Kindern gehört und gelesen; sie mögen sich im Einzelfall als überraschende Zugabe enthüllen.

Die pädagogische Bedeutung der Märchen ist immer wieder einmal bemerkt und gewürdigt worden (z. B. Gerstl 1963, Richter/Merkel 1974). Eine neuere Erörterung von Rosita Strehlow (1985) stellt die literaturwissenschaftlichen und volkskundlichen Aspekte des Märchens dar und geht ausführlich auf die verschiedenen Möglichkeiten tiefenpsychologischer Märchendeutung ein.

Im Zentrum des Interesses stehen bei Strehlow die pädagogischen Fragen. Es wird gezeigt, daß Kinder in bestimmten Altersstufen empfänglich für Märchen sind, weil diese der altersspezifischen Denkweise besonders entsprechen. Strehlow unterscheidet im Anschluß an Ellwanger und Grömminger (1977) zwischen einer

„magisch irrealen Phantasie“, die im Märchen ihren Ausdruck finde und auf diese Entwicklungsstufe beschränkt bleiben müsse, in der „sich die Geisteskräfte entfalten“, und einer an der Wirklichkeit orientierten konkreten Phantasie, die eine deutliche Nähe zu kreativem Verhalten zeige (Strehlow 1985, S. 149). Auch diese letztere aber werde durch Märchen gefördert.

Schließlich ist festzustellen, daß sich die Bedingungen für die Entfaltung der kindlichen Phantasie unter dem Einfluß der Bildmedien grundlegend verändert haben. Im Rahmen einer Diplomarbeit hatten wir Kindern verschiedener Altersstufen die Aufgabe gestellt: zeichne etwas, was es nicht gibt. Wir hatten damit die Fähigkeit des Kindes zur Phantasieproduktion, zur Negation des sinnlich Gegebenen und Wahrgenommenen zugunsten von etwas Vorgestelltem erkunden wollen:

> „Kg.: Was hast du denn gemalt?
> K.: So Herzballons
> Kg.: Gibt's denn die nicht?
> K.: Denk nicht“ (Eichler 1989, S. 102 f.).

Die Nachfrage ergab, daß das Kind in einer Reklamesendung im Fernsehen wohl solche herzförmigen Luftballons gesehen hatte. Ein anderes Kind fragte ausdrücklich: was es im Fernsehen gibt – gibt's das oder gibt's das nicht?

Das ist der springende Punkt. Dem Kind wird im Fernsehen eine Fülle von Szenarien vorgeführt, die sein Unterscheidungsvermögen hinsichtlich Realität bzw. Fiktionalität hoffnungslos überfordern. Dies scheint mir ein in der breiten pädagogischen Diskussion über Medieneinflüsse auf Kinder (Postman 1983, v. Hentig 1984) zu wenig beachtetes Problem zu sein: wie die Bildmedien die Grenzen zwischen dem Realen und dem Irrealen immer mehr verwischen.

Wenn Phantasieförderung als zentrale Aufgabe des Kindergartenalters verstanden werden soll, ist es entscheidend wichtig, sich über den zugrunde liegenden Phantasiebegriff zu verständigen. Phantasie ist nach der hier vertretenen Auffassung die Fähigkeit, sich die Dinge auch anders vorzustellen, als sie angetroffen werden – kein Wunderland der Träume, in dem das Kind abseits vom alltäglichen Leben heimisch werden soll. Diese letztere Art von Phantasie würde unter Freuds Verdikt fallen: „der Glückliche phantasiert nie, nur der Unbefriedigte“ (Freud 1908, S. 216).

Darum hat Korczak auf seine Weise recht, wenn er davor warnt, Spiel und Phantasie zum „Lebenselement“ des Kindes hochzustilisieren:

„Der Stecken ist kein Pferd für das Kind, es muß nur mangels eines wirklichen Pferdes mit einem hölzernen vorliebnehmen. Wenn es in einem umgekippten Stuhl durchs Zimmer paddelt, so ist das noch keine Kahnfahrt auf einem Teich . . .

Wer wird dann schon einen lebendigen Hund gegen einen ausgestopften auf Rädern tauschen? Wer wird ein Pony für ein Schaukelpferd ausgeben?“

„Wieviel bitteres Wissen von dem Mangel an wirklichem Leben und wieviel schmerzliche Sehnsucht danach wirkt doch in dem Spielen der Kinder fort!“ (Korczak 1967, S. 88 f.).

Die Konstituierung des „moralischen Subjekts"

> . . ., daß ich belebte Gefühle jeder Tugend dem Reden von dieser Tugend vorgehen ließ; denn ich achtete es für bös, mit Kindern von irgendeiner Sache zu reden, von der sie nicht auch wissen, was sie sagen.
> Johann Heinrich Pestalozzi 1799

Zur Subjektkonstitution gehört sicherlich die Konstitution des moralischen Subjekts, wenn sie sich auch darin nicht erschöpft, wie Moralisten unter den Erziehungstheoretikern meinen.

Die Frage nach der Konstitution des Kindes als eines moralischen Subjekts wird derzeit von kognitivistischen Theorien besetzt gehalten (Piaget 1954, Kohlberg 1995, Oser 1981): es gebe kultur- und situationsunabhängige Stufen moralischer Einsicht, die der heranwachsende Mensch durchlaufe, freilich nicht immer bis zur letzten und höchsten Stufe. Aufgabe von Moralpädagogik sei es vor allem, durch Diskussion von moralischen Problemsituationen und Dilemmata die Diskriminierungsfähigkeit und moralische Sensibilität zu schärfen.

Dem gegenüber soll im folgenden eine nicht kognitivistisch, sondern eher „lebensphilosophisch" begründete Sicht der moralischen Entwicklung skizziert werden, welche die moralische als eine spezifische Form von Lebenserfahrung begreift und die pädagogische Aufgabe entsprechend dahingehend bestimmt, dem Heranwachsenden solcherart Lebenserfahrung zu ermöglichen.

1. Die Birnen des Augustin

In seinen „Bekenntnissen" berichtet Augustin eine hochberühmte Episode etwa aus seinem 16. Lebensjahr:

> „Ein Birnbaum stand in der Nähe unseres Weinbergs, schwer mit Früchten beladen, die aber nichts Verlockendes hatten, weder nach Aussehen noch Geschmack. Wir Bürschchen, eine Bande von Taugenichtsen – es war schon tief in der Nacht, und so lang hatten wir uns nach übler Gewohnheit auf den Spielplätzen herumgetrieben – zogen los, den Baum zu schütteln und die Beute fortzuschaffen. Birnen, die schwere Menge, schleppten wir weg – nicht für unsern Verzehr, denn höchstens den Schweinen wollten wir sie hinwerfen –, und wenn wir einiges davon aßen, so taten wir's, nur damit wir etwas täten, was eine Lust ist, weil es nicht erlaubt ist" (Augustinus, Bekenntnisse, S. 79).

Augustin will an dieser Geschichte zeigen, daß die Menschen moralische Gesetze nicht nur übertreten, wenn sie von Not oder Begierden dazu getrieben werden, sondern auch aus der puren Lust an der Übertretung: „Denn was ich stahl, davon besaß ich selbst im Überfluß und noch viel besser. Ich wollte mich ja auch gar nicht an der Beute letzen, auf die ich beim Stehlen ausging, sondern allein an der Dieberei und der Sünde" (ebd., S. 79).

Die Geschichte steht im Kontext von Augustins Selbstanklage: „um nichts" sei er böse gewesen: „amavi perire, amavi defectum meum, non illud, ad quod deficiebam, sed defectum meum ipsum amavi" (ebd., S. 78). Die Reflexion darüber, was einer eigentlich will, wenn er den Diebstahl als solchen will, zieht sich bei Augustin im Anschluß an die Episode noch über viele Seiten hin. Die Sünden sind verkehrte Nachahmungen Gottes, meint er: deshalb habe er bewußt gegen das Gesetz handeln wollen.

Nun weist er allerdings noch auf einen weiteren Punkt hin, den er nicht recht klären kann: allein hätte er den Diebstahl kaum begangen. Der besondere Reiz der Tat sei es gewesen, sie in Gesellschaft Mitschuldiger zu verüben. „Ach, wir wollten nur lachen, es kitzelte uns im Herzen, daß wir die hinters Licht führten, die solches nie von uns geglaubt und aufs äußerste davon aufgebracht werden mußten" (ebd., S. 40) – also die Eltern und Erzieher. An dieser Stelle bricht Augustin die Erörterung dieser Verwicklung brüsk ab: „nolo in eam intendere, nolo eam videre" (ebd., S. 41). Ich will mich nicht mehr mit ihr abgeben; ich will sie nicht mehr sehen.

Wenn Augustin an dieser Stelle weitergedacht hätte, wäre er in die Nähe einer modernen Antwort gekommen: wer die Übertretung als solche will, der will sich vor allem seiner Freiheit und Autonomie vergewissern. Der Jugendliche übertritt die von den Eltern vertretenen Normen mit Vorliebe in der Gruppe Gleichaltriger, weil er sich hier stärker fühlt, als wenn er auf sich selber gestellt wäre. Freilich hätte diese Antwort nicht in sein theologisches Konzept gepaßt.

Immerhin stellt sich hier bei Augustin, vielleicht zum ersten Mal in der Weltliteratur, die Frage nach den sozusagen entwicklungsnotwendigen Übertretungen. Weischedel hat die „Dienlichkeit der Sünde" für Augustins Leben und Philosophieren hervorgehoben: „Eben jene Wildheit seiner Jugend, die Augustinus so bitter beklagt, läßt ihn Möglichkeiten kennenlernen, die er sonst niemals in solcher Unmittelbarkeit erfahren hätte". Und: „die Menschlichkeit eines Menschen ermißt sich ja unter anderem daran, wie weit der Umkreis von Möglichkeiten ist, die er durchschreiten kann und faktisch durchschreitet". Im Blick auf die „Wirrnisse seiner Jugend begreift Augustinus: mit dem Menschen ist etwas nicht in Ordnung". So werden gerade diese Jugendsünden zur Quelle von Augustins denkerischer Intensität: „daß er mit einer Lebendigkeit, wie keiner vor ihm, sich selber zum Gegenstand seines Nachdenkens macht" (Weischedel 1982, S. 78 ff.).

2. Die Kämme der Mademoiselle Lambercier

Ein moralisches Schlüsselerlebnis berichtet auch Jean-Jacques Rousseau in seinen „Confessions". Nachdem er zuvor erzählt hatte, wie ihn die körperlichen Bestrafungen durch Fräulein Lambercier sexuell so erregten, daß er geradezu die Versuchung spürte, solche Züchtigung zu provozieren, ging es einmal anders als erwartet:

> „Ich lernte eines Tags allein in dem an die Küche stoßenden Zimmer meine Aufgabe. Die Magd hatte die Kämme des Fräuleins Lambercier in die Ofennische zum Trocknen gelegt. Als sie sie wieder holen wollte, fand sich, daß an einem derselben eine ganze Reihe Zähne ausgebrochen war. Wer konnte daran schuld sein? Kein anderer als ich hatte das Zimmer betreten. Man fragt mich; ich leugne, den Kamm berührt zu haben. Herr und Fräulein Lambercier sind einig in ihrem Verdacht, ermahnen mich, dringen in mich, drohen mir; ich bleibe hartnäckig. Aber die Überzeu-

gung war zu stark, sie siegte über alle meine Beteuerungen, obwohl es das erstemal war, daß man mich bei einer so kecken Lüge ertappte. Man nahm die Sache ernst, sie verdiente es auch. Die Bosheit, die Lüge, die Hartnäckigkeit schienen gleicherweise der Bestrafung wert, aber diesmal vollzog sie nicht Fräulein Lambercier an mir . . . Sie war schrecklich . . .

Man konnte mir das geforderte Geständnis nicht entreißen . . . Ich war entschlossen, sogar den Tod auf mich zu nehmen. Selbst die Gewalt mußte dem teuflischen Starrsinn eines Kindes weichen, denn nicht anders nannte man meine Standhaftigkeit. Endlich entrann ich dieser grausamen Prüfung, zerfetzt, aber triumphierend" (Rousseau 1782, S. 18 f.).

Rousseau versichert noch aus dem Abstand von 50 Jahren feierlich, er habe die ihm zur Last gelegte Missetat nicht begangen. Er habe damals aber noch nicht Vernunft genug gehabt, um zu bemerken, daß der Schein gegen ihn sprach (ebd., S. 19). Mag sein, daß die Vernunft noch zusätzlich gehemmt war durch die Aussicht, die Bestrafung wieder aus der Hand von Fräulein Lambercier zu empfangen, womit er eigentlich rechnete – zumal es ja ihre Kämme waren. Ferner wird ein solcher Zusammenhang nahegelegt durch Rousseaus Bemerkung, daß einer der kräftigsten Antriebe seiner Seele, nämlich sein Gerechtigkeitsgefühl, „auf die gleiche Quelle zurückgeht, aus der Wollust und Sinnlichkeit in mein Blut geflossen sind" (ebd., S. 18). Freud hat schon recht: unsere Tugenden sind eng verbunden mit unseren sinnlichen Neigungen.

Der im gegenwärtigen Zusammenhang wichtigere Punkt ist indessen Rousseaus Zurückführung seines Gerechtigkeitsgefühls auf die erfahrene ungerechte Behandlung:

„Dies erste Gefühl erlittener Gewalttätigkeit und Ungerechtigkeit blieb mir so tief in die Seele gegraben, daß alle Vorstellungen, die sich daran knüpfen, mir meine erste Erregung wiedergeben, und dies Gefühl, das ursprünglich nur mich berührte, hat in sich solche Macht gewonnen und sich so sehr von jedem persönlichen Interesse gelöst, daß mein Herz bei dem Anblick oder der Erzählung jeder ungerechten Handlung, wen auch immer sie betreffe und wo immer sie verübt werde, aufflammt, als ob ich selbst unter ihr zu leiden hätte. Wenn ich von den Grausamkeiten eines wilden Tyrannen, den fein ausgedachten Schandtaten eines schurkischen Priesters lese, würde ich mich gern aufmachen, um diese Elenden zu erdolchen, sollte ich auch hundertmal darüber zugrunde gehen. Ich bin oft in Schweiß geraten, indem ich laufend oder mit Steinwürfen einen Hahn, eine Kuh, einen Hund oder irgend sonst ein Tier verfolgte, das ich ein andres quälen sah, nur weil es sich stärker fühlte. Diese Erregung kann mir angeboren sein, und ich glaube, daß sie es ist; aber die unauslöschliche Erinnerung an die erste Ungerechtigkeit, die ich erduldete, war zu lang und zu tief damit verbunden, als daß sie nicht dadurch noch sehr verstärkt worden wäre" (ebd., S. 20).

Das Beispiel Rousseaus soll jenes von Augustin dahingehend ergänzen, daß erlittenes ebenso wie verübtes Unrecht zu einer Schlüsselerfahrung für die moralische Entwicklung werden kann.

Später wird zu erörtern sein, warum die derzeitig herrschende „kognitivistische" Theorie der Moralentwicklung mit solchen vielfach belegten Erfahrungen so wenig anzufangen weiß.

3. C. G. Jung – oder: Gottes Exkrement auf dem Basler Münsterdach

Carl Gustav Jung berichtet in seinen Lebenserinnerungen:

„An einem schönen Sommertag desselben Jahres (1887) kam ich mittags aus der Schule und ging auf den Münsterplatz. Der Himmel war herrlich blau, und es war strahlender Sonnenschein. Das Dach des Münsters glitzerte im Licht, und die Sonne spiegelte sich in den neuen, buntglasierten Ziegeln. Ich war überwältigt von der Schönheit dieses Anblicks und dachte: ,Die Welt ist schön, und die Kirche ist schön, und Gott hat das alles geschaffen und sitzt darüber, weit oben im blauen Himmel, auf einem goldenen Thron und –' Hier kam ein Loch und ein erstickendes Gefühl. Ich war wie gelähmt und wußte nur: Jetzt nicht weiterdenken! Es kommt etwas Furchtbares, das ich nicht denken will, in dessen Nähe ich überhaupt nicht kommen darf. Warum nicht? Weil du die größte Sünde begehen würdest" (Jung 1984, S. 42).

Von da an beschäftigte er sich mit dem Nicht-Denken des sich aufdrängenden Gedankens und war lange ziemlich verstört, schlief schlecht, und seine Mutter dachte, er sei krank, bis er in der dritten Nacht erwachte und wußte, daß er den beunruhigenden Gedanken denken mußte. Qualvoll überlegte er, ob er es dürfe; er dachte über den Willen Gottes nach, über seine Ahnen, bis hin zu Adam, Eva und der Schlange. Es ging um sein Seelenheil, wollte Gott, daß er sündigte, oder seinen Mut? „Ich faßte allen Mut zusammen, wie wenn ich in das Höllenfeuer zu springen hätte und ließ den Gedanken kommen: Vor meinen Augen stand das schöne Münster, darüber der blaue Himmel, Gott sitzt auf goldenem Thron, hoch über der Welt, und unter dem Thron fällt ein ungeheures Exkrement auf das neue bunte Kirchendach, zerschmettert es und bricht die Kirchenwände auseinander" (ebd., S. 45).

Die Überwindung des blasphemischen Zwangsgedankens erscheint hier als eine Frage des moralischen Mutes: er muß sich mit diesen anstößigen und normwidrigen Gedanken auseinandersetzen. Es kann demnach „moralischer" sein, einen von der Sittenordnung mißbilligten Gedanken zu denken, als ihm ängstlich auszuweichen. Was Jung hier als Kind ganz persönlich erlebte, hat später einen Niederschlag in seinen theoretischen Auffassungen gefunden. Das Gewissen ist für ihn eine „innere Stimme", eine „autonome" Gegebenheit (Jung 1958, S. 484), die vorzugsweise gerade dort in Erscheinung tritt, wo sie zu den Normen und Regeln des allgemein anerkannten Sittengesetzes in Widerspruch gerät. So weit nämlich „die traditionellen Moralvorschriften reichen, ist es praktisch kaum möglich, das Gewissen von ihnen zu unterscheiden . . ." (ebd., S. 481). Erst wo er sich nicht mehr an die „Paragraphen eines vorgegebenen Moralgesetzes" halten kann, beginnt die „allerpersönlichste Ethik": „in der ernsten Konfrontation mit dem Absoluten, im Einschlagen eines Weges, den die landläufigen Moralparagraphen und die Hüter des Gesetzes verurteilen. Und doch spürt der Mensch, daß er vielleicht nie seinem innersten Wesen und Ruf und damit dem Absoluten treuer gewesen ist . . ." (ebd., S. 502 f.). Freilich kann diese Berufung auf das Gewissen keine Sicherheit geben, denn wenn man sich unter Berufung auf das Urteil des Gewissens den Boden der allgemein gültigen Regeln verläßt, „so steht man allein und hat auf eine subjektive Stimme gehört, von der man zunächst nicht weiß, auf was für Motiven sie beruht" (ebd., S. 482): Wer seiner „inneren Stimme" folgt anstatt den anerkannten Regeln, steht immer in Gefahr, sich zu irren (ebd., S. 484).

In der vorhin erzählten Geschichte stellt sich der moralische Konflikt, auf den Jung anspielt, noch auf kindlich einfache Weise dar. Die Sittenregel sagt: du sollst keine blasphemischen Gedanken denken; du würdest sonst „die größte Sünde tun". Und die innere Stimme sagt dagegen, je länger desto vornehmlicher: wenn du innerlich freiwerden willst, mußt du den Gedanken kommen lassen. Also nimm deinen Mut zusammen und spring - mitten ins Höllenfeuer.

4. Wie konstituiert sich eine moralische Erfahrung?

Die drei skizzierten und kurz kommentierten Geschichten sollten ein Problem veranschaulichen, das in der gegenwärtigen „kognitivistisch" dominierten Debatte über die moralische Entwicklung des Kindes regelmäßig außer acht gelassen wird: daß nämlich auch das eigene unmoralische Tun oder das Erleiden von Ungerechtigkeit zum moralischen Schlüsselerlebnis werden kann. Augustins religiöse und moralische Entwicklung ist durch die Erfahrung seiner Jugendverfehlungen wesentlich mitkonstituiert, Jung erfuhr in der berichteten Szene, daß moralischer Mut dazu gehört, das Verbotene zu denken; für Rousseau schließlich wurde die traumatische Erfahrung, ungerecht behandelt worden zu sein, zum Motiv eines manchmal ans Paranoide streifenden Gerechtigkeitsfanatismus.

Eigene Übertretungen können ebenso wie erlittenes Unrecht das moralische Bewußtsein des Kindes erwecken. Nicht zufällig sind Übertretungen von Geboten ein zentrales Motiv der Märchen, die wir Kindern in mehr oder weniger „pädagogischer" Absicht erzählen.

Die Märchen scheinen es, anders als z. B. der Struwwelpeter, auf irgendeine heimliche Weise mit dem Ungehorsamen, mit dem Tabu-Verletzer zu halten. Gewiß - wenn Rotkäppchen sich an das Gebot der Mutter gehalten hätte und auf dem rechten Wege geblieben wäre, dann wäre es nicht vom Wolf gefressen worden, doch dann lebte auch der Wolf noch heute. Oder wenn im Grimmschen Märchen von den Schlangenblättern der Diener nicht verbotenerweise von der weißen Schlange des Königs gegessen hätte, dann verstünde er die Sprache der Tiere nicht und hätte die Prinzessin nicht gewinnen können. Und endlich das in Märchen so häufige Tabu der verschlossenen Tür, im „Marienkind" beispielsweise oder im „Blaubart": Blaubarts junge Frau mußte die verbotene Kammer betreten. Hätte sie es nicht getan, so wäre sie zwar nicht in Todesgefahr geraten, doch sie wäre dafür dem Blaubart ihr Leben lang untertan geblieben, und die Geschichte hätte nicht gelohnt, als Märchen erzählt zu werden. Unfolgsamkeit, so scheint die heimliche Moral des Märchens zu sein, schafft zwar Leiden und Verwicklungen, doch letzten Endes gewinnt sie alles, was der Herz begehrt: Königreiche, Reichtümer und die schöne Prinzessin.

Das Kind kann im Märchen etwas Wichtiges lernen: daß man oft gerade das tun muß, was tabu ist - ob es sich nun um eine heimliche Entdeckungsreise, um die erste Zigarette oder das erste Rendezvous handeln mag. Das Kind vergewissert sich seiner Freiheit nicht durch Denken, sondern durch Handeln. Indem es das tut, was tabu ist, reduziert es das magische oder mit göttlicher Autorität sanktionierte Verbot auf ein von Menschen gemachtes, dem allenfalls Achtung als einer zwischen Menschen geltenden Regel, doch keine darüber hinausgehende Reverenz gebührt. Im Ungehorsam vergewissert sich der junge Mensch, daß Gebote von Menschen gemacht sind und bloß menschliche Autorität beanspruchen dürfen (Bittner 1970, S. 65 f.).

Es wird unmittelbar deutlich, daß sich diese Überlegungen in Kontrast stellen zu Piagets „Moralischem Urteil" (1954) und der von ihm auf den Weg gebrachten kognitivistischen Forschungsrichtung, die seit langem der Diskussion über die moralische Entwicklung und Erziehung des Kindes ihren Stempel aufgedrückt hat. „Jede Moral", so lautet Piagets Axiome, „ist ein System von Regeln, und das Wesen der Sittlichkeit besteht in der Achtung, welche das Individuum für diese Regeln empfindet" (Piaget 1954, S. 7).

Piaget unterscheidet dann zwei Entwicklungstypen dieser „Achtung": den in der Zeitabfolge früheren des „moralischen Realismus", der auf einseitigem Zwang durch den Erwachsenen beruht, der die Gebote wörtlich und buchstabengetreu nimmt und der Handlungen auf Grund ihrer materiellen Übereinstimmung mit den vorgeschriebenen Regeln einschätzt (ebd., S. 121 f.); andererseits den Typus der Zusammenarbeit oder Autonomie, der auf der Entwicklung des Gerechtigkeitsbegriffes basiert (ebd., S. 223).

Die alles entscheidende Frage lautet: wie vollzieht sich der Übergang zwischen beiden? Piaget äußert sich dahingehend, „daß das Gerechtigkeitsgefühl, wenn es auch durch Vorschriften und das praktische Beispiel des Erwachsenen verstärkt werden kann, zum guten Teil unabhängig von diesen Einflüssen ist und zu seiner Entwicklung nur der gegenseitigen Achtung und Solidarität der Kinder untereinander bedarf" (ebd., S. 223 f.).

Ein analoges Problem wirft, wie die Ablösung der beiden Gerechtigkeitsbegriffe bei Piaget, Kohlbergs Moralstufentheorie auf, insbesondere der Übergang von der konventionellen zur postkonventionellen Stufe: was begründet diesen Übergang? Nach Kohlberg wiederum wie nach Piaget ein ominöser Einsichtszuwachs.

Meine noch vorläufigen und wenig abgesicherten Erfahrungen lehren mich anders. In einem Proseminar forderte ich Pädagogik-Studenten auf, ein „moralisches Problem" aus ihrer eigenen Kindheit anonym zu berichten. Eine unerwartet große Gruppe behandelte ein Ereignis von Gerechtigkeitsverletzung durch die Erwachsenen. Auch wenn sich diese autobiographischen Rückerinnerungen vorläufig noch nicht in quantitative Aussagen ummünzen lassen, belegen sie doch, daß Einflüsse wie die von Rousseau berichteten zur Fundierung der kindlichen Gerechtigkeitsvorstellung mehr beitragen dürften, als Piaget einzuräumen bereit ist.

Einige Beispiele aus den Aufzeichnungen der Studenten:

Als Kind hatte ich immer das Gefühl, daß mein „großer Bruder", er ist 3 1/2 Jahre älter als ich, bevorzugt wurde.

Er bekam immer das größere Zimmer, wenn wir in eine neue Wohnung zogen und das kam ziemlich oft vor, er durfte mit technischen Geräten z. B. Eisenbahn umgehen usw. Bei mir hieß es immer ich sei zu klein, um Entscheidungen zu treffen oder um irgendetwas begreifen zu können.

Eines Tages brachten meine Eltern von einem Elternsprechtag zwei, von ihnen selbstgebastelte Tonköpfe mit, die man sich zum Spielen auf einen Finger stecken konnte. Einer davon war besonders schön, ein Kasperle-Kopf, der andere ein kleiner Teufel. Den wollte keiner von uns beiden. Wir fingen an uns zu streiten und ich versuchte meinen Eltern zu erklären (ich war ungefähr 7 oder 8 Jahre alt), daß ich vielleicht mal an der Reihe sei, als erster mich zu entscheiden und nicht nur immer das zu bekommen, was übrig bleibt, so wie es sonst immer der Fall war. Meine Eltern sahen wohl nicht oder wollten nicht sehen, daß mein Bruder immer bevorzugt wurde, so daß sie mich nicht verstanden. Um den Konflikt zu lösen, schlugen sie vor, man sollte losen, Lose ziehen. Sie wollten die Entscheidung dem Zufall überlassen und sich nicht selbst in Mißgunst begeben. Mein Bruder gewann natürlich. „Natürlich", schreibe ich deshalb, weil es absurderweise immer so war. Er war einfach der Siegertyp und ich fühlte die Ungerechtigkeit auf mir lasten.

Mein Bruder und ich hatten was angestellt. Was, weiß ich nicht mehr. Mein Vater kam dazu, hat uns angeschrien und wollte uns ohrfeigen. Mein Bruder ist weggelaufen; ich war zu stolz dazu und wollte mutig sein und nicht weglaufen. Da hatte ich dann gleich die Ohrfeige, während mein Bruder es schaffte, dem zu entkommen.

Das fand ich sehr ungerecht, trotz meines Mutes auch noch bestraft zu werden. Ich fühlte mich in meiner Aufrichtigkeit getroffen.

Moralisches Problem in der Kindheit!

Warum war ich mit 7 Jahren alt genug, die selben Pflichten wie meine älteren Brüder zu übernehmen (Abwaschen, Müllraustragen, Unkraut zupfen)?

Aber nie alt genug, dieselben Rechte zu haben? Dieses Problem führte zu ständigen Diskussionen, wurde aber nie ganz gelöst. Ich bekam immer nur (mir) fadenscheinige Argumente zu hören.

Unter Berücksichtigung der Beispiele von Augustin und C. G. Jung würde sich eher die Annahme nahelegen, daß es bei solchen Stufenübergängen um persönliche Erfahrungen emotionaler und existentieller Art geht, die uns innewerden lassen, daß die Regeln nicht „an sich" gelten, sondern daß ebenso wie der Regel unter Umständen auch der Übertretung eine je eigene Vernunft inne wohnt. Augustin – Idealist, der er war – mag in der Übertretung um der Übertretung, nicht um der Birnen willen – unter den Vorzeichen der Negation sozusagen eine Erfahrung des Moralischen „an sich" gemacht haben. „Der Himmel stürzt nicht ein, wenn ich diesen Gedanken denke", mag Jung als Erfahrung mitgenommen haben.

Eine Frau berichtete mir in der Analyse von einem Ehebruch mit einem Mann, an dem ihr gar nichts lag: „Ich wollte nur sehen, ob der Himmel einstürzt dabei". Der Himmel sei nicht eingestürzt, und das sei für sie eine lebenswichtige Erfahrung gewesen.

Was ich sagen will: Kinder – und vielleicht Menschen überhaupt – gewinnen ihre Erkenntnisse mehr durch Handeln als durch abstrakte Denkoperationen. So ist die moralische Entwicklung wohl nicht in einem mehr oder weniger autonom ablaufenden kognitiven Differenzierungsprozeß begründet, sondern ist das Ergebnis von (sekundär durchaus kognitiv zu verarbeitender) Lebenserfahrung. Moralische Entwicklung vollzieht sich in moralisch relevanten Situationen; sie schließt ebenso Erfahrungen des Gelingens und Scheiterns und die aus diesen Erfahrungen gezogenen Lehren mit ein. Eine sittliche Erziehung von Kindern, die diesen Umstand berücksichtigt, die die Situationen und nicht die kognitiven Strukturierungen in den Mittelpunkt stellt, müßte zu der im Gefolge von Piaget und Kohlberg geübten Moralpädagogik grundlegend andere Ausgangspunkte wählen.

5. Moralische Erziehung: „Verschaffen von Gelegenheit" zum Gut- (und Böse-)sein

Moralerziehung nach den Prinzipien Kohlbergs basiert wesentlich, wenn nicht gar ausschließlich, auf der Diskussion moralischer Themen. Die ersten Versuche Kohlbergs und seiner Mitarbeiter beschränkten sich darauf, hypothetische moralische Dilemmata, wie sie sie in seinen Forschungen verwendet hatten, von Schulklassen diskutieren zu lassen, wodurch sich „im Durchschnitt ein Drittel der Kinder um eine Stufe und die meisten Kinder um eine Drittel-Stufe weiterentwickelten" (Kohlberg 1986, S. 22).

Die spätere Weiterentwicklung der pädagogischen Ideen Kohlbergs zum „Just Community"-Modell folgt grundsätzlich derselben Linie, strebt lediglich eine bessere Integration der moralischen Diskussion in den Schulalltag an: durch Einbezug in die Curricula für Literatur und Gesellschaftslehre (ebd., S. 25) und durch Moralerziehung als „Schöpfung einer kleinen Schulgemeinschaft" (ebd., S. 28). Immer aber bleibt die Diskussion das entscheidende Element pädagogischer Intervention (Berkowitz 1986).

Wenngleich Kohlberg sein erstes Modell nachträglich selbstkritisch als „Einbahnstraßen-Modell" einer allzu direkten Anwendung einer psychologischen Theorie auf Probleme pädagogischer Praxis bezeichnet (Kohlberg 1986, S. 24), muß Ähnliches doch auch gegen sein zweites, das „Just Community"-Modell eingewandt werden: dieses bezieht zwar den Schulalltag stärker ein und bemüht sich um dessen Umgestaltung gemäß der Gerechtigkeits-Prinzipien, doch ist der Eindruck nicht zu verwischen, daß Leben und Schulalltag auch hier letzten Endes nur als Stoff für moralische Diskussionen interessant sind. Das Leben bleibt der Theorie nachgeordnet.

Meinen Vorstellungen näher kommt Herzogs Versuch einer Grundlegung der Moralerziehung, der auf der Auseinandersetzung mit den drei großen Theorietraditionen psychologischer Moralerklärung (Psychoanalyse, Behaviorismus, genetische Psychologie) basiert und der insbesondere Kohlbergs Annahme auf einleuchtende Weise zurechtrückt und relativiert.

Herzog geht von dem bei Herbart formulierten Problem aus, der Erzieher bedürfe „einer Theorie, die ihm verständlich macht, wie sich moralische Selbstbestimmung als Resultat erzieherischer Einwirkung ergibt" (Herzog 1991, S. 29, vgl. Kap. Subjektkonstitution). Das Problem erweist sich nach seiner ausholenden Analyse als falsch gestellt auf Grund dessen, was er das „cartesianische Denken" (ebd., S. 370) nennt:

> „Im Cartesianismus erscheint der Mensch entweder als ‚mentalistic mirage' . . . oder als ‚mechanistic monster' . . . Ein ‚mystery-mastery complex' . . . verwirrt unser Denken" (ebd., S. 371).

Demgegenüber steht Herzogs Orientierung am Menschen als Organismus. Über diese Begrifflichkeit wäre allenfalls zu streiten, nicht indessen über die eingenommene Perspektive: die entschiedene Absage an monokausale Modelle, aus denen sich einlinige Interventionsstrategien ergeben. Der Mensch ist ein Wesen, das sich entwickelt, das sich in Beziehungen, in gesellschaftlichen Kontexten bewegt (vgl. ebd., S. 371) – weder ist er als Kind so unfehlbar zu beeinflussen, noch als Erwachsener so vernünftig und autonom, wie dies den mystery-mastery-Ideologien erscheinen mag. Speziell gegen Kohlberg wendet er ein:

> „Es genügt nicht, auf moralische Urteile zu achten, denn der Ort der moralischen Erziehung sind moralische Situationen". Und, Derbolav zitierend, fährt er fort: „Nur in konkreten Lagen spielt sich das wahre Erziehungsleben ab, sammeln sich die Probleme, konzentrieren sich die zu bewältigenden Konflikte und finden Dilemmata ihre Auflösung" (ebd., S. 409).

Hier können wir mit unseren Überlegungen anknüpfen. Einer Moralpädagogik, die das Wesentliche moralischer Erziehung in der Weckung und Förderung moralischer Einsicht sieht, wäre, gestützt auf Erfahrungen wie die von Augustin, Rousseau und Jung artikulierten, ein Erfahrungs- oder Situationsmodell moralischer Entwicklung entgegenzustellen. Moralische Erziehung bestünde dann, mit Winnicotts Worten, im „Verschaffen von Gelegenheit" zum Gutsein – und, wie ich im

Anschluß an die Überlegungen zur notwendigen Erfahrung des Regelwidrigen und der Übertretung für die moralische Entwicklung hinzufüge: im Verschaffen von Gelegenheiten zu beidem: zum Gut- ebenso wie zum Bösesein.

Pestalozzi hat ein derartiges Situationsmodell moralischer Erziehung im berühmten „Stanser Brief" beschrieben, worin er von einem Erziehungsexperiment mit heimatlosen Kindern berichtet. Die späteren pädagogischen Systematiker unterschieden im „Stanser Brief" drei Stufen der sittlichen Erziehung: die allseitige Besorgung, das sittliche Handeln und zum Schluß erst die Reflexion, den Gebrauch der Wörter (Klafki 1992).

Am Anfang sittlicher Erziehung steht die Erweckung einer „sittlichen Gemütsstimmung durch reine Gefühle". Die Situationen, in denen solche Gefühle der Liebe, der Dankbarkeit erfahren werden können, wurzeln in der leiblichen Versorgung, erschöpfen sich aber nicht darin. Die von Pestalozzi artikulierte Grunderfahrung besagt, daß ein Kind den Weg des Guten nur in dem Maße finden kann, wie ihm zuvor selber Gutes zuteil geworden ist.

Das zweite ist nach Klafkis sicherlich zu schematischer Stufenfolge die Einübung ins sittliche Handeln. Zu schematisch nenne ich sie, weil es bei Pestalozzi nur ansatzweise ein Nacheinander, ein Aufeinander-Aufbauen ist (vgl. Pestalozzi 1799, S. 14), vielmehr aber Teil und Aspekt eines gemeinsam gelebten Lebens.

Schließlich – dies die dritte Klafkische Stufe – die Worte, die sittlichen Belehrungen, die nach Pestalozzis Auffassung gar nicht sparsam genug gebraucht werden können:

> „Ich habe meinen Kindern unendlich wenig erklärt; ich habe sie weder Moral, noch Religion gelehrt; aber, wenn sie still waren, daß man eines jeden Athemzug hörte, dann fragte ich sie: Werdet ihr nicht vernünftiger und braver, wenn ihr so seyd, als wenn ihr lärmet?" (ebd., S. 15).

Pestalozzis Ziel war es nicht – oder wenigstens nicht in der Hauptsache –, die Kinder zum Einhalten bestimmter Regeln zu erziehen, sondern die ursprüngliche „innere Kraft" zum Guten in ihnen zu erwecken (ebd., S. 20).

Eine sittliche Erziehung, die den „inneren Menschen" erreicht, die ihm ein Gutsein aus sich selbst heraus ermöglicht, die sein Bedürfnis zum Gut-Sein, das aus der Situation des Miteinander-Lebens erwächst, unterstützt – das wäre heute vor allem das Ziel psychoanalytischer Pädagogik. Ein Lehrstück in dieser Richtung ist etwa Zulligers Geschichte des Pflegekindes Gusti, das Zigaretten gestohlen und in der Scheune geraucht hat. Zulligers subtile Pädagogik gipfelt in dem Satz:

> „Höre, Gusti, das nächste Mal, wenn du unbedingt rauchen mußt . . ., so sag es mir. Ich gebe dir dann einen Stumpen . . . den kannst du hinterm Haus in der Hofstatt rauchen . . . Du hast es nicht nötig, etwas zu entwenden, du kannst es nur bei mir verlangen" (Zulliger 1958, S. 26).

Das ist beileibe keine laissez-faire-Pädagogik, denn Zulliger findet schon deutliche Worte, warum man in der Scheune nicht rauchen darf, und daß man, was man mitnimmt, auch bezahlen muß. Aber dies alles auf dem Hintergrund: was du brauchst, das bekommst du.

Von Winnicott gibt es einen ungewohnt aggressiven Aufsatz über „Moral und Erziehung": Das Gute, sagt er, entwickelt sich bei entsprechender Pflege im Kinde selbst. Religion und Erziehung meinen, man müßte Kindern das Gute erst einpflanzen, aufpfropfen oder gar einbläuen: „Die Religion ... hat dem sich entwickelnden einzelnen Kind das Gute gestohlen und hat dann ein künstliches Schema aufgestellt, um ihm dieses Gestohlene wieder einzuflößen; das hat man dann ‚moralische Erziehung' genannt" (Winnicott 1974, S. 122). Die Psychoanalyse hingegen „befreit die Eltern von der Last der Vorstellung, sie müßten ihre Kinder ‚gut' machen" (ebd., S. 136). Moralische Erziehung kann nur im „Verschaffen von Gelegenheiten" bestehen: „... es ist wohlbekannt, daß es mehr wert ist, jungen Leuten zum Dienstleisten Gelegenheit zu geben, als ihnen moralische Erziehung im Sinn von Sittenlehre anzubieten" (ebd., S. 134 f.).

In der gegebenen Situation, im Zusammenhang des Lebens, lernen wir freilich beides: das Moralische wie das Unmoralische. Das Wesentliche ist die Offenheit der Situation zum einen wie zum andern hin. Makarenko hatte den Jugendlichen Karabanow beauftragt, vom zuständigen Amt in der Stadt erst 500, dann noch einmal 2 000 Rubel für die Kolonie abzuholen. Karabanow gerät in einen tiefgreifenden Konflikt zwischen seinem alten Banditen- und seinem neuen Kolonisten-Ich: Soll er das Geld nun bringen oder lieber damit „abhauen" (vgl. die ausführlichere Darstellung dieser Episode in Kap. Pädagogische Situationen)?

> „... Ich ritt und dachte: ‚Wenn es doch einen Gott gäbe, wenn Gott doch jemand schicken wollte, mich im Walde zu überfallen ... Und wenn es zehn wären oder sonst wieviel ...'. Ich weiß nicht, ich hätte geschossen, gebissen und gerissen wie ein Hund, bis sie mich umgebracht hätten. Und wissen Sie, dabei habe ich fast geheult ... Ich wußte doch, daß Sie hier sitzen und denken: ‚Bringt er es oder bringt er es nicht?'" (Makarenko 1952, S. 219).

Die Entscheidung für das Moralische, für die Werte des Kollektivs war in diesem Falle so existentiell und überzeugend, weil sie in einer offenen Situation, einer Situation der Freiheit sich ereignete. Moralisch handeln kann der Mensch, kann das Kind nur da, wo es auch unmoralisch handeln könnte.

In einer ähnlichen, wenn auch weniger dramatischen Situation sagte Zulliger zu einem ertappten jugendlichen Dieb, der sich darüber beschwerte, daß die Klassenkasse offen für jedermanns Zugriff gewesen sei:

> „‚Ich will ja, ... daß ihr in Versuchung kommt zu stehlen ... Wie anders könntet ihr beweisen, daß ihr ehrliche Buben und Mädchen seid? Es ist einer noch lange nicht ein ehrlicher Bursche, wenn er es nur deshalb zu sein scheint, weil er keine Gelegenheit zum Stehlen hat'" (Zulliger 1956, S. 69).

Diese Lektion, scheint mir, haben nicht in erster Linie die Kinder, sondern die Moralpädagogen zu lernen: daß Moral nur erfahren werden kann, wo es auch Unmoral gibt. Manchmal verhilft gerade unmoralisches Verhalten zu moralischen Einsichten. Was ich Kindern mit auf den Weg geben möchte, das sind deshalb beileibe keine Regelwerke à la Piaget und Kohlberg. Auch finde ich es albern, Kindern Vorbild sein zu wollen, wie es eine traditionelle, später behavioristisch neu aufgeputzte Moralpädagogik empfiehlt (Bandura 1976). Ich kann die Kinder nur (mehr oder weniger) teilnehmen lassen an meinem Leben mit all seinen moralischen Konfliktsituationen. Ich wünschte, Kinder könnten bei mir lernen, daß Leben ein ständiges Abwägen ist, bei dem manchmal moralisch Gutes, manchmal weniger Gutes herauskommt.

Mit anderen Worten: ich möchte mich als Erzieher möglichst wenig moralischer Heuchelei schuldig machen. Die moralischen Forderungen, sagt Freud einmal, würden „nicht viel schaden, wenn die Erziehung sagte: So sollten die Menschen sein, um glücklich zu werden und andere glücklich zu machen; aber man muß damit rechnen, daß sie nicht so sind. Anstatt dessen läßt man den Jugendlichen glauben, daß alle andern die ethischen Vorschriften erfüllen . . .". „Indem sie die Jugend mit so unrichtiger psychologischer Orientierung ins Leben entläßt, benimmt sich die Erziehung nicht anders, als wenn man Leute, die auf eine Polarexpedition gehen, mit Sommerkleidern und Karten der oberitalienischen Seen ausrüsten würde" (Freud 1930, S. 494).

Und noch ein weiterer goldener Satz Freuds: „Wir erkranken an beidem – an zu viel und an zu wenig Moral". Das Leben ist auch in dieser Hinsicht ein Balanceakt. Der Erwachsene, der mündige Mensch, braucht die doppelte Befähigung: zu gegebener Zeit moralisch oder unmoralisch zu handeln.

Die Schule als „Weg des Kindes"

> Wenn ich sehe,
> mit welcher Vorfreude
> viele Erstklässler die Schule betreten,
> so frage ich mich,
> wer sich das Recht nimmt,
> sie so zu enttäuschen.
> Eine Gymnasiastin aus Jürgen Zinneckers
> Textsammlung (1982)

1. Schule in autobiographischer Perspektive

Wenn Erziehung „Kinder zur Welt bringen" bzw. „die Kinder in die Welt setzen" soll, indem sie „die Welt in die Kinder setzt", dann ist auch die Schule in dieses Koordinatensystem einzuordnen und auf den Beitrag hin zu befragen, den sie zur Erfüllung dieser Aufgabe leistet. Und wenn weiterhin gilt, daß Pädagogik die Perspektive der von Erziehung betroffenen Subjekte nicht unterschlagen darf, daß diese gar im autobiographischen Rückblick zu Richtern über die ihnen zuteil gewordene oder angetane Erziehung werden – dann stellt sich die Aufgabe, Schule aus der Sicht der bzw. im Blick auf die Betroffenen (vgl. Bittner 1986a) zu erörtern.

1.1 Jean Paul erzählt in seiner „Selberlebensbeschreibung", wie er als Pfarrerskind zeitweise am Schulunterricht für die Dorfkinder teilnehmen durfte: er erinnert sich mit Vergnügen der „grönländischen Winterschwüle der vollen Schulstube", sogar „Höschen" habe er schon angehabt, mit denen ihm freilich die Schulmeistersfrau behilflich sein mußte. „Jeder neue Schreibbuchstabe vom Schulmeister erquickte mich wie andere ein Gemälde; und um das Aufsagen der Lektion beneidete ich andere, da ich gern wie die Seligkeit des Zusammensingens auch die des Zusammenbuchstabierens genossen hätte" (Jean Paul 1820, S. 1053).

Er bedauert sehr, die Rauferei mit einem Bauernjungen, bei der dieser ihm „mit einem Einlegemesser ein wenig auf die Fingerknöchel geschlagen", dem Vater geklagt zu haben: damit habe er sich selber auf immer die Schulstube verschlossen. Der Vater gab von nun an ihm und seinen Brüdern Privatunterricht: und so mußte er nun im Hause gegenüber „jeden Winter die Schulkinder in einen Hafen einlaufen sehen, der mir versperrt war" (ebd., S. 1053).

Die Schule war für Jean Paul ein vergnüglicher Ort: wo er mit den andern Kindern zusammen singen und buchstabieren durfte. Es war der Ort der ersten Höschen, des sichtbaren Heraustretens aus der Kleinkind- und Familienwelt des Pfarrhauses in eine größere und weitere, in die Welt der „großen" Kinder. Der väterliche Privatunterricht, so gewissenhaft er gegeben wurde, bedeutete doch in dieser Hinsicht einen Rückschritt und den Ausschluß von einer Welt, die ihm nun wieder versperrt war – bis zur nächsten Pfarrstation des Vaters, wo er wieder zur Schule durfte, jetzt allerdings schon als Lateinschüler.

„Die Schulstube oder vielmehr die Schularche faßte Abc-Schützen, Buchstabierer, Lateiner, große und kleine Mädchen – welche wie an einem Treppengerüste eines Glashauses oder in einem alten römischen Theater, von Boden bis an die Wand hinaufsaßen – und Rektor und Kantor samt allem dazugehörigen Schreien, Summen, Lesen und Prügeln in sich. Die Lateiner machten gleichsam eine Schule in der Schule" (ebd., S. 1090).

Hier ist die Welt nicht mehr ganz so idyllisch; auch das Prügeln hat seine Ordnung, selbst wenn er von sich selber sagen kann, „daß er überhaupt niemals in seinem ganzen Schülerleben ausgeprügelt worden, weder gliederweise, geschweige vollends im ganzen"; denn er habe immer das Seinige gewußt (ebd., S. 1054).

1.2 Anders die Schulwelt bei Anton Reiser. Bei diesem Jungen aus armen Verhältnissen war der Ehrgeiz die treibende Kraft

„Antons Vater ließ ihn auf Zureden einiger Bekannten in der öffentlichen Stadtschule eine lateinische Privatstunde besuchen, damit er wenigstens auf alle Fälle, wie es hieß, einen Kasum solle setzen lernen. In die übrigen Stunden der öffentlichen Schule aber, worin Religionsunterricht die Hauptsache war, wollte ihn sein Vater, zum größten Leidwesen seiner Mutter und Anverwandten, schlechterdings nicht schicken.

Nun war doch einer von Antons eifrigsten Wünschen, einmal in eine öffentliche Stadtschule gehen zu dürfen, zum Teil erfüllt.

Beim ersten Eintritt waren ihm schon die dicken Mauern, dunklen gewölbten Gemächer, hundertjährigen Bänke, und vom Wurm durchlöcherten Katheder, nichts wie Heiligtümer, die seine Seele mit Ehrfurcht erfüllten" (Moritz 1785, S. 42).

„Welch eine glückliche Lage, welch ein herrliche Laufbahn für Anton, der nun zum ersten Male in seinen Leben einen Pfad des Ruhms vor sich eröffnet sahe, was er so lange vergeblich gewünscht hatte" (ebd., S. 44).

1.3 Die wichtigste Quelle, um die Schule aus der Perspektive der betroffenen Subjekte zu erschließen, sind Rückerinnerungen ehemaliger Schüler. Freilich ist diese Quelle nicht ganz unproblematisch. Schulerinnerungen finden sich reichlich in der belletristischen Autobiographien-Literatur. Diese Art von Schulerinnerungen bevorzugt das Anekdotische, sie malt liebevoll die Erinnerungen an einzelne Lehrer aus, vorbildhafte oder schrullige; sodann Erinnerungen an das Schulgebäude, an einzelne hervorstechende und dramatische Episoden aus der Schulzeit. Solche belletristisch aufbereiteten Schulerinnerungen sind von geradezu tendenziöser Lückenhaftigkeit. Sie scheinen zu den von Freud beschriebenen „Deckerinnerungen" zu gehören, die das komplexe Erinnerungsfeld Schule irreführend in einzelne Gestalten oder Episoden verdichten. Das Wesentliche der durchlebten Schulschicksale scheint einer ähnlichen „infantilen Amnesie" wie die Familienszenen der frühen Kindheit zu unterliegen – es ist „verdrängt". Dabei darf man sich unter Verdrängung nicht unbedingt ein dramatisches Wegschieben schlimmer Ereignisse vorstellen: so funktioniert Verdrängung meistens nicht. Sie verläuft oft eher so, daß man sich nicht erinnert, weil alles so banal und selbstverständlich ist. Selbstverständlich ist es deshalb, weil es so sehr dem entspricht, wie ich auch heute noch denke und fühle – es fehlt die Distanz, die Erinnerung erst ermöglicht. Wer erinnert sich schon, wie er Zähneputzen gelernt hat?

Diese Schwierigkeit, sich an die Schule zu erinnern, zeigt eine Passage von Peter Härtling. In „Zwettl – Nachprüfung einer Erinnerung" schreibt er:

„Ich hatte, noch unlängst, ein Blatt in den Händen, auf dem bescheinigt wurde, er habe vom . . . bis . . . die zweite Klasse des Gymnasiums Zwettl besucht. M. sucht nach dem Blatt, sie habe es nie gesehen. Ob es ein Zeugnis gewesen sei? Wahrscheinlich nur eine Bestätigung. Ich bin nicht lang in die Schule gegangen, oder doch ein halbes Jahr? Das Gymnasium war in Baracken untergebracht. Ich sehe keinen der Lehrer mehr, kein Gesicht, keine Geste; einer, ein dünner Mann, steht am Fenster – was hat er unterrichtet? Sie hatten keine Bänke, sondern Tische, aber mit wem er in die Schule ging, neben wem er saß, frage ich mich vergebens, er hatte, scheint es, nicht einen einzigen Freund, nur der Weg fiel mir wieder ein, als ich Mimi im Finanzamt besuchte: die Landstraße hinunter bis zur Pestsäule und einbiegen in die Hamelingstraße . . ." (Härtling 1973, S. 101).

Das Vordrängen von Deckerinnerungen (der dünne Mann am Fenster, die Landstraße bis zur Pestsäule) und die Schwierigkeit, sich an Substantielleres zu erinnern, wird in diesem Text sehr deutlich.

1.4 Substantiellere Erinnerungen an die Schule sind nicht leicht zu haben; sie müssen erst unter dem Wust des Leichterzählbaren, des eingängig Anekdotischen hervorgezogen werden. Hier hat die neuere Sozialgeschichte der Erziehung wichtige Beiträge geleistet; sie hat die Lebensläufe betroffener Individuen aus subjektiven und objektiven Befunden zu rekonstruieren versucht. So befragte Herrmann ältere Einwohner eines württembergischen Dorfes in ausführlichen biographischen Interviews über ihr Aufwachsen vor dem 1. Weltkrieg. Die Schulerinnerungen dieser alten Leute charakterisiert er folgendermaßen:

„Schule. Sie spielte im Kinderleben eine beträchtliche Rolle; denn sie war derjenige Ort, wo man lernte, was Angst ist, wo geprügelt, gequält, gedemütigt wurde. Was man im Unterricht mitbekam, hatte für das Leben fast keine praktische Bedeutung: man schrieb selber wenig, zu lesen gab's den Kalender und vielleicht noch eine Zeitung, zu rechnen war bei dem wenigen Bargeld nicht viel, aber scharf. Aber die Schule hatte eine enorme sozialisatorische Bedeutung sowohl für den Einzelnen und seinen Lebensweg als auch für die Gesellschaft im ganzen und ihren Bestand: mit ihren Sprüchen und Geschichten, Liedern, Gedichten und Anschauungsbildern prägte sie den Kindern ein, was Oben und Unten, Richtig und Falsch, zu erstreben und zu vermeiden war, wer die Herrschenden und wer warum die Untertanen sind – und dies alles im Gewande der Religion, so daß alles so, wie es war, auch seine ‚höhere' Richtigkeit besaß" (Herrmann 1984, S. 181).

Sinnstiftend war bei diesen Dörflern „zunächst einmal das, was zur Existenzsicherung beitrug oder ihr abträglich war. Und so dreht sich „. . . alles um das Problem Arbeit . . . und Arbeitsfähigkeit, an deren Mehr oder Weniger sich die Etappen des Lebens unterscheiden lassen" (ebd., S. 182) – ein Sinnaspekt, unter dem die beschriebene Schulerfahrung der Dörfler nicht unbedingt positiv zu bewerten ist.

1.5 Ich berichte als weiteres Beispiel die biographische Rekonstruktion einer etwas aus der Reihe fallenden Gruppe von Schüler- und Schulschicksalen, die wir derzeit vornehmen (vgl. Bittner 1986a, Göppel 1991a, Heller o. J.). Es handelt sich um eine Schule vor etwa 50 Jahren, die für ganze vier Jahre bestand, die Burlingham-Rosenfeld-Schule, eine von psychoanalytischen Prinzipien inspirierte Schule für die Kinder der Wiener Psychoanalytiker-Subkultur. Ich wurde auf sie aufmerksam durch die Zusammenarbeit mit Peter Heller bei der Edition seiner Erinnerungen an die Kinderanalyse bei Anna Freud. Während der Zeit seiner Analyse besuchte Peter Heller die Burlingham-Rosenfeld-Schule. Sie wird in seinem autobiographischen Rückblick ausführlich gewürdigt:

„Übrigens stand auch der weitere Kreis meiner damaligen Existenz im Zeichen von Anna Freud. Denn diesen weiteren Kreis bildete die sehr private Burlingham-Rosenfeld-Schule, die von Anna

Freuds Persönlichkeit und ihrer Auffassung der psychoanalytischen Pädagogik geprägt, unter anderem auch als elitär-progressives Experiment in der Schulerziehung von in Analyse befindlichen Kindern und Jugendlichen gedacht war (obschon man das später leugnete). Dorothy Burlingham hatte zunächst nach einem Privatlehrer für ihren Ältesten, Bob, gesucht und Peter Blos (später als Analytiker bekannt) gefunden, der seinerseits seinen Freund Erik Homburger-Erikson zuzog. Die kleine Schule bildete sich dann um die Burlingham-Kinder, deren von amerikanisch-demokratischen Formen gemilderte Vorzugsstellung von Mitschülern und Lehrern auch anerkannt wurde, zumal Dorothy Burlingham das Ganze finanzierte. Am Management wesentlich beteiligt war die – spätere Analytikerin – Eva Rosenfeld, Frau eines Wiener Anwalts. In ihrem Hintergarten, vor unserem Spielplatz, war das Holzhaus errichtet worden, in dem unser Unterricht stattfand. Administrativer Schulleiter war der systematisch naturwissenschaftlich gesinnte, reichsdeutsche Peter Blos, ein auffallend gut aussehender, sehr junger Mann, vor dem ich einen Spundus hatte, weil er streng, genau, wohl auch pedantisch war, jedenfalls für Schlamperei und Schwätzen nichts übrig hatte. Sein Mitarbeiter aber, der bohemienhafte ‚Maler'-Freund, der skandinavische Erik Homburger-Erikson (später als Psychologe berühmt), der uns in den Humaniora unterwies, interessant, lebhaft und fein, zu eigener Arbeit anregend, war mir sehr lieb, gewiß lieber als ich ihm, der mir sanft meine aggressiv zersetzende, dialektisch konträre Aufsässigkeit und Fragerei verwies; wenn wir uns auch gerne über den damals leicht Errötenden, hochgewachsenen blonden, eher zarten jungen Mann lustig machten, der, wie Mabbie immer behauptete, an keinem Spiegel vorbeikam, ohne hineinzusehen . . .

Das war unsere Schule – ein Paradies, verglichen mit der rohen Zwangsanstalt – der ‚evangelischen Volksschule' – am Karlsplatz, in die ich vorher gegangen war, wie auch mit dem mir öden Realgymnasium im 14. Bezirk, wo ich ab 1932 zwar viel lernen mußte und lernte und zur Disziplin genötigt wurde, aber immer nur gegen meinen Widerstand, immer nur trotz Langeweile und Ungeduld; so viel, zum Teil wohl verbotenen Spaß ich auch sonst dort mit Schulkameraden und -kameradinnen hatte. Die Rosenfeld-Burlingham-Schule war ein herrlich vielversprechendes, privilegiertes, von reinerer, menschlicherer, wahrhaftigerer Gesinnung und einem positiven Sinn für Gemeinschaft durchwehtes Unternehmen und einem lichten, durchsonnten Holzhaus, in dem es sogar gut nach Holz und Linoleum roch; geleitet von immerhin überlegenen, auch und gerade als Menschen gebildeten und sich eines Ideals von Menschlichkeit bewußten, nicht bloß auf Fach oder Karriere bedachten, sondern von humanem Interesse, ja von so etwas wie einem Missionsbewußtsein begeisterten Leuten. Es war eine Schule, in der man Lust an der Arbeit bekam, da man nicht nur gelegentlich im Verfolgen eigener Projekte Initiative entwickeln durfte, sondern alles auf ein Lernen durch intensive ‚freie Arbeit' an eignen, vom Schüler gewählten oder ihm – mit seiner Zustimmung – zugeteilten ‚creative projects' abgestellt war" (Heller 1983, S. 13 ff.).

Dieser autobiographische Text Peter Hellers zeigt zunächst die Merkmale literarisch-belletristischer Erzählweise: die handelnden Personen werden anekdotisch eingeführt (der nachmals berühmte Erikson, der „an keinem Spiegel vorbeikam, ohne hineinzusehen"). Dann aber enthält der Text durchaus auch ein Ringen um die Vergewisserung dessen, was die Schule zum eigenen Werdegang des Erzählers beigetragen hat: sie war nicht nur ein „Paradies", geleitet von „als Menschen gebildeten und sich eines Ideals von Menschlichkeit bewußten, nicht bloß auf Fach und Karriere bedachten, sondern . . . von so etwas wie einem Missionsbewußtsein begeisterten Leuten". Ich möchte aus diesen Sätzen Hellers so etwas wie eine Hypothese ableiten: eine Schule ist im Lebenszusammenhang der betroffenen Individuen erinnerungswert, wenn sie eine Botschaft zu vermitteln hatte, von einem unverwechselbaren Geist geprägt war. Insofern möchte ich Peter Hellers Erinnerung an seine sehr individuell aus dem Rahmen des Üblichen fallende, teils auch chaotische, aber stets Lust zur Arbeit machende Schulerfahrung der Gesichtslosigkeit des von Härtling beschriebenen Gymnasiums Zwettl gegenüberstellen.

Es ging in der vorliegenden Rekonstruktionsbemühung darum, die Burlingham-Rosenfeld-Schule im biographischen Rückblick nicht nur eines Schülers, sondern möglichst aller noch erreichbaren Schüler wiedererstehen zu lassen. So entwarf Heller einen Fragebogen, den er allen seinen ehemaligen Mitschülern zusandte. Fast alle empfanden im Rückblick „ihre" Schule als etwas mehr oder weniger Besonderes, dem sie sich noch über das dazwischenliegende halbe Jahrhundert hin verbunden fühlten. Die beiden Lehrer haben ihre Erinnerungen an die Schule ebenfalls niedergeschrieben. Peter Blos hat ein umfangreiches Manuskript im Freud-Archiv in New York hinterlegt, in das wir nicht Einblick nehmen durften. Erik H.-Erikson hat in autobiographischen Texten mehrfach über die Schule berichtet (u. a. Erikson 1980).

Eine letzte, wie mir scheint, ebenfalls bedeutsame Perspektive ist die der Schul-Mitbegründerin Eva Rosenfeld. Sie schreibt in einem autobiographischen Text über diese Schule:

> „Warum eine Schule? Ich habe nie über meine Gründe nachgedacht, diese Art von Monument für meine Tochter auszuwählen. So wie ich jetzt sehe, haben viele Faktoren zu dieser Entscheidung beigetragen. Im Zusammensein mit jungen Leuten wollte ich Trost für mein eigenes, trauriges Herz finden. Es war, als ob ich die Zeit aufschob, einzusehen, daß ich sie nicht mehr unter ihnen finden würde. Es gab auch sehr rationale Gründe: In dem Freudianischen Freundeskreis war ich die einzige, die in keiner Art und Weise beruflich ausgerichtet oder begrenzt war – jedes Wissensgebiet war in unserem Haus willkommen. Mein Mann war immer sehr belesen und an Musik und Kunst interessiert und, obwohl er sich von allen Aktivitäten der Schule fernhielt, gab er mir Anregungen für meine bisher etwas begrenzte Schulbildung" (Rosenfeld o. J., S. 37).

Eine Schule, bei der Kinder und ihre Bedürfnisse im Mittelpunkt stehen sollten, im Gedenken an ein verstorbenes Kind. Das ist ein recht bewegendes Dokument dafür, wie der „Geist" einer solchen Schule aus recht persönlicher Erfahrung und persönlichem Betroffensein, hier aus der Trauer um ein geliebtes, verlorenes Kind, geboren wird.

1.6 Autobiographische Äußerungen von Schülern, die sich auf die Schule von heute beziehen, haben eher Seltenheitswert. Zinnecker hat in einem „Archiv für Schülerkultur" eine größere Zahl derartiger Selbstäußerungen gesammelt: Gesprächsprotokolle, später auch Tagebuchäußerungen, „privat geschriebene Aufsätze, Gedichte, kleine Recherchen zur Lebenswelt Schule", ferner „Graffiti von der Schülerbank, Kloverse, Schmierzettel, Tafelbemalungen, Flugblätter", schließlich auch offiziellere Schülerarbeiten, die „im Rahmen von Schulprojekten, öffentlichen Aufrufen, Ausstellungen, Preisausschreiben entstanden sind" (Zinnecker 1982, S. 16).

Aus diesen Materialien gibt Zinneckers Sammlung von Schülertexten (1982) eine Auswahl. „Das Buch will Schülern das Wort geben. Es ergreift Partei: Schüler haben das Recht, öffentlich gehört und gelesen zu werden, wenn ihr Schulleben und ihre Schülerbiographie zur Debatte stehen. Schüler haben eine Botschaft an Lehrer und Pädagogen, die wir in der ursprünglichen Sprache der Schüler zur Kenntnis nehmen sollten – und nicht nur in der entschärften und verwässerten Fassung, die pädagogische Autoren und Erziehungswissenschaftler davon herstellen" (ebd., S. 8).

Das Buch besteht – wie könnte es anders sein? – aus Texten sehr unterschiedlicher Dichte und Aussagekraft; den allerkomprimiertesten, den Zinnecker seinem Buch als Motto voranstellt, habe ich als Motto für dieses Kapitel übernommen. Zinneckers Intention, die Schüler mit ihren eigenen Aussagen unzensiert und ungeschminkt zu Wort kommen zu lassen und der Versuchung erziehungswissenschaftlicher „Verwässerung" zu widerstehen, verdient Respekt. Dennoch wäre etwas mehr an verbindenden Texten und Interpretationen des Herausgebers in meinen Augen wünschenswert gewesen: nicht jede Interpretation muß auf „Verwässerung" hinauslaufen.

1.7 „Schule als biographische Erfahrung. Die Laborschule im Urteil ihrer Absolventen" ist der Titel einer Evaluationsstudie aus der Bielefelder Laborschule (Kleinespel 1990). Nach der Ausgangsthese dieser Untersuchung reicht es nicht aus, „Schule allein mit Blick auf die Gesellschaft und auf die von ihr geforderten Qualifikationen funktional zu gestalten". Schule müsse darüber hinaus als „Erfahrungsraum" gestaltet und offen gehalten werden, „wenn man erreichen will, daß die Schulzeit von den Betroffenen als biographisch bedeutsame Lebenszeit empfunden wird" (ebd., S. 21).

Es geht der Verfasserin darum, die „auf das Subjekt bezogene(n) Funktion" der Schule zur Geltung zu bringen (ebd., S. 23), die nach Ausweis zahlreicher empirischer Untersuchungen in den Regelschulen weithin verloren gegangen ist: „biographische Sinnentleerung der Schulzeit" (ebd., S. 26). Sie will „den Anspruch der Betroffenen ins Zentrum der Forschung" rücken (ebd., S. 32).

Diesem Ziel dient vor allem die biographische Teilstudie mit ihren sechs exemplarisch ausgewählten Interviews. Die Verfasserin hebt den „hohen Reflexionsgrad" hervor, „den die Jugendlichen hinsichtlich ihrer Bildungserfahrungen an der Laborschule . . . entwickelt haben". Die Interviewpartner „dokumentieren recht eindringlich, daß sie in der Lage sind, den Beitrag der Laborschule zur eigenen Bildungsbiographie subjektiv zu deuten und explizit zu benennen" (ebd., S. 286).

Mein Eindruck ist eher der einer gewissen Klischeehaftigkeit der im Interview abgefragten Äußerungen. Patrick, einer der befragten Schüler, scheint dies ähnlich zu empfinden:

„I: „‚Möchtest du noch irgend was über die Laborschule sagen?
P: Nee, ich weiß nicht was. (Es gibt) so viele Situationen, die man so mitbekommen hat. Das ist auch so schwer, in so'm Interview zu erzählen, was einem die Laborschule bedeutet. Das kann man nicht, wenn man elf Jahre da drauf war und soviel Gutes und soviel Leid erfahren hat wie ich. Das geht nicht. Man kann zwar zu diesen (Interview-)Fragen viel sagen. Wenn ich jetzt irgendwas erzählt hätte, dann wär das wahrscheinlich nicht vergleichbar mit anderen Interviews; so wie andere Interviews nicht mit meinem vergleichbar wären. Deshalb ist es natürlich einfacher, solche (Interview-)Fragen zu beantworten, und dann vielleicht so'n bißchen auszuschweifen'" (ebd., S. 247 f.).

Mir scheint, daß Patrick genau das Dilemma dieser Untersuchung erfaßt hat, die sich einerseits „biographisch" orientieren, die subjektiven Sinnhorizonte der Jugendlichen zur Geltung bringen will – die sich andererseits aber doch als empirische Evaluationsforschung zum Schulkonzept der Laborschule versteht. Dabei entsteht ein Zielkonflikt: bei einer wirklich biographisch angelegten Untersuchung müßte das eigene Leben und Erleben der Schüler der Fokus sein, gewiß auf dem

Hintergrund der von allen besuchten Laborschule – in diesen Interviews hingegen ist der Fokus eher die Laborschule und was die Schüler von ihr halten als die individuelle Biographie.

So krankt die an sich verdienstvolle Untersuchung daran, daß sie zu viele einheimische Bielefelder Fliegen mit einer Klappe schlagen will: zur Evaluation des Laborschulkonzepts ebenso ihren Beitrag zu leisten wie zu dem von Hurrelmann inspirierten Ansatz empirischer Schulforschung und dem von Baacke und Schulze entwickelten Biographienansatz. So ist sie diesem letzteren wohl am wenigsten gerecht geworden – doch immerhin ist ein Anfang mit der empirischen und systematischen Annäherung an „Schule als biographische Erfahrung" gemacht.

Was an diesen Beispielen gezeigt werden sollte: das individuelle Schulschicksal ist ein markanter Teil jeder Kindheitsbiographie. Was als erzählbar und erzählenswert haften bleibt, ist freilich nicht unbedingt gleichzusetzen mit dem tatsächlich Bedeutsamen, ebenso wenig das in „narrativen" Interviews Abgefragte. Das anscheinend Wichtigste, der „Geist" einer Schule, ist am schwersten zu fassen und muß erst hinter dem vordergründig Eingängigen, anekdotisch Unterhaltsamen hervorgezogen werden. So verlangen gerade diese autobiographischen Texte über die Schule nach einer zwischen den Zeilen lesenden „psychoanalytischen" Interpretation, wenn die Schule aus der Perspektive der betroffenen Subjekte in den Blick kommen soll.

2. Schultheorie

In der Theorie der Schule kommen Kinder, d. h. die von Schule betroffenen Subjekte, so gut wie nicht vor. Schule – so schärfen uns die Schultheoretiker ein – muß als „gesellschaftliche Einrichtung" (Herrlitz 1980, Schulenberg 1970, S. 391) mit den Zweckbestimmungen „Qualifikation, Selektion, Integration" begriffen werden. Sie soll

- die „für den Bestand einer Gesellschaft notwendigen Kenntnisse und Fähigkeiten" vermitteln (Qualifikation);
- für eine „bedarfsgerechte und herrschaftskonforme Verteilung des Wissens" Sorge tragen (Selektion);
- der „sozialen Disziplinierung" dienen (Integration) (Herrlitz 1980, S. 506).

Dies wäre eigentlich nicht pädagogische, sondern sozialwissenschaftliche Schultheorie, die in strukturell-funktionaler Analyse die Schule als „Mittel zur Erreichung beliebiger, durch das jeweilige sozial-kulturelle System vorgegebener Zwecke betrachtet". Pädagogisch im eigentlichen Sinne hingegen, meint Kramp, könne eine solche Schultheorie erst werden, wenn sie sich dazu aufrafft, die vorgegebenen Zwecke ihrerseits zu hinterfragen, sie „in die wissenschaftliche Reflexion einbezieht und sie an einem allen gesellschaftlichen Zwecken übergeordneten Kriterium prüft" (Kramp 1970, S. 583).

Nach Kramp scheint es somit nur die Alternative zwischen einer technisch-funktionalen („sozialwissenschaftlichen") und einer kritischen (d. h. „eigentlich" pädagogischen) Annäherung an das Phänomen „Schule" zu geben. Charakteristisch für beide Varianten ist, daß die „Benutzer" der Institution Schule, die Lehrer und

Schüler, von denen die einen sie zum Erwerb ihres Lebensunterhalts, die andern zum Lernen, zum Erwerb von „Bildung", zum Erwerb von Qualifikationen und statusträchtigen Abschlüssen benutzen, in den Entwürfen zur Schultheorie nur eine marginale Rolle spielen. Lediglich beim dritten der Herrlitzschen Stichworte, der „sozialen Disziplinierung", heute eher als „schulische Sozialisation" bezeichnet, kommen die in der Schule vorhandenen Menschen, also Kinder und Lehrer, freilich nur als Beeinflussungsobjekte, nicht als Benutzer der Institution, ins Spiel. Organisationsziel der Schule sei die „Veränderung einer größeren Anzahl von Menschen hinsichtlich Verhalten, Kenntnissen und Fertigkeiten" (Fürstenau zit. nach Kramp 1970, S. 581, Fend 1980). Welche Effekte auf diesem Gebiet erreicht werden, dokumentiert heute, gestützt auf empirisches Rüstzeug, die Schul-Sozialisationsforschung (Fend 1974).

In Fends ausführlicher Studie wird jedoch deutlich, daß durch die „Sozialisationsinstanz Schule" die intendierten gesellschaftlichen Zweckbestimmungen in dem hochkomplexen Institutions-, Interaktions- und Wirkungsgefüge eine Dynamik entwickeln, die nur zum Teil kontrolliert und gesteuert werden kann. Sie zeigt auf, daß in der Schule jenseits der intendierten Absichten eine Vielzahl ungeplanter Lernprozesse ablaufen, daß Schule durchaus ein Erfahrungsfeld für individuelle Beziehungs- und Handlungsmöglichkeiten darstellen kann. Doch es gelingt Fend nicht, in seiner Theorie der Schule der Sicht der von Schule betroffenen Subjekte und ihren individuellen Bedeutungszuschreibungen einen systematischen Stellenwert einzuräumen.

In ihrer Mißlungenheit lehrreich ist die Untersuchung von Petillon mit dem verheißungsvollen Titel: „Der Schüler. Rekonstruktion der Schule aus der Perspektive von Kindern und Jugendlichen" (1987). Dem Programm dieser Untersuchung ist in jeder Hinsicht zuzustimmen: der „pädagogische Grundgedanke einer anzustrebenden schülerorientierten Schule" setze „Kenntnisse über Sichtweisen von Schülern, Verständnis für ihre Situation und eine Sensibilität für ihre Gefühle" etc. voraus (Petillon 1987, S. VII). Doch dann, in der praktischen Durchführung, tut Petillon genau das, was die Schülerperspektive ad exitum bringt: er entfaltet ein begriffliches und theoretisches Gerüst über die Schülerperspektive, das alle gängigen Begriffe aus dem Repertoire von Schulsoziologie und -psychologie enthält (Schüleridentität, Selbstkonzept, Lehrerverhalten etc., etc.). Auf Seite 56, wenn ich richtig gelesen habe, wird erstmals eine Schüleräußerung zitiert, und es bleiben auch in der Folge nur wenige.

Diese Studie ist ein Musterbeispiel für das oben (unter dem Stichwort „Lebenswelt") skizzierte Dilemma „wissenschaftlicher" Pädagogik, daß sie mit ihrer Metasprachlichkeit eine unüberbrückbare Kluft zu ihrem Untersuchungs-„Gegenstand", in diesem Fall der Schülerperspektive, aufreißt. So bleiben auch die abschließenden, im engeren Sinne schulpädagogischen Ausblicke auf eine „schülerorientierte" Schule und einen „schüleraktiven" Unterricht blaß und rein postulatorisch.

Erst in jüngster Zeit gibt es Anzeichen eines Umdenkens im Sinn einer „Re-Personalisierung der Schule" (Fauser 1986, S. 47; vgl. Kleinespel 1990, S. 27). Freilich ist die „pädagogische Freiheit", die dem einzelnen Lehrer nach Fausers Intention zurückgegeben werden soll, nur die eine, noch durchaus unzulängliche Bedingung solcher „Re-Personalisierung": Schule als Ort für Kinder, als Zwischenstation gleichsam auf ihrem Weg in die Welt – unter dieser Perspektive müßten die Lerninhalte und Organisationsformen von Schule in einer Weise neukonzeptualisiert werden, daß von den derzeit maßgeblichen Schultheorien nur noch wenig übrig bliebe.

3. Die zwei Seiten einer Anthropologie der Schule: Langeveld und Fürstenau

Eine psychologisch-anthropologische Annäherung, welche die Schule aus der Sicht der Hauptbetroffenen, nämlich der Kinder, als gesellschaftliches Angebot zum Lernen und Erwachsenwerden, als „Weg des Kindes" begreift, kann sich bis heute sinnvollerweise nur auf das gleichnamige Buch von Langeveld (1960) beziehen. Als kritisches Pedant dazu kann der Text von Fürstenau (1964) gelesen werden.

3.1 Langevelds Gedankengang ist von der Absicht getragen, „die Schule einmal nicht in der üblichen Weise von den Schulfächern und Kulturgebieten her als bloße ‚Funktion' darzustellen, sondern als eine vom Erwachsenen für das Kind geschaffene ‚Institution', als jene eigentümliche Lebensform, die dazu eingerichtet ist, dem Menschen auf seinem Weg vom Status des Kindes zum Status des Erwachsenen die Hilfe der Erziehung zu leisten" (Langeveld 1960, S. 11).

Die Schule ist eine „Art von ‚Amphibie' zwischen den Generationen". Sie wird den Kindern verordnet vom Staat, von den Erwachsenen. Dennoch ist das Kind in der Schule nicht nur fremdbestimmt; es herrschen auch „Gesetze, die mit dem Sein des Kindes verbunden sind". Die Schule ist für das Kind eine „natürliche Unnatur", ein Zwangsaufenthalt und zugleich eine Stelle, an der es sich „aus innerer Notwendigkeit, von sich aus . . . einfindet" (ebd., S. 13).

Weil im Mittelpunkt der Langeveldschen Überlegungen die Frage nach der Funktion der Schule für die „Menschwerdung des heutigen Kindes" steht, nennt er seine Abhandlung „Versuch einer ‚Anthropologie'" (ebd., S. 11). „Das Kind braucht eine Schule, um zu lernen, was zu Hause nur ausnahmsweise gelernt werden kann. Es geht zur Schule, weil es sich dort ‚weiterentwickeln' kann . . . Es trifft dort andere Kinder als Individuum und als Gruppe an, es trifft dort Lehrer – d. h. Menschen, die sich beruflich mit dem Unterrichten von Kindern beschäftigen –, es trifft dort Unterricht, Anforderung, Aufgabe, Leistung, Beurteilung usw. an" (ebd., S. 16).

Insbesondere trifft das Kind in der Schule den Lehrer, und zwar unter einer ganz bestimmten institutionellen und zielbestimmten Vorgabe, nämlich der des Unterrichts. Diese Vorgabe macht die Schule zu einer neuen, von der Familie wesentlich verschiedenen „Welt" für das Kind: eine Welt, wo es um „richtig" und „falsch" geht, wo unterschiedliche Individualitäten miteinander leben müssen, wo Unterschiede bestehen und Ausgleich gesucht werden muß. „In einem von solchen menschlichen Verhältnissen gestalteten Raume findet das Kind schon seine Welt" (ebd., S. 22).

Die Welt des Schulkindes ist aufgespalten in eine „freie" und eine „Lern"-Welt, eine bestimmte und eine unbestimmte Welt (ebd., S. 100). In der Schule wird das Kind tatsächlich zu einem „Kind der Schule", das sich „Zeit und Aufgabe, lehren und lernen, Lehrmittelgebrauch und Arbeiten einverleibt" – eine „geordnete Welt, in der alles schon seine bestimmbare Bedeutung hat" (ebd., S. 73). Daneben braucht es wesensnotwendig die komplementäre Welt des „noch Unbestimmten und frei Bestimmbaren". Auch wenn die Schule in manchen Stunden Gelegenheit bieten mag, mit Sand, Wasser und Ton das Unbestimmte zu gestalten, so ist doch die Schule von ihrem Wesen her „nicht die Stelle, an der dem Kind dieser gestaltlose Raum gelassen wird" (ebd., S. 73).

Das Kind braucht deshalb als Gegengewicht zur Schule die „offenen Stellen", die ihm Gelegenheit bieten, „sich in der Welt auszudrücken und aufgabenfrei bei sich zu sein" (ebd., S. 73). So handelt beinahe das wichtigste Kapitel des Langeveldschen Buches über die Schule von der Nicht-Schule, von der Bedeutung der „verborgenen Welt", der „geheimen Stelle" im Leben des Kindes, mag es diese nun auf dem vollgestopften und zu Entdeckungen einladenden häuslichen Dachboden (freilich: wo gibt es solche Dachböden noch?) oder auf dem Ausguck und Beobachtungsposten eines hohen Baumes oder sonstwo finden.

Langevelds Buch entwickelt eine Dialektik von Schule und Nicht-Schule, vom Bestimmten und notwendig Unbestimmbaren in der Lebenswelt des Kindes, über die die gesellschaftlichen Entwicklungen zum Schaden des Kindes hinweggegangen sind: die moderne Schule wird als Gesamt- und Ganztagsschule immer mehr zu einer totalen – und damit: im Sinne der Analyse Foucaults totalitären – pädagogischen Institution, in der das Pendel ganz zur Seite des Bestimmten und Geplanten hinausschlägt.

3.2 Als eine Art Gegenstück zu dem Buch von Langeveld, das den Ermöglichungscharakter der Schule für das Kind hervorhebt, ist der Aufsatz von Fürstenau (1964) zu lesen, der vor allem in der Studentenbewegung mit ihrer Fundamentalkritik an den repressiven Strukturen gesellschaftlicher Institutionen große Resonanz fand. Dieser Text rückt sozusagen komplementär zu Langeveld die dunklen und problematischen Seiten der Schule ins Blickfeld.

Für Fürstenau ist zentral an der Schule die wechselseitige Bezogenheit von Lehrer- und Schülerrolle. Die Schule verlangt von ihren Rollenträgern, Lehrern wie Schülern, einen „durch ihren Organisationszweck: Unterricht und Erziehung, bestimmten förmlichen Umgang" (Fürstenau 1964, S. 67) und setzt diesen mit allerlei Sanktionen durch. Fürstenau sieht in diesem Arrangement eine sozusagen institutionalisierte „Aggression gegenüber allen familiären Tendenzen und Neigungen der Schüler und Lehrer" (ebd., S. 67). Demgegenüber hat die Lehrerrolle auch wieder Gemeinsamkeiten mit der Elternrolle; der familiäre Ödipuskomplex wird in der Schule wieder belebt. Unbewußt ist der Lehrer „in seinem Verhalten als Erwachsener gegenüber Kindern von seinem Vater- und Mutterbild beeinflußt, wie er es in seiner Kindheit aus der Kinderperspektive entwickelt und seitdem latent beibehalten hat" (ebd., S. 68). „Familiäre Verhaltensmuster und -probleme reichen mannigfaltig, wenn auch nicht als Verbandszweck, so doch als faktische Tendenz . . . in die Schule hinein" (ebd., S. 68 f.). Auf diese Weise gewinnt die Schule nach Fürstenau ihre „institutionelle Zwielichtigkeit" (ebd., S. 69).

Die Lehrer- und Schülerrollen sind vom institutionellen Rahmen einer, oberflächlich betrachtet, zweckrationalen Organisation von Erziehung und Unterricht näher bestimmt. Dazu gehören die Zusammenfassung gleichaltriger Kinder in Jahrgangsklassen; die Ersetzung des Lernens in Lebenssituationen durch einen ritualisierten Unterrichtsablauf, der die Aufteilung von sachlich Zusammengehörigem auf verschiedene Unterrichtsfächer, das Exekutieren rigider Stunden- und Stoffverteilungspläne impliziert und eine „Zerschneidung des Weltverstehens" (ebd., S. 75) zur Folge hat.

Diese angebliche Zweckrationalität hat indessen ihre tiefgreifenden, zumeist unerkannten Implikationen für die Trieb- und Bedürfnisbefriedigungen der Beteiligten: die Lehrerrolle bietet vor allem Gelegenheit zur Befriedigung von aggressiven Regungen (ebd., S. 74) und „Machtbedürfnissen" bis hin zur „Wiederbelebung des kindlichen Machtkomplexes" (ebd., S. 75); die Schülerrolle impliziert „institutionelle Ausgeliefertheit" (ebd., S. 76); eine Position „maximaler gemeinsamer Abhängigkeit der Schüler hinsichtlich jeglicher Bedürfnisbefriedigung vom Lehrer" (ebd., S. 72).

Fürstenau folgert aus all diesen Überlegungen, daß die augenscheinliche Zweckrationalität der Schule als Ort für „organisierten Unterricht" mehr oder weniger unterfüttert sei mit Motivationen ganz anderer, irrationaler Art: „Unsere Schule teilt . . . magische Züge mit ältesten Erziehungsritualen. Sie ist ein Stück archaischer Menschenbehandlung" (ebd., S. 78).

Fürstenaus Text fand zur Zeit der Studentenbewegung viel Beachtung; er verkörperte in gewisser Hinsicht exemplarisch den Geist dieser Epoche, die mit den Mitteln der Psycho- und Sozioanalyse den unter scheinbarer Rationalität verborgenen gesellschaftlichen Zwängen auf die Spur kommen wollte. In ähnlichem Sinne hat Wellendorf verschiedene Aspekte von Schulleben und -organisation mit psychoanalytisch-institutionskritischen Überlegungen in Frage gestellt (Wellendorf 1973).

In gewisser Hinsicht bilden die Gedanken von Langeveld und von Fürstenau (und Wellendorf) so etwas wie zwei Seiten einer Medaille: Langeveld stellt die Schule als Institution dar, welche die Erwachsenen für die Kinder geschaffen haben – eine Institution, in der heranwachsende Menschen ein Stück ihres Weges zur Mündigkeit gehen können. Fürstenau und Wellendorf zeichnen die Schule hingegen als eine Institution gegen die Kinder, in der deren Entwicklungsbedürfnisse hintangehalten werden. Recht haben beide: die Institutionen sind ambivalent (Gehlen 1940, S. 468), sie fördern und reglementieren in einem.

Langeveld und Fürstenau teilen das Schicksal, „unzeitgemäß" geworden zu sein. Das dickleibige, von Seibert und Serve herausgegebene Buch mit dem vollmundigen Titel „Bildung und Erziehung an der Schwelle zum dritten Jahrtausend" (1994), in dem sich die Crème vor allem der bayerischen Schulpädagogik ein Stelldichein gibt, erwähnt weder Fürstenau noch Wellendorf noch Langevelds „Schule als Weg des Kindes", d. h. die Frage nach dem Kind in der Schule scheint generell uninteressant geworden zu sein, sowohl was die fördernden wie auch was die hemmenden und unterdrückenden Funktionen dieser Institution betrifft!

4. Das Elend der Bildungsreform

Die Aufmerksamkeit für das Grundsätzliche des Verhältnisses von Kind und Schule, für die von Langeveld geforderte Selbstbegrenzung der Schule zugunsten der unverplanten Räume, für die von Fürstenau aufgezeigte untergründige Irrationalität zweckrationaler Institutionen und Organisationsformen ging definitiv in der Bildungsreform der 70er Jahre unter, die A. Flitner (1977) als „Mißratenen Fortschritt" charakterisiert. Flitner zeichnet die Entwicklungen, an denen er über gewisse Strecken maßgeblich beteiligt war, aus seiner Sicht nach: angefangen von Pichts Proklamation einer überwiegend quantitativ gedachten „Bildungskatastrophe" (1964) über die „behutsamen" Empfehlungen des Deutschen Ausschusses bis zum Strukturplan des Deutschen Bildungsrats, der eine neue Grundlage für eine langfristig orientierte, wissenschaftlich begründete und dynamische Bildungspolitik schaffen wollte. Dessen Empfehlungen reichten von einer „Verbesserung der Grundschuldidaktik" über die „Verbesserung der Durchlässigkeit im gesamten Sekundarschulbereich" bis zu einer „Neuordnung der Oberstufe des Sekundarschulwesens". In ihrem Gefolge entstanden insbesondere die zahlreichen Schulversuche, vor allem die „Experimentalprogramme für Ganztags- und Gesamtschulen" (ebd., S. 37).

Flitners Argumentationsrichtung ist etwa die: die Reformen waren notwendig und überfällig; sie waren von Schulpädagogen und Erziehungswissenschaftlern gut konzipiert, gerieten aber dann in die Mühlen der Kultusbürokratie und wurden dort zerrieben. Schon der Fehler des Bildungsrats, in dem die Sozialwissenschaftler das Übergewicht über die Pädagogen hatten, habe in der „mangelnden Reflexion und Erfahrung über die erzieherische Qualität von Schulen, ihre gefährdete Funktionsfähigkeit und geringe Belastbarkeit" gelegen (ebd., S. 41). „Die Reform des Bildungswesens seit den sechziger Jahren hat sich stark auf organisatorische und curriculare Probleme konzentriert" (ebd., S. 127), die „Definition der Schule im ganzen, ihrer Hauptziele und ihrer sozialen Gestalt" sei dahinter weit zurückgeblieben; die Pädagogik sei „vergessen" (ebd., S. 127) worden.

Sieht man indessen genauer hin, was Flitner denn nun als die unverzichtbaren Desiderate dieser „vergessenen" Pädagogik anführt, stellt man fest, daß auch diese wieder ganz überwiegend organisatorischer Art sind und zur Sicherstellung der Sozialisations-Funktion der Schule dienen sollen: Kompensatorische Erziehung, Tagesschule, Größe und Gliederung der Schulen, Schulsozialarbeit, Beteiligung der Eltern – das sollen nach Flitner die genuin „pädagogischen" Anliegen sein, gegen die gewiß wenig einzuwenden ist als eben das eine, für die Mentalität der 70er Jahre so Charakteristische: der allzu ungebrochene Glaube an die Institutionalisierbarkeit des Pädagogischen. Das Bewußtsein für die Grenze des Institutionalisierbaren, wie bei Langeveld, und die von Fürstenau vergegenwärtigte Ambivalenz jedes Institutionalisierens, die Nemesis der „ungewollten Nebenwirkungen" (Spranger 1962) – alles dies blieb bei den Reformen der 70er Jahre außer Betracht.

5. Schulversuche als „Inseln des Pädagogischen": die Bielefelder Laborschule

Die Bildungsreform der 70er Jahre war vom Ansatz her technokratisch, nicht nur durch die Kultusbürokratie, sondern auch durch die beteiligten Erziehungswissenschaftler. Dies hängt damit zusammen, daß auch die Erziehungswissenschaft sich unter dem Einfluß der gleichen gesamtgesellschaftlichen Prozesse, welche die Bildungsreform vorantrieben, in ihren Grundlagen verändert hatte (s. Kap. Erziehungswissenschaft).

Gewissermaßen durch „Zufall" sind dort, wo sich weitblickende Einzelne für die Reform engagierten oder wo sich durch die Gunst lokaler Umstände hochmotivierte Pädagogen-Gruppen zusammenfanden, gewissermaßen als „ungewollte Nebenwirkung" einer in der Wurzel verfehlten Reform doch einige respektable und wegweisende Schulversuche entstanden; allen voran die von v. Hentig initiierten Bielefelder Schulprojekte.

Mit seinen schulkritischen Schriften „Systemzwang und Selbstbestimmung" (1974b) und „Cuernavaca oder: Alternativen zur Schule?" (1972) hatte v. Hentig die Grundlagen für sein neues, „alternatives" Verständnis von Schule gelegt. Er verarbeitete Anregungen von radikalen Reformern wie Ivan Illich, der die Schule ersetzen wollte durch Angebote „freien Lernens". An Illichs Institut CIDOC konnte „jeder lehren, wenn er Studenten findet, und jeder lernen, wenn er einen Lehrer findet". Das Institut verstand sich als eine Art „Lern-Genossenschaft" (v. Hentig 1972, S. 18 f.).

So weit wie Illich will v. Hentig nicht gehen, zumindest nicht unter den gegenwärtigen gesellschaftlichen Verhältnissen. Anstelle einer Abschaffung der Schule als Stätte institutionalisierten und reglementierten Lernens schwebt ihm – etwas paradoxerweise – die „Entschulung der Schule" vor, oder positiv gewendet: die Entwicklung eines neuen Typus von Schule, der auf Institutionalisierungen und Reglementierungen soweit als irgend möglich verzichtet. „Sinnvolles Lernen" soll „unter freier Benutzung der wissenschaftlichen Hilfen und Erkenntnisse durch vernünftige Lehrer in offenen Schulen unter offenen Bedingungen . . . verwirklicht werden" (ebd., S. 107).

Diesen Typus einer „entschulten" Schule suchte er in der Konzeption der Bielefelder Laborschule umzusetzen. Sie versteht sich „als eine Einrichtung, die sich und ihre Ordnungen und Wandlungen selbst hervorbringt" (ebd., S. 11). Ihre Grundkategorie ist „Erfahrung" (ebd., S. 12), d. h. sie will das problematische Verhältnis von „schulenmäßigem Lernen" und „erfahrbarem Leben" zum Ausgleich bringen.

v. Hentig wird nicht müde, den Erfahrungsraum-Charakter der Schule in immer neuen Formulierungen zu konkretisieren. Vielleicht die schönsten sind ihm gelungen in seinem Buch über die „Humanisierung" der Schule (1987):

Die Schule – und das heißt eben in erster Linie: „seine" Schule – solle ein Ort sein,

- „an dem sich Lust an der Sache einstellen kann" (ebd., S. 31),
- „an dem Konzentration möglich ist und Durchhaltekraft belohnt wird" (ebd., S. 35),
- „an dem man gemeinsame Grunderlebnisse hat und sich bewußt macht" (ebd., S. 45),
- „an dem Gemeinsinn herrscht und wohltut" (ebd., S. 51),
- „an dem man mit einem Stück Natur leben kann" (ebd., S. 55),
- „an dem man erfahren kann, wie man Frieden macht" (ebd., S. 62),
- „an dem die Frage nach dem Sinn gestellt werden kann – und gestellt wird" (ebd., S. 67).

Ich hatte Gelegenheit, an den Entwicklungen der Laborschule für einen kurzen Zeitraum zu partizipieren, während ich an der Universität Bielefeld lehrte. Geblieben aus dieser freilich nur marginalen Erfahrung sind Faszination und Skepsis zugleich.

5.1 Diese Schule will ein „Ort" für Kinder sein – ein Ort zum Leben und zum Lernen. In meiner Terminologie könnte ich auch sagen: eine „Welt", ein pädagogischer Kosmos, eine „pädagogische Provinz" (obgleich v. Hentig diesen Ausdruck zurückweist, vgl. v. Hentig 1983). „Welt" ist hier durchaus in Rombachs hermetischem Verständnis gemeint: ein Lebenszusammenhang, der von einem „Geist" durchwaltet ist. Etwas Derartiges in die öde Landschaft der technokratischen Schulreform der siebziger Jahre gestellt zu haben, wird v. Hentigs überdauerndes Verdienst bleiben.

5.2 In gewisser Hinsicht freilich ist v. Hentigs Vision gescheitert, diese Schule mit einem Minimum von Reglementierungen ganz auf die Selbstverantwortung der beteiligten Personen zu gründen. Die Laborschule sollte ein „Gemeinschaftswerk aller" sein, die „in ihr leben und arbeiten"; sie wollte „alle Lehrer, Eltern und Schüler durch das Bewußtsein binden:

„Dies ist meine/unsere Schule; nichts, was hier geschieht, kann ich auf andere, auf die Obrigkeit, die Gesetze, die Wissenschaft schieben; ich bin nicht Benutzer einer Anstalt, nicht Funktionär eines Systems" (v. Hentig 1983, S. 191).

„Die Laborschule", schreibt v. Hentig in seinem persönlichen Rückblick, „sollte keine Musterschule sein, sondern ein Ort, an dem man wichtige, wechselnde Probleme ausmachen, untersuchen und Lösungen erproben kann" (ebd., S. 187).

Dies ist wohl nur zum Teil gelungen. v. Hentig muß selbst einräumen, daß er seit Eröffnung der Schule immer mehr Zeit und Kraft „mit den Status-, Selbstbewußtseins-, Politik- und Gruppenproblemen" seiner Kollegen verbracht und verbraucht habe (ebd., S. 201). Und auch der Satz eines Besuchers verdient festgehalten zu werden: dies sei die „schmutzigste Schule", die er jemals gesehen habe. So daß die Laborschule einerseits ein Hoffnungssignal ist und bleibt, wie Schule anders und menschlicher sein könnte; daß sie anderseits aber auch lehrt, wie jede pädagogische Idee bei ihrer Verwirklichung Abstriche hinnehmen muß.

6. „Kinder zur Welt bringen" als Aufgabe der Schule

Man muß schon weit zurückgehen in der Geschichte der pädagogischen Diskussion der Schule, um diesen einfachen Grundgedanken, Schule habe die Kinder in die Welt einzuführen, ausgedrückt zu finden. Spranger knüpft in seiner Abhandlung „Der Eigengeist der Volksschule" (1955) an die Umweltlehre v. Uexkülls an (vgl. oben Kap. Welt). Wie die Biene in einer Bienenwelt, der Hund in einer Hundewelt usw. lebe auch das Menschenkind in seiner besonderen „kindlich-anthropomorphen Welt" (Spranger 1955, S. 71). Wo bleibt unter diesen Umständen, fragt Spranger weiter, „die eine, die für alle identische Realität?" (ebd., S. 73). Die Brücke zwischen diesen Eigenwelten der Kinder und der für alle identischen Realität soll die Schule bilden – und zwar dergestalt, daß sie „zugleich an die Überwindung der vorgefundenen Eigenwelten arbeitet und sie doch als etwas . . . bleibend Wertvolles pflegt" (ebd., S. 78).

Reble führt in einer Erörterung des Sprangerschen Gedankens aus:

„Das Suchen nach dem ‚Eigengeist' einer Schulart" wirft die Frage nach der „Eigenart der psychologischen Entwicklung" auf. Dabei soll „dieser Gesichtspunkt den besonderen Charakter, den ‚Eigengeist' einer bestimmten Schulart nicht nur berühren, sondern direkt mit bestimmen" (Reble 1994, S. 40 f.) – auch diese Äußerung zeigt wieder, wie anscheinend institutionentheoretische Erörterungen über die Schule die Frage nach dem Kind, seiner Entwicklung und seiner Weltperspektiven, überall voraussetzen.

Die Schulpädagogik „an der Schwelle zum dritten Jahrtausend" (Seibert/Serve 1994) hingegen hat mit der Weltperspektive der Kinder wenig im Sinn: nach den Ernüchterungen aus dem Scheitern der technokratischen Schulreform, den drastisch eingeengten finanziellen und personellen Spielräumen im Zug der gesamtwirtschaftlichen Entwicklung ist heute die Rückbesinnung auf die Idee der „Bildung" (Zehetmair 1994, Zöpfl 1994), auf „Humanität" (Aurin 1977, 1994), auf „Erziehung zur ‚Selbsttätigkeit im Dienste des Wahren, Guten und Schönen'" (Apel 1994), „Vernunftgemäß und zugleich solidarisch handeln. Was den Gebildeten der Zukunft ausmacht" (Wiater 1994) vorherrschend. Charakteristisch für die neokonservative Welle ist ihr rein proklamatorischer Charakter: es genügt, die genannten Werte verbal zu beschwören. Weder wird in nennenswertem Umfang gezeigt, wie Wertevermittlung und „erziehender Unterricht" denn nun konkret umgesetzt werden sollen; wie denn die „erzieherische" anstelle einer angeblich „therapeutischen" Einwirkung z. B. bei gravierenden kindlichen Verhaltensstörungen (Seibert 1994) im einzelnen aussehen soll. Völlig fehlt in dem Wälzer die kinder- und jugendpsychologische Perspektive und damit zugleich die Frage nach den von der Erziehung in der Schule betroffenen Subjekten, den Adressaten dieser Erziehung. „Schule als Weg des Kindes" aus der Eigenwelt in die gemeinsame Welt im Sprangerschen Sinne ist kein Thema mehr.

Der einzige, der „an der Schwelle zum dritten Jahrtausend" einige Konkretisierungen für nötig hält, der auch von den Befindlichkeiten der Kinder, ihrer Weltsicht, ihren Zukunftsperspektiven her die Schule konzipiert, ist der Berliner Erziehungswissenschaftler Rainer Winkel. Er charakterisiert Fehlformen der Schule („Warenhaus", „Festung" etc.) und zeigt an Beispielen, wie er sich die Schule der Zukunft vorstellt: mit Epochen- und Projektunterricht innerhalb und auch außerhalb der klassischen Schulfächer (z. B. Besuche bei und Gespräche mit Experten) und mit entsprechenden „Phantasiereisen": „Das übereilte, überdrehte, überforderte Kind; der gehetzte, gestreßte, gejagte Schüler" soll Hilfe zum Lernen bekommen von Lehrern und Lehrerinnen, „die sich auf das einlassen, was alle Reformpädagogen gefordert haben: das Herstellen einer geeigneten Lernumwelt sowie einer geeigneten Lernatmosphäre" (Winkel 1994a, S. 1186).

Etwas besser als in der allgemeinen Schulpädagogik ist es mit dem Blick auf das Kind als den „Adressaten" in der Grundschulpädagogik bestellt: hier ist die Frage nach der Befindlichkeit heutiger Kinder, nach kindgemäßen Lehr- und Lernformen durchaus Gegenstand des Interesses (Fölling-Albers 1992, 1994, Faust-Siehl 1994); gelegentlich gewinnen diese Fragen auch die notwendige grundsätzliche Perspektive, besonders pointiert z. B. in der Augsburger Grundschulpädagogik (Maurer 1981, Duncker/Maurer/Schäfer 1990).

Wie nun setzt die Schule die Kinder „in die Welt bzw. die Welt in die Kinder?" Ich sehe vor allem drei Bereiche, in denen sich solches vollzieht: die Schule ist ein Ort qualitativ neuer sozialer Erfahrungen; in der Sachkunde und den späteren Realienfächern vermittelt sie Kenntnis von der Welt; indem sie in Zeichensysteme (z. B. sprachliche oder mathematische) einführt, trägt sie dazu bei, eine neue, eben die symbolische Welt in die Kinder zu setzen.

6.1 Neue soziale Erfahrungen

Für den kleinen Jean Paul Richter war die Schule ein Ort aufregender neuer Erfahrungen gewesen, die ihn aus der Enge einer behüteten Familienwelt hinaus ins Weite führten. In diesem Sinn setzt die Schule noch heute die Schulanfänger „in die Welt", indem sie ihnen den neuen, oft sehnsüchtig erwarteten sozialen Erfahrungsraum der großen Kinder aufschließt.

Die sog. „Schulreife", früher gern als testmäßig erfaßbarer Reifezustand, später als Folge von Unterschieden der Intelligenz oder des soziokulturellen Hintergrunds interpretiert, ist unter anderem sicher auch familiendynamisch zu verstehen: als die Bereitschaft des Kindes, die Familienwelt zeitweise zu verlassen, und umgekehrt als die Bereitschaft der Familie, das Kind für den Schulbesuch „freizugeben". Das mag erklären, warum vorzeitige Einschulungen erstaunlich oft erfolgreich verlaufen: Weil sie auf Antrag der Eltern erfolgen und insofern von der Familie und vom Kind selbst aktiv gewollt werden (vgl. Bittner/Gaupp 1962).

Schule als Raum neuer, gegenüber der Familienwelt qualitativ anderer sozialer Erfahrungen beschränkt sich aber nicht auf die Schuleingangsstufe. Nach familiendynamischen Erfahrungen kann das Engagement eines Kindes in der Schule Teil der Lösung einer Familienkrise sein. In einer sog. „paradoxen Vorschreibung" trug der Therapeut einer symbiotisch verstrickten Familie dem Kind auf, daheim zu bleiben und auf die Eltern aufzupassen. Der Junge sagte daraufhin: „Aber wieviele Jahre muß ich denn die fünfte Klasse wiederholen, um sie zusammenzubringen? Und wird mir das gelingen? Sagen sie mir das! . . ." Mit diesem dramatischen Auszug endet die Sitzung. Der Zweck der therapeutischen Interaktion ist erfüllt. Beim nächsten Gesprächstermin heißt es, der Junge habe jetzt „gute Schulerfolge" (Selvini Palazzoli u. a. 1981, S. 84 f.).

Der Lehrer erbt sozusagen eine Reihe von Erwartungen und Einstellungen, die das Kind ursprünglich an seinen Eltern entwickelt hat oder die komplementär zu seinen Elternbeziehungen sind. So wird z. B. das Kind, das zu Hause zu streng gehalten wird, in der Schule frech und aufsässig. Es zahlt dem Lehrer heim, was es eigentlich dem Vater antun möchte. Oder das Kind, das zu Hause unbändig und wild ist, gibt sich in der Schule überangepaßt und ängstlich. Die Psychoanalyse faßt alle diese Erscheinungen unter dem Begriff Übertragung zusammen. Übertragung meint eine Reproduktion früherer, auf die Eltern bezogener Erlebnis- und Verhaltensweisen. Die Übertragung spielt in der psychoanalytischen Behandlung eine entscheidende Rolle – wo sich keine entwickelt, kann keine Analyse stattfinden. Ähnliches läßt sich von der Erziehung sagen: wo der Lehrer für das Kind eine ganz ferne, neutrale Person bleibt, die weder Liebe noch Haß noch Respekt noch sonst ein Gefühl auf sich zieht, kann er auch keinen nennenswerten erzieherischen Einfluß ausüben. Darum betrachte ich allzu versachlichte Lehrer Schüler-Interaktionen, wie sie sich etwa im Sprachlabor ergeben, sowie auch allzu fluktuierende Lehrer-Schüler-Beziehungen z. B. im Rahmen eines weit ausdifferenzierten Kurssystems unter dem Aspekt des sozialen Lernens mit einiger Besorgnis.

Ein Gymnasiast schrieb einmal über seine Schule: „Was ich also gelernt habe ist, Langeweile mit Anstand zu ertragen, jeden richtig zu behandeln, und Lehrern, die mir nicht liegen, höflich zu begegnen" (Roessler 1962, S. 438). Das war ironisch gemeint; es steckt aber viel Wahres in diesem Satz. Lehrer sind für die Kinder eine

Art von Alternativ-Eltern, von Modell-Erwachsenen, an denen sie ihre Erfahrungen mit der Welt der Großen machen (Bittner 1982a, S. 126).

Schule als erweiterter sozialer Erfahrungsraum, eine „Amphibie“ zwischen Familienwelt und Gesellschaft – das ist sicher eine ihrer grundlegenden „welterschließenden“ pädagogischen Legitimationen. Wenn Fürstenau sie etwas abwertend ein Stück „archaischer Menschenbehandlung“ nennt, gewiß im Gedenken an die Initiationsrituale primitiver Völker, dann ist damit auch im positiven Sinne eine grundlegende Aufgabe bezeichnet: einen Zwischenraum, ein Moratorium (Erikson 1970) zwischen Familienwelt und Gesellschaft einzuschieben – und damit ist sie in der Tat eine Art den komplexen Gegebenheiten der modernen Welt entsprechend überdimensional verlängertes Initiationsritual. In diesem neuen Sozialraum „Schule“ kommt das Kind in jenem doppelten Sinne unserer eingangs entwickelten theoretischen Überlegungen „zur Welt“: es tritt in einen neuen sozialen Kontext ein und gewinnt zugleich die neue Identität des Schulkindes bzw. Schülers (Lit. zu „soziales Lernen“ z. B. Schäfer 1994c, Oelkers u. a. 1982).

6.2 Der Sachunterricht

„Erklär mir die Welt!“ lautet der Titel eines für Kinder geschriebenen Sachbuches (H. P. Thiel 1990). Dieser Titel könnte zugleich ein treffendes Motto für die Aufgabe der Schule sein, Kinder und Jugendliche in die Welt, in der sie leben und zukünftig als Erwachsene leben werden, einzuführen – eine Aufgabe, die in der Grundschule dem Sachunterricht (früher: Heimatkunde), in den weiterführenden Schulen den diversen Realienfächern Physik, Chemie, Biologie, Arbeitslehre, Sozialkunde etc. zukommt.

Die alte Heimatkunde war ausdrücklich als Bekanntmachen des Kindes mit seiner Nah-Welt konzipiert, mit jenem „besonderen Fleck Erde“, der ihm „Geburtsort oder mindestens dauernder Wohnplatz ist“ (Spranger 1943, S. 12).

Auch der heutige Sachunterricht hat das Ziel, die „Auseinandersetzung des Kindes mit seiner natürlichen und sozialen Umwelt zu unterstützen und zu fördern sowie“ – und darin deutet sich der potentielle Zielkonflikt zwischen Alltagswelt-Orientierung und Wissenschafts-Orientierung an (vgl. Meier 1986) – „auf entsprechende Fächer der weiterführenden Schulen vorzubereiten“ (Beck/Claussen 1979, S. 375). Die Konzeptionen des Sachunterrichts sind bis heute heterogen; die Frage nach der „Welt“, in die da eingeführt werden soll, wird kaum je explizit gestellt, da man anscheinend immer schon weiß, was diese Welt ist.

Der Sachunterricht moderner Konzeption soll die „Lebenswirklichkeit“ des Kindes erschließen, für die es „Handlungsfähigkeit“ und „soziale Verantwortung erwerben soll“. Entgegen der Meinung von Meier (1986, S. 20 f.) ist Skepsis angezeigt, ob in solchen Formeln die „Grundspannung von Kind und Welt“ wirklich schon anthropologisch angemessen thematisiert ist. Welche Weltausschnitte hingegen den Kindern z. B. in den Schulbüchern als relevant dargeboten werden, das ist meist nicht Gegenstand tiefgehender Reflexionen (über Schulbücher für den Sachunterricht vgl. Rauch/Meier 1986).

Interessant ist in diesem Punkt z. B. die Entwicklung der hessischen Rahmenrichtlinien für den Sachunterricht. In den älteren Rahmenrichtlinien (1979 bzw. 1980) wurde der „Welt“-Bezug immer wieder auseinandergerissen in einen Sach- und einen Sozialbezug, wurden die zwei beinahe unabhängigen Bereiche „Sachunterricht, naturwissenschaftlich-technischer Aspekt“ bzw. „Aspekt Gesellschaftslehre“ unterschieden. Bei dieser Zerreißung der Welt haben doch allzu offensichtlich die traditionellen Schulfächer Natur- und Sozialkunde Pate gestanden. Weiterhin wird die Orientierung an der „Welt“, auf welche die Kinder vorbereitet werden sollen, in etwas problematischer Weise durchkreuzt durch die Orientierung an etwas fiktiven Kompetenzen („Fertigkeiten, Fähigkeiten, Verhaltensweisen“, Rahmenrichtlinien 1979, S. 18), die die Schüler durch den Unterricht angeblich erwerben sollen.

Der neue hessische Rahmenplan Grundschule (1995) gibt diese unglückliche Gliederung auf. Hier wird die zu vermittelnde Welt in 12 „Lernfeldern“ präsentiert, welche in den verschiedenen Jahrgangsstufen auf je altersspezifischem Niveau abgehandelt werden. Es sieht fast so aus, als hätte das Strukturgitter des CIEL-Curriculums (s. unten) hier hilfreich Pate gestanden.

In den Fachdidaktiken für die Realienfächer der Sekundarstufe dominiert dann ganz und gar die Orientierung an der Systematik der betreffenden Wissenschaften, die Hinführung zur Welt und die Lebensbedeutsamkeit der betreffenden Stoffe spielen als Auswahlkriterium nur noch eine untergeordnete Rolle. Sie fristen allenfalls in Randfächern wie der Hauswirtschaftslehre noch ein kümmerliches Dasein. Daß auch Umweltprobleme, Sexual- und Gesundheitsprobleme eher wissenschafts- als lebensweltorientiert in den Schulen aufbereitet werden, ist besonders bedenklich (vgl. Göppel 1991b).

Rühmliche Ausnahme von der allgemeinen Theorieabstinenz in der Sachkunde-Didaktik ist das von der CIEL-Arbeitsgruppe Reutlingen entwickelte Konzept eines „mehrperspektivischen Unterrichts“ (Giel/Hiller 1974; Ansätze zur theoretischen Begründung auch bei Duncker/Popp 1994). In Auseinandersetzung mit der vor-reformpädagogischen Konzeption eines Realienunterrichts und der reformpädagogisch inspirierten „Heimatkunde“ entwickelt Giel das Problem eines modernen Sachunterrichts als

- „das Problem des Beginns ‚inmitten‘ der kindlichen Wirklichkeitserfahrung“,
- „die Frage nach den Artikulationsformen, in denen der Unterricht kindliche Erfahrungen aufarbeiten kann“,
- die „Frage nach der Struktur der unterrichtlichen Kommunikation“ (Giel 1974, S. 55).

Das Grundmuster unterrichtlicher Vermittlung findet die CIEL-Gruppe in der „strukturalistischen Bastelei“ (Bricolage): die Alltagswirklichkeit soll nicht nur in ihrer Dinghaftigkeit, sondern vor allem in ihrer Struktur sichtbar und verständlich gemacht und von den Kindern eigenständig nachgebaut werden.

Die CIEL-Gruppe hat ein „Themengitter“ konstruiert, das Felder der Alltagswirklichkeit nach sozio-politischen Funktionen und altersspezifischen Schwierigkeitsgraden geordnet darbietet. So steht z. B. die Unterrichtseinheit „Sprudelfabrik“ als einfachstes Exempel für den Einstieg in das Verständnis von „Produktion“: schon die Erstklässler können begreifen, wie Sprudel „gemacht“ wird, und daran exemplarisch einfach industrielle Produktionsprozesse auffassen. Spätere Lernstufen behandeln dann zunehmend anspruchsvollere Themen: „Binnenstruktur eines Betriebes“, „Konzern“, „landwirtschaftlicher Betrieb“.

Eindrucksvoll am CIEL-Curriculum ist vor allem, daß die „Welt“, die „Alltagswirklichkeit“ hier am Leitfaden einer in sich konsistenten Theorie, aufgeschlüsselt nach Konstruktionsprinzipien, den Kindern dargeboten wird, nicht bloß dinghaft orientiert nach dem Motto: Die Kinder müssen doch wissen, woher die Milch, der Sprudel, der Salat usw., usw. kommen.

Freilich sind diese Giel/Hillerschen Welt-Konstruktionen eben „konstruktivistisch“ (wie sollte es auch anders sein?); und alles weiter oben (Kap. Die Welt, in die Kinder „gesetzt“ werden) kritisch zum Konstruktivismus Angemerkte ist auch gegen das Welt-Modell der CIEL-Konstrukteure einzuwenden. Charakteristisch für deren Mentalität ist es, wenn Hiller gegen Wagenschein und das genetische Lehren polemisiert: dort werde „das Bestehende als etwas gezeigt, was mit innerer Notwendigkeit hat entstehen müssen“ – wohingegen es nach Hillers eigener Auffassung bei der Konstruktion von Wirklichkeit stets „soziokulturell bestimmte und ermöglichte . . . Alternativen“ gibt (Giehl 1974, S. 21). Nach meiner Ansicht stimmt manchmal die Wagenscheinsche, manchmal die Hillersche Voraussetzung: das eben gehört zu den vielen Gesichtern der Welt, die jede Theorie-Monokultur sprengen!

6.3 Einführung in die symbolische Welt

Mit dem Erwerb der Worte, der Schriftzeichen und der elementaren mathematischen Symbole macht das Kind eine Welterfahrung neuer und spezifischer Art. Dieser Prozeß beginnt bereits mit dem Sprechenlernen in der Frühphase und setzt sich im Schreiben- und Lesenlernen fort, das institutionell der Schule anvertraut ist, auch wenn viele Kinder entsprechende Anfangskenntnisse bereits von zu Hause mitbringen (Neuhaus-Siemon 1993).

Werfen wir einen kurzen Blick zurück auf die Anfänge der Sprachentwicklung: „Der Erwachsene spricht dem Kind die Lautfolge rerere vor. Das Kind lauscht, bekommt ein angestrengt arbeitendes Gesicht, schreit kurz und laut auf und bricht in Tränen aus. Dann auf einmal, leise und mit Lächeln, angestrengt arbeitend, produziert es rerere“ (Kainz 1960, zit. nach Bittner 1973b, S. 17).

Für das ganz kleine Kind ist der Erwerb der ersten Sprachzeichen eine Art intellektuelle Revolution: Dieses Kind, das zuerst weint, dann aber leise und mit Lächeln die vorgesprochenen Silben reproduziert, mag als Beispiel dafür stehen oder – beim Entdecken der Schriftzeichen – jener vierjährige Junge aus Maria Montessoris Kinderhaus, der laut ausrief: „Ich habe geschrieben, ich habe geschrieben“ (Montessori 1952, S. 184), oder besonders eindrucksvoll die taubstumme und blinde Helen Keller nach der vielzitierten Schilderung ihrer Lehrerin:

„Wir gingen zu der Pumpe, wo ich Helen ihren Becher unter die Öffnung halten ließ, während ich pumpte. Als das kalte Wasser hervorschoß und den Becher füllte, buchstabierte ich ihr w a t e r in die freie Hand. Das Wort, das so unmittelbar auf die Empfindung des kalten, über ihre Hand strömenden Wassers folgte, schien sie stutzig zu machen. Sie ließ den Becher fallen und stand wie angewurzelt da. Ein ganz neuer Lichtschein verklärte ihre Züge . . . Dann kauerte sie nieder, berührte die Erde und fragte nach deren Namen, ebenso deutete sie auf die Pumpe und das Gitter. Dann wandte sie sich plötzlich um und fragte nach meinem Namen . . .“ (Bittner 1973b, S. 30 f., zit. K. Bühler 1965, S. 214; ähnlich Stern 1965, S. 306; Kainz 1960, S. 53).

Was sich bei Helen Keller in ihrer besonderen Situation so dramatisch abspielte, mag bei normalsinnigen Kindern, bei denen der Prozeß früher und stetiger einsetzt, doch von ähnlicher Erlebnisstruktur sein: die Verdopplung der Welt in Ding und Zeichen, Sachvorstellung und Wortvorstellung im Sinne Freuds, schlägt den Funken des Geistes aus dem tauben Stein, rückt den Menschen an die Grenze der Weltdinge (Bittner 1973b, S. 31, vgl. Wittgenstein 1967, zit. Loch 1966, S. 395).

Dieses Heimischwerden in der Welt der symbolischen Repräsentanten von Wirklichkeit, das sich in der frühen Kindheit bereits angebahnt hat, ist dann in besonderer Weise die Domäne der Schule. Das gilt für den Gebrauch von Worten und Schriftzeichen ebenso wie für das Erfassen von mathematischen Relationen.

Diese letzteren vermitteln „Information über die Welt mittels Quantifizierungen und Formalisierungen":

„Zähl- und Meßergebnisse stellen Ordnungskriterien für alle möglichen Phänomene der Lebenswelt dar (Insekten haben sechs Beine, Spinnen acht). Kinder entwickeln ein besonderes Interesse für herausragende Quantitäten, etwa besondere sportliche Leistungen, besonders hohe Türme etc. Außerdem ist für Kinder im Grundschulalter der Vergleich mit anderen, die Abgrenzung gegenüber der Welt ein unmittelbares Anliegen. Sie vergleichen sich häufig mit ihren Klassen- und Spielkameraden, und dabei spielen Quantitäten eine große Rolle" (Schütte 1989, S. 122 f.; zur Bedeutung von Zahlen und geometrischen Relationen in der Vorstellungswelt von Grundschülern vgl. auch Bauersfeld 1989, 1992).

Die Schule ist, wie manche beklagen, vor allem eine Initiation in die Welt der kulturellen Symbole – um den Preis des Verlusts von Sinnennähe und Unmittelbarkeit, der jedoch notwendig und wesensmäßig mit der Funktion von Schule verbunden ist (vgl. Böhm 1993b). Wenn Rumpf die „übergangene Sinnlichkeit" in der Schule beklagt (Rumpf 1981), scheint er zu verkennen, daß dies eine ihrer Intentionen ist, daß sie eine kulturell verordnete Initiative zur „Körperausschaltung" ist.

Man kann nicht sagen, daß den Kindern damit nur Zwang angetan würde. Die Schulkind-Phase, die „Latenz-Phase" der Psychoanalyse, ist sozusagen die Initiation des westlichen Durchschnittsmenschen, in der er lernen soll (und wohl auch lernen will), nicht mehr coenästhetisch, sondern diakritisch-kulturkonform wahrzunehmen und sich in der Welt zu orientieren (vgl. Bittner 1990a, S. 75).

6.4 Fazit:

Spranger hatte es als Aufgabe der Schule angesehen, Brücke zwischen den Eigenwelten der Kinder und der allen gemeinsamen Welt, der Kultur und der Realität, zu sein. Wie stellt sich dieses Problem in heutigen schultheoretischen Entwürfen? Zumeist, so ergab die Durchsicht, taucht es nicht explizit auf. Wo es aber artikuliert wird, zeigen sich gegenüber Spranger charakteristische Veränderungen der Perspektive.

6.4.1 „Die Welt" – so sehen wir es heute – ist nicht etwas einfach Gegebenes, in das die Kinder einzuführen wären. Die Dinge und Verhältnisse der Welt lassen sich unter verschiedenen Perspektiven ansehen, je nach Standpunkt und Interessenlage des Betrachters. Die Schule, will sie nicht naiv ein gesellschaftlich erwünschtes Bild von der Welt vermitteln, sollte aufweisen, nach welchen Regeln Wirklichkeit „funktioniert", wie sie „gemacht" wird. Schule sollte Wirklichkeit gleichsam zerlegen und wieder neu zusammensetzen, sie in Gestalt eines „Simulacrum", einer Art von Montage oder Collage „rekonstruieren" (Giel/Hiller 1974, S. 17, vgl. Schäfer 1994b).

„Mit dem, was die Schule lehrt, sollte sie bei Kindern und Jugendlichen nicht den Eindruck vermitteln wollen: Das ist die richtige Sicht der Dinge. Statt dessen: Aus angebbaren Gründen halten wir (das Kollegium ... bzw. der einzelne Lehrer) diesen Unterrichtsgegenstand so für zeigenswert, lernenswert. Die Sache kann man auch ganz anders repräsentieren und sie wird und wurde anderswo auch anders repräsentiert (zum Beispiel in anderen Fächern, in anderen Schulen, in anderen historischen Epochen – zum Beispiel im Dritten Reich, im Kaiserreich), in anderen Ländern (zum Beispiel die Kreuzzüge in türkischen Geschichtsbüchern), ... nicht zuletzt durch Überpointierung und karikaturistische Zuspitzung kann man Kindern und Jugendlichen die problematische Relativität von Unterrichtsangeboten durchsichtig machen" (Hiller 1994, S. 78).

Das ist gewiß ein Fortschritt über Spranger hinaus: die Einsicht in die Relativität und Perspektivität von Wirklichkeit und die unterrichtliche Umsetzung dieser Einsicht. Doch scheint bei Giel/Hiller (1974) und mehr noch bei Hiller (1994) über dem radikal konstruktivistischen Zugang der unaufhebbare Widerspruch aus dem Blick geraten zu sein, den ich im Vorangegangenen (Kap. Welt) skizzierte: daß nämlich einerseits alle „Welten" von irgendwelchen Voraussetzungen her konstruiert, aus irgendwelchen Absichten heraus „gemacht" sind – und daß dennoch zumindest an der Utopie einer wirklichen, betrachterunabhängigen Welt festgehalten werden muß, wenn die Aufgabe, Kinder in sie einzuführen, nicht den Charakter des Absurden bekommen soll.

Hillers eigene konzeptuelle Entwicklung ist in diesem Punkt lehrreich: während er in seinen gemeinsam mit Giel konzipierten „Stücken zu einem mehrperspektivischen Unterricht" eine radikal konstruktivistische Position vertrat, führt er jetzt doch wieder eine problematische Variante von realer Welt ein. Sein problematisches Zauberwort heißt neuerdings Lebenswirklichkeit. In seinem Buch „Ausbruch aus dem Bildungskeller" (1994), das speziell von der Sonderschule für Lernbehinderte handelt, wird diese Lebenswirklichkeit des Sonderschülers recht handfest und ohne jeden Hauch von Konstruktivismus geschildert: „Leben auf einer wirtschaftlich schmalen, oft ungesicherten Basis" (ebd., S. 16), „auf dem Markt der privaten Beziehungen nur sehr eingeschränkter Chancen" (ebd., S. 17) usw., usw.

Diese Zuschreibungen mögen zutreffend oder klischeehaft überzeichnet sein, das ist hier nicht der Punkt der Diskussion. Es kommt mir auf das Paradox an, daß ein Ansatz, der sich einen radikalen Skeptizismus gegenüber „Wirklichkeitskonstruktionen" zugute hält, selber letzten Endes bei handfesten Realaussagen landet und aus diesen ebenso handfeste pädagogische Folgerungen ableitet: die Sonderschulen sollen „lebensweltbezogen", „realitätsnah" (ebd., S. 15 ff.) sein, auf die „Lebenswirklichkeit" (ebd., S. 71) redlich vorbereiten, von der „Anerkennung gesellschaftlicher Realitäten" (ebd., S. 62) ausgehen. Damit sind wieder Wirklichkeitskriterien eingeführt (wie es meiner Ansicht nach gar nicht anders sein kann; auf irgendwelchen Urteilen über das, was wirklich ist, muß Erziehung basieren) – der Einwand richtet sich nur dagegen, daß Lebenswelt bzw. Lebenswirklichkeit auf die soziale Lage reduziert wird.

Die Realität des Sonderschülers, von der Hiller hier auszugehen vorgibt, ist eben doch wieder eine aus einer bestimmten Perspektive konstruierte, wenn er für Unterrichtsgänge anstelle „eines Besuchs auf dem Bauernhof, bei der Waldameise" etc. Besuche in „Pfandleihhäusern", „Secondhand-Läden", „Asylbewerberwohnanlagen" etc. empfiehlt. Man sollte das eine ruhig tun und das andere nicht lassen: auch einem „realitätsnah" gebildeten Schüler kann es nicht schaden, die Nahrungskette über den Supermarkt bis zum Erzeuger zurückzuverfolgen, damit keiner auf die Idee kommt, die Milch käme in ihren rechteckigen Pappkartons geradewegs aus der Fabrik!

Lebensweltorientierte Konzepte beinhalten (wie im Kap. Welt bereits erörtert wurde) ein soziologisch reduziertes Verständnis von Wirklichkeit. An die Stelle der Sprangerschen Objektivsetzung von Kultur, die gewiß idealistisch naiv war, ist die ebenso naive, freilich soziologisch-naive Objektivsetzung von Lebenswelt und Lebenswirklichkeit getreten.

6.4.2 Schäfer hat auf dieses Defizit der Schulkonzeption eines mehrperspektivischen Unterrichts (im Sinne von Giel und Hiller) kürzlich hingewiesen: es genügt nicht, den Kindern die Welt - unter welcher Perspektive auch immer, meinetwegen „mehrperspektivisch“ - zu zeigen, man müsse sich auch darum kümmern, wie die Kinder ihrerseits das Dargebotene wahrnehmen. Unter Berufung auf Wagenschein (1988, 1990) und Rumpf (1987) erinnert Schäfer an die ausgeblendete Subjektseite: die Seite des Kindes, seiner Wahrnehmungen und Realitätsverarbeitungen. „Man bedarf eines unterrichtlichen Spielraumes, in dem zum Zeigen das Gewahrwerden treten kann. Vergegenwärtigung von Wirklichkeit mit allen subjektiven Mitteln . . . Kinder müssen ihre eigenen Modelle - gegebenenfalls unter behutsamer Anleitung - finden und entwickeln können“ (Schäfer 1994b, S. 221).

Damit wäre das alte von Spranger aufgeworfene Problem in seiner notwendigen Vollständigkeit wiederhergestellt: die Schule zeigt dem Kind die Welt - ohne sich freilich der Objektivität dieser Welt so gewiß sein zu können, wie sie es zu Zeiten Sprangers noch war. Sie ist sich der vielfältigen Brechungen in der Wahrnehmung des Betrachters von Welt unterschiedlich bewußt, kann aber dennoch auf das Konstrukt eines Objektiven, einer Vorstellung, wie die Welt „wirklich“ ist, nicht verzichten.

Über dem Zeigen, der Repräsentation dieser problematischen und perspektivisch gebrochenen Welt darf indessen das Gewahrwerden des Kindes, die Eigengesetzlichkeit seines Wahrnehmens und Strukturierens von Wirklichkeit, nicht vergessen werden. Schule ist immer auch aus der Sicht der betroffenen Subjekte zu konzipieren.

Die Konstituierung des „idealen Selbst" im Jugendalter

Rousseau beschreibt, wie wir gesehen haben, das Jugendalter ganz ausdrücklich unter dem Bild einer „zweiten Geburt": „Wir werden sozusagen zweimal geboren: einmal, um zu existieren, das andere Mal, um zu leben; als Gattungs- und Geschlechtswesen" (Rousseau 1762, S. 438). Der da geboren wird, das ist der Mensch der Leidenschaften, der Mensch als Mann und Frau, der Mensch als selberdenkendes und fühlendes Ich, als Subjekt.

Spranger hat in seiner „Psychologie des Jugendalters" (1925) an diese Sätze angeknüpft: Die Reifezeit bringt „so tiefe neue Erschütterungen, daß man nicht mit Unrecht von einer zweiten Geburt gesprochen hat . . . mögen auch tiefgreifende Erlebnisse als auslösende Kräfte oder beschleunigende Faktoren auftreten, mögen Erziehungsmaßnahmen eine längere Hinausschiebung bewirken: der Prozeß selbst kommt von innen, aus dem Wachstum der Seele selbst" (Spranger 1925, S. 37). „Bekanntlich gibt sich der Jugendliche gern in den rauhesten Formen. Er gefällt sich in einem Kraftmeiertum, als ob Unkultiviertheit sein höchstes Ziel wäre". Doch „das alles ist ja nur Schutzstruktur, und nur an der Oberfläche sind diese Menschen so, wie sie sich geben". All diese Rauheit ist „Schale, Selbstschutz, Abwehr" (ebd., S. 52).

„Warum nun aber diese Verschalung?", fragt Spranger weiter. „Es ist für den Jugendlichen etwas zerrissen, das bis dahin ihn und die Welt in Lebenseinigung hielt. Es ist da eine ganz tiefe Kluft entstanden, als wäre alles, alles fremd und unerreichbar. Deshalb diese Schutzrüstung von Knotigkeit. Ich weiß nicht, ob ich jetzt nur deutsche Jugendliche schildere" (ebd., S. 58), schränkt Spranger gleich anschließend ein. Überhaupt wendet er sich gegen die Unterstellung, daß er ein für alle Zeiten und Völker zutreffendes Bild von Jugendlichen „an sich" hätte geben wollen. Immer wieder gilt es zu unterscheiden, „was zum zeitüberlegenen Seelentypus des Jugendlichen gehört und was ‚bloß' historisch-kulturell bedingt ist" (ebd., S. 313).

Zu diesem zeitüberlegenen Seelentypus würde im Sinne Sprangers gehören: die Entzweiung mit der Welt, das Sich-Einspinnen in eine Hülle, die „neue Geburt". Und, als speziellere Kennzeichen:

„1. die Entdeckung des Ich;
2. die allmähliche Entstehung eines Lebensplanes;
3. das Hineinwachsen in die einzelnen Lebensgebiete" (ebd., S. 38).

Charlotte Bühler zitiert in ähnlichem Sinne die autobiographische Rückerinnerung an ein jugendliches Ich-Erlebnis:

„Es war, als löste sich alles von mir, und ich wurde plötzlich isoliert. Ein merkwürdig schwebendes Gefühl. Und zugleich die verwunderte Frage an mich selbst: Bist du der Rudi Delius? Bist du derselbe, den deine Freunde so nennen? Der in der Schule einen bestimmten Namen trägt und bestimmte Zensuren bekommt? Bist du derselbe? Ein zweites Ich in mir stellte sich diesem anderen Ich, das hier ganz objektiv als Namen wirkte, gegenüber. Es war wie ein fast physisches Losreißen von meiner Umgebung, mit der ich bisher in unbewußter Einheit gelebt hatte. Ich empfand mich plötzlich als einzelnen, als herausgehoben. Und empfand diese Losreißung als etwas Seltsames, Merkwürdiges. Ich ahnte dunkel, daß da etwas für immer Bedeutsames in mir vorgegangen sei" (Bühler 1921, zit. in Baacke 1983, S. 156).

Diese Niederschrift ist beinahe 100 Jahre alt. Ihre Aktualität besteht eigentlich nur darin, etwas zu zeigen, was heute nicht mehr oder höchstens in ganz versteckter Form noch existiert. Das Jugendalter als eine „zweite Geburt", in der das Subjekt, die eigenständige Persönlichkeit, zum Leben erwacht, ist sicherlich immer schwierig gewesen und nur von wenigen in der ausgeprägten Art und Weise, wie sie das Zitat belegt, realisiert worden. Im gegenwärtigen Zusammenhang ist zu erörtern, was diese Realisierung der in der Jugendphase angelegten Möglichkeit einer zweiten Geburt heute auf spezifische und andere Weise als in früheren Epochen schwierig werden läßt.

Ich will im folgenden viererlei tun:

1. An diese Perspektive der älteren Jugendpsychologie anknüpfend, eine Gesamtcharakteristik der Jugendphase versuchen und diese mit einigen neueren Auffassungen kontrastieren;
2. an Hand einiger Beispiele vergegenwärtigen, welchen Weg die Entwicklung Jugendlicher heute typischerweise nimmt;
3. die gesellschaftlich-kulturellen Gründe dafür namhaft machen, warum das alles so ist, wie es ist;
4. die Frage aufwerfen, ob wir Spielräume zur Entwicklung für die Jugendlichen bereitstellen - oder wenigstens in Gedanken entwerfen - können.

1. Versuch einer psychologischen Gesamtcharakteristik der Jugendphase

Ich will an den Anfang meiner Überlegungen eine These stellen, ein Glaubensbekenntnis sozusagen: alle menschliche Entwicklung ist auf „Selbstwerden" angelegt, auf Entfaltung der Person, wie die ältere Pädagogik sagte. Dabei ist einerseits zu denken an die Entwicklung eines angeborenen Potentials von Begabung und Charakter, aber mehr als nur das. „Selbstwerden" heißt: sich als ein seiner selbst mächtiges Ich in der Welt realisieren. Die einzelnen Altersstufen bilden dabei jeweils typische Stufen und Konstellationen einer solchen Selbstrealisierung: Der Säugling wird insofern „er selbst", als er eine gute Mutter besitzt, an der er das Grundgefühl von Weltvertrauen gewinnen kann. Das zweite Lebensjahr bringt die ersten Schritte von der Mutter weg und zum Vater hin und mit dem Vater zur Welt. Das Vier- bis Sechsjährige lernt Reales und Phantasiertes unterscheiden, das sieben- bis elfjährige Kind erweitert sein Wissen und seine Kenntnisse von der Welt und entwickelt darin zugleich seine Persönlichkeit.

Beim Jugendlichen setzt so etwas wie eine eigenständige und aktive Suchbewegung ein. Er wird sich selber zu einer offenen Frage: Wer bin ich? Wer kann ich sein? Aus dieser Suchbewegung resultiert zweierlei:

- der Drang, sich auf eine notwendigerweise zunächst idealisierende Art und Weise zu entwerfen;
- ein ausgeprägtes Streben nach Einheit und innerer Konsistenz.[1]

Zur Einstimmung in die nachfolgenden Überlegungen diene ein autobiographischer Text eines mir unbekannten 17jährigen Mädchens, der mir durch einen Seminarteilnehmer zur Verfügung gestellt wurde:

„Als wir nach H. gezogen sind, war ich erst ca. fünf Jahre alt, wurde jedoch nie richtig von den Kindern aus H. angenommen, da ich keine gebürtige H. war. Ich wurde immer gehänselt und ausgelacht. Dies wurde jedoch erst extrem, als ich in die Schule kam. Besonders von den Jungs wurde ich wegen meiner Brille getrietzt. Noch dazu kam, daß sie mich immer ‚Kröte' nannten, was ich damals als gemeines Schimpfwort betrachtete. Ich beneidete immer die Mädchen aus meiner Klasse, die von allen umschwärmt wurden, und wünschte mir immer, eine von ihnen zu sein.

Schließlich wechselte ich auf die Mädchenrealschule. Dort versuchte ich so gut wie möglich, Anschluß zu finden.

Dadurch, daß ich durch den Schulwechsel auch öfters in der Stadt war, beneidete ich immer mehr die Mädchen, die Markenkleider trugen und lässig irgendwo herumstanden. Ich wünschte mir immer, zu den ‚Coolen' zu gehören.

Als ich etwa 14 Jahre alt war, schaffte es meine derzeitige (auch meine erste ‚richtige') Freundin, mein Selbstbewußtsein aufzubauen. Wir zogen in Discos umher, gingen auf die Eisbahn und Feten. Ich weiß nicht mehr, wie alles anfing, doch plötzlich waren wir in der ‚Coolengruppe' aufgenommen. Selbstverständlich mußte ich nun auch viel Geld für Kleider ausgeben, um nicht mein gewonnenes Image zu verlieren. Bald begriff ich, daß es eine Rangfolge unter den Coolen gab, wie in einer Herde. Der (bzw. die), der am brutalsten, am selbstbewußtesten war, die teuersten Kleider hatte, stand oben.

So begann ich mich langsam hochzuarbeiten. Ich fing das Rauchen an, begann zu trinken und andere Mädchen, die mir im Weg standen, beiseite zu schaffen. Es gefiel mir zwar nicht besonders, andere fertig zu machen, aber ich fühlte mich doch gut, wenn ich gewonnen hatte.

Nach gut einem halben Jahr hatte ich es soweit geschafft, ganz oben zu stehen. Doch das gegenseitige ‚fertigmachen' hörte nicht auf, da ich sonst meine Position verlieren würde. In mir wuchsen wahnsinnige Konflikte heran, da ich einerseits endlich mein Ziel erreicht hatte und dieses nicht mehr so schnell verlieren wollte, jedoch mir auch das ewige ‚coole Getue' leid war. Immer das sagen, was die Anderen hören wollten, sich nie ‚kindisch' benehmen. Noch hinzu kam, daß ich gerade einen ‚Freund' (aus der ‚Coolenszene') hatte, der mich nicht als Freundin, sondern als Besitz ansah.

Ich freute mich schon wahnsinnig darauf, mit meinen Eltern in den Urlaub zu fahren, um endlich Abstand zu den ganzen Leuten gewinnen zu können.

Dort war ich dann nur mit Leuten zusammen, die alle schon um die 30 waren. Sie akzeptierten mich, so wie ich war. Mit ihnen konnte ich Blödsinn machen, ohne daß ich gleich als kindisch bezeichnet wurde. Ich mußte nicht in meine ‚Coolenrolle' schlüpfen. Umso trauriger wurde ich, als der Urlaub langsam zu Ende ging. Schließlich faßte ich den Entschluß, daß es so nicht mehr weiter gehen kann! Mir war meine Position bei den Coolen inzwischen völlig gleichgültig geworden, wollte nur noch ich selbst sein. Ich überlegte mir, wie ich am besten aussteigen, mit meinem ‚Freund' Schluß machen konnte.

Ich ließ mich erst einmal nicht in der Stadt blicken und schaffte es schließlich doch, von ihnen los zu kommen.

---

[1] Nicht umsonst hat Erikson sein Konzept der Identitätskrise bzw. Identitätsfindung ursprünglich aus Beobachtungen an Jugendlichen und jungen Erwachsenen abgeleitet (vgl. oben Kap. Subjektkonstitution). In späteren Lebensaltern kann dieses Vereinheitlichungsstreben geradezu kontraproduktiv sein.

Ich wechselte dann noch oft meine Rollen, vom Hippie zum Moscher, vom Moscher zum Rocker – Hauptsache unabhängig und wie es mir gefiel, ohne einer Idealvorstellung (wie cool sein) nachzustreben".

Jugendliche besitzen sich (oder besser: bringen sich hervor) in Gestalt eines idealen bewußten Entwurfs (wie in diesem Beispiel „cool sein"). Der Jugendliche besteht nur aus diesem idealen Entwurf, etwas anderes ist er noch gar nicht. Etwas scherzhaft könnte man das so verdeutlichen: die berühmte Reifeprüfung, in der dem jungen Menschen das „Zeugnis der Reife" zuerkannt wird, ist natürlich Lug und Trug. Von Reife ist noch keine Spur; es wird eine ideale Konstruktion bescheinigt, der nichts Wirkliches entspricht. Das gleiche gilt für die „Mündigkeit", die „Volljährigkeit", die einer mit 18 Jahren erreicht – von Mündigkeit keine Rede, aber wenn man die Leute nicht erst einmal der Idee nach für mündig erklärte, würden sie es nie. Prekär wird es natürlich, wenn diese Idee allzu unbesehen als Wirklichkeit unterstellt wird. Darum war es z. B. weise vom Gesetzgeber, bei der Herabsetzung des Volljährigkeitsalters nicht gleichzeitig die volle strafrechtliche Verantwortung vorzuverlegen. Nach wie vor gibt es gesetzlich den „Heranwachsenden" bis zum vollendeten 21. Lebensjahr, der bei Vorliegen bestimmter Voraussetzungen als Jugendlicher beurteilt werden kann. Mit anderen Worten: der Gesetzgeber rechnet selber damit, daß die im Prinzip für mündig Erklärten vielleicht doch noch gar nicht so mündig sind.

Das scheint mir das Widersprüchliche der jugendlichen Existenz zu sein: daß man im Prinzip etwas ist, was man faktisch noch nicht sein kann. „Jedes Mal, wenn ich in einer Krise bin", erzählt eine – erwachsene – Patientin ihrer Analytikerin, „habe ich denselben Traum. Ich falle bei meinem Abi durch und sage mir: Aber ich habe doch studiert, also hat das keine Bedeutung. Ich habe zugleich die Vorstellung, daß dieses Studium wertlos ist, weil ich mein Abi nicht habe, weil es ein Manko ist" (Chasseguet-Smirgel 1981, S. 46). Diese Patientin hat das Abitur wirklich nicht bestanden, sie war durch eine Sonderprüfung doch noch zum Studium gekommen. Die Analytikerin sieht das symbolisch: „Der Wunsch der Träumerin scheint mir zu sein, sich nicht mit einer Ausbesserung zu begnügen, die das Manko verhüllt, sondern es wirklich auszufüllen . . ." (ebd., S. 47).

In der Pubertät bildet sich also, würde ich in Abwandlung von Spranger sagen, ein ideales Grundraster der Persönlichkeit – wir Psychoanalytiker sprechen vom Ich-Ideal –, das aber zunächst nur vorgibt, etwas zu sein, was es noch nicht ist und nicht sein kann – wie bei dieser Patientin: sie hat zwar den Schein in der Tasche, daß sie studieren kann – aber sie fühlt das Manko, daß sie das, was sie jetzt darf, eigentlich noch nicht wirklich ausfüllen kann. Die schwankenden Pfeiler zu befestigen, auf denen der lockere Idealbau ruht, ist Aufgabe der künftigen Entwicklung. Der Jugendliche besitzt ein autonomes Ich nur prinzipiell, nicht faktisch; er besitzt es im Vorgriff einer idealen Konstruktion. Die pädagogischen Fehler, die sich aus einer rein soziologisch inspirierten Jugendforschung leicht herleiten, kommen daher, daß Anschauungen und Lebensformen Jugendlicher unbesehen als faktisch und nicht als ideale Konstruktion genommen werden.

Zwar gibt es auch schon in der Kindheit den lebhaften Wunsch, groß zu sein: „Wenn ich groß bin, dann werde ich Straßenbahnschaffner, Schutzmann, Düsenjägerpilot". Dies sind aber nur Phantasiespiele, noch keine Selbstentwürfe – dafür sind sie zu weit abgehoben vom wirklichen Ich. Beim Jugendlichen fehlt nur ein winziger Schritt zur Realisierbarkeit der Entwürfe, darum täuscht man sich so leicht über den Entwurfcharakter.

Symptomatisch für das Desinteresse heutiger Jugendforschung an diesem Problemkomplex ist es, wenn Fend das psychologische Interesse für die „Entstehung von Selbst-Idealen" zwar erwähnt (Fend 1991, S. 31), aber seinerseits nicht ausdrücklich nach Idealvorstellungen oder nach Vorbildern o.ä., sondern lediglich nach einem „Normalentwurf des Daseins von Erwachsenen" (ebd., S. 32 ff.) bei Jugendlichen fragt, als Anknüpfungspunkt seiner pädagogischen Überlegungen dann aber doch wieder das alterstypische „Identifikationsbedürfnis" (Fend 1990, S. 260) der Jugendlichen aus der Tasche zieht, das im empirischen Teil überhaupt keine Rolle spielte.

Mit Recht wird die Pubertät als eine Phase größter Spannungen und stärkster Widersprüche bezeichnet (A. Freud 1936) – neben dem Ideal, groß zu sein, gibt es das regressive Anklammern an die privilegierte Situation der Kindheit und, im Gegenzug, das geradezu verzweifelte Ringen um Identität. Erst diese brisante Ansammlung progressiver und regressiver Tendenzen bringt die totale Gefühlsverwirrung hervor, die dem Jugendlichen zur „Verschalung" im Sprangerschen Sinne greifen läßt.

A propos „Verschalung": die Märchen enthalten ein reiches Repertoire solcher Verschalungsmotive: der „Bärenhäuter", dem die Braut ohnehin schon gewiß ist, geht trotzdem noch im Bärenkostüm sieben Jahre auf Wanderschaft; „Allerleirauh" sitzt im Rauhtierfell auf dem Baum und wartet auf den Prinzen – fürwahr Beispiele Sprangerscher „Knotigkeit"! Heutzutage gibt es statt des Bärenfells die Rocker-Clubjacke oder den alternativen Langhaarlook, und Allerleirauh muß unter Umständen auf den Strich gehen. Und wenn am Ende kein Prinz oder keine Braut in Sicht ist, kann die Verschalung recht lange dauern. So etwas nennt man dann pädagogisch „verlängerte Adoleszenzkrise".

Ich will diesen prinzipiellen, ideal-konstruktiven Charakter jugendlicher Lebensäußerungen an drei Bereichen jugendlichen Lebens darstellen:
1. an der Jugendsexualität, speziell der Pubertäts-Onanie,
2. an den manifesten Idealbildungen von Jugendlichen,
3. an der Beziehung der Jugendlichen zu den Eltern.

1. Die Orientierung im sexuellen Bereich ist nach wie vor das zentrale Problem des Jugendalters. Ich behaupte dies, obwohl es den Befunden der empirischen Sexualforschung zu widersprechen scheint. In der Untersuchung von Sigusch und Schmidt (1973) kann man nachlesen, wie sehr sich das sexuelle Verhalten Jugendlicher zwischen 1960 und 1970 geändert hat. Masturbationsalter und -häufigkeit haben sich zwar nur geringfügig, aber das Koitusalter vor allem bei Gymnasiasten und Gymnasiastinnen erheblich vorverlegt, etwa 40 % der männlichen und 25 % der weiblichen Jugendlichen sollen nach dieser Untersuchung mit 16 Jahren Koituserfahrungen haben. Masturbationserfahrungen der 16jährigen männlichen Jugendlichen liegen, wie zu erwarten, über 90 %, der 16jährigen weiblichen Jugendlichen über 30 %. Laut einer Untersuchung von Schmidt, Klusmann und Zeitzschel (1993) hat von 1970 bis 1990 zwar die Koituserfahrung Jugendlicher nicht abgenommen, doch ist seitdem ein Wandel in der Einstellung der Jugendlichen zu verzeichnen. So besteht insgesamt eine Tendenz zur „Romantisierung" und stärkeren Betonung von Liebe und Treue (Schmidt/Klusmann/Zeitzschel 1993, S. 29). Diese Daten entsprechen etwa der allgemeinen Lebenserfahrung und sind kaum anzuzweifeln. Wenn Sigusch und Schmidt aber seinerzeit weiter ausführten, Mäd-

chen und Jungen erlebten „heute Sexualität mit weniger Ängsten, Schuldgefühlen und Konflikten als früher" (Sigusch/Schmidt 1973, S. 75) – dann muß ich dahinter ein ganz dickes Fragezeichen setzen. Ich würde eher denken: sie erleben Sexualität mit anderen Ängsten und anderen Konflikten als früher.

Gewiß hat sich beispielsweise der Problemcharakter der Onanie erheblich verändert: früher war es der Schuldvorwurf, vor allem bei katholischen Jugendlichen, jene unsägliche „schwere Sünde", die zur Wurzel so mancher „ekklesiogenen Neurose" geworden ist. Dieser Schuldvorwurf hat sicher an Gewicht verloren, auch in katholischen Kreisen.

Aber wenn es oft heißt, für den heutigen Jugendlichen sei das Sexuelle kein Problem mehr, dann trügt der Schein. Mir scheint z. B., daß manche der frühzeitigen Sexualverhältnisse aus der Angst und dem Abscheu vor der Onanie entspringen. Symptomatisch scheint mir eine haarsträubende Geschichte, die Helmut Kentler, einer der wildesten Sexualbefreier der wilden 68er Jahre, mit etwas törichtem Stolz erzählt – wie er eine Mutter dazu gebracht habe, ihren siebzehnjährigen Sohn mit seiner Freundin verreisen zu lassen. Er habe sie aufgefordert, sich ihren Sohn mit der Freundin im Bett vorzustellen, und dann den Sohn allein bei der Selbstbefriedigung – was ihr lieber sei? Natürlich sei der Mutter die Freundin im Bett lieber gewesen, und sie habe den Sohn ziehen lassen (vgl. Kentler 1970, S. 179 f.).

Warum „natürlich"? möchte ich fragen. Ist das nicht von einer ganz anderen Ecke her dieselbe Verteufelung der Onanie, die Jugendliche in sexuelle Verhältnisse hineintreibt, die sie noch gar nicht überblicken können?

Viele Jugendliche machen die erste Koituserfahrung heute in einem Alter, in dem sie den mit ihr verbundenen Spannungen noch in gar keiner Weise gewachsen sind. Typisch scheint mir diese negative Erfahrung dargestellt in einem vielgelesenen autobiographischen Dokument, Svende Merians „Der Tod eines Märchenprinzen" (Merian 1980, vgl. auch Hoeppel 1983). Mit 16 Jahren hat sie eine sexuelle Beziehung mit einem zehn Jahre älteren, verheirateten Mann. In einer seltsamen Verwirrung des Denkens nimmt sie ihr Sexualmartyrium als Bestätigung dafür, nunmehr eine „reife Frau" zu sein. Nach meiner Einschätzung hätte sie besser daran getan, noch zwei oder drei Jahre zu warten, bevor sie mit einem Mann sexuellen Verkehr aufnimmt. Aber den Unterschied zwischen „prinzipiell" und „faktisch" hat ihr wohl niemand erklärt: daß man im Prinzip mit der Menarche eine „reife Frau" wird, aber daß man es faktisch doch noch nicht sein kann und die Dinge besser noch etwas reifen lassen sollte.

Ich meine, daß das „Ja" zur Pubertätsonanie aus diesen und zahlreichen ähnlichen Erfahrungen heraus aus jugendpsychologischer Sicht ebenso gegen eine repressive Sexualmoral alten Stils wie gegen einen Emanzipationsrausch moderner Provenienz mit Nachdruck festgehalten werden muß. Zwar wird man es kaum mit dem alten Satiriker Karl Kraus halten wollen, der einmal sagte, der Koitus sei nur ein unvollkommener Ersatz für die Onanie – aber es ist ebenso falsch zu sagen, die Onanie der Jugendlichen sei nur eine Notlösung, weil ihnen nichts anderes übrig bleibe. Die Onanie ist eine Form sexueller Betätigung, die völlig gleichberechtigt neben dem Koitus steht, und im Jugendalter ist es sogar die einzige sexuelle Aktivität, deren soziale Unbedenklichkeit außer Zweifel steht.

Warum? Die Onanie ist sexuelle Selbstbestätigung – die Bestätigung, daß man einen Orgasmus haben kann, wenn man will. Diese Bestätigung ist es, die der Jugendliche vor allem sucht. Man könnte sagen, es gehe ihm auch im Sexuellen ums Grundsätzliche, nicht ums Konkrete. Auch Freundinnen und Freunde haben ja in dieser Altersstufe eine mehr grundsätzliche Bedeutung – sie sind weniger als individuelle Partner interessant, sondern dienen vor allem zur Bestätigung, daß man einen Partner haben kann, wenn man es will. Und diese notwendige sexuelle Selbstbestätigung hat in der Onanie ihre harmlose Spielart – es wird kein anderer Mensch dafür mißbraucht.

2. Das Ich des Jugendlichen besteht überwiegend aus einem idealen Entwurf. Die Wirklichkeit dazu muß erst noch „nachwachsen". Im Krankenhaus, schreibt ein vierzehnjähriges Mädchen in einem Brief, hätten es die Schwestern komisch angeschaut, mit vierzehn Jahren weine sie wegen einer Mandeloperation. Die Vierzehnjährige schämte sich gewiß vor den Schwestern, doch am meisten wohl vor sich selbst. Sie hatte ein Konzept von sich, das besagte: mit vierzehn ist man groß, da weint man nicht mehr, da hat man seine Gefühle unter Kontrolle. Aber die Wirklichkeit konnte mit diesem idealen Entwurf noch nicht so ganz Schritt halten.

3. In der Sphäre des Ideellen und Prinzipiellen wird in der Jugendphase auch zunehmend die Auseinandersetzung mit den Eltern entrückt. Beim Schulkind und noch bis in die Vorpubertät hinein geht es um ein reales Kräftemessen mit den Eltern, die als Autorität und Vorbild dabei nicht grundsätzlich in Frage gestellt werden. Ganz anders am Ende der Jugendphase: Rosmarie Berna-Glantz charakterisiert das Lebensgefühl der 18jährigen als ein Gefühl des Allein-seins, des Auf-sich-selbst-Gestellt-seins:

> „Es geht nicht mehr um die pubertären Kämpfe mit den Eltern um konkrete Freiheiten (jenes pubertäre Nein, mit dem der kindlichen Abhängigkeit der Kampf angesagt wird) . . . Dadurch daß die jungen Leute nicht mehr die Eltern für ihre Entscheidungen verantwortlich machen, sondern sich auf sich selbst gestellt fühlen, haben sie den Ausgangspunkt zu einer Selbständigkeit erreicht, die sie in der neuen Lebensphase zu vollziehen haben" (Berna-Glantz 1980, S. 431).

Ich ergänze mit meinen eigenen Worten: Diese 18jährigen am Ende der Jugendphase haben die Selbständigkeit in Form eines idealen Entwurfs, eines Vorgriffs erreicht, der im Erwachsenenleben erst noch einzulösen sein wird. Psychoanalytisch gesprochen: die Auseinandersetzung mit den konkreten Eltern, der tagtägliche Kampf um Erlaubnisse und Freiheiten wird abgelöst durch die Auseinandersetzung mit den Eltern-Imagines, mit den von den Eltern verkörperten und vertretenen Prinzipien. Nochmals Rosmarie Berna-Glantz:

> „In der Pubertät gibt es eine Phase, in der die Jugendlichen Fehler ihrer Eltern aufdecken und sie ihnen mit Hartnäckigkeit und einer gewissen Lust immer wieder vorhalten". Auch die 18jährigen beschäftigen sich noch „mit ihren Eltern, mit deren Vorzügen und besonders mit deren Schwächen. Aber der frühere Impetus, sie durch Vorwürfe und Belehrungen ändern zu wollen, ist meist verschwunden . . . Da sie sich in höherem Maße ihrer Losgelöstheit von den Eltern bewußt geworden sind, spüren sie, daß sie nicht mehr eigene Probleme lösen können, indem sie sie in den Eltern bekämpfen" (ebd., S. 434).

Exkurs: Die Leugnung der Jugendkrise in der Entwicklungspsychologie heute

Die hier skizzierte Konzeption der Jugendphase steht im Widerspruch zu Auffassungen, die in der gegenwärtigen Entwicklungspsychologie vertreten werden. Oerter will „von der Vorstellung Abschied nehmen, das Jugendalter sei eine Zeit der heftigen Krise, emotionalen Labilität und akuten Gefährdung" (Oerter 1987, S. 275). Der Jugendliche nehme vielmehr Entwicklungsaufgaben wahr und setze sich bewußt mit ihnen auseinander. Oerter zitiert Havighurst, der 1972 einige solcher developmental tasks für das Jugendalter formulierte: „Akzeptieren der eigenen körperlichen Erscheinung ... Erwerb neuer und reiferer Beziehungen zu Altersgenossen beiderlei Geschlechts ... Gewinnung emotionaler Unabhängigkeit von den Eltern ... Vorbereitung auf die berufliche Karriere ... Vorbereitung auf Heirat und Familienleben ... Gewinnung eines sozial verantwortungsvollen Verhaltens ... Aufbau eines Wertsystems und eines ethischen Bewußtseins als Richtschnur für eigenes Verhalten" (ebd., S. 276).

Eine besondere Rolle spiele im Jugendalter nach Meinung psychoanalytischer Autoren wie Erikson die Identitätsfindung. Oerter meint hingegen zeigen zu können, daß auch dieser Prozeß nach dem Ausweis empirischer Untersuchungen weniger krisenhaft und dramatisch verlaufe als vielfach angenommen. Die Struktur des Selbstkonzepts – die empirischen Psychologen bevorzugen diesen Terminus gegenüber dem psychoanalytisch und interaktionistisch konzeptualisierten Identitätsbegriff – bleibe über längere Zeit stabil.

Lediglich die Ausprägung einzelner Merkmale könne einer Veränderung unterworfen sein. So zeigte z. B. eine Längsschnittuntersuchung von Hörmann und Brunke (1985), daß nach einem Umweltwechsel der Versuchspersonen (von der Schule in die Berufswelt) die Aspekte Fähigkeitsselbst, soziales und emotionales Selbst strukturell unverändert blieben. Zum zweiten Meßzeitpunkt wurde jedoch ein beträchtliches Absinken des sozialen und des Fähigkeitsselbst bezüglich der Ausprägung registriert (nach Oerter 1987, S. 302). Oerter schließt daraus, daß das Selbstkonzept zunehmend realistischer wird und mögliche Selbsteinschätzungen korrigiert werden.

Zusammen mit den Ergebnissen einer Befragung von Offer (1984) an 2000 Jugendlichen, bei der die meisten sich als glücklich bezeichneten und vorgaben, mit gegenwärtigen und zukünftigen Problemen fertig werden zu können, zieht Oerter folgenden Schluß: die Mehrzahl der Jugendlichen übernehmen die wesentlichen Normvorstellungen der Erwachsenen (übernommene Identität) und durchlaufen dementsprechend eine wenig ausgeprägte Krise. Lediglich ein geringer Prozentsatz erlebt eine Krise, die zwar mit der Chance verbunden ist, sich eine Identität zu erarbeiten, aber gleichzeitig die Gefahr des Mißlingens der Identitätsbildung (diffuse Identität) in sich birgt (ebd., S. 310 f.).

Die Untersuchungen, auf die sich Oerter bezieht, gründen sich forschungsmethodisch auf abgefragte verbale Äußerungen von Jugendlichen, vom Selbsteinschätzungsfragebogen bis zum halbstrukturierten Interview. Es scheint, daß die Sucht der empirischen Forscher, Jugendliche über alles Erdenkliche zu befragen, über weite Strecken nichts als Methodenartefakte zum Vorschein bringt.

So sind die mit so viel methodischer Akribie ins Werk gesetzten Untersuchungen der Psychologen in ihrem Aussagewert eher skeptisch zu beurteilen. Vielleicht lassen sie nur die eine Aussage zu, daß Jugendliche solche Fragebogen etc. nicht viel anders ausfüllen als Kinder oder als Erwachsene und daß insofern Kontinuitätsbrüche nicht festzustellen sind.

Auch Fend (1990, 1991), der eine umfangreiche Längsschnittstudie durchführte, distanziert sich von Charakterisierungen des „Übergangs von der Kindheit in die

Adoleszenz als Phase des Sturm und Dranges, als Phase des aufgewühlten, grüblerischen und oft auch selbstzerstörerischen Seelenlebens" (Fend 1990, S. 82). Einige Krisenindikatoren lassen sich namhaft machen (z. B. beim gesundheitlichen Wohlbefinden vor allem der Mädchen, S. 88; in der Leistungsbereitschaft und Disziplin; auch im veränderten Verhältnis zu den Eltern, S. 98). Doch charakterisiert er die von ihm untersuchte Jugendkohorte zusammenfassend als pragmatisch orientiert, selbstbewußt, sozial extrovertiert usw. (ebd., S. 119).

Fends Befunde werfen zwei Probleme auf, die sich bei „empirisch" gestützten Aussagen immer wieder stellen: zum einen ist, wie schon bei Oerter, die Frage der Verläßlichkeit von Jugendbefragungen ein Problem, das seit den Anfängen empirischer Jugendforschung diskutiert wird (A. Flitner 1963, S. 130 f.). Interessanter noch ist indessen bei Fend das Problem der Bewertung empirisch gewonnener Aussagen: aus meiner Perspektive würden Fends Befunde eher die These einer krisenhaften Pubertät belegen, während sich Fend letzten Endes auf die salomonische Formel von Kontinuität und Wandel (Fend 1990, S. 120) einpendelt. Es kommt bei der Interpretation empirischer Daten doch letzten Endes immer auf die Brille an, die der jeweilige Forscher aufsetzt.

2. Jugendliche heute: Angepaßte, Neurotische und Aussteiger

Das Vorangegangene war sozusagen eine ideal-typische Konstruktion der Jugendphase. Wie sieht die Wirklichkeit heute aus?

2.1 Als erste die Geschichte eines braven bayerischen Gymnasiasten: Peter ist 16 Jahre alt, in Klasse 11, ein ganz ordentlicher Schüler. Englisch und Mathe 1, Deutsch allerdings dürftig. In der Schule tut er seine Pflicht, sagt er, aber das meiste interessiert ihn nicht; seine schlechten Deutschleistungen erklärt er damit, daß er keine Lust habe herumzuschmarren. Mathe macht ihm Spaß, weil man da Formeln anwenden kann, und dann kommt was raus. Warum das rauskommt, interessiert ihn schon wieder nicht.

Seine Freizeit-Interessen konzentrieren sich auf den Wassersport: Rudern, Segeln, Surfen. Seine Familie lebt in allerlei Spannungen, die er schlecht verträgt. Wenn er den Knopf seines Radios im Ohr hat, überhört er den meisten häuslichen Krach; wenn auch das nicht hilft, sagt er, dann schüttet er sich mit Bier zu.

Ob das denn ein Leben sei, frage ich ihn. Typische Erwachsenenfrage, meint er. „Selbstverwirklichung" und so Zeug, das seien doch Schlagworte für ältere Leute. Jugendliche tun ihre Pflicht, damit sie nicht auffallen und möglichst ungeschoren durchkommen.

2.2 Elke ist 18. Sie ist ebenfalls Gymnasiastin, in der 12. Klasse. Sie war immer eine ehrgeizige Schülerin und machte alles mit, was die Schule verlangte und anbot, nicht zuletzt den dreimonatigen Schüleraustausch nach Amerika. Sie war immer ein braves und ängstliches Mädchen gewesen. Sie sollte selbständig werden, fanden die Eltern, darum sollte sie nach Amerika.

Anscheinend war es ein bißchen viel für sie. Sie kam zurück mit einer Magen-Darm-Infektion, die sich über Wochen hinzog und bei der sie etliches Gewicht verlor. Weil sie meinte, mit Medizin und Pillen ließe sich alles beherrschen, schluckte sie eifrig Antibiotika, bis die Darmflora total kaputt und das Gewicht an einer kritischen Grenze angekommen war. Aber nun wehrte sie sich gegen alles, was sie aus diesem Zustand wieder hätte herausbringen können. Sie versteifte sich, richtete sich in ihrem Zustand sozusagen häuslich ein und entwickelte eine ausgeprägte Magersucht. Auf diese Weise konnte sie aus der Schule aussteigen und sich immer ausschließlicher auf ihre problematische Körperlichkeit konzentrieren.

2.3 Klaus hat mit 19 Jahren Abitur gemacht. Er ist schulmüde, lernmüde, hat das Gefühl, in den letzten Jahren nur Dinge gelernt zu haben, die er nicht lernen wollte. Bevor er sich für einen Beruf bzw. für ein Studium entscheidet, will er auf jeden Fall etwas ganz anderes machen: nach Kanada gehen, aber nicht als Ferienreisender, sondern dort eine Weile leben, sich mit eigener Arbeit durchbringen – mit Schwarzarbeit, da die Arbeitsgenehmigung fehlt.

Nun ist er in Kanada, und es geht alles ganz gut; aber er hat eine Kleinigkeit übersehen: seine Wehrpflicht. Einige Sätze aus seinem Rechtfertigungsbrief an das Kreiswehrersatzamt:

> „Bisher, von der Einschulung bis zum Abitur gab es nur wenige Entscheidungen selbst zu treffen, alles zu Lernende war Theorie und der Weg bis zum Abschluß, dem Abitur, war geebnet und unzählige Male gegangen. Das durch die Schulbildung entstandene Wissen ist jedoch weit vom eigenen Interesse, vom eigentlichen Leben und den vielen Erfahrungen, die man machen muß, entfernt. So war es für mich nach dem Abitur unumgänglich, vor der Ableistung meines Wehrdienstes ins langersehnte Land Kanada zu fahren".

Der junge Mann hat das Gefühl, durch die Schule verbogen und fremdbestimmt worden zu sein, und fürchtet von der Bundeswehr das gleiche. Er meint, er würde, wenn er beim Bund gewesen wäre, bestimmte Erfahrungen nicht mehr machen können, deswegen müsse er unbedingt vorher ins Land der Freiheit, nach Kanada, fahren.

Diese drei Jugendlichen stehen stellvertretend für drei Typen jugendlicher Entwicklungsschicksale in der Welt von heute: die Angepaßten, die Neurotischen, die Aussteiger. Die große Gruppe der angepaßten Jugendlichen ist das Lieblings-Studienobjekt der empirisch quantifizierenden Sozialforschung, angefangen von Schelskys Monumentalstudie über die „Skeptische Generation" (1957) bis hin zu den seit den 50er Jahren bis heute kontinuierlich weitergeführten Shell-Studien (1992).

Nehmen wir die Shell-Studie 1981 als Beispiel. Dort wird eine „Jugend-Durchschnittsbiographie" konstruiert, bestehend aus einer Reihe von Fixpunkten, die von allen – oder wenigstens von mehr als 75 % der Jugendlichen – durchlaufen bzw. als erreichbar und erstrebenswert angesehen werden. Einige Items aus dieser Tabelle:

- weggehen und heimkommen, wann man will;
- zum ersten Mal auf eigene Faust eine Urlaubsreise machen;
- die Berufsausbildung abschließen;
- das erste eigene Auto fahren.

Diese Items spiegeln nach Ansicht der Verfasser die zunehmende „Lösung von den Eltern, Selbständigkeit in Freizeit, Liebe und Sexualität, . . . beginnende Teilhabe an der erwachsenen Lebenswelt von Beruf, Leistung, Geld, Konsum und Straßenverkehr" (Shell-Studie 1981, S. 272 f.).

In der darauf folgenden Shell-Studie von 1992 werden oben genannte Items wiederum als Fixpunkte bzw. Stationen einer jugendlichen Normalbiographie angesehen, allerdings in den vier Themenkomplexen „Stationen des Hineinwachsens in Ausbildung und Beruf", „Ablösung von der Herkunftsfamilie", „Gegengeschlechtliche Beziehungen" und „Begründung einer eigenen Partnerschaft/Familie" (Shell-Studie 1992, S. 132 ff.) zusammengefaßt behandelt.

Die jugendliche Normalbiographie scheint also auf Verselbständigung angelegt. Auf der anderen Seite: Was sind das für Kriterien, die der Verselbständigung zugrunde gelegt werden – am krassesten vielleicht beim Kriterium des eigenen Autos: Ich fahre Auto, also bin ich ein vorzeigbares gesellschaftliches Subjekt?

Diese Verdinglichung ist gewiß zunächst ein Artefakt soziologischer Untersuchungen, die sich ja auf abfragbare Tatsachen beziehen müssen. Aber die Selbst-Interpretation der gesellschaftlich angepaßten Jugendlichen folgt dem gleichen Muster: sie definieren sich von Außenkriterien des Aussehens, des Konsums, des Besitzes von bestimmten Markenartikeln und Maschinen her, mag es sich um die obligaten Computer, um Musikanlagen oder Motorräder handeln. Nichts gegen den Computer oder das Motorrad; sie können durchaus ein autochthones jugendliches Lebensgefühl repräsentieren. Aber sie tun es meistens nicht, sie repräsentieren eher ein Klischee.

Es ist eine Fetischisierung, der die Jugendlichen unbewußt unterliegen, wenn sie sich von solchen Konsumgegenständen her definieren. „Ich denke, also bin ich", sagte der alte Descartes. „Ich fühle, also bin ich", das ergibt auch einen Sinn. „Ich besitze ein Motorrad, also bin ich." Da hört jeder Sinn auf. Zumindest hatte sich Rousseau unter der „zweiten Geburt" gewiß anderes vorgestellt.

Die zweite Gruppe von Jugendlichen, gern ausgeblendet und in die Zuständigkeit der Kinder- und Jugendpsychiatrie abgeschoben: die Jugendlichen mit neurotischen Störungen im weitesten Sinne. Jugendliche geraten massenhaft in Identitätskrisen, wie der Psychoanalytiker Erikson das Phänomen vor vielen Jahren benannt hat, sie produzieren „Zusammenbrüche", Kurzschlußreaktionen aller Art, z. B. bei Prüfungen und anderen Schwellenereignissen. Solche Krisen manifestieren sich z. B. in heftigen, lautstarken Auseinandersetzungen, im Weglaufen, Abbruch der Ausbildung, in kriminellen Entgleisungen, in Drogen- und Alkoholexzessen. Auch die schulischen Lern- und Verhaltensstörungen, die Disziplin- und Konzentrationsschwierigkeiten gehören in diesen Kontext. Dann gibt es die strukturierten psychischen Krankheitsbilder, z. B. die Pubertätsmagersucht, von der schon die Rede war, Angst- und Zwangsneurosen bis hin zu jugendlichen Psychosen. Lempp schildert z. B. als typisch für die Hebephrenie, eine jugendliche Form der Schizophrenie, die Entwicklung „des ursprünglich hoch begabten Gymnasiasten, der nach mehreren Schüben schließlich irgendwo eine Hilfsarbeit verrichtet, ohne aber unter diesem sozialen Absinken wesentlich zu leiden . . ." (Lempp 1973, S. 178).

Wichtiger noch als die zahlenmäßige ist die jugendpsychologisch-systematische Bedeutung dieser sog. „Verhaltensstörungen" (Bittner 1994b): die Pubertätskrisen, die Neurosen und selbst noch die Psychosen lassen exemplarisch – da in der Zuspitzung deutlicher – den Kampf der Jugendlichen zwischen Anpassung und Protest erkennen.

Der Psychoanalytiker Winnicott hat eine eigenwillige Sicht von seelischer Krankheit und seelischer Gesundheit entwickelt, die zur Erklärung hilfreich ist: Seelische Gesundheit ist identisch mit Kreativität, mit einem Leben aus der eigenen Mitte heraus. Das Gegenstück dazu, das krankhaft veränderte Leben, entsteht auf der Basis von „Übergefügigkeit": wenn die Vorstellungen der anderen, die mir sagen, wie ich sein soll, die eigene spontane Handlung auslöschen. Neurose wäre dann der symbolische Ausdruck hilflosen Protestes gegen das Objektiviert-Werden, gegen das Unterworfen-Werden unter einen fremden Willen. Es ist offensichtlich, daß dieser Konflikt für das Jugendalter besonders charakteristisch ist. Die Jugendlichen mit neurotischen Störungen – das sind jene, die sozusagen in der Mitte zwischen Anpassung und Auflehnung hängengeblieben sind.

Nun zu den Aussteigern. Die „Projektgruppe Jugendbüro und Hauptschularbeit" (1975) unterschied seinerzeit in ihrer Hauptschüler-Studie zwei Typen von Jugendlichen: die Familienzentrierten und die Mitglieder der Jugendsubkultur. Die erstgenannte Gruppe ist weitgehend identisch mit denen, die ich als Angepaßte bezeichnet habe; von ihnen soll hier nicht die Rede sein. „Die Subkulturellen streben entschieden aus allen satellitenhaften Beziehungen und pochen auf eine Autonomie, die sie jedoch in der Regel nicht durch die Vorbereitung von Karrieren absichern. Sie zeigen also verhältnismäßig wenig Lebensplanung" (Baacke 1983, S. 197) – ganz wie der vorhin erwähnte Abiturient Klaus, der es vor lauter Aufbruch ins gelobte Land Kanada versäumte, das nächste Karrierestück vorauszuplanen und über die simple Frage nachzudenken: was soll aus meinem Wehrdienst werden?

Die subkulturelle Orientierung von Jugendlichen existiert in mannigfachen Varianten: z. B. die Jugendmusik-Szene mit ihrer Rock-, Pop- und Disco-Orientierung; mannigfache Subkulturen im Bereich sozialer Randständigkeit, z. B. jugendliche Cliquen, die mit Drogen oder Gewalt zu tun haben, und schließlich die politischen Bewegungen, wie sie sich in der Schüler- und Studentenrevolte von 1968 und seither in militanten Spielarten der Alternativen-Szene, aber auch in rechtsradikalen Gruppierungen manifestieren.

Der Einfluß der Studentenbewegung auf die Sozialwissenschaften hatte zeitweise eine Glorifizierung von Subkultur und sozialer Randständigkeit zur Folge, da man sich von diesen Gruppierungen innovative, gesellschaftsverändernde Impulse erhoffte. Umgekehrt wurden Jugendliche, die keiner peer-group angehörten, eher abschätzig bewertet: sie würden zu Enge, Rigidität und einer übersteigerten Leistungsorientierung neigen. „Freilich sind solche Überlegungen nicht unbedingt zwingend", wie Baacke mit Recht bemerkt. „Man kennt umgekehrt die Überanpassung, die gerade von Gleichaltrigen-Gruppen gefordert wird" (ebd., S. 200).

3. Aufwachsen in der technisch-ökonomischen Welt

Was macht es heutzutage so schwer, ein erwachsener Mensch zu werden, die „zweite Geburt" im Sinne Rousseaus und Sprangers zu durchleben? Ein engagierter Lehrer schrieb mir dazu:

„Ich habe immer wieder das Gefühl, daß meine eigene Jugend unmittelbar nach dem Krieg zwar ‚äußerlich' sehr viel knapper und in vieler Hinsicht sicher auch ‚schwieriger', aber ‚innerlich' sehr viel einfacher war als das Aufwachsen heute. Zum Beispiel deshalb, weil es vieles einfach gar nicht zu entscheiden gab: von Drogen bis zum Statuskonsum oder die ‚richtige' Wahl der Musikgruppen treffen usw. Vor allem habe ich damals aber mit dem Gefühl gelebt, die Zukunft sei ein spannendes Abenteuer, eigentlich sei noch alles möglich. Ich habe mich weder vom Ozonloch noch von radioaktivem fall-out bedroht gefühlt, noch wußte ich irgendwas über die verhungernden Kinder in der 3. Welt" (Gerold Becker, briefliche Mitteilung).

An diese Überlegungen lassen sich folgende Fragen anschließen:
- In welchem Sinne hat sich das kulturelle Umfeld von Jugendlichen in den letzten 40 oder 50 Jahren verändert?
- Wie wirken sich die veränderten Rahmenbedingungen auf die psychische Entwicklung Jugendlicher aus?

3.1 Der Zivilisationsprozeß: Rationalisierung, Mechanisierung, Ich-Verzicht

Der Jugendliche partizipiert schon mit ganz anderer Intensität und Unmittelbarkeit als das Kind an den Anschauungen und Werthaltungen der ihn umgebenden Gesellschaft. Darum muß eine Beschreibung des Jugendalters stets den gesellschaftlichen Kontext einbeziehen, darf also nicht bloß psychologisch, sondern muß immer auch soziologisch konzipiert sein.

In den dreißiger Jahren erschienen drei bedeutende Werke zur Zivilisationsdiagnose, die den gesellschaftlichen Prozeß, in dem sich Jugendliche heute befinden, treffend prognostiziert haben. 1931 schrieb Karl Jaspers, daß die Situation des Menschen in den modernen Gesellschaften geprägt sei durch eine „nirgends halt machende Rationalität", sie zwinge „das Dasein in Berechenbarkeit und technische Beherrschung" (Jaspers 1931, S. 29 f.). Das Überleben in der Massengesellschaft, meint Jaspers, verlange solche Rationalität: „Die Bevölkerungsmassen können nicht leben ohne den riesigen Leistungsapparat, in dem sie als Rädchen mitarbeiten, um ihr Dasein zu ermöglichen. Dafür sind wir versorgt, wie es noch niemals in der Geschichte Menschenmassen waren" (ebd., S. 31). Der Preis für die Entwicklung besteht in der Rationalisierung und Mechanisierung allen menschlichen Tuns: „nicht nach Instinkt und Neigung, sondern auf Grund von Wissen und Berechnung werden die Entschlüsse gefaßt . . ., die Arbeit wird zu einem bis ins einzelne errechneten, an zwingende Regeln gebundenen Tun, das unter den Individuen austauschbar doch dasselbe bleibt" (ebd., S. 31).

Etwa zur gleichen Zeit wie Jaspers' Schrift entstand ein anderer klassischer Text der Zivilisationsdiagnose, Norbert Elias' Buch „Über den Prozeß der Zivilisation" (1936). Er konstatiert einen gesellschaftlichen Zwang zum „Selbstzwang", zur „Langsicht", zur „Affektdämpfung und Triebregelung", zur Anpassung an „‚das Tempo' unserer Zeit . . . Dieses ‚Tempo' ist in der Tat nichts anderes als ein Ausdruck für die Menge der Verflechtungsketten, die sich in jeder einzelnen gesellschaftlichen Funktion verknoten" (Elias 1936, S. 336 f.). Darum „erfordert die Funktion im Knotenpunkt so vieler Aktionsketten eine ganz genaue Einteilung der Lebenszeit; sie gewöhnt an eine Unterordnung der augenblicklichen Neigungen unter die Notwendigkeiten der weitreichenden Interdependenzen; sie trainiert zu einer Ausschaltung aller Schwankungen im Verhalten und zu einem beständigen Selbstzwang" (ebd., S. 338).

Und schließlich noch ein dritter Text, auch zur gleichen Zeit erschienen: Sigmund Freud, „Das Unbehagen in der Kultur" (1930). Die Kultur schränkt die Triebfreiheit ein, sagte Freud. Diese Einschränkung ist der Preis, den wir für die Kultur zu zahlen haben.

Was Freud konstatiert, gilt für jede Kultur, nicht bloß für die moderne technische Zivilisation. Nehmen wir aber Freuds Überlegungen mit denen von Elias und Jaspers zusammen, so ergibt sich ein spezifisch modernes, noch verschärftes „Unbehagen in der Kultur": die Einschränkung der Triebfreiheit, die Freud beklagte, war schon schlimm genug, doch was wir heute erleben, geht noch mehr an die Substanz: es ist das Aufgeben der Ich-Freiheit; wir kapitulieren vor den sogenannten Sachzwängen, vor der Eigendynamik alles dessen, was wir so sinn- und trickreich in die Welt gesetzt haben.

3.2 Die verinnerlichte Apparate-Welt

Funktional in der von Jaspers und Elias geschilderten Welt ist das Denken in Zweck-Mittel-Relationen, in mechanischen Kausalitäten, der „Zwang zum Selbstzwang", das Denken in technischen und ökonomischen Kategorien vom Input – Output, Investition und Leistung. Inbegriff und Symbol alles dessen ist die zweckmäßig funktionierende Maschine. Der Umgang mit Dingen, mit Beziehungen, mit sich selbst wird zwangsläufig geprägt von Metaphern aus der Welt der Zweck-Mittel-Relationen, der mechanischen Kausalitäten, der technischen und ökonomischen Effizienz.

Nehmen wir unsere drei Beispiele heutiger Jugendlicher: Peter interessiert sich für Mathematik, aber nur unter dem Aspekt der Zweck-Mittel-Relation: was man mit den Formeln „machen" kann. Für seinen Familienkonflikt wählt er eine sozusagen „technische" Lösung: Knopf ins Ohr, und wenn das nicht reicht, noch ein Bier obendrauf. Elke sollte Selbständigkeit demonstrieren, indem sie nach Amerika ging. Ein lateinischer Spruch, den ich in meiner Jugend lernte, sagt hingegen: mutant non caelum mentem qui per mare currunt – oder auf deutsch: Amerika bringt's auch nicht, wenn man's selber nicht bringt. Dann versucht sie, ihren unbotmäßigen Darm mit medizinischer Technologie ruhig zu stellen, und wieder geht's nicht.

Schließlich Klaus, der Wehrdienst-Flüchtling. Er meint, um lebendig zu bleiben, sozusagen auf einen anderen Planeten auswandern zu müssen. Er verteidigt zwar seine Autonomie. Er flieht vor dem Bundeswehr-Apparat in die Freiheit und Unabhängigkeit der kanadischen Wälder – eine Unabhängigkeit von der Vereinnahmung durch den Apparat, die ihn aber zum irgendwie weltlosen Subjekt werden läßt.

Kinder werden, wie ich in einer früheren Analyse zu zeigen suchte (1989a), den Strukturen und Lebensformen der technischen Welt unterworfen. Jugendliche hingegen beginnen zunehmend, sich diese Strukturen aktiv anzueignen, sie zu internalisieren. Das entwicklungspsychologische Problem, wie es sich dem Psychoanalytiker darbietet, ist die Verinnerlichung der Technik-Welt, die Bevölkerung der „inneren Bühne" mit Apparaten und unpersönlichen Strukturen.

Jugendliche laborieren an der „Verdinglichung", der Rationalisierung, der Standardisierung und Maschinisierung (Schwabe 1986, S. 255), der sie unterworfen werden und der sie sich selbst unterwerfen. Marx hatte vom Waren-Charakter der menschlichen Beziehungen gesprochen und hatte gemeint: die Menschen haben gleichsam vergessen, daß sie selbst die Waren durch Arbeit hervorgebracht haben. Die Ware kommt ihnen nur wie ein Naturgegebenes von außen entgegen, und sie interpretieren nun ihr eigenes Sein von dieser Welt der Waren her. Ähnliches gilt von der Welt der Maschinen: die Menschen haben Maschinen gemacht und haben es gewissermaßen vergessen, und nun treten ihnen die Maschinen wie eine Naturtatsache gegenüber, und die Menschen interpretieren sich selbst, als wenn sie Maschinen wären. Im Jugendalter kommt dieser Konflikt zum Austrag: inwiefern bin ich „ich", und inwiefern bin ich ein Ding, ein gutgeöltes Schräubchen im Getriebe? Die Antwort auf diese Fragen, die Jugendliche für sich selber finden, sind weit gestreut: sie reichen von der kritiklosen Technik-Anbetung des Computerfreaks bis zum totalen Aus-der-Welt-Gehen in eine Öko- und Müsli-Subkultur. Aber alle individuellen Antwort-Muster, auch die ablehnenden, sind bezogen auf den vorgegebenen Kontext einer apparativ durchrationalisierten Welt.

Die Jugendlichen haben es heute schwerer als wir vor 40 Jahren, sagte jener Lehrer in der oben zitierten Äußerung, weil es so viel zu entscheiden gibt: Konsum oder Drogen oder Rock oder klassische Musik. Und andererseits scheint ihm, der Horizont sei in seiner Zeit offener, es sei noch „alles möglich" gewesen.

Wo liegt der Unterschied zwischen Jugend vor 40 Jahren und Jugend heute? Mir scheint der wesentliche Unterschied darin zu liegen, daß unsere Welt damals bestimmt war von materieller Not, von politischer Verwirrung, von religiösem Suchen – aber noch nicht von der Erfahrung eines allmächtigen Apparats.

Die „zweite Geburt" Rousseaus, das Erwachen des Subjekts der Leidenschaft, verlangt als Korrelat eine Welt, in der noch offene Stellen sind, in der noch nicht alles fertig geregelt ist, eine Welt, in der das heranwachsende Subjekt eine Lücke schließen kann. In einer Welt, in der man sein Leben gleichsam nur aus Fertigteilen zusammensetzen kann, mag die Freiheit der Wahl zwischen diesen Fertigteilen noch so groß sein – der Jugendliche als Subjekt, als Person ist nicht gefordert: die Rousseausche „zweite Geburt" bringt allenfalls Kümmerformen von Subjekt-sein hervor.

4. Jugend und Zukunft

Aussagen über Jugend und Zukunft geben sich entweder soziologisch oder psychologisch. Setzt man die soziologische Brille auf, dann sieht man den Zukunftshorizont von Jugendlichen ausschließlich im Kontext gesellschaftlicher Trends und sogenannter „Lebenslagen" (vgl. Fuchs 1990): keine Lehrstelle oder kein Studienplatz in Aussicht; die Bildungsaussichten für Mädchen und Landkinder seien schlechter und müßten dementsprechend verbessert werden usw.

Bei den Lehrstellen hat sich inzwischen manches wenigstens teilweise zum Besseren gewendet. Mädchen werden immer weniger benachteiligt, die atomare Bedrohung ist weit geringer geworden; trotzdem ist Erwachsen-Werden nicht leichter geworden. Das eigentliche Problem des Erwachsen-Werdens wird mit solcher Forschung auf der Ebene von Realfaktoren nicht erreicht.

Nicht wesentlich ergiebiger ist der psychologische Zugang, der die subjektive Zukunftsperspektive Jugendlicher abfragt: da gab es schon vor vielen Jahren eine von Thomae inspirierte Untersuchung: Hauptschüler sollten Aufsätze schreiben, wie sie sich ihr Leben bis zum Jahr 2000 vorstellen. Die meisten wollten heiraten, zwei bis drei Kinder haben, ein harmonisches und glückliches Familienleben (vgl. Czisch 1961). Bei solchen Aufsätzen wird auch heute nicht viel anderes herauskommen; sie können kaum anderes als Klischees produzieren.

Inzwischen hat sich die motivations- bzw. attributationstheoretische Forschung der Zukunftsperspektive von Jugendlichen angenommen – und zwar gerade im Zusammenhang des für die Schule so wichtigen Themas der Leistungsmotivation. Psychologen heben die Bedeutung langfristiger Ziele für die Leistungsmotivation hervor: Studenten lernen desto besser und erfolgreicher, je mehr sie einen Stoff oder eine Lehrveranstaltung mit ihren beruflichen Zielen in Verbindung bringen können (Raynor 1969). Neuerdings ist der Faktor Zukunftsperspektive auch in der Leistungsmotivation von Schülern ausgiebig gewürdigt worden (zur Übersicht vgl. Pavelkova 1990). Allerdings zeigen diese Untersuchungen auch die pädagogische Problematik des Ansatzes: die Orientierung an der Zukunft stelle einen „bedeutsamen Effizienzfaktor der Bildungsprozesse" dar, wird argumentiert, und der Schule wachse die Aufgabe zu, die Orientierung des Schülers entsprechend für die Lernmotivation zu nutzen (Pavelkova 1990, S. 76 f.).

Das klingt fast wie eine Aufforderung, die Zukunftsperspektiven Jugendlicher zu manipulieren. Lassen wir die soziologischen Zukunftsprognosen ebenso beiseite wie die psychologischen Befragungen Jugendlicher über ihre Zukunftspläne. Beide Ansätze haben bei aller Unterschiedlichkeit eines gemeinsam: sie sind Projektionen aus der Gegenwart auf die „weiße Leinwand" Zukunft. Die Zukunft ist offen: sie hat noch kein Gesicht, es lassen sich keine Aussagen über sie machen,

> denn erstens kommt es anders
> und zweitens, als man glaubt
> und drittens überhaupt,

hat Wilhelm Busch gereimt. Wer hätte noch vor einigen Jahren gedacht, daß Deutschland heute vereint sein wird?

Eine pädagogische Reflexion könnte hingegen ihren Ausgang nehmen von Schleiermachers bekanntem Satz: „die Lebenstätigkeit, die ihre Beziehung auf die Zukunft hat, muß zugleich auch ihre Befriedigung in der Gegenwart haben; so muß auch jeder pädagogische Moment, der als solcher seine Beziehung auf die Zukunft hat, zugleich auch Befriedigung sein für den Menschen, wie er gerade ist" (Schleiermacher 1849, S. 425).

Zukunft kann nur haben, wer Gegenwart besitzt, genauer: wer sich selber als lebendiges Subjekt im Kontext seiner Welt erfährt. Das Subjekt- bzw. Person-sein des Jugendlichen konstituiert seinen Zukunftshorizont. Wenn wir Jugendlichen eine Zukunft eröffnen wollen, lautet die pädagogische Folgerung, genügt es nicht, daß in ausreichendem Umfang Lehrstellen angeboten werden, daß für eine gesunde Umwelt Sorge getragen wird und was immer. So wichtig das alles sein mag: einen Zukunftshorizont eröffnet das alles erst, wenn wir Jugendlichen erlauben, sich als lebendiges Subjekt zu entdecken.

Ob einer Zukunft hat oder nicht, ob er sich ein lebenswertes Leben vorstellen kann, hängt davon ab, wie es mit seinem gegenwärtigen Leben bestellt ist. Und vor allem: Zukunft haben nur Personen, lebendige Subjekte, Zukunft ist eine Kategorie aus dem Kontext „erlebter", d. h. nicht physikalischer Zeit (vgl. Zoll 1988, S. 9). Eine Ware, eine Maschine kann keine Zukunft haben: bei der Ware reduziert sich die Zukunftsperspektive auf das aufgedruckte Verfallsdatum; die Maschine hat nur insofern Zukunft, als sie sich irgendwann amortisiert.

So ist die Zukunftsperspektive eines Menschen nichts Isoliertes, Abfragbares. Zukunftsperspektiven entrollen sich ganz von selbst, wo ein Subjekt einen lebendigen Bezug zu seiner Welt hat. Leben in der Realität, meint der Psychologe Kurt Lewin, kann nicht allein ein Leben in der Gegenwart sein. Wunschträume und Luftschlösser weiten die Perspektive in die Zukunft aus (vgl. Lewin 1935, S. 174). Oder schlichter gesagt: erfüllte Gegenwart schließt die Zukunftsperspektive ein, ohne erfüllte Gegenwart auch keine Zukunft. Daß der Jugendliche sich findet als eine autonome Person, die nicht mehr den Eltern gehört und auch nicht den berühmten peer-groups oder sonstigen gesellschaftlichen Einflußmächten, das wäre das pädagogische Ziel. Herauszufinden, was man selbst will, „sich finden", ist die einzige Chance, eine Zukunftsperspektive zu entwickeln.

Jugendliche sollen herausfinden, was sie selber wollen, jetzt wollen. Dann werden sie auch herausfinden, was sie für später wollen. Das hat wieder nicht in erster Linie mit den lauthals proklamierten sogenannten selbstbestimmten jugendlichen Aktivitäten zu tun, z. B. „autonomen" Jugendhäusern oder autonomen politischen und sozialen Gruppierungen und Zusammenschlüssen – obwohl deren Löblichkeit und Förderungswürdigkeit natürlich außer Zweifel steht.

Was ich meine, ist etwas viel Unscheinbareres, deshalb Schwierigeres, aber wenn man es einmal sehen gelernt hat, auch Einfacheres. Ich konzipiere dieses Kapitel während sommerlicher Familienferien mit zwei Jugendlichen auf einer Insel. Die ganzen Ferien vergehen damit, daß wir alle, Erwachsene und Jugendliche, uns von dem Klischee lösen, was man als Feriengast auf so einer Nordseeinsel eigentlich tut und womit man seine Tage ausfüllt. Da kommt dann z. B. für die beteiligten Jugendlichen heraus, daß der eine sich nicht vom Balkon wegrührt und tagelang endlose Briefe schreibt, und der andere, mit einer kleinen Flasche bewaffnet, ebenso ausdauernd durchs flache Wasser stakt, um kleine Fische zu fangen und in seiner Flasche einzusperren. Für die Erwachsenen ist das ein Lernprozeß, die Jugendlichen ihren Rhythmus finden zu lassen – das tun zu lassen, was sie wollen. Übrigens ist es für die Erwachsenen ja derselbe Lernprozeß in jeden Ferien wieder: meinen Eigenrhythmus finden, herauszufinden, was ich tun will. Für mich war es so, daß ich mir in den Kopf gesetzt hatte, ohne Führung durchs Watt aufs Festland zu gehen, meinen Weg durch die Priele selbst zu finden. Ich hab's geschafft. Gott sei Dank. Ich habe absichtlich so ein bescheidenes, vielleicht idyllisch anmutendes Beispiel zur Verdeutlichung gewählt. Ich weiß schon, zum Stichwort „Jugendliche tun, was sie wollen" kommen einem normalerweise viel dramatischere Sachverhalte in den Sinn: der 17jährige Sohn zieht in eine Wohngemeinschaft und schmeißt die Schule, die 18jährige Tochter bekommt ein ungewolltes Kind usw.

Es lag mir daran, der Feststellung, daß Jugendliche lernen müssen zu tun, was sie wollen, ihre eigenen Phantasien und Zukunftsvorstellungen zu entwickeln, den leicht damit sich verbindenden plakativen und programmatischen Anstrich zu nehmen. Es geht dabei gerade nicht um hochtrabende Forderungen und Parolen, sondern um ganz Schlichtes, Alltägliches, nichts Genormtes, sondern immer etwas höchst Individuelles. Zukunftsperspektiven haben, das heißt vor allem: Tagträumen, sich etwas ausdenken, was aus dem gegenwärtigen Sehnen und Wünschen herauswächst – wie die Zukunft wirklich wird, das steht, wie gesagt, auf einem ganz anderen Blatt.

Zukunft haben kann man nur, wenn man Gegenwart hat; Gegenwart kann man nur haben, wenn man als ein lebendiges Subjekt auf der Welt ist; als ein lebendiges Subjekt auf der Welt sein, ist auf eine besondere Weise verbunden mit einem körperlichen Lebendig-sein. Diese Wunschträume, diese in die Zukunft hineingeträumte Gegenwart, hat oft mehr mit dem Körper als mit dem Kopf zu tun – wie es mir überhaupt scheint, als hätten all die klugen soziologischen und psychologischen Jugendforscher ein recht verkopftes Bild vom Jugendlichen, als habe der vor allem gesellschaftliche, berufliche und politische Interessen. Nichts ist falscher als das: der Kristallisationspunkt eines lebendigen Ich ist und bleibt für den Jugendlichen der belebte Körper, und dort nehmen die Phantasien und Perspektiven – natürlich, die privaten, nicht die, die man einem x-beliebigen Interviewer anvertraut – dann auch ihren Anfang.

Ich möchte auf einen psychoanalytischen Gedankengang Bezug nehmen, der die älteren Überlegungen von Erikson über die Identitätskrise des Jugendalters auf neue Weise mit Inhalt füllt. Er ist enthalten in einem Buch von Moses und Eglè Laufer „Adoleszenz und Entwicklungskrise" (1989). Das ist eine eher verharmlosende Übersetzung: auf englisch heißt es statt Entwicklungskrise „developmental breakdown".

Der Grundgedanke ist der: viele junge Menschen erleben die körperliche Pubertät als einen Bruch in ihrer Entwicklung. Laufer geht von der psychiatrischen Beobachtung aus, daß manche Jugendliche im Anschluß an den ersten Samenerguß bzw. die erste Menstruation zusammenbrechen. „Auf die Frage, was ihnen in erster Linie Furcht oder Panik eingeflößt habe, verwiesen sie auf ihre ‚Verwirrung' oder darauf, daß gewisse Vorstellungen sie ganz verrückt gemacht hätten" (Laufer/Laufer 1989, S. 63). Der „breakdown" ist also ein Zusammenbruch der bisherigen Abwehrorganisation, der seither geübten Lebensmuster, vor allem im Hinblick auf den eigenen Körper. Wenn es bei Jugendlichen zu diesem breakdown kommt, dann haben sie das Gefühl, „keine Kontrolle über ihren Körper zu haben", den sie als etwas von ihrem Selbst Losgelöstes oder gar als ihren Feind betrachten. „Da sie dringend das Gefühl haben wollten, daß der Körper entweder nicht existent sei oder aber keine Gefahr darstelle, nahmen sie ihre Zuflucht zu allen möglichen Mitteln – zu Selbstmordversuchen, Drogenkonsum, zwanghaftem Essen" (ebd., S. 62 f.).

„Offensichtlich ist es von großer Bedeutung, ob der Jugendliche seinen zur Reife gelangten Körper als etwas betrachten kann, das ihm selbst gehört, oder ob er so tut, als gehöre dieser Körper immer noch seiner Mutter, die ihn als erste versorgte" (ebd., S. 62).

Nach Laufer erfüllt die Masturbation mit ihren begleitenden Phantasien eine wichtige Funktion bei der Überbrückung dieser Kluft, bei der Inbesitznahme des Körpers als eines eigenen, der nicht mehr der Mutter gehört. „Masturbation in der Adoleszenz fungiert nicht nur als eine Handlung, die im sicheren Raum der eigenen Gedankenwelt erfahren wird – sie dient zugleich auch der Erkundung, welche sexuellen Gedanken, Gefühle und Befriedigungen für das Über-Ich annehmbar und welche unannehmbar sind und deshalb nicht in das Selbstbild eines Menschen als eines im sexuellen Sinne reifen Mannes bzw. einer reifen Frau eingehen dürfen" (ebd., S. 61).

Ich will es noch einmal mit eigenen Worten etwas neutraler fassen: Der Übergang von der Kindheit zum Jugendalter schließt das Um-Befreiung-Kämpfen von der Fremdverfügung über die eigene Person und über die sichtbare Erscheinung der Person, den Körper, ein. Dieser Übergang bildet den Nährboden für mancherlei Krisen und Brüche. Der Übergang wird erleichtert durch die Masturbationsphantasie, sagt Laufer. Ich würde das erweitern und sagen: durch die Körper-Phantasie oder, noch allgemeiner, die Ich-Phantasie. Der Entwicklung der Körper-Phantasie dienen z. B. die mannigfachen sportlichen Interessen der Jugendlichen: Sport ist eine Form der Indienstnahme des eigenen Körpers, bis hin zu so gewagten Sportarten wie Motorradfahren oder Drachenfliegen, bei denen die Mütter zittern können. Daß die Mütter zittern, gehört dazu und ist gewissermaßen der heimliche Zweck der Übung.

Schauen wir mit dem von Laufer geschärften Blick noch einmal zurück auf unsere drei Jugendlichen: Peter hat seinen geliebten Sport, der ihn mancherlei schulische und familiäre Unbill ertragen läßt. Da vermag er sich lebendig zu fühlen, daraus schöpft er Kraft für sein nicht ganz leichtes Leben. Aber sein Lebendig-sein ist gleichsam eingekapselt in der Sport-Welt; für Schule und Familie gilt die Devise: Knopf ins Ohr. Elke ist mit ihrem Körper als dem Sitz der Lebendigkeit, vor allem mit ihren weiblichen Funktionen noch keineswegs ins reine gekommen, das macht ihre Not aus. Klaus, der Kanada-Flüchtling, ist sicher der Lebendigste von den Dreien; er traut sich was, er hat Phantasien über sein Leben – aber er ist irgendwie ins Abseits gelaufen. Ich fürchte, die Kanada-Episode wird ein Fremdkörper in seiner Biographie bleiben.

Als ich diesen Text probehalber einigen intelligenten Leuten vortrug, fanden diese, ich sänge das alte Lied: früher war alles besser. Sie nahmen vor allem Partei für Klaus, den Kanada-Flüchtling: das sei doch einer, der seine Wunschträume lebe, auf eine beherzte und autonome Weise. Daß er seinen Wehrdienst darüber verschlampt hätte – du liebe Zeit, das würde er schon irgendwie in die Reihe bringen.

Meine Überlegungen sind nicht kritisch an die Adresse der drei jungen Leute gerichtet, da liegt mir jedes Besser-Wissen-Wollen fern. Wohl aber sind sie zivilisations- und gesellschaftskritisch: sie wollen zeigen, daß die Suchbewegungen der Jugendlichen nach dem eigenen Leben, dem eigenen Ich durchaus auch heute vorhanden sind, aber daß sie zu nichts Wesentlichem führen können, daß sie weithin frustran ablaufen, weil ihnen nichts, aber auch gar nichts aus der umgebenden Welt an Ermutigung entgegen kommt, nichts, was diese Suchbewegungen sinnvoll werden läßt. Die drei kommen mir ein bißchen vor wie Ratten im Skinnerschen Problemkäfig, die fortwährend in irgendwelche Fallen tappen: nicht durch eigene Dummheit oder eigene Schuld, sondern weil der Käfig so konstruiert ist.

Die Schwierigkeit, eine sinnvolle Lebens- und Zukunftsperspektive aufzubauen, liegt also darin begründet, daß es keine sinnvolle Gegenwart gibt. Das Leben der Jugendlichen ist zerrissen in viele Teile, die keinen Zusammenhang haben: Schule, Freizeit, Leiblichkeit, Liebe, Sexualität – alles ist immer ein Kapitel für sich, keines hat mit dem anderen zu tun. Die „Geburt des Ich" kann sich in dieser Parzellierung und Zerrissenheit nur schwer ereignen.

Sehe ich zu schwarz? Schon war ich versucht, es zu glauben und dieses Kapitel in der Versenkung verschwinden zu lassen (auf einen positiveren Ton umschreiben hätte ich es kaum können), als ich auf die weiter oben (im Kap. Bildung) ausführlicher behandelten, bildungstheoretischen Erörterungen von Pongratz stieß. Adoleszenz, meint er, wird unter den heutigen gesellschaftlichen Verhältnissen zum „Weg ins Niemandsland". „Dem Selbsterlebnis der Jugend korrespondiert nicht mehr die Ahnung zukünftiger Freiheit, sondern die große endlose Einsamkeit . . . Was Wunder, wenn Lehrer und Erzieher zunehmend den Eindruck gewinnen, eine wachsende Zahl von Jugendlichen wolle ‚eigentlich nicht erwachsen werden'" (Pongratz 1986, S. 191). „Ob die Adoleszenz produktiv bewältigt werden kann, ist daher nicht abzukoppeln von der Frage: ‚Können komplexe Gesellschaften eine vernünftige Identität ausbilden?' Die Suche nach Antworten aber führt geradewegs ins Legitimationsdilemma gegenwärtiger Industriegesellschaften" (ebd., S. 192).

Der Erwachsene: multiples Ich in multipler Welt

> Heiraten? Ledig bleiben? Auswandern? Modell stehen? Steinbruch kaufen? Jünger sammeln? Sekte gründen? All die Möglichkeiten, die sich heute einem Dreißigjährigen bieten, müssen überprüft werden . . .
> Günter Grass 1959

Wann ein Mensch „erwachsen“ ist, kann unter verschiedenen Gesichtspunkten unterschiedlich bestimmt werden. Juristisch gesehen ist erwachsen, wer volljährig ist, d. h. das 18. Lebensjahr (früher das 21.) vollendet hat. Doch gilt auch dies wieder nur mit Einschränkungen: die volle strafrechtliche Verantwortlichkeit erreicht der Heranwachsende auch nach Vorverlegung der Volljährigkeit immer noch mit dem 21. Geburtstag.

Soziologisch kann man als Erwachsenen ansehen, wer die entsprechenden Statuspositionen einnimmt, d. h. einer Erwerbsarbeit nachgeht bzw. nachzugehen imstande ist und nicht mehr im Lebensumkreis seiner Elternfamilie lebt. Problematisch sind psychologische (und pädagogische) Charakteristiken wie „Mündigkeit“ und „Reife“ (Pöggeler 1964), denen immer ein mehr oder weniger ausgeprägtes normatives Moment anhaftet. Es sind Zweifel erlaubt, ob „Mündigkeit“ beim durchschnittlichen Erwachsenen ohne weiteres vorausgesetzt werden kann. Im alltäglichen Sprachgebrauch reden wir von Erwachsenen nur, wenn diese von Nicht-Erwachsenen, d. h. von Kindern und Jugendlichen, abgehoben werden sollen. Hält man sich diesen relationalen Charakter des Erwachsenenbegriffs vor Augen, wird man weniger leicht der Versuchung erliegen, den Erwachsenen zu einer besonderen Wesenheit hochzustilisieren.

Derzeit beginnt sich das pädagogische Interesse über das Kindes- und Jugendalter hinaus der gesamten menschlichen Lebensspanne zuzuwenden. Diese Entwicklung ist neu; es gab nur einige wenige Vorläufer. Guardinis Schrift „Die Lebensalter“ (1953) blieb zunächst unassimiliert und wenig beachtet. Der Versuch des Psychoanalytikers Erikson (1940/1991), das ganze menschliche Leben in Phasen mit typisch unterschiedlicher Thematik zu gliedern, fand zwar viel Aufmerksamkeit, löste aber nur wenig weiterführende Überlegungen aus, schon gar nicht im pädagogischen Bereich.

Seit den siebziger Jahren begann die Entwicklungspsychologie, auch wieder lange nach den ersten Anregungen z. B. von Neugarten (1963) in den USA und Thomae (1957) in Deutschland, sich von einer Psychologie des Kindes- und Jugendalters zu einer Psychologie der Lebensspanne umzudefinieren (vgl. Oerter/Montada 1995). Erst seit dieser Zeit setzte auf breiter Front die empirische Untersuchung von Entwicklungsprozessen im Erwachsenenalter ein. Auf seiten der Pädagogik wurden diese Trends verständlicherweise zuerst von Vertretern der institutionellen Erwachsenenbildung aufgenommen (Pöggeler 1970, Zdarzil/Olechowski 1976, Kürzdörfer 1979, Siebert 1985, Buschmeyer 1987, Pöggeler 1989). Ins Blickfeld der allgemeinen Pädagogik geriet die menschliche Lebensspanne über den Biographien-Ansatz (Loch 1979, Baacke/Schulze 1979). Systematischer entfaltet wurde das allgemein-pädagogische Interesse an der Lebenslaufperspektive neuerdings von Weber (1994).

1. „Die Lebensalter" (Guardini)

Guardini konstruiert den Lebenslauf in – recht weit gefaßten – Phasen:

„Das Kind ... den jungen ... den mündigen ... den reifen ... den alten ... den senilen Menschen". „Zwischen den Phasen ... liegen typische Krisen: Zwischen der Altersstufe des Kindes und der des jungen Menschen die Krise der Pubertät ... zwischen der des jungen und des mündigen Menschen die der Erfahrung ... zwischen der des mündigen und des reifen die des Grenzerlebnisses ... zwischen dem reifen und dem alten Menschen die der Loslösung ... zwischen dem alten und dem senilen Hilfloswerden" (Guardini 1953, S. 11).

Guardini versteht diese Phasen als phänomenale Gegebenheiten, als „Lebensgestalten" (ebd., S. 11), als „Wertfiguren" (ebd., S. 12). Der „mündige" Mensch beispielsweise ist einer, der „Stand gefaßt", der „entdeckt hat, was das heißt, stehen zu können, und entschlossen ist, es zu verwirklichen" (ebd., S. 43). Der „ernüchterte" Mensch hat erfahren, was „Grenze" heißt; er sieht und akzeptiert die „Eingeschränktheiten, Unzulänglichkeiten, Kümmerlichkeiten des Daseins" (ebd., S. 50) usw.

Diese Phasen werden in einer Art phänomenologischer Wesensschau vor Augen gestellt. Guardini betont indessen gegenüber allen Phaseneinteilungen den vorgängigen Zusammenhang des Lebens ebenso wie das Recht individueller Varianten. Frauen kommen bei ihm nicht vor (vgl. ebd., S. 78); ebensowenig spielen Erotik und Sexualität als Lebensthemen eine Rolle.

Man kann sich als Mann durchaus in seinen Charakteristiken wiederfinden, ich z. B. in der Lebensfigur des „ernüchterten" Menschen: vieles ist „kümmerlicher" ausgefallen, als ich es mir erträumt hatte, bei mir selbst und um mich herum. Ich sehe es und soll es also „annehmen" (ebd., S. 50).

Oder doch auch wieder nicht? Darf nicht auch der beinahe 60jährige noch die Rösser satteln und gelegentlich über das Eingeschränkte und Kümmerliche hinweggaloppieren? Guardinis Phasen sind merkwürdig undialektisch konzipiert. Gerade der Autor der grundlegenden Untersuchung über den Gegensatz (Guardini 1925) hätte eigentlich wissen müssen, daß alles menschliche Leben auf allen seinen Stufen aus dem Gegensatz seine Dynamik bezieht. Vielleicht war es der katholische Personalismus, der ihn derart auf Abwege gebracht, der ihn vor lauter Betonung der Einheit und Kontinuität der Person (vgl. Guardini 1952, 1963) die lebensgestaltende Vielheit, das Spannungsreiche, Antinomische des Lebens hat vergessen lassen?

Die Unstimmigkeit bemerkt auch Henner, für den Guardinis hier behandelte Schrift „gewissermaßen außerhalb der systematischen Interpretation seiner aus Gegensätzen aufgebauten Anthropologie" steht (Henner 1990, S. 166).

Guardini stellt bei jeder Phase die Frage nach ihr inhärenten „sittlichen Aufgabe": für den ernüchterten Menschen wäre dies der Mut, die „Entschlossenheit" und die Fähigkeit, „Gewähr zu geben" (ebd., S. 51). Solche Entwicklungsaufgaben einzelner Lebensphasen sind unter anderen Vorzeichen auch in der psychologischen Literatur formuliert worden („developmental tasks", Havighurst 1956). So definiert Havighurst: „Eine Entwicklungsaufgabe ist eine Aufgabe, die sich in einer bestimmten Lebensperiode des Individuums stellt. Ihre erfolgreiche Bewältigung führt zu Glück und Erfolg, während Versagen das Individuum unglücklich macht, auf Ablehnung durch die Gesellschaft stößt und zu Schwierigkeiten bei der Bewältigung späterer Aufgaben führt" (Havighurst nach Oerter 1995, S. 121). Dies sind sozusagen die Reste einer ethischen Betrachtung der Lebensalter, wie sie Guardini vorschwebte, freilich reduziert auf eine hedonistische und konformistische Schrumpf-Ethik unter dem Vorwand einer „empirischen" Aussage. Immerhin mögen solche „ethischen" Einsprengsel, ohne die auch die moderne Entwicklungspsychologie meint, nicht auskommen zu können, zum Beleg dafür dienen, daß eine Betrachtung der Lebensalter unter ethischer Perspektive, wie von Guardini entwickelt, durchaus noch ihre Aktualität besitzt.

2. Die moderne Entwicklungspsychologie der Lebensspanne

Trotz einzelner Vorläufer wie Guardini, Erikson und Charlotte Bühler (1933) hatte die Entwicklungspsychologie der Lebensspanne den Durchbruch erst seit Ende der 60er Jahre erzielt (Baltes 1970, Neugarten 1968). Die Gründe für den Durchbruch lagen teils in einem damals aufkommenden spezifischen Interesse an der Entwicklung (insbesondere der Intelligenzentwicklung) im höheren Lebensalter, teils in den Anregungen von seiten der gleichzeitig sich entwickelnden soziologischen Lebenslaufforschung (Montada 1987, S. 59ff.). Freilich brachten diese forschungsleitenden Interessen auch bestimmte Einengungen der Perspektive mit sich, welche die Ergebnisse der Entwicklungspsychologie für eine pädagogische bzw. andragogische Anthropologie des Erwachsenenalters nur beschränkt verwertbar erscheinen lassen.

Nehmen wir von den neueren Gesamtdarstellungen die von Mietzel als Beispiel. Als Gegenstand der Entwicklungspsychologie definiert er „altersbezogene Verhaltensänderungen, die während der gesamten Lebensspanne stattfinden" (Mietzel 1992, S. 14). Entwicklung als Veränderungsreihe im biographischen Zeitkontinuum – das war bereits die Definition des Altmeisters Thomae (1959) gewesen. Diese Bestimmung läßt erkennen, wo die pädagogische Rezeption dieser modernen Entwicklungspsychologien problematisch wird: sie bestimmen um einer möglichst operationalen Definition willen den Gegenstand ihrer Untersuchungen einseitig als „Verhalten"; die Innenperspektive der betroffenen Individuen mit ihren subjektiven Sinnhorizonten, Lebenserwartungen und Absichten kommt allenfalls am Rande zur Sprache.

Zwei Beispiele: Der Leser darf bei Mietzel an Hand einer Tabelle seine statistische Lebenserwartung errechnen. Aus Alter und Geschlecht bestimmt sich die allgemeine Lebenserwartung, die einer Feinkorrektur auf Grund persönlicher Daten und Eigenheiten der Lebensführung (z. B. Großstadtbewohner, Schreibtischarbeiter, Raucher, Übergewicht usw.) unterzogen werden kann. Gänzlich fehlt indessen die subjektive Seite: wie viele Jahre einer sich selber noch gibt, ob er die statistische Lebenserwartung über- oder unterschätzt; wie er mit seiner errechneten Lebenserwartung innerlich zurecht kommt; ob er denkt: noch so viel Zeit vor mir – oder: noch so wenig!

Von geradezu skandalöser Lückenhaftigkeit ist bei Mietzel die Behandlung der Entwicklungen der Sexualität in der Lebensspanne. Bizarr mutet schon an, daß die Sexualität unter der Überschrift

„Fortpflanzungssystem"(!) im Kapitel „Körperliche Veränderungen im Erwachsenenalter" (neben Gesicht und Gehör, Herz-Kreislauf-System etc.) abgehandelt wird und nicht etwa im Kapitel „Partnerschaft". Über die Veränderungen der männlichen Sexualität ist denn auch im wesentlichen nur in Erfahrung zu bringen, daß Männer (ebenso wie Frauen) „während ihres gesamten Erwachsenenlebens sexuell aktiv bleiben" können (ebd., S. 88), daß sich aber das Zeitintervall „zwischen einem Orgasmus und einer weiteren Versteifung des männlichen Geschlechtsteils" mit zunehmendem Alter verlängert. „Wenn Paare diese Tatsache nicht ausreichend berücksichtigen, besteht die Gefahr falscher Schlußfolgerungen" (ebd., S. 92f.). Aus und Punkt; darin erschöpft sich Mietzels Sexualpsychologie. Alles im engeren Sinne Psychische an der Sexualität, das Erleben, die individuellen Beziehungsmuster bleiben in dieser wahrhaft ärmlichen Psychologie außen vor.

3. Neuere andragogische Sichtweisen

Vor allem drei Strömungen pädagogischen bzw. andragogischen Interesses für den Erwachsenen lassen sich heute unterscheiden:
- Eine ältere, mehr ethisch als psychologisch begründete Sicht, die den Erwachsenen von der Idealnorm eines Menschen „in Mündigkeit und Reife" aus verstehen will (Pöggeler 1964).
- Eine von der institutionalisierten Erwachsenenbildung ausgehende Betrachtungsweise, die den Erwachsenen als potentiellen Adressaten erwachsenenbildnerischer Angebote beschreibt. Hier steht das Lernverhalten des Erwachsenen im Vordergrund des Interesses. Charakteristisch für diese Perspektive ist der Band von Zdarzil/Olechowski (1976) zur Anthropologie und Psychologie des Erwachsenen im „Handbuch der Erwachsenenbildung", der den Menschen als „lebenslang lernendes Wesen" vor Augen führt.
- Eine Perspektive schließlich, welche die vielen Einzelergebnisse der Entwicklungspsychologie der Lebensspanne für die Belange der Erwachsenenbildung auswertet. Diese Perspektive führt ein eklektisches und damit notwendigerweise etwas kunterbuntes Bild der menschlichen Lebensspanne vor, ohne konsistente eigene Fragestellung (Stroß 1994).

Die Schwierigkeiten, vor die sich eine pädagogische bzw. andragogische Anthropologie des Erwachsenen gestellt sieht, die mehr als derart Simples will, läßt sich an Sieberts Materialienband (1985) zur lebensgeschichtlichen Orientierung in der Erwachsenenbildung exemplifizieren. Auch Siebert hat, ähnlich wie Zdarzil und Olechowski, das Interesse der Erwachsenenbildung an der Lebensgeschichte herausgestellt, allerdings in jenem spezifischen Sinne, „daß der Mensch wichtige Themen und Probleme für sich entdeckt, daß er sich Wissen, d. h. gesellschaftliche Erfahrungsbestände, aneignet, daß er sich mit „‚Kulturgütern' auseinandersetzt ... Das Pädagogische der Biographieforschung ist also der thematische Bezug der Lerngeschichte" (Siebert 1985, S. 17).

Widerspruch, Euer Ehren! Was von Siebert vorgeführt wird, ist noch lange keine pädagogische Anthropologie, sondern wiederum – wie bei Zdarzil/Olechowski – Anthropologie sozusagen für den Hausgebrauch der Volkshochschulen, die gewissermaßen als anthropologisch notwendige Korrelate des nimmer ruhenden menschlichen Wissensdranges ins Licht gesetzt werden, Eigenwerbung der Volkshochschulen im anthropologischen Gewande.

Siebert zitiert einen Satz von Thomae, „daß das Leben für viele Menschen gerade im Erwachsenenalter zu einem immer neuen Durchspielen der gleichen Themen, zu einem Kommen und Gehen und Wiederkehren der gleichen Grundeinstellungen und Grundprobleme wird" (Siebert 1985, S. 17). Da sehe man's doch, meint Siebert: auch Thomae sei der Meinung, „daß die Lebensgeschichte auch eine kontinuierliche Auseinandersetzung mit neuen und wiederkehrenden Themen ist" (ebd., S. 17). Thomae wird hier kaum an Wissensbestände, an „Kulturgüter" gedacht haben. Mit „Themen" sind bei ihm Lebensthemen und -muster, eben die im zweiten Halbsatz genannten „Grundeinstellungen und Grundprobleme" gemeint. Themen von Volkshochschulkursen etc. hatte er sicherlich nicht im Sinn.

Sieberts Mißverständnis offenbart die Schwachstelle seiner Argumentation. Sicherlich kann „Wissen", können Interessen an gesellschaftlichen Erfahrungsbeständen und Kulturgütern für das eigene Leben bedeutsam werden. Aber was konstituiert die Bedeutsamkeit dieses Wissens, dieser kulturellen Partizipation? Es genügt für eine pädagogische Anthropologie des Erwachsenenalters nicht, die Bedeutsamkeit von Wissen und kultureller Partizipation zu behaupten; es muß gezeigt werden, wodurch sie diese Bedeutsamkeit tatsächlich gewinnen.

So leidet Sieberts an und für sich verdienstvolle Studie an einer unausgetragenen Diskrepanz: es werden in großer Breite die Beiträge zur Anthropologie des Erwachsenen aus biologischer, sozialisationstheoretischer usw. Sicht „eingesammelt"; sympathisch berührt auch, daß ein eigener Abschnitt von der „poetischen Sicht", d. h. der Gestaltung der menschlichen Bildungs- und Suchbewegung in der Literatur von Goethes Faust bis zum Oskar Mazerath des Günter Grass, der nicht erwachsen werden will, handelt. Doch die eigene empirische Untersuchung Sieberts fragt schlicht und unbezogen die Entstehung von „Bildungsinteressen" ab.

Folgendes Interviewfragment aus seinem Material:

„J.: ‚Bist Du gerne zur Schule gegangen?'
‚Nee, überhaupt nicht. Das war ein einziger Frust für mich und die Lehrer, also für beide Seiten'.
J.: ‚Weil Du Dich nicht einbringen konntest?'
‚Ja, ich weiß nicht, das war nicht meine Welt . . .'" (Siebert 1985, S. 48).

Siebert entnimmt aus diesem Protokoll lediglich, daß Schule „überwiegend negativ beurteilt wird" und „kaum einen Einfluß auf spätere inhaltliche Bildungsinteressen zu haben scheint" (ebd., S. 48). Doch auf die Begründung kommt es entscheidend an: das war nicht meine Welt, sagt der Interviewpartner. Bildungsinteressen wachsen aus einem Weltbezug heraus, der, wie wir im grundsätzlichen Teil unserer Überlegungen zu zeigen suchten, verschränkt ist mit dem jeweiligen Selbstentwurf des Subjekts. Bis zu dieser Dimension mußte eine pädagogische Anthropologie des Erwachsenen vorstoßen, wenn sie die Entstehung – oder ggf. auch Nicht-Entstehung – von Bildungsinteressen verständlich machen will. In diesem Zusammenhang ist noch einmal an den früher aufgestellten Grundsatz zu erinnern: „Die pädagogische Frage sensu stricto ist identitätstheoretisch fundiert. Sie fragt von den vorgefundenen Deutungsmustern her, welche ‚Welt', welche Lebenshoffnungen und -enttäuschungen, welche eröffneten oder verstellten Zukunftshorizonte – auf der Folie des so und so Geworden-seins – sich in ihnen erschließen" (Bittner 1994a, S. 17).

Noch ein zweites Problem steckt in Sieberts Entwurf: er artikuliert im gleichen Zusammenhang das andragogische Interesse an der Entwicklungspsychologie der

Lebensspanne und an der biographischen Perspektive, ohne sich so recht deutlich zu machen, inwiefern diese beiden Ansätze eventuell miteinander inkompatibel sein könnten. Am Beispiel von Mietzel haben wir hervorgehoben, daß die Perspektive der betroffenen Subjekte in der Entwicklungspsychologie zumeist übergangen wird, während sie in der biographischen Perspektive die schlechthin ausschlaggebende Rolle spielt. Siebert setzt geradezu als Motto über seine Arbeit das Zitat von Christine Brückner: „Es wäre unmenschlich, sachlich über Menschen zu schreiben" (Siebert 1985, S. 11) - doch hat er sich von diesem Motto selber nur halbherzig leiten lassen.

Eine pädagogisch-andragogische Anthropologie des Erwachsenen, leiten wir aus diesen Überlegungen ab, muß

- die Perspektive der betroffenen Subjekte einnehmen;
- identitäts- und das heißt zugleich: welttheoretisch fundiert sein.

Im folgenden sind einige fragmentarische Überlegungen unter dieser Leitperspektive zu skizzieren.

4. Fragmentarische Skizze einer Anthropologie des Erwachsenen

Gehen wir von der „Innenansicht" aus, d. h. fragen wir, wie Erwachsensein - immer auf den stillschweigend mitgedachten Kontrastbegriff des Kindes bzw. Jugendlichen bezogen! - erlebt wird, so stoßen wir auf zwei Punkte:

1. Der Erwachsene hat niemanden mehr, der ihm sagt, war er tun soll. Er muß sehen, wie er zurecht kommt.
2. Ein erwachsener Mensch befindet sich in teils widersprüchlichen Situationen, die er „ausbalancieren" muß. In so vielen Situationen er lebt, so viele Iche hat er. Das Kind lebt in vergleichsweise weniger - und weniger divergenten - Situationen, entsprechend weniger Iche hat es.

1. Das erste und grundlegende Kennzeichen des Erwachsenseins ist das Allein- und Auf-sich-selbst-Gestellt-sein. Ich vermeide bewußt den allzu volltönenden Ausdruck „Mündigkeit" und argumentiere mehr vom Faktischen her: auf sich selbst gestellt ist der Erwachsene auf jedem Fall - ob er nun „mündig" ist oder nicht.

Erwachsensein konstituiert sich als individuelle biographische Erfahrung. Für mich gab es zwei derartige Markierungspunkte: der erste und wichtigste war der Tod meines Vaters, als ich 30 war. Ich hatte das Gefühl: jetzt steht niemand mehr zwischen mir und dem Leben, der mir sagt, was ich denken und tun soll.

Die zweite Erfahrung war von eher hypothetischer Art. In den Zwanzigern und auch später noch dachte ich manchmal: wenn ich jetzt ein Verbrechen beginge, könnte ich keinerlei mildernde Umstände mehr für mein Tun in Anspruch nehmen - was ja - genau betrachtet - nicht stimmt; aber so dachte ich damals.

Beide Erfahrungen drücken das gleiche Grundgefühl aus: dieses Leben ist mein Leben, niemand kann mir mehr vorschreiben, was ich tun soll - aber niemand kann mir auch die Last tragen helfen.

2. Diese zweite Bestimmung knüpft an Rombachs Analyse der Korrespondenz von Ich und Situation (Rombach 1987) an. Der Erwachsene findet sich in einer Vielzahl solcher Situationen vor, die teils zeitlich überdauern und sich im Kontinuum des Lebensverlaufs lediglich qualitativ wandeln (z. B. Beruf, Elternschaft), teils nur über kürzere oder längere Abschnitte des biographischen Zeitkontinuums bestehen (z. B. politische Betätigung, nicht auf Dauer angelegte Partnerbeziehungen, Ortswechsel, Schicksalsschläge) .

In modernem Soziologendeutsch sagt man wohl, der Erwachsene agiere in „Rollen". Die Rollenmetapher (Dahrendorf 1971), vor allem seit sie aus den soziologischen Seminaren ausgebrochen ist und auf breiter Front der Selbstinterpretation der Menschen im Alltag dient (jede Illustrierte spricht heute von der „Frauen-" oder der „Elternrolle"!), verkürzt das Gemeinte in zweifacher Hinsicht:

- Sie reduziert das jeweils Situationsspezifische auf gesellschaftliche Verhaltenserwartungen und unterschlägt den Welt-Charakter der jeweiligen Rolle. Elternsein beispielsweise erschöpft sich nicht in der Übernahme von gesellschaftlich definierten Pflichten: Kern des Elternseins ist, sich in einer Situation zu befinden, nämlich der, eigene Kinder zu haben, aus der sich die Pflichten und Verhaltenserwartungen erst sekundär ableiten. Auch Frau-sein ist vor allen daran geknüpften Rollenerwartungen eine Situation: ein bestimmter Körper, den man (oder wie man heute sagt: „frau") mit auf die Welt bringt; die Situation bestimmt sich weiterhin dadurch, daß es auch Nicht-Frauen (nämlich Männer) gibt, und schließlich dadurch, daß man in eine Gesellschaft mit jeweils bestimmten, wenn auch interkulturell variierenden Vorstellungen von der Aufgabenverteilung zwischen Männern und Frauen hineingeboren wird. Auf alledem beruhen dann die sog. „Rollenerwartungen". Frau-sein ist zunächst eine Situation, eine Welt, und erst davon abgeleitet eine „Rolle"!
  Kind-sein ist auch eine Situation; auffälligerweise wird relativ wenig von der „Rolle" des Kindes gesprochen - vermutlich weil bei Rollen stets an eine Pluralität gedacht wird. Kind-sein ist eine Totalsituation: das Kind in der Schule oder beim Arzt ist nicht in erster Linie Schüler oder Patient, sondern Kind.
  Das Leben des Erwachsenen ist charakterisiert durch eine Pluralität von Situationen oder Welten, in denen er sich bewegt, in die er freiwillig eintritt oder unfreiwillig hineingerät. Erwachsenenleben besteht darin, sich in den vielfältigen Situationen „auszubalancieren": immer wieder neu zu bestimmen, wie viel von mir dem Beruf, der Familie, meinem Verein oder anderen Situationen gehören soll, zu entscheiden, in welche Situation ich neu eintreten, welche ich beenden will usw.
- Folgen wir weiterhin Rombach, konstituiert jede Situation ein Ich. Auch dies kommt in der Rollentheorie nur verkürzt zur Geltung: die Rollenmetapher läßt Situationen als etwas erscheinen, was das Ich in seinem Kern unberührt läßt. Ob ich indessen Mann bin und Professor oder Arzt, Ehemann oder Single oder Geliebter: das alles sind nicht „Rollen", sondern Facetten meines Ich. Am deutlichsten wird dies vielleicht bei den Pensionierungskrisen: Wer seinen Beruf aufgeben muß, obwohl er dies vielleicht noch gar nicht möchte, muß ein Stück seines Lebens, seines Ich aufgeben. Das kann als einschneidender Verlust empfunden werden. Als Statuspassage oder Rollenwechsel ist es keinesfalls adäquat beschrieben.

Indem wir unsere Situationen balancieren, halten wir zugleich unser Ich in Balance. Wie auf allen Altersstufen korrespondieren auch im Erwachsenenleben Veränderungen des Subjekts mit denen seiner Welt bzw. seiner Welten.

5. Eltern als Beispiel

Vor vielen Jahren bereits hat die niederländische Pädagogin Helena W.F. Stellwag die Frage nach der erzieherischen Funktion des Kindes insbesondere für dessen Eltern aufgeworfen. Wenn Erziehung in einem Ich-Du-Verhältnis, also in einem Verhältnis der Wechselseitigkeit, gründe, müsse solche Wechselseitigkeit auch auf die Eltern ihre pädagogisch relevanten Wirkungen ausüben:

„Eine wechselseitige Beziehung liegt schon darin, daß die Eltern zwar als Urheber des kindlichen Lebens genannt werden, das Kind aber nicht weniger als Urheber des elterlichen Seins betrachtet werden kann. Als positive pädagogische Beiträge seitens des Kindes ließen sich noch nennen: die Mehrung der Interessen der beiden Eltern, die Steigerung ihres Verantwortlichkeitsgefühls, die vertiefte Einsicht in die Lebenszusammenhänge schlechthin, besonders in die eigene Vergangenheit. Hier wäre von einer Art Nachreifung zu sprechen, da die in der Jugendzeit vernachlässigten pädagogischen Ratschläge der eigenen Eltern angesichts der jetzigen elterlichen Verantwortung eine verspätete persönlichkeitsbildende Wirkung ausüben. Überhaupt zeigt sich bei den Eltern Erhellung des Selbstkonzepts und vermehrte Gewissensschärfung in Antwort auf die kindlichen Erwartungen" (Stellwag 1963, S. 23).

Kinder in die Welt zu setzen und einigermaßen erfolgreich groß zu ziehen, bedeutet demnach für die Eltern selbst eine nicht zu unterschätzende Entwicklungs- und Bildungschance. Die Geburt des ersten Kindes ist inzwischen vom „freudigen Ereignis" zum „kritischen Lebensereignis" avanciert, das beträchtliche Streßerscheinungen im Gefolge hat und erhebliche Neuanpassungen erzwingt (Filipp 1990). Entsprechend groß ist die Schwellenangst, die beim Entschluß, ein Kind in die Welt zu setzen, überwunden werden muß.

Das Aufwachsen der Kinder verlangt von den Eltern die Bewältigung ständig neuer Situationen, die neue kreative Anpassungsleistungen verlangen.

Mein fünfjähriger Sohn Konrad greift ab und zu noch gern zum Fläschchen. Das hatte uns lange Zeit kaum gestört; im Sinne einer gewährenden, triebfreundlichen Erziehung hatten wir auch gemeint, ihm dies nicht verwehren zu sollen – abgesehen von einem gelegentlichen väterlichen Brummen: „Muß das denn sein?" Kritisch wurde es, als der Sohn eines Morgens kategorisch erklärte, er wolle erst nächstes Jahr zur Schule gehen. Das alarmierte mich, und ich sagte, mich plötzlich an Watzlawicks „paradoxe Intention" erinnernd: „Haben wir noch das Gitterbettchen im Keller? Dann wollen wir es wieder heraufholen, und Konrad soll wieder im Gitterbettchen schlafen und immer sein Fläschchen trinken und immer ein Baby bleiben". Konrad amüsierte sich überlaut über diesen Vorschlag und verlangte nach seinem Bastelmaterial. Er wollte eine Eisenbahn aus Korken bauen (Bittner 1981b, S. 31).

A. Flitner, der diese Geschichte kommentiert hat, macht Vorbehalte wegen der Ironie geltend, die in meiner pädagogischen Intervention zum Ausdruck komme. Mir scheint, die Ironie war unbedenklich, weil sie nicht allein dem Kind, sondern uns allen galt: die Lernaufgabe, die Nuckelflasche des Jüngsten symbolisch beiseite zu stellen, betrifft die ganze Familie, die Mutter vielleicht noch mehr als den Vater. In seinem Hause, hält Flitner dagegen, sei von einem bestimmten Zeitpunkt an einfach keine Flasche mehr zu finden gewesen (A. Flitner 1982, S. 88). Das wäre die Lösung à la Rousseau, mit den vom Erzieher ad usum delphini gestellten Tatsachen. Da finde ich meine Lösung ehrlicher: den gemeinsamen, meinetwegen ironischen, in paradoxer Übertreibung inszenierten Abschied von der allseits geliebten und gewohnten Nuckelflasche.

Ein weiteres Beispiel zeigt, wie das Leben mit Kindern die eingefahrene Lebens- und Alltagsroutine auf fruchtbare Weise durchkreuzt:

> Ich bin bis zu meinem 25. Jahr viel geradelt. Dann kaufte ich mir mein erstes Auto. Nun gab es für die zweckgerichtete Fortbewegung nur noch das Auto, für den Ausgleich und das Vergnügen das Wandern. Jetzt sind meine Kinder zehn und zwölf Jahre alt, und sie mögen weder Auto fahren noch wandern, nur radfahren. Was bleibt mir übrig, als auch wieder aufs Fahrrad zu steigen und zusammen mit den Kindern ein Stück meiner eigenen Kinderzeit neu zu entdecken?
>
> Oder die Kinder behaupten: Erwachsene wissen nichts von Sex. Ich denke: „Das wollen wir doch einmal sehen!" – und mache mich zu einem Wissens-Wettstreit erbötig. Das Angebot wird von den Kindern angenommen, aber ich staune über die Wettkampfbedingungen, die ich nicht erwartet hatte: Jeder muß möglichst viele Wörter und Bezeichnungen für Organe und Vorgänge aus der sexuellen Sphäre nennen. Da sitze ich nun mit meinem ganzen Wissen schön auf dem Trockenen und muß über Wörter nachdenken, die in meiner Professorensprache schon lange nicht mehr vorkommen. Mit Müh und Not schaffe ich ein „Unentschieden" (Bittner 1985c. S. 79).

Noch ein letztes Beispiel aus dem Leben mit fast erwachsenen Kindern:

> Wohl die letzte pädagogische Hilfe, die man seinen heranwachsenden Kindern noch geben kann, ist die Begleitung bei der Studien- und Berufswahl: Ist der Beruf des Verfahrenstechnikers/Chemieingenieurs aussichtsreicher als der des Diplomchemikers bzw. Diplomphysikers? Ist es (unter Gesichtspunkten des Erwachsenwerdens wie auch aus Kostengründen) ratsamer, am Wohnort zu studieren oder auswärts? Wie verhält es sich mit den Fähigkeiten und Neigungen – sind sie mehr naturwissenschaftlich-theoretisch oder mehr technisch-praktisch? Mit den gesundheitlichen und mit den ethischen Implikationen: ist mehr zu befürchten, daß Chemiker sich selber oder Chemieingenieure ihre Umwelt vergiften?
>
> Fragen über Fragen. Vom fleißigen Mit- und Gegenlesen her kenne ich inzwischen alle Finessen und Implikationen dieses mir von Hause aus so fremden Weltwinkels Chemie und Verfahrenstechnik. Ich muß ja schließlich ein kompetenter Diskussionspartner sein.

Was ist „pädagogisch" an diesen Gesprächen mit den heranwachsenden Kindern? Der Weg des Heranwachsenden in die Welt ist das Thema, und zwar umfassend: was ist „das Richtige" für ihn, von seinen Eignungen und Neigungen, seiner psychischen und physischen Konstitution her? Wird er etwas Nützliches lernen, wird er sich dabei „verwirklichen" und in diesem Beruf etwas Gutes bewirken können; wird er genug verdienen; wird er gar in die Arbeitslosigkeit hineinstudieren?

Für den Vater ist die Situation ungemein bildend: sie verlangt von ihm bzw. ermöglicht ihm das Kennenlernen eines neuen, ihm bislang völlig fernliegenden Weltwinkels, der Chemie und des Ingenieurwesens.

Das Leben mit Kindern stellt den Eltern also mannigfache Entwicklungs- und Bildungsaufgaben: der Vater eines Vierjährigen muß nicht nur das Kind dazu „bringen", sondern vor allem erst einmal sich selber dazu durchringen, der Nuckelflasche den Abschied zu geben; der Vater eines Zehnjährigen lernt aufs Neue die Benutzung eines Fahrrads sowie bestimmter, nicht stubenreiner Wörter; der Vater eines Zwanzigjährigen sieht sich unvermuteterweise mit Ingenieurberufen konfrontiert, die er sein Leben lang verachtete. Das Leben mit Kindern fordert uns zu permanenten Korrekturen unseres Identitätsentwurfs heraus und ist insofern in höchstem Maße „bildend".

Überflüssig anzumerken, daß diese segensreiche bildende Wirkung sich nicht „von selbst" einstellt, sondern explizit oder wenigstens implizit als Aufgabe begriffen werden muß. Eine Mutter, die in einem verantwortungsvollen und kräftezehrenden Beruf tätig ist, kommt in erhebliche innere Konflikte, als sie erfahren muß, daß ihr 12jähriger Sohn, um den sie sich zu wenig kümmert, in der Schule Schwierigkeiten bekommt. „Da muß ich jetzt durch", sagt sie und nimmt den Kampf auf, eine Balance zu finden, um ihren Beruf soweit zu begrenzen, daß sie auch dem Sohn gerecht werden kann. In der Analyse berichtet sie einen Traum, sie hätte mit ihrem Chef geschlafen. Ich sollte den Traum nicht sexuell verstehen, meint sie, sondern symbolisch. Ich denke, der Traum könnte besagen, daß sie sich mit dem Chef, d. h. der beruflichen Sphäre, zu weit eingelassen hat und dabei ist, diese Einstellung zu korrigieren.

Dies sind nur einige wenige Beispiele von Bildungsaufgaben, die das Leben mit Kindern den Erwachsenen stellt. Eine ganz andere Frage ist freilich die, wie weit dabei institutionalisierte Erwachsenenbildung hilfreich werden kann, solche Herausforderungen anzunehmen und zu bestehen. Bei der Mutter im letztgenannten Beispiel war es die Analyse, die ihr die Herausforderung, die in den Schulschwierigkeiten ihres Sohnes lag, nahebrachte.

Kann instituionalisierte Elternbildung Derartiges leisten? Während Psychotherapie bzw. Psychoanalyse auf die individuelle Lebenskonstellation abgestimmt ist, kann institutionalisierte Elternbildung nur an jeweils typische Problemkonstellationen anknüpfen, in denen sich zahlreiche Menschen in ähnlicher Weise wiederfinden: z. B. Vorbereitung auf die Geburt, vor allem des ersten Kindes; Probleme des Schuleintritts, Pubertätsprobleme.

Elternkompetenz ist ein typisches Produkt von „Lebenserfahrung" (vgl. Kap. Erziehungswissenschaft); Elternbildung kann daher nur darin bestehen, solche Erfahrung anzubahnen und unter von gleichen Problemen Betroffenen auszutauschen. Durch „wissenschaftlich" begründete Verhaltensempfehlungen oder Einübungen erwünschten Verhaltens, wie sie in Gordons vielgelesenem Buch „Familienkonferenz" (Gordon 1970) aber auch sonst verbreitet (z. B. Beer 1988, Haas 1991) gegeben werden, wird Elternkompetenz in ihrem besonderen Lebenserfahrungscharakter gerade nicht gefördert, sondern eher zerstört.

6. Andragogisches Fazit

Ich suchte aufzuzeigen, daß Erwachsensein im Sinne einer „lebensphilosophisch" ausgelegten pädagogischen Anthropologie zu allererst bedeutet, in Situationen zu sein, in ihnen Identitätssegmente zu erproben und verantwortlich zu sein für das, was man tut – z. B. in der Elternsituation. Wenn es die Situationen, in denen ich lebe, verlangen, mag es nützlich sein, zu ihrer Bewältigung manchmal etwas zu „lernen". Aber auch und gerade für eine pädagogische Anthropologie muß das Leben das primäre, das Lernen das sekundäre sein und bleiben.

Schon Ballauff wendet sich mit vollem Recht gegen die ausufernde Lern-Ideologie: „Grotesk mutet die Lehre vom lebenslangen Lernen an, von der permanenten Edukation. Vom Erwachsenen erwarten wir, daß er selbst nachdenkt, ans Werk geht, etwas schafft, für etwas eintritt, vielleicht auch andere etwas zu lehren vermag . . . Wir sollten daher nicht sagen, wir würden in jedem Alter noch etwas dazu ‚lernen', sondern wir würden neue Einsichten erreichen, zum Umdenken veranlaßt, es ginge uns ein Licht auf, wir wären über etwas ins klare gekommen.

Durch den generellen, über alles ausgebreiteten Lerncharakter geht außerordentlich viel verloren . . . „ (Ballauff 1989a, S. 128 f.).

III. Erziehungswissenschaft

Von der Pädagogik zur „Erziehungswissenschaft": das Scheitern eines disziplinären Konzepts

> Die Pädagogik ist derzeit noch kein Fach, auf das man stolz sein kann.
> Wolfgang Brezinka 1995

Bisher wurde von Aspekten oder Dimensionen von Erziehung als Praxis gehandelt. Nun stellt sich die Frage nach der Erziehungswissenschaft. Was kann „Wissenschaft" zur Klärung all dieser Probleme beitragen? Ich habe seit längerem den Eindruck gewonnen, daß Erziehungswissenschaft ein höchst problematisches Unterfangen ist und daß sie in den letzten Jahrzehnten viel dazu getan hat, die Aufgabe von Erziehung immer schlechter gelingen zu lassen.

1. Zur Entwicklung der Erziehungswissenschaft

Die Pädagogik war bis in die sechziger Jahre eine überwiegend philosophisch-historische Disziplin. Durch das ganze 19. Jahrhundert hin war sie ein Teilgebiet der Philosophie gewesen. Die geisteswissenschaftliche Pädagogik von Spranger, Nohl, Weniger und W. Flitner war kein wissenschaftliches Fach im szientifischen Sinne, sondern eine philosophische Schule in der Tradition Schleiermachers und Diltheys. Daß sie oft nur irrtümlicherweise für eine „Erziehungswissenschaft" gehalten wurde, erwies sich, als um 1960 herum ihr Einfluß an den Universitäten nachzulassen begann: Es entstand nicht etwa eine neue dominierende Schule, sondern ein Vakuum, das sich mit vielerlei nahezu beliebigen Inhalten füllte. In diese Phase fiel die von H. Roth (1962) proklamierte „realistische Wende". Sie umfaßte, genau besehen, zwei verschiedene Impulse: einmal die Etablierung der Pädagogik als „Tatsachenwissenschaft" von der Erziehung, die Öffnung zur Empirie; sodann die Etablierung der Pädagogik als „Wissenschaft für die Praxis" (A. Flitner 1978).

Am Tübinger Pädagogischen Seminar begann die Praxis-Wende in den 60er Jahren. Exakt datiere ich sie auf das Jahr 1966. Damals entstand eine Kontroverse zwischen Hermann Gmeiner, dem Begründer der SOS-Kinderdörfer, und dem Allgemeinen Fürsorge-Erziehungstag, der eine defizitäre pädagogische Praxis in den SOS-Kinderdörfern monierte; Gmeiner wandte sich an A. Flitner mit der Bitte um eine fachliche Stellungnahme. Dies war die erste konkrete Herausforderung an die bis dahin eher beschauliche akademische Pädagogik, sich in eine „Wissenschaft für die Praxis" zu wandeln. Weitere Praxisstudien folgten; ich nenne nur die Projekte, an denen ich beteiligt war – Th. Hofmann: „Jugend im Gefängnis" (1968); H. Wenzel: „Fürsorgeheime in pädagogischer Kritik" (1970). Schäfer führte ein Projekt „Heimberatung" durch, über das er erst viel später unter dem bezeichnenden Titel „Ein Projekt scheitert . . ." (1978) berichtete.

Von heute aus gesehen ist nicht nur das letztgenannte Projekt gescheitert. Gewiß – all diese Untersuchungen haben auf Mißstände aufmerksam gemacht; sie haben Entwicklungen in Gang gesetzt: die SOS-Kinderdörfer fanden sich bereit, das männliche Element unter den Erziehern zu verstärken; die Fürsorgeheime humanisierten ihre Strafpraxis; die Jugendgefängnisse nahmen haarsträubende sexuelle Notstände notgedrungen zur Kenntnis. Aber die Sicherheit, mit der wir damals im Namen „der Pädagogik" Empfehlungen aussprachen, war schwerlich zu rechtfertigen. Das empirische Design unserer Untersuchungen war mäßig bis erbärmlich, und woher die Normen kamen, an denen die Zustände gemessen wurden, blieb in kunstvolles Halbdunkel gehüllt. Das war eben das „Pädagogische", der angebliche „Stand des Wissens von Erziehung" oder was immer wir uns erkühnten, autoritativ dafür auszugeben. Dabei waren unsere ersten Tübinger Untersuchungen noch gar nicht so schlecht, wenn man sie mit manchen späteren, sich zunehmend ideologisierenden Formen praxisbegleitender Forschung, Action Research etc. vergleicht.

Aus der Stimmung des Scheiterns unserer tatsachen- und handlungswissenschaftlichen Ambitionen schrieb ich 1982: Was sich heute wissenschaftliche Pädagogik nenne und auf pädagogischen Lehrstühlen gelehrt und verkündet werde, sei keineswegs die systematische Klärung der Wissensbestände über Erziehung, es sei eher ein buntscheckiges Gemisch von Moden, persönlichen Steckenpferden, humanitären Idealen und manchmal einem etwas blauäugigen politischen Engagement (Bittner 1982c).

Diese neue Pädagogik hat nie ein kategoriales Gefüge, vergleichbar dem der Dilthey-Schule hervorgebracht – man denke nur an die Sozialpädagogik und Bildungstheorie Herman Nohls oder die Systematische / Allgemeine Pädagogik Wilhelm Flitners. Im Tübinger Kreis um Andreas Flitner, wo ich die Entwicklung seit den 60er Jahren miterlebt habe, bestand ursprünglich die Absicht, das Theoriengefüge der Dilthey-Schule mit der neuen Tatsachen- und Praxisorientierung im Sinne einer Empirie- und Praxishermeneutik in Einklang zu bringen. Doch ist die Pädagogik mit der überkommenen Formel von der „normativ-pragmatischen" Orientierung an den Realitäten der sich differenzierenden Welt der Human- und Sozialwissenschaften gescheitert.

Darüber hinaus veränderte die Bildungsreform im Gefolge der 68er Studentenbewegung (einschließlich der Integration der Lehrerbildung in die Universitäten) das Fach grundlegend – sowohl in qualitativer als auch in quantitativer Hinsicht.

Qualitativ änderte sich das Fach, indem von ihm die wissenschaftliche Begleitung der bildungspolitischen Innovationen (z. B. Gesamtschule, Kollegstufe, Vorschulerziehung) erwartet wurde. Daneben war auch die Einrichtung eines pädagogischen Diplomstudiengangs (neben den traditionellen Aufgaben der Lehrerbildung) für seine Strukturierung von Bedeutung. Diese Entwicklungen brachten mit sich, daß anstelle der traditionellen philosophisch-historischen Reflexion gesellschaftskritische Impulse einerseits, erfahrungswissenschaftliche Vorgehensweisen und Ergebnisse auf der anderen Seite das Bild der Pädagogik – sie nannte sich jetzt zunehmend programmatisch Erziehungswissenschaft – bestimmten.

Quantitativ wirkte sich die bildungspolitische Entwicklung in einer sprunghaften Zunahme der Pädagogik-Professoren (bis zu einer Verzehnfachung) aus. Der

Bedarf an Hochschullehrern konnte nicht mehr aus dem qualifizierten Nachwuchs des Faches selbst gedeckt werden, was einerseits gelegentlich zu einer Niveausenkung bei der Berufungspraxis, andererseits zur Berufung von ursprünglich fachfremden Wissenschaftlern (Psychologen, Soziologen etc.) auf pädagogische Lehrstühle führte.

Schließlich brachte die Entwicklung des Faches seit den 70er Jahren eine Spezialisierung mit sich, die zur Bildung von teils etwas problematischen Unterdisziplinen führte. Keine Einwände bestehen gegen Untergliederungen des Faches in Schulpädagogik, Sozialpädagogik, Sonderpädagogik (letztere mit diversen Unterdisziplinen) – aber ob z. B. Devianzpädagogik, Andragogik der Behinderten etc. noch als sinnvolle Spezialisierungen angesehen werden können, erscheint fraglich.

Am Beginn der neunziger Jahre bietet die Pädagogik (oder Erziehungswissenschaft) ein unübersichtliches Bild: sie zerfällt in eine Vielzahl von Richtungen und theoretischen Standpunkten, bietet ein buntes „Gemenge von Wissensformen" (vgl. Tenorth 1986) und hat nach dem Abklingen der Reformeuphorie der 70er Jahre die Bindung an Praxisfelder und professionelle Vorgaben weithin gelockert; obwohl neue und zukunftsträchtige Felder sich konstituieren, die einer wissenschaftlichen Einbindung bedürften, wie z. B. interkulturelle Erziehung, Gesundheitserziehung, Frauenprobleme, Freizeiterziehung.

In jüngster Zeit unternahm das aus dem Ruder gelaufene Fach diverse „Bilanzierungsversuche". Der Bielefelder Kongreß (1990) der DGfE war von der Vorstellung einander widerstreitender, aber ergänzungsbedürftiger Grundrichtungen oder „Paradigmen" bestimmt: empirisch-analytisches, hermeneutisches, „kritisches" Paradigma (Benner et al. 1990, S. 71 ff.). Ähnlich unterschied Röhrs schon früher die geisteswissenschaftliche Pädagogik, die empirische und die kritische Erziehungswissenschaft (Röhrs/Scheuerl 1989).

Daß die Pädagogik sich in dieses Schema preßte, brachte mancherlei Unzuträglichkeiten mit sich:

- Was sollte aus den „kleineren" Richtungen wie Phänomenologie, Psychoanalytische Pädagogik usw. werden?
- Was sollte mit jenen Fachvertretern werden, die sich überhaupt nicht in das Schema einpaßten?
- Was sollte, wie Herrmann mit Recht auf dem Bielefelder Kongreß kritisierte, aus dem das Fach tragenden „pädagogischen Grundgedankengang" werden?

Ein eigenes Podium „Zur Situation der Erziehungswissenschaft" auf diesem Bielefelder Kongreß konstatierte – anscheinend im wesentlichen unwidersprochen –, wofür ich auf dem Regensburger Kongreß der DGfE 1982 noch in Acht und Bann getan wurde (Bittner 1982c), „es gebe kaum eine wissenschaftliche Disziplin, die so entschieden beanspruche, Theorie einer Praxis zu sein, und der es zugleich in so geringem Maße gelinge, diesen Anspruch praktisch einzulösen" (Heid 1990, S. 56).

Bei Oelkers und Tenorth scheinen, nur ein Jahr nach Bielefeld (1991), die Paradigmen schon wieder relativiert – freilich um den Preis eines nahezu vollständigen Strukturverlusts des Faches. In ihrer „Bilanz der ‚Bilanzierungs'-Diskussion" stellen sie fest (Oelkers/Tenorth 1991, S. 13), die Erziehungswissenschaft habe die „Lust an metatheoretischen Kontroversen" verloren, komplementär dazu sei die „Aufmerksamkeit für unterschiedliche Wissensformen" gewachsen (ebd., S. 14).

So begrüßenswert die Verabschiedung der „Paradigmen", die das Denken in

„Konfessionszugehörigkeiten" gefördert hatten, auch ist – der Ansatz von Oelkers und Tenorth krankt am euphemistisch-weitherzigen Gebrauch des Wissensbegriffs. „Wissen" ist alles: Das Wissen der Akteure, der Profession, der Erwachsenen und der Kinder. Auch die „feministische Erziehungswissenschaft" bekommt ihren Platz angewiesen als „Wissen, das sich aus der Geschlechterdifferenz erzeugt" (ebd., S. 22). Jeder „sedimentierte Sinn" (vgl. Oelkers/Tenorth 1991, S. 18) – oder Unsinn, sofern nur „sedimentiert"? – darf sich mit dem Prädikat Wissen schmücken.

Doch eines ist im pluralen Oelkers-Tenorthschen Wissens-Kosmos nicht vorgesehen: „die für ‚pädagogisches' Wissen typischen Zugangsweisen und Thematisierungsformen darzustellen und dann auch die legitimen von den nichtlegitimen zu unterscheiden" (ebd., S. 27). Die Themen des pädagogischen Wissens seien eindeutig Erziehung und Bildung, ansonsten sei aber „die Perspektive der Betrachtung ... prinzipiell frei" (ebd., S. 26). Bei so viel postmodernem Pluralismus, so viel schiedlich-friedlichem Nebeneinander von Heterogenem bleibt die Frage nach der angemessenen, eben der „pädagogischen" Perspektive, der von Herrmann (1991b) schon früher vergebens eingeforderte Bezug auf einen „pädagogischen Grundgedankengang", vollends auf der Strecke.

Der pädagogische Grunddiskurs über Bildung des Menschen, Bildungsziele und anthropologische Voraussetzungen ist weithin zerfallen, und es ist nicht leicht vorauszusagen, welche Entwicklung die verunsicherte Disziplin in den nächsten Jahren nehmen wird. Eine weitere Spezialisierung wird möglicherweise nicht aufzuhalten sein; sie würde sich für die Disziplin jedoch verhängnisvoll auswirken, wenn die Entwicklung dieser Spezialdisziplinen ohne enge fachliche Einbindung in die Gesamt-Pädagogik und ohne enge Anbindung an (im engeren Sinne) Allgemeine Pädagogik erfolgte, der es nach wie vor obliegt, den genannten „pädagogischen Grunddiskurs" zu führen und in die Spezial-Pädagogiken hineinzutragen.

Mein wachsendes Unbehagen an der Pädagogik, in der ich mich – wenngleich als Psychologe und Psychoanalytiker zu den Quereinsteigern zählend – lange Zeit durchaus heimisch fühlte, suchte ich in den 80er Jahren mehrfach auf den Punkt zu bringen. Ich bemängelte

- die mangelnde Praxisrelevanz erziehungswissenschaftlicher Erkenntnisse (wobei Praxisbezug keinesfalls als Anwendungsbezug verstanden werden sollte, sondern als Bezogensein auf einen „Lebenszusammenhang" (vgl. Bittner 1982c);
- den untergründigen Nihilismus einer Pädagogik, bei der Wertfragen in die Beliebigkeit wechselnder Moden abgerutscht sind: mal scheint es das Gebot der Stunde, etwas für den Frieden und die Umwelt, dann wieder für die Behinderten und die Randgruppen zu tun oder Diskriminierungen von Frauen „abzubauen" (vgl. Bittner 1985b) – die nächste Mode-Welle kommt bestimmt, auf der das ganze Fach mitreitet;
- dies wiederum hängt eng mit dem Verlust der psychologisch-anthropologischen („menschenkundlichen") Dimension der Pädagogik zusammen. „Was der Mensch ist, was er bedarf, was ihn erhebt, und was ihn erniedriget" (Pestalozzi 1927, S. 265) – das hätte der ständig gegenwärtige Bezugspunkt pädagogischer Reflexion sein müssen. Statt dessen erstarb der in den 60er Jahren noch lebendige anthropologische Diskurs; alles „Psychologische" war ohnehin schon seit

langem aus der pädagogischen Reflexion ausgegliedert und an die pädagogische Psychologie delegiert worden (Bittner 1983);
- schließlich der wichtigste Punkt des Unbehagens an der Pädagogik: die zunehmende Ausklammerung der Subjektperspektive, der Perspektive des um seinen Weg in der Welt ringenden Menschen. „Mein Bedürfniß bist du und Drang meines Innersten, dich zu suchen, Ziel und Bestimmung der Menschheit" (Pestalozzi 1927, S. 269). Sätze wie diese, die im Zeitalter von Erziehungswissenschaft nur noch anachronistisch klingen, sind Ausdruck eines persönlichen Ringens mit dem Leben. Diesen Duktus von Aussagen wollte ich der Pädagogik erhalten wissen bzw. einer zukünftigen Pädagogik wiedergewinnen (Bittner 1989d, vgl. auch 1991a).

2. Sackgassen: Szientismus und Normativismus

Daß Erziehungswissenschaft sich heute als eine Art „Flickenteppich" darstellt, als ein ausuferndes und zerfaserndes Gebilde von mangelnder theoretischer Konsistenz und zweifelhafter praktischer Relevanz, ist aus unterschiedlichen Perspektiven bemerkt und kommentiert worden (z. B. Böhm 1991). Vor allem zwei Tendenzen sind derzeit erkennbar, die Komplexität und Unübersichtlichkeit zu reduzieren:
- eine szientistische Position, die den Gegenstandsbereich von Pädagogik bzw. Erziehungswissenschaft zwar weit fassen will, zugleich aber darauf besteht, die Aussagen müßten im strengen Sinne „wissenschaftlich" sein;
- eine transzendentalphilosophische, sich auf Kant berufende Richtung, welche die alleinige Aufgabe der Pädagogik darin sehen will, die Geltung von Normen zu begründen.

Beide Positionen haben den Vorteil, die Komplexität des Faches zu vermindern. Sie versprechen damit eine bessere Strukturiertheit. Beide erkaufen diesen scheinbaren Vorteil durch die Ausklammerung zentraler Gegenstandsbereiche und erweisen sich damit als Sackgassen.

2.1 Der pädagogische Szientismus

Mit Szientismus ist ein Standpunkt bezeichnet, welcher die Berechtigung pädagogischer Aussagen allein oder ganz überwiegend danach beurteilt, ob sie auf „wissenschaftliche" Weise zustande gekommen, ob sie „wissenschaftlich" abgesichert sind. Ihn in die deutsche Pädagogik eingeführt zu haben, ist das Verdienst - wenn es denn ein Verdienst ist - von Brezinka, vor allem mit seiner Aufsatzreihe „Von der Pädagogik zur Erziehungswissenschaft" (1968 f.). Er bezieht sich auf Bernfeld, der in seinem „Sisyphos" vehement die Bereitschaft einforderte, „in Erziehungsdingen wissenschaftlich zu denken" (Brezinka 1968, S. 317).

Brezinka kritisiert den „pädagogischen Obskurantismus" (ebd, S. 317), den Komplex- bzw. Konglomeratcharakter einer Pädagogik, in der „man vieles als Erkenntnis hat gelten lassen, was den strengen Anforderungen der neueren Erkenntnislehre nicht entspricht" (ebd., S. 321). Pädagogische Aussagen seien „voll von poetischen Analogien und erdichteten Hypothesen"; zum Teil handle es sich gar um einen „undifferenzierten Brei" (Brauner und Peters, nach Brezinka 1968, S. 323).

Brezinka will einem strengen Begriff der Wissenschaft im Bereich der Pädagogik Geltung verschaffen. Jede wissenschaftliche Aussage müsse „grundsätzlich intersubjektiv nachprüfbar sein". Wissenschaft habe „zu erklären und damit zugleich die theoretischen Grundlagen für Voraussagen und für die technische Anwendung von Erkenntnissen zu gewinnen" (ebd., S. 323). Diese Erziehungswissenschaft im engeren und strengen Sinne, die „Realwissenschaft von der Erziehung" sei zu ergänzen durch Historiographie der Erziehung, Erziehungsphilosophie etc.

Der apodiktische Anspruch empirisch-analytischer Erziehungswissenschaft auf alleinige „Wissenschaftlichkeit" stellt sich heute abgemildert dar. Es wird betont, daß es „keine absoluten Grundlagen der Wissenschaft gibt", daß Wissenschaft „aufgrund ihres historischen Werdensprozesses in einem sehr viel breiteren Zusammenhang von Zielen, Auffassungen, Institutionen und anderen Ordnungssystemen eingebunden ist" (Lehner 1994, S. 80); eine wissenschaftliche Theorie darf sich schon zufrieden geben, wenn es ihr gelingt, „einige Aspekte der Wirklichkeit in den Griff zu bekommen" (Chalmers nach Lehner 1994, S. 80).

Angesagt ist also eine Pluralität von Wissenschaftsbegriffen und wissenschaftlichen Paradigmen. Freilich bleibt die szientistische Voreingenommenheit bestehen, insofern die wissenschaftstheoretisch-methodologische Rechtfertigung von Aussagen in der Pädagogik auch unter den Bedingungen pluraler Wissenschaftsverfaßtheit einen dermaßen breiten Raum einnimmt, daß jede Inhaltlichkeit darin unterzugehen droht. Selbst ein des szientologischen Leichtsinnes unverdächtiger Beobachter kann den Eindruck gewinnen, daß die Erziehungswissenschaft „auf Grund fortwährender Selbstreflexion das eigentliche Geschäft, so sie eins habe, vernachlässige" (König 1990, S. 920).

Dieser szientistische Zug heutiger Erziehungswissenschaft hat sich besonders in den Verhandlungen und Veröffentlichungen der Kommission „Wissenschaftsforschung" in der Deutschen Gesellschaft für Erziehungswissenschaft niedergeschlagen. Von Anfang an ging es dort um „Wissenschaftstheorie und Methodologie, Fragen der philosophischen Fundierung der Disziplin sowie soziologische und historische Wissenschaftsforschung" (Herrmann 1989, S. 3).

Heute sehen die Wissenschaftler dieses Kreises ihre Aufgabe auch in der Bilanzierung von Trends und Erträgen. „Die ‚Wissenschaftsforschung' ist . . . aufgerufen, entweder die für die Entwicklung von Erziehung und Erziehungswissenschaft exemplarischen Fälle, Felder und Teilsysteme herauszustellen, oder sie muß über eine Sammlung von bedeutsamen Ergebnissen eine einleuchtende Bilanz zu erreichen streben" (Hoffmann 1991, S. 21). Wie auch immer diese Wissenschaftsforschung im einzelnen vorgeht, wird sie in jedem Fall zu einer Meta- und Superwissenschaft, welche das Tun und Treiben der inhaltlich forschenden Kollegen von einer höheren Warte aus kritisch beäugt.

Der szientistische Weizen scheint zu blühen. Daß er dennoch keine rechten Früchte trägt, daß gar eine Relevanzkrise der wissenschaftlichen Pädagogik zu beklagen ist, scheint mehrere Gründe zu haben:

2.1.1 Das empirisch-analytische Paradigma in seiner klassischen Version postulierte die Werturteilsfreiheit wissenschaftlicher Aussagen (Brezinka 1968, Lehner 1994). Nun werden aber paradoxerweise „Wissenschaftlichkeit“, herrschaftsfreier wissenschaftlicher Diskurs etc. bei den Szientisten jeglicher Couleur zu neuen Wertkategorien.

Lehrreich ist in diesem Zusammenhang eine Kontroverse mit Hoffmann über meinen Aufsatz „Von den Insidern und Outsidern der Pädagogik“ (1993). Hoffmann hält mir in der Diskussion um die Möglichkeit bzw. Unmöglichkeit eines „pädagogischen Grundgedankengangs“ (W. Flitner 1965, S. 10) die „paradigmatische Eigensinnigkeit“ meiner Position vor, die verkenne, „daß die betreffende Erwartung nicht mehr als verbindlich zu vermitteln“ sei (Hoffmann 1995, S. 79).

Ich hielt dagegen, Hoffmann exekutiere einen neuen methodologisch-szientologisch begründeten Dogmatismus, der autoritativ dekretiere, was „man“ heute sagen, wie „man“ am wissenschaftlichen Diskurs teilnehmen könne, ohne dem Verdikt der Unmodernität zu verfallen. Die Norm der „Wissenschaftlichkeit“ erweise sich als kontraproduktiv, wenn sie den Wissenschaftler hindere, an die Grenzen des in den heute zulässigen Diskursfiguren Aussagbaren zu gehen (Bittner 1996b).

2.1.2 Was Tenorth, einer der führenden pädagogischen Wissenschaftsforscher, speziell für das empirisch-analytische Paradigma konstatiert, mag für den pädagogischen Szientismus in allen seinen Varianten gelten: daß er nämlich einerseits ein „Programm ohne Praxis“, andererseits eine „Praxis ohne Programm“ hervorgebracht hat (Tenorth 1991). Ein zusammenhängendes, in sich konsistentes, lebenspraktisch umsetzbares Wissen über Erziehung ließ sich so nicht gewinnen, weil, wie näher auszuführen sein wird, die Mannigfaltigkeit des Lebens immer wieder und mit Notwendigkeit über die wissenschaftliche Modellbildung triumphiert.

2.1.3 Das führt auf das durchaus unbefriedigend gelöste sog. „Technologie“-Problem, d. h. den Gesichtspunkt der praktischen Anwendung methodologisch gesicherten Wissens. „In der Erziehungstechnologie konnten einfache Theorien mit darauf beruhenden und nachgewiesenermaßen effektiven Erziehungstechniken bisher nur für relativ eng umgrenzte Phänomene und Aufgaben konstruiert werden“ (Lehner 1994, S. 108). Insofern werden vielfach „Wirksamkeitschancen für Erziehungswissenschaften unterstellt, die wissenschaftlichem Wissen im Regelfall gerade nicht zufallen“ (Drerup 1987, S. 225). Wissenschaftlichkeit und praktische Brauchbarkeit von Wissen divergieren, was dazu führt, daß „Handlungssituationen sich . . . nicht als Anwendungsfälle gemäß dem Standardmodell instrumenteller Nutzung rekonstruieren lassen“ (ebd., S. 225). Oder anders gesagt: die Handlungs- bzw. Lebenssituation hat ihre eigene Logik, die sich der wissenschaftlichen Logik nicht nachordnen läßt. Insofern macht sich die Wissenschaft, je wissenschaftlicher sie sich gebärdet, desto überflüssiger, wenn Praxisbelange ins Spiel kommen.

Wenn hier der Szientismus als Sackgasse bezeichnet wird, soll damit keineswegs Empirie und exakte Forschung in Bausch und Bogen diskreditiert werden. Die Pädagogik bedarf nach wie vor der „Tatbestands-Gesinnung“ (Bernfeld 1925, S. 13), d. h. der methodischen Vergewisserung über alles, was man positiv wissen kann.

Ein etwas ausgefallenes Beispiel: Mozarts Entwicklungs- und Erziehungsgeschichte war maßgeblich von seinem ambivalenten Verhältnis zum Vater geprägt (vgl. Langegger 1978). Hat dieser Vater-Sohn-Konflikt sein kompositorisches Werk geprägt? Seine bekannte Komposition „Ein musikalischer Spaß" (KV Nr. 522), in der er schlechte Komponisten parodiert, war die erste, die er nach dem Tod des Vaters in sein Werkverzeichnis eintrug. Kann man darin eine Verunglimpfung des Vaters sehen, den er womöglich auch für einen schlechten Komponisten hielt? So könnte man etwa psychoanalytisch interpretieren.

Nun haben aber musikhistorische Untersuchungen durch Papiervergleiche etc. ergeben, daß die Komposition schon längere Zeit vor dem Tod des Vaters vollendet worden sein muß. Unbestritten bleibt indessen, daß er sie unmittelbar nach dem Tod des Vaters ins Werkverzeichnis eingetragen hat. Ich denke freilich, auch dieser Sachverhalt reicht noch aus, um die psychoanalytische Interpretation zu stützen (vgl. Bittner 1992b).

An diesem Beispiel soll gezeigt werden, daß Interpretationen, z. B. psychoanalytische, die auf einen Vater-Sohn-Konflikt abzielen, sich stets auf das gesamte verfügbare und methodisch gesicherte Wissen beziehen müssen – im vorliegenden Beispiel auf das Wissen über historische Sachverhalte; in anderen Fällen mögen es demographische, soziologische, psychologische Daten sein, welche zur Grundlage von Interpretationen genommen werden. Interpretationen sind unentbehrlich, um Sachverhalte pädagogisch zu erschließen – aber als erstes müssen die den Interpretationen zugrunde liegenden Tatbestände wissenschaftlich einwandfrei festgestellt sein – eine Regel, gegen die gerade psychoanalytische Interpreten immer wieder gern verstoßen (vgl. Heller 1994).

„Tatbestands-Gesinnung" ist unabdingbar; nur sollte man die Aufgabe der Pädagogik als Wissenschaft sich nicht in der makellosen Katalogisierung solcher Tatbestände erschöpfen lassen. Zudem sollte man stets darauf vorbereitet sein, auf Tatbestände von solcher Komplexität zu treffen, daß das empirische Rüstzeug versagt – und die dennoch nicht aus der Betrachtung ausgeklammert werden dürfen.

2.2 Die „transzendentalphilosophische" und die normative Pädagogik

So sehr ich Böhm zustimme, wenn er in seinem „prospektiven Rückblick" auf die deutsche Erziehungswissenschaft deren Identitätsverlust aufdeckt (Böhm 1991, S. 23/S. 25), so bedenklich finde ich anderseits den Weg aus dem Dilemma, den er vorschlägt: eine „teleologisch-axiologische Auslegung" des Personbegriffs zur Grundlage einer kritischen Theorie pädagogischer Praxis zu nehmen. Daraus erwachse dem pädagogischen Diskurs die „Kraft zur Begründung authentischer pädagogischer Normen" (ebd., S. 25 f.).

Diese Position steht im Kontext eines wieder erstarkten normativen Denkens in der Pädagogik, das sich heute gern „transzendentalphilosophisch" nennt. Heitger charakterisiert Pädagogik nach diesem Verständnis als „Prinzipienwissenschaft"; sie frage „nach Prinzipien für pädagogisches Handeln ebenso wie für eine gelingende Lebensführung" (Heitger 1989, S. 161). „Prinzipien bringen ein Sollen zur Geltung. Pädagogik . . . ist unabdingbar an Sollen gebunden" (ebd., S. 163).

Heitger verwahrt sich gegen den Vorwurf, es gehe bei dieser prinzipienorientierten „um nichts Anderes als eine verspätete Wiederbelebung einer sog. ‚normativen Pädagogik'" (ebd., S. 169). Eine Norm sei eine „konkrete Handlungsvorschrift", während ein Prinzip einen allgemeinen, für alle und jederzeit geltenden Anspruch" enthalte: „ein Prinzip will unbedingt gelten" (ebd., S. 170).

Daß Heitger den Verdacht einer Verwandtschaft mit der „normativen" Pädagogik derart entschieden zurückweist, macht erst recht mißtrauisch. Wie schon so oft in der Geschichte der Pädagogik scheint auch hier ein Fortschritt vorgespiegelt zu werden, indem einfach das Etikett gewechselt wird. Denn viele seiner Sätze lesen sich ausgesprochen normativ-präskriptiv als „weltanschauliche oder dogmatische Setzung" (ebd., S. 166): z. B. „Prinzipienwissenschaftliche Pädagogik versteht Bildung als Entfaltung von theoretischer und praktischer Vernunft" (ebd., S. 164). „Erziehung darf, wenn sie den Anspruch der Bildung genügen will, nicht an Lust oder Unlust . . . appellieren . . ." (ebd., S. 167) – wie denn, nicht einmal beim ganz kleinen Kind? Das sind dogmatische Setzungen – bestimmt von den Dogmen einer rationalistisch-moralistischen Anthropologie; insofern handelt es sich bei Heitger um „normative" Pädagogik, wenn auch auf hohem Niveau.

Wohin es mit dem normativen Denken kommt, wenn es sich in den Niederungen z. B. der Schulpädagogik ausbreitet, kann man in einem kürzlich erschienenen, dickleibig ausufernden Werk mit dem Titel nachlesen: „Bildung und Erziehung an der Schwelle zum dritten Jahrtausend" (Seibert/Serve 1994). Unter der chiliastischen Perspektive tun's unsere Neokonservativen, die sich in diesem Band versammelt haben, nicht.

Werte sind wieder gefragt. Der Erlanger Erziehungswissenschaftler Liedtke schreibt: „Es bleibt Aufgabe von Bildung, Werte zu tradieren und für diese Werte zu werben. Dies gelingt leichter(!), wenn man zugleich auch die geschichtlichen Umstände, unter denen bestimmte Werte und Zielvorstellungen formuliert worden sind, vermittelt. Andernfalls könnte es leicht am Verständnis für die betreffende Zielvorstellung oder Verhaltensregel fehlen" (Liedtke 1994, S. 207). Die „abendländische Geschichte" sozusagen als Eselsbrücke der Werte-Transmission?

Auch der streitbare Konservative Affemann fordert: „Werte vermitteln"(!) (Affemann 1994, S. 1207). „Wertsynthese" ist das proklamierte Ziel, denn diese „bemüht sich um den Ausgleich zwischen früheren Pflicht- und Ordnungswerten und den heutigen Freizeitwerten" (ebd., S. 1209).

Kein Wunder, daß in diesem Kontext auch die „Konfrontation" (!) mit Erziehungsschwierigkeiten zu einem Schlachtfeld der Werte-Pädagogik wird. Gravierende Erziehungsschwierigkeiten gehen mit einem „Zerrbild ichbezogener Selbstverwirklichung" einher. „Die Überbetonung des eigenen Ichs verhindert weitgehend die Bemühung um Anpassung, Einordnung und Unterordnung . . ." (Seibert 1994, S. 806). Man sieht schon, in welche Richtung der pädagogische Zug abfahren soll.

Auch Klafki und Winkel, von denen man am wenigsten versteht, wie sie in diese Gesellschaft geraten sind, proklamieren die „Werte" – der eine explizit (Winkel 1994a, S. 1184), der andere implizit mit seinem Kanon der Zielperspektiven von Persönlichkeitsbildung.

Die einzige, die anscheinend verstanden hat, daß man Sinn nicht „stiften" (gegen Winkel ebd., S. 1184), Werte nicht „vermitteln" kann (gegen Affemann, ebd., S. 1207), scheint in diesem Kreise überwiegend bayerischer Jahrtausend-Bildner – von den 51 Autoren haben, wenn ich richtig gezählt habe, 24 ihren beruflichen Schwerpunkt in Bayern; bayerische Pädagogik war immer schon ein bißchen anders (zum Problem einer „bayerischen Pädagogik" vgl. Böhm/Eykmann 1991) – Gertrud Höhler zu sein, die aufzeigt, wie wechselnde Lebenslagen wechselnde historisch-gesellschaftliche Konstellationen je unterschiedliche Wertvorstellungen hervorbringen.

„Viele Ältere und Jüngere sprechen ganz verschiedene Sprachen. Der Ältere fragt beharrlich: Wo stehst du? und zeigt seine eigene durchgearbeitete Positionsmeldung wie eine Prestigebilanz vor. Der junge Mensch schaut eher ratlos als spöttisch angesichts von soviel Rechtschaffenheit. Er versucht das Leben selbst richtig ‚anzufassen'. Für ihn haben – in der Tat – Werte eher die Funktion von Daseinstechniken übernommen. Die junge Generation sucht nach einer Logistik für ein geglücktes Leben – keineswegs weniger; aber den Anspruch auf Verbindlichkeit erhebt sie für keine ihrer Überzeugungen.

Die Frage nach dem ‚Sinn' des Ganzen wagt kaum einer dieser neuen Jungen abschließend zu beantworten. Wo Ältere ‚Sinnlosigkeit' anprangern, sprechen Jüngere bescheiden von ‚Unsinn', das klingt weniger endgültig. Sie wollen ihre eigene Chance, von Fall zu Fall herauszufinden, was Sinn hat. Nicht der Sinn an sich zählt, sondern der praktische Sinn täglich bewältigten und erfahrenen Lebens. Unsinn ist, was nicht ins aktuelle Konzept paßt; sinnvoll erscheint, was einen den eigenen Wunschzielen näher bringt – und dazu kann auch die Schonung der Umwelt und ein freundlicher Waffenstillstand mit den Älteren gehören" (Höhler 1994, S. 123).

In einer etwas respektlosen Sprache ausgedrückt, ist dies in der Substanz das gleiche, was die geisteswissenschaftliche Pädagogik in der Tradition von Nohl und W. Flitner schon lange vertreten hat: Wertvorstellungen und Lebensentwürfe erwachsen aus „Lebensformen", welche die „eigentlichen Erzieher" sind. Werte und Normen können weder gesetzt noch pädagogisch gestiftet oder vermittelt werden; möglich ist nur die klärende Verständigung über und Auslegung von immer schon vorhandenen Lebensformen mit ihren ethischen Implikationen.

Nach Auffassung der transzendentalphilosophischen bzw. normativen Pädagogen müssen die Ziel- und Prinzipienfragen vorrangig geklärt werden („Jedes Erziehen . . . folgt bestimmten Zielen". Pädagogik sei „ihrer Natur nach auf Werte und Ziele verwiesen", Böhm 1994b, S. 207 f.).

Aus einer am Primat des Lebensgeschehens orientierten Perspektive wäre dem zu widersprechen. Zunächst einmal „geschieht" Erziehung. Gewiß haben Menschen Zielvorstellungen, wenn sie Kinder erziehen. Solche Zielvorstellungen, z. B. von Eltern, lassen sich notfalls sogar empirisch erfragen (Fend 1988, Dietrich 1985). Sie beeindrucken vielfach durch ihren partikularen, ihren auf eine gegebene Situation bezogenen Ad-hoc-Charakter („Er soll selbständiger werden", formuliert die Mutter, der das Am-Rockzipfel-Hängen ihres Vierjährigen lästig zu werden beginnt. „Er soll teilen können", findet eine andere, die noch am Kinderneid auf die eigene große Schwester herumlaboriert). Oder auf gesamtgesellschaftlicher Ebene bringen es ein paar rechtsradikale Chaoten mit ihren Ausschreitungen dahin, daß „Abbau von Ausländerfeindlichkeit" plötzlich zu einem vorrangigen Erziehungsziel wird.

Anspruchsvollere Zielvorstellungen „transzendentalphilosophischer" Pädagogen wie die Kantsche Vereinigung von Moralität und Glückseligkeit (Kant zit. nach Weiß 1993, S. 276) oder „in seinem Handeln von der fiktiven Billigung aller Vernünftigen begleitet zu werden" (R. Bittner 1983, S. 171), kommen im Leben nicht vor und würden, wenn sie vorkämen, einen eher „absonderlichen Geschmack" verraten (ebd., S. 171).

Als ich in den 60er Jahren von der Psychologie her zur Pädagogik stieß, galt die Frage nach Erziehungszielen und -prinzipien, nach verbindlichen „Leitbildern" für obsolet – außer in traditionell katholischen Kreisen (Göttler 1961, Henz 1964). A. Flitner formulierte auf dem evangelischen Kirchentag seine Kampfansage:

„Erziehen ist nicht und kann nicht sein ein Formen nach einem Bilde. Es ist ein abenteuerlicher Weg, den der Erzieher gemeinsam mit dem jungen Menschen zurücklegen muß, der auch für den Erzieher voller Risiken ist, den er nicht zweimal machen kann, aus dem er nicht unverändert hervorgeht und bei dem er selbst und seine Wahrhaftigkeit dauernd auf dem Spiele stehen; ein Weg, auf dem der junge Mensch erfahren muß, um was es dem Erzieher selber geht – aber auf seine Weise erfahren muß, als ein anderer Mensch, als eine andere Generation, die da neu anzufangen hat, wo die vorige nach vielen Mühen hingelangt ist" (A. Flitner 1958, S. 8).

Wilhelm Flitner hatte schon in den fünfziger Jahren einen Aufsatz „Vom Erziehungsziel" mit der Feststellung begonnen: „Schlagen wir ältere(!) Lehrbücher der

Pädagogik auf, so beginnen sie mit einer Erörterung dessen, was sie Erziehungsziele nennen" (W. Flitner 1952, S. 3). Welcher roll-back mag sich seither in der Pädagogik ereignet haben, der die Frage nach den Erziehungszielen wieder dermaßen in den Vordergrund gespielt hat? Vielleicht hat hier – erstaunlich genug! – der Positivismus Pate gestanden: die unsinnige „positivistische Unterscheidung deskriptiv und präskriptiver Sätze in bezug auf menschliches Verhalten und die daraus abgeleitete Behauptung ihrer unvermittelbaren Differenz" (Werner Loch 1983, S. 165) – oder konkret: Brezinka mit seiner unseligen Trennung von Erziehungswissenschaft und Erziehungsphilosophie. Da die Erziehungswissenschaft bekanntlich die Tatsachenfeststellungen trifft, bleibt für die Erziehungsphilosophie nur die reine Normenbegründung übrig.

Diesem positivistischen Irrweg gegenüber, der paradoxerweise das Transzendentalkritische kräftig hochgespült hat, wäre wieder anzuknüpfen an das „normativ-pragmatische" Verständnis der alten geisteswissenschaftlichen Pädagogik, wäre der Erkenntnis Raum gegeben, daß Wert- und Erziehungsfragen „überall in unser tägliches Leben gemischt" (Scheuerl 1989, S. 401) sind, daß sich Erziehungswissenschaft, sofern sie über „Prinzipien", „Normen" oder „Werte" reflektieren will, auf den „Zusammenhang des Lebens" verwiesen sieht. Die Frage der Neukantianer, welche Prinzipien unbedingt und überhaupt gelten, ist unbeantwortbar: wird sie doch, einmal gestellt, selber schon zu einem Ereignis im Leben dessen, der die Frage formuliert.

Summa summarum: Erziehung ist anscheinend ein weitgehend unmöglicher Gegenstand von Wissenschaft: die Problemlagen sind für eine empirische Durchleuchtung vielfach zu komplex, Erziehungsgeschehen ist eingebettet in Lebensformen und kulturelle Traditionen, die sich der distanzierenden wissenschaftlichen Erörterung entziehen, weil der Wissenschaftler selber in diesen Traditionen steht; Normen- und Wertfragen lassen sich oft nur schwer von den Fakten trennen – womit Brezinkas Vorschlag hinfällig wird, Erziehungswissenschaft und Erziehungsphilosophie methodisch genau voneinander abzugrenzen. Erziehungswissenschaft kann nicht „wissenschaftlich" gemäß den Standards der Erfahrungswissenschaften sein; sie kann aber auch die Aufgabe einer „Wissenschaft für die Praxis" (A. Flitner 1978) kaum erfüllen. Die 30 Jahre seit Etablierung der Erziehungswissenschaft haben deutlich werden lassen, daß sie ebenso gescheitert ist wie ihre Vorläuferin, die geisteswissenschaftliche Pädagogik.

Dennoch gibt es die Erziehungswissenschaft oder „wissenschaftliche Pädagogik" weiterhin. Sie ist wohl auch unentbehrlich als Berufswissenschaft (Brezinka 1995) der Lehrer und Sozialpädagogen sowie als institutionalisierte Reflexion einer Gesellschaft über all die Fragen, die mit ihrer psychosozialen Reproduktion zusammenhängen. Um diese Aufgabe zu erfüllen, bedarf sie freilich – ähnlich wie die Politikwissenschaft, die Sexualwissenschaft und manche anderen Wissenschaften, die gesellschaftliche Belange und Bedürfnislagen thematisieren – keines allzu strengen Wissenschaftsverständnisses, weder eines szientistischen noch eines normativen. Die Grenzen zum gehobenen Journalismus werden stets fließend bleiben: wie der Theaterkritiker das Bühnenleben und der Musikkritiker das Konzertgeschehen kennerisch kommentiert, so der Politologe die Vorgänge auf der politischen Bühne und der Erziehungswissenschaftler die Entwicklungen auf dem

Erziehungssektor. Der Erziehungswissenschaftler untersucht weder streng methodisch, was der Fall ist, noch sinnt er tiefgründig über die Geltung von Werten und Normen; er ist der Chronist, Rezensent und Kommentator von Lebensgeschehnissen.

3. Selbstdarstellung eines „Außenseiters"

Wenn weder der szientistische noch der transzendentalphilosophisch-ethische Zugang eine aussichtsreiche Perspektive zur Erneuerung der Pädagogik erkennen läßt – welcher Weg wäre dann einzuschlagen? Naturgemäß kann ich nur jenen skizzieren, den ich selber in der Auseinandersetzung mit dem ungeliebten Fach gegangen bin, wie ich ihn in dem polemischen Text „Von den Insidern und den Outsidern der Pädagogik" (Bittner 1993a) skizziert habe.

3.1 Ich meinte, einen Typus von Aussagen über Menschliches entwickeln und zur Geltung bringen zu sollen, der von der Vergewisserung des eigenen Lebens und seiner Bewandtnisse ausgeht und sich von dort zu Allgemeinerem vortastet. „Betrachtung meines Lebens entscheidet über Fortschritt oder Rückzug", heißt es im altchinesischen Weisheitsbuch IGing. Oder bei Augustin „noli foras ire, in te redi, in interiore homine habitat veritas!"

„Wie kann Augustin sagen, in unserem Innern wohne die Wahrheit? Ist unser Eigenerleben nicht schwankend, unzuverlässig, ganz subjektiv? Irren wir uns nicht allzu leicht, wenn es um uns selber geht? Augustins Auffassung ist das ganz und gar nicht. Für ihn ist die unmittelbare innere Erfahrung bei weitem sicherer und gewisser als jede Sinnenerkenntnis. Er baut so fest auf sie, weil er glaubt, im Individuellen offenbare sich auch das Allgemeine, das für alle Menschen Gültige: ‚denn was ist mein Herz anderes als ein menschliches Herz . . .'" (L.J. Pongratz 1984, S. 110).

Auch der weniger fromme Montaigne folgt mit seinem „ramener á soi" einer ähnlichen Denkbewegung; am liebsten hätte er sich in seinen Essais „splitternackt" gezeigt: „So bin ich selber, Leser, der einzige Inhalt meines Buches . . ." (Montaigne 1608, S. 51).

Montaigne gilt als pädagogischer Klassiker; man kann, wenn man will, aus seinen Reflexionen über Welt und Leben eine Erziehungslehre herausdestillieren (Schmidt 1991), doch übersieht man, wenn man das tut, den eigentümlichen methodischen (oder vielmehr: anti-methodischen) Charakter seines Denkens, denn „sorgsam scheint er stets darüber zu wachen, daß nirgends, selbst nicht aus Versehen, ein Gedankengebäude entsteht, das ohne seine Dazwischenkunft auf sich selber stünde . . ." (Lüthy 1992, S. 11). Seine Pädagogik ist eine Facette seiner Lebensphilosophie, eine Bilanz seiner ganz persönlichen Lebenserfahrung.

Pestalozzi ist – auch dies von den Legionen seiner Interpreten weithin unbemerkt – vom Anfang bis zum Ende seiner Schriftstellerkarriere einer gewesen, der sozusagen in der „Ich"-Form dachte. Belege dafür ließen sich häufen (Bittner 1988d, vgl. Kap. Subjektkonstitution, Autobiographie).

Zu diesen Ich-Denkern rechne ich auch Freud, der sich auf Grund des „szientistischen Selbstmißverständnisses" (Habermas 1968) irrtümlicherweise für einen Naturforscher hielt. Der wichtigste Beleg ist die „Traumdeutung" (1900): Ein Mann in der Mitte seiner Jahre beginnt, ein großes introspektives Werk zu schreiben, sich an seinem persönlichen „Fall" des allgemeinen Gesetzes menschlichen Seins und

Gewordenseins zu vergewissern (vgl. Bittner 1991b, S. 70, 1995a). „Der Hauptpatient, der mich beschäftigt, bin ich selbst", hatte er wenige Jahre zuvor in einem Brief an seinen Freund Wilhelm Fließ geschrieben (vgl. Bittner 1989c, S. 13).

3.2 Es ginge also darum, vom Berührt- und Betroffensein im eigenen Lebenszusammenhang her Phänomene zu beschreiben und zu reflektieren. Dieses Denkmuster wollte ich für die Pädagogik am Leben erhalten.

Anknüpfungspunkte meiner pädagogischen Reflexionen waren Erlebnisse mit meinen Kindern (vgl. Bittner 1979a, 1981b), die eigene Kindheit (1994a), Motivkonflikte und Zerrissenheiten (1988d), Leiden an der Welt, in der wir leben: z. B. am taylorisierten System der Kinderaufzucht und -erziehung (1989a), am Medizinsystem (1993/94) – und am ausführlichsten: die Erfahrung des unausweichlichen Todes, der Begrenztheit der Lebensspanne (1995d, 1988b). Weil ich meine Art, über Lebenszusammenhänge zu reflektieren, in meinem 1984 erschienenen Buch am prägnantesten herausgearbeitet zu haben glaubte, nahm ich es exemplarisch für die ganze Art des Zugangs und nannte es ein „Lehrstück" tiefenpsychologisch-pädagogischer Menschenkunde. Der autobiographische Hintergrund des Reflektierens wurde mir mit der Zeit so wichtig, daß ich Texte als nichtssagend und leer empfand, in denen ich nicht offen oder (öfter noch) verdeckt ein autobiographisches Motiv verarbeitet hatte. Die bunte Mischung der Themen, über die ich schrieb, erklärt sich aus dieser Orientierung am Lebenszusammenhang: ich wollte über alle wichtigen Bezüge meines Lebens (z. B. Liebe, Sexualität, Moral, Religion, Krankheit, Erziehung) wenigstens einmal ernsthaft nachgedacht haben.

3.3 Theoretisch sehe ich mich am ehesten beheimatet im Biographien-Ansatz (Baacke/Schulze 1979, Baacke u. a. 1985), an dessen Entwicklung ich Anteil hatte (Bittner 1979b, 1994a), in bestimmten Varianten der Subjekttheorie und vor allem in der Psychoanalyse.

3.3.1 Das heute schon beinahe modische pädagogische Interesse für Biographisches ist freilich in sich selber wieder außerordentlich heterogen: für manche ist die Erhebung und Auswertung biographischen Materials nichts weiter als eine komplexere Methode sozialwissenschaftlicher Datensammlung. Mir geht es darum, wenn ich mich auf Biographisches einlasse, etwa bei Klassikern wie Pestalozzi und Fröbel oder Freud (vgl. Bittner 1988d, 1989c), etwas von ihrer „persönlichen Wahrheit", von der persönlich motivierten Dynamik ihrer Suchbewegung zu erschließen – letzten Endes mit dem Interesse, in der Spiegelung an der Suchbewegung des vorbildlichen Anderen der mir unbekannten Dynamik meiner eigenen Suchbewegungen näher zu kommen.

Zur Rechtfertigung biographischer Annäherungsversuche an Freud habe ich einmal geschrieben, was für entsprechende Annäherungen an Pestalozzi, Fröbel und andere gleichermaßen gelten mag: „Wäre Freud ein großer Physiker oder sonst ein Naturforscher gewesen, könnte uns seine Biographie gleichgültig sein. So aber muß man einfach wissen, wie es um ihn persönlich stand – um der Wahrheit der Psychoanalyse willen. Man muß wissen, aus welchem Stoff seine Gedanken gemacht waren, um ihre Stichhaltigkeit beurteilen zu können" (Bittner 1974c, S. 8).

Der biographische Zugang, wie ich ihn verstehe, ist demnach letzten Endes ein autobiographischer. Es geht darum, das eigene Leben so in die Tiefe dringend zu verstehen, daß darin zugleich auch das Leben des anderen – und menschliches Leben überhaupt – erschlossen wird.

3.3.2 Die je eigene Biographie hat ein Subjekt: einen Sprecher, der in der „Ich"-Form über sich selber Mitteilungen macht. Theoretisch-pädagogische Entwürfe neigen vielfach dazu, diesen Sinnverhalt (Sachverhalt wäre nicht richtig) auf problematische Weise zu substantivieren: sie handeln vom „Ich", der „Identität", der „Person".

Demgegenüber habe ich versucht, das substantivierte, das großgeschriebene Ich in ein kleingeschriebenes zurückzuverwandeln, den Menschen zu verstehen von seiner Fähigkeit her, per „ich" von sich selber zu reden. Erziehung hat es von allem Anfang an mit menschlichen Subjekten zu tun, die „ich" sagen können (bzw. dies im Laufe ihrer Entwicklung schleunigst lernen, spätestens bis zum Ende des zweiten Lebensjahres, vgl. Bittner 1992/93). Das pädagogische Interesse für das Subjekt, das „ich bin" sagen kann, ist zunächst ein zweifaches: es richtet sich auf dessen Genese ebenso wie auf das Spektrum seiner konkreten („alltagssprachlichen") Bedeutungen.

Jean Paul schreibt in seiner „Selberlebensbeschreibung", freilich noch ganz in idealistisch substantivierender Manier:

> „An einem Vormittag stand ich als ein sehr junges Kind unter der Haustüre und sah links nach der Holzlege, als auf einmal das innere Gesicht ‚ich bin ein Ich' wie ein Blitzstrahl vom Himmel vor mich fuhr und seitdem leuchtend stehen blieb: da hatte mein Ich zum ersten Male sich selber gesehen und auf ewig" (Jean Paul 1820, S. 1061).

Pädagogische Anthropologie wäre genetisch als die Auslegung der von Jean Paul artikulierten Erfahrung des kindlichen „ich bin": seiner sprachlichen Konstitution im „ich"-Gebrauch; der Bedingungen der Möglichkeit dieser Konstitution in der frühen Mutter-Kind-Trennung, in der Inbesitznahme des eigenen Leibes über die von Montessori beschriebene „Inkarnation" einerseits (Montessori 1961), über die „jubilatorische" Entdeckung des eigenen Spiegelbilds (Lacan 1973a) auf der andern Seite. In der Urverdrängung (Freud 1915, Bittner 1977b) wird die Subjekt-Allmacht begrenzt: das Kind internalisiert die wichtigen Bezugspersonen und durch sie die gesellschaftlichen Werte und Normen. Gegenstand pädagogischer Anthropologie wären all diese Bedingungen von Subjektgenese, von Subjektkonstitution, wie weiter oben ausgeführt.

Schwerer als mit der genetischen tun wir uns mit der zweiten, der Bedeutungsfrage: Was meine ich konkret, wenn ich sage: „ich bin"? Diese Frage wird von diversen philosophischen Subjekttheorien auf etwas unglückliche Weise besetzt gehalten – unglücklich deshalb, weil ihre Erörterungen über das Ich, das Subjekt etc. konkrete Subjekte, vor allem das je eigene Ich des Reflektierenden – weitgehend unberücksichtigt lassen.

Mit der passenden Subjekttheorie ist es ein Kreuz – vermutlich deshalb, weil alle die philosophischen und psychologischen (incl. der psychoanalytischen) Subjekttheorien anscheinend von Leuten gemacht sind, die lebendige menschliche Subjekte nur vom Hörensagen kennen. Wie steril pädagogische Subjekttheorie wird, wenn sie nicht auf das eigene Leben, die eigene Subjekt-Erfahrung bezug nimmt –

das kann man z. B. einem jüngst erschienenen diesbezüglichen Themenheft der Zeitschrift „Bildung und Erziehung“ (1993) entnehmen.

Demgegenüber meine ich, daß ich mit der Auslotung des „ich bin“ beim nächst erreichbaren Ich, d. h. bei mir selber anfangen muß. Relevante Subjekttheorie setzt Subjektpraxis voraus - ein sozusagen experimentelles Leben. Ich wollte sehen, wo das hinführt, wenn ich das allzu kompakte Ich spalte, wenn ich mehrgleisig lebe. Seit Jugendtagen sprach mich das Gedicht von Albrecht Goes an:

> „Sieben Leben möcht ich haben:
> Eins dem Geiste ganz ergeben,
> So dem Zeichen, so der Schrift.
> Eins den Wäldern, den Gestirnen
> Angelobt, dem großen Schweigen.
> Nackt am Meer zu liegen eines,
> Jetzt im weißen Schaum der Wellen,
> Jetzt im Sand, im Dünengrase,
> Eins für Mozart. Für die milden,
> Für die wilden Spiele eines,
> Und für alles Erdenherzleid
> Eines ganz. Und ich, ich habe -
> Sieben Leben möchte ich haben! -
> Hab ein einzig Leben nur“ (Goes 1978, S. 29).

Aus solcherlei Selbsterfahrung entstanden die Reflexionen über das „multiple Ich“ (Bittner 1988a), die in einer Zeit, welche gleichsam nostalgisch Identität und Authentizität bzw. die Person als „psychophysische Einheit des Menschen, die sich in seinem Erleben und Handeln als identischer Bezugspunkt (Ich) durchhält“ (Höffe u. a. 1977, S. 180), beschwört, notwendigerweise auf Befremden stoßen muß. Nur wenige erörtern die Multiplizität des Subjekts (Rombach 1987, Welsch 1991).

Dabei wird konkrete, d. h. nicht-dogmatische Anthropologie immer zuerst auf die Multiplizitäten und Zerrissenheiten stoßen. Augustin fand zwei Willen in sich. Montaigne vertrat manchmal in unterschiedlichen Kontexten durchaus entgegengesetzte Auffassungen. „Montaigne gegen die Wunder, Montaigne für die Wunder“, notiert der fromme und prinzipienstrenge Pascal mit leichter Mißbilligung. Logisch hat er ja recht. Aber so widersprüchlich sind wir Menschen eben.

Ich will sagen: bevor wir Subjekt-Theoretiker werden, müssen wir uns zu Praktikern der Subjekterkundung ausbilden, müssen wir die Widersprüchlichkeit des Menschen in uns selber austragen, wenn unsere Subjekttheorie nicht „graue Theorie“ bleiben soll.

3.3.3 Der Lebenslauf wie auch die Rede von „ich bin“ verweisen auf Verdecktes, nicht unmittelbar Gegebenes, zwischen den Zeilen zu Lesendes, vom Bewußtsein des Ich-Erzählers unter Umständen tendenziös Ferngehaltenes („Verdrängtes“). Die Entzifferung dieser Dunkelstellen ist Aufgabe der Psychoanalyse.

Freud hat eine - recht kunstvolle, teils künstliche - Sprache geschaffen, um über diese Dunkelstellen von Ich-Bewußtsein, Lebenslauf und zwischenmenschlicher Interaktion zu kommunizieren. Diese Sprache ist für den Psychoanalytiker keineswegs kanonisch. Es gibt beliebig viele Redefiguren, die das Unbewußte zum Gegenstand haben und die alle gleich richtig bzw. gleich falsch, aber nichtsdestoweniger ebenso notwendig sind wie der Diskurs über die menschlichen Dunkelstellen selbst. Die Einsicht in die Gleich-Gültigkeit aller Diskurse über das Unbewußte (z. B. Freud, Ferenczi, Jung, Melanie Klein) war für die Psychoanalyse schwer zu gewinnen, weil sie sich irrtümlicherweise für eine Naturwissenschaft bzw. für eine empirische Wissenschaft hielt.

Ich habe den konstruktiven, ja arbiträren bzw. nur für den jeweiligen Autor verbindlichen, da aus eigener Lebenserfahrung geschöpften Charakter psychoanalytischer Sprachspiele mehrfach hervorgehoben (Bittner 1974c, 1987). Psychoanalytiker sein heißt in diesem Verständnis, seine eigene Sprachvariante zur Beschreibung und Benennung unbewußter psychischer Prozesse finden – und diese Sprachvariante auf dem Hintergrund der von Freud begründeten Diskurstradition über das Unbewußte als sinnvoll legitimieren.

4. Für eine „lebensphilosophische" Erneuerung der Pädagogik

Was hier vorschwebt, ist eine „lebensphilosophische" Neuorientierung der Pädagogik, die anerkennt, daß der Begriff „Erziehung" Ereignisse in individuellen Lebenszusammenhängen bezeichnet, die als Lebensgeschehnisse der „Wissenschaft" vorgeordnet sind. Es gibt gegenwärtig eine Reihe gesellschaftlicher und pädagogischer Trends, die nach einem derartigen philosophischen Rahmen zu verlangen scheinen:

- die von Beck in zahlreichen Veröffentlichungen unter dem Stichwort „Individualisierungstheorem" beschriebene Tendenz zur Individualisierung und Diversifizierung von Lebenslagen und Lebensstilen (Beck 1986, S. 122). Eines seiner neueren Bücher trägt den charakteristischen Titel: Riskante Freiheiten. Individualisierung in modernen Gesellschaften (1994);
- das zunehmende Interesse in den Sozial- und Erziehungswissenschaften für Biographisches, für den je individuellen Lebensverlauf (Baacke/Schulze 1993, Bittner 1994a);
- damit verwandt das Interesse für das Singuläre und Überraschende der besonderen Konstellation, des je einmaligen Ereignisses, das Nicht-Prognostizierbare, aus keiner Gesetzmäßigkeit Ableitbare (Bittner 1989b, Schäfer 1989). Auch das breite sozialwissenschaftliche Interesse, das die ursprünglich mathematisch-physikalischen Chaostheorien (Niedersen 1991, Krohn/Krug/Küppers 1992, Probst 1987) gefunden haben, gehört in diesen Kontext;
- der Boom der „Erlebnispädagogik" in zahlreichen Praxisfeldern (Ziegenspeck 1992, Homfeldt 1993), der gesamtgesellschaftliche Trends widerspiegelt (Schulze 1992).

Diese Trends lassen sich auf unterschiedliche Positionen aus der „alten" Lebensphilosophie beziehen. Die erlebnispädagogischen Ansätze haben eine Affinität zur Philosophie Bergsons (Oelkers 1993); das Interesse an der Autobiographie findet seine wissenschaftstheoretische Legitimation in Diltheys „Entwürfen zur Kritik der historischen Vernunft" (Dilthey, GS VII). Individualität schließlich gehörte zu den durchgängigen Themen der historischen Lebensphilosophie (vgl. Ebrecht 1992).

Manche warnen leidenschaftlich vor einem solchen lebensphilosophischen Rückgriff: sie sehen darin den Rückzug auf eine individuelle Innerlichkeit, lasten ihr eine „psychologistische Ganzheitsauffassung" (Ebrecht 1992, S. 319) und eine „ausgesprochen unpolitische Haltung" an, „die es später den Nationalsozialisten leicht machte, ihre Gedanken aufzugreifen" (Böhm 1994a, S. 244). Hier wird – in welcher Absicht auch immer – der sprichwörtliche Teufel an die Wand gemalt.

Wird einer „neuen" Lebensphilosophie das Wort geredet, bedeutet das selbstverständlich nicht die Restauration der „alten" mit ihren fragwürdigen Erscheinungen: ihrem Ganzheitsmythos, ihrem untergründigen Biologismus, ihrer Apolitie. Eine „neue" Lebensphilosophie hat mit all diesen von Ebrecht angeprangerten -ismen nichts gemein: sie beherzigt lediglich Diltheys Erkenntnis, daß das eigene Leben das je unmittelbar Gegebene, den Ausgangs- und Bezugspunkt jeden Denkens über menschliche Bewandtnisse darstellt. „Hinter das Leben kann das Denken nicht zurückgehen" (Dilthey, GS V, S. 5).

Die Unhintergehbarkeit des Lebens als Ausgangs- und Basispunkt jeder Art von Denken hebt selbst ein umstürzlerischer Ideen unverdächtiger Autor wie Guardini hervor: das Leben rechtfertige sich nicht durch Berufung auf eine „außerhalb stehende Regel", sondern allein „durch sich selbst" (Guardini 1925, S. 68).

Wie Fellmann (1993) gezeigt hat, gab es in der neueren Geschichte zwei lebensphilosophisch orientierte Epochen: eine erste, romantische, an der Wende vom 18. zum 19. Jahrhundert; sodann die „eigentliche" Lebensphilosophie um 1900. Das Aufkommen lebensphilosophischer Bewegungen jeweils am Ende eines Jahrhunderts sei „nicht ganz zufällig", sondern verweise „auf einen Grundzug der Lebensphilosophie". „Sie zieht ihre Kraft aus der kritischen Bilanz . . . auslaufender Jahrhunderte . . . So ist es sicherlich kein Zufall, daß der lebensphilosophische Gedanke auch am Ende dieses Jahrhunderts wieder an Attraktivität gewinnt" (Fellmann 1993, S. 27 f.).

Gegenstand lebensphilosophischer Reflexion heute ist „Lebenserfahrung", die eine „eigene Wissensform" mit eigener Logik darstellt (Bollnow 1970, S. 142 ff., Fellmann 1993, S. 19). Da Lebenserfahrung stets individuell und nicht übertragbar ist, wird sie notwendigerweise zugleich zum „Medium" von Selbsterfahrung (Fellmann 1993, S. 23). Die Frage nach der Selbsterfahrung wiederum schließt die der Selbstverwirklichung ein (ebd., S. 34). Dieser Trias von Lebenserfahrung, Selbsterfahrung, Selbstverwirklichung philosophisch nachgehen bedeutet für Fellmann, „Vorbereitungen treffen für den Gestaltwandel der klassischen Subjektphilosophie, für ihre Auflockerung und Erweiterung, die vom modernen Denken im Übergang zur Postmoderne gefordert sind" (ebd., S. 34).

Fellmanns Programm deckt sich in der Zielperspektive mit dem soeben von mir skizzierten; die eingeschlagenen Wege allerdings unterscheiden sich. Selbsterfahrung könne nicht „Introspektion" sein, meint Fellmann, nicht der „Blick nach innen" (ebd., S. 240), nicht „archetypische Intuition" (ebd., S. 226), was immer das bedeuten mag, denn: „Die Vorstellung vom ‚Blick nach innen' beruht auf einer falschen Verdinglichung der Subjektivität. Unabhängig vom Verhalten kann der Mensch nichts über sein Selbst in Erfahrung bringen" (ebd., S. 240).

Dies letztere ist ebenso unbestreitbar wie banal. Aber wie soll denn das Verhalten, der Lebensstil, das Sprachspiel etc. zum Thema von Selbsterfahrung werden, wenn nicht in der subjektiven Vergegenwärtigung, im Innewerden des Betroffenen? Die Grundform solcher Selbstvergegenwärtigung, solchen Innewerdens ist die autobiographische Erzählung, welche den von Fellmann künstlich konstruierten Gegensatz von „Verhalten" und „Blick nach innen" aufhebt. Mein „lebensphilosophischer" Zugang beruht demnach auf einer anderen methodischen Prämisse als der Fellmanns: Leben besteht aus teils erzählbaren, teils unerzählbaren Geschichten (Bittner 1995c), „Lebenserfahrung" ist die Summe meiner Verarbeitungen dieser Geschichten. Das Grundelement von Selbsterfahrung ist die autobiographische Mitteilung.

Da Erziehung ein Geschehen im Leben ist, gewinnt auch sie Gestalt in Geschichten: Von Pestalozzis „Stanser Brief" – um einen willkürlichen Anfangspunkt zu wählen – bis hin zu den heutigen Geschichten von mitteilungswürdigen Erziehungsexperimenten, wie z. B. der Glocksee- oder der Bielefelder Laborschule, oder den diversen Fallgeschichten von „Problemkindern" (Richter 1972, Ertle/Möckel 1980, Bittner 1994b) oder den Berichten von Erziehung unter extremen Bedingungen wie z. B. bei den Straßenkindern in Lateinamerika (Ott 1994).

Erziehungswissenschaft, in diesem „lebensphilosophischen" Kontext, wäre die Hüterin, Sammlerin und Auslegerin von Geschichten über Erziehung; sie wäre „narrative" Pädagogik (Bittner 1979b). Eine narrative Theologie hat es schon länger (Weinrich 1973, Wacker 1977) gegeben; auch die Literaturwissenschaft mag sich als die Sammlerin und Auslegerin („literaturfähiger") Geschichten verstehen. Auf die Humanwissenschaften – die Psychologie und Pädagogik vor allem – übertragen, bedeutet die narrative Konzeption ein absolutes Novum. Im zu Ende gehenden 20. Jahrhundert standen diese Wissenschaften im Zeichen von Modellen und Systemen (z. B. der Psychoanalyse, der Lerntheorie, Piagets), welche die Mannigfaltigkeit des Lebens auf das Prokrustesbett ihrer Konstruktionen spannten. Die Humanwissenschaften dieses Jahrhunderts waren im innersten Kern reduktiv; ihre Modelle wollten gewissermaßen klüger sein als das Leben, welches nur das „Material" der wissenschaftlichen Erklärungen bildete. Welche Umkehrung, wenn nun auf einmal „das Leben" mit seinen Geschichten den Leitfaden des Denkens vorgibt; wenn Wissenschaft bedeutet: über Geschichten sprechen, ihrer Struktur und Logik, ihrem Gehalt nachspüren![2] Damit wäre Diltheys Programm einer „verstehenden" Psychologie und Pädagogik, am Anfang dieses Jahrhunderts zwar konzipiert, seinem reduktivistischen und konstruktivistischen Geist aber hoffnungslos unterlegen, wenigstens an dessen Ende in sein Recht gesetzt.

---

[2] Die „narrative" Verfaßbarkeit der Psychoanalyse hat neuerdings Schafer (1995) herausgearbeitet: Lebensgeschichten bildeten ihr Primärmaterial; ihre Theorien komprimieren die individuellen Geschichten zu Erzählmustern („Story-Lines") – ein verheißungsvoller Anfang zur wissenschaftstheoretischen Neukonzeptualisierung!

Psychoanalytische Pädagogik

Manche rechnen die Psychoanalyse zum weiteren Umkreis der Lebensphilosophie (Ebrecht 1992); jedenfalls ist sie eine – und nach dem Absterben der geisteswissenschaftlichen Psychologie fast die einzige – Richtung in der modernen Psychologie, bei der das narrative Moment im Vordergrund steht, bei der die Theorie aus Geschichten abgeleitet wird: aus Traumerzählungen (Freud 1900), aus Witzen und Anekdoten aller möglichen Art (Freud 1904, 1905b) und vor allem aus den großen psychoanalytischen Krankengeschichten. Freud war schon frühzeitig aufgefallen, daß seine Krankengeschichten in ihrer Ausführlichkeit und Differenziertheit mehr mit den Seelenschilderungen von Dichtern gemeinsam hatten als mit den lakonischen Anamnesen seiner ärztlichen Kollegen (vgl. Freud 1895, S. 227, zu einer „narrativen" Konzeption der Psychoanalyse neuerdings Schafer 1995).

Freilich geht die Psychoanalyse auf eine besondere und spezifische Weise mit ihrem Geschichtenmaterial um: sie liest „zwischen den Zeilen", interpoliert den Text auf Unbewußtes hin, das zum Erkenntnisinteresse und zum Zweck der Heilung der neurotisch Kranken bewußt gemacht werden soll. Dieser methodologische Zugang zu biographischem Material, der in der Psychoanalyse entwickelt wurde und der mannigfache Parallelen, wenn auch manche Unterschiede zur Forschungsperspektive des Historikers aufweist (Schöpf 1996), ist auch für das pädagogische Verständnis von Lebensgeschichten von fundamentaler Bedeutung.

Freilich hat sich die Psychoanalyse in einem merkwürdigen Selbstmißverständnis (vgl. Habermas 1968) am Anfang für eine Naturwissenschaft gehalten (teilweise tut sie es heute noch) und gemeint, aus ihren Beobachtungen gewissermaßen Naturgesetze ableiten zu können, die dann vor allem in der Krankenbehandlung, aber auch beispielsweise in der Erziehung „angewandt" werden könnten. Auf dieser Grundlage entwickelte sich anfangs die „Technik" (!) der psychoanalytischen Krankenbehandlung ebenso wie die Psychoanalytische Pädagogik (vgl. Rehm 1968, Bittner/Rehm 1964, Datler 1995, speziell zu den Auswirkungen der Psychoanalyse auf die Heil- und Sonderpädagogik Fröhlich 1995).

Im folgenden rekapituliere ich die Geschichte psychoanalytischen Denkens über Erziehungsfragen und suche zu zeigen, daß sich auch die Psychoanalytische Pädagogik (wie die Psychoanalyse überhaupt) von ihrem anfänglichen szientistisch-technizistischen Selbstmißverständnis konsequent lösen muß, um ihre Aufgabe innerhalb einer zeitgemäß verstandenen wissenschaftlichen Pädagogik sinnvoll erfüllen zu können.

Es soll

1. ein kritischer Rückblick auf die psychoanalytische Pädagogik gegeben,

2. die gegenwärtige Krise der Psychoanalyse charakterisiert,
3. ihre Unentbehrlichkeit bei der Reflexion pädagogischer Sachverhalte als „Lebensgeschehnisse" vertreten werden.

1. „Krümel vom Tisch der Reichen?" (Redl) – oder: die Psychoanalytische Pädagogik als Kette psychoanalytischer Deduktionen

1.1 Psychoanalytische Pädagogik verstand sich von Anfang an in einer doppelten Funktion: zum einen als Erziehungskritik vom psychoanalytischen Standpunkt aus, zum andern als praktische Anwendung der Psychoanalyse auf die Erziehung mit dem Ziel der Neurosenprophylaxe.

Schon der allererste ausdrückliche Beitrag zum Thema, Ferenczis Salzburger Kongreßvortrag über „Psychoanalyse und Pädagogik" (1908), läßt diese beiden Argumentationslinien erkennen.

> „Das eingehende Studium der Werke Freuds und selbst durchgeführte Psychoanalysen können jeden darüber belehren, daß eine fehlerhafte Erziehung die Quelle nicht nur von Charakterfehlern, sondern auch von Krankheiten sein kann, ja daß die heutige Kindererziehung die verschiedensten Neurosen förmlich hochzüchtet". Durch die Psychoanalyse „kommen wir zur Überzeugung, daß sogar eine von edelsten Intentionen geleitete, unter den günstigsten Verhältnissen durchgeführte Erziehung – da sie auf die allgemein herrschenden fehlerhaften Prinzipien gegründet ist – die natürliche Entwicklung des Menschen in mancher Hinsicht schädlich beeinflußt ..." (Ferenczi 1908, S. 1).

Diese Begründungsfiguren tauchen in der Psychoanalytischen Pädagogik immer wieder auf: die Berufung auf die Schriften Freuds und die Erfahrungen der analytischen Patientenbehandlung, der Aufweis des neurosenfördernden Charakters der Erziehung und die Kritik der „allgemein herrschenden fehlerhaften Prinzipien" – womit unterstellt wird, die Psychoanalyse kenne die richtigen Prinzipien, auf die in sich eine der natürlichen Entwicklung des Kindes entsprechende, gesunde, nicht neurotisch verbiegende Erziehung begründen lasse.

Daraus ergibt sich die zweite, die praxisbegründende Reflexionslinie. Ferenczi leitet aus Freuds „Drei Abhandlungen zur Sexualtheorie" die folgenden Erziehungsgrundsätze ab:

> „Eine umsichtige Kindererziehung wird es zu erreichen wissen, daß den sexuellen Affektverwandlungen, Verdrängungsschüben die krankmachende Wirkung benommen wird. Das heutige Vorgehen, bei dem man die Kinder in den heftigsten Krisen ihrer sexuellen Entwicklung ohne Stütze und Unterweisung, ohne Erklärung und Beruhigung allein läßt, ist eine Grausamkeit. Die der Intelligenzstufe des Kindes entsprechende sukzessive Aufklärung muß hier Wandel schaffen. Erst wenn die Geheimnistuerei in sexuellen Fragen aufhört, wenn man über die Vorgänge im eigenen Körper und in der eigenen Seele richtige Vorstellungen hat, kann man die sexuellen Affekte wirklich beherrschen und sublimieren, während das ins Unbewußte Verdrängte unserer Kontrolle entzogen ist und als ein wesensfremdes Element die Ruhe des Seelenlebens stört" (Ferenczi 1908, S. 6).

Der deduktive und präskriptive Duktus der Argumentation wird deutlich: auf der Grundlage der Schriften Freuds und der praktischen Erfahrung in Analysen wird die herkömmliche Erziehung kritisiert und eine „neue" Erziehung gefordert.

Die tatsächlichen praktischen Anwendungen indessen waren eher sporadisch: Vor allem Wera Schmidt hat kurz nach der russischen Oktoberrevolution in ihrem Moskauer „Kinderheim-Laboratorium" versucht, aus Freuds Theorie der frühkindlichen Sexualität eine pädagogische Praxis abzuleiten. Sie praktizierte Toleranz gegenüber kindlichen Triebäußerungen, vor allem der Onanie.

„Die Erzieherinnen sollten ganz ruhig sein, wenn die Kinder etwas – ihrer Meinung nach – Unanständiges oder Abscheuliches machten . . . Dank dieser Regel wußten die Kinder nicht, daß die Onanie etwas Schändliches, etwas Verbotenes sei.

. . .

Die genauen Beobachtungen im K.H.L. (d. h. Kinderheim-Laboratorium – G.B.) zeigten, daß die Kinder sehr wenig onanierten, obgleich sie in dieser Hinsicht ganz frei waren. Niemals geschah es, daß alle Kinder zusammen onanierten, und kein Kind bekam eine Gewohnheit zur Onanie" (Schmidt 1927/28, S. 154).

Das klingt gut, aber reichlich abstrakt. Man kann sich die konkrete Situation im Kinderheim-Laboratorium auf Grund der Darstellung von Schmidt kaum vorstellen.

Erst durch die Kindheitserinnerungen von Peter Heller, in Wien geboren, bei Anna Freud als Kind in Analyse, heute über 70 Jahre alt und Germanistikprofessor in den USA, ist mir das Atmosphärische, die Aura der frühen „triebfreundlichen" psychoanalytischen Pädagogik, wie sie auch dem „Kleinen Hans" zuteil wurde, von dem Freud schreibt, er sei von seinen Eltern mit nicht mehr Zwang erzogen worden als zur Erhaltung guter Sitte unbedingt erforderlich sei (vgl. Freud 1909, S. 244), so recht deutlich geworden.

Heller erinnert sich an die Sommerferien in der „psychoanalytischen Subkultur" am Grundlsee:

„Die Leute dramatisierten, agierten, literarisierten ihre Sexualität und ließen sich gehen – wenn auch gar nicht so sehr in sexueller Hinsicht, d. h. im Vergnügen an der Sache, obwohl hoffentlich auch das dabei war . . .". Die Kinder bei all dem mitten dazwischen mit eigenen Wünschen und Bedürfnissen, und platzend vor Neugier: „Die Buben . . . ruderten hinaus auf den See mit Feldstechern und beobachteten die Nackerten beim Sonnenbaden am Strand . . ." (Heller 1983, S. 218). „Charakteristisch für die, mich nachhaltig beeindruckende progressive Libertinage und ideologisch untermauerte Promiskuität scheint mir jetzt die Erinnerung an ‚das Wurm', ein überaus hübsch gewachsenes, zierliches Mädchen – ich sehe sie nackt am Strand, vom See aus etwas links, wo der steinig erdige Uferpfad in mäßig niedrige Büsche führt . . ." (ebd., S. 217).

Das war die Atmosphäre der „triebfreundlichen" Erziehung, die vielfach laissez faire und Nicht-Erziehung war – kein Wunder, daß das Pendel bald zurückschlug.

1.2 In den dreißiger Jahren änderte sich die Blickrichtung der psychoanalytischen Theorie. Unter dem Einfluß Anna Freuds und ihres berühmt gewordenen Buches „Das Ich und die Abwehrmechanismen" (1936) richtete sich die Aufmerksamkeit stärker auf das Ich als auf das Es, stärker auf das Verdrängende als auf das Verdrängte. Aus dieser neuen theoretischen Perspektive wurden – wieder deduktiv – neue und dem früheren nahezu entgegengesetzte Vorstellungen über die angemessene pädagogische Praxis abgeleitet. Unter der Devise einer „Revision der psychoanalytischen Pädagogik" prangerte Steff Bornstein-Windholz deren „Mißverständnisse" an: die Milde und Triebfreundlichkeit des psychoanalytischen Pädagogen sei oft nur Ausdruck von Unsicherheit und Angst, dem Kind etwas zu versagen. Statt dessen gelte es, das Kind mit der Tatsache zu konfrontieren, daß Kinder und Erwachsene verschiedene Interessen haben (vgl. Bornstein-Windholz 1937, S. 84). Notwendige Versagungen störten das Einvernehmen mit dem Kind nicht, sondern könnten sogar einen „Motor für Identifizierungen" (ebd., S. 85) abgeben. So wendet sich Bornstein-Windholz gegen eine Erziehung, die im Namen der Psychoanalyse, „verzeiht, irgendwie ‚versteht' und vor lauter Verstehenmüssen alles natürliche Benehmen verloren hat" (ebd., S. 89): Klarheit und Grenzen setzen, lautet statt dessen Bornsteins auch wieder präskriptive Devise.

Keine geringere als Anna Freud selbst ist es gewesen, die sich von dieser Art deduktiver und präskriptiver psychoanalytischer Pädagogik, wie sie sich vor allem in der gleichnamigen Zeitschrift (Zeitschrift für Psychoanalytische Pädagogik 1926–37) artikulierte, entschieden distanzierte:

> „Ein Rückblick auf das erste halbe Jahrhundert psychoanalytischer Erziehungslehre läßt keinen Zweifel an ihrem unfertigen und widerspruchsvollen Charakter. Im Ziel an die Neurosenprophylaxe gebunden, wechseln die pädagogischen Ratschläge mit den wechselnden Vorstellungen vom Ursprung der Neurosen . . .". „Im großen und ganzen bleibt also die psychoanalytische Pädagogik hinter dem Ziel zurück, das sie sich eingangs gesteckt hat . . ." (A. Freud 1968, S. 2126 ff.).

1.3 Anna Freuds Verdikt trifft sicher nicht zu auf einen anderen Zweig der Psychoanalytischen Pädagogik, der sich seit den 20er Jahren entwickelte: die erzieherische Praxis von August Aichhorn, Oskar Pfister und Hans Zulliger (später auch von Fritz Redl und Bruno Bettelheim in den USA). Bei diesen allen war der Ausgangspunkt anders: sie befanden sich – Aichhorn als Fürsorgeerzieher, Pfister als Pfarrer, Zulliger als Volksschullehrer – in einem erzieherischen Lebens- und Aufgabenzusammenhang, in den sie ihre psychoanalytischen Gedanken und Erfahrungen mit hineinnahmen. So fehlt den Schriften dieser Pädagogen das Deduktive und Präskriptive: sie sagen nicht, wie man es in der Erziehung machen soll; sie berichten vielmehr, wie sie es an ihrem „sozialen Ort" als Fürsorgeerzieher, Pfarrer bzw. Lehrer unter Zuhilfenahme psychoanalytischer Erfahrungen und Gesichtspunkte gemacht haben. Daher stellen sie sich, ähnlich wie von anderen theoretischen Voraussetzungen her Makarenko, in die von Pestalozzi mit seinem „Stanser Brief" begründete Tradition einer „narrativen" Pädagogik: bei allen diesen Autoren sind es ganz überwiegend die „Geschichten", aus denen der Leser lernen kann (in Anspielung an den Buchtitel „Aus Geschichten lernen", Baacke/Schulze 1979).

Freud selbst empfand sehr lebhaft, daß unter den Händen dieser pädagogischen Freunde und Schüler etwas „anderes" herausgekommen war als Psychoanalyse, „was dann in der Absicht wieder mit ihr zusammentrifft" (Freud 1925, S. 566). In Bezug auf Aichhorn sinnierte er sogar, ob ihm die Psychoanalyse überhaupt etwas gebracht habe, was er nicht als guter Erzieher immer schon intuitiv wußte und praktizierte.

1.4 In der jüngeren Geschichte der Psychoanalytischen Pädagogik nach dem Zweiten Weltkrieg spielte indessen die Rezeption von Aichhorn, Zulliger etc. eine erstaunlich geringe Rolle. Unbeeindruckt von der Skepsis Anna Freuds ging es nach 1968, als die Psychoanalyse durch die Studentenrevolte erneut populär wurde, auf der deduktiv-präskriptiven Linie weiter. Die antiautoritäre Bewegung proklamierte eine Neuauflage der gewährenden, triebfreundlichen Erziehung, mit ausdrücklicher Anknüpfung von Wera Schmidt; die nachfolgende „Revision" der Psychoanalytischen Pädagogik wurde nicht zu Kenntnis genommen (vgl. Bittner 1972a).

Auch die weiteren Entwicklungen folgen dem gleichen Muster der Übernahme und pädagogischen Umsetzung psychoanalytischer Theorie- und Technikelemente. So geht es heute nicht mehr um die antiquierte Alternative „Versagen und Gewähren?" (Alice Balint 1936, S. 75 ff.), die in der alten psychoanalytischen Pädagogik eine so große Rolle spielte, sondern entsprechend den gewandelten theoretischen Konzepten, einerseits um die Objektpsychologie, anderseits um den Transfer psychoanalytischer Technik-Elemente ins Pädagogische. Das deduktiv-präskriptive Denken aber blieb auch unter diesen gewandelten Vorzeichen das Gleiche.

Starke pädagogische Resonanz hat die Objektbeziehungstheorie von Winnicott (vgl. Schäfer 1995b) mit ihren zahlreichen einprägsamen Formulierungen wie z. B. von der „hinreichend guten Mutter" (Winnicott 1974, S. 189 ff.) gefunden. Sozial- bzw. sonderpädagogisch bedeutsam war auch Winnicotts Interpretation der jugendlichen Delinquenz als „Manifestation von Hoffnung" (ebd., S. 273). Regina Clos hat in ihrem Buch „Delinquenz, ein Zeichen von Hoffnung?" (1982), in dem über die Arbeit mit Kindern aus sozialen Randgruppen berichtet wird, vor allem diesen letzten Gedanken Winnicotts pädagogisch-praktisch umzusetzen versucht. Die pädagogische Aufgabe wird vor allem darin gesehen, daß die Betreuer sich den Kindern als zuverlässige, „unzerstörbare" Objekte zur Verfügung stellen. Dagegen ist gewiß nichts einzuwenden, und dem menschlichen Engagement von Clos und ihren Mitarbeitern gebührt aller Respekt. Doch stellt sich die Frage, ob aus einer derart partikulären Perspektive, diesem kleinen Aufsätzchen, fast nur einem Apercu des großen Winnicott, sich eine vollgültige, mehr als nur theoriebestätigende pädagogische Praxis herleiten läßt.

Für den Versuch, Psychoanalytische Pädagogik als eine Technik analog der therapeutischen zu konstituieren, ebenfalls ein Beispiel: Aus der analytischen Übertragungs-Gegenübertragungskonzeption war von Argelander und Lorenzer, ausgehend vor allem vom psychoanalytischen Erstinterview, das Konzept des „Szenischen Verstehens" entwickelt worden (Lorenzer 1973b, S. 138 ff.). Dieses ist in die psychoanalytische Pädagogik übernommen worden, vor allem von Frankfurter Pädagogen wie z. B. dem frühverstorbenen Trescher.

In einem Beispiel, in dem ein Junge aus dissozialem Milieu seinen Betreuer dermaßen provoziert, daß dieser ihn anzischt: „‚Entweder du kommst jetzt mit, oder es knallt!'" (Trescher 1987, S. 204), leitet er aus der Analyse des szenischen Musters ab, daß „der Impuls zu schlagen der unbewußten und von Thomas provozierten Identifikation des Pädagogen mit dem schlagenden Elternteil" entstamme. Die spontane Reaktion des Pädagogen habe also die unverarbeitete Szene „komplettiert" (ebd., S. 207).

Die Interpretation dieses szenischen Musters durch Trescher ist nachvollziehbar und durchaus plausibel. Sie ist sicher nützlich, wie Trescher angibt, um „Handlungszwänge, die Folge der Konfliktdynamik sind, abzubauen" (ebd., S. 209). Aber, so frage ich mich, was folgt dann, wenn die konfliktmotivierten Handlungszwänge glücklich abgebaut sind und die „allgemeine Struktur pädagogischer Praxis" wieder in ihr Recht tritt? Hier läßt uns ein psychoanalytisch pädagogischer Ansatz wie der von Trescher vertretene im Regen stehen.

Ich betone dies, weil Trescher meinte, eine vollgültige Pädagogik aus der Psychoanalyse ableiten, die Pädagogik sozusagen als reinen Anwendungsfall der Psychoanalyse konstruieren zu können. Freilich versteht er unter Psychoanalyse weniger anwendbare „Erkenntnisse" wie die alten psychoanalytischen Pädagogen, aus denen sich pädagogische Rezepte ableiten lassen, sondern vor allem ein dialogisch-emanzipatorisches, an systematische Selbstreflexion und Metakommunikation gebundenes „Verfahren" (ebd., S. 201), das sich in unterschiedlichen Praxisbereichen verschiedenartig ausdifferenziert. Das Spezifische der Psychoanalytischen Pädagogik ist für ihn „settingbezogene Technik des Umgangs mit Übertragung und Widerstand, ... die Psychoanalytische Pädagogik ist nach Methode und Wissenschaftsverständnis als Teil der Psychoanalyse zu begreifen" (ebd., S. 201).

Treschers Verständnis von Psychoanalytischer Pädagogik ist der jüngste, in meinen Augen ebenso wie die vorangegangenen zum Scheitern verurteilte Versuch, aus der Psychoanalyse deduktiv etwas für die Pädagogik abzuleiten: hier eine aus dem allgemeinen psychoanalytischen Verfahren deduzierte, dem pädagogischen „Setting" adäquate „Technik des Umgangs mit Übertragung und Widerstand".

Diese Konstruktion ist nicht tragfähig, weil jeder einzelne der Pfeiler, die sie tragen, brüchig ist: weder gibt es das von Trescher herausgesetzte „psychoanalytische Verfahren" als unverrückbare Bezugsgröße, noch läßt sich Pädagogik auf eine „settingspezifische Technik" reduzieren. Wir müssen, wenn wir die pädagogische Relevanz der Psychoanalyse unter den heutigen Gegebenheiten, wo es ebensowenig ein gesichertes Selbstverständnis der Psychoanalyse wie der Pädagogik gibt (vgl. Datler 1995, S. 34 ff.), noch einmal ganz neu mit der Begründung ansetzen.

2. Die Psychoanalyse auf dem Weg vom geschlossenen theoretisch-technischen System zum unbeendbaren Diskurs

Als Freud 1939 starb, hinterließ er ein theoretisches und behandlungstechnisches System von bemerkenswerter logischer Stringenz und Geschlossenheit, das seit den 40er Jahren in den USA, nach dem Zweiten Weltkrieg zunehmend auch in Europa breite Akzeptanz fand. Die von Anfang an bestehenden Diskrepanzen konnten zunächst unbemerkt bleiben, weil abweichende Positionen wie die von Jung und Adler zunächst zu Abspaltungen führten, wodurch die augenscheinliche „Geschlossenheit" der Psychoanalyse wiederhergestellt und der Dissens „exkommuniziert" wurde. Ferenczis „Klinisches Tagebuch" von 1932, eine ebenfalls radikal dissidente Position, konnte erst mit 50jähriger Verspätung veröffentlicht werden.

Seit den 60er Jahren bahnt sich eine Krise der Psychoanalyse an, die vielfältige Gründe hat, innere und äußere. 1966 rief die Amerikanische Psychoanalytische Vereinigung eine denkwürdige Kommission ins Leben, die den Gründen für das Versiegen psychoanalytischer Erkenntnis nachgehen sollte. Diese Kommission ist lediglich als Symptom der beginnenden Verunsicherung interessant, beileibe nicht wegen der mageren Ergebnisse, die sie erbrachte.

Etwa zeitgleich mit diesem Eingeständnis konzeptueller Schwäche wurde die gesellschaftliche Akzeptanz der Psychoanalyse zunehmend fraglicher. Die neuen

Therapierichtungen der sog. „Humanistischen" Psychologie gewannen Einfluß; die empirische Forschung stellte theoretische Positionen und angebliche Behandlungserfolge in Frage.

All das schlug in Deutschland zunächst weniger durch als in den USA, weil die Psychoanalyse hier institutionell besser abgesichert war: als Methode der Krankenbehandlung durch die Verankerung im Leistungskatalog der Krankenkassen, als Wissenschaft durch den Umstand, daß die Lehrstühle für Psychotherapie bzw. medizinische Psychologie an den medizinischen Fakultäten zunächst ganz überwiegend mit Psychoanalytikern besetzt werden konnten.

Doch mit der Zeit wurde immer deutlicher, daß Psychoanalyse keine Wissenschaft mit dokumentierbaren Ergebnissen und Erkenntnisfortschritten ist, wie Freud das auf Grund seines szientistischen Selbstmißverständnisses (Habermas 1968, S. 263) vorschwebte und was manche, vor allem aus dem Kreis der psychoanalytischen Hochschullehrer, noch heute als erstrebenswertes Ziel ansehen; z. B. Cremerius, der die Psychoanalyse auf dem Wege sieht, zu einer „Normalwissenschaft" zu werden: „Sie revidiert und überprüft, was Freud die ‚Grundpfeiler' seiner Lehre nannte, hebt Widersprüche auf, . . ., schreckt auch nicht davor zurück . . ., sich von empirisch nicht haltbaren Hypothesen zu trennen und auf Grund neuer klinischer Befunde sogar geheiligte Paradigmata zu opfern" (Cremerius 1987, S. 1091). Daß es so in der Psychoanalyse nicht zugeht, der Natur der Sache nach gar nicht zugehen kann, haben die Diskussionen um Grünbaums Psychoanalysekritik gezeigt (vgl. Grünbaum 1988; Nagl u. a. 1990). Im Kreis der empirischen Wissenschaften kann die Psychoanalyse kaum bestehen.

Auch als Behandlungsmethode, als „Technik", wie Freud gern sagte, ist sie nichts Festes, an das man sich halten könnte. Eisslers „normative Idealtechnik" (Eissler 1953, zit. in Thomä/Kächele 1985, S. 40) hat es nur als Konstrukt, nie in der Praxis gegeben. Und der Kongreß der Internationalen psychoanalytischen Vereinigung in Rom 1989, der sich zur Aufgabe gesetzt hatte, das „Gemeinsame in der Psychoanalyse" – insbesondere im Hinblick auf die klinischen Ziele und den analytischen Prozeß – zu klären, kam zu zwiespältigen Ergebnissen: zwar gebe es eine gemeinsame Begrifflichkeit, die aber immer in der Gefahr sei, zu einer Art „psychoanalytischem Kirchenlatein" zu entarten. Entscheidend sei die „kreative Auseinandersetzung über verschiedene Denk- und Praxisstile. Gerade die Unterschiede gälte es zu pflegen, denn nur in der Ungewißheit könne die Psychoanalyse wachsen und zeigen, was sie alles sein könne . . ." (Schlösser 1990, S. 80 f.).

Ich unterbreite einige Überlegungen zu einem neuen Selbstverständnis der Psychoanalyse, die ich seit mehreren Jahren verfolge (Bittner 1987, 1992a, 1995b). Fast wäre ich versucht zu sagen, der erste Psychoanalytiker sei, lange vor Freud, der heilige Augustinus gewesen, der Gott in den Confessiones seine Lebensgeschichte vorerzählte, weil er sich selber zu einer großen Frage geworden war (quaestio magna mihi factus sum). Ein späterer Nachfahre, allerdings noch lange vor Freud, war Johann Heinrich Pestalozzi, der in der Einleitung zu seinen „Nachforschungen" von den „Widersprüchen" ausging, die in der menschlichen Natur zu liegen scheinen:

> „Ich will wissen, was der Gang meines Lebens, wie es war, aus mir gemacht hat; . . .
>
> Ich will wissen, von was für Fundamenten das Thun und Lassen meines Geschlechts und welchen Gesichtspunkten seine wesentlichsten Meinungen eigentlich ausgehen, . . .

Ich kan und soll hier eigentlich nichts wissen, und nichts suchen, als die Wahrheit, die in mir selbst liegt, das ist, die einfachen Resultate, zu welchen die Erfahrungen meines Lebens mich hingeführt haben; ..." (Pestalozzi 1797, S. 6 f.).

Zutreffend hat Worm (1972) die mannigfachen Parallelen zwischen Pestalozzi und Freud herausgearbeitet. Beiden geht es um die „Fundamente" menschlichen Tuns, um Aufhellung dessen, „was der Gang meines Lebens, wie es war, aus mir gemacht hat", um die „Rückseitenphänomene" und Dunkelstellen menschlichen Lebens. Freud hat diese Reflexion über Dunkelstellen und Rückseitenphänomene in einen seiner Zeit gemäßen, d. h. quasi-naturwissenschaftlichen begrifflichen Rahmen gegossen, und er hat Elemente einer Methode angegeben (z. B. Traumdeutung, freie Assoziation, Übertragungsanalyse), wie an dieses Verborgene, hinter Verdrängungsschranken Liegende heranzukommen wäre. Damit hat er die Tradition eines Diskurses begründet, die die Selbstdeutung der Menschen in diesem zu Ende gehenden Jahrhundert bestimmt hat wie kaum eine andere.

Dieser Diskurs, einst von einer teils bewundernswerten, teils beängstigenden Geschlossenheit, ist heute zerfleddert bis zur Unübersichtlichkeit. In jedem einzelnen Punkt der analytischen Lehre gibt es Meinungen und Gegenmeinungen. Die Wahrnehmung der begrifflichen und theoretischen Dissense wirkte auf die Psychoanalytiker geradezu traumatisch. Es kam zu einer „Krise der Psychoanalyse". Diese beruhe darauf, schrieb Margarete Mitscherlich-Nielsen kurz und bündig, daß „ihre Begründer dem Irrtum verfallen sind, die ihre für die einzig richtige zu halten". „Wie und wann aber lassen sich Theorien von ihren Urhebern trennen?" (Mitscherlich-Nielsen 1987, S. 963).

Diese Fragen beantworten zwei amerikanische Psychoanalytiker, Stolorow und Atwood, in ihrem vor 15 Jahren erschienenen Buch „Faces in a Cloud" (1979): sie lassen sich eben nicht trennen. Der Mensch sei wie eine Wolke, besagt der poetisch-seltsame Titel, die fortwährend ihr Aussehen ändere, Psychoanalytiker seien Leute, die Gesichter in dieser Wolke sehen – jeder anders, jeder gemäß seinen persönlichen Voraussetzungen. Das gelte für Freud ebenso wie für die abtrünnig gewordenen Schüler: für Jung und Rank und Reich und prinzipiell für jeden. Jede psychoanalytische Theorie korrespondiere mit der persönlichen Vorstellungswelt ihres Autors, mit seinen eigenen Lebenskonflikten und seinem Ringen mit dem Unbewußten. Besonders eindrucksvoll war mir die Darstellung Wilhelm Reichs: Sein empathischer Glaube an die freie Sexualität korrespondiert auf evidente Weise mit einem Trauma, das sein Leben verdüsterte: Als 14jähriger ertappte er seine Mutter bei einer außerehelichen Affäre; er verriet sie dem Vater, und seine Mutter brachte sich um: Wer dies weiß, kann Reichs hymnische Orgasmus-Theorie wohl kaum noch abgelöst von ihrem persönlichen Hintergrund sehen.

So reift langsam die Erkenntnis, daß es anders gar nicht sein kann: Psychoanalytische Aussagen sind stets und notwendigerweise subjektiv, sind der Niederschlag der je individuellen Lebenserfahrung, des ganz persönlichen Ringens mit dem Unbewußten. Wenn ich Psychoanalyse lehre und praktiziere, tue ich das in der Überzeugung, daß ich nicht die Psychoanalyse, sondern nur meine ganz persönliche Version davon vermitteln kann. Als psychoanalytisch erweist sich das, was ich denke, lehre und praktiziere, durch eine Basis-Identifikation mit der psychoanalytischen Lehrtradition, vor allem mit Freud, nicht aber durch die Übereinstimmung mit bestimmten Dogmen und Lehrsätzen. Jedes psychoanalytische Lehrstück steht für mich grundsätzlich zur Disposition. Meine strenge Selbstverpflichtung besteht aber darin, meine persönliche Version von Psychoanalyse im Dialog mit der psychoanalytischen Lehrtradition zu legitimieren (Bittner 1989d, S. 220 f.).

Psychoanalyse ist der von Freud angestoßene Diskurs über die immer wieder abgewehrten Aspekte menschlicher Innerlichkeit und Befindlichkeit. So subjektiv er ist, ist er doch nichts weniger als überflüssig. Skinner hatte im Namen der objektiven Wissenschaft den „inneren“, den „autonomen“ Menschen abschaffen wollen: dieser sei „ein Mittel, dessen wir uns bei der Erklärung jener Dinge bedienen, die wir nicht anders erklären können. Er ist ein Produkt unserer Unwissenheit, und während unser Wissen wächst, löst sich die Substanz, aus der er gemacht ist, immer mehr in Nichts auf“ (Skinner 1973, S. 205). Unser psychoanalytischer Diskurs über das Unbewußte, so zerfasert und zersplittert er sich heute darstellt, ist sozusagen das letzte Bollwerk gegen die Skinner und Co, gegen die Abschaffung des „inneren Menschen“ – und insofern unverzichtbarer und notwendiger denn je.

3. Psychoanalytische Pädagogik als Diskurs über Dunkelstellen der pädagogischen Interaktion

Was kann Psychoanalytische Pädagogik nach diesen Veränderungen der Psychoanalyse heute noch sein? Keine Anwendung psychoanalytischen Wissens, z. B. über die frühkindliche Sexualität, wie die alten psychoanalytischen Pädagogen meinten, und keine „settingbezogene Technik“ zur Handhabung von Übertragung und Widerstand, überhaupt nichts Deduziertes: weil es nichts mehr gibt, keine obersten Prinzipien, aus denen sich etwas deduzieren ließe. Sie ist, kurz vorwegnehmend gesagt, eine besondere und praktisch folgenreiche Art, auf Lebenszusammenhänge zu reflektieren, diese zu interpretieren und „bewußt zu machen“.

Das Nachdenken über den pädagogischen Stellenwert psychoanalytischer Gedanken ist wieder in Gang gekommen. Insbesondere sind zwei Wiener Beiträge von Datler (1995) und Figdor (1993) zu würdigen, die sich mit den hier vorgetragenen Überlegungen in mannigfaltiger Weise berühren.

In seiner Habilitationsschrift sieht Datler Psychoanalyse und Pädagogik gleichermaßen in einer typisch „postmodernen“ Situation, die gekennzeichnet ist durch das Schwinden von Konsens und Eindeutigkeit: niemand weiß heute verbindlich die Charakteristika psychoanalytischer bzw. pädagogischer Praxis anzugeben. Datler sieht diese Konsenslosigkeit unter anderem als Aufgabe und Chance, weil sie zur verstärkten Herausarbeitung positioneller Differenzen, unbefragter Voraussetzungen und bislang ungestellter Fragen ermutigen mag – und, so füge ich hinzu: weil sie den deduktiv-präskriptiven Charakter der älteren psychoanalytischen Pädagogik definitiv erledigt.

Manche Autoren rekurrieren deshalb heute auf das Konstrukt der „psychoanalytischen Haltung“. Doch hat auch dieser Begriff seine Tücken: er spiegelt einen inneren Tatbestand vor, der sich wiederum vorzüglich dazu eignet, als Idealnorm gesetzt und präskriptiv verwendet zu werden („auf die analytische Haltung kommt es an“) – wobei diese Haltung den Maßstab „richtiger“ analytischer Praxis abgibt, anderseits als Maßstab kaum zu objektivieren ist – so kann die „psychoanalytische

Haltung" leicht zu etwas Mystischem werden, so einer Art leuchtendem Zeichen, das alle wahren Analytiker unsichtbar auf der Stirn tragen.

Nein, lassen wir uns auch von diesem wohlklingenden Begriff nicht verleiten. Psychoanalyse in der Erziehung, das ist etwas viel Schlichteres, wie z. B. Zulliger seine ersten psychoanalytischen Gehversuche als junger Lehrer in der Schule beschreibt:

„Am Anfang betrieb ich das, was man heutzutage als ‚kleine psychoanalytische Kinderpsychotherapie' bezeichnen würde. Ich tat es nach dem Vorbilde Pfisters, nachdem ich mich selber hatte analysieren lassen ... Also arbeitete ich gänzlich im Stillen, befreite einzelne Schülerinnen und Schüler von störenden Symptomen wie Lernhemmungen, Bettnässen, Stottern, reaktive Aggressivität und Sich-nicht-einfügen-Können in die Gemeinschaft, Schuldgefühlsreaktion wegen Onanie, zwangshaften Diebereien – und ich hatte Anfängerglück" (Zulliger, zit. in Kasser 1963, S. 38).

Er fand sich vor in einer bestimmten Lebens- und Berufssituation als junger Lehrer, und er hatte eine Erfahrung gemacht mit der Psychoanalyse. Diese Erfahrung ließ ihn seine Berufsaufgabe anders ansehen, als er sie sonst wohl angesehen hätte. Er fing an, etwas von dem, was er in der Analyse erfahren hatte, in seinen Berufsalltag sozusagen „einzuschmuggeln". Daraus und aus nichts anderem bestand seine Psychoanalytische Pädagogik.

So geht es noch heute. Wer „psychoanalytisch erziehen" will, der mußte irgendeine persönliche Erfahrung mit Psychoanalyse gemacht haben: sei es durch eine eigene Analyse, durch Teilnahme an einer Gruppe, z. B. einer Balint-Gruppe, oder durch Lektüre, die etwas in Gang gebracht hat. Solche Erkenntnis, wie richtig oder falsch, umfassend oder fragmentarisch, geht am Alltag nicht ohne Spuren vorüber. Sie ändert den Alltag, den persönlichen wie den beruflichen.

Psychoanalytische Pädagogik als Wissenschaft ist der Diskurs der betroffenen Subjekte über die Dunkelstellen pädagogischer Interaktion – ein Diskurs, der allein dadurch, daß er geführt wird, die Praxis verändert. Psychoanalytische Erziehung als Praxis ist die Bezeichnung für alles, was sich an unserem erzieherischen Umgang mit Menschen dadurch verändert – hoffentlich zum Bessern verändert, ohne daß dies immer garantiert ist –, daß wir psychoanalytische Erfahrungen gemacht bzw. psychoanalytische Gedanken im Hinterkopf haben.

4. Unbewußte Anteile in der pädagogischen Interaktion

Ich will unter diesem Gesichtspunkt noch einmal zwei Szenen vergegenwärtigen (vgl. Bittner 1985a, S. 38 f.), die sich zwischen meinen Kindern, meiner Frau und mir abgespielt haben, als die Kinder noch klein waren. Nicht etwa als nachahmenswerte Beispiele nach dem Motto: „So soll man's machen" – ganz im Gegenteil vermute ich, daß der Leser zumindest beim ersten Beispiel eher den Kopf schütteln wird. Das schadet nichts. Ich will ja auf nichts Präskriptives hinaus, sondern auf etwas Narratives: ich will erzählen, wie sich die Psychoanalyse in den Umgang mit meinen Kindern hineingemischt hat, und will zugleich den theoretischen Kontext skizzieren, in dem die geschilderten Abläufe für mich standen.

Wir kommen beim Abendessen auf Konrads Hundeangst zu sprechen. Ich sage aus einer spontanen Laune heraus: „Du hast wohl Angst, daß der Hund dein Schwänzchen abbeißt". Konrad tut ungläubig. Wir diskutieren weiter, unbeirrt durch Konrads Leugnen, ob das wohl möglich ist, daß ein Hund einen Pimmel abbeißt. Meiner Frau fallen dann Freunde ein, die einen Hund haben – dort müßten wir mal hinfahren, damit Konrad sich an Hunde gewöhnt.

Am nächsten Morgen erzählt Konrad, was er geträumt hat: er habe statt des Autoschlüssels seinen Finger ins Autoschloß gesteckt und habe es richtig aufbekommen.

Eine alltägliche pädagogische Situation: was fange ich mit der Hundeangst meines Sohnes an? Einige Determinanten der Situation können psychoanalytisch verstanden werden. Ich verknüpfe „aus einer spontanen Laune heraus" die Hundeangst Konrads mit einem psychoanalytischen Konstrukt: der Lehre vom Kastrationskomplex. „Aus einer spontanen Laune heraus" will hier sagen: ich weiß natürlich theoretisch schon lange, daß die Psychoanalyse kindliche Tierphobien mit Kastrationsängsten in Verbindung bringt (vgl. Freud 1909, S. 243 ff.), aber ich bringe diese Verknüpfung nicht abstrakt-theoretisierend ins Gespräch, sondern erst, als ich mich gestimmt fühle, auf die „Herausforderung" an mich, die in dieser Hundeangst liegt, einzugehen. Ich lasse mich also von meiner Gegenübertragung leiten; ich konstelliere die Bereitschaft, meinen eigenen Konflikt und den meines Sohnes sich aneinander „abzuarbeiten" zu lassen. Weiterhin: meine Verknüpfung schafft bei Konrad kein unmittelbares Evidenzerlebnis. – Die Bestätigung, daß meine Verknüpfung etwas Wahres enthielt, gibt Konrad erst am nächsten Morgen durch seinen Traum. Psychoanalytische Reflexion unterscheidet sich z. B. von interaktionistischer durch den Umstand, daß nicht einfach übersehene „analoge" Gefühlskonflikte auf die übermittelte „digitale" Botschaft bezogen werden (Watzlawick 1974), daß vielmehr dieses Übersehene erst hinter einer Wand von Widerstand hervorgezogen werden muß.

Worin liegt, drittens, die Bedeutung solcher Art psychoanalytischen Verstehens für das erzieherische Handeln? Zunächst in einer veränderten Gefühlskonstellation zwischen Vater und Sohn. Der Vater hat dem Sohn in symbolischer Einkleidung mitgeteilt: ich, der böse Hund, werde dir dein Schwänzchen nicht abbeißen. Der Sohn hat in seiner Traumerzählung repliziert: du hast zwar den Schlüssel zum Auto, aber mein Finger ist genau so gut wie dein Schlüssel – und überhaupt; blas dich nicht so auf, auch deine Macht ist begrenzt. So etwa könnte – in offene, verbale Sprache übersetzt – der geheime Dialog zwischen Vater und Sohn gelautet haben.

Psychoanalyse ist Arbeit am Ich, an den Abwehrmechanismen. Vater und Sohn hatten bis zu dieser Episode ihren Machtkampf fehlsymbolisiert (vgl. Lorenzer 1973b, S. 127 ff.), auf das Angstobjekt „Hund" verschoben. Nun wird der Hund aus seiner Aufhänger-Funktion für den Vater-Sohn-Konflikt entlassen, als neurotische „Prothese" uninteressant. Durch die Aufhebung der neurotischen Fehlsymbolisierung ist die erzieherische Arbeit nicht erledigt, Erziehung also keineswegs durch Psychoanalyse „ersetzt". Denn nun erst kann der Gedanke der Mutter, der Dritten im ödipalen Bunde, Platz greifen: eigentlich müßte etwas geschehen, daß Konrad sich an Hunde gewöhnt. Es war also keineswegs so, daß die Deutung der Kastrationsthematik die Hundephobie unmittelbar zum Verschwinden brachte. Das Tischgespräch über „Schwänzchenabbeißen" hatte nur eine – wenn auch entscheidend wichtige – vorbereitende Funktion: Nun erst war die affektive Blockade aus dem Weg geräumt, das Klima geschaffen, das es der Mutter gestattete, ihren naheliegenden Vorschlag eines Besuchs bei den Freunden mit dem Hund einzubringen. Das psychoanalytische Zwischenspiel diente nur dazu, den Boden für die jetzt notwendigen Erziehungsschritte zu bereiten.

In jeder erzieherischen Interaktion gibt es Beziehungsaspekte, die „verdrängt“ sind, die nur gegen einen Widerstand, nur unter Zuhilfenahme eines Stückes gedanklicher Konstruktion („Deutung“) der Verfügung des Bewußtseins zurückgegeben werden können. Diesen im strengen und eigentlichen Sinne unbewußten Aspekten der erzieherischen Kommunikation gilt der psychoanalytische Beitrag zur Erziehungswissenschaft.

5. Das „Geheimnis“ der kindlichen Innenwelt

Beim vorangegangenen Beispiel stand die Geschichte am Anfang, die Theorie schloß sich an. Beim jetzt folgenden ist es umgekehrt: es muß ein Stück Theorie vorweggeschickt werden, um auf die Geschichte hinzuführen. Der psychoanalytische Beitrag zur Theorie der Erziehungsprozesse läuft, so könnte es nach dem bisher Gesagten scheinen, auf einen um die Dimension des Unbewußten erweiterten Kommunikations- bzw. Interaktionsaspekt hinaus. Als spezielle Variante einer Kommunikationstheorie wird Psychoanalyse in der Tat von einigen verstanden (Lorenzer 1973b).

Ohne den Beitrag der Psychoanalyse zur Theorie der Interaktion gering zu schätzen, scheint dies doch nur die halbe Psychoanalyse zu sein. Es könnten von der Psychoanalyse her Perspektiven entwickelt werden, die geradezu auf eine Aufhebung des kommunikations- bzw. interaktionstheoretischen Paradigmas hinauslaufen.

Der eigenwillig-undogmatische, geniale englische Psychoanalytiker Winnicott (1974) bewegt sich mit seinen Überlegungen auf dieser Linie: „Wenn auch gesunde Menschen kommunizieren und es genießen, so ist doch die andere Tatsache ebenso wahr, daß jedes Individuum ein Isolierter ist, in ständiger Nicht-Kommunikation, ständig unbekannt, tatsächlich ungefunden“. Und „Im Zentrum jeder Person ist ein Element des ‚incommunicado‘, das heilig und höchst bewahrenswert ist“ (Winnicott 1974, S. 245).

Entwicklung kann sich – in analytischen wie in pädagogischen Prozessen – nur dort vollziehen, wo der Patient bzw. das Kind die Freiheit hat, nicht zu kommunizieren. Das Kind braucht den Raum zum „Alleinsein in Gegenwart eines anderen“, die „Fähigkeit, sich zurückzuziehen, ohne daß die Identifikation mit dem verlorengeht, wovon man sich zurückgezogen hat“ (ebd., S. 247). Nicht-Kommunikation im strengen Sinne meint bei Winnicott diesen unbetretbaren seelischen Raum, wo das Subjekt von außen her nicht mehr erfaßbar und erreichbar ist.

Doch nimmt dieses Alleinsein des Kindes – wie auch des analytischen Patienten – gelegentlich Formen an, die schwer zu erkennen sind, weil sie durch eine Art „Kommunikation“ mit „subjektiven Objekten“ überlagert sind – mit Objekten oder lebenden Menschen, die nicht als „andere“ wahrgenommen werden, sondern in die eigene psychische Struktur hineinverwoben sind. Die früheste Manifestation eines solchen „subjektiven Objekts“ hat Winnicott 1973 als „Übergangsobjekt“ beschrieben – es handelt sich hier um die Spieltiere, Phantasiegefährten etc., mit deren Hilfe sich das Kind vom zweiten Lebensjahr an von der Bindung an die Mutter löst.

Auf der Linie dieser „Übergangsobjekte“ der frühen Kindheit bewegt sich eine besondere, von Winnicott beschriebene, weniger bekannte Form der Objektbeziehung späterer Jahre, die als Beziehung zu „subjektiven Objekten" bezeichnet wird. Immer wieder in kritischen Lebensphasen werden Beziehungen zu anderen Menschen eingegangen, die den anderen nicht als „anderen", sondern als Teil der eigenen psychischen Struktur meinen. Es handelt sich hier, wie leicht zu erkennen ist, um verdeckte Nicht-Kommunikation unter dem Schein der Kommunikation. Anstelle der realen Kommunikation mit einem anderen Menschen findet lediglich ein „innerer Dialog" statt, der diesen anderen nur als Projektionsschirm benützt. Solche Verhältnisse sind in wechselnder psychoanalytischer Nomenklatur beschrieben worden: In Anlehnung an Freuds Begrifflichkeit sprechen wir von narzißtischen Objektbeziehungen, in Winnicotts Terminologie vom subjektiven Objekt im Unterschied zum objektiv wahrgenommenen Objekt, in der Sprache C. G. Jungs von der Projektion archetypischer (also: innerseelischer) Inhalte.

Nicht-Kommunikation unter dem Schein der Kommunikation, Bildung subjektiver Objekte, Projektion innerer Bilder – dies sind auch zum Verständnis von Vorgängen im Erziehungsbereich hilfreiche Kategorien.

Wiederum ein Beispiel dazu aus eigener Familienerfahrung:

Eva-Maria (6.9) sagt: „Du darfst sagen, ob ich einen oder zwei Zöpfe machen soll". Ich sage: „Ich möchte, daß du zwei Zöpfe machst". Eva-Maria macht ein enttäuschtes Gesicht. Ich bin erst etwas konsterniert, merke, daß meine Wahl falsch war, und sage: „Also will ich, daß du einen Zopf machst". Eva-Maria sagt erleichtert: „Danke". Im ersten Moment hatte ich eine Anwandlung von Ärger: Du hast gesagt, ich solle wählen, und jetzt nimmst du meine Wahl nicht an. Dann frag mich doch nicht erst . . . Der Ärger kommt daher, daß der Alltagsverstand die Situation nur oberflächlich erfaßt hat. Ich hatte übersehen, daß ich gar nicht nach meinen Präferenzen gefragt bin. Die Frage des Kindes lautet vielmehr: Kannst du erraten, was ich wünsche und mir durch deine Billigung bestätigen, daß mein Wunsch „richtig" ist? Diese Konstellation zu erkennen, erfordert auf meiner Seite die Überwindung eines Widerstands. Kein Mensch hat es gern, nur als Meinungsverstärker gefragt zu sein. Das ist zunächst eine narzißtische Kränkung, die ich ungern wahrnehme. Als ich nach Überwindung dieses Widerstandes meine wirkliche Funktion erkenne, ist Eva-Maria sogleich zufrieden.

Die Kontroverse um die Zöpfe meiner Tochter Eva-Maria gehört in den oben skizzierten Zusammenhang. Ich irrte mich, solange ich mich als Kommunikationspartner verstand. Als ich akzeptierte, nur Verstärker einer Stimme in Eva-Marias „innerem Dialog" zu sein, mit anderen Worten: als ich Nicht-Kommunikation zuließ, klärte und entspannte sich die Situation.

Zu diesen bereits vor einigen Jahren publizierten Vignetten aus dem Familienalltag gibt es zwei Diskussionsbeiträge, die unter anderm zeigen, wie leicht die Intention solcher Beispiele mißdeutet werden kann. Datler plädiert für eine Multiplizität psychoanalytischer Handlungsfelder, die sich über das klassische Couch-Sessel-Arrangement hinaus entwickelt hätten und die neben der klinischen Analyse Geltung beanspruchen könnten, bis hin zu Balint-Gruppen und „Flash- und Episodentechniken" in diversen Anwendungsbereichen der Psychoanalyse. Am Ende seiner Aufzählung heißt es: „Bittner . . . neigt darüber hinaus dazu, selbst der elterlichen Erziehungsarbeit von Analytikern das Attribut des Psychoanalytischen zuzuschreiben, wenn diese Arbeit von einer analytischen Grundhaltung getragen wird" (Datler 1995, S. 76 f.).

Damit fühle ich mich mißverstanden; es lag keineswegs in meiner Absicht, eine neue Praxismethode für psychoanalytisch-intentionales Handeln in der eigenen Familie darzustellen. Ich wollte nur ausdrücken: wenn man mit der Psychoanalyse lebt, wenn sie einem sozusagen in Fleisch und Blut übergegangen ist, kann man sie auch zu Hause nicht abschalten.

Interessant ist hingegen eine Unterscheidung, die Lotz einführt, wenn er drei konzeptuelle Typen des Psychoanalyse-Erziehung-Verhältnisses gegeneinander abgrenzt: die „indirekte", die „vermittelte" und die „unmittelbare" Teilhabe der Psychoanalyse am pädagogischen Alltagsgeschehen (Lotz 1987, S. 171), womit er genau das Datlersche Mißverständnis vermeidet.

Indirekte Teilhabe bedeutet: die Psychoanalyse bleibt der Pädagogik „äußerlich" und kann nur indirekt, z. B. in Form von Supervision, Eigenanalyse oder Fallbesprechungen in Balint-Gruppen, der Reflexion pädagogischer Praxis dienen (vgl. Körner 1980).

Wird indessen durch längere Teilnahme z. B. an einer Balint-Gruppe beim einzelnen Teilnehmer die „Sichtweise der pädagogischen Arbeit", die „Situationsdefinition", das Selbstverständnis der Berufsrolle durch die psychoanalytische Reflexion modifiziert, spricht Lotz von vermittelter Teilhabe: „der Pädagoge bleibt Pädagoge und wird nicht zum Psychoanalytiker, aber er hat gelernt, handlungsspezifische psychoanalytische Verstehenszusammenhänge in die pädagogische Arbeit zu integrieren" (Lotz 1987, S. 171).

Als Beispiel für den dritten Typus der „unmittelbaren" Teilhabe führt er mein Beispiel von der Hundeangst meines Sohnes an.

„Günther Bittner beschreibt die Vermittlung psychoanalytischer Situationsdeutung mit Überlegungen zum pädagogischen Handeln als ‚psychoanalytisches Zwischenspiel' im familienpädagogischen Beziehungsprozeß. Dieses erfordert Distanzmöglichkeiten zum unmittelbar-sinnlichen Zusammenspiel zwischen Vater und Sohn. Erst als es ihm möglich ist, den Konflikt seines Sohnes im Zusammenhang der Vater-Sohn-Beziehung zu sehen, kann er die psychoanalytische Situationsdeutung für Überlegungen zum pädagogischen Handeln gewinnen. Sowohl die ‚unmittelbare Teilhabe' als auch das ‚szenische Verstehen' des Konflikts sind hier Bestandteile der erzieherischen Interaktion. Allerdings ist Bittners Hinweis auf seine ‚Gestimmtheit', die notwendig war, um ‚auf die Herausforderung an mich . . . einzugehen' (Bittner 1985, S. 38), zu beachten. Denn die emotional hoch besetzte ‚unmittelbare Teilhabe' des Vaters an der Erziehung seines Sohnes verstrickt ihn intensiver in die unbewußte Dynamik des ‚Zusammenspiels' als dies die ‚unmittelbare Teilhabe' des abstinenten Psychoanalytikers an der Beziehung zu seinem Analysanden bewirkt.

Von dieser intensiveren Verstrickung bleiben auch die Möglichkeiten zum ‚szenischen Verstehen' nicht unbeeinflußt. Diesen Unterschied zwischen therapeutischer und pädagogischer Arbeit gilt es festzuhalten, damit nicht das Verstehensproblem zu einer Frage nach den ‚richtigen' Interpretationsfiguren verkürzt wird. Grundlage des Verstehens und Handelns ist – in tiefenhermeneutischer Perspektive – die Balance der Beziehungsnähe und -distanz in der ‚unmittelbaren Teilhabe'. Der psychoanalytische Verstehenszusammenhang wird in Bittners Beispiel eines pädagogischen Beziehungsprozesses mit Überlegungen zum erzieherischen Handeln ‚vermittelt', wobei deutlich wird, daß das pädagogische ‚Arbeitsbündnis' den Umgang mit unbewußten Aspekten der Beziehung bestimmt. Wenn Bittner bereits im Rahmen der intensiven Beziehung zu seinem Sohn Möglichkeiten zum ‚psychoanalytischen Zwischenspiel' sieht, sollte dies in professioneller pädagogischer Arbeit nicht ausgeschlossen sein" (Lotz 1987, S. 172).

Auf solche „unmittelbare Teilhabe" von der Psychoanalyse innerlich berührter und bewegter Menschen an der pädagogischen Situation laufen auch die Überlegungen Figdors hinaus.

„Ob der Pädagoge einem Kind zuschaut, zuhört, oder mitspielt; es probieren läßt oder korrigierend eingreift; einem Wunsch Grenzen setzt oder ihn erfüllt; Projektionen des Kindes annimmt oder aufklärt; vom Kind etwas verlangt oder es seinen Impulsen überläßt; mit ihm plaudert oder ihm etwas beibringt; bei ihm bleibt oder sich entfernt; Übertragungsreaktionen annimmt, deutet oder sich als andersartiges Objekt wahrnehmbar macht; die eigenen Gefühle verbirgt oder zu erkennen gibt; bei leidvollen Problemen das Kind tröstet, ihm hilft oder es selbst Lösungen finden läßt; auf die Einhaltung einer Grenze konsequent achtet oder Ausnahmen zuläßt; einen Regelverstoß ahndet oder übersieht; Regelverstöße mit Schimpfen, Erklärungen oder Sanktionen ahndet; sich mit der kindlichen Sichtweise (etwa eines Problems) identifiziert oder es mit Alternativen konfrontiert; einen unbewußten Konflikt bewußt lösen hilft oder dem Kind seine spontane Symptombildung (z. B. Regression, Verschiebung von Wut auf Dritte) beläßt; den eigenen Bedürfnissen oder jenen des Kindes den Vorzug gibt; es vor Enttäuschungen bewahrt oder es seine eigenen Erfahrungen machen läßt; sich als Aggressionsobjekt anbietet oder den Zorn des Kindes zu besänftigen sucht; das Leistungsniveau des Kindes respektiert oder zum Überschreiten animiert; ein gelungenes Werk lobt oder als Selbstverständlichkeit hinnimmt; die Lösung einer Aufgabe selbst finden läßt oder sie erklärt; bei einem Konflikt mit anderen Kindern einschreitet oder nicht ... keine dieser Handlungen ist per se mehr oder weniger psychoanalytisch. Was einzig zählt, ist die Frage ihrer Begründung bzw. Begründbarkeit auf der Basis eines psychoanalytisch geleiteten Verständnisses der gegebenen Situation" (Figdor 1993, S. 86 f.).

6. Fazit

Auf Psychoanalyse läßt sich weder präskriptiv noch methodisch-„technisch" eine neue Art von Erziehung gründen. Psychoanalyse leistet nur das eine, allerdings Unverzichtbare: sie weckt Aufmerksamkeit für die Dunkelstellen des pädagogischen Feldes, für die zumeist übergangene Innenwelt und Befindlichkeit der beteiligten Subjekte und bezieht diese in den pädagogischen Diskurs ein – wodurch sich die Praxis verändert, weil „mehr" von den beteiligten Subjekten einfließt, als wenn der Diskurs unterbliebe.

Zwar halte ich Balint-Gruppen und Ähnliches im pädagogischen Bereich weiterhin für nützliche Vermittlungsinstrumente; doch geht der ganze Tenor der gegenwärtigen Überlegungen in die Richtung, alles Präskriptive und Technisch-Methodische an der Psychoanalyse niedriger zu hängen und sie statt dessen als ein Stück Leben und Reflektieren über Leben und seine unbewußten, verdrängten Hintergründe zu begreifen. Etwa im Sinne Diltheys: „Wir verhalten uns gegenüber dem Leben, dem eigenen so gut als dem fremden, verstehend". Wir verhalten uns, d. h. immer und jederzeit, wir können gar nicht anders. „Und dieses Verhalten", fährt er fort, „vollzieht sich in eigenen Kategorien" (Dilthey, GS VII, S. 196). Ein derartiges Koordinaten-System von Kategorien zum Verstehen eigenen und fremden Lebens ist für mich die Psychoanalyse.

Ich lebe seit mehr als 30 Jahren mit der Psychoanalyse – ich könnte gar nicht aufhören, psychoanalytisch zu denken, während ich erziehe, selbst wenn ich es wollte. Psychoanalyse ist für mich kein Theoriengebäude und keine Behandlungs- oder sonstige Technik, sondern eher eine Art, auf sein Leben zu schauen und mit ihm umzugehen, meinetwegen ein Laster, wie Nietzsche sagte: „Müssiggang ist aller Psychologie Anfang. Wie? wäre Psychologie ein – Laster?" (Nietzsche 1889, S. 59).

Unschuldige Pädagogenseelen zu diesem Laster zu verführen – darin sehe ich meine Aufgabe.

Die Subjekt-Perspektive

> Dies hier ist ein aufrichtiges Buch . . . Ich will, daß man mich darin in meiner schlichten, natürlichen und gewöhnlichen Art sehe, ohne Gesuchtheit und Geziertheit: denn ich bin es, den ich darstelle. Meine Fehler wird man hier finden, so wie sie sind, und mein unbefangenes Wesen, soweit es nur die öffentliche Schicklichkeit erlaubt hat. Und hätte ich mich unter jenen Völkern befunden, von denen man sagt, daß sie noch unter der sanften Freiheit der ersten Naturgesetze leben, so versichere ich dir, daß ich mich darin sehr gern ganz und gar abgebildet hätte, und splitternackt. So bin ich selber, Leser, der einzige Inhalt meines Buches.
> Michel de Montaigne 1608

Dieses letzte Kapitel soll schlicht und einfach von mir selbst handeln. In einem wissenschaftlichen Buch, einer „Einführung in die pädagogische Aufgabe“, ein Kapitel, das den Autor zum Gegenstand hat?

„Das ‚ich'-Sagen in der Wissenschaft – dies festzustellen ist fast noch trivial – verstößt gegen eine Konvention: man tut es nicht (weil die andern es nicht tun und die Väter es nicht taten). Es hat einen Hauch von Arroganz: Seht mal, ich! Die wissenschaftliche Arbeit, in Wahrheit überall anderen verpflichtet, wird als individuelle Kreation hingestellt. Geniekult.

Grammatisch gesehen, ist das Vermeiden der 1. Pers. Sing. allerdings nicht ganz einfach. Wenn jemand überlegt, gesucht, gelesen, probiert, gestöhnt, gefunden, geordnet, geschwitzt, begründet, hingeschrieben hat und dabei so tun muß, als habe die List der Vernunft sich seiner nur bedient oder als sei, was den Leser erwartet, Verbalinspiration der Wissenschaft, sozusagen ein sich ausdruckender Computertext, dann geht das nur im Passiv: ‚Es konnte gezeigt werden . . .‘ , ‚Damit ist erwiesen . . .‘ , ‚Im folgenden wird ausgegangen von . . .‘ . Solche kunstvollen Belege dafür, was in einer Sprache alles drinsteckt, wenn man sie nur gezielt dem Umgang entfremdet und instrumentalisiert, werden aber noch übertroffen von dem Pseudo-Aktiv, das der Schreiber erfindet, um endlich einmal Handelnde auftreten lassen zu können. ‚Die Durchsicht ergibt . . .‘ , ‚Die Zahlen machen deutlich . . .‘ ‚Die Tabelle beweist . . .‘. . . . Nach einiger Übung gelingt es jedem, hinter solchen Papp-Subjekten den wirklich Handelnden erfolgreich zu verstecken. Dann produziert er Wissenschaft, zumindest grammatisch.

Selbstverständlich vermeiden viele Texter das ‚ich‘ auch aus im engeren Sinne methodologischen Gründen. Die Generalisierbarkeit von Aussagen leidet, wenn ein Rest individueller Besonderung derart aufdringlich im Visier bleibt. Ist nicht, was erfahren wurde, die Erfahrung eines Sonderlings, erklärungsbedürftig aus seiner individuellen Sozialisationsgeschichte? Bedeutende ‚ich'-Sager der Geschichte, Nietzsche ist das bekannteste Beispiel, sind stets auch auf ihre Krankheiten hin befragt worden. Noch schlechter steht es um die Objektivität, wenn ‚ich‘ Bestandteil einer Aussage ist. Das erkennende Subjekt sollte austauschbar sein. Was nur für mich sichtbar, meßbar, erfahrbar ist, muß ich für mich behalten – es ist keine Wissenschaft, es ist allenfalls Material für Wissenschaft“ (Henningsen 1982, S. 220 f.).

1. „Ich"

Doch wozu das alles? Im Blick auf Sigmund Freud, den Begründer der Psychoanalyse, habe ich einmal geschrieben:

> „Wäre Freud ein großer Physiker oder sonst ein Naturforscher gewesen, könnte uns seine Biographie gleichgültig sein. So aber muß man einfach wissen, wie es um ihn persönlich stand – um der Wahrheit der Psychoanalyse willen. Man muß wissen, aus welchem Stoff seine Gedanken gemacht waren, um ihre Stichhaltigkeit beurteilen zu können" (Bittner 1974c, S. 8).

Entsprechendes müßte für einen Pädagogen und Erziehungstheoretiker gelten: um die Stichhaltigkeit seiner Gedanken beurteilen zu können, muß man den „Stoff" kennen, aus dem sie gemacht sind: die persönlichen Lebenserfahrungen, Lebensphantasien und Konfliktlagen. So verstanden wird das Geschäft des Wissenschaftlers schwieriger und delikater: der Pro-fessor wird zwangsläufig zum Confessor, zum Bekenner, der etwas Höchstpersönliches mitzuteilen hat. Wieder war es Freud, der sich bei der Abfassung der Traumdeutung vor ein ähnliches Problem gestellt sah, als er sich entschloß, seine eigenen Träume zum Gegenstand der Untersuchung zu machen.

> „Mit der Mitteilung meiner eigenen Träume erwies sich als untrennbar verbunden, daß ich vor den Intimitäten meines psychischen Lebens fremden Einblicken mehr eröffnete, als mir lieb sein konnte und als sonst einem Autor, der nicht Poet, sondern Naturforscher ist, zur Aufgabe fällt" (Freud 1900, S. VIII).

Ein ähnliches Stück Selbstcharakteristik bzw. Selbstoffenbarung wird mir von dem hier zugrunde liegenden Wissenschaftsverständnis her abverlangt. Beinahe überflüssig zu sagen, aber vorsichtshalber dennoch hinzugefügt: es liegt mir fern, in irgendeiner Form für meine subjektiven Standpunkte „werben" zu wollen. Ihre Charakteristik soll lediglich zum Verständnis des Gedankengangs beitragen.

Erziehung ist – wie Psychoanalyse bzw. Psychotherapie – ein Vorgang im Leben, Pädagogik die Reflexion über einen Ausschnitt des Lebens. Ich kann über Erziehung ebenso wenig wie über Psychotherapie „objektiv" reden, sondern nur auf dem Hintergrund meiner persönlichen Erfahrung; und wo ich keine eigene Erfahrung als Hintergrund habe, sollte ich besser schweigen.

Alles hat seine Vorbilder – auch dieser Versuch einer wissenschaftlichen Abhandlung über mich selbst. Jean Paul hat eine „Selberlebensbeschreibung" (in Form einer Vorlesungsreihe) verfaßt. Freilich hat er das Unternehmen nach der dritten Vorlesung abgebrochen. Einem Freund klagt er, er sei „durch seine Romane so sehr ans Lügen gewöhnt, daß er lieber jedes andere Leben beschriebe als sein eigenes" (Jean Paul 1820, S. 1312). Die Grundidee, die ihn zu seinem Versuch motivierte, war indessen dieselbe, wie sie mir vorschwebt: die Absicht, „sein eigenes Leben als einen Schlüssel zu seinen Romanen zu schreiben" (ebd., S. 1312). Diese Selbstdarstellung stilisiert er als historische Vorlesungen (vgl. ebd., S. 1049) und sich als „den Professor der Selbergeschichte" (ebd., S. 1050).

Etwas Ähnliches will ich hier als Professor meiner Selbergeschichte zu Papier bringen: eine Selbstdarstellung, die als Schlüssel zu meinen wissenschaftlichen Ideen dienen soll. Da ich nicht Romanschriftsteller bin, sondern nolens-volens doch eher Wissenschaftler, braucht diese Selbstdarstellung nicht so ins volle Leben, ins konkrete Detail zu greifen wie die Jean Pauls: es genügt, einige Grunderfahrungen und -orientierungen zu skizzieren. Um nicht vorzeitig die Lust an dem Unternehmen zu verlieren, wie er, habe ich es vorsichtshalber gleich auf ein einziges Kapitel beschränkt.

1.1 Die „nihilistische" Lebensstimmung

Mit dem Problem meiner „nihilistischen" Lebensstimmung hatte ich mich erstmals explizit auseinanderzusetzen, als ich einen Artikel für einen Sammelband mit „post-modernen" pädagogischen Perspektiven (Baacke u. a. 1985) verfaßte. In einem Vorauspapier zu diesem Band hatte es geheißen:

> „Im postmodernen Alltag sind die pädagogisch hochgehaltenen Perspektiven persönlicher Identität und gesellschaftlicher Progressivität lächerlich geworden. Kampflos ist das papierne Imperium der Sinnvermittler zusammengebrochen" (Frank 1985, S. 104).

Ich bezeichnete dies als eine „nihilistische" Haltung, fühlte mich aber in meiner eigenen Entwicklungsgeschichte angesprochen. Ich schrieb über „meinen persönlichen Nihilismus":

> „Ich war einer von jenen ‚professionellen Sinnvermittlern', deren ‚papiernes Imperium' nun zusammengebrochen ist. Was meine Person und meine Lehre betrifft, möchte ich wenigstens bestreiten, daß es ‚kampflos' geschah. Bei meinem letzten Buch . . . habe ich auf das Titelbild den Dürerschen ‚Ritter' gesetzt und habe mit Horaz dazu gedacht:
>
> Si fractus inlabatur orbis
inpavidum ferient ruinae
>
> oder, eine Nummer kleiner, mit Erich Kästner:
>
> Nichts auf der Welt macht so gefährlich
als tapfer und allein zu sein.
>
> Aber genützt hat es nichts, das ganze Sich-selber-gut-Zureden. Jetzt dämmert mir langsam, daß die Werte, für die ich gekämpft habe, nicht mehr zu verkaufen sind: Seele, Individuation, erfülltes Leben.
>
> Es liegt mir fern, Nihilismus als Schimpfwort zu verwenden. Ich bin zu allererst Psychologe; und als solcher bewerte ich nicht, sondern beschreibe, was ich sehe. Da ich außerdem Tiefenpsychologe bin, beschreibe ich nicht in erster Linie andere Leute, sondern fange mit dem Beschreiben (und Hinterfragen) bei mir selbst an: Thema dieses Aufsatzes ist vor allem mein eigener Nihilismus. Drittens bin ich dann auch noch Pädagoge; und als solcher muß ich mir die peinliche Frage stellen, wie das gehen soll – Erziehung im Zeichen zusammengebrochener Sinnvermittlung" (Bittner 1985b, S. 109).
>
> Zum Schluß des Artikels stellte ich die ironisch gemeinte Frage:
>
> „Wohin mit den verbrauchten Sinnvermittlern?
oder:
Das Problem der Sinnvermittler-Entsorgung"
(ebd., S. 111).

Diese Art von Schwarzem Humor erwies sich als nicht für alle bekömmlich. Im „Rheinischen Merkur" schrieb Wolfgang Brüggemann, seines Zeichens Politikwissenschaftler und CDU-Politiker, der überdies in den Oberklassen des Gymnasiums mein Religionslehrer gewesen war:

> „Mit konfessorischer Offenheit begründet Günther Bittner seine Resignation als ‚überflüssig gewordener' Pädagogik-Professor und ‚abgewirtschafteter Sinnvermittler': ‚Ich bin katholisch aufgewachsen und war als Kind und Jugendlicher religiös. Die Psychoanalyse hat den Gott meiner Kindheit sterben lassen. Sie hat mir dann neue Götter gegeben: Die Seele, die Liebe, das Ideal des Selbstwerdens. Das waren in den letzten zwanzig, dreißig Jahren meine Götter . . . Jetzt scheint es, haben auch diese Götter langsam ausgeleuchtet'. Er sei heute einer ‚von jenen professionellen Sinnvermittlern', deren ‚papierenes Imperium' zusammengebrochen sei. Es dämmere ihm, daß Werte, für die er gekämpft habe, nicht mehr zu ‚verkaufen' seien: Seele, Individuation, erfülltes Leben" (Brüggemann 1990, S. 21).

Freilich muß ich zugeben: mit dieser Sinnlosigkeitsperspektive habe ich nicht gut leben können. Daß der Nihilismus mit Depression erkauft wird bzw. Ausdruck von Depression ist, hatte ich schon gesehen, als ich den besagten Aufsatz schrieb. Jung ist an einer wenig bekannten Stelle noch weitergegangen: das Symbol der „Umwertung aller Werte" ist für ihn eine schwarze Sonne. Nietzsche erscheint ihm als eine „religiöse Natur", ein „wirklich frommer Mann", der sich habe „in zwei Stücke zerreißen müssen" (Jung 1940/41, S. 528).

Nihilismus erscheint Jung verschwistert mit Todesangst:

> „. . . wenn einem zum Beispiel der Glaube und die Überzeugung von unseren Werten untergeht, hat man das Gefühl, man müsse sterben. Das sei das Ende vom Leben. Das Leben lohne sich nicht mehr. Und wenn nun ein solch tiefer Einschnitt im Leben erfolgt, so ist man immer begleitet von Todesgedanken und -phantasien oder Todesängsten" (ebd., S. 532).

Sicherlich ist der Nihilismus, die Sinnlosigkeitsperspektive, eine problematische Voraussetzung für einen, der Pädagogik lehren will – eine problematische, doch keine, die ihn als Pädagogen von vornherein disqualifizierte. Denn mir scheint, daß wir alle mehr oder weniger Nihilisten sind, daß die „Relativität unserer Zeit" (ebd., S. 528) dies unausweichlich macht. Die meisten merken es nur nicht, weil sie noch von irgendwelchen Resten „numinosen Streulichts" zehren und die Entgötterung der Welt nicht wahrnehmen (vgl. Bittner 1977a, S. 209).

„Die extremste Form des Nihilismus wäre die Einsicht: daß jeder Glaube, jedes Fürwahrhalten notwendig falsch ist: weil es eine wahre Welt gar nicht gibt" (Nietzsche, 1882, S. 555). Doch in einer solchen Welt findet weiter Erziehung statt – und die wahrhaft spannende Frage ist, wie diese vernünftigerweise aussehen kann, will sie nicht in der Manier von „Mut zur Erziehung" (1979) die alten Werte beschwören, an die keiner mehr glaubt.

1.2 Einheit oder Multiziplität des Ich?

Die Frage, ob ich einer bin oder zwei oder viele, beschäftigt mich seit meiner ersten Analyse. Meine damalige Analytikerin, die Baronin v. Foelkersam, die eine „christliche" Analyse proklamierte, hatte ein Persönlichkeitsmodell konzipiert, das aus drei Teilen bestand: dem bewußten und dem unbewußten Ich und dem „Seelenfünklein", dem unbetretbaren und unzerstörbaren Raum Gottes in der Seele. In dem Maße, wie sich der religiöse Glaube auflöste, kam auch der Glaube an das „Seelenfünklein" abhanden (letztmals in „Der große und der kleine Gott", Bittner

1977a). Erhalten blieb indessen über all die Jahre die Vorstellung, daß adäquater als von „Ich“ und „Es“, wie Freud es tat, von einem in sich selber gespaltenen Ich zu reden wäre. Der Vorteil läge zum einen darin, daß die Mein-Haftigkeit und die Verantwortlichkeit für die unbewußten Abläufe darin besser zum Ausdruck kämen – ein Problem, das Freud zwar sah, aber mit dem er sich schwer tat, wie man z. B. aus seinen Überlegungen zur Frage der Verantwortlichkeit für die eigenen Träume (Freud, 1900, S. 71 ff.) entnehmen kann. Der andere Vorteil läge darin, daß einem solchen Unbewußten, dem Ich-Eigenschaften zugeschrieben werden, auch Intentionalität unterstellt werden kann – was jedenfalls helfen könnte, ein von Freud ungelöstes, vielleicht nicht einmal gesehenes Problem in den Griff zu bekommen: den augenscheinlich logisch konsistenten Charakter vieler unbewußter Produktionen, angefangen von den Träumen über die Fehlleistungen bis hin zu psychosomatischen oder neurotischen Symptombildungen.

Dieses Konzept eines „unbewußten Ich“ oder „Grund-Ich“ anstelle des Freudschen „Es“ suchte ich in mehreren Publikationen (1974c, 1977b, 1988c) auszuarbeiten. Ich geriet damit freilich in eine neue Sackgasse: eine allzu konkretistische Verdoppelung des Ich, wie ich sie überspitzend mit meinem Buchtitel „Das Unbewußte – ein Mensch im Menschen?“ (1988c) vornahm, den Menschen zu einer drolligen Trickfigur nach Art der russischen „Puppen in der Puppe“ oder zu einer Mißgeburt, einem zweiköpfigen Monster machen, wie ich dies einmal ausgemalt habe (1974c, S. 107), und vor allem: mit einem Unbewußten, das als genaues Pendant des Bewußtseins konzipiert ist, wäre das qualitativ Andere des Unbewußten aufgehoben. Außerdem ist es immer wieder schwierig zu erklären, inwiefern die beiden Iche immer noch eine relative Einheit darstellen.

Sukkurs für mein bedrohtes Menschen-Monster, das immer wieder die Neigung verspürte, sich kleinlaut aus der wissenschaftlichen Diskussion davonzuschleichen, kam von verschiedenen Seiten:

- in der Psychoanalyse durch Gedanken, die von Lacan vorgedacht waren: für ihn „ist das Ich der Sitz der Täuschungen; er unterscheidet zwischen dieser imaginären Instanz des Ichs (le moi) und dem Subjekt des Symbolischen (le je)“ (Widmer 1990, S. 24). Diese Lacansche Dichotomie von Ich und Subjekt ist mit der meinen weitgehend parallel.
- In der Philosophie durch Rombachs Infragestellung des Ich als einer monolithischen Figur. Rombach nimmt eine Multiplizität von Ichen an, die mit einer Multiplizität von Lebenssituationen korrespondiert. Er beruft sich auf Nietzsche: „Die Annahme des Einen Subjekts ist vielleicht nicht notwendig; vielleicht ist es ebensogut erlaubt, eine Vielheit von Subjekten anzunehmen . . . Meine Hypothese: Das Subjekt als Vielheit“ (Nietzsche, 1884–85, S. 650, zit. nach Rombach 1987, S. 242). Welsch (1991) hat diesen Gedanken im Zeichen seines Postmoderne-Entwurfs weitergeführt und argumentiert, daß der Pluralität postmoderner Lebensentwürfe eine Pluralität von Subjekt-Erfahrungen entspreche.
- Nicht ganz so willkommen war der psychiatrische Sukkurs: schon die um 1800 entstandene sog. „erste dynamische Psychiatrie“ beschrieb das Krankheitsbild des Persönlichkeitszerfalls, der multiplen Persönlichkeit; im Okkultismus und Spiritismus des 19. Jahrhunderts lebte diese Erfahrung fort (vgl. Dessoir 1890, Kurzweg 1976), bis sie nach dem Aufkommen der Psychoanalyse als obsolet galt. Was bis dahin als „multiple Persönlichkeit“ beschrieben worden war, galt

nunmehr als Konflikt der Instanzen. Ich, Es und Über-Ich im Sinne des psychoanalytischen Strukturmodells.

Sicher ist es kein Zufall, daß die Wiederentdeckung der Multiplen Persönlichkeit in der amerikanischen Psychiatrie der 70er Jahre (vgl. Tölle 1987) vor einem zeitgeschichtlichen Hintergrund stattfand, der durch den Zerfall der psychoanalytischen Deutungsmuster und ihrer wirklichkeitsaufschließenden Kraft gekennzeichnet war. Was heute bis in die Medien hinein marktschreierisch als Multiple Personality Syndrome (MPS) ausposaunt wird, ist auf methodisch abenteuerliche Weise beschrieben (Mack 1995, vgl. auch Orban 1996) und unzulänglich verstanden – das Beispiel einer Psychiatriemode, wie geschaffen, um in kürzester Zeit wieder im Orkus des Vergessens zu versinken und damit das ganze Problem für Jahrzehnte wieder von der wissenschaftlichen Tagesordnung abzusetzen.

Was veranlaßt mich, unentwegt in dieser trüben Brühe zu fischen? Eine innere Erfahrung, die sich schwer in Worte fassen läßt: ich bin nicht (nur) ich. „Sieben Leben möcht ich haben", wie es in einem Gedicht von Albrecht Goes heißt, und diese sieben Leben muß ich schlecht und recht in diesem einen armseligen Leben unterbringen.

Wer ist das, der so unverschämt viel will, der nicht bereit ist, „Trauerarbeit" zu leisten, wie dies die psychoanalytischen Seelendiätetiker so angelegentlich ans Herz legen? Bin „ich" das? Oder ist es mein Freudsches Es, der Primärprozeß, für den die Begrenzungen von Raum und Zeit nicht gelten? Ist es mein Vegetativum, das süchtig danach ist, sich mit beliebigen Weltorten bräutlich zu vermählen, auch wenn sie nicht die meinen, die mir vom Leben, vom Schicksal, von der Gesellschaft zu rechtmäßiger Beackerung und Pflege ordnungsgemäß zugewiesenen sind?

Für manche gilt es als erstrebenswert, einheitlich, mit sich kongruent zu werden, d. h. das mir Zugefallene und Zugewiesene mit aller Lebensenergie zu besetzen. Wird glücklich und macht andere glücklich, wer das erreicht?

Vielleicht. Nur bleibt die Anima, die vegetative Seele, wenn sie sich darin erfüllt und sich genügt, das Alltägliche zu begleiten, unerkannt und unerkennbar, weil sie sich vom Alltäglichen nicht unterscheidet. Nur wo Seele und Alltag auseinanderfallen, da entsteht das Phänomen des „multiplen Ich", da wird Seele als Seele erkennbar.

1.3 Anima oder die eingemauerte Cäcilie

Max Ernsts „protosurrealistisches" Bild Sainte Cécile (le piano invisible) entstand 1923. Es zeigt eine Frauengestalt, die von der Körperform angepaßtem nach vorn hin aufgebrochenem Mauerwerk umschlossen, die Hände aus der Ummauerung herausstreckt, wie um auf einem unsichtbaren Klavier zu spielen. Schneede weist zum Verständnis des Bildes auf die Alliteration von Cécile mit cécité, der Blindheit, hin und interpretiert:

„Diese nach außen blinde Cäcilie erzeugt auf einem unsichtbaren Klavier eine imaginäre Melodie. Die schöpferische Tätigkeit ist nach innen verlegt. In der Gefangenschaft wirken die Bewegungen der Frau wie Signale des Aufbruchs und der Befreiung, einer Befreiung durch die

Max Ernst (1923): Die heilige Cäcilie (Saint Cécile)

Imagination und die schöpferische Tätigkeit: das blinde Sehen, das innere Gesicht. Auch darin findet sich ein Programm formuliert, das von Max Ernst und das surrealistische": „... es sei die Rolle des Malers, ‚das, was in ihm sieht', von seiner Hülle zu befreien und sichtbar zu machen'. Hülle, Befreien, Sichtbarmachen: das ist die Metaphorik des Cécile-Bildes ... ‚Alles muß von seiner Schale befreit werden'. Die Darstellung von Schale, Hülle, Gefangenschaft ist eine Aufforderung, sich ihrer zu entledigen und in einem befreienden Verfahren sichtbar zu machen, was sie verbergen und gefangenhalten" (Schneede 1991, S. 352).

Dieses Bild habe ich als Titelbild von „Das Unbewußte – ein Mensch im Menschen?" (Bittner 1988c) verwendet, das von der Ummauerung als dem menschlichen Grundzustand handelt. Wir bestehen aus Kern und Schale, lautet die Aussage des Buches, und halten im Alltag die Ummantelung für uns selbst. Jede Cäcilie, ob heilig oder nicht, würde das künstliche Gerüst aus Steinquadern für ihre wahre Erscheinung halten und dies im Brustton der Überzeugung gegen jegliche Anfechtung vertreten. Daß da noch etwas anderes Unbekanntes, Ungefundenes ist, das sehnsüchtig die Hände ausstreckt, würde sie vehement leugnen. Die Ummantelung aufzubrechen, einander an die Grenze des Üblichen und Gewohnten zu bringen, notfalls unter Schmerzen die Form zu zerbrechen, damit etwas durchscheinen und hindurchtönen kann von dem anderen, Tieferen, das wir „eigentlich" sind – das ist die Aufgabe signifikanter Beziehungen in der Psychoanalyse wie im Leben. Beide unterscheiden sich darin nur in Nuancen.

Vor allem die Beziehungen zwischen Männern und Frauen sind das Experimentierfeld des Lebens, wo Formen zerbrochen werden, wo sich immer wieder Menschen gegenseitig an Grenzen bringen, wo etwas „aufbricht".

Eine Frau träumte in der Analyse nach einem etwas verzweifelten Treffen mit dem heimlich Geliebten von einem Polizisten, der sie darauf aufmerksam machte, daß sie mit dem Auto immer die Wege der anderen Verkehrsteilnehmer schnitt und durchkreuzte. Es ist schon so: wir können schön in der Reihe fahren, nach Spuren und Kolonnen geordnet, dann passiert nichts, weder im Guten noch im Schlimmen. Oder wir fahren quer: dann schneiden wir die Wege der andern. Wir stören sie und kommen eben durch diese unangepaßte Fortbewegung auf eine andere Weise miteinander in Verbindung.

In diesem Sinne habe ich Jungs Rätselrede von Animus und Anima verstanden: daß etwas in uns ist, jenseits des alltäglich Gewohnten und Vertrauten, was „das andere" im andern Geschlecht sucht jenseits der gewohnten Paarungsrituale, was das Alltägliche durchkreuzen, die Frau (oder, als Frau den Mann) anders erleben will als in den verkehrspolizeilich festgelegten Bahnen – anders und zugleich tiefer, leuchtender. Dazu müssen immer wieder Wege gekreuzt und geschnitten werden, damit die versteinerte Form zerbricht und die immaterielle Melodie erklingen kann.

Ich meine also, daß Max Ernst jene psychische Erfahrung ins Bild gebracht hat, die Jung etwas irreführend als Anima bezeichnete. Wann der Begriff bei ihm auftauchte, ist nicht leicht zu bestimmen. Die früheste Quelle, die ich gefunden habe, steht gegen Ende der „Psychologischen Typen" unter dem Stichwort „Seele" (Jung 1921, S. 503). Die Seele, die Anima, ist die „innere Einstellung" (ebd., S. 507), komplementär entgegengesetzt zur „Persona", der konventionellen Maske. Die „Seele pflegt erfahrungsgemäß alle diejenigen allgemein menschlichen Eigenschaften zu enthalten, welche der bewußten Einstellung fehlen" (ebd., S. 508). Die Anima ist nichts weiter als die Seele, das vegetative Fühlen, daß man lebendig ist, der personifizierte Antipode der bewußten Einstellung, wie noch aus einem von Jung selbst entworfenen Schema von 1928 hervorgeht (Jung 1928a, S. 77).

Dies war das ursprüngliche Konzept. Alles weitere in Jungs Aussagen über Anima und Animus ist durch Deduktion zustande gekommen, vor allem die verwirrende Unterstellung, die Anima des Mannes sei gegengeschlechtlich, also weiblich personifiziert: diese These wird einfach aus dem allgemeinen Komplementärcharakter des Unbewußten abgeleitet: „Der Komplementärcharakter der Seele betrifft aber auch den Geschlechtscharakter", wie Jung lakonisch feststellt (Jung 1921, S. 508). Seine anschließend angebotenen Zugangsweisen geraten in das unglückselige Fahrwasser der Deduktion, wenn er fortfährt: „Eine sehr weibliche Frau hat eine männliche Seele, ein sehr männlicher Mann eine weibliche Seele", eine weniger weibliche Frau, interpoliere ich, hat demnach eine weniger männliche Seele usw. Richtig verstanden behauptet die Jungsche Auffassung also nicht irgendeine wesensnotwendig gegengeschlechtliche, sondern eine allgemein kompensatorische Verfaßtheit der Seelentiefe im Vergleich zur bewußten Einstellung.

Nun hat sich dieses unverstandene Theorem von der angeblichen naturgegebenen Gegengeschlechtlichkeit des Seelengrundes in späteren Äußerungen Jungs und der Jungianer (vgl. Samuels 1989) immer mehr in den Vordergrund geschoben und zu etwas bizarren Vorstellungen von der Androgynie und der Suche nach der Weiblichkeit im eigenen Innern geführt, die Jungs ursprüngliche

Gedanken verdunkelt und nahezu unbrauchbar gemacht haben (kritisch zum Androgynie-Konzept: Böhm 1994a).

Anima-Suche im wiederhergestellten vernünftigen Wortsinn ist zugleich die Wurzel meines „pädagogischen Eros“, d. h. des Wunsches, Menschen jenseits ihrer Versteinerungen zu berühren und zu erwecken: in der versteinerten steckt eine lebendige Frau, deren Versteinerungen aufgebrochen werden, wenn sie von einem Mann berührt wird, der seinerseits seine Versteinerung aufbricht. Wenn das geschieht, dann ereignet sich eine Verschmelzung und Umschmelzung der Kerne, wie in Jungs „Psychologie der Übertragung“ (Jung 1946) etwas mystifizierend gestaltet - ein Prozeß freilich, der immer am Rand von Welt und Zeit bleiben muß, sich nie in den Alltag integrieren kann.

Scheinbar bin ich nach der anfangs eingenommenen Nihilismus-Perspektive nun doch wieder bei einer Art von positivem Suchen und Hoffen gelandet. Die kompromißlose Negativität ist vermutlich nicht lebbar, auch wenn sie der beste Schutz gegen neuerliche Enttäuschungen in der Sphäre des Sinn-Suchens wäre. So bleibt diese etwas vage und vielfältig desavourierbare Hoffnung auf „Seele“, „Begegnung“ und „erfülltes Leben“, wie sie sich unter der begrifflichen Chiffre Anima versteckt.

2. Die Löschung der Hilfskonstruktion

Damit bin ich am Ende. Ich habe in diesem Buch zeigen wollen, wie sich im Kontakt mit Welt in der Zeitstruktur des Lebenslaufs menschliche Subjekte konstituieren, und habe die Reflexion über diesen lebenslangen Prozeß als Aufgabe von Pädagogik angegeben. Ich suchte aufzuweisen, daß eben diese Reflexion einer zeitgenössischen Pädagogik, die sich ihre „Wissenschaftlichkeit“ zugute hält, immer wieder entgleitet, weil hier über Lebensereignisse zu reflektieren wäre, und diese Art von Reflexion die Einnahme einer Subjektperspektive von seiten des Interpreten, welche aber als „unwissenschaftlich“ verpönt ist, zwingend erforderte.

Eine derartige Subjektperspektive habe ich hier zu entwickeln versucht, habe, mit Pestalozzi zu reden, ein Bild des Menschen und der Erziehung entworfen, „wie es sich meiner Individualität vor Augen stellt“ (Pestalozzi 1797, S. 44), habe auch über diese meine Individualität, aus der heraus ich auf das Leben schaue, einiges angedeutet.

Freilich mag der Leser gerade zu diesem letzten Kapitel mit Nietzsche fragen:

„Ist es zuletzt nöthig, den Interpreten noch hinter die Interpretation zu setzen?“ „‚Es ist alles subjektiv‘, sagt ihr: Aber schon das ist Auslegung, das ‚Subjekt‘ ist nichts Gegebenes, sondern Hinzu-Erdichtetes, Dahinter-Gestecktes“ (Nietzsche 1885–87, S. 315).

Und noch einmal Nietzsche:

„Man darf nicht fragen: ‚wer interpretiert denn?‘, sondern das Interpretieren selbst als eine Form des Willens zur Macht hat Dasein (aber nicht als ein ‚Sein‘, sondern als ein Prozeß, ein Werden) als ein Affekt“ (ebd., S. 140, vgl. Stenger 1996).

Hoffentlich werden sich durch diese Sätze nicht all jene bestätigt fühlen, die sich auf die Ausschaltung ihres Ego aus der Interpretation etwas zugute halten und sich schmeicheln, in ihren Gedanken trage gewissermaßen die Sache sich selber vor. Nein, Interpretation muß über weite Strecken ego-zentrisch sein und zu gegebener Zeit das Ego als interpretatorische Hilfskonstruktion wieder auslöschen. Erst dann bleibt das Interpretieren selbst zurück als ein „Prozeß“, ein „Werden“, ein „Affekt“. Das Leben selber interpretiert sich in den Büchern, die zu lesen sich lohnt; das schreibende Subjekt leiht ihm sein Wort, seinen Kugelschreiber und seinen Computer.

Literatur

Abelin, E.L. (1985): Beobachtungen und Überlegungen zur frühesten Rolle des Vaters, in: G. Bittner/E. Harms (Hrsg.): Erziehung in früher Kindheit, München 1985[7]

Affemann, R. (1994): Anforderungen der Arbeitswelt und Konsequenzen für Bildung und Erziehung, in: N. Seibert/H.J. Serve (Hrsg.): Bildung und Erziehung an der Schwelle zum dritten Jahrtausend, München

Aichhorn, A. (1925): Verwahrloste Jugend, Bern, Stuttgart 1965

Alheit, P./Glaß, Chr. (1986): Beschädigtes Leben: soziale Biographie arbeitsloser Jugendlicher – ein soziologischer Versuch über die „Entdeckung" neuer Fragestellungen, Frankfurt/M.

Althaus, J. (1987): Kindergarten. Zur Entwicklung der Vorschulerziehung, Frankfurt/M.

Anweiler, O. (1963): Makarenko und die Pädagogik seiner Zeit, in: Bildung und Erziehung (16), S. 268–293

Anweiler, O. (1972): Leben, Werk und Bedeutung A.S. Makarenko, Einführung zu: A.S. Makarenko: Ein pädagogisches Poem „Der Weg ins Leben", Frankfurt/M., Berlin, Wien

Apel, H.J. (1994): Erziehung zur „Selbsttätigkeit im Dienste des Wahren, Schönen und Guten". Überlegungen zum Bildungsauftrag der Schule, in: N. Seibert/H.J. Serve (Hrsg.): Bildung und Erziehung an der Schwelle zum dritten Jahrtausend, München

Ariès, Ph. (1975): Geschichte der Kindheit, München

Asanger, R. (Hrsg.) (1987): Rogers und die Pädagogik. Theorieanspruch und Anwendungsmöglichkeiten des personenzentrierten Ansatzes in der Pädagogik, Weinheim

Augustinus, A.: Bekenntnisse, lateinisch und deutsch, eingeleitet, übersetzt und erläutert von Joseph Bernhart, Frankfurt/M. 1987

Augustinus, A.: Selbstgespräche über Gott und Die Unsterblichkeit der Seele, Soliloquia, Werke (lat. + deutsch), Bd. 1–7, Zürich 1950–73

Aurin, K. (1977): Was heißt „Humanisierung der Schule"?, Würzburg

Aurin, K. (1994): Erziehung zur Humanität – Bewahren und Erneuern im Prozeß der Erziehung, in: N. Seibert/H.J. Serve (Hrsg.): Bildung und Erziehung an der Schwelle zum dritten Jahrtausend, München

Ausubel, D.P./Sullivan, E.V. (1974): Das Kindesalter, München

Baacke, D. (1983): Die 13- bis 18jährigen. Einführung in Probleme des Jugendalters, Weinheim, Basel 1983[3]

Baacke, D./Frank, A./Frese, J./Nonne, F. (Hrsg.) (1985): Am Ende – postmodern? Next Wave in der Pädagogik, Weinheim und München

Baacke, D./Schulze, Th. (Hg.) (1979): Aus Geschichten lernen, München

Baacke, D./Schulze, Th. (Hg.) (1993): Aus Geschichten lernen. Zur Einübung pädagogischen Verstehens, München (Neuausgabe)

Badinter, E. (1981): Die Mutterliebe. Geschichte eines Gefühls vom 17. Jahrhundert bis heute, München

Balint, A. (1936): Versagen und Gewähren in der Erziehung, in: Zeitschrift für Psychoanalytische Pädagogik (10), S. 75–83

Balint, M. (1957/58): Die drei seelischen Bereiche, in: Psyche (11), S. 321–344

Ballauff, Th. (1957): Vernünftiger Wille und gläubige Liebe. Interpretationen zu Kants und Pestalozzis Werk, Meisenheim

Ballauff, Th. (1988): Zur Geschichte der abendländischen Bildung, in: W. Böhm/M. Lindauer: Nicht Vielwissen sättigt die Seele. Wissen, Erkennen, Bildung, Ausbildung heute, Stuttgart
Ballauff, Th. (1989a): Pädagogik als Bildungslehre, Weinheim 1989[2]
Ballauff, Th. (1989b): Antithesen in der modernen Pädagogik, in: H. Röhrs/H. Scheuerl (Hrsg.): Richtungsstreit in der Erziehungswissenschaft und pädagogische Verständigung, Frankfurt/M.
Baltes, P.B./Goulet, L.R. (1970): Life-span development psychology: Research and Theory, New York
Bandura, A. (1976): Lernen am Modell: Ansätze zu einer sozial-kognitiven Lerntheorie, Stuttgart
Bauersfeld, H. (1989): Zum Mathematikunterricht am Schulanfang, in: Grundschule (12), S. 13–19
Bauersfeld, H. (1992): Drei Gründe, geometrisches Denken in der Grundschule zu fördern, Hektogramm Universität Bielefeld
Beck, G./Claussen, C. (1979): Sachunterricht, in: Taschenlexikon Grundschule, herausgegeben von B. Kochan und E. Neuhaus-Siemon in Verbindung mit G. Beck und Th. F. Klaßen, Königstein/Ts.
Beck, U. (1986): Risikogesellschaft. Auf dem Weg in eine andere Moderne, Frankfurt/M.
Beck, U. (1994): Riskante Freiheiten. Individualisierung in modernen Gesellschaften, Frankfurt/M.
Beck, U./Vossenkuhl, W./Erdmann-Ziegler, U. (1995): Eigenes Leben. Ausflüge in die unbekannte Gesellschaft, in der wir leben, München
Beer, U. (1988): Das Elternhandbuch. Erziehungshilfen vom Psychologen, Düsseldorf
Benedict, R. (1977): The Chrysanthemum and the Sword: Patterns of Japanese culture, London
Benner, D. et al. (1990): Symposion 1. Bilanz der Paradigmendiskussion, in: Zeitschrift für Pädagogik, Beiheft 25, S. 71–92
Berg, Chr. (Hrsg.) (1991): Kinderwelten, Frankfurt/M.
Berger, M. (1990): 150 Jahre Kindergarten. Ein Brief an Friedrich Fröbel, Frankfurt/M.
Berger, P.L./Luckmann, Th. (1991): Die gesellschaftliche Konstruktion der Wirklichkeit. Eine Theorie der Wissenssoziologie, Frankfurt/M.
Berkowitz, M.W. (1986): Die Rolle der Diskussion in der Moralerziehung, in: F. Oser/R. Fatke/O. Höffe: Transformation und Entwicklung. Grundlagen der Moralerziehung, Frankfurt/M.
Berliner Autorengruppe Lankwitz (1971): Kinderläden. Revolution der Erziehung oder Erziehung zur Revolution?, Reinbek
Berna-Glantz, R. (1980): Von der Adoleszenz zum Erwachsenenalter. Die Bedeutung der Integration altersspezifischer Erfahrungen in das psychische Bezugssystem, in: Psyche (34), S. 430–448
Bernfeld, S. (1925): Sisyphos oder die Grenzen der Erziehung, Frankfurt/M. 1976
Bernfeld, S. (1927): Sankt Pestalozzi, in: ders.: Antiautoritäre Erziehung und Psychoanalyse. Ausgewählte Schriften, Band 2, herausgegeben von L. von Werder und R. Wolff, Frankfurt/M. 1974
Bernfeld, S. (1929): Der soziale Ort und seine Bedeutung für Neurose, Verwahrlosung und Pädagogik, in: ders.: Antiautoritäre Erziehung und Psychoanalyse, Bd. 2, Frankfurt/M. 1974
Bettelheim, B. (1977): Kinder brauchen Märchen, Stuttgart
Biehl, P. (1992): Symbole – ihre Bedeutung für menschliche Bildung. Überlegungen zu einer pädagogischen Symboltheorie im Anschluß an Paul Ricoeur, in: Zeitschrift für Pädagogik (38), S. 193–214
Bildung und Erziehung (1993): Individualität und Autonomie. Zur Geschichte und Krise eines pädagogischen Projekts (46) Heft 2
Binswanger, L. (1956): Erinnerungen an Sigmund Freud, Bern
Bittner, G. (1963): „Anfang" als anthropologische und pädagogische Kategorie, in: Stimmen der Zeit Bd. 172
Bittner, G. (1964): Für und wider die Leitbilder, Heidelberg
Bittner, G. (1970): Gehorsam und Ungehorsam, in: Neue Sammlung (10) S. 19–31
Bittner, G. (1971): Affektbildung, in: H.-H. Groothoff/M. Stallmann (Hrsg.): Neues pädagogisches Lexikon, Bd. 1, Stuttgart

Bittner, G. (1972a): Was bleibt von der „antiautoritären Erziehung"?, in: W. Bitter (Hrsg.): Freiheit – ohne Autorität?, Stuttgart
Bittner, G. (1972b): Psychoanalyse und soziale Erziehung, München 1972[3]
Bittner, G. (1973a): Psychoanalyse und das Handeln des Erziehers, in: Zeitschrift für Pädagogik (19), S. 77–89
Bittner, G. (1973b): Sprache und affektive Entwicklung, Stuttgart 1973[2]
Bittner, G. (1974a): Über die sogenannte „Sozialisation" in der Familie, in: Neue Sammlung (14), S. 379–388
Bittner, G. (1974b): „Entwicklung" oder „Sozialisation", in: Neue Sammlung (14), S. 389–396
Bittner, G. (1974c): Das andere Ich. Rekonstruktionen zu Freud, München
Bittner, G. (1977a): Der große und der kleine Gott. Überlegungen zur Differenzierung von C.G. Jungs Selbststruktur, in: Analytische Psychologie, Vol. 8, S. 204–215
Bittner, G. (1977b): Tarnungen des Ich. Studien zu einer subjektorientierten Abwehrlehre, Stuttgart
Bittner, G. (1978): Märchen: Geschichten vom Menschen-Monster. Zu einem Buch von Bruno Bettelheim, in: Zeitschrift für Pädagogik (24), S. 953–956
Bittner, G. (1979a): Tiefenpsychologie und Kleinkinderziehung, Paderborn
Bittner, G. (1979b): Zur psychoanalytischen Dimension biographischer Erzählungen, in: D. Baake/Th. Schulze (Hrsg.): Aus Geschichten lernen. Zur Einübung pädagogischen Verstehens, München
Bittner, G. (1980): Gruppendynamik – ein ziemlich sicherer Weg, sich selbst zu verfehlen, in: Psychosozial, Heft 1, S. 41–65
Bittner, G. (1981a): Die imaginären Szenarien, in: A. Schöpf (Hrsg.): Phantasie als anthropologisches Problem, Würzburg
Bittner, G. (Hrsg.) (1981b): Selbstwerden des Kindes. Ein neues tiefenpsychologisches Konzept, Fellbach
Bittner, G. (1982a): Die Bedeutung unbewußter Motive im sozialen Lernen, in: M. Fromm/W. Keim (Hrsg.): Diskussion Soziales Lernen, Baltmannsweiler
Bittner, G. (1982b): Späte Liebe zu Melanie Klein, in: Kindheit (4), S. 239–248
Bittner, G. (1982c): Überflüssige Pädagogik, in: Neue Sammlung (22), S. 432–435
Bittner, G. (1983): Die Weimarer Epoche. Geburtsstunde der „überflüssigen" Pädagogik?, in: Neue Sammlung (23), S. 612–618
Bittner, G. (1985a): Der psychoanalytische Begründungszusammenhang in der Erziehungswissenschaft, in: G. Bittner/Chr. Ertle (Hrsg.): Pädagogik und Psychoanalyse. Beiträge zur Geschichte, Theorie und Praxis einer interdisziplinären Kooperation, Würzburg
Bittner, G. (1985b): Der postmoderne Nihilismus, in: D. Baacke/A. Frank/J. Frese/F. Nonne (Hrsg.): Am Ende – postmodern? Next Wave in der Pädagogik, Weinheim, München
Bittner, G. (1985c): Zur Wiederherstellung des Bildes vom Kind. Aspekte der Entwicklungs- und Tiefenpsychologie, in: Frühe Kindheit. Fundament des menschlichen Lebens, herausgegeben von Agnes Niegl, St. Pölten, Wien
Bittner, G. (1986a): (Sonder-)Schule aus der Sicht der Betroffenen, in: A. Möckel/M. Thalhammer (Hrsg.): Gestörtes Lernen, Würzburg
Bittner, G. (1986b): Was ist human?, in: Neue Sammlung (26), S. 408–422
Bittner, G. (1988a): Bilder des Humanen, in: ders.: Das Unbewußte – ein Mensch im Menschen?, Würzburg
Bittner, G. (1988b): Die Zeiterfahrung in der Lebensspanne und die Antizipation des eigenen Todes, in: R. Zoll (Hrsg.): Zerstörung und Wiederaneignung von Zeit, Frankfurt/M.
Bittner, G. (1988c): Das Unbewußte – ein Mensch im Menschen?, Würzburg
Bittner, G. (1988d): Die Entzweiung und die Wiederkehr der Kraft. Über Pestalozzis „schöpferische Krankheit", in: ders.: Das Unbewußte – ein Mensch im Menschen?, Würzburg
Bittner, G. (1989a): Das Teilzeit-Kind, in: Neue Sammlung (29), S. 477–487
Bittner, G. (1989b): Spontanphänomene oder: Wie entsteht etwas Neues?, in: Neue Sammlung (29), S. 27–35
Bittner, G. (1989c): Vater Freuds unordentliche Kinder: Die Chancen post-orthodoxer Psychoanalyse, Würzburg

Bittner, G. (1989d): Pädagogik und Psychoanalyse, in: H. Röhrs/H. Scheuerl (Hrsg.): Richtungsstreit in der Erziehungswissenschaft und pädagogische Verständigung: Wilhelm Flitner zur Vollendung seines 100. Lebensjahres am 20. August 1989 gewidmet, Frankfurt/M.
Bittner, G. (1990a): Erscheinungsleib - Werkzeugleib - Sinnenleib. Zur Ästhetik des kindlichen Leiberlebens, in: L. Duncker/F. Maurer/G.E. Schäfer (Hrsg.): Kindliche Phantasie und ästhetische Erfahrung. Wirklichkeiten zwischen Ich und Welt, Langenau-Ulm
Bittner, G. (1990b): Garten als Symbol, in: G. Bittner/P.-L. Weinacht (Hrsg.): Wieviel Garten braucht der Mensch? Würzburger Universitätsvorträge, Würzburg
Bittner, G. (1991a): Die inhumanen Humanwissenschaften, in: Neue Sammlung (31), S. 339–352
Bittner, G. (1991b): Sigmund Freud, in: H. Scheuerl (Hrsg.): Klassiker der Pädagogik, München 1991[2]
Bittner, G. (1992a): Person oder „psychischer Apparat?" Überlegungen zu einer paradigmatischen Neuorientierung der Psychoanalyse und psychoanalytischen Pädagogik, in: V. Fröhlich/R. Göppel (Hrsg.): Sehen, Einfühlen, Verstehen, Würzburg
Bittner, G. (1992b): Wolfgang Amadeus Mozart – Die Erziehung eines Genies, in: W. Lipp (Hrsg.): Wolfgang Amadeus Mozart. Genie und Musik, Würzburg
Bittner, G. (1992/93): Ich bin, du bist, er (sie, es) ist . . . Über die linguistischen und psychologischen Bedingungen der Möglichkeit, ich zu sagen; nebst pädagogischen Folgerungen, in: Scheidewege (22), S. 134–150
Bittner, G. (1993a): Von den Insidern und Outsidern der Pädagogik, in: Neue Sammlung (26), S. 613–627
Bittner, G. (1993b): Zur psychoanalytischen Dimension biographischer Erzählungen, in: D. Baakke/Th. Schulze: Aus Geschichten lernen. Zur Einübung pädagogischen Verstehens, Weinheim
Bittner, G. (1993c): „. . . nach unseren eigenen psychischen Konstellationen zu deuten" (S. Freud). Psychoanalytisches Verstehen als Scheitern des Eigenen am Fremden, in: U. Streeck (Hrsg.): Das Fremde in der Psychoanalyse. Erkundungen über das „Andere" in Seele, Körper und Kultur, München
Bittner, G. (1993/94): Patientenorientierte Medizin?, in: Scheidewege (23), S. 339–355
Bittner, G. (1994a): Autobiographische Texte. Pädagogische und psychoanalytische Interpretationsperspektiven, in: G. Bittner (Hrsg.): Biographien im Umbruch. Lebenslaufforschung und Vergleichende Erziehungswissenschaft, Würzburg
Bittner, G. (1994b): Problemkinder. Zur Psychoanalyse kindlicher und jugendlicher Verhaltensauffälligkeiten, Göttingen, Zürich
Bittner, G. (Hrsg.) (1994c): Biographien im Umbruch. Lebenslaufforschung und Vergleichende Erziehungswissenschaft, Würzburg
Bittner, G. (1994d): „. . . daß Erziehungsarbeit etwas sui generis ist" (S. Freud). Über Berührungspunkte, Unterschiede und unzulässige Vermischungen von Erziehung und Psychotherapie, in: G. Schaufler (Hrsg.): Schule der Gefühle. Zur Erziehung von Emotion und Verhalten, Innsbruck, Wien
Bittner, G. (1995a): „ . . . Die Unterwelt aufrühren". Sigmund Freuds ‚Traumdeutung' und die Psyche im 20. Jahrhundert, hektographiertes Manuskript, Würzburg
Bittner, G. (1995b): Psychoanalyse im Wandel, in: K. Höhfeld/K. Bell: Psychoanalyse im Wandel, Gießen
Bittner, G. (1995c): Unerzählbare Geschichten. Liebe als Thema autobiographischer Texte, in: Wege zum Menschen (47), S. 215–230
Bittner, G. (1995d): Das Sterben denken um des Lebens willen, Frankfurt/M.
Bittner, G. (1996a): Das Psychoid – oder: Hat ein Kaktus Phantasie?, in: P. Fauser/E. Madelung (Hrsg.) (1996): Vorstellungen bilden. Beiträge zum imaginativen Lernen, Velbert
Bittner, G. (1996b): Zu Dietrich Hoffmann: Outsider über Insider. Zur Arbeit der Kommission Wissenschaftsforschung in der Wahrnehmung vermeintlich ausgegrenzter Pädagogik, erscheint in: Erziehungswissenschaft (7)
Bittner, G. (gem. mit A. Gaupp) (1962): Pädagogisch-psychologische Untersuchung über die

Schulbewährung vorzeitig eingeschulter Kinder, in: v. Ingenkamp, K-.H. (Hrsg.): Praktische Erfahrungen mit Schulreifetests, Basel, New York
Bittner, G./Ertle, Chr./Schmid, H. (1974): Schule und Unterricht bei verhaltensgestörten Kindern, Gutachten für den Deutschen Bildungsrat, Stuttgart
Bittner, G./Ertle, Chr. (1985): Pädagogik und Psychoanalyse. Beiträge zur Geschichte, Theorie und Praxis einer interdisziplinären Kooperation, Würzburg
Bittner, G./Rehm, W. (1964): Psychoanalyse und Erziehung, Bern, Stuttgart
Bittner, G./Schäfer, G./Strobel, H. u. a. (1973): Spielgruppen als soziale Lernfelder – pädagogische und therapeutische Aspekte, München
Bittner, G./Schlör, J. (1994): Rezension: Alois Suter, Menschenbild und Erziehung bei M. Buber und C. Rogers. Ein Vergleich, Bern, Stuttgart 1986, in: Paedagogica Historica. Internationale Zeitschrift für Geschichte der Pädagogik, Gent, S. 387–390
Bittner, R. (1983): Moralisches Gebot oder Autonomie, Freiburg/München
Bittner, Th. (1993): Der Zeitbegriff in Augustinus' Confessiones (XI 14–31) Facharbeit, Würzburg
Blanke, J. (1985): Autobiographien Behinderter als hermeneutisches Problem, in: Zeitschrift für Heilpädagogik (36), Heft 11, S. 771–779
Bleuler, E. (1955): Lehrbuch der Psychiatrie, umgearbeitet von Manfred Bleuler, Berlin, Göttingen, Heidelberg 1955[9]
Bloch, E. (1977): Das Prinzip Hoffnung, Bd. 1–3, Frankfurt/M. 1977[4]
Böhm, W. (1982): Der Gebildete zwischen Wilden und Barbaren, in: H. Konrad (Hrsg.): Pädagogik und Anthropologie, Kippenheim
Böhm, W. (1985): Theorie und Praxis. Eine Erörterung des pädagogisches Grundproblems, Würzburg
Böhm, W. (1988a): Kritische Reflexionen zum Begriff der Selbstverwirklichung, in: H. Beck/J. Quiles (Hg.): Entwicklung zur Menschlichkeit durch Begegnung westlicher und östlicher Kultur, Bd. 1, Frankfurt/M.
Böhm, W. (1988b): Theorie der Bildung, in: W. Böhm/M. Lindauer (Hrsg.): „Nicht Vielwissen sättigt die Seele". Wissen, Erkennen, Bildung, Ausbildung heute, Stuttgart
Böhm, W. (1989): Männliche Pädagogik – weibliche Erziehung?, Innsbruck, Wien
Böhm, W. (1991): „Deutsche Pädagogik". Ein prospektiver Rückblick, in: J. Ruhloff/K. Schaller (Hrsg.): Pädagogische Einsätze 1991. Festschrift für Th. Ballauff, St. Augustin
Böhm, W. (1992): Über die Unvereinbarkeit von Erziehung und Therapie, in: Vierteljahrsschrift für Wissenschaftliche Pädagogik (68), S. 129–151
Böhm, W. (1993a): Aurelius Augustinus, in: Cl. Menze/G.P. Bunk/B. Ofenbach (Hrsg.): Menschenbilder. Festschrift für Rudolf Lassahn, Frankfurt/M.
Böhm, W. (1993b): Schnee vom vergangenen Jahrhundert. Neue Aspekte der Reformpädagogik, Würzburg
Böhm, W. (1994a): Zur Kritik der androgynen (Un-)Vernunft, in: H. Meesmann/B. Sill: Androgyn: „Jeder Mensch ist in sich ein Paar!?", Weinheim
Böhm, W. (1994b): Wörterbuch der Pädagogik, Stuttgart 1994[14]
Böhm, W./Eykmann, W. (Hrsg.) (1991): Große bayerische Pädagogen, Bad Heilbrunn
Böhm, W./Lindauer, M. (1988): Zur Einführung in den Band, in: W. Böhm/M. Lindauer: Nicht Vielwissen sättigt die Seele. Wissen, Erkennen, Bildung, Ausbildung heute, Stuttgart
Bollnow, O.F. (1955): Dilthey. Eine Einführung in seine Philosophie, Stuttgart 1955[2]
Bollnow, O.F. (1966): Krise und neuer Anfang. Beitrag zur pädagogischen Anthropologie, Heidelberg
Bollnow, O.F. (1970): Philosophie der Erkenntnis, Stuttgart
Bollnow, O.F. (1977): Die Pädagogik der deutschen Romantik, Stuttgart 1977[3]
Bollnow, O.F. (1984): Existenzphilosophie und Pädagogik, Stuttgart u. a. 1984[6]
Boothe, B./Heigl-Evers, A. (1996): Psychoanalyse der frühen weiblichen Entwicklung, München
Borne, T. v.d. (1994): Schule und Elternhaus, Stuttgart
Bornstein-Windholz, S. (1937): Mißverständnisse in der psychoanalytischen Pädagogik, in: Zeitschrift für Psychoanalytische Pädagogik (11)

Brezinka, W. (1959): Frühe Mutter-Kind-Trennung, in: Die Sammlung (14), S. 88–101
Brezinka, W. (1961): Erziehung als Lebenshilfe. Eine Einführung in die pädagogische Situation, Stuttgart 1961[2]
Brezinka, W. (1968): Von der Pädagogik zur Erziehungswissenschaft, in: Zeitschrift für Pädagogik (14), 317–334 und S. 435–475
Brezinka, W. (1995): Aufstieg und Krise der wissenschaftlichen Pädagogik, Wien
Brüggemann, W. (1990): Vom Sinnvermittler zum Museumsverwalter, in: Rheinischer Merkur / Christ und Welt Nr. 43 / 26. Oktober 1990, S. 21
Brumlik, M. (1989): Kritische Theorie und Symbolischer Interaktionismus – Pädagogik als kritische Sozialwissenschaft, in: H. Röhrs/H. Scheuerl (Hrsg.): Richtungsstreit in der Erziehungswissenschaft und pädagogische Verständigung, Frankfurt/M.
Buber, M. (1923): Ich und Du, in: ders.: Das dialogische Prinzip, Heidelberg 1979
Buber, M. (1926): Reden über das Erzieherische, in: ders.: Reden über Erziehung, Heidelberg 1986[7]
Bühler, Ch. (1921): Das Seelenleben des Jugendlichen, Frankfurt/M. 1975
Bühler, Ch. (1933): Der menschliche Lebenslauf als psychologisches Problem, Göttingen 1959[2]
Bühler, Ch. (1967): Kindheit und Jugend. Genese eines Bewußtseins, Göttingen 1967[4]
Bühler, K. (1965): Sprachtheorie, Stuttgart 1965[2]
Burkert, W. (1990): Antike Mysterien. Funktionen und Gehalt, München
Buschmeyer, H. u. a. (1987): Erwachsenenbildung im lebensgeschichtlichen Zusammenhang, Bonn
Büttner, Chr./Pfeil, J. (1994): Perinatale Aspekte von Verhaltensstörungen am Beispiel eines Kindergartenkindes, in: Jahrbuch für Psychoanalytische Pädagogik 6, S. 69–90

Caruso, J.A. (1968): Die Trennung der Liebenden. Eine Phänomenologie des Todes, Bern, Stuttgart
Chasseguet-Smirgel, J. (1981): Das Ichideal. Psychoanalytischer Essay über die „Krankheit der Idealität", Frankfurt/M.
Child, I.L. (1959 und 1969): Socialization, in: Handbook of Social Psychology, ed. G. Lindzey, Vol. II, London
CIEL (1974/1975) – Arbeitsgruppe Reutlingen: Stücke zu einem mehrperspektivischen Unterricht, Teilcurriculum Handel und Gewerbe, Supermarkt, hrsg. von K. Giel und G. G. Hiller, Stuttgart
Claessens, D. (1970): Instinkt, Psyche, Geltung. Zur Legitimation menschlichen Verhaltens, Köln 1970[2]
Claessens, D. (1972): Familie und Wertsystem. Eine Studie zur „zweiten sozio-kulturellen Geburt" des Menschen und der Belastbarkeit der „Kernfamilie", Berlin 1972[3]
Cloer, E. u. a. (1991): Versuch zu einer pädagogischen-biographischen historischen Sozialisations- und Bildungsforschung. Kindsein in Arbeiter- und Bürgerfamilien des Wilhelminischen Reiches, in: Chr. Berg (Hrsg.): Kinderwelten, Frankfurt/M.
Clos, R. (1982): Delinquenz, ein Zeichen von Hoffnung? Psychoanalytische Pädagogik in einem sozialen Brennpunkt, Frankfurt/M.
Colberg-Schrader, H./Krug, M. (1982): Lebensnahes Lernen im Kindergarten. Zur Umsetzung des Curriculum „Soziales Lernen", München
Comenius, J.A. (1659): Orbis sensualium pictus, in: J.A. Comenius: Opera Omnia, Bd. 17, Prag 1970
Cremerius, J. (1987): Wenn wir als Psychoanalytiker die psychoanalytische Ausbildung organisieren, müssen wir sie psychoanalytisch organisieren! in: Psyche (41), S. 1067–1096
Czisch, G. (1961): Untersuchungen über die Zukunftserwartungen von Jugendlichen. Psychologische Zulassungsarbeit, Bonn

Dahrendorf, R. (1971): Homo Sociologicus. Ein Versuch zur Geschichte, Bedeutung und Kritik der Kategorie der sozialen Rolle, Opladen 1971[10]
Dammann, E./Prüser, H. (Hrsg.) (1981): Die Entwicklung der Kleinkinderschule und des Kindergartens, München

Datler, W. (1985): Psychoanalytische Repräsentanzenlehre und pädagogisches Handeln. Eine Anmerkung zu Zulligers Methode der „deutungsfreien Kinderpsychotherapie" und deren mögliche Relevanz für Pädagogik, in: G. Bittner/Chr. Ertle: Pädagogik und Psychoanalyse, Würzburg
Datler, W. (1992): Psychoanalytische Praxis, Pädagogik und psychoanalytische Kur: Einige problemgeschichtliche und systematische Anmerkungen über unklare Grenzen als Krise, Aufgabe und Chance, in: Jahrbuch für Psychoanalytische Pädagogik, Bd. 4, S. 11–51
Datler, W. (1995): Bilden und Heilen: auf dem Weg zu einer pädagogischen Theorie psychoanalytischer Praxis, Mainz
Derbolav, J. (1954): Erkenntnis und Entscheidung. Philosophie der geistigen Aneignung in ihrem Ursprung bei Platon, Wien
Dessoir, M. (1890): Das Doppel-Ich, Leipzig
Dienelt, K. (1984): Von der Metatheorie der Erziehung zur „Sinn"-orientierten Pädagogik. Rechtfertigung und Aufgabe der Pädagogischen Anthropologie in unserer Zeit, Frankfurt/M.
Dietrich, G. (1985): Erziehungsvorstellungen von Eltern, Göttingen
Dilthey, W. (1874/75): Grundlinien eines Systems der Pädagogik, Bd. IX, Stuttgart 1961[3]
Dilthey, W.: (1874–1888): Pädagogik. Geschichte und Grundlegung des Systems, Gesammelte Schriften, Bd. IX, Stuttgart 1961
Dilthey, W. (1907): Der Aufbau der geschichtlichen Welt in den Geisteswissenschaften, Gesammelte Schriften, Bd. VII, Göttingen 1979[7]
Dilthey, W.(1911): Autobiographisches. Vorrede, in: ders.: Die geistige Welt. Einleitung in die Philosophie des Lebens, Gesammelte Schriften, Bd. V, Stuttgart 1961
Dipkow, J. (Hg.) (1988): Die Bedeutung biographischer Forschung für den Erzieher, München
Dittrich, E./Dittrich-Jacobi, J. (1979): Die Autobiographie als Quelle zur Sozialgeschichte der Erziehung. In: D. Baacke/Th. Schulze (Hg.): Aus Geschichten lernen. Zur Einübung pädagogischen Verstehens, München
Diwald, H. (1982): Luther. Eine Biographie, Bergisch Gladbach
Doderer, H.v. (1938): Ein Mord, den jeder begeht, Roman, München 1958
Dohmen, G. (1964/1965): Bildung und Schule. Die Entstehung des deutschen Bildungsbegriffs und die Entwicklung seines Verhältnisses zur Schule, 2 Bände, Weinheim
Dornes, M. (1993): Der kompetente Säugling. Die präverbale Entwicklung des Menschen, Frankfurt/M.
Dreier, W. (1983): Sozialethik, Düsseldorf
Drerup, H. (1987): Wissenschaftliche Erkenntnis und gesellschaftliche Praxis. Anwendungsprobleme der Erziehungswissenschaft in unterschiedlichen Praxisfeldern. Weinheim
Drewermann, E./Neuhaus, I. (1985): Das Eigentliche ist unsichtbar. Der Kleine Prinz tiefenpsychologisch gedeutet, Freiburg, Basel, Wien 1985[7]
Duncker, L./Maurer, F./Schäfer, G.E. (Hrsg.) (1990): Kindliche Phantasie und ästhetische Erfahrung. Wirklichkeiten zwischen Ich und Welt, Langenau-Ulm
Duncker, L./Popp, W. (Hrsg.) (1994): Kind und Sache. Zur pädagogischen Grundlegung des Sachunterrichts, Weinheim, München

Ebrecht, A. (1992): Das individuelle Ganze. Zum Psychologismus der Lebensphilosophie, Stuttgart
Eichler, F. (1989): Realistische und symbolische Aspekte der Kinderzeichnung, Diplomarbeit, Würzburg
Elias, N. (1936): Über den Prozeß der Zivilisation, Frankfurt/M. 1980[7]
Ellenberger, H.F. (1973): Die Entdeckung des Unbewußten, Bd. I und II, Bern/Stuttgart, Wien
Ellwanger, W./Grömminger, A. (1977): Märchen – Erziehungshilfe oder Gefahr?, Freiburg
Erikson, E. and J. (1980): Dorothy Burlingham's School in Vienna, in: Bull. Hampstead Clin. (3), S. 91–94
Erikson, E.H. (1966): Einsicht und Verantwortung. Die Rolle des Ethischen in der Psychoanalyse, Stuttgart
Erikson, E.H. (1970): Der junge Martin Luther, Hamburg
Erikson, E.H. (1973): Autobiographisches zur Identitätskrise, in: Psyche (27), S. 793–831
Erikson, E.H. (1975): Dimension einer neuen Identität, Frankfurt/M.

Erikson, E.H. (1976): Identität und Lebenszyklus. Drei Aufsätze, Frankfurt/M. 1976[3]
Erikson, E.H. (1991): Kindheit und Gesellschaft, Stuttgart 1991[10]
Erning, G. (1987) (Hrsg.): Geschichte des Kindergartens, 2 Bd., Freiburg
Ertle, Chr./Möckel, A. (Hrsg.) (1980): Fälle und Unfälle der Erziehung, Stuttgart

Fatke, R. (1981): Die Phantasie und das Selbst des Kindes, in: G. Bittner (Hrsg.): Selbstwerden des Kindes. Ein neues tiefenpsychologisches Konzept, Fellbach
Fatke, R. (1985): „Krümel vom Tisch der Reichen"? Über das Verhältnis von Pädagogik und Psychoanalyse aus pädagogischer Sicht, in: G. Bittner/Chr. Ertle (Hrsg.): Pädagogik und Psychoanalyse. Beiträge zur Geschichte, Theorie und Praxis einer interdisziplinären Kooperation, Würzburg
Fatke, R. (1991): Jean Piaget (1896–1980), in: H. Scheuerl (Hrsg.): Klassiker der Pädagogik, München 1991[2]
Fauser, P. (1986): Pädagogische Freiheit in Schule und Recht, Weinheim
Fauser, P./Madelung, E. (Hrsg.) (1996): Vorstellungen bilden. Beiträge zum imaginativen Lernen, Velbert
Fauser, P./Fintelmann, K.J./Flitner, A. (1983): Lernen mit Kopf und Hand: Berichte und Anstöße zum praktischen Lernen in der Schule, Weinheim u. a.
Faust-Siehl, G. (1994): Kindgemäßheit – Leitbild im Wandel, in: M. Götz (Hrsg.): Leitlinien der Grundschularbeit. Festschrift für Elisabeth Neuhaus-Siemon zum 65. Geburtstag, Langenau-Ulm
Faust-Siehl, G./Schmitt, R./Valtin, R. (Hrsg.): Kinder heute – Herausforderung für die Schule. Dokumentation des Bundesgrundschulkongresses 1989 in Frankfurt/M. (Arbeitskreis Grundschule e.V. – Frankfurt am Main)
Fechner, G.Th. (1848): Nanna oder über das Seelenleben der Pflanzen, Leipzig 1921[3]
Fellmann, F. (1993): Lebensphilosophie. Elemente einer Theorie der Selbsterfahrung, Reinbek
Fend, H. (1970): Sozialisierung und Erziehung, Weinheim 1970[3]
Fend, H. (1974): Gesellschaftliche Bedingungen schulischer Sozialisation. Soziologie der Schule I, Weinheim, Basel
Fend, H. (1980): Theorie der Schule, München, Wien, Baltimore
Fend, H. (1988): Sozialgeschichte des Aufwachsens. Bedingungen des Aufwachsens und Jugendgestalten im zwanzigsten Jahrhundert, Frankfurt/M.
Fend, H. (1990): Vom Kind zum Jugendlichen. Der Übergang und seine Risiken. Entwicklungspsychologie der Adoleszenz in der Moderne, Bd. I, Stuttgart u. a.
Fend, H. (1991): Identitätsentwicklung in der Adoleszenz. Lebensentwürfe, Selbstfindung und Weltaneignung in beruflichen, familiären und politisch-weltanschaulichen Bereichen, Entwicklungspsychologie der Adoleszenz in der Moderne, Band II, Stuttgart u. a.
Ferenczi, S. (1908): Psychoanalyse und Pädagogik, in: ders.: Schriften zur Psychoanalyse I, Frankfurt/M. 1970
Ferenczi, S. (1988): Ohne Sympathie keine Heilung. Das klinische Tagebuch von 1932, Frankfurt/M.
Feuser, G./Meyer, H. (1987): Integrativer Unterricht in der Grundschule – Ein Zwischenbericht, Solms
Fichte, J.G. (1950): Zur theoretischen Philosophie, in: Sämtliche Werke, Bd. 1, hrsg. von Immanuel H. Fichte, Leipzig
Figdor, H. (1993): Wissenschaftstheoretische Grundlagen der Psychoanalytischen Pädagogik, in: M. Muck/H.-G. Trescher (Hrsg.): Grundlagen der Psychoanalytischen Pädagogik, Mainz
Filipp, S. -H. (1990): Kritische Lebensereignisse, München
Fischer, D. (1987): Der Sonderpädagoge zwischen Personalität und Mit-Menschlichkeit, in: G. Adam (Hrsg.): Erziehen als Beruf: Festschrift für Andreas Möckel zum 60. Geburtstag, Würzburg
Flecken, M. (1981): Arbeiterkinder im 19. Jahrhundert, Weinheim, Basel
Flitner, A. (1958): Die Kirche vor den Aufgaben der Erziehung, Heidelberg
Flitner, A. (1963): Soziologische Jugendforschung. Darstellung und Kritik aus pädagogischer Sicht, Heidelberg

Flitner, A. (1972): Spielen-lernen. Praxis und Deutung des Kinderspiels, München
Flitner, A. (1976): Der Numerus Clausus und seine Folgen, Stuttgart
Flitner, A. (1977): Mißratener Fortschritt. Pädagogische Anmerkungen zur Bildungspolitik, München
Flitner, A. (1978): Eine Wissenschaft für die Praxis?, in: Zeitschrift für Pädagogik (24), S. 183–193
Flitner, A. (1982): Konrad, sprach die Frau Mama . . . Über Erziehung und Nicht-Erziehung, München
Flitner, A./Scheuerl, H. (Hrsg.) (1985): Einführung in pädagogisches Sehen und Denken, München
Flitner, W. (1952): Vom Erziehungsziel, in: Estermanns Pädagogische Beiträge (4), S. 3–8
Flitner, W. (1965): Allgemeine Pädagogik, Stuttgart 1965[10]
Fölling-Albers, M. (1992): Schulkinder heute. Auswirkung veränderter Kindheit auf Unterricht und Schulleben, Weinheim
Fölling-Albers, M. (1994): Kindgemäßheit – neue Überlegungen zu einem alten pädagogischen Anspruch, in: M. Götz (Hrsg.): Leitlinien der Grundschularbeit. Festschrift für Elisabeth Neuhaus-Siemon zum 65. Geburtstag, Langenau-Ulm
Fordham, M. (1970): Über die Entwicklung des Ichs in der Kindheit, in: Analytische Psychologie (2), S. 207–230
Fordham, M. (1985): Explorations into the self, London
Frank, A. (1985): Bodenlosgelassen – Postmoderne Fragmente, in: D. Baacke u. a. (Hrsg.): Am Ende – postmodern? Next Wave in der Pädagogik, München
Frank, M./Raulet, G./Reijen, W. von (1988): Die Frage nach dem Subjekt, Frankfurt/M.
Franz, M.-L. v. (1968): Symbole des Unus Mundus, in: G. Zacharias (Hrsg.): Dialog über den Menschen. Eine Festschrift für Wilhelm Bitter zum fünfundsiebzigsten Geburtstag, Stuttgart
Frazer, J.G. (1951): Adonis, Attis, Osiris. Studies in the history of oriental religions, New York
Freud, A. (1936): Das Ich und die Abwehrmechanismen, in: dies.: Werke, Bd. 1, München 1980
Freud, A. (1968): Wege und Irrwege in der Kinderentwicklung, in: dies.: Werke Bd. 8, München 1980
Freud, A./Burlingham, D. (1971): Heimatlose Kinder. Zur Anwendung psychoanalytischen Wissens auf die Kindererziehung, Frankfurt/M.
Freud, S. (1895): Studien über Hysterie, GW I, Frankfurt/M. 1977[5]
Freud, S. (1900): Die Traumdeutung, GW II/III, Frankfurt/M. 1976[6]
Freud, S. (1904): Zur Psychopathologie des Alltagslebens, GW IV, Frankfurt/M. 1973[6]
Freud, S. (1905a): Drei Abhandlungen zur Sexualtheorie, II: Die infantile Sexualität, GW V, Frankfurt/M. 1972[5]
Freud, S. (1905b): Der Witz und seine Beziehung zum Unbewußten, GW VI, Frankfurt/M. 1973[5]
Freud, S. (1908): Der Dichter und das Phantasieren, GW VII, Frankfurt/M. 1976[6]
Freud, S. (1909): Analyse der Phobie eines fünfjährigen Knaben, GW VII, Frankfurt/M. 1976[6]
Freud, S. (1911): Formulierungen über die zwei Prinzipien des psychischen Geschehens, GW VIII, Frankfurt/M. 1973[6]
Freud, S. (1913): Das Interesse an der Psychoanalyse, GW VIII, Frankfurt/M. 1973[6]
Freud, S. (1915): Die Verdrängung, GW X, Frankfurt/M. 1973[6]
Freud, S. (1917): Trauer und Melancholie, GW X, Frankfurt/M. 1973[6]
Freud, S. (1925): Geleitwort zu „Verwahrloste Jugend" von August Aichhorn, GW XIV, Frankfurt/M. 1976[5]
Freud, S. (1930): Das Unbehagen in der Kultur, GW XIV, Frankfurt/M. 1976[5]
Freud, S. (1926): Die Frage der Laienanalyse. Unterredungen mit einem Unparteiischen, GW XIV, Frankfurt/M. 1976[5]
Freud, S. (1937): Die endliche und die unendliche Analyse, GW XVI, Frankfurt/M. 1972[4]
Freud, S. - Pfister, O. (1963): Briefe 1909–1939, Frankfurt/M.
Friedrich, L. (1989): Pestalozzi professorabilis?, in: Neue Sammlung (29), S. 3–13
Fröbel, F. (1844): Mutter- und Koselieder, in: H. Fröbel/D. Pfaehler (Hrsg.): Kommt, lasst uns unsern Kindern leben. Friedrich Fröbels Mutter- und Koselieder, Bad Neustadt a.d. Saale 1982
Fröbel, Fr. (1826): Die Menschenerziehung, hrsg. von H. Zimmermann, Leipzig 1913
Fröhlich, V. (1994): Psychoananalyse und Behindertenpädagogik, Würzburg

Fromm, M. (1987): Die Sicht der Schüler in der Pädagogik: Untersuchung zur Behandlung der Sicht der Schüler in der pädagogischen Theoriebildung und in der quantitativen und qualitativen empirischen Forschung, Weinheim

Fthenakis, W.E. (1985): Väter, 2. Bde., München, Wien, Baltimore

Fuchs, U. (1990): Wagnis Jugend. Zur Geschichte und Wirkung eines Forschungsinstituts 1949–1989, Weinheim, München

Fürstenau, P. (1964): Zur Psychoanalyse der Schule als Institution, in: Das Argument, Berliner Hefte für Probleme der Gesellschaft, Heft 2, S. 65–78

Gadamer, H.-G. (1960): Wahrheit und Methode. Grundzüge einer philosophischen Hermeneutik, Tübingen

Gehlen, A. (1940): Der Mensch. Seine Natur und seine Stellung in der Welt, Gesamtausgabe Bd. 3, Frankfurt/M. 1993

Gerstl, Q. (1963): Der erzieherische Gehalt der Grimm'schen Kinder- und Hausmärchen, München

Geulen, D. (1977): Das vergesellschaftete Subjekt. Zur Grundlegung der Sozialisationstheorie, Frankfurt/M.

Geulen, D. (1994): Sozialisation, in: D. Lenzen (Hrsg.): Erziehungswissenschaft. Ein Grundkurs, Reinbek

Giel, K./Hiller, G.G. (Hrsg.) (1974 und 1975): CIEL – Arbeitsgruppe Reutlingen: Stücke zu einem mehrperspektivischen Unterricht, Teilcurriculum Handel und Gewerbe, Supermarkt, Stuttgart

Giesecke, H. (1991): Einführung in die Pädagogik, Weinheim und München 1991[2]

Goes, A. (1978): Lichtschatten Du. Gedichte aus fünfzig Jahren, Frankfurt/M.

Goethe, J.W.v.: Faust I und II, Goethes Werke Bd. 3, Hamburg 1949

Göppel, R. (1991a): Die Burlingham-Rosenfeld Schule in Wien (1927–1932) Schule und Unterricht für die Kinder des psychoanalytischen Clans, in: Zeitschrift für Pädagogik (37), S. 413–430

Göppel, R. (1991b): Umwelterziehung. Katastrophenpädagogik? Moralerziehung? Ökosystemlehre? Oder ästhetische Bildung, in: Neue Sammlung (31), S. 25–38

Göppel, R. (1995): Eltern und Kinder – Gefangene im Wiederholungszwang?, in: Zeitschrift für Pädagogik (41), S. 783–802

Gordon, Th. (1970): Familienkonferenz. Die Lösung von Konflikten zwischen Eltern und Kind, Reinbek

Gößling, H.J. (1993): Subjektwerden. Historisch-systematische Studien zu einer pädagogischen Paradoxie, Weinheim

Göttler, J. (1961): System der Pädagogik, München 1961[11]

Grass, G. (1959): Die Blechtrommel, Neuwied 1984[22]

Greenacre, P. (1957): The Childhood of the Artist: Libidinal Phase Development and Giftedness, in: The Psychoanalytic Study of the Child (12), S. 27–72

Groothoff, H.-H./Stallmann, M. (Hrsg.) (1971): Neues pädagogisches Lexikon, Stuttgart 1971[5]

Grossmann, W. (1994): Kindergarten. Eine historisch-systematische Einführung in seine Entwicklung und Pädagogik, Weinheim u. a. 1994[2]

Grünbaum, A. (1988): Die Grundlagen der Psychoanalyse. Eine philosophische Kritik, Stuttgart

Guardini, R. (1925): Der Gegensatz, Mainz 1985[3]

Guardini, R. (1928): Grundlegung der Bildungslehre. Versuch einer Bestimmung des Pädagogisch-Eigentlichen, Würzburg 1953

Guardini, R. (1952): Welt und Person. Versuch zur christlichen Lehre vom Menschen, Würzburg

Guardini, R. (1953): Die Lebensalter, Würzburg 1961[6]

Guardini, R. (1963): Über Sozialwissenschaften und Ordnung unter Personen, in: ders.: Unterscheidung des Christlichen, Mainz

Gudjons, H. (1994): Pädagogisches Grundwissen, Bad Heilbrunn 1994[2]

Haas, I. (1991): Praktische Ratschläge für die Erziehung von 3–11, München

Habermas, J. (1968): Erkenntnis und Interesse, Frankfurt/M.

Hahn, K. (1954): Erziehung zur Verantwortung, Stuttgart

Hansen, W. (1938): Die Entwicklung des kindlichen Weltbildes, München 1960[5]

Hartge, Th. (1989): Das andere Denken. Hermeneutische Perspektiven einer erziehungswissenschaftlichen Autobiographieforschung, Wiesbaden
Härtling, P. (1973): Zwettl - Nachprüfung einer Erinnerung, Frankfurt/M.
Hartmann, H. (1964): Bemerkungen zum Realitätsproblem, in: Psyche (18), S. 397–419
Hassenstein, B. (1987): Verhaltensbiologie des Kindes, München 1987[4]
Havighurst, R.J. (1956): Research on the developmental-task concept, in: School Review. A journal of secondary education (64)
Heid, H. (1990): Bericht über das Podium: „Zur Situation der Erziehungswissenschaft in der Bundesrepublik Deutschland", in: Zeitschrift für Pädagogik, Beiheft 25, S. 56–67
Heidegger, M. (1927): Sein und Zeit, Tübingen 1972[12]
Heidegger, M. (1936): Der Ursprung des Kunstwerks, Stuttgart
Heinze, Th./Klusemann, H.-W. (1979): Ein biographisches Interview als Zugang zum Lebenslauf eines Heimmädchens, in: D. Baacke/Th. Schulze (Hg.): Aus Geschichten lernen. Zur Einübung pädagogischen Verstehens, München
Heitger, M. (1984): Zum Verhältnis von Pädagogik und Therapie aus der Sicht der Pädagogik, in: W. Datler u. a.: Interdisziplinäre Aspekte der Sonder- und Heilpädagogik, München, Basel
Heitger, M. (1989): Vom Selbstverständnis transzendental-philosophischer Pädagogik, in: H. Röhrs/H. Scheuerl (Hrsg.): Richtungsstreit in der Erziehungswissenschaft und pädagogische Verständigung. Wilhelm Flitner zur Vollendung seines 100. Lebensjahres am 20. August 1989 gewidmet, Frankfurt/M.
Heller, P. (1983): Vorerinnerung; Retrospektive; Nachwort, in: G. Bittner/P. Heller (Hrsg.): Eine Kinderanalyse bei Anna Freud (1929–1932), Würzburg
Heller, P. (1994): Zu „Psychohistorie" und „Psychobiographie", in: G. Bittner (Hrsg.): Biographien im Umbruch. Lebenslaufforschung und Vergleichende Erziehungswissenschaft, Würzburg
Heller, P. The Burlingham-Rosenfeld-School (Vienna 1927–1933): A Documentation in print
Hellpach, W. (1954): Erzogene über Erziehung. Dokumente von Berufenen, Heidelberg
Helmers, H. (1971): Sprache und Humor des Kindes, Stuttgart
Henner, G. (1990): Die Pädagogik im Denken Romano Guardinis, Paderborn
Henningsen, J. (1981): Autobiographie und Erziehungswissenschaft, Essen
Henningsen, J. (1982): Kasuistik: Beispielerzählungen und Streitsituationen, in: Erziehungswissenschaft im Übergang - verlorene Einheit, Selbstteilung und Alternativen, hrsg. von D. Lenzen, Stuttgart
Hentig, H.v. (1972): Cuernavaca oder: Alternativen zur Schule, Stuttgart
Hentig, H.v. (1973): Schule als Erfahrungsraum. Eine Übung im Konkretisieren einer pädagogischen Idee, Stuttgart
Hentig, H.v. (1974a): „Einführung" - Oder: Das *hidden curriculum* der Erziehungswissenschaft zugunsten einer veranstalteten, verwaltbaren Pädagogik, in: Neue Sammlung (14), S. 338–359
Hentig, H.v. (1974b): Systemzwang und Selbstbestimmung. Über die Bedingungen der Gesamtschule in der Industriegesellschaft, Stuttgart 1974[4]
Hentig, H.v. (1976): Was ist eine humane Schule?, München, Wien
Hentig, H.v. (1983): Aufgeräumte Erfahrung. Texte zur eigenen Person, München, Wien
Hentig, H.v. (1984): Das allmähliche Verschwinden der Wirklichkeit. Ein Pädagoge ermutigt zum Nachdenken über die Neuen Medien, München
Hentig, H.v. (1987): Humanisierung - eine verschämte Rückkehr zur Pädagogik?: Andere Wege zur Veränderung der Schule, Stuttgart
Henz, H. (1964): Ermutigung. Ein Prinzip der Erziehung, Freiburg 1964[2]
Henz, H. (1979): Grundwissen Pädagogik, Freiburg
Henz, H. (1991a): Bildungstheorie, Frankfurt/M.
Henz, H. (1991b): Ethische Erziehung. Ethische Fundamentalpädagogik für Lehrer, Erzieher und Eltern, München
Heraklit (Ephesius): Fragmente, Griechisch und Deutsch, herausgegeben von Bruno Snell, München, Zürich 1986[9]
Herrlitz, H.-G. (1980): Schule - Schultheorie, in: Ch. Wulf (Hrsg.): Wörterbuch der Erziehung, München

Herrmann, U. (1984): Neue Wege der Sozialgeschichte. Zur Forschungspraxis der Historischen Sozialisationsforschung und zur Bedeutung ihrer Ergebnisse für pädagogische Theoriebildung, in: Pädagogische Rundschau (38), S. 171–187

Herrmann, U. (1987): Biographische Konstruktionen und das gelebte Leben. Protegamena zu einer Biographie – und Lebenslaufforschung in pädagogischer Absicht, in: Zeitschrift für Pädagogik (23), S. 303–323

Herrmann, U. (1989): Die Kommission Wissenschaftsforschung der Deutschen Gesellschaft für Erziehungswissenschaft, in: P. Zedler/E. König: Rekonstruktion pädagogischer Wissensgeschichte: Fallstudien, Ansätze, Perspektiven, Weinheim

Herrmann, U. (1991a): „Innenansichten". Erinnerte Lebensgeschichte und geschichtliche Lebenserinnerung, oder: Pädagogische Reflexion und ihr „Sitz im Leben", in: Chr. Berg (Hrsg.): Kinderwelten, Frankfurt/M.

Herrmann, U. (1991b): Pädagogisches Argumentieren und erziehungswissenschaftliche Forschung. Zur Verhältnisbestimmung der beiden Wissens- und Diskussionsformen „Pädagogik" und „Erziehungswissenschaft", in: D. Hoffmann (Hrsg.): Bilanz der Paradigmendiskussion in der Erziehungswissenschaft. Leistungen, Defizit, Grenzen, Weinheim

Herzog, W. (1991): Das moralische Subjekt. Pädagogische Intuition und psychologische Theorie, Bern

Hesse, H.: Klein und Wagner, Gesammelte Dichtungen, Bd. 3, Frankfurt/M. 1952

Hesse, H. (1925): Piktors Verwandlungen, Frankfurt/M. 1975

Hessen, S. (1926): Fröbel und Montessori, in: Erziehung 1, S. 65–99

Hierdeis, H. (Hrsg.) (1996): „Lieber Franz . . ." , in Vorbereitung

Hiller, G.G. (1994): Ausbruch aus dem Bildungskeller. Pädagogische Provokation, Langenau-Ulm 1994[3]

Hoeppel, R. (1983): Weiblichkeit als Selbstentwurf. Autobiographische Schriften als Gegenstand der Erziehungswissenschaft. Eine exemplarische Untersuchung anhand ausgewählter Texte aus der frühen bürgerlichen und der neuen autonomen Frauenbewegung, Diss. Würzburg

Höffe, O. (Hrsg.) (1977): Lexikon der Ethik, München 1977[2]

Hoffmann, D. (1991): Was muß bei einer Bilanzierung der Pädagogik beachtet werden?, in: D. Hoffmann/H. Heid (Hrsg.): Bilanzierungen erziehungswissenschaftlicher Theorienbildung: Erfolgskontrolle durch Wissenschaftsforschung, Weinheim

Hoffmann, D. (1995): Insider oder Outsider, in: Erziehungswissenschaft (6), Heft 11, S. 70–81

Hofmann, Th. (1968): Jugend im Gefängnis, München

Hofstätter, P.R. (1986): Gruppendynamik. Kritik der Massenpsychologie, Reinbek

Höhler, G. (1994): Neue Werte zu einer Welt im Wandel, in: N. Seibert/H.J. Serve (Hrsg.): Bildung und Erziehung an der Schwelle zum dritten Jahrtausend, München

Homfeldt, H.G. (Hrsg.) (1993): Erlebnispädagogik. Geschichtliches, Räume und Adressat(inn)en, erziehungswissenschaftliche Facetten, Kritisches, Baltmannsweiler

Hörmann, H.J./Brunke, Ch. (1985): Aspekte der Selbstkonzeptentwicklung bei Jugendlichen nach Abschluß des Gymnasiums, in: D. Liepmann/A. Stiksrud (Hg.): Entwicklungsaufgaben und Bewältigungsprobleme in der Adoleszenz, Göttingen

Hundertmarck, G. (1969): Soziale Erziehung im Kindergarten, Stuttgart

Hurrelmann, K. (Hg.) (1976): Sozialisation und Lebenslauf. Empirie und Methodik sozialwissenschaftlicher Persönlichkeitsforschung, Reinbek

Hurrelmann, K./Ulich, D. (1991): Neues Handbuch der Sozialisationsforschung, Weinheim, Basel 1991[4]

Janus, L. (1991): Wie die Seele entsteht, Hamburg

Janus, L. (1994): Psychoanalytische und pränatalpsychologische Aspekte zur lebensgeschichtlichen Bedeutung vorgeburtlicher und geburtlicher Erfahrung, in: Jahrbuch für Psychoanalytische Pädagogik 6, S. 91–107

Jaschke, H. (1992): Grenzen finden in der Erziehung. Über die schwierige Kunst, sich auseinanderzusetzen, Mainz

Jaspers, K. (1931): Die geistige Situation der Zeit, Berlin 1960

Jean Paul (1820): Selberlebensbeschreibung, in: Werke in 12 Bänden, hrsg. v. N. Miller, Bd. 12, München, Wien 1975
Joas, H. (1988): Das Risiko der Gegenwartsdiagnose, in: Soziologische Revue, Heft 1, S. 1–6
Jugendwerk der Deutschen Shell (Hrsg.) (1981): Jugend '81, Bd. 1–3, Hamburg
Jugendwerk der Deutschen Shell (Hrsg.) (1985): Jugendliche und Erwachsene '85, Opladen
Jugendwerk der Deutschen Shell (Hrsg.) (1992): Jugend '92, Bd. 1–4, Opladen
Jülich, Th. / Ebert-Schifferer, S. (1993): Gottesfurcht und Höllenangst – Ein Lehrbuch zur mittelalterlichen Kunst, Darmstadt
Jung, C.G. (1921): Psychologische Typen, Bd. 6, Olten 1976[12]
Jung, C.G. (1928a): Traumanalyse. Nach Aufzeichnungen der Seminare 1928–1930, herausgegeben von William McGuire, Olten 1991
Jung, C.G. (1928b): Die Beziehungen zwischen dem Ich und dem Unbewußten, Bd. 7, Olten 1974[2]
Jung, C.G. (1930): Zum Gedächtnis Richard Wilhelms, Bd. 15, Olten 1972[2]
Jung, C.G. (1931): Seele und Erde, Bd. 10, Olten 1974
Jung, C.G. (1936): Der Begriff des kollektiven Unbewußten, Bd. 9/1, Olten 1976[2]
Jung, C.G. (1936): Traumsymbole des Individuationsprozesses, Bd. 12, Olten 1976[2]
Jung, C.G. (1940): Zur Psychologie des Kindarchetypus, Bd. 9/1, Olten 1976[2]
Jung, C.G. (1940): Über Wiedergeburt, Bd. 9/1, Olten 1976[2]
Jung, C.G. (1940/41): Kindertraum-Seminar, in: ders.: Kinderträume, hrsg. von L. Jung, M. Meyer-Grass, Olten 1987
Jung, C.G. (1946): Die Psychologie der Übertragung, Bd. 16, Olten 1976[2]
Jung, C.G. (1951): Aion. Beiträge zur Symbolik des Selbst, Bd. 9/2, Olten 1977[2]
Jung, C.G. (1952): Synchronizität als ein Prinzip akausaler Zusammenhänge, Bd. 8, Olten 1976[2]
Jung, C.G. (1958): Das Gewissen in psychologischer Sicht, Bd. 10, Olten 1974
Jung, C.G. (1961): Erinnerungen, Träume, Gedanken von C.G. Jung, aufgezeichnet und herausgegeben von Aniela Jaffé, Olten 1984[2]

Kafka, F. (1917): Ein Bericht für eine Akademie, in: ders.: Die Erzählungen, Frankfurt/M. 1961
Kafka, F. (1919): Brief an den Vater, München 1962
Kainz, F. (1960): Psychologie der Sprache, Bd. II, Stuttgart 1960[2]
Kant, I. (1800): Anthropologie in pragmatischer Hinsicht, in: ders.: Werke, Bd. VIII, Berlin 1923[2]
Kant, I. (1787): Kritik der reinen Vernunft, in: Immanuel Kants Werke, Bd. III, Berlin 1923
Kant, I. (1788): Kritik der praktischen Vernunft, in: Immanuel Kants Werke, Bd. V, Berlin 1922[2]
Kardiner, A. (1946): The psychological frontiers of society, New York
Karutz, A. (1994): Aufgewachsen im Nationalsozialismus, „Groß"-geworden im real existierenden Sozialismus, Altern im Kapitalismus – eine biographische Einzelfallanalyse, in: G. Bittner (Hrsg.): Biographien im Umbruch, Würzburg
Kasser, W. (Hrsg.) (1963): Hans Zulliger. Eine Biographie und Würdigungen seines Wirkens, Bern, Stuttgart
Keck, R.W./Wiersing, E. (Hg.) (1994): Vormoderne Lebensläufe erziehungshistorisch betrachtet, Köln, Weimar, Wien
Kentler, H. (1970): Sexualerziehung, Reinbek
Klafki, W. (1986): Die Bedeutung der klassischen Bildungstheorien für ein zeitgemäßes Konzept allgemeiner Bildung, in: Zeitschrift für Pädagogik (32), S. 455–476
Klafki, W. (1991): Typische Faktorenkonstellation für Identitätsbildungsprozesse von Kindern und Jugendlichen im Nationalsozialismus im Spiegel autobiographischer Berichte, in: Chr. Berg/S. Ellger-Rüttgardt (Hrsg.): Du bist nichts, dein Volk ist alles, Weinheim
Klafki, W. (1992): Interpretation des systematischen Gehaltes, in: J.H. Pestalozzi: Pestalozzi über seine Anstalt in Stans. Mit einer Interpretation von Wolfgang Klafki, Weinheim, Basel 1992[6]
Klafki, W. (1994): Schlüsselprobleme als inhaltlicher Kern internationaler Erziehung, in: N. Seibert/H.J. Serve (Hrsg.): Bildung und Erziehung an der Schwelle zum dritten Jahrtausend, München
Klein, M. (1962): Das Seelenleben des Kleinkindes und andere Beiträge zur Psychoanalyse, Stuttgart

Kleinespel, K. (1990): Schule als biographische Erfahrung. Die Laborschule im Urteil ihrer Absolventen, Weinheim, Basel
Klink, J.-G. (1974): Klasse H7e. Aufzeichnungen aus dem Schulalltag, Bad Heilbrunn
Kluge, N. (Hrsg.) (1973): Das pädagogische Verhältnis, Darmstadt
Koch, V. (1992): Das Phänomen des Zur-Welt-kommens und seine Bedeutung für die Pädagogik, Diplomarbeit, Würzburg
Kohlberg, L. (1974): Zur kognitiven Entwicklung des Kindes. Drei Ansätze, Frankfurt/M.
Kohlberg, L. (1986): Der „Just Community"-Ansatz der Moralerziehung in Theorie und Praxis, in: F. Oser/R. Fatke/O. Höffe: Transformation und Entwicklung. Grundlagen der Moralerziehung, Frankfurt/M.
Kohlberg, L. (1995): Die Psychologie der Moralentwicklung, Frankfurt/M.
Kohli, M./Robert, G. (Hrsg.) (1984): Biographie und soziale Wirklichkeit. Neue Beiträge und Forschungsperspektiven, Stuttgart
Kohut, H. (1966): Formen und Umformungen des Narzißmus, in: Psyche (20), S. 561–587
Kokemohr, R./Marotzki, W. (Hrsg.) (1989): Biographien in komplexen Institutionen, Studentenbiographien I (Interaktion und Lebenslauf, Bd. 4), Frankfurt/M.
Kokemohr, R./Marotzki, W. (Hrsg.) (1990): Biographien in komplexen Institutionen, Studentenbiographien II (Interaktion und Lebenslauf, Bd. 5), Weinheim
Koller, H.-Chr. (1990): Die Liebe zum Kind und das Begehren des Erziehers. Erziehungskonzeption und Schreibweise pädagogischer Texte von Pestalozzi und Jean Paul, Weinheim
Kdodziej, P./Deutsch, W./Bittner, Chr. (1991): Das Selbst im Spiegel der Kindersprache, in: Zeitschrift für Entwicklungspsychologie und pädagogische Psychologie (23), S. 23–47
König, E. (1990): Bilanz der Theorieentwicklung in der Erziehungswissenschaft, in: Zeitschrift für Pädagogik (36), S. 919–936
Korczak, J. (1967): Wie man ein Kind lieben soll, Göttingen 1992[10]
Korczak, J. (1982): Begegnungen und Erfahrungen. Kleine Essays, Göttingen 1982[3]
Körner, J. (1980): Über das Verhältnis von Psychoanalyse und Pädagogik, in: Psyche (34), S. 769–789
Kosubek, S. (1988): Konfliktlösungen für Eltern und Jugendliche. Modernes Leben, Dortmund
Kramp, W. (1970): Theorie der Schule, in: J. Speck/G. Wehle (Hg.): Handbuch pädagogischer Grundbegriffe, Bd. II, München
Krappmann, L. (1971): Soziologische Dimensionen der Identität. Strukturelle Bedingungen für die Teilnahme an Interaktionsprozessen, Stuttgart
Kroh, O. (1929): Die Psychologie des Grundschulkindes, Langensalza
Krohn, W./Krug, H.-J./Küppers, G. (1992): Selbstorganisation. Jahrbuch für Komplexität in den Natur-, Sozial- und Geisteswissenschaften, Band 3: Konzepte von Chaos und Selbstorganisation in der Geschichte der Wissenschaften, Berlin
Kron, F. W. (1991): Grundwissen Pädagogik, München/Basel 1991[3]
Krüll, H. (1992): Die Geburt ist nicht der Anfang. Die ersten Kapitel unseres Lebens – neu erzählt, Stuttgart
Kürzdörfer, K. (1981): Grundpositionen und Perspektiven in der Erwachsenenbildung, Bad Heilbrunn
Kurzweg, A. (1976): Die Geschichte der Berliner Gesellschaft für Experimental-Psychologie mit besonderer Berücksichtigung ihrer Ausgangssituation und des Wirkens von Max Dessoir, Inaugural-Dissertation, FU Berlin

Lacan, J. (1973a): Das Spiegelstadium als Bildner der Ich-Funktion, in: ders.: Schriften I, Olten
Lacan, J. (1973b): Funktion und Feld des Sprechens und der Sprache in der Psychoanalyse, in: ders.: Schriften I, Olten
Lacan, J. (1975): Das Drängen des Buchstabens im Unbewußten oder die Vernunft seit Freud, in: ders.: Schriften II, Olten
Lacan, J. (1980): Das Ich in der Theorie Freuds und in der Technik der Psychoanalyse. Das Seminar von Jacques Lacan, Buch II (1954–1955), Olten
Lamb, M. E. (Ed.) (1987): The Fathers Role. Cross-Cultural Perspectives, Hillsdale, New Jersey

Lang, H. (1996): Neuere Überlegungen zur Struktur des Ödipuskomplexes in Neurose, Psychose und Perversion - in Anlehnung an die Würzburger Vorträge von Clara Happel, Melanie Klein und Felix Boehm, in: H. Lang/H. Weiß: Psychoanalyse heute und vor 70 Jahren, Tübingen
Langegger, F. (1978): Mozart. Vater und Sohn. Eine psychologische Untersuchung, Zürich, Freiburg
Langeveld, M. J. (1955): Das Ding in der Welt des Kindes, in: Zeitschrift für Pädagogik (1), S. 69-83
Langeveld, M. J. (1960): Die Schule als Weg des Kindes, Braunschweig 1968[4]
Laplanche, J./Pontalis, J.-B. (1980): Das Vokabular der Psychoanalyse, Bd. 2, Frankfurt/M.
Laufer, M./Laufer, M. E. (1989): Adoleszenz und Entwicklungskrise, Stuttgart
Lee, Jong-Seo (1989): Der pädagogische Bezug. Rekonstruktion der Theorie des pädagogischen Bezugs bei H. Nohl unter Berücksichtigung der Kritiken und neuerer Ansätze, Frankfurt/M.
Lehmann, J. (1988): Bekennen - Erzählen - Berichten. Studien zu Theorie und Geschichte der Autobiographie, Tübingen
Lehner, H. (1994): Einführung in die empirisch-analytische Erziehungswissenschaft: Wissenschaftsbegriff, Aufgaben und Werturteilsproblematik, Bad Heilbrunn
Lempp, R. (1973): Lernerfolg und Schulversagen, München 1973[2]
Lenzen, D. (Hrsg.) (1994): Erziehungswissenschaft - Pädagogik - Geschichte - Konzepte - Fachrichtungen, in: ders. (Hrsg.): Erziehungswissenschaft. Ein Grundkurs, Reinbek
Leupold-Löwenthal, H. (1984): Zur Geschichte der „Frage der Laienanalyse", in: Psyche (38), S. 97-120.
Lewin, K. (1935): Dynamic Theory of Personality, New York, London
Lewin, K./Lippitt, R./White, R. K. (1939): Patterns of aggressive behavior in experimentally created „social climates", in: The Journal of Social Psychology (10), S. 271-299
Lichtenstein, E. (1973): Vom Sinn der erzieherischen Situation, in: N. Kluge (Hrsg.): Das Pädagogische Verhältnis, Darmstadt
Liedtke, M. (1991): Johann Heinrich Pestalozzi (1746-1827), in: H. Scheuerl: Klassiker der Pädagogik, Bd. 1, München 1991[2]
Liedtke, M. (1994): Bildungsaufgaben an der Schwelle zum 3. Jahrtausend - Zielvorstellungen, Entwicklungstrends und anthropologische Rahmendaten, in: N. Seibert/H. J. Serve (Hrsg.): Bildung und Erziehung an der Schwelle zum dritten Jahrtausend, München
Lietz, H. (1922): Lebenserinnerungen, Veckenstedt 1922[3]
Lietz, H. (1970): Der Beruf des Erziehers. Ein Brief (1913), in: ders.: Schulreform durch Neugründung, hrsg. von R. Lassahn, Paderborn
Linder, R. (Hrsg.) (1994): Haus- und Praxisgeburten. Dokumentation der 1. Tagung für Haus- und Praxisgeburtshilfe, Frankfurt/M.
Lindzey, G./Aronson, E. (1959): The Handbook of Social Psychology, Bd. 3, London 1969[2]
Lipp, W. (1992): Wolfgang Amadeus Mozart. Genie und Musik, Würzburg
Litt, Th. (1927): Führen oder Wachsenlassen, Stuttgart 1967
Loch, Werner (1978): Individuelles Verhalten und pädagogisches Verstehen, in: Werner Loch (Hrsg.): Modelle pädagogischen Verstehens, Essen
Loch, Werner (1979): Lebenslauf und Erziehung, Essen
Loch, Werner (1983): Phänomenologische Pädagogik, in: D. Lenzen/K. Mollenhauer (Hg.): Enzyklopädie Erziehungswissenschaft, Bd. I: Theorien und Grundbegriffe der Erziehung und Bildung, Stuttgart
Loch, Wolfgang (1965): Voraussetzungen, Mechanismen und Grenzen des psychoanalytischen Prozesses, Bern, Stuttgart
Loch, Wolfgang (1966): Über einige allgemeine Strukturmerkmale und Funktionen psychoanalytischer Deutungen, in: Psyche (20), S. 377-395
Loch, Wolfgang (1970): Zur Entstehung aggressiv-destruktiver Reaktionsbereitschaft, in: Psyche (24), S. 241-259
Loch, Wolfgang/Jappe, G. (1974): Die Konstruktion der Wirklichkeit und die Phantasien. Anmerkungen zu Freuds Krankengeschichte des „Kleinen Hans", in: Psyche (28), S. 1-31
Loewald, H. W. (1951): Ego and Reality, in: Int. J. Psycho-anal. XXXII
Lorenz, K. (1941): Kants Lehre vom Apriorischen im Lichte gegenwärtiger Biologie, in: Blätter für Deutsche Philosophie (15), S. 94-125

Lorenz, K. (1973): Die Rückseite des Spiegels. Versuch einer Naturgeschichte menschlichen Erkennens, München
Lorenzer, A. (1973a): Grundprobleme einer materialistischen Sozialisationstheorie, in: Sozialisationsforschung, hrsg. v. H. Walter, Stuttgart
Lorenzer, A. (1973b): Sprachzerstörung und Rekonstruktion. Vorarbeiten zu einer Metatheorie der Psychoanalyse, Frankfurt/M.
Lorenzer, A. (1974): Die Wahrheit der psychoanalytischen Erkenntnis. – Ein historisch-materialistischer Entwurf, Frankfurt/M.
Lorenzer, A. (1979): Die Analyse der subjektiven Struktur von Lebensläufen und das gesellschaftlich Objektive, in: D. Baacke/Th. Schulze (Hrsg.): Aus Geschichten lernen, München
Lotz, W. (1987): Vom interagierenden zum handelnden Erzieher. Überlegungen zur Tiefenhermeneutik pädagogischer Interaktion, in: H. Reiser und H.-G. Trescher (Hrsg.): Wer braucht Erziehung? Impulse der Psychoanalytischen Pädagogik, Mainz
Lüthy, H. (1992): Daß man bei Montaigne nicht suchen soll, was er nicht hat, in: M. Montaigne: Essais, Zürich

Macho, Th. (1987): Todesmetaphern. Zur Logik der Grenzerfahrung, Frankfurt/M.
Mack, J. F. (1995): Entführt – von Außerirdischen. Aus dem Amerikanischen von Will de Blöme, Essen
Mahler, M. S./Pine, F./Bergmann, A. (1978): Die psychische Geburt des Menschen. Symbiose und Individuation, Frankfurt/M.
Mahler, M. S. (1972): Symbiose und Individuation, Stuttgart
Mahler, M. S. (1985): Studien über die ersten drei Lebensjahre, Stuttgart
Maier, K. E. (1986): Grundriß moralischer Erziehung, Bad Heilbrunn
Makarenko, A. S. (1952): Der Weg ins Leben. Ein pädagogisches Poem, Frankfurt/M., Berlin, Wien
Malinowski, B. (1949): The dynamios of culture change. An inquiry into race relations in Africa, New Haven u. a.
Mann, Th. (1912): Tod in Venedig, in: ders.: Gesammelte Werke, Bd. VIII, Frankfurt/M. 1974
Marcuse, H. (1973): Triebstruktur und Gesellschaft. Ein philosophischer Beitrag zu Sigmund Freud, Frankfurt/M.
Maslow, A. H. (1978): Motivation und Persönlichkeit, Olten 1978[2]
Materialien zum Unterricht, Primarstufe – Heft 1, Sachunterricht, Deutsch, Hessisches Institut für Bildungsplanung und Schulentwicklung (HIBS), 1980
Maturana, H. R./Varela, F. J. (1987): Der Baum der Erkenntnis. Die biologischen Wurzeln des menschlichen Erkennens, Bonn, München, Wien 1987[3]
Maurer, F. (1981): Lebensgeschichte und Identität, Frankfurt/M.
Mead, G. H. (1968): Geist, Identität und Gesellschaft, Frankfurt/M.
Mead, M. (1970): Jugend und Sexualität in primitiven Gesellschaften, Bd. 1–3, München
Meier, K. (1986): Neuere Tendenzen im Sachunterricht, in: M. Rauch/L. Tomaschewski: Schulbücher im Sachunterricht, Überblick – Analyse – Entscheidungshilfen, Frankfurt/M. (Arbeitskreis Grundschule e. V.)
Menze, C. (1970): Bildung, in: J. Speck/G. Wehle (Hrsg.): Handbuch pädagogischer Grundbegriffe, Bd. I, München
Menze, C. (1989): Der pädagogische Humanismus in der Diskussion der Gegenwart, in: H. Röhrs/H. Scheuerl (Hrsg.): Richtungsstreit in der Erziehungswissenschaft und pädagogische Verständigung, Frankfurt/M.
Merian, S. (1980): Der Tod des Märchenprinzen, Hamburg
Mietzel, G. (1992): Wege in die Entwicklungspsychologie: Erwachsenenalter und Lebensende, München
Mitscherlich, A. (1963): Auf dem Weg zur vaterlosen Gesellschaft, München
Mitscherlich-Nielsen, M. (1987): Theorie in der Krise, in: Psyche (41), S. 961–968
Mohr, G. (1988): Vom Ich zur Person. Die Identität des Subjekts bei Peter F. Strawson, in: M. Frank u. a. (Hrsg.): Die Frage nach dem Subjekt, Frankfurt/M.
Mollenhauer, K. (1959): Die Ursprünge der Sozialpädagogik in der industriellen Gesellschaft. Eine Untersuchung zur Struktur sozialpädagogischen Handelns, Weinheim

Mollenhauer, K. (1970): Erziehung und Emanzipation. Potemische Skizzen, München 1970[3]
Mollenhauer, K. (1982): Theorien zum Erziehungsprozeß. Zur Einführung in erziehungswissenschaftliche Fragestellungen, München 1982[4]
Mollenhauer, K. (1983): Vergessene Zusammenhänge. Über Kultur und Erziehung, München
Mollenhauer, K. (1984): Kinder und ihre Erwachsenen, in: A. Flitner/H. Scheuerl (Hrsg.): Einführung in pädagogisches Sehen und Denken, München
Mollenhauer, K. (1989): Ästhetische Bildung als Kritik – oder: Hatte das „Bauhaus" eine Bildungstheorie?, in: H. Röhrs/H. Scheuerl (Hrsg.): Richtungsstreit in der Erziehungswissenschaft und pädagogische Verständigung, Frankfurt/M.
Mollenhauer, K. (1994): Sozialpädagogische Einrichtungen, in: D. Lenzen (Hrsg.): Erziehungswissenschaft. Ein Grundkurs, Reinbek
Monod, J. (1971): Zufall und Notwendigkeit. Philosophische Fragen der modernen Biologie, München
Montada, L. (1987): Themen, Traditionen, Trends, in: R. Oerter/L. Montada: Entwicklungspsychologie. Ein Lehrbuch, München, Wien, Baltimore 1987[2]
Montaigne, M. (1608): Essais. Auswahl und Übertragung von Herbert Lüthy, Zürich 1992[8]
Montessori, M. (1952): Kinder sind anders, Stuttgart
Moritz, K. Ph. (1785): Anton Reiser. Ein psychologischer Roman, Stuttgart 1972
Müller, B./Niemeyer, Ch./Peter, H. (Hrsg.) (1986): Sozialpädagogische Kasuistik, Bielefeld
Müller-Wiedemann, H. (1980): Mitte der Kindheit. Das neunte bis zwölfte Lebensjahr. Eine biographische Phänomenologie der kindlichen Entwicklung, Stuttgart 1980[2]
Mut zur Erziehung (1979): Beiträge zu einem Forum am 9./10. Januar 1978 im Wissenschaftszentrum Bonn-Bad Godesberg

Nagl, L./Vetter, H./Leupold-Löwenthal, H. (Hrsg.) (1990): Philosophie und Psychoanalyse, Frankfurt/M.
Nebel, G. (1967): Die Geburt der Philosophie, Stuttgart
Nedelmann, C. (1990): Die Psychoanalyse als Krankenbehandlung in der kassenärztlichen Versorgung, in: Forum der Psychoanalyse, Heft 6
Neidhardt, W. (1977): Kinder, Lehrer und Konflikte. Vom psychoanalytischen Verstehen zum pädagogischen Handeln, München
Nenninger, P. (1988): Das pädagogische Verhältnis als motivationales Konstrukt. Ein Beitrag zur Lehr-lern-theoretischen Analyse eines pädagogischen Paradigmas, Weinheim
neue praxis (1995): Hans Thiersch zum 60. Geburtstag (25)
Neugarten, B. L. (1963): Personality and the Aging Process, in: R. H. Williams/C. Tibbits/W. Donahue: Process of Aging. Social and psychological Perspectives, Vol. I, New York, S. 321–334
Neugarten, B. L. (1968): Middle Age and Aging. A Reader in social Psychology, Chicago
Neuhaus-Siemon, E. (1993): Frühleser in der Grundschule. Leseleistung, Lesegewohnheiten und Schulerfolg, Bad Heilbrunn
Niedersen, U./Pohlmann, L. (Hrsg.) (1991): Selbstorganisation. Jahrbuch für Komplexität in den Natur-, Sozial- und Geisteswissenschaften, Band 2: Der Mensch in Ordnung und Chaos, Berlin
Nietzsche, F. (1882): Die fröhliche Wissenschaft, in. ders.: Sämtliche Werke, Bd. 3, München 1980
Nietzsche, F. (1884–1885): Nachgelassene Fragmente 1884–1885, in: ders.: Sämtliche Werke, Bd. 11, München 1980
Nietzsche, F. (1885–1887): Nachgelassene Fragmente 1885–1887, in: ders.: Sämtliche Werke, Bd. 12, München 1980
Nietzsche, F. (1889): Götzen-Dämmerung oder Wie man mit dem Hammer philosophirt, in: ders.: Sämtliche Werke, Bd. 6, München 1980
Nietzsche, F. (1957): Werke in drei Bänden, hrsg. von K. Schlechta, Bd. 3 München
Nilsson, L. (1990): Ein Kind entsteht, München
Nohl, H. (1933a): Die Theorie der Bildung, in: H. Nohl/L. Pallat (Hrsg.): Handbuch der Pädagogik, Bd. 1, Langensalza 1966

Nohl, H. (1933b): Der pädagogische Bezug und die Bildungsgemeinschaft, in: N. Kluge (Hrsg.): Das pädagogische Verhältnis, Darmstadt 1973
Nonne, F. (1985): „Postmoderne" – Ein neues Modethema für die Pädagogik, in: D. Baacke u. a.: Am Ende – postmodern? Next Wave in der Pädagogik, Weinheim, München
Notz, G. (1991): „Du bist als Frau um einiges mehr gebunden als der Mann". Die Auswirkungen des ersten Kindes auf die Lebens- und Arbeitsplanung von Müttern und Vätern, Bonn

Oelkers, J. (1987): Wie kann der Mensch erzogen werden? Pestalozzis ‚Nachforschungen' als ein Hauptstück der modernen Pädagogik, in: J. Gruntz-Stoll (Hrsg.): Pestalozzis Erbe – Verteidigung gegen seine Verehrer, Heilbronn
Oelkers, J. (Hrsg.) (1993): Pädagogisches Wissen, Weinheim
Oelkers, J./Osterwalder, F. (Hrsg.) (1995): Pestalozzi. Umfeld und Rezeption. Studien zur Historisierung einer Legende, Weinheim, Basel
Oelkers, J./Prior, H. (1982): Soziales Lernen in der Schule, Königstein/Ts.
Oelkers, J./Tenorth, H.-E. (1991): Pädagogisches Wissen als Orientierung und als Problem, in: Zeitschrift für Pädagogik, Beiheft 27, S. 13–35
Oerter, R. (1987): Jugendalter, in: R. Oerter/L. Montada (Hrsg.): Entwicklungspsychologie. Ein Lehrbuch, München, Weinheim
Oerter, R./Montada, L. (Hrsg.) (1987/1995): Entwicklungspsychologie. Ein Lehrbuch, München, Weinheim 1987^2/1995^3
Offer, D. (1984): Das Selbstbild normaler Jugendlicher, in: E. Olbrich / E. Todt (Hg.): Probleme des Jugendalters, Berlin
Orban, P. (1981): Psyche und Soma. Über die Sozialisation des Körpers, Wiesbaden
Orban, P. (1996): Der multiple Mensch, Frankfurt/M.
Oser, F. (1981): Moralisches Urteil in Gruppen, soziales Handeln, Verteilungsgerechtigkeit, Frankfurt/M.
Ott, K. (1994): „Nur um der Hoffnungslosen willen ist uns die Hoffnung gegeben". Überlegungen zu Erziehung und Hoffnung mit „verwahrlosten" Kindern und Jugendlichen, insbesondere mit Straßenkindern in Lateinamerika, Diplomarbeit, Würzburg

Pascal, R. (1965): Die Autobiographie. Gehalt und Gestalt, Stuttgart
Pavelkova, I. (1990): Perspektivni orientace jako cinitel rozvoje osobnosti, Reihe: Ceskoslovenska Akademie VED, Studie 4 '90, Prag
Pestalozzi, J. H.: (1767–1827): Sämtliche Briefe, Bd. 1–13, Zürich 1946–71
Pestalozzi, J. H. (1779/80): Die Abendstunde eines Einsiedlers, in: ders.: Sämtliche Werke, Bd. 1, Berlin 1927
Pestalozzi, J. H. (1797): Meine Nachforschungen über den Gang der Natur in der Entwicklung des Menschengeschlechts, in: ders.: Sämtliche Werke, Bd. 12, Berlin 1938
Pestalozzi, J. H. (1799): Über den Aufenthalt in Stans. Brief Pestalozzis an einen Freund, in: ders.: Sämtliche Werke, Bd. 13, Berlin 1932
Pestalozzi, J. H. (1801): Wie Gertrud ihre Kinder lehrt, ein Versuch, den Müttern Anleitung zu geben, ihre Kinder selbst zu unterrichten in: ders.: Sämtliche Werke, Bd. 13, Berlin 1932
Pestalozzi, J. H. (1808): An die Einzige, in ders.: Sämtliche Werke, Bd. 21, Zürich 1980^2
Pestalozzi, J. H. (1826): Rede in der Versammlung der helvetischen Gesellschaft, 26. April 1826 zu Langenthal, in: ders.: Sämtliche Werke, Bd. 27, Schriften von 1820–1826, Zürich 1976
Petillon, H. (1987): Der Schüler: Rekonstruktion der Schule aus der Perspektive von Kindern und Jugendlichen, Darmstadt
Pfister, O. (1921a): Vermeintliche Nullen und angebliche Musterkinder, Bern, Leipzig
Pfister, O. (1921b): Die Behandlung schwer erziehbarer und abnormer Kinder, Bern, Leipzig
Piaget, J. (1954): Das moralische Urteil beim Kinde, Zürich
Piaget, J. (1969a): Das Erwachen der Intelligenz beim Kinde, Stuttgart
Piaget, J. (1969b): Nachahmung, Spiel und Traum. Die Entwicklung der Spielfunktion beim Kinde, Stuttgart
Picht, W. (1964): Die deutsche Bildungskatastrophe. Analyse und Dokumentation, Olten, Freiburg
Pieper, J. (1948): Was heißt philosophieren? Vier Vorlesungen, München

Platon: Sämtliche Werke, Reinbek 1966
Plessner, H. (1964): Conditio humana, in: Opuscula aus Wissenschaft und Bildung, Bd. 14, Pfullingen
Pöggeler, F. (1964): Der Mensch in Mündigkeit und Reife. Eine Anthropologie des Erwachsenen, Paderborn
Pöggeler, R. (1973): Die Lebensalter, Mainz
Pöggeler, F. (1989): Bildung in lebenslanger Perspektive, in: H. Röhrs/H. Scheuerl (Hrsg.): Richtungsstreit in der Erziehungswissenschaft und pädagogische Verständigung. Wilhelm Flitner zur Vollendung seines 100. Lebensjahres am 20. August 1989 gewidmet, Frankfurt/M.
Pongratz, L. A. (1986): Bildung und Subjektivität. Historisch-systematische Studien zur Theorie der Bildung, Weinheim, Basel
Pongratz, L. J. (1973): Lehrbuch der klinischen Psychologie, Göttingen
Pongratz, L. J. (1984): Problemgeschichte der Psychologie, München 1984[2]
Popper, K. R. (1962): The Logic of Scientific Discovery, New York
Popper, K. R./Eccles, J. C. (1982): Das Ich und sein Gehirn, München, Zürich
Portmann, A. (1951): Biologische Fragmente zu einer Lehre vom Menschen, Basel
Postman, N. (1983): Das Verschwinden der Kindheit, Frankfurt/M.
Probst, G. J. (1987): Selbstorganisation. Ordnungsprozesse in sozialen Systemen aus ganzheitlicher Sicht, Berlin
Projektgruppe Jugendbüro und Hauptschularbeit (1975): Die Lebenswelt von Hauptschülern. Ergebnisse einer Untersuchung, München
Psychotherapie-Richtlinien (1990), in: Verträge der Kassenärztlichen Bundesvereinigung, Köln

Rahmenplan Grundschule (1995), Hessisches Kultusministerium, Gießen
Rahmenrichtlinien Primarstufe Sachunterricht Aspekt Gesellschaftslehre, Der Hessische Kultusminister, Amtsblatt 1979
Rahmenrichtlinien Sachunterricht Primarstufe – naturwissenschaftlich-technischer Aspekt – Aspekt Gesellschaftslehre Deutsch, Hessisches Institut für Bildungsplanung und Schulentwicklung (HIBS), Wiesbaden 1980
Rahner, K. (1957): Geist in Welt. Zur Metaphysik der endlichen Erkenntnis bei Thomas von Aquin, München
Rang, A. (1967): Der politische Pestalozzi, Frankfurt/M.
Rang, A. (1987): Das Erbe des politischen Pestalozzi. Die politische Anthropologie der ‚Nachforschungen', in: J. Gruntz-Stoll (Hrsg.): Pestalozzis Erbe – Verteidigung gegen seine Verehrer, Heilbronn
Rank, O. (1924): Das Trauma der Geburt, Wien, Leipzig
Rauch, M./Meier, M. (1986): Schulbücher für den Sachunterricht. Überblick – Analysen – Entscheidungshilfen, Arbeitskreis Grundschule e. V., Frankfurt/M.
Raynor, J. O. (1969): Future orientation and motivation of immediate activity: An elaboration of the theory of achievement motivation, in: Psychological Review (76), S. 606–610
Reble, A. (1952): Pestalozzis Menschenbild und die Gegenwart, Stuttgart
Reble, A. (1994): „Eigengeist der Volksschule" – Eigengeist der Grundschule? – Geist der Schule allgemein?, in: M. Götz (Hrsg.): Leitlinien der Grundschularbeit. Festschrift für Elisabeth Neuhaus-Siemon zum 65. Geburtstag, Langenau-Ulm
Rehm, W. (1968): Die psychoanalytische Erziehungslehre, München
Reinert, G. B./Cornelius, D. (1984): Johann Heinrich Pestalozzi. Anthropologisches Denken und Handeln. Ein pädagogisches Konzept für unsere Zeit, Düsseldorf
Reinhartz, D. (1994): Idemität und Differenz – Zu einer postmodernen Revision pädagogischer Situativität in Auseinandersetzung mit der Strukturphänomenologie Heinrich Rombachs, Diss., München
Richter, D./Merkel, J. (1974): Märchen, Phantasie und soziales Lernen, Berlin
Richter, H.-E. (1972): Eltern, Kind und Neurose. Psychoanalyse der kindlichen Rolle, Stuttgart
Roessler, W. (1962): Jugend im Erziehungsfeld. Haltung und Verhalten der deutschen Jugend in der ersten Hälfte des 20. Jahrhunderts unter besonderer Berücksichtigung der westdeutschen Gegenwart, Düsseldorf

Rogers, C. R. (1942): Die nicht-direktive Beratung. Counseling and Psychotherapy, München 1972
Rogers, C. R. (1956): Becoming a person. Two lectures delivered on the Nellie Heldt Lecture Fund, Reprint: University of Texas
Rogers, C. R. (1974): Encounter-Gruppen. Das Erlebnis der menschlichen Begegnung, München 1974[4]
Rogers, C. R. (1978): Die Kraft des Guten. Ein Appell zur Selbstverwirklichung, München
Rogers, C. R. (1989): Entwicklung der Persönlichkeit. Psychotherapie aus der Sicht eines Therapeuten, Stuttgart 1989[7]
Rogers, C. R./Rosenberg, R. L. (1980): Die Person als Mittelpunkt der Wirklichkeit, Stuttgart
Röhrs, H./Scheuerl, H. (Hrsg.) (1989): Richtungsstreit in der Erziehungswissenschaft und pädagogische Verständigung, Wilhelm Flitner zur Vollendung seines 100. Lebensjahres am 20. August 1989 gewidmet, Frankfurt/M.
Rombach, H. (1983): Welt und Gegenwelt. Umdenken über die Wirklichkeit: die philosophische Hermetik, Basel
Rombach, H. (1987): Strukturanthropologie: „Der menschliche Mensch", Freiburg, München
Rombach, H. (1991): Der kommende Gott. Hermetik – eine neue Weltsicht, Freiburg
Rosenfeld, E. (o. J.): The School (1927–1931), unveröff. Typoskript
Roth, H. (1955): Autoritär und demokratisch erziehen?, Stuttgart
Roth, H. (1962): Die realistische Wendung in der pädagogischen Forschung, in: Neue Sammlung (2), S. 481–490
Rotmann, M. (1978): Über die Bedeutung des Vaters in der „Wiederannäherungsphase", in: Psyche (32), S. 1105–1147
Rotmann, M. (1981): Der Vater der frühen Kindheit – ein strukturbildendes drittes Objekt, in: G. Bittner (Hrsg.): Selbstwerden des Kindes. Ein neues tiefenpsychologisches Konzept, Fellbach
Rousseau, J.-J. (1762): Emil oder über die Erziehung, Paderborn 1983[6]
Rousseau, J.-J. (1782): Die Bekenntnisse, Frankfurt/M. 1981
Rumpf, H. (1981): Die übergangene Sinnlichkeit. Drei Kapitel über die Schule, München
Rumpf, H. (1987): Belebungsversuche – Ausgrabungen gegen die Verödung der Lernkultur, Weinheim

Saint-Exupéry, A. de (1979): Der kleine Prinz, Düsseldorf
Saint-Exupéry, A. de (1986): Wind, Sand und Sterne, Düsseldorf
Samuels, A. (1989): Jung und seine Nachfolger, Stuttgart
Scarbath, H. (1981): Wiederentdeckung des kindlichen Ich – Hinweise und Fragen aus pädagogischer Sicht, in: G. Bittner (Hrsg.): Selbstwerden des Kindes. Ein neues tiefenpsychologisches Konzept, Fellbach
Scarbath, H. (1992): Träume vom guten Lehrer. Sozialisationsprobleme und dialogisch-förderndes Verstehen, Donauwörth
Scarbath, H./Scheuerl, H. (1991): Martin Buber (1878–1965), in: H. Scheuerl (Hrsg.): Klassiker der Pädagogik, Bd. 2, München 1991[2]
Scarbath, I. (1994): Frauen in der ehemaligen DDR. Weibliche Identität im Umbruch, in: G. Bittner (Hrsg.): Biographien im Umbruch, Würzburg
Schachtel, E. (1955/56): Die Entwicklung der gegenständlichen Aufmerksamkeit und das Hervortreten der Realität, in: Psyche (9), S. 204–229
Schäfer, G. E. (1978): Ein Projekt scheitert. Psychoanalytische Untersuchungen zum vorzeitigen Ende eines sozialpädagogischen Forschungsvorhabens, Dissertation Tübingen
Schäfer, G. E. (1981): Wege zur Realität – Bildung des Selbst im Realitätskontakt, in: G. Bittner (Hrsg.): Selbstwerden des Kindes. Ein neues tiefenpsychologisches Konzept, Fellbach
Schäfer, G. E. (1989): Der überraschte Pädagoge, in: Neue Sammlung (19), S. 36–48
Schäfer, G. E. (1994a): Äquibrilation und Krise. Orientierungspunkte für eine biographische Bildungsforschung, in: G. Bittner (Hrsg.): Biographien im Umbruch. Lebenslaufforschung und Vergleichende Erziehungswissenschaft, Würzburg
Schäfer, G. E. (1994b): Zeigen und Gewahrwerden. Ist Lernbehinderung ein „Wahrnehmungsproblem"?, in: Sonderpädagogik (24), Heft 4, S. 214–223

Schäfer, Gerd E. (1994c): Soziale Erziehung in der Grundschule. Rahmenbedingungen, soziales Erfahrungsfeld, pädagogische Hilfen, Weinheim
Schäfer, G. E. (1995a): Bildungsprozesse im Kindesalter. Selbstbildung, Erfahrung und Lernen in der frühen Kindheit, München
Schäfer, G. E. (1995b): Donald W. Winnicott, in: R. Fatke/H. Scarbath (Hrsg.): Pioniere Psychoanalytischer Pädagogik, Frankfurt/M.
Schafer, R. (1995): Erzähltes Leben. Narration und Dialog in der Psychoanalyse, München
Schaller, K. (1978): Einführung in die kommunikative Pädagogik. Ein Studienbuch, Freiburg
Schelsky, H. (1957): Die skeptische Generation, Düsseldorf, Köln
Scheuerl, H. (1959): Über Analogien und Bilder im pädagogischen Denken, in: Zeitschrift für Pädagogik (5), S. 211–223
Scheuerl, H. (1987): Zur Gründungsgeschichte der Deutschen Gesellschaft für Erziehungswissenschaft, in: Zeitschrift für Pädagogik (33), S. 267–187
Scheuerl, H. (1989): Wo finden wir Maßstäbe für unser pädagogisches Tun und Lassen?, in: H. Röhrs/H. Scheuerl (Hrsg.): Richtungsstreit in der Erziehungswissenschaft und pädagogische Verständigung. Wilhelm Flitner zur Vollendung seines 100. Lebensjahres am 20. August 1989 gewidmet, Frankfurt/M.
Scheuerl, H. (Hrsg.) (1991): Klassiker der Pädagogik, Bd. I/II, München 1991[2]
Schleiermacher, F. E. D. (1813/14): Ausgewählte pädagogische Schriften (1813/14), Aphorismen zur Pädagogik, Paderborn 1983[3]
Schleiermacher, F. E. D. (1849): Werke, Auswahl in 4 Bänden, Bd. 3, Aalen 1967
Schlör, J. (1994): Carl R. Rogers – ein pädagogischer Klassiker. Biographische Rekonstruktionen, Inaugural-Dissertation, Würzburg
Schlösser, A.-M. (1990): Eindrücke beim 36. IPV-Kongreß 1989, in: Forum der Psychoanalyse (6), S. 77–81
Schmid, V. (1993): Vorgängige Übertragung und Bildung. Analyse einer Unterrichtsstunde und was daraus folgt, in: G. E. Schäfer (Hrsg.): Riß im Subjekt, Würzburg
Schmid, V. (1994): Ist Psychoanalyse für Biographieforschung tauglich? Möglichkeiten und Grenzen ihres Beitrags, in: G. Bittner (Hrsg.): Biographien im Umbruch. Lebenslaufforschung und Vergleichende Erziehungswissenschaft, Würzburg
Schmid-Loosli, K. (1983): C. G. Jung und die Erziehung, Zürich
Schmidt, G./Klusmann, D./Zeitzschel, W. (1993): Veränderungen 1970–1990 (BRD), in: G. Schmidt (Hrsg.): Jugendsexualität. Sozialer Wandel. Gruppenunterschiede, Stuttgart
Schmidt, G. R. (1991): Michel de Montaigne, in: H. Scheuerl (Hrsg.): Klassiker der Pädagogik, Bd. 1: Von Erasmus von Rotterdam bis Herbert Spencer, München 1991[2]
Schmidt, W. (1927/1928): Onanie bei kleinen Kindern, in: Zeitschrift für Psychoanalytische Pädagogik (2), S. 153–155
Schmude, R. (1991): Der Weg zur Individualität. Erziehungsziele und Erziehungsmethoden in der analytischen Psychologie C. G. Jungs, Bochum
Schneede, U. M. (1991): Das blinde Sehen – Zur Ikonographie des Surrealismus, in: Max Ernst: Retrospektive zum 100. Geburtstag, München
Schön, B. (1989): Vom erzieherischen zum therapeutischen Deutungsmuster? Chancen und Probleme der Therapeutisierung pädagogischer Arbeit, in: D. Geulen (Hrsg.): Kindheit. Neue Realitäten und Aspekte, Weinheim, Basel
Schöpf, A. (1996): Über historische Wahrheit, in: H. Lang/H. Weiß (Hrsg.): Psychoanalyse heute und vor 70 Jahren. Zur Erinnerung an die „1. Deutsche Zusammenkunft für Psychoanalyse" am 11. und 12. Oktober 1924 in Würzburg, Tübingen
Schottlaender, F. (1947): Die Mutter als Schicksal, Gütersloh 1983[5]
Schottlaender, F. (1959): Das Ich und seine Welt, Stuttgart
Schröder, H. (1978): Wertorientierter Unterricht. Pädagogische und didaktische Grundlagen eines erziehenden Unterrichts, München
Schuchardt, E. (1987): Soziale Integration Behinderter, Band 1 u. 2, Regensburg 1987[3]
Schülein, J. (1978): Psychoanalyse und Psychoboom. Bemerkungen zum sozialen Sinnkontext therapeutischer Modelle, in: Psyche (32), S. 420–440

Schulenberg, W. (1970): Schule als Institution der Gesellschaft, in: J. Speck/G. Wehle (Hg.): Handbuch pädagogischer Grundbegriffe, Bd. II, München
Schülerladen Rote Freiheit (1971), Analysen, Protokolle, Dokumente, (Sozialistische Projektarbeit, Berliner Autorengruppe Lankwitz), Autorenkollektiv am Psychologischen Institut der Freien Universität Berlin, Frankfurt/M. (Fischer TB)
Schulz, W. (1974): Unterricht, in: Ch. Wulf (Hg.): Wörterbuch der Erziehung, München
Schulze, G. (1992): Die Erlebnisgesellschaft. Kultursoziologie der Gegenwart, Frankfurt/M.
Schulze, Th. (1974): Erziehungsstil, in: Ch. Wulf (Hg.): Wörterbuch der Erziehung, München
Schütte, S. (1989): Unmittelbare Erfahrungen als Voraussetzung der Mathematik und als Korrektiv des Realitätsverlustes im Mathematikunterricht. Plädoyer für ein Mathematiklernen in Sinnzusammenhängen, in: Kinder heute – Herausforderung für die Schule. Dokumentation des Bundeskongresses 1989 in Frankfurt/M., S. 118–128
Schütz, A. (1960): Der sinnhafte Aufbau der sozialen Welt, Wien 1960[2]
Schütz, A. (1971): Das Problem der sozialen Wirklichkeit, in: ders.: Gesammelte Aufsätze, Bd. 1, Den Haag
Schütz, A. (1972): Angewandte Theorie (Teil II). Der Fremde, in: ders.: Gesammelte Aufsätze, Bd. 2/3, Den Haag
Schütze F. (1977): Das narrative Interview. Skizze zu einem methodologischen Projekt zur Entwicklung eines intersubjektiv kontrollier- und übertragbaren „nichtstandardisierten" Interviewverfahren, Bielefeld, Manuskript
Schwabe, M. (1986): Selbst und Maschine – Zur Rolle der Technik im Seelenleben des Individuums, Diplomarbeit, unveröffentlicht, Würzburg
Scupin, E. und G. (1907): Bubi's erste Kindheit. Ein Tagebuch über die geistige Entwicklung eines Knaben während der ersten drei Lebensjahre, Leipzig
Seibert, N. (1994): Erzieher oder Therapeut? Die Rolle des Lehrers in der Konfrontation mit gravierenden Erziehungsschwierigkeiten, in: N. Seibert/H. J. Serve (Hrsg.): Bildung und Erziehung an der Schwelle zum dritten Jahrtausend, München
Seibert, N./Serve, H. J. (Hrsg.) (1994): Bildung und Erziehung an der Schwelle zum dritten Jahrtausend. Multidisziplinäre Aspekte, Analysen, Positionen, Perspektiven, München
Selvini Palazzoli, M. u. a. (1981): Paradoxon und Gegenparadoxon: Ein neues Therapiemodell für die Familie mit schizophrener Störung, Stuttgart
Seubert, H. (1995): Das Zur-Welt-Kommen und die Lebensalter: Die Mutterwelt als „erste Welt", Seminararbeit, Würzburg WS 1994/95
Siebert, H. (1985): Lernen im Lebenslauf. Zur biographischen Orientierung der Erwachsenenbildung, Frankfurt/M.
Sigusch, V./Schmidt, G. (1973): Jugendsexualität. Dokumentation einer Untersuchung, Stuttgart
Skinner, B. F. (1973): Jenseits von Freiheit und Würde, Reinbek
Sloterdijk, P. (1988): Zur Welt kommen – Zur Sprache kommen, Frankfurt/M.
Soldati, G. (1988): Selbstbewußtsein und unmittelbares Wissen bei Tugendhat, in: M. Frank u. a. (Hrsg.): Die Frage nach dem Subjekt, Frankfurt/M.
Speck, O. (1980): Geistige Behinderung und Erziehung, München, Basel
Speck, O. (1987): Pädagogische Experten und Eltern als Erzieher behinderter Kinder, in: G. Adam (Hrsg.): Erziehen als Beruf: Festschrift für Andreas Möckel zum 60. Geburtstag, Würzburg
Spiel, W./Datler, W. (1984): Zum Verhältnis von Therapie und Pädagogik aus der Sicht der Psychotherapie und Medizin, in: W. Datler u. a.: Interdisziplinäre Aspekte der Sonder- und Heilpädagogik, München, Basel
Spitz, R. (1945): Hospitalismus I und II. Die anaklitische Depression, in: G. Bittner/E. Schmid-Cords (Hrsg.): Erziehung in früher Kindheit, München 1968
Spitz, R. A. (1969): Vom Säugling zum Kleinkind. Naturgeschichte der Mutter-Kind-Beziehungen im ersten Lebensalter, Stuttgart 1969[2]
Spitz, R. A. (1970): Nein und Ja. Die Ursprünge der menschlichen Kommunikation, Stuttgart 1970[2]
Spranger, E. (1925): Psychologie des Jugendalters, Heidelberg 1963[7]
Spranger, E. (1935): Pestalozzis „Nachforschungen". Eine Analyse, Berlin
Spranger, E. (1943): Der Bildungswert der Heimatkunde, Stuttgart 1964[4]
Spranger, E. (1947): Pestalozzis Denkformen, Stuttgart

Spranger, E. (1951): Grundstile der Erziehung, in: ders.: Pädagogische Perspektiven. Beiträge zu Erziehungsfragen der Gegenwart, Heidelberg
Spranger, E. (1955): Der Eigengeist der Volksschule, Heidelberg
Spranger, E. (1959): „Das Leben bildet". Analyse von Pestalozzis „Schwanengesang", in: ders.: Pestalozzis Denkformen, Heidelberg 1959[2]
Spranger, E. (1962): Das Gesetz der ungewollten Nebenwirkungen in der Erziehung, Heidelberg
Stein, A. (1927): Pestalozzi und die Kantische Philosophie, Tübingen
Stellwag, H. W. F. (1963): Die erzieherische Funktion des Kindes, in: Neue Sammlung (3), S. 16–27
Stenger, U. (1995): Was heißt und wie entsteht „Welt"? Eine pädagogische Frage (unveröffentlichtes Manuskript)
Stenger, U. (1996): Die Welt als ein sich selbst gebärendes Kunstwerk. Nietzsches Phänomen des Schöpferischen, Freiburg
Stenzel, A. (Hrsg.) (1968): Meine Nachforschungen über den Gang der Natur in der Entwicklung des Menschengeschlechts von J. H. Pestalozzi (1797), Regensburg
Stern, C. und W. (1928): Die Kindersprache. Monographien über die seelische Entwicklung des Kindes, Bd. I, Leipzig, Darmstadt 1965[4]
Stern, Max (1974): Das Problem der Aggression. Bemerkungen über Trieb, Trauma, Tod, in: Psyche (28) 1974, S. 494–507
Stern, W. (1952): Psychologie der frühen Kindheit bis zum sechsten Lebensjahr, Heidelberg
Stevenson, R. L. (1886): The Strange Case of Dr. Jekyll and Mr. Hyde and other Stories, hg. Jenni Calder, Harmondsworth 1979
Stolorow, R. D./Atwood, G. E. (1979): Faces in a Cloud. Subjectivity in Personality Theory, London, New York
Straub, J. (1989): Historisch-psychologische Biographienforschung. Theoretische, methodologische und methodische Argumentationen in systematischer Absicht, Heidelberg
Streeck, U./Werthmann, H.-V. (Hrsg.) (1992): Lehranalyse und psychoanalytische Ausbildung, Göttingen
Strehlow, R. (1985): Die Bedeutung der Grimmschen Märchen für die Erziehung von Kindern, Frankfurt/M.
Stroß, A. M. (1994): Der Erwachsene, in: D. Lenzen (Hg.): Erziehungswissenschaft. Ein Grundkurs, Reinbek
Suter, A. (1986): Menschenbild und Erziehung bei M. Buber und C. Rogers. Ein Vergleich, Bern, Stuttgart
Szasz, Th. (1982): Der Mythos der Psychotherapie, dt., München, Wien, Zürich
Szekely, L. (1951): Die Realität in der Auffassung Freuds, in: Theoria (17)

Tausch, R./Tausch, A.-M. (1963): Erziehungspsychologie. Begegnung von Person zu Person, Göttingen 1991[10]
Tenorth, H.-E. (1984): Berufsethik, Kategorialanalyse, Methodenreflexion. Zum historischen Wandel des „Allgemeinen" in der wissenschaftlichen Pädagogik, in: Zeitschrift für Pädagogik (30), S. 49–68
Tenorth, H.-E. (1986): Transformationen der Pädagogik, in: Zeitschrift für Pädagogik, Beiheft 20, S. 21–85
Tenorth, H.-E. (1991): Empirisch-analytisches Paradigma: Programm ohne Praxis – Praxis ohne Programm, in: D. Hoffmann (Hrsg.): Bilanz der Paradigmendiskussion in der Erziehungswissenschaft: Leistungen, Defizite, Grenzen, Weinheim
Thalhammer, M. (1989) „Wir (er-)leben den täglichen Tod, wir spielen mit dem Sterben". Versuch einer Darstellung des Nicht-Verstehens, in: G. Bittner/M. Thalhammer (Hrsg.): „Das Ich ist vor allem ein körperliches . . ." . Zum Selbstwerden des körperbehinderten Kindes, Würzburg
Thiel, H. P. (1990): Erklär mir die Welt, Würzburg 1990[2]
Thiel, S. (1990): Grundschulkinder zwischen Umgangserfahrung und Naturwissenschaft, in: M. Wagenschein: Kinder auf dem Weg zur Physik, Basel

Thiersch, H. (1977): Kritik und Handeln. Interaktionistische Aspekte der Sozialpädagogik, Neuwied
Thiersch, H. (1985): Unordnung im Heimerziehungsalltag, in: G. Becker/H. Becker/L. Huber: Ordnung und Unordnung. Ein Buch für Hartmut von Hentig, Weinheim
Thiersch, H. (1986): Die Erfahrung der Wirklichkeit. Perspektiven einer alltagsorientierten Sozialpädagogik, Weinheim, München
Thomä, H./Kächele, H. (1985): Lehrbuch der psychoanalytischen Therapie, Bd. 1: Grundlagen, Berlin, Heidelberg
Thomae, H. (1957): Psychologische Probleme des Erwachsenenalters, in: W. Haseloff/H. Stachowiak: Moderne Entwicklungspsychologie, Berlin
Thomae, H. (1959): Entwicklungsbegriff und Entwicklungstheorie, in: ders. (Hrsg.): Handbuch der Psychologie, Bd. III Entwicklungspsychologie, Göttingen
Tölle, R. (1987): Die Krankengeschichte in der Psychiatrie, in: G. Jüttemann/H. Thomae (Hg.): Biographie und Psychologie, Berlin u. a.
Trescher, H.-G. (1987): Selbstverständnis und Problembereiche der Psychoanalytischen Pädagogik, in: H. Reiser/H.- G. Trescher (Hrsg.): Wer braucht Erziehung?, Mainz

Uexküll, J. v. (1936): Niegeschaute Welten. Die Umwelten meiner Freunde, Berlin, Frankfurt/M. 1949[3]
Uexküll, J. v./Kriszat, G. (1934): Streifzüge durch die Umwelten von Tieren und Menschen, Reinbek 1956
Ulich, K. (1989): Schule als Familienproblem? Konfliktfelder zwischen Schülern, Eltern und Lehrern, Frankfurt/M.

Wacker, B. (1977): Narrative Pädagogik?, München
Wacker, B. (1983): Zehn Jahre „Narrative Theologie", in: W. Sanders/K. Wegenast (Hg.): Erzählen für Kinder – Erzählen von Gott, Stuttgart, Berlin, Köln, Mainz
Wagenbach, K. (1964): Franz Kafka. In Selbstzeugnissen und Bilddokumenten, Hamburg
Wagenschein, M. (1963): Zum Begriff des exemplarischen Lehrens, Weinheim 1963[4]
Wagenschein, M. (1968): Verstehen lehren. Genetisch-Sokratisch-Exemplarisch, Weinheim, Berlin
Wagenschein, M. (1988): Naturphänomene sehen und verstehen. Genetische Lehrgänge, hrsg. von H. Ch. Berg, Stuttgart 1988[2]
Wagenschein, M. (1990): Kinder auf dem Weg zur Physik, Stuttgart
Wagner, M. (1995): Menschen mit geistiger Behinderung – Gestalter ihrer Welt, Bad Heilbrunn
Walser, M. (1993): „Meine Mängel sind mein Denkanlaß". Ein Gespräch mit Martin Walser. Der Schriftsteller Martin Walser über Kindheit, Psychoanalyse und sein Selbstverständnis als Deutscher – Interview, in: Psychologie heute (20) März, S. 48–51
Watzlawick, P. (1976): Wie wirklich ist die Wirklichkeit? Wahn, Täuschung, Verstehen, München
Watzlawick, P./Beavin, J. H./Jackson, D. D. (1974): Menschliche Kommunikation, Bern, Stuttgart, Wien
Weber, E. (1974): Erziehungsstile, Donauwörth 1974[5]
Weber, E. (1994): Biographische Orientierung der Pädagogik: Erziehung und Bildung im Lebenslauf, in: N. Seibert/H. J. Serve (Hrsg.): Bildung und Erziehung an der Schwelle zum dritten Jahrtausend. Multidisziplinäre Aspekte, Analysen, Positionen, Perspektiven, München
Weinrich, H. (1973): Narrative Theologie, in: Concilium. Internationale Zeitschrift für Theologie (9), S. 329–334
Weischedel, W. (1982): Augustinus oder die Dienlichkeit der Sünde, in: ders.: Die philosophische Hintertreppe. 34 große Philosophen in Alltag und Denken, München 1982[9]
Weiß, E. (1993): Pädagogische Anthropologie und Kantische Ethik, in: P. Brozio/E. Weiß (Hrsg.): Pädagogische Anthropologie, biographische Erziehungsforschung, pädagogischer Bezug: Festschrift zum 65. Geburtstag von Werner Loch, Hamburg
Weiß, H./Lang, H. (Hrsg.) (1996): Psychoanalyse heute und vor 70 Jahren. Zur Erinnerung an die „1. Deutsche Zusammenkunft für Psychoanalyse" am 11. und 12. Oktober 1924 in Würzburg, Tübingen

Wellendorf, F. (1973): Schulische Sozialisation und Identität. Zur Sozialpsychologie der Schule als Institution, Weinheim
Welsch, W. (1991): Subjektsein heute. Überlegungen zur Transformation des Subjekts, in: Zeitschrift für Deutsche Philosophie (39), S. 347–365
Wenzel, H. (1970): Fürsorgeheime in pädagogischer Kritik. Eine Untersuchung in Heimen für männliche Jugendliche und Erwachsene, Stuttgart
Werner, H. (1959): Einführung in die Entwicklungspsychologie, München 1959[4]
Wiater, W. (1994): Vernunftgemäß und zugleich solidarisch handeln. Was den Gebildeten der Zukunft ausmacht, in: N. Seibert/H. J. Serve (Hrsg.): Bildung und Erziehung an der Schwelle zum dritten Jahrtausend, München
Widmer, P. (1990): Subversion des Begehrens. J. Lacan oder die zweite Revolution der Psychoanalyse, Frankfurt/M.
Winkel, R. (1994a): Schule von heute für morgen. Oder: Was sollen unseres Schüler/innen auf welche Weise (nicht) lernen?, in: N. Seibert/H. J. Serve (Hrsg.): Bildung und Erziehung an der Schwelle zum dritten Jahrtausend, München
Winkel, R. (Hrsg.) (1994b): Schwierige Kinder – problematische Schüler. Fallberichte aus dem Erziehungs- und Schulalltag, Baltmannsweiler
Winkler, W. (1989): Individuation und Andragogik. C. G. Jungs Denken als Grundlage ganzheitlicher Erwachsenen-Bildung, München
Winnicott, D. W. (1964): Memories, Dreams, Reflections, Book Review, in: Internal Journal of Psycho Anal (45), S. 450–455
Winnicott, D. W. (1973): Vom Spiel zur Kreativität, Stuttgart
Winnicott, D. W. (1974): Reifungsprozesse und fördernde Umwelt. Studien zur Theorie der emotionalen Entwicklung. Frankfurt/Main
Winnicott, D. W. (1994): Die menschliche Natur, Stuttgart
Winter, H. (1985): Der Aussagewert von Selbstbiographien. Zum Status autobiographischer Urteile, Heidelberg
Wittgenstein, L. (1967): Philosophische Untersuchungen, Frankfurt/M.
Wittgenstein, L. (1984): Tractatus logico-philosophicus, Werkausgabe, Bd. 1, Frankfurt/M.
Worm, H. (1972): Zur Dialektik von Affekt-Sozial- und Ich-Bildung. Pestalozzi und Freud, Heidelberg
Wörterbuch der Soziologie (1994), hrsg. v. K.-H. Hillmann, Stuttgart 1994[4]
Wullschleger, O. (1985): Alles für andere, alles für sich: Studien zur Person Johann Heinrich Pestalozzis, Frankfurt/M.

Zdarzil, H./Olechowski, R. (1976): Anthropologie und Psychologie des Erwachsenen (Handbuch der Erwachsenenbildung, Bd. 3), Stuttgart
Zedler, P./König, E. (Hrsg.) (1989): Rekonstruktion pädagogischer Wissenschaftsgeschichte: Fallstudien, Ansätze, Perspektiven, Weinheim
Zehetmair, H. (1994): Kann Bildung noch Orientierung leisten?, in: N. Seibert/H. J. Serve (Hrsg.): Bildung und Erziehung an der Schwelle zum dritten Jahrtausend, München
Ziegenspeck, J. (1992): Erlebnispädagogik. Rückblick, Bestandsaufnahme, Ausblick, Lüneburg 1992[4]
Zieger, A. (1992): Selbstorganisation und Subjektentwicklung – Ontologische und ethische Aspekte neuropädagogischer Förderung schwerstbehinderter Menschen, in: Behindertenpädagogik (31) 2, S. 118–137
Zinnecker, J. (1982): Schule gehen Tag für Tag. Schülertexte, gesammelt und herausgegeben von Jürgen Zinnecker, Weinheim, München
Zoll, R. (Hrsg.) (1988): Zerstörung und Wiederaneignung von Zeit, Frankfurt/M.
Zöpfl, H. (1994): Bildung und Wissen in einer veränderten Welt, in: N. Seibert/H. J. Serve (Hrsg.): Bildung und Erziehung an der Schwelle zum dritten Jahrtausend, München
Zulliger, H. (1927): Aus dem unbewussten Seelenleben unserer Schuljugend, Bern
Zulliger, H. (1956): Helfen statt Strafen auch bei jugendlichen Dieben, Stuttgart
Zulliger, H. (1958): Schwierige Kinder, Bern 1958[4]

Zulliger, H. (1960): Gespräche über Erziehung, Bern
Zulliger, H. (1961): Horde - Bande - Gemeinschaft. Eine sozialpsychologisch-pädagogische Untersuchung, Stuttgart
Zulliger, H. (1966a): Die Angst unserer Kinder, Stuttgart
Zulliger, H. (1966b): Bausteine zur Kinderpsychotherapie, Bern, Stuttgart 1966[2]

Abbildungsnachweis

Seite 21: Antoine de Saint-Exupéry: Der kleine Prinz. Düsseldorf 1956, S. 55 (Karl Rauch Verlag).
Seite 266: Max Ernst: Heilige Cäcilie. (c) VG Bild-Kunst, Bonn 1996.